영국의 지방정부

Local Government in the United Kingdom

4th Edition

David Wilson & Chris Game 저 / 임채호 역

博 英 社

First published in English by Palgrave Macmillan, a division of Macmillan Publishers Limited under the title Local Government in the United Kingdom, 4th edition by David Wilson. This edition has been translated and published under licence from Palgrave Macmillan. The Author has asserted his right to be identified as the author of this Work.

역자 머리말

영국의 지방정부는 최근 들어 현기증이 느껴질 만큼 급진적인 속도로 변화하고 있다. 영국이 오랜 역사를 거치면서 안정된 정부 제도를 가지게 된, 보수적인 나라라는 일반적인 관념과는 거리가 먼 모습을 보이고 있는 것이다. 먼저 지방정부체제의 대폭적인 개편이 1960년대 이래 계속됨으로써 저자들의 표현을 빌리면 '영국의 지방자치단체 중에서 25년 이상 존속하고 있는 것은 하나도 없으며, 대부분은 창설된 지 15년을 갓 지났을 뿐이다.' 이와 함께 위원회를 기반으로 과거 2세기에 걸쳐 내려온 지방정부 내부의 정치적 관리구조는 각 지방자치단체가 선택하기에 따라서 직선의 집행수장형 시장제 또는 내각제 형태의 집행부 체제로 대체되는 혁명적이라고 할 만한 변화를 겪었다.

최근 20여 년간 진행되고 있는 행정관리의 동향을 보더라도 사정은 마찬가지이다. 1979년 집권한 보수당 정부의 의무적 경쟁입찰, 헌장주의, 품질 시스템, 전략적 관리, 원가센터관리 및 성과관리로부터 1997년 정권을 인수한 노동당 정부의 최고가치 및 성과계획, 횃불 지방의회, 지방정부성과종합평가, 지방공공서비스협약, 지방구역협약 등 다양한 정책의 실험은 실로 혁신의 종합 전시장을 방불케 하고 있다. 이와 함께 준연방주의로 영국 헌정 구조의 성격까지 바꾸었다고들 하는 스코틀랜드와 웨일스 및 북아일랜드에 대한 자치권 이양을 비롯하여 지방 거버넌스, 즉 지방자치단체와 각종 공공기관, 법인 및 지역사회단체 사이의 공동협력통치 모델의 발전, 집행제의 대두에 따른 지방의회의원들의 역할 모형 변화, 인두세의 도입과 지방정부세로의 대체 그리고 우편투표, 전자투표, 비례투표제도 등 다양한 지방선거제도의 실험과 같이 중요한 변화만도 일일이 열거하기가 어려울 정도이다.

일부 독자들은 의외라고 생각할지 모르지만 이러한 변화와 함께 우리가 특히 눈여겨보아야 할 대목은 영국의 지방정부가 우리의 제도와 유사한 부분이 많다는 점이다. 현재 영국은 총인구 6천만 명 정도에 지방자치단체의 수가 모두 468개로서, 지방정부체제가 대대적으로 개편된 1974/75 이전과 비교해서 지방자치단체의 수는 1/4 이하로 대폭 줄어들고 이에 따라 인구와 면적은 평균적으로 4배 이상 확대되었다. 그 결과 영국은 서유럽과 미국, 일본 등 다른 주요 선진국들과 비교가 되지 않을 만큼 지방자치단체의 규모가 크며 우리나라가 드물게 이에 필적할 정도이다.

지방재정을 보면 전체적으로 경상예산의 약 1/4 정도를 유일한 지방세인 지방정부세로 충당하고 나머지는 우리의 교부세와 유사한 세입지원보조금 및 개별 보조금으로 지원받고 있어 국비 의존도가 매우 큰 편이다. 이와 함께 1986년 광역런던의회와 6대 광역도시권 카운티의회를 일거에 폐지한 사례나 중앙정부가 잉글랜드와 웨일스의 410개 전 지방자치단체의 서비스와 기관역량을 평가하여 별 넷(4 stars)에서 제로(0 stars)까지 5단계로 등급을 매기는 지방정부성과종합평가 및 2009년부터 이를 대체할 지방구역종합평가제도 그리고 예산상한선 설정과 직무권한정지제도 등에서 보듯이 적어도 영국 전체 인구의 90퍼센트 정도가 거주하는 잉글랜드와 웨일스 지역에는 강력한 중앙집권체제가 유지되고 있다.

그러나 중앙집권의 경향이 상대적으로 강하다고 해서 영국의 지방정부들이 서로 구분하기 어려운 행정단위로 전락하는 것은 아니며, 각각의 특성과 정체성을 가지고 지방적 다양성을 열정적으로 추구하고 있다는 점은 아무리 강조해도 지나치지 않을 것이다. 지방자치의 발상지로서 오랜 자치의 역사를 가진 영국의 지방정부에서 최근 진행되고 있는 이러한 모든 변화는 그 자체로도 큰 관심의 대상이 될 수가 있지만, 우리나라의 지방정부체제와 공통분모가 많다는 점에서 우리로서는 벤치마킹을 하든 아니면 타산지석으로 삼든 자세하게 살펴볼 만한 특별한 가치가 있다.

이 책에 대해 감히 평가하자면 영국의 지방정부에 관한 독보적인 저술이라고 할 만하다. 저자들이 중앙정부에 불가피하게 종속되어 있는 지방정부의 한계를 충분히 인식하면서도 지방의 다양성의 가치를 끊임없이 일깨우고 있다는 점에서 지방정부와 관련된 일을 하거나 지방정부에 관한 정책과 제도를 다루면서 잘 정리된 외국의 사례에 목말라하는 사람들에게는 가뭄

끝의 단비처럼 소중한 선물이 아닌가 한다. 이런 점이 역자로 하여금 이 책이 우리나라에서 보다 널리 읽혔으면 하는 욕심에서 능력의 한계를 생각하지 않고 번역을 해보겠다는 만용을 가지게 하였다.

그러나 지방정부 및 관련된 제반 사회현상에 관한 저자들의 해박한 지식과 거기에서 나오는 다양한 사례와 서술 방식 그리고 영국인 특유의 촌철살인적인 풍자와 해학, 중의적인 표현은 읽는 재미를 더해주기는 하지만 그 맛을 살려내면서 정확하게 번역을 해야 하는 역자의 입장에서는 크나큰 고통이 아닐 수 없었다. 만약에 역자가 옥스퍼드 대학교에서 불어를 전공하고, 영국 역사에 대하여 전문가 수준의 식견을 가진 존 베토(John Bertaut) 씨를 영어 교사로 만나서 자문을 받을 수가 없었다면 이 작업은 아마도 불가능했을 것이다. 그러한 행운에도 불구하고 번역이 명확하지 못한 부분이나 오류가 있다면 그것이 전적으로 역자의 능력 부족에서 나온 것임은 두말 할 필요가 없다.

이 책을 읽어나갈 때 몇 가지 유의할 사항이 있다. 먼저, 지방자치단체(local authority)와 지방의회(local council)의 의미 및 두 용어의 사용 맥락에 관한 것이다. 엄격하게 말하자면 지방자치단체는 영국 국회에 의해 창설되고 국회가 부여하는 책무를 수행하는 다기능 기관이며, 지방의회는 선출된 지방의회의원들로 구성되어 집단적으로 결정을 내리고 해당 지방자치단체의 정책과 행위에 책임을 지는 지방자치단체의 법적 실체 내지 기관이다. 그러나 이 두 용어는 흔히 대체 가능한 것으로 구별 없이 사용되며, 이 책에서도 그렇게 하고 있음을 저자들은 밝히고 있다(p. 120).

둘째, 영국 지방정부와 이를 둘러싸고 있는 환경은 계속해서 변화의 소용돌이 속에 있으며, 그것은 원저가 발간된 이후에도 계속되어 왔다. 중요한 내용만 몇 가지 추려보면 먼저 노동당 정부 출범 당시의 약속에 따라서 2007년 6월 토니 블레어(Tony Blair) 총리가 사임하고 당시 재무부장관이던 고든 브라운(Gordon Brown)이 총리 직에 취임하였다. 이어서 단행된 개각에서 2006년 5월 부총리실을 승계하여 지방정부를 관장하는 독립부처로 신설되었던 지역사회 · 지방정부부(DCLG)의 제 2 대 장관에 헤이즐 블리어즈(Hazel Blears)가 취임하였다.

자치권 이양과 관련해서는 2002년 10월 이래 권한이 정지되었던 북아일랜드 의회가 개신교도와 가톨릭교도 진영 사이의 역사적인 화해 및 공동 정부 구성에 성공함으로써 2007년 5월 다시 권능을 회복하였다. 스코틀랜드는 영국에 통합된 지 300주년을 맞은 2007년 5월 실시된 지역의회 선거에서 영국으로부터의 분리 독립에 관한 주민투표를 공약으로 내걸었던 스코틀랜드 국민당이 노동당을 누르고 처음으로 다수당의 지위를 차지했고, 웨일스에서는 노동당이 다수당의 지위를 유지하기는 했지만 민족주의 정당인 플레이드 킴루(Plaid Cymru)가 의석을 확대함으로써 양 지역 모두 민족주의 성향이 강화되고 있음을 볼 수 있다. 런던에서는 1986년 광역런던의회 폐지 당시 동 의회의 대표였으며, 2000년 광역런던시의 부활과 함께 영국 최초의 직선 시장으로 화려하게 복귀했던 켄 리빙스톤(Ken Livingstone)이 2008년 5월 광역런던시장 3선 도전에 나섰으나 보수당의 보리스 존슨(Boris Johnson)에게 패배함으로써 이 책의 요소요소에서 언급되고 있는 그의 정치 역정을 마감하였다.

이와 함께 이 책의 마지막 부분에는 두 가지의 목적을 염두에 두고 '번역용어 사전'을 추가로 수록하였다. 그것은 먼저 우리말로 번역된 중요한 어휘들을 한 데 모아 사전 순서로 배열해 놓음으로써 그것들이 원저에는 어떻게 표현되어 있는지 독자들이 쉽게 확인하고 필요한 경우 인터넷 등을 통해 관련된 정보를 검색하는 키워드로 활용할 수 있게 하기 위한 것이다. 두 번째는 공직 사회 및 학계에서 영국의 지방정부에 대해서 논의할 때 용어 사용법이 통일될 수 있도록 나름대로 표준안을 제시하기 위해서이다. 생소한 외국의 용어를 그대로 쓰거나, 실제 맥락과 다르게 잘못 번역하여 사용함으로써 의사소통이 순조롭지 못한 경우가 비일비재하기 때문에 표준화의 필요성이 절실하기는 하지만, 학문적 소양이 부족한 역자로서는 무리한 도전일 수밖에 없다고 본다. 따라서 이것은 완성품이 아니라 앞으로 외래 용어의 표준화 수준을 높여나가는 데 유용하게 활용할 수 있는 하나의 반제품 정도로 이해되기를 바랄 뿐이다.

원저의 출간 및 역자의 주영대사관 근무와 거의 동시에 시작되어 장시간 계속된 번역을 마치면서 이제야 스스로 묶어놓은 족쇄에서 풀려난다는 해방감과 함께 내가 가진 에너지를 여한 없이 소진시켰다는 마라톤 골인 지점에서 맛볼 수 있는 만족감을 느끼게 된다. 만약 이 번역서가 지방정부 및 지방자치제도의 이해와 발전에 조금이라도 도움이 된다면 역자에게는 큰 기쁨이 될 것이다. 마지막으로 번역 과정에서 처음부터 끝까지 원저를 바르게 해석할 수 있도록 도와주신 존 베토 씨와 이 번역서가 햇빛을 볼 수 있도록 출간을 허락해 주신 박영사에 감사드린다.

2008년 12월 10일

임 채 호

저자 머리말

이 책의 이전 판들을 읽었던 독자들은 이번 판의 제 9 장에서 무언가 빠진 것을 발견하게 될 것이다. 거기에는 잉글랜드의 지방정부에 관한 국가정책을 다루는 중앙부처, 즉 서문을 쓰는 이 시점에서 지역사회 · 지방정부부(Department for Communities and Local Government)의 상급계층 — 각료 및 고위 국가공무원 — 을 보여주는 조직도가 없다. 그것은 잉글랜드 이외의 지역, 즉 스코틀랜드와 웨일스 및 북아일랜드로 자치권이 이양되었기 때문이거나 또는 이 책이 잉글랜드에 지나치게 편중된 것으로 보이지 않게 하려고 일부러 그렇게 한 것이 아니다. 그 이유는 오히려 이 책의 다른 장들이 모두 완성될 때까지, 심지어는 교정을 끝내고 출판사에 넘기는 시점까지도 지역사회 · 지방정부부(DCLG)가 탄생하지 않았기 때문이다.

그 대신에 사실상 그 전신인 부총리실(ODPM: Office of the Deputy Prime Minister)이 제 9 장을 비롯하여 이 책에서 전반적으로 자주 언급된다. 그러나 부총리실(ODPM)은 2005년 국회 벽두부터 토니 블레어(Tony Blair)가 정확한 시기는 정하지 않았지만 약속대로 총리 직을 사임하고 나면 어떤 형태로든 오래는 존속되지 못할 것으로 예상되었다. 그래서 우리는 발간되자마자 곧 필요없게 될지도 모를 조직도표를 이번 판에서 아예 제외했다. 여기서 누구도 예상하지 못했던 일이 일어났는데 그것은 블레어 총리가 노동당에게 심대한 타격을 입혔던 2006년 5월의 지방선거 후속으로 거의 조각 수준의 개각을 단행하면서 그가 총리직을 떠나기 훨씬 이전에 부총리실(ODPM)을 먼저 폐지한 것이다.

우리 저자들의 사정을 너무나 몰라준 채 총리가 선택한 부처개편 및 개각의 시점이 이루 말할 수 없이 당황스러운 일이었지만 대국적으로 다른 사람들의 인생과 경력, 그리고 아마도 장래 지방정부의 개혁에 미칠 혼란과 비교한다면 우리의 불편은 상대적으로 사소한 일이라고 생각한다. 그래서 우리는 이미 완성된 원고를 적절한 시점을 놓치고 마무리가 늦어지긴 했지만 불평하지 않고 개정했다. 원고를 개정하면서 우리는 가급적 두 가지의 원칙을 지키려고 노력했다. 하나는 오류가 될 만한 부분을 충분히 제거하는 것이고, 다른 하나는 출판인들의 전문용어로서 기존의 '페이지 매김'이 바뀌지 않도록 최소한으로 손을 보는 것이었다.

그러나 이 사건은 나름대로 예시적인 가치가 있다. 왜냐하면 그것은 현대의 영국 지방정부 세계의 불연속성과 예측 불가능성을 가늠할 수 있는 하나의 척도이기 때문이다. 이번 제 4 판의 부총리실(ODPM)은 우리들의 저술에 4번째로 등장하는 '지방정부 관장 부처'이다. 제 1 판(1994)에서 그것은 환경부(DoE: Department of the Environment)였다. 1997년 신노동당이 총선에서 승리한 직후에 완성된 제 2 판에서는 여기에 교통 및 지역 기능이 추가되어 환경 · 교통 · 지역부(DETR: Department of the Environment, Transport and the Regions)가 되었다. 이것이 2001년 총선 이후에 교통 · 지방정부 · 지역부(DTLR: Department for Transport, Local Government and the Regions)로 다시 개편되어 제 3 판에 등장했었다. 그러나 우리는 스티븐 바이어스(Stephen Byers) 장관의 비행은 어떻게 해볼 도리가 없었다. 2002년 그는 사임했고, 그의 부처는 부총리실(ODPM)로 개편되었다. 이에 따라 제 3 판에 포함되었던 교통 · 지방정부 · 지역부(DTLR)의 조직도표는 발간된 지 얼마 지나지 않아서 만약 이번 제 4 판에 부총리실의 조직도표를 실었으면 보였을 법한 부적절한 모습이 되었었다.

서구의 다른 대부분의 정부체제를 보면 정치인으로서 중앙정부의 각료나 지방의회의원들이 등장하기도 하고 퇴장하기도 한다. 그리고 그것이 결국은 선거의 묘미이다. 그런데 우리의 정부체제에서는 제도가 마치 정치인들처럼 빠르게 명멸하는 듯하다. 부총리실 내지는 지역사회 · 지방정부부의 변화는 물론이고 최소한 중기적인 기간을 상정해보면 지방정부의 전반적인 구조가 영국을 구성하고 있는 4개의 자치지역에서 모두 근본적으로 재편될 가능성이 있기 때문이다. 만약에 그러한 변화가 진행된다면, 그것은 지방의회의 수, 구역과 경계 그리고 책무에 있어서 1990년대 중반 이후 최대의 개편이 될 것이다.

이와 함께 정책과 일상 업무도 모두 변화의 소용돌이 속에 있다. 그중에는 지방자치단체 내부에서 나온 것도 더러 있지만, 중앙정부에 의해 위로부터 강요되는 경우가 너무나 많다. 제 9 장에서 다루는 지방정부성과종합평가

(Comprehensive Performance Assessment)가 하나의 훌륭한 사례이다. 이것은 노동당이 2001년 총선 정책선언에 전혀 언급하지 않았음에도 불구하고 도입된 제도로서 단일 시책으로는 무엇보다도 크게 지방정부 상급관리자들의 생활을 지배하였다.

이처럼 분명하게 볼 수 있듯이 이번 판 역시 끊임없이 변화하는 지방정부를 다루기 때문에 지난 판들과 마찬가지로 표지의 표현처럼 조금도 에누리 없이 완전 개정 및 갱신이 불가피했다. 개정의 손길을 온전하게 피한 장은 하나도 없으며, 총 3편으로 이루어진 구조는 그대로이지만 그 내용은, 특히 제3편의 경우, 종전의 제17장 및 제18장을 다른 주요 부분에서 흡수함으로써 실질적으로 새로 쓴 것이나 다름이 없다. 제16장도 새로 쓰고 중점을 다시 잡았을 뿐만 아니라 제목을 바꿨으며, 제5장과 제6장 및 제8장은 각각 광역권역 공동협력통치, 집행제 지방정부제도, 그리고 식물괴수 트리피드(Triffid)의 성장과 같은 지방 파트너십, 즉 공동추진연대의 팽창을 다루면서 평균 수준 이상으로 개정하였다.

이 책에서 또 하나의 혁신은 우리의 웹사이트 — www.palgrave.com/politics/wilson — 를 링크시킨 것이다. 이 사이트의 목적은 말할 것도 없이 독자들이 다음 개정판을 기다리지 않고도 영국 지방정부의 주요 변화와 발전을 알 수 있도록 하자는 데 있다. 따라서 여기에는 변화의 내용을, 예를 들어 정부 백서와 각료들의 시책, 관련 입법, 정부 및 학문적 간행물, 지방선거 그리고 주요 직위의 보직 변동 등을 주기적으로 요약해서 게시할 것이다. 둘째, 독자들이 무엇을 추가적으로 더 읽어야 할 것인지를 안내하고, 그 내용 또한 정기적으로 갱신할 것이다. 셋째, 이 사이트는 현행 판에서 개정되어 대체되었더라도 아직도 고유의 가치를 가지고 있는 종전 판의 일부 도표는 계속 보존할 것이다.

웹사이트와 관련해서 변함없는 특징이 하나 있다면 사이트 조회에 관한 방침이다. 종전에 이미 설명했다시피 — 주로 최고의 공공-민간 파트너십(제8장 참조)인 구글의 위력 때문에 — 이 책에는 일부 입문서에서 볼 수 있는 것처럼 본문 중에 언급된 기관들을 찾아보기 위한 웹사이트 목록이 없다. 그 이유는 우리가 이 책을 발간하면서 사용했던 방식처럼, 지금은 거의 틀림없이 구글을 이용하여 이들 기관들을 찾을 수 있고, 또 그들이 제공하는 '검색' 장치의 도움을 받아 독자들 스스로 조회가 가능하기 때문이다. 일반적으로 말하면, 우리는 웹사이트의 참조를 분명하게 해두어야 할 필요가 있거나 또는 자료를 입수한 페이지가 구체적으로 나오는 경우에 국한시켜 웹사이트의 주소를 수록했다.

웹사이트의 참조에 덧붙여서 훨씬 더 의미 있는 일을 언급하고자 한다. 그것은 이렇게 불안정한 세계에서도 변함없이 머물러 있는 기분 좋은 일로서, 이런 유형의 그리고 이만한 분량의 책을 발간하려면 지지 않을 수 없는 감사해야 할 빚이다. 가장 먼저, 우리들의 학문적 동료들과 지금은 명예교수로서 여전히 우리를 선도하시는 존 스튜어트(John Stewart) 및 조지 존스(George Jones) 교수님께 감사드린다. 제 3 장에서 인용한 두 분의 기념비적인 저서는 그분들이 그동안 펴낸 연구서의 영향력을 확인해 준다. 간행물 목록과 인용 색인은 연구평가활동에는 아무리 중요하고 필수불가결한 요소라고 해도 학문적 동료들로부터 일상적으로 받는 자극을 대변해주는 지표로서는 턱없이 부족하다. 물론 숫자가 너무 많아 개별적으로 일일이 거명하기는 어렵지만, 그 중에서도 우리들 저자 두 사람이 각자의 기관에서 긴밀하게 함께 일했던 게리 스토커(Gerry Stoker) 교수와 스티브 리치(Steve Leach) 교수는 반드시 언급해야 할 분들이다. 또 다른 두 분은 우리의 제 2 저자가 오스카상 수락 연설 형태의 감사인사를 한다면 아마도 본인들이 상상하는 것보다 훨씬 뚜렷하게 조명을 받게 될 리처드 로즈(Richard Rose) 및 토니 킹(Tony King) 교수이다.

우리가 그 무엇보다 진심으로 감사해야 할 일이 있다. 우리가 지난 판들을 준비하면서 수준 높은 행정 및 사무적 지원이라는 큰 축복을 받아온 것을 보면 틀림없이 우리 저자들 중에서 적어도 한 사람은 바른 일을 했던 것 같다. 따라서 이번 개정판을 내는 과정에서 마거릿 스펜스(Margaret Spence)가 보여준 직무의 차원을 훨씬 넘어서는 초인적인 헌신과 열정에 감사드리는 것은 그녀의 전임자들의 기여를 조금이라도 깎아 내리려는 것이 아니다. 간단하게 말해서 우리가 어떻게 감사를 표현하더라도 절대로 과장이라고 할 수 없다.

우리의 발행인인 스티븐 케네디(Steven Kennedy)도 거의 이 범주에 든다. 그가 2004년 정치연구협회가 주관하는—최초의 그리고 지금까지는 유일한—올해의 정치발행인(Political Publisher of the Year)으로 선정된 사실은 수년 동안 그를 알고 함께 일해 본 우리 모두에게 전혀 놀랄 일이 아니다. 지방정부는 그에게 막대한 빚을 지고 있는 정치학의 여러 분야들 중에서 하나에 불과할 뿐이다. 만약에 편집자문인상이 있다면 우리는 틀림없이 키이스 포비(Keith Povey)를 기쁜 마음으로 지명할 것이다. 이번 및 지난 판들에서 보여준 그의 엄청난 역할에 늦게나마 공식적으로 감사의 말씀을 드린다.

마지막으로, 적은 보상에도 불구하고 시사만화와 캐리커처의 전재를 허용해 주신 만화가들과 각 출판사에 감사드린다. 패트릭 블로워(Patrick Blower)의 [그림 5.1]과 [그림 9.3], 말콤 윌레트(Malcolm Willett)의 [그림 9.1]과 [그림 17.1], 아드리안 틸(Adrian Teal) 및 카툰스토크(CartoonStock)의 [그림 9.4] — 이들은 모두 *지방정부(Local Government Chronicle)*에 최초로 게재 — 브릭(Brick)의 [그림 10.1], 그리고 해리 베닝(Harry Venning) 및 *가디언*(*The Guardian*)의 [그림 13.1]이 그 대상들이다.

우리는 이들 및 기타의 삽화들이 이 책의 가치를 높이고 독자들의 관심을 끄는 데 함께 기여했다고 믿는다. 이 책에서 독자들이 발견하는 어떠한 하자나 실수 그리고 제시된 견해는 물론 우리들의 책임이다.

데이비드 윌슨(David Wilson)
크리스 게임(Chris Game)

차 례

제1편 지방정부의 기초

제1장 서론: 목적 및 접근방법

제2장 지방정부에 있어서의 주제와 쟁점

제3장 선출형 지방정부의 존재 이유

제10장 지방재정

제2편 지방정부의 정치와 사람

제11장 지방선거 — 크리스마스트리 전구인가?

제12장 지방의회의원 — 선택된 목소리

제3편 현대화 후기로의 변화

그림 차례

도표 차례

Part 01

지방정부의 기초

제 1 장
서론: 목적 및 접근방법

자동차번호판으로 보는 지방정부에 관한 견해

미국 사람들이 보기에 영국의 자동차번호판은 그들이 영국의 지방정부에 대해서 알 필요가 있다고 느끼는 모든 것을 말해준다.

> [영국] 자동차번호판은 상상력도, 정보도 제공하지 않는다. '켄트: 가든 카운티'라든가 '캄브리아: 호수의 땅'과 같은 번호판은 없다. 영국 어린이들은 긴 여행중에 어떤 놀이를 할지 궁금하다(Seitz, 1998, p. 270).

이런 관찰을 한 주인공은 레이몬드 시쯔(Raymond Seitz)로서 최근 재직했던 주영미국대사 가운데 탁월한, 그리고 가장 친영파로 분류될 수 있는 사람이다. 어린이 놀이라고 하는 것은 그가 어린 소년 시절 자동차에 실려 미국 전역을 여행할 때 자동차번호판을 알아맞히는 '탐정놀이(I-spy game)'를 했던 기억을 말한다. 미국의 자동차번호판은 '뉴욕: 엠파이어스테이트', '테네시: 자원봉사자의 주'라든가 다소 황당한 표현이지만 '뉴햄프셔: 자유가 아니면 죽음을' 등과 같이 제각기 해당 주의 유래와 관련된 어떤 구호나 별명을 표시한다. 시쯔(Seitz)의 이러한 정부에 관한 초기의 학습은 각각의 주가 독특한 개성과 정체성을 가진다는 것이다. 주는 물론이고 지방정부도 실질적인 권한을 보유하고 있으며, 주민들 또한 경계를 맞대고 있는 이웃들과 다르다는 데 대해 자존심이 높다. 미국의 주는 각각 헌법과 법률을 보유한다. 그들은 자본을 조성할 수 있으며 주별로 각기 다른 세금을 주민들에게 부과할 수 있다. 미국은 연방 국가이며 실로 다원적 국가의 전형이다.

이와 대조적으로 시쯔(Seitz)는 영국을 단일의(unitary) 획일적인(uniform) 국가로 보았다. 이것은 맞기도 하고 틀리기도 하다. 즉, 헌법적으로는 맞고 관찰 측면에서는 그르다. 영국은 헌법적 관점에서 웨스트민스터의 국회를 통해 하나의 실체로 통치되는 진정한 *단일국가(unitary state)*이다. 국회는 헌법적으로 주권기관이며 스코틀랜드, 웨일스 및 북아일랜드의 의회와 수백 개의 지방자치단체 등 중앙 하위의 모든 정부는 본질적으로 이에 종속된다. 이들 모두는 국회의 피조물이다. 따라서 영국은 *연방국가(federal states)*, 즉 자치 지역들이 중앙 또는 연방국가에 의해 통합된 공동체인 미국, 캐나다, 호주, 인도, 독일, 스위스와 근본적으로 다르다.

그러나 시쯔(Seitz)는 여기서 좀더 나가서 영국의 단일국가 형태를 획일성과 동일시했는데, 이 점에서 우리는 그가 그르다고 주장한다. 그는 영국의 모든 카운티가 플랜트라이프 인터내셔널(Plantlife International) 덕분에, 미국의 주들이 나무, 새, 동물, 곤충, 보석 그리고 심지어는 음료수에 이르기까지 제각기 고유의 상징물을 가지고 있음을 어렴풋이나마 모방하여, '카운티 꽃'을 가지고 있다는 사실을 알면 아마도 조금은 놀랄 것이다. 베드퍼드셔(Bedfordshire)는 난초(bee orchid), 헤리퍼드셔(Herefordshire)는 기생목(mistletoe), 러틀랜드(Rutland)는 초롱꽃(clustered bellflower)이 카운티 꽃이다. 반면에 그는 레스터셔(Leicestershire)와 버밍햄(Birmingham)이 독자성에 대한 감각 없이 똑같이 폭스글로브(foxglove — www.plantlife.org.uk 참조)를 상징 꽃으로 삼고 있는 것을 보더라도 전혀 놀라지 않을 것이다. 오히려 이것은 그의 의심을 확인시켜 줄 좋은 소재가 될 것이다. 시쯔(Seitz)가 볼 때 영국의 지방정부는 어느 누구도 큰 관심을 보이지 않는 가운데 경계가 바뀌거나 신설 또는 폐지되기도 하는 등 끊임없이 재편되고 있기 때문이다. 서비스와 편익, 세금 그리고 자동차번호판조차도 어디를 가건 거의 같다:

> 중앙정부는 국고를 배분하고 그 자금을 동질적인 사회에 균등하게 할당한다. 누가 무엇을 갖느냐 하는 것은 국가의 책무이자 국가가 선점하는 권한이기

도 하다.

이타주의는 칭찬할 만하지만 그 대가는 지방정부가 런던으로부터 준 식민지 형태로 지시를 받는 지방자치단체의 '무기력증' 그리고 정책결정의 '초집권주의'라고 시쯔(Seitz)는 결론을 내린다(p. 274).

중앙집권주의가 지방적 차이를 완전히 없애지 않는다

영국의 지방자치단체들이 같은 꽃을 상징으로 삼고 있는 것이 사실 괴로운 일이기는 하지만 그렇다고 해서 그들이 획일적이라는 시쯔(Seitz)의 인식은 그대로 받아들일 수가 없다. 시쯔(Seitz) 대사에게 런던을 벗어나서 현실을 실제로 접해 보라고 정중하게 충고해 드리고 싶다. 물론 영국에는 면적이 40배 가까이나 되고 연방 체제를 취하고 있는 미국처럼 극단적인 정부 형태는 없다. 또한 제 9 장에서 보듯이 영국의 지방의회가 유럽의 다른 어느 나라보다 중앙정부의 통제 및 결정에 훨씬 더 예속되어 있는 것도 사실이다. 그러나 조금만 더 주의 깊게 살펴보면 획일성뿐만 아니라 다양성의 힘도 쉽사리 발견할 수 있을 것이다. 그것은 면적, 위치, 역사, 문화, 경제, 사회계층구조 및 정치의 차이이며 이로 인해 서로 인접한 지방의회들이 시쯔(Seitz)가 보았다고 생각하는 것처럼 서로 구분하기 어려운 '행정 단위(administrative unit)'로 전락하지 않는다(1998, p. 271).

폭스글로브(foxgloves)를 상징 꽃으로 공유하고 있음에도 불구하고 버밍햄(Birmingham)과 레스터셔(Leicestershire) 그리고 이들 지역을 관할하는 각 지방의회는 미국의 주가 그런 것처럼 각각의 특성과 정체성을 갖는다. 지방정부의 운영 또한 크게 다르고 특색 있는 방식을 띤다. 따라서 이 책이 던지는 첫번째 메시지는 균형을 잘 잡는 것이 중요하다는 것이다. 영국 정부체제의 특징인 실제적이고 광범위한 중앙집권주의를 낮게 평가하지 말아야 할 것이며 동시에 집요하게 유지되고 있는 실질적 차이와 지방적 다양성 또한 무시하지 말아야 한다.

좁은 세계이고 재미가 없다고? 농담이시겠죠!

지방정부의 일은 재미가 없으며, 그 세계는 좁고, 획일적이고, 단조롭다고 보는 견해가 불행하게도 정치 평론가들 사이에 유행처럼 널리 퍼져 있다. 이것이 우리가 불식시키려고 하는 또 하나의 오해로서 지방정부의 일과 세계는 사실상 그 반대이다.

지방정부의 세계가 좁은 범위에 국한된 적은 지금까지 한 번도 없었다. 지방자치단체가 '요람에서 무덤까지'—내지 정충에서 벌레까지(from sperm to worm)—당신을 보살펴 준다는 말은 모두 지방의회의 광범한 책무에 대한 상투적 표현이자 시대에 뒤떨어진 후견인적 견해이다. 그러나 이것 또한 지방자치단체가 출생과 사망, 그리고 필요한 경우 그 사이에 결혼 또는 동거 사실을 등록하고, 종국에는 취향에 따라 당신을 매장 또는 화장한다는 점에서 보면 정확한 사실이다. 기억할지 모르지만 찰스 황태자(Prince Charles)와 카밀라(Camilla)는 이러한 사실을 잊고 윈저 성의 세인트조지 채플을 그들만의 결혼 장소로 허가받을 수 있도록 관할 지방의회의 기록관에게 미처 준비시키지 못해 길 건너편에 있는, 아직까지는 다소 장엄하게 보이는 시청(Guildhall)에서 일반 서민들과 함께 결혼식을 올려야 했다. 그러나 그들은 아마도 대부분의 공공 서비스를 손쉽게 이용할 수 있는 예외적인 존재들일 것이다. 나머지 우리 보통사람들에게 있어서 관할 지방의회와 그들이 제공하는 서비스는 미디어의 헤드라인을 장식하는 소위 국가 정치의 '큰' 쟁점들보다 삶에 훨씬 직접적이고 계속적이며 광범한 영향을 미친다.

지방의회가 획일적이었던 때 또한, 우리 지구의 땅덩어리 전체가 아주 멀리서 볼 때 획일적으로 보인다는 의미가 아니라면, 한 번도 없었다. 우리가 배워야 했던 '아프리카'는 전쟁, 기아, 질병과 곤궁으로 점철된, 그 속에서 차이를 찾아 볼 수 없는 획일적인 대륙이 아니라 저마다 특별한 지하자원 분포와 지형, 역사, 경제, 정부 형태, 언어 등을 가진 54개의 국가로 구성되어 있다. 이와 비슷하게 영국의 지방정부는 468개의 지역 정부이며 다양한 지리적, 인구학적, 사회적, 경제적 그리고 특히 정치적 특성을 제도적으로 인정받은 실체이다. 이 책 전체를 통해서 우리는 가능하면 어느 곳에서든 유형이 같거나 규모가 유사한 지방의회 사이에도 차이가 있다는 실례를 제시하는 한편 독자들이 스스로 유일한 실체로서 자기 지방의회의 존재 내지는 지방정부의 소우주를 발견하도록 권장할 것이다.

지방정부가 단조롭고 지루하다는 주장 또한 지난 몇 년 사이에 지방정부에서 또는 지방정부와 함께 일해 본 사람이 들으면 너무 몰라서 불쌍하다는 표정을 짓거나, 변화에 너무 시달려서 자조적인 웃음을 보일 것이다. 어떤 민간 영역에서, 그것도 모든 분야에 걸쳐서 지방정부보다 더 큰 변혁과 맞닥뜨려야 했는지 그들은 반문할 것이다. 민영화 및 서비스 외부위탁, 의무적 경쟁입찰(CCT: Compulsory Competitive Tendering), 최고가치(Best Value), 성과종합평가(CPA: Comprehensive Performance Assessment), '인두세(poll tax)'의 도입과 거의 즉각적인 폐지, 뒤따른 지방정부세(council tax)의 도입과 예산 상한선 설정(capping), 근린지역사회사무소(neighbourhood offices), 원스톱민원처리사무소(one-stop shops), 수권적 지방의회(enabling councils), 횃불지방의회(beacon councils), 민간재정조달정책사업(PFI: Private Finance Initiatives), 구역기반정책사업(area-based initiatives), 전략적 공동추진연대(strategic partnerships), 감사기관(inspectorates), 전자정부(e-government), 성과지표(performance indicators), 지방자치단체 성과비교표(league tables) … 이 모든 것들이 계속되는 재정적 제약과 전국적 규모의 지방정부 구조개편 및 개편의 위협을 배경으로 추진되었다.

20년 전에 발간된 지방정부에 관한 책에서는 이러한 아이디어와 제도적 발전을 거의 발견할 수가 없다. 이들 중 일부는 그 기원을 지방정부의 세계 내부에서 찾을 수 있으나 시쯔(Seitz)가 지적했듯이 중앙정부와 최근에 지방정부를 목표로 통과된 전례 없이 많은 입법에서 유래된 것들이 많다. 이러한 개입주의와 중앙정부의 입법적 관심이 직접, 간접으로 지방정부의 위상을 높이고 주기적으로 1면 기사를 장식하게 하였다. 그 주인공은 트라팔가 광장(Trafalgar Square)에 접근하지 못하도록 비둘기 한 마리에 28파운드를 지출했다고들 하는 런던시장 켄 리빙스톤(Ken Livingstone)이 되기도 했고 때로는 지방정부세의 납부를 거부하여 투옥된 연금생활자가 되기도 했다.

이러한 다양성과 본질적인 중요성에도 불구하고 과거에 지방정부가 활력보다는 무기력한 이미지를 보여줬다면, 거기에 대해서는 아마도 지방의회의원들이 주로 비난을 받아야 할 것이다. 그들이 대표하고 봉사해야 할 사람들의 관심이나 정치적 지지를 끌어내는 것은 고사하고 인식을 자극할 수 있을 만큼 그들 스스로를 부각시키지도 못했기 때문이다. 공정하게 표현하면 다수의 지방의회의원들은 이러한 비난을 인정하고 그것을 시정하기 위해서 최선을 다하고 있다고 주장한다. 그렇지만 아직까지 지방의회 청사와 시민센터를 저녁이나 주말에도 이용할 수 있도록 개방할 정도로 진전된 것은 많지 않다. 우리는 이 책의 전반에 걸쳐서 고객 친근성을 증진하는 데 더 많은 노력을 기울이도록 관심을 유도할 것이다.

지방정부에 관한 연구 측면에서 보면 저자들도 마찬가지로 책임이 있다. 우리 일의 일부는 지방정부의 활동에 대해 가능하면 직접적으로 느낌과 분위기가 전달되도록 우리 일반 국민들의 관심을 자극하는 것이 되어야 하기 때문이다. 그렇다면 여기서 우리 일반 국민은 누구인가?

사실과 '느낌'

우리는 이 책의 독자들이 대부분 지방정부에서 직접 일한 적이 없거나 적어도 오랜 동안 일한 경험은 없다고 생각한다. 그리고 지방정부에 대한 주요 경험은 독자 대부분이 영문 이니셜 C로 시작되는 고객(customers), 소비자(consumers), 민원인(clients), 시민(citizens)으로서, 그리고 아마도 다섯 번째 C인 불만진정인(complaints)으로서가 아닐까 생각한다. 독자 여러분들은 아마도 지난 몇 년 동안 여러분이 속한 지방의회의 공무원 및 선출된 지방의회의원들과 많든 적든 기억에 남을 만한 접촉을 다양하게 가졌을 것이다. 지방정부세 납세자, 교육보조금 수령인, 국립학교 학생, 지방의회공영임대주택 임차인, 사회서비스 급부대상, 도서관 도서대출자, 스포츠 및 레저센터 이용자, 보도 통행인, 버스 이용자, 승용차 운전자, 택시 승객, 도시계획 민원인 또는 진정인, 가정쓰레기 배출자 등 수많은 관계 중에서 적어도 하나 또는 그 이상의 여러 가지 입장이 되어 보았을 것이다. 그리고 선거인으로 등록을 하고 실제로 투표권을 행사하기도 했을 것이다. 그러나 이상한 것은 이렇게 개인적으로 깊이 관여하고 있음에도 불구하고 여러분들 스스로가 지방정부의 세계에 있어서 '국외자'로 생각하기 쉽다는 것이다.

만약 그렇게 생각한다면, 그러한 의미에서는 우리 저자들도 마찬가지로 국외자이다. 우리 또한 지방정부에 고용된 사람이 아니다. 다만, 지방정부와 밀접하게 협력하면서 일을 하고 있을 뿐이다. 우리는 교육과 강의, 연구와 자문 등 다양한 방식을 통해 지방의회와 소속 공무원 및 지방의회의원들과 거의 일상적으로 접촉하고 있다. 지방정부에 관한 두 세계, 즉 '학자(academic)'와 '실무전문가(practitioners)'의 세계를 함께 연결하고, 적어도 두 세계 간의 격차를 좁히는 것이 우리 일의 핵심적인 부분이며 우리가 설정한 이 책의 목적이기도 하다.

여론조사기관 MORI(Market and Opinion Research International)의 벤 페이지(Ben Page)는 영국 지방정부의 고전적인 '문제'를 다음과 같이 묘사하고 있다. 사람들은 그들이 별로 신뢰하지 않는 정치인을 보면서, 그리고 그들이 잘 이해하지 못하는 일을 하면서, 그에 대한 비용 청구서는 직접적으로 받는다는 것이다. 이 책은 벤 페이지(Ben Page)가 제기한 문제를 정면으로 다룬다. 여러분들에게 영국 지방정부의 가장 중요한 문제를 소개하고, 그리고 희망사항이지만, 그에 대한 여러분들의 이해를 증진시킨다. 특히 제10장은 지방정부세 납세자라면 매년 받게 되는 비용청구서, 즉 지방정부세 납입청구서의 의미와 맥락에 대해서 설명한다. 우리는 지방정치인들에 대하여, 그들에 대한 독자들의 신뢰를 높인다고 보장하지는 못하지만, 그들이 과연 어떤 종류의 사람인지, 그리고 항상 환영받는 것이 아닌 그들 일의 어려움이 어떤 것인지에 대한 통찰력을 제공할 것이다.

균형의 문제로 돌아가면 우리의 목적은 사실(facts)과 '느낌(feels)'을 모두 포괄하면서 균형이 잡힌 지방정부의 그림을 제시하는 것이다. 우리는 여러분들이 지방정부가 어떤 것인지, 그리고 어떻게 작동하는지에 대해서 사실에 입각한 정확한 지식을 습득하기를 바란다. 우리는 또한 여러분들이 지방정부에 대한 느낌을 갖기를, 즉 관련당사자들의 이해관계, 관점, 동기, 만족과 낙담에 대해서 이해하고, 그들이 직면하는 문제의 범위와 성격 및 복잡성을 인식할 수 있기를 바란다. 다음은 이 후자의 목적을 염두에 두고 몇 가지 제의와 권고를 하고자 한다.

정부 웹사이트로의 초대

먼저 여러분들이 사는 곳이 어딘가에 따라 최소한 하나, 때로는 2개 내지 3개 지방의회의 주민이라는 점에서 활용할 수 있는 것을 최대한 이용하기 바란다. 이들 지방의회는 그들이 제공하는 서비스와 그들이 관여하는 활동에 관한 막대한 양의 정보를 여러 가지 형태로 생산한다. 그들은 자체적으로 지방의회 신문을 제작하여 보급하거나 지방신문에 두어 페이지짜리 인쇄물을 정기적으로 끼워 넣는다. 그들은 틀림없이 지방정부세 납입고지서를 동봉한 예산 설명서를 당신에게 개별적으로 전달할 것이다. 그들은 또한 여러분이 해당 지방의회 청사에서 이용할 수 있는 여러 가지 서비스에 관한 온갖 종류의 리플릿, 브로슈어, 카드와 팸플릿을 생산할 것이다. 그러니까, 가서 뒤져 보라. 그리고 필요하다면 달라고 해라.

그러나 더 좋은 것은 지방정부 웹사이트이다. 오늘날 기간 지방의회들(principal councils)은 모두 웹사이트를 보유하므로 여러분이 속한 특정 지방의회를 보거나 일반적으로 지방정부를 관찰하는 데 있어서 이와 같이 풍부하고 다채로운 지방의회의 웹사이트를 서핑하고 비교하는 것보다 나은 것이 없다([도표 1.1] 참조).

대학교 웹사이트는 .ac.uk로 끝나기 때문에 'ac.uk' 사이트라고 부르기도 하는데 수강 과목과 학과 목록 정도만 제공하는 것부터 캠퍼스 사이버 투어와 웹캠 그리고 그 외에 다른 많은 내용을 갖춘 것까지 매우 다양하다. 지방의회 사이트들은 거의 대부분 .gov.uk로 끝나는데 훨씬 더 다양하고 많은 정보를 제공한다. 만약에 여러분의 지방의회 사이트가 요란하게 장식한 온라인 브로슈어 및 전화번호부에 지나지 않는다면, 그리고 마지막으로 정보를 수정한 지가 벌써 몇 달이 경과되었다면 그 자체가 스스로를 웅변으로 대변하는 것이다. 보다 의욕적이고 명실 공히 *업무용*(*transactional*) 사이트를 유지하고 있는 지방의회는 그 반대라고 할 수 있다. 사이트 비교를 통해, 또는 [도표 1.1]의 테스트용 질문을 통해 여러분이 속한 지방의회의 사이트가 얼마나 유용하고, 실질적이고, 기업가적 정신을 가지고 있는지 여러분이 스스로 판단해보기 바란다.

[도표 1.1] 여러분 지방의회의 웹사이트에 대한 테스트

웹사이트를 찾는 세 가지(여러 가지 중) 방법

1. *가장 포괄적인 방법:* 정부의 공식 웹사이트
   — www.direct.gov.uk
   일자리, 학교, 개설 과목, 어린이보호, 정부 부처, 그리고 여러분이 속한 지방의회를 찾아보기 바란다. 이 책 직전 판이 발간된 이후에 엄청나게 개선되었으며 때때로 매우 유용하다고 느낄 것이다.
2. *보다 재미있는 사이트:* 올트우드 지방정부 웹 인덱스(Oultwood Local Government Web Index)
   — www.oultwood.com
   추천할 만한 소규모 민간 기업으로서 지방정부 인덱스(local government index)라는 새 분야를 개척했다. 지도를 클릭하거나 이니셜을 통해서 검색할 수 있고 다른 나라의 지방의회 사이트들과 비교할 수 있다. 특히 '우수사례' 사이트 등을 검색해보기 바란다. 다만 아직 소규모 회사이기 때문에 급속히 바뀌는 지방정부의 큰 세계를 추적 관찰하여 최신의 정보를 게재하는 데 한계가 있을 수 있음을 감안해야 한다.
3. 가장 쉬운 방법: 구글 검색 또는 지방의회 이름 + .gov.uk

지방의회 사이트에 대한 12개의 시험용 질문

1. 사이트가 본질적으로 *홍보용(promotional)*, 즉 온라인 브로슈어 내지 전화번호부인가, 아니면 상당한 범위의 서비스를 온라인으로 제공하는 *업무용(transactional)*인가?
2. 유효기간이 지난 자료들이 여전히 게시되어 있는가?
3. 여러분이 속한 선거구의 이름을 모르더라도 주소나 우편번호만 치면 해당 선거구의 지방의회의원을 검색할 수 있는가?
4. 여러분의 선거구를 대표하는 지방의회의원이 지난 몇 달 동안 여러 가지 지방의회의 일에 어떻게 시간을 투입했는지 알 수 있는 내용을 어디선가 발견할 수 있는가?
5. 어느 정당 또는 정당연합이 해당 지방의회를 지배하고 있는지 명시적으로 나타나 있는가?
6. 서비스 목록(A ~ Z)에 그 지역을 관할하는 다른 지방의회 또는 조직의 서비스가 포함되어 있는가?
7. '바퀴달린 이동용 쓰레기통(wheelie bin)' 목록이 있는지, 아니면 다만 '쓰레기수거' 또는 '쓰레기수거차(wheeled bin)' 운행만 알 수 있는지? 거리 이름만 타이핑하면 어느 요일에 이동용 쓰레기통을 비우는지 알 수 있는지?
8. 영어 이외의 언어로 된 정보가 있는지, 있다면 어떤 것이 있는지?
9. 해당 지방의회가 관할하는 지역에 대한 지도를 내려 받을 수 있는지?
10. 위원회 자료, 즉 의안, 보고서, 의사록을 온라인으로 볼 수 있는지?
11. 해당 지방의회에 불만을 제기하거나 또는 칭찬하는 절차가 자세하게 나와 있는지?
12. 해당 지역에서 최대의 고용주가 누구인지, 그리고 여러분 선거구의 현행 실업률은 얼마인지 볼 수 있는지?

잠정적인 초기 정의

오늘날 거의 모든 지방의회의 웹사이트는 서비스 목록, 조직 편제 및 최근의 시책과 향후 활동에 관한 뉴스 란을 제공한다. 추측건대, 우리가 제시한 대로 서핑을 하면 지방정부에 관한 사전 지식이 전혀 없다고 하더라도 20분이 채 경과되지 않아서 그 지방의회가 어떤 종류의 기관인지 초기의 인상을 합리적으로 조합해낼 수 있을 것이다([도표 1.2]). 비록 이것이 지방의회가 무엇이고, 어떻게 운영되는지에 관한 완전하고 종합적인 정의는 아닐지라도 제 3 장에서 이 문제를 보다 자세히 논의하기 위한 유용한 출발점이 될 수 있다.

[도표 1.2] **여러분의 지방의회**

> 여러분의 지방의회는
>
> - 크고, 지역적으로 규정되는 다기능 조직이며,
> - 다양한 사회, 정치 및 경제적 목적을 추구하며,
> - 직접적인 제공 방식을 취하거나,
> - 후원, 간접적인 자금 지원, 규제 또는 모니터링을 통해,
> - 광범한 범위의 서비스를 지역사회에 제공한다.

이 책의 구성

이 책은 모두 3편으로 구성되어 있다. 제 1 편은 지방정부의 *기초* (basics)를 다룬다. 지방정부의 목적과 기원, 구조, 기능 및 재정 그리고 지방정부가 운영되는 맥락에 대한 기초지식을 제공하는 것이 목적이다.

제 2 편에서는 시스템을 움직이는 *동력* (dynamics)을 살펴본다. 무엇이 지방정부를 움직이게 하는가? 여기서는 의사결정을 하고 서비스를 제공하며 지역활동에 영향을 미치고자 하는 사람과 제도가 관심의 초점이다. 지방정부라는 경기에 참여하는 다양한 선수들이 어떻게 그들의 상황을 받아들이고 또 목표

를 실현하기 위해 노력하는지에 대해서 이해하는 것이 우리의 목표이기 때문에 우리는 정치에 보다 큰 관심을 갖게 된다.

제 3 편은 의제를 *변화*(*change*)로 전환한다. 2005/06 회계연도 시점에 이미 집행된 변화와, 추측의 성격이 강하지만 불투명한 미래에 있음직한 변화가 그 대상이다. 노동당 정부가 연임에 성공한 후 있었던 첫번째 여왕의 국회연설(Queen's Speech)에서 지방정부의 법률이라고 특별히 간판으로 내세울 것은 없었지만, 그렇다고 그것이 최근 이 주제에 천착해 온 사람들을 속일 수는 없다. '지방주의(Localism)'와 '근린지역사회 차원의 주민 참여'는 선거운동 과정에서 명확하지는 않지만 두드러진 주제였으며 2010년까지 지방정부의 세계에 적어도 1980년대나 1990년대에 필적할 정도의 진화 및 변화가 있을 것이다. 그러므로 이 책은 다가오는 모습에 대한 일종의 제안으로 결론을 맺는다. 우리 자신의 웹사이트(www.palgrave.com/polictics/wilson)를 기억하기 바란다. 서문에서 언급했듯이 여러분은 여기서 각 장의 추가적인 독서 자료에 대한 안내 및 최신의 관련 정보를 발견할 수 있다.

제 2 장
지방정부에 있어서의 주제와 쟁점

서론 — 헤드라인 따라잡기!

이 장에서는 영국 지방정부가 당면하고 있는 주요 주제와 쟁점 및 지방정부체제를 규정하는 핵심적인 특성을 소개한다. 우리는 이 장을 시작하면서 중앙 또는 지방의 미디어에 보도되는 지방정부와 관련된 뉴스를 따라잡는 것이 유익하다는 우리의 권고가 가치가 있다는 것을 증명해 보이고자 한다. 예를 들어 여러분이 지난 2005년 여름 동안 미디어 따라잡기를 했더라면 당시 여러분의 눈을 사로잡았던 헤드라인 중에서 일부는 거의 틀림없이 [도표 2.1]의 목록에 포함되어 있을 것이다.

영속적인 변화 — 그리고 더 많은 변화가 전망됨

[도표 2.1]의 헤드라인은 영국의 지방정부에서 가장 두드러진 몇 가지 주제를 집약적으로 보여 주면서 이들이 끊임없이 움직이는 상태에 있다는 점을 부각시키고 있다. 21세기 초반에도 1980년대 및 1990년대와 마찬가지로 지방정부는 거의 모든 측면에서 변화의 소용돌이 속에 있으며, 그 중에는 가장 근본적인 성격의 변화도 많다([도표 2.1]의 1, 2 및 7항). 1990년대에는, 제 5 장에서 설명할 것이지만, *지방의회의 수* 자체가 계속 변했다. 좀더 구체적으로 말하

자면 그 수가 감소했는데 이 책의 초판이 발간될 당시, 국제적 기준에서 볼 때 이미 지극히 적은 숫자였던 540개의 지방의회가 제 2 판이 발간된 1998년에는 468개로 더욱 줄어들었다. 중앙정부에 의한 지방정부체제개편(reorganisation)의 희생으로 일곱 개에 하나 꼴로 지방의회가 사라진 것이다(Wilson and Game, 1998, p. 14 및 링크된 웹사이트의 도표 참조).

웨일스에서는 45개 카운티 및 디스트릭트가 절반 이하로 줄어들어 22개의 '단일통합'(단일 계층, 일반 목적) 의회가 되었다. 스코틀랜드에서는 종전에 있었던 65개의 광역권역(regions) 및 디스트릭트가 32개의 단일통합의회로 숫자가 줄어들었다. 잉글랜드에서는 5개 카운티와 58개 디스트릭트가 46개의 단일통합의회로 대체되었다. 단지 북아일랜드의 지방정부 구조만 그대로 남아 있는데, 런던의 직접 지배가 예상대로 종식되어 북아일랜드 의회(Northern Ireland Assembly)와 각료회의(Executive Committee of Ministers)가 복원되고, 수는 작지만 보다 강력한 기능을 발휘하도록 지방의회(7항 참조)에 더 많은 권한이 이양되면 여기에도 변화가 있을 것으로 보인다.

만약에 한 사람의 독자로서 이 모든 구조상의 땜질 처방이 혼란과 불확실성을 야기한다고 생각한다면, 그냥 자신을 지방의회의 공무원이라고 가정하고, 당신의 지방의회가 어떤 권한과 서비스 책무를 가질 것인지(3, 4 및 11항 참조), 그리고 어떻게 관리되고 편제될 것인지(2항 참조)는 고사하고 몇 년 후에 그대로 존치될 수 있을 것인지조차 모른다고 상상해 보기 바란다.

구조적 변화는 물론 1998년에 정지된 것이 아니다. 그와 정반대로 신노동당 정부(New Labor Government)는 급진적인 자치권이양(devolution) 프로그램을 포함하여 동 세기에 국가 전체적으로 가장 광범한 영향을 미치게 될 헌법개혁 의제(agenda for constitutional reform)를 가지고 1997년 집권하였다. 스코틀랜드 사람들은 노동당 집권 후 2년 이내에 거의 300년 만에 처음으로 그들 자신의 입법기관(legislative Parliament)과 각료회의에 해당되는 집행부(Executive)를 가지게 되었다. 그리고 각료들은 스코틀랜드의 이익(항목 5 참조)에 부합된다면 언제든지 웨스트민스터(Westminster)의 정책과 거리를 둘 태세가 되어 있다. 웨일스 또한 현재로서는 세율을 바꾸거나 기본 법률을 통과시킬 수 있는 권한은 없지만 자체의 의회(Assembly)를 가지고 있다. 그러나 웨일스 의회는 국내법의 집행에 대하여 의견을 개진할 수 있다. 그리고 웨일스의 지방의회들도 업무를

[도표 2.1] 뉴스 헤드라인 발췌, 2005

1. **시 광역권 정부(City Regional Government) 구상, 북동잉글랜드 주민투표 거부 이후**
데이비드 밀리밴드(David Miliband) 지방정부 담당 차관은 선출로써 북동잉글랜드 광역권역 의회(North East Regional Assembly)를 구성하자는 정부의 제안이 2004년 11월 주민투표에서 거부됨에 따라 잉글랜드의 핵심도시로 자치권을 이양하는 문제에 관한 '근본적인 토론'을 약속했다.
2. **토베이, 시장 직선에 찬성**
데본(Devon) 카운티의 토베이(Tobay)는 성공적인 청원 및 선거운동에 이어 주민투표 결과 찬성 18,074표, 반대 14,682표로 잉글랜드에서 13번째로 정당에서 선출된 집행위원장 대신에 주민이 직접 선출한 시장이 지방정부를 이끄는 방안을 채택하였다.
3. **'손님, 주문 시간이 끝났습니다(Time, Gentleman, Please)', 차관 주장**
주류면허권이 치안판사(magistrates)로부터 지방의회로 넘어감에 따라 수천 개의 주점과 클럽들이 새 면허 신청 시한인 8월을 넘겼다. 그러나 담당 차관인 제임스 퍼넬(James Purnell)은 기한을 연장해 달라는 지방의회들의 요청을 거부하였다.
4. **지방의회에 청소년 관련 새 권한을 제의**
정부 백서, *청소년이 중요하다*(*Youth Matters*)는 지방의회가 정부의 청소년 지원 종합서비스인 커넥션스(Connexions)로부터 청소년 자문서비스를 인수하고 13세에서 16세까지의 품행이 좋은 청소년들에게 무료로 레저 활동을 할 수 있는 '기회카드(opportunity cards)'를 배부할 것을 지방의회에 제안하고 있다.
5. **금연 추진 진행중 — 스코틀랜드**
잉글랜드에서는 아직도 부분적 금연이 논의 단계에 있는 데 반해 스코틀랜드지방자치단체연합(COLSA)은 스코틀랜드의 지방의회들이 스코틀랜드 의회가 도입한 포괄적인 공공금연 조치를 시행할 준비가 되어 있음을 확인하고 있다.
6. **제이미 올리버(JAMIE OLIVER), 한 발 늦었습니다!**
'제이미의 학교급식(Jamie's School Dinners)' 캠페인의 평판을 항상 조금은 부러워하는 할 시의회(Hull City Council)는 제이미의 캠페인이 시작되기 이전인 2004년 2월부터 할(Hull)의 모든 초등 및 중등학교에 이미 영양이 균형 잡힌 급식 메뉴를 도입했다는 점을 국민들에게 상기시키고 있다.

처리하는 방식이나 추구하는 정책에 있어서 잉글랜드의 지방의회들과 점차 더 큰 차이를 보이고 있다.

북아일랜드의 새 의회(Assembly)의 탄생은 1972년 에드워드 히스(Edward Heath) 정부가 이 지역에 대한 직접적인 통치권을 떠맡은 이후 최초의 일로서 초기에 심한 굴곡을 경험했다. 1998년 6월에 선출되어, 1999년 7월 소집되었

7. **숫자는 줄이고 규모는 크게 그리고 더 강력하게, 북아일랜드지방자치단체협회의 희망**
   북아일랜드지방자치단체협회(NILGO: Northern Ireland Local Government Association)는 북아일랜드의 지방의회 수를 26개에서 7개 정도로 줄이려는 정부의 조직개편 방안을 수용하되, 규모가 커진 지방의회가 더 많은 서비스 책임을 담당할 수 있게 되기를 원하고 있다.
8. **유럽 최고 고층빌딩, 각료 승인 획득**
   존 프레스코트(John Prescott) 부총리는 지방계획청인 런던 램버스 바러 의회(Lambeth Borough Council)와 잉글리시 헤리티지(English Heritage)의 결정을 뒤엎고 빅벤과 영국 국회 건물들을 가리는 49층짜리 아파트 빌딩의 건축을 승인하였다.
9. **콘월 지역 지방의회들, 지속가능한 에너지 공동추진연대**
   콘월 카운티 및 산하 6개 전 디스트릭트 의회 등 콘월 지역의 60개 조직으로 구성된 지속가능한 에너지 공동추진연대(partnership)가 운영하는 가정보건(Home Health) 사업은 지난 2년간 3,000개 이상의 가정에 에너지 절약 측정기를 무료로 보급하였다.
10. **중국 사람들 테임사이드의 유리 분쇄기에 관심**
    테임사이드 광역도시권 바러(Tameside MBC)의 혁신적인 유리 재활용 사업 — 유리를 모래알 크기의 가루로 분쇄하여 바러의 스포츠경기장 범람 방지에 활용함 — 이 몰타(Malta)에서 중국에 이르기까지 해외의 관심을 끌었다.
11. **'양심적 기피(Conchie)' 호적담당자 게이 결혼식 보이콧할지도**
    지방의 일부 호적담당자들이 양심적 기피자가 되어, 동거법 2004(Civil Partnership Act 2004)에 규정되어 있는 관용적 부분을 거부할지도 모른다. 이 부분은 게이 커플에게 다양한 법적 권한을 부여하고 그들이 원하면 게이 결혼식을 열도록 허용하면서 지방의회로 하여금 동거를 의무적으로 등록하게 하고 있다.
12. **햄프셔 사회복지사들 쓰나미 구조 활약**
    햄프셔 카운티 의회의 사회복지사 6명이 피해가 가장 극심했던 스리랑카의 함반토타(Hambantota)에서 아동 보호, 가족 요법 및 사별, 성인 장애에 관한 그들의 경험을 활용하여 3주간의 구조 활동을 펼친 후 돌아왔다.

다가 정회되었고 그 해 12월 재개되었으며, 2000년도에는 권능이 정지되었다가 다시 회복되었고, 2002년 12월 다시 권한이 정지되었다. 그러나 북아일랜드 의회는 스코틀랜드 의회와 마찬가지로 (권한이 정지되지 않은 경우) 입법권을 가지며, 거기에는 그 지역에서 다수가 원하는 바에 따라 종국적으로 지방정부 시스템을 전환하고 강화할 수 있는 권한이 포함된다.

잉글랜드에서도 구조적인 개혁이 진행되었고 앞으로도 계속될 것이다. 런던에는 대처 정부가 1985/86년 광역런던의회(GLC: Greater London Council)를 폐지한 이후 한동안 수도 전체를 관할하는 선출된 정부가 사라졌으나, 지금은 2012년 올림픽 유치 경쟁을 선봉에 서서 따낼 정도로 강력한 정부가 다시 들어서 있다. 2000년 런던 시민들은 25명의 시의원과 함께 영국에서는 처음으로 주민 직선으로 집행수장형 시장(executive mayor)을 선출했다. 이 선거에서 광역런던의회(GLC) 폐지 당시 동 의회를 지배했던 노동당의 마지막 대표(leader)였던 켄 리빙스톤(Ken Livingstone)이 이번에는 노동당이 아닌 무소속 후보로 출마하여 시장에 당선되었다.

런던은 하나의 특별한 사례이다. 다만 그것이 지방정부(local government)의 특별 사례인지 아니면 광역권역 정부(regional government)의 특별 사례인지에 대해서는 이견이 있다. 그러나 논란의 여지가 없는 하나의 사실은 런던을 제외한 잉글랜드 전체가 노동당의 자치권 이양 정책에서 벗어나 있다는 것이다. 자치권 이양을 통해 스코틀랜드, 웨일스, 북아일랜드 및 런던에는 선출된 민주적 정부가 들어섰지만 잉글랜드 지역만은 예외이다. 이것은 정부가 의도한 바는 아니었다. 1997년으로 거슬러 올라가 보면 당시의 계획은 먼저 광역권역개발청(RDAs: Regional Development Agencies)을 설치하는 것이었다. 광역권역개발청은 산업경제계 주도로 각 지역의 경제 전략을 개발하고 집행하는 기구로서 지방의회의원, 상공인, 노동조합, 종교계의 지도자로 구성되는 '광역권역회의(chambers)' 또는 광역권역의회(assemblies)의 감시를 받는 것으로 구상되었다. 이들 광역권역회의는 주민이 직선하는 것이 아니라 정부 각료에 의해 임명되지만 지역 주민들이 주민투표를 통해 찬성하는 경우 적정한 절차를 거쳐 선출기관인 광역권역의회로 전환될 수 있었고 또 그것이 정부의 희망이기도 하였다. 그러나 여기에는 한 가지 조건이 있었다. 그것은 이렇게 선출에 의해 새로운 정부 계층이 창설되기 위해서는 스코틀랜드와 웨일스에서 이미 본 것처럼 동시에 단일통합의회 체제로 이행해야 한다는 것이다. 요약하면 지방의회 및 지방의회의원의 수를 더욱 감축하는 구조개편이 추가적으로 따라야 한다.

정부가 구상한 시나리오는 지역 정체성이 가장 높은 지역부터 선출에 의한 광역권역의회를 먼저 구성한 다음, 그것을 본보기로 삼아 전부는 아니더라도 적어도 전국 대부분의 광역권역으로 점진적으로 확대하는 것이었다. 그 대표 주자가 북동(North East) 잉글랜드였다. 그러나 2004년 11월 실시된 지역 주민투표에서 주민들의 생각은 다른 것으로 나타났다. 일괄 우편투표 방식으로 실시된 주민투표의 결과 응답률은 48퍼센트로 훌륭한 수준이었으나 광역권역 의회를 구성하자는 제안은 거의 4 : 1의 비율로 거부되었다. 이에 따라 현 시점에서 광역권역의회는 정부의 의제에서 확실히 사라졌다. 그러나 다른 것까지 꼭 그런 것은 아니다. 단일통합형 지방정부의 확대는 여전히 정부의 확고한 의제이며, 시 광역권(city regions — [도표 2.1] 1항 참조)에서 근린지역사회 의회(neighborhood councils)에 이르기까지 여러 가지 가능한 구조개혁방안도 마찬가지이다. 그 중에서 우리는 보다 타당하게 보이는 몇 가지 개념들을 제 18장에서 다시 살펴볼 것이다.

선출 광역권역의회 구성의 제안이 거부됨에 따라 하나의 부산물로서 직선 시장 구상이 다시 등장했다. 이 구상도 노동당의 개혁 중에서 미온적인 반응을 받은 것 중의 하나였다. 그러나 2005년 총선 후 지역사회 · 지방정부 담당 차관에 임명된 데이비드 밀리밴드(David Miliband)는 이것을 선호했다. 직선 시장은 21세기의 개막과 더불어 지방의회가 채택해야 했던 급진적인 *내부구조변화(internal structural changes)*의 핵심적인 특징 중의 하나였으며 여기에 대해서는 제 6 장에서 보다 자세하게 다룰 것이다. 블레어 정부는 지방정부법 2000(Local Government Act 2000)을 통해 지방의회가 그동안 전체 역사를 통하여 스스로를 조직하고 업무를 수행해 오던 방식을 전반적으로 '현대화하려고(modernise)' 시도하였다. 종전에는 선출된 모든 지방의회의원들이 각종 위원회의 위원 자격으로 해당 지방의회의 정책결정에 관여했었다. 정부가 원했던 방향은 정책결정의 책무를 광역런던시(Greater London Authority)처럼 직선의 집행수장형 시장 한 사람에게, 아니면 적어도 지도적 위치에 있는 소수의 의회의원들로 구성되는 내각에 부여하는 것이었다. 나머지 비집행직 지방의회의원들은 그들의 지역사회 및 주민들을 대표하는 한편 지방의회의 정책을 비판적으로 검토하고 심사한다. 이를 통해 위원회 체제 아래에서보다 더 체계적이고, 엄격하고, 그리고 생산적으로 정책심사가 수행되기를 기대하였다.

일반적으로 지방정부의 세계는 이와 같이 고도로 구체화된 제안을 호의적으로 받아들이지 않았으며 정부는, 특히 소규모 디스트릭트 의회의 요청을 충족시키기 위해 일부 양보를 하지 않을 수 없었다. 선출되는 *집행수장형 시*

장(*elected executive mayors*)도 일반 국민들한테는 상당히 매력적인 제안이었지만, 지방의회의원들 사이에서 심각할 정도로 인기가 없었던 것은 놀랄 일이 전혀 아니다. 그들은 자신들이 정책결정 과정에서 소외되는 대신 시장 한 사람의 손에 권한이 집중됨으로써 민주주의의 위기가 예견된다고 주장했다. 그 결과 첫번째 시도에서 잉글랜드 전체의 3퍼센트가 채 안 되는 11개 지방의회만이 광역런던시의 예를 따라 직선 시장제를 도입하였고 나머지 지방의회는 집행위원장(leader)을 지방의회의원들이 정당 교섭단체에서 선출하는 기존의 방식을 고수했다. 그러나 이러한 집행수장형 시장에 대한 반대 기류가 2005년에 들어서서 전환되는 것처럼 보였다. 그것은 토베이(Torbay)의 유권자들이, 어쩌면 대부(Godfather)와 같은 정부 각료들의 권장에 따라, 제 2 세대의 집행수장형 시장이 탄생하게 된다면 그들 토베이(Torbay)가 그 첫번째 사례가 될 것임을 (주민투표를 통해) 확신시켜 주었기 때문이다([도표 2.1] 2항 참조).

이러한 실제적인, 그리고 때로는 잠재적인 조직의 변화와 함께 2005년의 다른 정부 입법들도, 늘 그래왔듯이, 지방자치단체의 권한과 책무를 증가시키기도 하고 감소시키기도 하였다. 총선 후 여왕의 국회연설(Queen’s Speech)에 언급된 50개 법안 중에서 적어도 20개는 동물 복지(허가 및 감사권한 강화)에서 어린이 보호와 교육(성과 부진 학교에 대한 관여), 신분증(identity cards), 도로 안전 그리고 폭력범죄에 이르기까지 지방정부에 중대한 영향을 미치는 것이었다. 최근 들어 지방정부의 최대 관심사는 그들의 권한이 민간 부문 또는 비선출의 타 공공기관에 의해 다양하고도 지속적으로 잠식되고 있는 것이다. 그럼에도 불구하고 2005년도에 언론에서 더 많이 제기되고 있는 문제는 장래에 지방정부가 갖게 될 새로운 권한들에 대해서이다. 정부가 새로운 청소년 서비스에 충분한 재원을 투입할 것인지, ‘주점 구역(bar area)’ 또는 ‘폐쇄된 공공장소(enclosed public space)’의 정의가 관건이 되어 있는 부분 금연을 어떻게 단속할 것인지, 그리고 큰 논란을 불러일으키고 있는 ‘동성결혼(gay weddings)’ 문제 등이 그러한 사례들이다([도표 2.1] 4, 5 및 11항 참조).

그러나 이보다 훨씬 큰 쟁점들이 수면 위에 떠오르고 있다. 오랫동안 기다려온 지방재정에 관한 검토 결과의 발표가 임박한 상태에서 누구보다도 우리 학계의 일부 동료들 사이에 어떤 ‘공상(blue skies thinking)’이 촉발되고 있다. 그것은 지방정부가 장래에 교육, 사회서비스, 주택관리, 도서관, 레저센터 등 전통적인 서비스의 많은 분야에서 통제력을 완전히 상실해버리지 않을까 하는 것이다. 한때 정부 제도가 오랫동안 안정되어 있었던 나라에서 일어나고 있는 이러한 모든 변화의 폭과 속도와 규모는 그것이 실제적이든 아니면 단순한 제안에 불과하든 매우 괄목할 만한 일이라는 데 이론이 있을 수 없으며, 많은 사람들에게 헌법적으로 그리고 민주적으로 위협이 되고 있다. 따라서 이 문제는 불가피하게 이 책의 핵심적 주제의 하나가 된다.

비선출형 지방정부와 '지방 공동협력통치'

우리가 이미 언급한 최근의 많은 변화에서, 특히 잉글랜드의 광역권역(regions)을 중심으로, 비선출형(non-elected) 또는 간선형(indirectly elected) 지방정부의 확산이라는 하나의 경향을 포착할 수 있다. 그것 자체는 새로운 현상이 아니다. 당초의 국립보건서비스청(NHS) 구조와 새로운 자치조직으로서 1차 진료기관, 그리고 국립보건서비스청 산하의 병원연합(trusts)과 그에 속하지 않는 기타의 병원연합은 1974년 이래 완전히 비선출형으로 구성되고 있다. 잉글랜드 광역권역개발청(regional development agencies)의 모델이 된 뉴타운개발공사(New Town Development Corporations)와 스코틀랜드 및 웨일스 개발청(Scottish and Welsh development agencies)도 마찬가지였다.

그러나 비선출형 정부의 규모는 1980년대와 1990년대에 걸쳐서 엄청나게 팽창했는데, 그것은 선출된 지방의회의 *직접적인 희생*(*direct expense*)으로 이루어진 경우가 허다하다. 주요 정당인 보수당과 노동당 정부 아래에서 공통적으로 지방자치단체의 서비스 책무가 주로 정부임명 특별행정기관(single-purpose Government-appointed agencies)으로 이관되었다. 도심 개발을 위한 도시개발공사(UDCs: Urban Development Corporations), 학습·기술위원회(LSCs: Learning and Skills Councils)와 그 전신인 훈련·기업위원회(TECs: Training and Enterprise Councils), 주택재건추진연합(HATs: Housing Action Trusts), 정부보조금 직영학교(grant-maintained schools) 및 직업기술학교의 운영지도기구 등이 그 사례에 속한다. 이들 단일 또는 특별 목적의 기관들은 종래 *로컬 쾡고*(*local quangos* — quasi-autonomous non-governmental organisations), 즉 지방 준독립 비정부기관으로 알려져 있는데 5,000개 이상의 기관이 창설되고 이사회의 위원만 70,000이 넘는 '준독립 비정부기관체제(quangocracy)'가 들어섬으로써 가히 '준독립 비정부기관의 폭발(quango explosion)'이 있었다고 해도 과언이 아니다. 이들 기구 및 위원의 숫자는 각각 지방의회 및 지방의회의원 숫자의 여러 배가 된다. 존스와 스튜어트(Jones and Stewart, 1992, p. 15)는 이것을 영국 지방정부체계의 '근본적 변화(fundamental change)'라고 진단하였다.

> 정부 통치는 치안판사로부터 분리된 지 100여 년 만에 다시 '신행정관체제(new magistracy)'로 환원되었다. 주민이 선출하던 주민대표가, 임명된 새로운 집단으로서 우리 사회의 *알려지지 않은 통치자*(*unknown governors*)로 대체된 것이다(이탤릭체는 저자가 강조).

이들 변화가 너무나 근본적이고, 그 결과 지방서비스의 공급이 지나치게 편린화되었기 때문에, 일부 정치학자들은 지방정부가 소위 말하는 *지방 '공동협력통치'*(*local 'governance'*)로 진화했다고 주장한다. 그리고 이 개념이 중앙 하부의 정책결정 및 서비스 공급에 관여하는 공공, 자원봉사 및 민간 부문 기관들 상호간의 광범한 네트워크를 효과적으로 설명해 준다는 것이다 (Rhodes, 1997; Stoker, 2000, 2004a; Leach와 Percy-Smith, 2001; Goss, 2001; John 2001 등 참조).

우리가 이 분석에 반대하는 것은 아니지만, 그렇다고 해서 이 책의 제목을 바꾸거나 초점을 근본적으로 변경시키는 문제는 심각하게 고려하지 않았다. 관련된 비정부기관에 많은 주의를 기울이면서도 이 책의 중점은 여전히 지방 거버넌스, 즉 공동협력통치의 과정 또는 네트워크의 핵심이면서 민주적 책임을 지는 서비스 공급자이며, 주요 자원의 보유자인 *선출된 지방정부*(*elected local government*)에 그대로 남아 있다.

이합과 집산: 공동추진연대의 운영

아주 오래 전, 우리가 어렸을 때 닐 세다카(Neil Sedaka)의 '이별은 정말 힘들어요(Breaking up is hard to do)'라는 눈물 젖게 하는 노래가 있었다. 그러나 그것은 과거에도 물론 그렇지 않았지만, 특히 지금은 국회에서 여유 있게 과반 의석을 차지한 중앙정부라면 명백하게 그렇지 않다. 다목적 기능을 수행하는 지방의회를 준독립적이며 단일 목적의 특별기관으로 분리하는 법률을 쉽게 통과시킬 수 있기 때문이다. 이 과정은 공공관리 전문용어로 '해체(disaggregation)' 또는 '공동화(hollowing-out)'로 알려져 있으며, 여기서는 지방정부의 공동화라고 할 수 있다.

그러나 해체 후에는 곧 근린지역 회생, 범죄와 무질서, 어린이 보호, 지속가능한 지역개발 등과 같이 이제는 더 이상 같은 조직 안에서 발견할 수 없고, 전반적으로 단절된 여러 조직을 포괄하는 전체 영역에서 찾아야 할 사람과 기술과 지식과 경험이 요구되는 특정의 정책 문제가 있음을 발견하게 된다. 따라서 이들 조직은 다시 결합해야 하는데 이것을 전문용어로 *파트너십, 즉 공동추진연대*로의 '재편(reconfigured)' 또는 '통합(joined up)'이라고 부른다. 파트너십, 즉 공동추진연대의 운영([도표 2.1] 8항 및 제 8 장 참조)은 현대 지방정부의 핵심적인 특징이 되었으며 지방의회는 종래 그들이 스스로 공급해왔던 서비스를 이제는 그들로부터 승계받아 공급하는 외부 조직들과 함께(with), 그리고 그들을 통하여(through) 일을 하게 되었다. 이것이 잘 작동되면 역시 1960년대 초반의 유명한 여성 그룹 로네츠(Ronettes)의 노래 '이별이 가장 좋은 것은 다시 결합할 수 있다는 것'과 같지만 뜻대로 되기가 어렵다.

재량의 축소

지방정부로부터 권한의 일부가 떨어져 나감과 동시에, 남아 있는 권한에 대해서도 중앙의 지도와 통제가 강화됨에 따라 더욱 큰 제약이 가해졌다. 지방정부의 재정에 있어서는, 특히 1980년대와 1990년대 초반의 오락가락 했던 변화와 함께 지속적으로 더욱 엄격한 조건이 부과되었다. 정부 각료들과 중앙부처 공무원들은 개별 지방의회가 각각의 서비스에 얼마를 지출해야 할 것인지를 중앙에서 그들 스스로 산출하고 이것을 발표하는 데 더욱 직접적으로 관여하였다. 그 결과 [그림 2.1]에서 보는 것처럼 지방정부 스스로 결정을 내리거나, 또는 그들의 지역사회에 공급하고자 하는 서비스의 재원을 효과적으

[그림 2.1] 지방자치단체 재량 깔때기

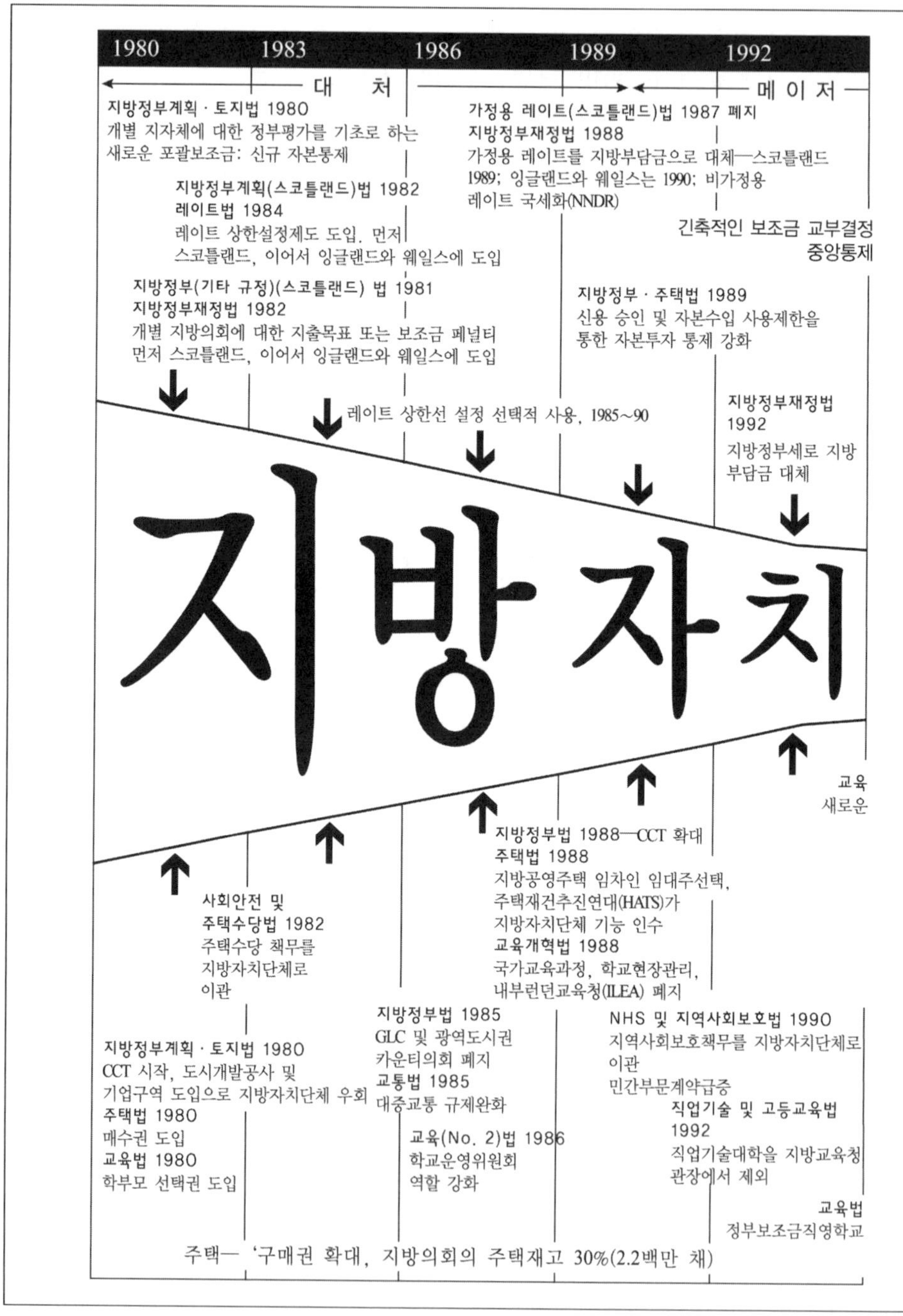

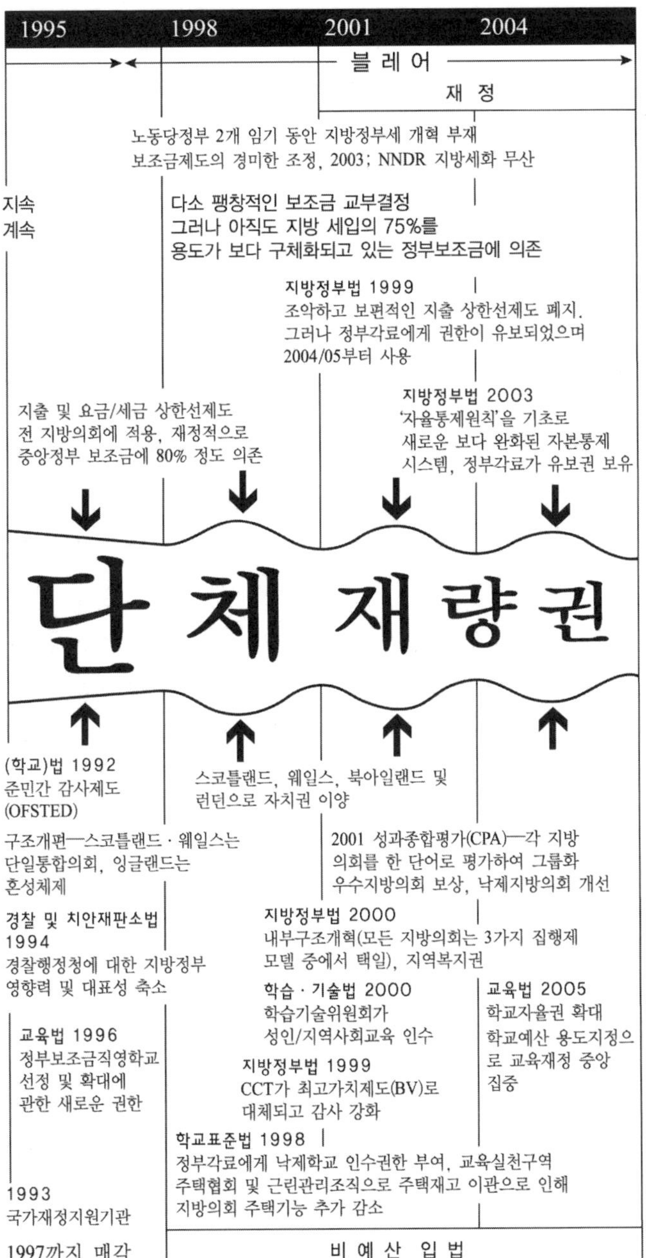
1995
1998
2001
2004
블 레 어
재 정
노동당정부 2개 임기 동안 지방정부세 개혁 부재
보조금제도의 경미한 조정, 2003; NNDR 지방세화 무산
지속
계속
다소 팽창적인 보조금 교부결정
그러나 아직도 지방 세입의 75%를
용도가 보다 구체화되고 있는 정부보조금에 의존
지방정부법 1999
조악하고 보편적인 지출 상한선제도 폐지.
그러나 정부각료에게 권한이 유보되었으며
2004/05부터 사용
지출 및 요금/세금 상한선제도
전 지방의회에 적용, 재정적으로
중앙정부 보조금에 80% 정도 의존
지방정부법 2003
'자율통제원칙'을 기초로
새로운 보다 완화된 자본통제
시스템, 정부각료가 유보권 보유
단 체 재 량 권
(학교)법 1992
준민간 감사제도
(OFSTED)
스코틀랜드, 웨일스, 북아일랜드 및
런던으로 자치권 이양
구조개편—스코틀랜드 · 웨일스는
단일통합의회, 잉글랜드는
혼성체제
2001 성과종합평가(CPA)—각 지방
의회를 한 단어로 평가하여 그룹화
우수지방의회 보상, 낙제지방의회 개선
경찰 및 치안재판소법
1994
경찰행정청에 대한 지방정부
영향력 및 대표성 축소
지방정부법 2000
내부구조개혁(모든 지방의회는 3가지 집행제
모델 중에서 택일), 지역복지권
학습 · 기술법 2000
학습기술위원회가
성인/지역사회교육 인수
교육법 2005
학교자율권 확대
학교예산 용도지정으
로 교육재정 중앙
집중
교육법 1996
정부보조금직영학교
선정 및 확대에
관한 새로운 권한
지방정부법 1999
CCT가 최고가치제도(BV)로
대체되고 감사 강화
학교표준법 1998
정부각료에게 낙제학교 인수권한 부여, 교육실천구역
주택협회 및 근린관리조직으로 주택재고 이관으로 인해
지방의회 주택기능 추가 감소
1993
국가재정지원기관
1997까지 매각
비 예 산 입 법

로 조달하는 데 필요한 지방적 재량이 현저하게 축소되었다.

이 책에서 우리는 앞으로 [그림 2.1]에 포함되어 있는 구체적인 항목들을 많이 접하게 될 것이다. 우리는 또한 영국의 집권화 경향과 유럽의 다른 대부분의 중앙정부가 일반적으로 추구하는, 그러나 여기 영국에서는 원칙이라기보다는 예외라고 할 수 있는, 분권 정책의 차이에 대해서 언급할 것이다. 다만, 현재로서는 우리가 '지방자치단체 재량깔때기(funnel of local authority discretion)'라고 명명한 그림의 일반적인 형태에 관심을 가지기 바란다.

여기서 우리는 마치 깔때기처럼 끝이 점차 가늘어지고 있음을 확실히 볼 수 있다. 이것은 블레어 행정부가 재량권을 '얻을' 만큼 높은 성과를 거두었다고 판단되는 지방정부에 대해서는 중앙 통제 및 각료 간섭을 일부 완화하되, '뒤쳐진' 자치단체에 대해서는 가장 강력한 치유적 조치를 취하는 이원적 접근법을 의도적으로 취하고 있음을 보여주기 위해서 이번 최신판에서 수정한 것이다. 그러나 의도적이지만 깔때기의 모양에서 지방의 재량이 모두 박탈되었다는 시사는 전혀 없다. [그림 2.1]은 지방의회가 여전히 그들 자신의 정치적 우선순위를 결정하고 지역 주민의 수요와 희망에 따라 고유의 시책을 추진할 수 있는 기회를 일부 가지고 있음을 함축하고 있다. 중앙정부의 명령과 지시로 인해 점차 속박이 강화된다고 느끼고, 또 그것들이 공평하지 않다고 항의할 수는 있겠지만, 그렇다고 해서 지방의회의 정책주도권과 개별적 특수성이 모두 박탈된 것은 결코 아니다.

다양성과 혁신

상기의 마지막 주장에 대한 증거는 어떤 뉴스 헤드라인에서나 쉽게 찾을 수 있으며, 우리가 발췌한 [도표 2.1]도 예외가 아니다. 그러한 사례는 기념비적이고 논란이 큰 사안에서 겨우 뉴스감이 되는 것까지 다양할 것이다. 할(Hull)의 학교급식(또 다른 빼어난 사례인 재활용 플라스틱 컵으로 만든 연필), 테임사이드(Tameside)의 유리분쇄기, 햄프셔(Hampshire)의 쓰나미 구제활동(제 6, 10, 12항)은 모두 공통점을 가지고 있다. 그것은 지방의회가 어떤 일을 함에 있어서 단순히 의무적으로 또는 중앙정부의 요구에 의해서가 *아니라* 과거와는 다른 방식으로, 그리고 다른 지방의회가 하는 것과 달리 하기 위해 자유롭게 결정을 내린 사례들이다.

축소 및 계약, 경쟁 그리고 위임

현대 지방정부를 생각할 때 떠오르는 모습은 중앙정부에 불가피하게 종속되어 있는 것이지 그렇다고 비겁하게 복종하는 것은 아니다. 즉, 행동의 자유가 종전에 비해 줄어들기는 했지만 결코 무력해진 것은 아니다.

1980년대에 보수당 정부가 염두에 두었던 것으로 보이는 미래의 목표를 하나의 재담으로 표현할 수 있다. 정부는 지방자치단체가 관장하던 기능 중에서 일부는 떼어 내고 동시에 다른 기능들은 민간에 외부위탁을 하도록 권장했는데 이로 인해 *축소 및 계약기관*(*Contracting authority*)이라는 중의어가 만들어졌다. 업무의 규모와 성격 양 측면에서 미래의 지방자치단체는 단어의 두 가지 뜻을 모두 가진, 즉 축소 및 계약기관이라는 것이다!

'유머는 무엇을 심각하게 말하는 하나의 방식'이라고 했던 시인이자 극작가인 엘리어트(T. S. Eliot)의 주장을 예증하고 싶다면 멀리서 찾을 필요가 없다. '외부위탁(contracting-out)'에서 어색하기는 마찬가지인 '아웃소싱(outsourcing)'으로 용어는 거의 대체되었지만, 대처 정부의 의무적 경쟁입찰(CCT: Compulsory Competitive Tendering)에서 시작된 경쟁의 신념은 그 이후 오랜 기간 동안 지방정부 일상의 한 부분이 되었다.

여기서 두 개의 C는 의무적 경쟁입찰(CCT)의 특징을 규정한다. 종전에는 지방의회가 대부분 자체 직원과 장비 및 시설을 이용해서 직접 공급했던 서비스를 점점 더 경쟁 입찰에 부쳐야 하는 것이다. 따라서 여기서 의무는 경쟁의 의무이지 반드시 외부위탁의 의무가 아니다. 외부위탁은 가장 경쟁력 있는 입찰(매우 간단하게 최저가 입찰로 정의됨)이 해당 지방의회의 자체 인력이 아니라 외부의 기업 또는 기관에서 제시될 때 나타나는 결과일 뿐이다.

다른 종류의 서비스와 기능들 또한 경쟁의 바람에 노출되었다. 공영주택 임차인들(Council tenants)은 임대주를 선택하고 투표를 통해 지방자치단체의 관할에서 벗어날 수 있었다. 이와 유사하게 국립학교(state schools) 학부모들은 투표를 통해 지방교육청(Local Education Authority)으로부터 '이탈하여(opt-out)' 당시 교육부(Department for Education) 직할의 '정부보조금 직영학교(grant-maintained)'로 관리를 전환할 수 있었다. 시티 프라이드(City Pride), 시티 챌린지(City Challenge)와 같은 1990년대 도시회생 시책의 경우 지방의회는 정부가 교부하는 한정된 기금을 차지하기 위해 서로 경쟁해야 했다.

이들 보수당 정부의 조치는 대부분 국회와 지방정부의 양 무대에서 당시 노동당의 전방위적인 반대에 부딪혔다. 1990년대에 와서 노동당은 중앙과 지방을 막론하고 가장 강력한 정치 세력이 되었고, 따라서 1997년 신노동당(New Labour)의 집권으로 변화가 불가피해졌다. 그러나 그것은 정책의 변화였지 철학의 변화는 아니었다. 의무적 경쟁입찰(CCT)은 폐지되었지만, 그 자리에 최고가치(Best Value) 서비스 공급이 들어섰다. 이것은 적정한 경우 외부 계약자를 참여시켜 서비스 기준 및 효율을 계속적으로 향상시키도록 지방의회에 부과된 법적 의무이다. 이 과정의 핵심적인 동력은 4개의 C(4 Cs)로서 지방의회들은 첫째, 현재의 서비스 공급 방식에 *도전하고*(*Challenge*), 둘째, 다른 지방의회들과 성과를 *비교하고*(*Compare*), 셋째, 계속적인 서비스 향상 계획을 널리 *협의하고*(*Consult*), 넷째, 계획의 추진에 있어서 가능한 경우는 언제나 다른 잠재적 서비스 공급자들과 *경쟁해야*(*Compete*) 한다. 이와 같이 정치적 강조점을 약간 조정하는 선에서 계약 내지 축소기관(Contracting Authority)은 *경쟁기관*(*Competitive Authority*) 또는 다른 방식의 표현인 *수권기관*(*Enabling Authority*)으로 전환되었다.

전통적으로 영국의 지방자치단체는 지역적으로 선출되고 해당 지역을 대표하는 정부라는 사실과 함께 대규모의 서비스 공급자였고 또 그렇게 보였다. 19세기 후반에서 20세기 대부분의 기간에 걸쳐서 중앙정부는 주로 *다른*(*other*) 기관을 지원하여 모든 종류의 공공 서비스가 공급되도록 의무화하거나 이를 허용하는 법률을 제정하였다. 지방자치단체는 소위 지금까지 이들 다른 기관 중에서 가장 중요한 존재였다. 그러나 지금은 이들 서비스 중 일부는 이미 민간부문이나 다른 종류의 특별목적 기관으로 이관되었고 남아있는 대부분의 서비스는 경쟁에 노출됨으로써 지방자치단체의 미래의 역할은 서비스 *공급자*(*providers*)로서의 성격이 줄어들고 서비스 *수권자*(*enablers*)의 색채가 짙어질 것이라고 얘기되고 있다. 지방자치단체가 여전히 서비스 공급의 최종적인 책임을 유지하는 경우가 많이 있을 것이다. 그러나 모든 일을 직접 고용한 인력을 통해 스스로 수행하기보다는 자극을 주고, 촉진하고, 지원하고, 규제하고, 영향을 미치는, 따라서 지방자치단체를 대신하여 활동하는 다른 기관 및 조직에게 *권한을 부여하는*(*enable*) 역할을 할 것이다(예: Leach 등, 1996 참조).

이미 분명해졌듯이 지방정부 관련 용어는 그것이 표현하는 현상 이상으로 변화가 빠르며, 정부 또한 수권(enabling) 대신에 *위탁*(*commissioning*)이라는 용어를 선호한다. 그것은 아마도 과거에 직접 공급했던 서비스를 이제는 감독함에 있어서 지방자치단체들이 더욱더 적극적인 역할을 하고 있다고 돈을 들이지 않고 설득하기 위한 노력의 일환이었을 것이다. 2004년 당시 교육부장관이었던 찰스 클라크(Charles Clarke)는 지방정부협의회 교육문화서비스회의(LGA Education and Social Service Conference)에서 있었던 중요한 연설에서 *위탁 자치단체*(*commissioning authority*)의 도래 및 파트너십 활동과 전반적인 중앙-지방 관계를 보는 정부의 생각을 다음과 같이 언급하였다.

> 여러분의 역할의 대부분이 서비스의 직접 공급과 관련되지 않을 것이라고 솔직하게 얘기하겠다. 여러분의 역할은 점점 위탁과 관련되고 타 실체, 즉 자발적 지역사회단체, 민간기업, 협동조합 — 그것이 그때그때 무엇이 되건 — 과 함께 그리고 그들을 통해서 수행될 것이다.
>
> 여러분은 엄청난, 그리고 심각한 리더십 도전에 직면해 있다. 비전과 전략, 타 조직에 대한 지원과 훈련, 서비스의 통합 및 상호 연계의 극대화, 서비스 사용자의 선택기회 증진, 파트너십을 통한 업무추진 유도, 취약점의 포착 및 보완 등이 그것이다. 그것은 여러분들의 역사적인 힘을 강화하는 역할이며 이를 통해 지역사회 지도자로서의 여러분의 역할이 강화될 것이다.
>
> 그러나 타 실체, 즉 수석 교사, 어린이센터 관리자 등에게 운용상의 자유를 주는 한편 공공, 민간 및 자발적 부문의 다양한 파트너를 활용하여 일상적인 서비스를 공급하고 지역 주민들의 선택 및 품질을 보장하는 것이다 (http://society. guardian.co.uk/conferences/story/0,9744,1331648,00.html).

선택과 품질 — '고객 최고주의'

지방정부 분야에서 일어나고 있는 최근의 변화가 모두 외생적으로 촉발된 것은 결코 아니다. 1980년대 이래 지방의회들은 점점 더 자신들이 이룩한 성과 업적을 보다 비판적으로 검토하고 향상시켜 그것을 공적 이미지 제고로 연결시키는 방안을 찾고 있다. 그들은, 지금은 다소 진부해진 두 개의 표현으로서, 공공서비스 정향(public service orientation) 내지 고객서비스 문화(customer service culture)를 발전시키기 위해 노력하고 있다.

과거 지방의회들은, 지금은 인정하겠지만, 대부분의 경우 선택의 여지가 없는 주민들을 *대상으로*(*to*) — 주민들과 *함께*(*with*) 또는 그들을 *위해서*(*for*)가 아니라 — 도전받지 않는 독점적 서비스의 공급자로서 행동하는 경향이 비일비재했었다. 그 차이는 막중한 의미를 가진다. 최근까지도 서비스 수혜자들은 그들이 필요로 하는, 또는 자신들이 낸 지방세로 재원을 충당하는 서비스의 종류, 양 그리고 품질이 어떤 것이어야 하는지에 관해서 의견을 요청받는 일이 사실상 거의 없었다. 간단히 말해서 그들이 고객, 즉 선택의 기초가 되는 정보에 접근할 수 있는 권리, 공급받은 서비스에 만족하지 못할 경우 시정 및 보상을 요구할 수 있는 권리 그리고 서비스의 공급자를 바꿀 수 있는 권리를 가진 사람으로 대접받는 일이 거의 없었다는 것이다.

지방의회의 서비스는 대부분 전문적으로 관리되고, 공급 능력이 충분하고, 그리고 효율성도 웬만큼 갖추고 있었다. 그러나 품질보다는 양을 강조하고 신축성, 다양성 및 고객 선택의 문제는 상대적으로 거의 고려하지 않는 경향이 있었다. 이것이 최근 몇 년 동안에, 때로는 중심 추가 다른 쪽의 극단으로 이동한 것처럼 생각될 정도로, 엄청나게 변화하였다. 그래서 지방의회의 서비스를 이용하는 모든 사람들을, 서비스의 종류와 상관없이, 마치 그들이 경제적인 가격을 지불하는 한편, 경쟁관계에 있어서 고객을 빼앗아갈 수 있는 다른 지방자치단체가 아니라 *그들의*(*their*) 지방자치단체 점포에서 해당 서비스를 구입하기로 선택하는 것처럼 '고객(customer)'이라고 일컫는다. 이를 통해 업무관행이 개선될 것으로 기대할 수도 있겠지만, 다른 한편으로는 사람들이 각양각색의 지방서비스와 맺고 있는 서로 크게 다른 수많은 관계를 혼동하게 할 위험을 함께 내포하고 있다. 이들 서비스에는 '보편적인' 서비스(거리청소, 쓰레기 수거), 요구 대응형 서비스(정보, 자문), 자격 요건 및 평가 수요에 의해 공급되는 서비스(공영주택, 탁아, 대부분의 사회 서비스), 법률에 의한 의무적 서비스(교육, 상거래 기준, 정신보건서비스) 등이 있으나, 세상에서 상식적으로 통용되는 의미에서 실제적인 '고객(customers)'은 상대적으로 매우 드물다.

이러한 언어학적인 부정확성에도 불구하고 대부분의 지방의회는 서비스 품질을 향상시키기 위해 다양한 종류의 '고객 최고주의(Customer First)' 시책을 운영하고 있다. 근린지역사회사무소(neighbourhood offices), '원스톱민원처리사무소(one-stop shop)', 콜 센터(때로는 24시간 운영), 대화형 웹사이트, 공중인터넷 키오스크(public internet kiosk), 불만진정 직통전화(complaints hotlines), 지방의회 신문, 지역사회 집회, 공공태도조사(public attitude surveys), 선별된 주민 집단과 특별한 의제를 놓고 진행하는 '초점집단(focus group)' 토론, 지방의회 공공질의 시간 등이 그 사례들이다. 제 1 장에서 지방의회의 웹사이트와 관련해서 제안한 것처럼 여러분 자신의 지방의회가 무엇을 하고 있는지 주의 깊게 살펴볼 가치가 있다. 그리고 지방의회들이 '고객 최고주의(Customer First)'의 기치 아래에서 적어도 무의식적으로는 주민들이 서비스의 소비자이기도 하지만 동시에 정치적 참여 및 선택의 권리와 의무를 가진 지방 정치공동체의 구성원이라는 사실을 간과하고 '시민 차선주의(Citizen Second)'의 우를 범하는 것은 아닌지 스스로 자문해 볼 수 있을 것이다. 이것은 하나의 수사학적 질문으로서 앞으로 다시 다루게 될 것이다.

현재의 제도 — 기본적 특성

앞에서 현대 지방정부의 기본적 주제와 관심사를 확인한 데 이어 여기서 우리는 마치 재고조사를 하는 것처럼 현 제도의 특성을 파악해 보기로 한다. 지방정부의 세계가 우리의 주장대로 근본적으로 변하고 있다면 그 변화의 출발점은 어디인가? 입문 수준의 광의의 용어로 표현한다면 현재의 제도는 과연 어떤 모습을 하고 있는가? 주요 특징과 정당성의 근거는 무엇인가? 이 장의 나머지 부분에서는 이러한 질문과 관련하여 영국 지방정부제도의 몇몇 핵심적인 특성을 소개한다.

지방행정이 아닌 지방정부

우리는 여기서 '지방정부(local government)'와 '지방행정(local administration)'의 근본적인 차이에서 출발해서, 우리가 왜 지금까지 의문을 제기하지 않고 '지방정부'라는 용어를 사용해 왔는지에 대해서 설명한다. 하나 더 소개한다면 그것은 우리 저자들 중의 한 사람이 봉직하는 대학교의 학과가 지방*행정* 연구소가 아니라 지방*정부* 연구소(INLOGOV: Institute of Local Government Studies)로 불리는 이유이기도 한다.

규모가 어느 정도 큰 나라는 모두 기초적인 통치 업무의 일부를 이양 또는 분산시킬 수밖에 없다. 그 중에서도 어떤 나라는 보다 광범위하게 그리고 보다 열정적으로 이것을 추진한다. 예를 들어 스위스는, 매우 예외적이기는 하지만 중앙정부에 교육부나 복지부를 설치한 적이 없다(Allen, 1990, p. 1). 스위스는 이들 서비스를 지방자치단체가 관장하도록 완전히 이양하고 있는데, 스위스의 지방자치단체는 대부분의 경우 영국에 비해 그 규모가 훨씬 작다.

중앙정부가 분권화를 시도할 때는 여러 가지 상이한 분권의 방식 및 정도를 선택할 수 있다.

- **행정적 분권 또는 위임**(Administrative decentralisation, or delegation)
  이것은 순전히 행정적 의사결정을 중앙부처에 소속된 일선 사무소로 이양하는 것이다. 중요한 정책 결정은 계속해서 모두 중앙에서 이루어지고, 다만 서비스의 공급과 관례적인 행정적 결정권한은 지방에 소재하지만 중앙정부가 임명한 국가공무원이 담당한다. 노동연금부(Department for Work and Pension)의 직업센터 플러스(Jobcenter Plus)가 영국에서 가장 눈에 띄는 사례인데 병자, 장애인 및 실업자에 대한 현금 지급(cash payments)을 노동연금부(DWP)의 지방사무소, 또는 북아일랜드의 경우 사회보장청(Social Security Agency)이 집행한다. 따라서 이것은, 다른 많은 나라들의 관례와 달리, 지방자치단체로부터 동일한 수급자들에게 중복적으로 제공되는 경우가 많은 사회적 *서비스*(social *services*)

와 대체로 구분된다.

- **기능적 분권**(Functional decentralisation)
  둘째, 중앙정부는 특정의 서비스를 운영하기 위하여 준독립적인 기관을 설치할 수 있다. 국립보건서비스청(NHS)이 가장 뚜렷한 사례로서 전략적인 보건기관과 병원연합(trusts)의 구조로 이루어지고, 임명 및 지명직 이사로 구성되는 이사회의 감독을 받는다. 이것은 지방의회의 구조와 다소 흡사하게 보이기도 하고, 또 많은 나라에서는 보건서비스가 지방정부 시스템의 한 부분으로 완전히 통합되어 있기도 하다. 그러나 영국의 보건기관 및 병원연합들은 비록 지방자치단체들과 밀접하게 협력하고 또 그들로부터 감사를 받기는 하지만 지방정부로부터 완전히 분리되어 있다. 즉, 중앙정부로부터 재정이 충당되고 궁극적으로 중앙정부에 책임을 지기 때문에 앞에서 언급했던 팽창하고 있는 '준독립비정부기관 체제(quangocracy)'의 일부라고 할 수 있다.
- **정치적 분권 또는 자치권 이양**(Political decentralisation, or devolution)
  셋째, 중앙정부는 광범한 서비스의 분야에 걸쳐서 정책결정의 책임을 상대적으로 독립적이고 선출되는 지역 또는 지방정부에 이양할 수 있다. 이러한 정치적 분권 과정을 통해서 스코틀랜드 의회, 웨일스 및 북아일랜드 의회와 광역런던시(GLA)가 탄생하기도 했는데, 그것은 헌법적으로 우월한 기관이 특정의 권한을 종속된 기관에 이관하는 것으로서 국가(또는 연방)기관과 지방기관 *양자 모두* 헌법에 의해 똑같이 그리고 별도의 권한을 부여받는 *연방주의(federalism)*에서 두드러지게 나타난다. 그러나 이러한 방식은 지방행정에도 똑같이 확연하게 나타날 수 있다.

지방자치단체는 정부 부처 수준에서 세밀하게 규정된 방식과 기준에 따라 서비스를 제공하는 단순한 중앙정부의 일선 사무소 또는 대리인이 아니라 그것을 훨씬 능가하는 존재이다. 동료 시민들에 의해 선출된 대표기관으로서 지방자치단체는 그들 자신의 우선순위에 따라 스스로 정책을 결정한다. 다시 말하면 그들의 지역을 통치하는 역할을 담당한다. 만약 그렇지 않다면 점차 인기를 더해가고 있는 지방의회 성과비교표에서 볼 수 있듯이 서비스의 비용 및 성과 측정치에 있어서 지방의회 사이에 존재하는 엄청난 차이는 결코 나타날 수 없을 것이다. 그리고 지방의회들이, 적어도 어느 정도는, 스스로 자신들의 시책을 결정하고 추진할 수 있었던 사례로서 [도표 2.1]에 나오는 여러 항목들 또한 볼 수가 없었을 것이다.

지방자치정부인가?

그렇다면 지방정부 체계, 즉 선출된 정치인들로 구성된 지방의회가 해당 지역공동체를 대신하여 정책결정을 내리는 것을 지방 *자치정부*(*self-government*)라고까지 할 수 있는가? 지역 및 지역공동체들이 그들의 공적 업무를 자신들의 이해관계에 가장 잘 부합되게 관리할 수 있는 권한과 재원을 실제로 가지고 있는가? 일부는 그렇게 생각하는 것처럼 글을 쓰기도 하며, 따라서 '지방정부(local government)'와 '지방자치정부(local self-government)'라는 용어를 거의 구별 없이 대체적으로 사용한다.

한편에는 쉽게 대답하지 못하고 망설이는 사람도 있다. 그들에게 있어서 지방정부는 *반드시* 지방 또는 지역공동체의 자치정부를 의미해야 한다. 그것은 해당 지역 주민들이 가지는 서로 다른 모든 수요와 바람에 대응하는 최상의 방안을 집단적으로 결정하는 민주적으로 선출된 대표들에 관한 것이다. 그러나 그것은 영국에서 실제로 일어나고 있는 모습과는 다르다.

많은 나라들, 특히 역사적으로 여러 개의 소규모 지역공동체가 서로 협조 및 지원하기 위해 통합된 나라에는 지방자치정부라고 합법적으로 서술할 수 있는 요소들이 있다. 스위스, 네덜란드, 이탈리아 및 스칸디나비아 제국이 그런 나라들이다. 이들 나라의 지방의회는 평균적으로 영국보다 인구 규모가 훨씬 작다. 그러나 그들은 영국의 지방의회들이 역사적으로 여태껏 가져보지 못했던 일반적 업무관장 권한(power of general competence), 즉 시민들의 이익에 부합된다면 명시적으로 금지되거나 다른 기관의 권한에 속하지 않는 한 어떠한 활동도 수행할 수 있는 일반적 권리를 가진다. 민간인들과 마찬가지로 그들은 명확하게 금지된 행동 이외에는 무엇이든지 할 수 있다. 앨런(Allen)은 이러한 나라의 지방정부를 다음과 같이 설명한다(1990, p. 23).

> 지방정부는 단순히 하나의 메커니즘이 아니라 사람들 스스로의 유기적인 자기표현으로 간주된다. 국가를 구성하는 각 지역공동체의 시민들은 그들에게 필수적인 지방서비스의 공급 권한을 중앙에 양도하지 않고 그들 스스로 보유한다.

군주제의 긴 역사를 가진 영국에서는 헌법의 공식적인 입장이 이것과 거의 정반대이다. 즉, 지방의회는 *오로지*(*only*) 성문법적으로 허용된 기능만을 수행할 수 있을 뿐이다. 그들의 권능(rights and competencies)은 일반적인 것이 아니라 구체적으로 규정되어 있다. 이 책의 첫 문단에 나오는 시쯔 대사(Ambassador Seitz) 내지는 정말이지 찰스 클라크(Charles Clarke)의 입장을 거의 반복하고 있는 앨런(Allen)을 다시 인용해 보자(1990, p. 22).

> 지방정부는 본질적으로 국가가 그 자신의 편의를 위해 창설한 종속적 메커니즘으로 간주된다. 그것은 가부장적인 중앙정부가 국가의 주체인 시민들에게 서비스를 공급하기 위해 활용하는 여러 개의 대체 가능한 기관들 중에서 하나에 불과할 뿐이다.

이러한 종속적 지위의 배경으로서 지방의회 운영의 기초가 되는 보편적 법원칙을 *월권*(*ultra vires*) 원칙이라고 하는데 이것은 라틴 용어로서 '권한을 초월한(beyond the powers)'이라는 뜻이다. 만약에 어떤 지방의회가 성문법적으로 권한이 없는 어떤 일을 하거나 경비를 집행하면 권한을 초월하여 *월권*(*ultra vires*)을 행사한 것으로 간주되며, 따라서 불법이다. 더구나 그러한 행동에 집합적으로 동의한 지방의회 의원들에 대해서는, 지방정부법 2000(Local Government Act 2000)에 의해 그 관행이 최종적으로 폐지되기 전까지는, 개별적으로 처벌이 가능했고 불법으로 지출된 모든 경비를 개인적으로 변상하도록 책임을 부과했다.

2000년의 같은 법에 의해 잠재적으로 더욱 중요한 의미를 가질 수 있는 또 하나의 조치가 도입되었는데, 소위 *지역복지권*(*power of well-being*)이 그것이다. 이 조치에 따라 지방자치단체들은 '관할 지역의 경제적, 사회적, 환경적 행복을 촉진시킬 수 있는' 하나의 새로운 재량권을 부여받았다. 그러나 그 권한을 사용하기 위해서는 중요한 요건을 충족시켜야 하기 때문에 그 자체를 일반적 업무관장 권한이라고 할 수는 없으며, 이를 통해 지방자치단체를 진정한 자치기관으로 단번에 변화시킬 수도 없다. 예를 들어, 이 권한은 재원을 모금하는 데는 사용할 수 없으며, 정부가 공표하는 모든 지침을 준수해야만 행사될 수 있다. 그러나 이 권한은 지방자치단체의 기업 활동에 부과되었던 하나의 역사적인 법적 제약을 실제로 완화했으며, 이를 통해 지방자치단체가 서비스의 공급에 전적으로 초점을 맞추던 기존의 관행으로부터 탈피하여 달성하고자 하는 정책결과 및 성취 가능한 혁신을 더 많이 생각하도록 변화시킨다(제 9 장 참조).

법률의 피조물

그러나 지역복지권은 지방의회가 가지는 보다 구체적인 다른 모든 권한 및 책무와 마찬가지로 법률로부터 나온다. 이것은 영국 헌법에서 지방정부의 위치가 불가피하게 종속적일 수밖에 없다는 사실을 약화시키는 것이 아니라 오히려 강화시킨다. 국회주권주의(doctrine of parliamentary supremacy)는 제 1 장에서 언급했듯이 영국이 연방국가가 아니라 세계적으로 80퍼센트 이상의 국가들이 채택하고 있는 *단일*(*unitary*) 국가라는 사실에서 나온다. 영국에서 헌법적 권능의 유일한 원천은 웨스트민스터 국회(Westminster Parliament)이며, 최근 들어 일반적으로 단일 정당이 과반수 의석을 차지하고 그에 따라 정부를 구성하고 있다. 국회는 정부가 제출한 법안의 처리를 통하여 지방정부를 포함한 어떠한 주제에 대해서도 법률을 제정 또는 폐지할 수 있다.

연방체제에서는 중앙의 연방정부와 주 또는 지역의 분권정부 사이에 헌법적 권한이 배분된다. 영국에서는 그러한 구분이 없다. 지방자치단체는 헌법적으로 스코틀랜드 의회와 웨일스 및 북아일랜드 의회와 똑같이 종속적인 위치에 있다. 그들은 문자 그대로 국회의 법률에 의해 창조된 피조물이다. 지방자치단체의 경계, 의무, 권한, 구성원, 운영방식은 국회가 제정한 법률(Parliamentary Acts)에 의해 규정된다. 따라서 지방자치단체는 자연스럽게 국회에 의해 폐지될 수 있으며, 우리가 보아 온 것처럼 국회의 의지에 따라 개편 또는 부활될 수도 있다.

온전하지 않은 자치

요약해서 말하면 영국은 헌법적으로 종속적인 지방정부 체제를 가지고 있으며, 유럽 대륙의 국가들과 달리 지방정부가 역사적으로 광범한 범위의 권능을 가져 본 적이 없다. 그러나 중앙정부의 일선기관 네트워크는 훨씬 능가하기 때문에 준 자치적(semi-autonomous)이라고 묘사할 수는 있을 것이다.

순수 의미론자들은 어떤 기관을 온전하지 않은 자치기관이라고 하는 것은 온전하지 않게 임신했다고 하는 것과 마찬가지로 성립될 수 없다고 주장할 것이다. 그러나 우리는 이 개념을 통해서 어떤 정부 제도가 다른 제도에 비해서, 또는 동일한 제도이지만 과거의 특정 시점에 비해 자치권이 떨어진다고 설명할 수 있어서 유용하다고 본다. 실제로는 이렇게 부정확한 용어가 관습에 기반을 둔 우리의 불문헌법에 잘 들어맞는다. 대부분의 유럽 국가들은 공식적인 성문헌법을 가지고 있으며, 여기에는 통상적으로 지방자치정부의 원칙을 구현하고 이를 보호하기 위한 조문들이 포함되어 있다. 영국에는 이와 유사한 단일의 헌법전이 없으며, 이론상으로 국회주권에 어떠한 제한도 없다. 그 결과 개별 지방의회의 권한에 관해서이건 전반적인 지방자치체제에 관해서이건 지방정부에 대한 헌법적 보호는 아무것도 없다.

그러나 실제로는 앞으로 제 4 장에서 보게 되듯이 영국 지방정부 역사의 상당 부분, 특히 20세기 초반의 수십 년간은 지방자치단체로 권한과 책임을 이양하기 위한 정부의 결정과 국회의 입법이 이어진 시기였다. 앨런(Allen, 1990)의 표현에 따르면 지방의회는 공적인 공급이 필요하다고 중앙정부가 결정하는 모든 종류의 공공 서비스를 제공함에 있어서 매우 유용한 민주적이고 효과적인 '종속 기제(subordinate mechanism)'로 간주되었다.

성문법적 권한은 여러 가지 형태를 띨 수 있다. 하나의 극단적인 행태는 *구체적이고 의무적인(detailed and compulsory)* 것으로서 모든 지방의회로 하여금 세밀하게 규정되고 엄격하게 강제된 기준에 따라 특정의 활동을 수행하게 하는 것이다. 또 다른 극단은 *관용적, 재량적(permissive and discretionary)* 형태로서 특정의 서비스를 제공할 것인지 말 것인지, 제공한다면 어떤 기준에 따를 것인지를 지방의회가 스스로 결정하도록 맡겨두는 것이다. 양자가 혼합된 형태도 [도표 2.1]의 뉴스 헤드라인에 우연히 포함되어 있는 세 가지의 주요 사례

(3, 4, 11항)처럼 자주 볼 수 있다. 그러나 실제로는 그 우연이 생각보다는 적다. 그것은 지방정부에 영향을 미치는 많은 입법들이 전통적으로 소위 '재량요소(discretion factor)'를 포함하고 있기 때문이다. 지방의회는 서비스를 어떻게 공급할 것인지, 그리고 때로는 서비스를 공급할 것인지 말 것인지에 대해서 상당한 발언권을 갖는다. 그러나 그 재량을 보장할 수는 없다. 그것은 축소될 수 있고, 결국은 취소될 수도 있다. 따라서 '온전하지 않은 자치(partial autonomy)'라는 명칭이 적절한 것이다.

직접적인 선출

정도의 차이는 있을지라도 지방자치단체가 독립성을 갖는 것은 무엇보다도 직접 선출된다는 특성에서 기인된다. 지방자치단체는 지방에 주재하는 국가공무원이나 중앙정부가 임명하는 사람들로 구성되지 않는다. 그것은 지역공동체의 이익과 주민들을 대표하기 위해 스스로 그 공동체에서 살고 일하는 사람들 중에서 정기적으로, 그리고 엄격하게 관리되는 선거를 통해 선택받은 지역민으로 구성된다.

이들 대표를 *지방의회의원(councillors)*이나 *선출된 의원(elected members)*, 때로는 그냥 줄여서 *의원(members)*이라고 하는데, 이들은 집합적으로 지방의회를 구성하고 법적 권한의 실체가 된다. 이러한 권한을 기초로 지방의회의원들은 민주적으로 선출된 대표의 자격에서 그들이 결정한 정책을 수행하고 서비스를 공급할 광범한 영역의 직원 — 전문직 '관리자(officers)'와 행정, 기술 및 비서직의 '화이트칼라(white-collar)' 직원 그리고 다양한 범주의 '블루칼라(blue-collar)' 직원 — 을 충원하고 고용한다.

지방의회의원들이 직선된다고 해서 영국의 단일국가체제에서 그들이 국회의원(Members of Parliament)과 헌법적으로 동등하다거나 경쟁자가 되는 것은 아니다. 지방의회의원들은 국회의원에 비해 선거구민을 보다 자주 접촉해야 하고, 숫자도 35배에 이를 정도로 훨씬 많다. 그러나 국회를 통한 정부 명령으로 해당 지방의회를 언제든지 폐지할 수 있는 것처럼, 지방의회의원 선거 또한 언제든지 정지될 수 있다. 그러나 그런 일이 일어나기 전에는 선출된 대표로서 지방의회의원들이 갖는 지위는, 예를 들어, 보건기관 또는 기타 준독립 비정부기관의 임명직 위원들과는 판이하게 다른 정통성을 그들에게 부여한다.

지방의회의원들은 그들 자신과 그들의 정책 제안을 제시하여 선거구민들의 심사 및 승인을 받아야 한다. 이러한 지방의 민주적 승인은 앞으로의 협상에 있어서, 그 상대방이 정부각료이든, 중앙부처의 공무원이든 아니면 지방공무원이든 간에, 독특하고 강력한 협상력을 부여한다. 이에 대해 비판론자들은, 아마도 일부 명분은 있겠지만, 투표자들이 관련된 복잡한 논점들을 진정으로 이해하고 있는지, 그리고 상대적으로 저조한 지방선거의 투표율에 대하여 의문을 제기할 것이다. 그러나 선출되었다는 배경 그 자체는 어떤 사회에서나, 심지어 민주주의가 완전히 성숙되지 못한 사회에서도 스스로 힘을 가진다.

다종 서비스 조직

선거책임을 지방자치단체의 가장 근본적인 특징이라고 한다면, 다음으로 중요한 특징은 책임의 범위이다. 지방자치단체는 이런 저런 방식을 통하여 때로는 거의 무한하다고 생각될 정도로 서로 다른 각종의 서비스에 관여한다.

앞에서 우리는 지방의회가 사람들을 자궁에서 무덤까지(from womb to tomb) 보살핀다고 언급한 바 있다. 이에 대한 또 다른 설명이 오늘날 거의 모든 지방의회의 웹사이트에서 찾아볼 수 있는 A~Z 서비스 목록이다. 이들 목록은, 우리가 충분히 이해할 수 있듯이, 때로는 혼란스러워 하는 지역 주민들을 위해 고안된 것으로서, 어떤 서비스를 이용할 수 있는지, 그리고 더욱 중요한 것은 그것을 이용하려면 어디로 가야 하고 누구와 접촉해야 하는지를 알려주기 위한 것이다. 전형적인 단일통합의회의 경우 최소한 700개의 '단위사업(lines of business)'이 포함되어 있는 것으로 추정되는데 그것은 웬만한 다국적기업보다 훨씬 많은 수치이며 그에 비례하여 관리하기가 훨씬 어렵다고 주장할 수 있다. 이것이 의심스럽다면 [도표 2.2]를 보기 바란다. [도표 2.2]는 한 지방의회가 어떤 형태로든 관여하는 서비스 중에서 A로 시작되는 것을 지면이 허용하는 한도에서 선별해 놓은 것이다.

[도표 2.2] A로 시작되는 지방의회 서비스 목록

서 비 스	접촉할 담당 부서/ 사무소
Abandoned vehicles, removal of	Environmental & Consumer Services
Abnormal loads	Highways
Abuse of children	Social Services
Access, for disabled	Planning & Architecture
Accessible transport	Travel Information Centre
Accident prevention	Environmental & Consumer Services
Accidents, road clearance	Highways
Accommodation, hotel and guesthouses	Tourism
Accommodation, for homeless	Housing
Accounts, of the Council	Finance/Treasurer's
Acupuncture, registration of	Environmental & Consumer Services
Admissions and transfers to schools	Education
Adoption, of children	Social Services
Adoption, of roads	Highways
Adult education	Education/Leisure&Culture
Adult protection (vulnerable older people	Social Services
Advanture playgrounds	Leisure & Community Services
Advertisements and signs, control of	Planning/Development Control
Advice, neighbourhood offices	Neighbourhood Advice & Benefit
Advice bureaux	Members' Services
After-school activities	Leisure & Community Services
AIDS/HIV, advice on	Social Services
Air quality, measurement of	Environmental & Consumer Services
Alcohol abuse, advice on	Social Services
Allotments, hire of	Leisure & Community Services
Alteration of buildings	Planning/Development Control
Aluminium recycling	Environmental & Consumer Services
Amusement machines, licensing of	Environmental & Consumer Services
Animal welfare, enforcement of regulations	Environmental & Consumer Services
Antique markets, information of	Environmental & Consumer Services
Ants, control of	Environmental & Consumer Services
Approved lists, of contractors and service suppliers	Finance/Treasurer's
Architecture, listed buildings	Planning
Arts and entertainment, information on	Leisure Services
Asbestos, removal of	Environmental & Consumer Services
Assistance to industry	Economic Development
Awards, student	Education

다기능 조직

[도표 2.2]에 열거된 서비스들은 정도의 차이는 있지만 모두 지방의회가 관여하는 것들이다. 그러나 지방의회가 이들 모든 서비스를 직접 공급하는 것은 결코 아니다. 앞에서 언급했듯이 역사적으로 지방의회의 주요 기능이 *직접적인 서비스 공급자(direct service provider)*였다는 것은 사실이다. 지방의회가 토지를 구입하고, 빌딩과 장비를 공급하고, 서비스 제공에 필요한 인력을 고용했다.

그러나 지방의회는 항상 직접적인 서비스의 공급 이외에도 다른 기능 및 역할을 함께 보유하는데 오늘날 이러한 역할들이 상대적으로 더욱 중요해지고 있다. 많은 경우 지방의회는 타 기관 및 조직의 활동에 대한 *규제자(regulator)* 또는 *감시자(monitor)*의 역할을 수행한다. 주점, 클럽, 식당 및 테이크어웨이(takeaway) 업소에 대한 새로운 주류면허권은 공중오락, 극장, 영화관, 성 업소, 노상 판매, 택시 운전자, 동물 기숙시설, 이미용사, 심야 카페, 동물 공연, 애완동물 가게, 이동주택용 집터(caravan sites) 및 침술사 등 기존의 면허 책임에 부가된 기능이다. 유사한 기능으로서 양로원(residential homes)의 *등록(registration)*과 브래드퍼드(Bradford)와 힐스버러(Hillsborough)에서 일어난 축구 참사로 인해 일반인들이 민감한 관심을 가지게 된 운동장 안전증명(certification) 등이 있다.

지방의회의 또 다른 역할은 *촉진자(facilitator)*로서 해당 지방의회의 정책에 부응하는 활동을 수행하는 개인 또는 조직에 대해 자문 및 조력을 제공하고, 때로는 그들을 재정적으로 지원하는 것이다. 이에 따라 지방의회의 지역행동팀(Local Action Team)에 소속된 공무원들은 빈곤 및 부채의 경감이라는 해당 지방의회 업무의 일환으로서 신용조합(credit unions)의 창설을 지원할 것이다. 새로운 기업 및 종업원지주회사(workers' co-operatives)의 창설에 창업보조금 및 융자(start-up grants and loans)가 제공되고 광범한 범위의 예술, 레크리에이션, 사회 및 지역공동체 집단에 보조금이 지급된다. 마지막으로 서비스의 직접적인 제공에서 훨씬 벗어나 가장 급속도로 발전하고 있는 지방의회의 역할이 있는데, 우리가 이미 암시했던 바와 같이 *서비스 도급자(service contractor)*로서의 역할이 바로 그것이다.

조세권한

중요한 사실은 선출적 권위는 본질적으로 도덕적인 힘이라는 점이다. 이것이 유효하게 되기 위해서는 조세권한이라는 보다 구체적인 힘이 필요하다. 따라서 지방자치단체가 갖는 또 다른 중대한 특징은—다목적 조직으로서 재정적 결과를 초래하는 선택 및 결정의 우선권을 갖는다는 사실에서 직접 나오는 것으로서—지방 주민들에게 세금을 징수할 수 있다는 것이다. 다른 지방 기관들은 정부보조금과 자체 수입으로 재정을 충당한다. 지방자치단체 또한 수입의 많은 부분을, 그것도 제10장의 설명처럼 너무나 많은 부분을, 정부보조금에 의존하지만, 이와 함께 거의 400년 동안 자체적으로 세금의 수준을 결정하고 또 그것을 징수할 수 있는 권한을 행사하고 있다.

그러나 1980년 이래 지방조세제도는 전례 없는 큰 변혁의 과정을 겪고 있다. 그 결과 지방자치단체의 조세권한은 법률가들이 이야기하듯이 이미 속박받지 않는 권한이 아니다. 지방자치단체 재량권 깔때기([그림 2.1] 참조)에 표시되어 있듯이 1980년대에 보수당 정부의 각료들은 성문법적 권한을 이용하여 지방자치단체의 지출 수준에 대한 상한선을 설정하고, 주민들에게 부과하는 과세 권한을 제한했으며, 이를 통해 지방자치단체의 예산을 효과적으로 통제했다. 1997년 집권한 노동당 정부는 그들이 물려받은 소위 '조악하고 보편적인 상한선 설정(crude and universal capping)' 제도를 폐지하였다. 그러나 정부 각료들은 지방자치단체의 예산지출 제안이 '과도하다(excessive)'고 그들 스스로가 판단하는 경우에 선택적으로 예산 및 지방정부세 수준에 개입하고 상한선을 설정할 수 있는 자의적으로 보이는 유보권한을 계속 유지하였고, 2004년에는 그 권한의 사용을 실제로 부활시켰다. 따라서 조세권한은 지방자치단체를 다른 공공행정기관으로부터 구별하는 특징이기는 하지만 오늘날 그 권한은 중앙정부가 끊임없이 어깨너머로 감시하는 가운데 행사된다.

결 론

이 장에서 우리는 영국의 지방정부를 개별적으로 그리고 집합적으로 규정하는 일련의 특징을 확인하였다([도표 2.3] 참조). 이것은 제 1 장에서 우리가 도달했던 개념에 비해 약간 더 정교해진 정의이다. 그리고 이 정의는 이 책 1부의 나머지 여러 장의 준거점이 될 것이다.

[도표 2.3] 영국 지방정부에 대한 정의

지방정부는:

- 지리적, 정치적 분권의 한 형태로서,
- 직접 선출된 지방자치단체가,
- 영국 국회에 의해 창설되고 또 거기에 종속되며,
- 온전하지 않은 독립성을 가지고,
- 다양한 서비스를 제공하기 위해,
- 부분적으로 지방세를 통해 경비를 충당한다.

제 3 장

선출형 지방정부의 존재 이유

서 론

언어학의 한 분야인 담화분석(discourse analysis)이 발전함에 따라 정치인들이 사용하는 문구와 표현, 특유의 말투나 제스처와 같은 연설의 방식이 때로는 실제 내용보다 더 흥미를 끄는 듯이 보일 수가 있다. 이것이 맞는 말이기는 하지만, 그러나 예외도 많다. 그 중에서 하나가 제 2 장에서 이미 보았듯이 찰스 클라크(Charles Clarke)가 지방자치단체에 던진 메시지로서 교육서비스의 직접적인 공급자로서 그들의 시대는 이미 지났다는 것이다. 이것이 달갑게 들리지는 않았겠지만 그 중요성은 부정할 수 없었다.

이보다 몇 달 전인 2004년 3월에는 당시 지방정부 담당 차관이었던 닉 레인스퍼드(Nick Raynsford)가 똑같이 중요한 연설을 했다. 그러나 청중들로부터 호응을 얻고 협력을 구하는 데 큰 관심이 있었던 만큼 그의 어조는 대립적이기보다는 훨씬 더 긍정적이고 합리적으로 들렸다. 그는 지방정부가 당면한 네 가지의 도전을 명시적으로 제시했다. 그러나 그것을 중앙정부가 맞고 있는 네 가지의 도전과 대응시키는 한편, 그에 앞서 '우리가 높이 평가해야 할 지방정부의 세 가지 독특한 성격'을 먼저 언급하였다.

그가 '지방정부(local government)'라는 용어를 거의 40번 정도 언급하면서 '지방 거버넌스(local governance)', 즉 '지방공동협력통치'라는 말은 한 번도 사용하지 않았던 것을 보면 그의 관심의 초점이 이 책, 특히 이 장에서와 같이 선출된 *지방정부(elected local government)*에 있었다고 해도 틀리지 않을 것이다. 실제로 그는 지방정부의 첫번째 특징(unique characteristic)을 규정하면서 이 점을 확인하고 있다.

> 지역 주민에 대한 지방정부의 민주적 책임성. 지방정부는 지역 공동체 전체에 대하여 책임을 지는 유일한 기관이다. 다른 어떤 기관도 그들의 결정에 대해서 지역 주민 모두에게 책임을 질 수 없다(http://www.publictechnology.net/print.php?sid=761).

레인스퍼드(Ryansford)가 규정하는 지방정부의 다른 두 가지 특징은 지역(locality)과 장소(place)의 중요성을 포착할 수 있는 능력과 '통합적인(joined-up)' 정책결정을 할 수 있는 역량이다. 그가 언급했듯이 상호 결합을 통해 "이러한 특징들이 지방정부의 가치를 뒷받침하는 강력한 논거를 제공한다." 이것은 지방정부에 관한 찰스 클라크(Charles Clarke)의 견해와 명백히 다른 것으로서 레인스퍼드(Ryansford)는 중앙정부가 직면한 4개의 도전 가운데 첫번째의 도전에 대해 언급하면서 이 점을 간접적으로 인정하고 있는 듯하다.

> 지방정부에 대한 보다 통일적이고 일관성 있는 접근방법을 더 잘 통합해 내고 제시할 수 있어야 한다. 지방정부에 대한 각 부처의 행동은 보편적으로 합의를 이룬 일련의 원칙을 지원하는 방식이 되어야 한다. 그러나 현실이 항상 그렇다고 볼 수는 없다.

위에서 제기된 중요한 논점을 우리는 앞으로 후술하는 여러 장에서 반복적으로 검토할 것이다. 이 장에서는 레인스퍼드(Ryansford)가 제시한 지방정부의 '독특한 성격'을 기반으로 하여 선출된 지방정부의 존재이유와 그 가치에 대해서 논의한다.

지방정부가 가지는 문제점 — 내재적 비용과 그 결과

중앙정부의 입장에서 지방정부의 가장 보편적인 '문제'는 중앙정부가 원하는 것을 하지 않겠다고 거부할 때라고 많이들 생각한다. 즉, 지방의회가 중앙정부의 집권당과 완전히 다른 목표를 추구하는 경우이다. 이러한 의지의 충돌에 대한 또 다른 해석은 그것이 바로 정부 체계의 건강성과 건전성을 말해준다는 것이다. 다시 말하자면 그것이 문제가 되기는커녕 지방정부가 어떤 것이 되어야 하는지를 정확하게 보여주는 것으로 인식해야 한다는 것이다. 지방정부는 지방적으로 선출된 책임 있는 대표들이 *그들 자신이 속한* 지역공동체의 최선의 이익을 중앙의 판단에 의해서가 아니라 그들 *자신의* 판단에 따라 구체화하기 때문이다. 닉 레인스퍼드(Nick Ryansford)는 이것을 중앙정부에 대한 4개의 도전 중에서 두 번째로 표현하고 있다.

> 지방정부는 중앙정부의 서비스 공급대리인으로 규정되어서는 안 된다. 그것은 유권자의 신임 또는 명령(mandate)으로 힘과 책무를 부여받는 민주적으로 선출된 또 하나의 정부 계층이다(2004, p. 3).

문제는 실제로 그의 동료 각료들과 총리가 모두 이 견해에 동의하지는 않는다는 데 있다. '지방정부의 문제점'에 관한 우리 자신들의 준거 또한 상당히 미묘하고 복잡한 내용을 제시하고 있다. 그것은 정치적 권력은 물론이고, 행정적 책임을 위임할 때에는 언제든지 나타날 수 있는 잠재적인 비용 및 고려사항을 의미한다. 이러한 잠재적인 비용은 분권으로 인해 얻을 수 있는 편익의 이면에 불과한 경우가 많다. 그러나 앨런(Allen, 1990, ch. 1)이 '분권의 단점(disadvantages of decentralisation)'이라고 말한 내용들 중에서 몇 가지를 열거해 보는 것은 여전히 유용한 일이다.

분권의 단점으로 가장 먼저 제기되는 것이 *재정적 비용*(*financial cost*)이다. 이것은 북동잉글랜드 광역권역의회(North East regional assembly)를 주민 직선으로 구성하는 문제에 관한 주민투표를 성공적으로 저지시킨 가장 중요한 반대논리였다. 그리고 현재 진행중인 쟁점으로서 잉글랜드 전역에 단일통합 지방정부를 설치하는 방안의 장점을 옹호하는 핵심적인 요소이기도 하다. 분권은 희소한 재정 및 인적 자원을 중복되게 한다. 비판론자들은 중앙에서 하면, 그것이 런던이든, 아니면 구역 또는 근린지역사회사무소(area or neighbourhood offices)의 경우에는 지방의회의 본청이 되겠지만, 비용을 보다 적게 들이고 업무를 처리할 수 있다고 주장한다.

재정적 비용과 밀접하게 연결된 것이 *능률성(efficiency)*의 문제이다. 분권을 통해 권한을 부여받은 기관은 특히 상대적으로 규모가 작거나 재정이 열악한 경우에는 경험 있는 직원과 창의적인 관리팀을 확보하기가 어려울 것이다. 그러나 중앙정부도 마찬가지로 행정관리의 난맥상을 보인다면 이 주장은 상당 부분 설득력을 상실한다. 밀레니엄 돔(Millennium Dome), 당초 약속했던 2.1십억 파운드의 2배 가까이가 소요된 주빌리 라인(Jubilee Line)의 연장, 속사시 발사가 중단되는 코소보(Kosovo)에서의 육군 SA80 소총, 메시지 송·수신이 불가능한 클랜스멘 라디오(Clansmen radio), 징수해야 할 수입의 30퍼센트를 회수 불능으로 상각한 어린이지원청(Child Support Agency), '위험한 신호통과의 빈도(SPADs: Signal Passed At Danger)'라는 전문 용어까지 만들어 낸 잘못된 철도 신호기의 위치 선정, 그리고 인두세(poll tax)가 바로 여기에 포함된다. 적어도 영국에서는 정책적 비능률이 어떤 특정의 정부 계층에 국한되는 일이 아니다.

지방정부의 단점으로 지적되는 또 다른 문제는 *불평등(inequality)*이다. 서비스가 진정으로 분권화되면 될수록 불가피하게 지리적으로 그리고 집단 간에 차이가 더 커지게 된다. 이러한 격차는 그것이 보건서비스이든 아니면 지방정부의 서비스이든 간에 지방의 대의기관이 지방적 수요와 우선순위를 읽고 내린 결정에 의해서 나타나는 것이 아니라 주소지가 어디냐에 따라 달라지는 '우편주소 로또(postcode lottery)'라는 비난을 받는다. 그 결과 일반국민과 미디어로부터, 그리고 선거를 통해 '공정성'의 제고 및 전국적 최소기준에 대한 요구가 나타나고, 재정배분 공식에서 정치 및 재정적 재량을 희생하는 대신에 지역적 형평성을 강화하는 중앙정부의 관여가 이어진다. 이와 같이 서비스 공급의 지방적 차이에 대한 중앙의 명백한 불관용은 영국 특유의 현상으로서 태생적인 집권주의자 또는 자치 폐지론자와 반대되는 입장을 가진 진정한 지방정부 개혁가들이 직면하고 있는 가장 큰 딜레마일 것이다.

마지막으로 *부패*(*corruption*) 가능성에 대한 비판이다. 이것은 중앙정부보다 지방정부를 표적으로 삼는 경우가 많으며, 악명 높은 '풀슨 사건(Poulson affair)'이 발생했던 1970년대에 못지않게 오늘날에도 뉴스에 자주 보도되고 있다. 풀슨 사건은 1974년 여러 명의 정치 지도자들과 공공 부문의 고위 관리자들이 민간 건축가인 존 풀슨(John Poulson)을 위해 부적절하고 부정하게 계약을 체결하도록 영향력을 행사했다는 혐의로 유죄 판결을 받은 사건이다. 이 사건으로 인해 지방의회의원 및 지방공무원을 위한 중요한 지침으로서 국가행동강령 (National Code of Conduct)이 제정되었다. '풀슨 사건의 연루자' (Doig, p. 142) 중에는 지방의회의원과 지방공무원 이외에도 정부 각료, 양대 정당의 국회의원, 국가공무원, 보건서비스 및 국유 산업체의 직원이 망라되어 있었음에도 불구하고 바로 이 점 때문에, 이 사건이 주로 *지방*정부(*local* government)의 부패사례로 기억되는 것 같다.

이에 필적하는 1980년대 및 1990년대의 유명한 사례가 당시 웨스트민스터 시의회의 대표였던 셜리 포터 여사(Dame Shirley Porter)가 연루된 '투표 매수용 공영주택 공급(homes for votes)' 사건이다. 이것은 사적인 금전적 이득보다는 정치권력과 밀접한 관계가 있다. 이 사건에서 지방정부 디스트릭트 회계조사관(local government district auditor)은 셜리 포터 여사와 5명의 시의원, 그리고 관련 지방공무원들이 선거에서 보수당이 이익을 볼 수 있도록 주택매각 정책을 특별히 운영하여 해당 시에 수백만 파운드의 손해를 입혔음을 적발하였다. 항소법원(Court of Appeal)은 2001년 이 결정을 인용하였으며, 관련 행동을 '고의적이고 명백하고 부정한 공권력의 사용'이라고 비난하고 셜리 여사(Dame Shirley)에게 추징금 37백만 파운드를 시에 납부하도록 명령하였다. 그 당시는 상원의원 놀란(Lord Nolan)이 위원장이었던 공직생활기준에 관한 정부위원회 (Government's Committee on Standards in Public Life)가 1996/1997 회계연도에 이 사건의 여러 측면을 이미 검토한 바 있었다. 그러나 이 위원회는 웨스트민스터 시가 아니라 웨스트민스터 *궁전*(*Palace*), 즉 영국국회에 대하여, 그리고 지방의회의원 행동강령(Code of Conduct)과 같은 행동 지침이 사실상 없는 국회의원과 정부각료들의 위법행위 및 '부패(sleaze)'에 대한 조사를 주된 목적으로 설치되었다는 점을 역시 기억할 필요가 있다.

우리의 주장은 어떤 특정 그룹의 정치인들이 즉, 지방 또는 중앙, 남성 또는 여성, 정당 A 또는 정당 B 소속의 정치인들이 다른 그룹에 비해 본질적으로 더 정의롭다거나 더 부패하기 쉽다는 것이 아니다. 그것은 단지 국가적으로 그리고 국제적으로 모든 증거가 있음에도 불구하고 다음과 같은 앨런(Allen)의 경고(1990, p. 12)를 인식하고 명심해야 한다는 것이다.

> 때로는 중앙기관들도 적어도 지방의 기관들과 마찬가지로 무능력하고, 비능률적이거나 부패하며, 지방자치단체들은 일 년 내내 부패와 독직에 관한 뉴스에서 떠날 날이 없다 … 지방정부에 대한 전체적인 관념을 오명에서 벗어나지 못하게 하는 데는 한두 가지 악명 높은 사례로서 충분하다.

지방정부의 가치

이러한 분권의 '문제점'에 관한 주장을 가볍게 무시할 수는 없다. 그러나 그것은 지방정부의 긍정적인 특징 내지는 여러 저자들의 표현처럼 지방정부의 정당성(Smith 1985, ch. 2; Young, 1986b; Clarke and Stewart, 1991, ch. 3)을 통해 균형을 잡을 수 있고 또 그 이상이 될 수가 있다. 이 장의 나머지 부분은 우리의 정당성을 [도표 3.1]에서 보는 바와 같이 7개의 제목으로 묶어서 제시한다. 이 분류는 150년까지 거슬러 올라가는 중요하고도 오래된 문헌이며 아직

[도표 3.1] 선출된 지방정부의 가치 또는 정당성

선출된 지방정부는 중앙정부와 지방행정의 조합보다 다음과 같은 점에서 나을 가능성이 크다.

1. 지역공동체 정체성의 형성 및 표현
2. 다양성의 강조
3. 혁신 및 학습의 진작
4. 신속하고 적정하고 기관 통합적인 대응
5. 시민의식 및 참여 촉진
6. 정치교육 및 훈련 제공
7. 권력의 분산

까지 여전히 타당성을 지니고 있는 조수아 툴민 스미스(Joshua Toulmin Smith) 및 존 스튜어트 밀(John Stuart Mill)의 저술에서 도출되었다.

지역사회 정체성의 형성 및 표현

제 2 장에서 우리는 특히 지방*정부*(local *government*)에 초점을 맞추고 그것을 지방행정과 비교하는 데 주력하였다. 이제 여기서는 특정한 지리적 구역을 관할하는 정부이며, 경계를 잘만 구획하면 지역공동체를 관할하는 *지방*정부(*local* government)에 초점을 맞추기로 한다. 지방정부 제도는 레인스퍼드(Raynsford)의 말처럼 '지역과 공간(locality and space)의 중요성을 포착'해야 하고 사람들의 지역공동체 의식을 반영하고 이를 강화해야 한다.

> 지방자치단체는 어떤 지역을 형성하고, 보존하고, 개발하고, 변화시킬 수 있는 역량을 가지며 그렇게 하는 동안 그 지역에 새로운 정체성을 부여한다 (Clarke and Stewart, 1991, p. 29).

그러나 이런 일을 하기 위해서는 불가피하게 시간이 걸리고 자극이 필요한데, 이 두 가지 모두 최근에 귀중하게 평가되고 있는 자산들이다. 제 2 장에서 우리는 일부 유럽 국가들에서 볼 수 있는 일종의 '아래로부터의(bottom-up)' 지방자치정부, 즉 지역공동체들이 서로 돕고 지원하기 위해 결속하여 발전시킨 지방자치정부를, 국회의 법률과 지도상의 구역 획정을 통해 '위로부터(top-down)' 도출된 영국의 지방자치정부와 서로 비교하였다. 구조개편이 위로부터 지나치게 빈번하게 이루어지면 불가피하게 지방자치단체와 지역공동체의 정체성 사이에 존재하는 연계가 모두 단절될 위험이 있다. 가장 두드러진 사례로서 생소한 이름을 지방의회에 강요하는 경우가 있는데 이것은 당황스러운 일일 뿐만 아니라 경우에 따라서는 사람들을 분노하게 만든다.

1970년대 초반의 구조개편에서 국외자는 물론이고 당시에는 해당 지역의 주민들에게도 생소하게 들렸던 '인위적(artificial)'인 이름이 강요된 사례가 무수히 발생했다. 그 중에서 일부는 1990년대의 뒤이은 구조개편으로 별로 애석해하지 않는 가운데 사라졌다. 비광역도시권 카운티였던 에이번(Avon), 클리블랜드(Cleveland), 험버사이드(Humberside), 그리고 똑같이 단명했으면서 잘못 발음하기 쉬웠던 웨일스의 클루이드(Clwyd), 다피드(Dyfed) 카운티가 그 예이다. 그러나 아직도 그러한 종류의 이름들이 무수히 남아 있다. 광역도시권 디스트릭트로는 할리팩스(Halifax)와 허더즈필드(Huddersfield) 주변에 각각 위치한 콜더데일(Calderdale)과 커크리스(Kirklees), 그리고 노오슬리(Knowsley, 동 리버풀), 샌드웰(Sandwell, 웨스트 미들랜드)이 그러한 사례에 속한다. 비광역도시권 디스트릭트에도 좋은 예가 많다. 먼저 웨스트 서식스(West Sussex)의 아두어(Adur)는 강의 이름인데, 누가 강에 살겠는가? 노팅햄셔(Notts)의 배시틀로(Bassetlaw)는 웍솝(Worksop) 주변을 일컫는 앵글로 색슨 이름인데 현재는 빌리지(village)의 형태도 갖추지 못하고 있다. 켄트(Kent)의 그레이브셤(Gravesham)은 해롭지는 않지만 무의미한 또 하나의 앵글로 색슨 이름으로서 실제 타운인 그레이브센드(Gravesend)가 아님을 강조하는 이름이다. 하츠(Herts)의 쓰리 리버스(Three Rivers)는 아두어(Adur)와 똑같은 경우이고 또 다른 강의 이름인 랭커셔(Lancashire)의 위어(Wyre)와 우스터셔(Worcestershire)의 위어 포리스트(Wyre Forest)는 이중으로 헷갈리게 하는 이름이다.

이러한 이름 아닌 이름(non-names)에 덧붙여서 여러분은 적어도 45개의 '위치규정형 지방의회(compass point councils)'를 더 보탤 수 있다. 이것은 경계획정위원회(boundary commission)의 관료들이 타운 및 근린공동체의 실제 규모가 자치가 불가능할 정도로 너무 작다고 생각하여 이들을 한 데 뭉쳐 의미 없는 지리적 혼혈아로 만들어 버린 경우이다. 노스 하트퍼드셔(North Hertfordshire), 사우스 서머시트(South Somerset), 이스트 노우샘턴셔(East Northamptonshire), 웨스트 랭커셔(West Lancashire) 등이 여기에 포함된다. 이들 4개 지방자치단체에는 인구 규모가 30,000명 이상의 타운인 레치워드(Letchworth), 요빌(Yeovil), 라시던(Rushden), 스켈머스데일(Skelmersdale)이 각각 포함되어 있는데 이 정도의 규모이면 서유럽의 다른 나라에서는 대부분 자치의 자격을 가진다. 그러나 영국에서는 이러한 그리고 이와 유사한 도시들이, 지방정부 체계를 '지방적 수요와 지역공동체의 정체성보다는 관료적이고 전문 직업적인 원칙에 입각하여' 구축하고 재편하는 중앙의 정치 문화적 경향을 확인해주는 증좌가 되고 있다.

다양성의 강조

공간과 과거에 대한 인식은 *독특함(distinctiveness)*을 의미한다. 그것은 해당 지역 특유의 지리, 역사, 경제, 사회 및 정치문화, 그리고 그 결과로 나타나는 특별한 선호 및 우선순위를 말한다. 법률적으로 동일한 권한과 책무를 가진 같은 유형의 지방자치단체라고 하더라도 실제로는 전혀 다를 수 있고 완전히 이질적인 정부 수요를 가질 수 있다는 것을 인정하는 것이다.

미국과 같은 연방체제 아래에서는 주가 스스로 입법을 추진하고 법률을 통과시킬 수 있어서 지방의 수요와 여건이 극단적으로 다르게 나타나고 때로는 기이하게 보이기도 한다. 인디애나(Indiana)에서는 마늘을 먹은 지 네 시간 이내에 버스를 타는 것이 불법이다. 켄터키(Kentucky)에서는 아이스크림 콘을 포켓에 넣고 다니는 것이, 미시시피(Mississippi)에서는 신발을 벗고 운전하는 것이 불법이다. 그렇지만 영국의 지방자치단체들도 마찬가지로 성격이 크게 다를 수 있기 때문에, 기회가 주어지기만 하면 독특한 입법을 추진하는 것을 상상할 수가 있다.

배실던(Basildon), 베뤼크-어폰-트위드(Berwick-upon-Tweed) 및 볼소버(Bolsover)는 모두 잉글랜드의 비광역도시권 디스트릭트이다. 그러나 이름의 첫 철자가 같다는 점을 제외하고는 공통점이 거의 없다. 먼저 '에식스 걸(Essex girl)' 농담의 본고장인 배실던(Basildon)은 전후 영국 뉴타운(New Towns)의 효시이다. 약 50년이 지난 지금 인구가 100,000명이 훌쩍 넘을 정도로 성장했지만 도리없이 그 그늘에 가려버린 두 개의 타운인 빌러리케이(Billericay) 및 윅퍼드(Wickford)와 더불어 아직까지 하나의 디스트릭트를 구성하고 있다. 총 인구규모는 166,000명으로서 잉글랜드의 238개 비광역도시권 디스트릭트 중에서 세 번째로 크다. 이곳은 런던 통근자들이 거주하는 지역이지만 지역경제 또한 대규모의 포드 차 플랜트에 더 이상 휘둘리지 않을 정도로 활력이 있으며, 정부에 의해 템스 게이트웨이(Thames Gateway)의 핵심 지역으로, 그리고 잠재적인 산업 및 주거 개발지역으로 지정되어 있다. 이에 따라 지역 쇼핑센터와 축제레저공원(Festival Leisure Park), 그리고 무시하기 어려운 국립동력선박물관(National Motorboat Museum)과 같은 대규모 투자가 이루어지고 있다. 이러한 성장과 번영의 와중에도 빈한한 지역들이 없지 않으나 보수당(Conservatives)은

2002년 선거에서 전통적으로 노동당(Labour)이 지배했던 전체 의석수 42명의 디스트릭트 의회를 장악했으며, 후속 선거에서는 노동당과의 의석 격차를 더욱 벌렸다.

베뤼크-어폰-트위드 바러 의회(Berwick-upon-Tweed Borough Council)는 면적이 370 평방 마일로서 배실던(Basildon)의 9배나 되는 데 반해서 인구는 1/6에 불과하다. 인구규모 측면에서 보면 잉글랜드에서 가장 작은 디스트릭트의 하나이다. 의회의 전체 직원이 170명 정도에 불과하고 예산은 20백만 파운드에도 미치지 못한다. 디스트릭트의 축구팀이 스코틀랜드축구연맹(Scottish Football League)의 회원으로 가입되어 있지만 성으로 둘러싸인 이 중세의 타운 자체는 스코틀랜드와의 경계에서 2마일 남쪽의 잉글랜드에 위치하고 있다. 대부분이 아주 시골지역이며 경제는 농업, 어업, 경공업 및 그림 같은 해안선과 노섬벌랜드 국립공원(Northumberland National Park)을 찾는 여름 관광객에 의존하고 있다. 지방의회의 전체 의석은 29석으로 전통적으로 무소속 지역이었다가 이어서 자민당(Liberal Democrat)이 장악했으며, 2003 선거에서는 보수당이 크게 약진하여 과반수에서 1석이 미달되기는 하지만 편안한 격차로 다수당의 지위를 차지하였다.

노스-이스트 더비셔(North-East Derbyshire)의 볼소버(Bolsover) 유권자들은 이와 대조적으로 거의 20년 가까이 전체 37석의 의회 의석 중에서 보수당 및 자민당 소속을 단 한 명도 뽑지 않았다. 따라서 노동당이 아성의 정도를 넘어서서 독점하고 있는 지역이다. 최근에는 '볼소버의 괴수(Beast of Bolsover)'로 알려진 이 지역 출신의 국회의원 데니스 스키너(Dennis Skinner)가 지방의회보다 더 유명하다. 이 지역은 13세기에 뿌리를 두고 있는 성(castle) 및 시장 헌장(market charter)을 보유하고 있음에도 불구하고 지난 100년 이상 영국 광산업의 중심지였다. 지금은 광산도 철도도 없으며, 채탄소 대신에 기업단지(enterprise park)가 들어서고, 소기업이 개발되고, 그리고 광산 풍경과 유적지가 복원되고 있다. 지방의회 자체는 거의 600명의 직원을 고용하고 있어 이 지역 최대의 고용주이며 석탄이 없는 시대를 맞아 새로운 정체성 모색을 선도하고 있다.

철자가 B로 시작되는 어떤 디스트릭트를 무작위로 뽑아도 이와 유사하게 큰 다양성을 발견할 수 있을 것이다. 그럼에도 불구하고 중앙정부는 상대적으로 극히 희소한 유사성에 본능적으로 초점을 맞추면서 이러한 명백한 차이를 평가 절하하는 경향을 보인다. 정부 각료들과 중앙부처 공무원들은 이들 지방의회를 하나의 동일한 집단으로 다룰 수 있는 공식을 고안하기 위해 필사적으로 노력한다. 이에 반해 번성하는 지방정부는 그와 정반대로 행동한다. 그것은 *차별성의 정부*(*government of difference*)이자 다양성의 정부이며, 보다 정확하게 표현하자면 *다원적 다양성*(*multiversity*)의 정부이다.

혁신 및 학습의 촉진

각 지방자치단체는 다양한 지방적 여건에 대응하고 차별성을 추구함으로써 정부의 학습 역량을 향상시키게 된다. 그들은 스스로의 해결책 및 시책들을 개발하는데, 결과가 성공적이지 못하거나 자신들의 지역에 제한적으로 적용되는 것도 있지만, 일부는 다른 지방자치단체나 심지어 중앙정부에서도 융통성 있게 활용될 수가 있다.

지방자치단체들은 회계감사위원회(Audit Commission)나 지방정부향상발전기구(IDeA: Improvement and Development Agency)와 같은 공식적인 기구를 통해 서로 간에 끊임없이 배운다. 그리고 수십 종에 이르는 지방정부 전문잡지와 정기간행물, 회의 및 세미나 또는 단순히 구전을 통해 '수범사례(best practice)'를 발표하고 파급한다. [도표 2.1]의 뉴스 발췌 목록을 다시 참고하기 바란다. 정부 각료들의 권장 여부와 상관없이 영양이 잘 균형 잡힌 할(Hull)의 학교 급식을 다른 지방의회들이 조사하고, 유리 분쇄기를 이용한 테임사이드(Tameside)의 자원재활용 시책을 적용할 수 있을 것인지 탐구하는 중국의 노력에 다른 자치단체들이 동참하게 될 것임을 여러분은 확신할 수 있을 것이다.

거의 대부분의 지방자치단체는 특별한 새로운 서비스를 개발하거나 시험적으로 실시하여 다른 곳에서 그것을·채택 또는 변형하여 사용하도록 만든 경험이 있다. 크로이던(Croydon)은 휠리 빈(wheelie bin, 바퀴달린 이동용 쓰레기통)에 마이크로 칩을 부착하여 주민들이 어느 정도 자원재활용을 하는지 알 수 있도록 하고 있다. 반슬리(Barnsley)는 퇴직의무 연령을 연장하여 직원들이 70세까지 일할 수 있도록 허용하였다. 궨트(Gwent)의 뉴포트(Newport)는 우리가 알기로는 최초로 태양전지판(solar panel) 가로등을 도입한 지방의회이다. 콜더데일(Calderdale)은 담배꽁초를 땅바닥에 버리는 사람에게 즉석에서 벌과금을 부과한다. 요크(York)는 버스가 접근해 올 때 교통신호등에 신호를 보낼 수 있는 인공위성 시스템을 보유하고 있다. 아일 오브 와이트(Isle of Wight)는 수업을 방해하는 학생들을 난방이 안 되는 핑크빛 버스인 '핑크 페릴(The Pink Peril)'에 태워 학교로 운송함으로써 그들을 당황하게 하고 있다. 사우샘턴(Southampton)과 워킹(Woking)은 아마도 중앙정부가 손을 놓고 있는 것에 실망한 나머지 각각 지열저장소를 이용하여 지역 기업체에 공급할 전력 및 온수를 생산하는가 하면, 태양전지판의 마이크로 발전 방법, 소규모 풍력 터빈 및 정전기 연료전지를 이용하여 기후변화에 대응하고 이산화탄소의 배출을 감축하고 있다(MacGregor, 2006). 이 목록은 문자 그대로 끝이 없다. 어떤 지방의회이든 서비스 혁신을, 그것이 자랑할 만한 것이든 경우에 따라서는 식상케 하는 것이든, 이루지 못하는 곳이 있나 찾아보라고 말하고 싶다.

신속하고 적절하고 기관 통합적으로 대응

현장에서 멀어지면 대응 시간이 지연된다. 그리고 인식을 왜곡시킬 수 있다. 다종 서비스, 다기능 조직으로서 현장에 있는 지방의회는 지방의 어떠한 상황에 대해서도 가장 적절한 대응책을 중앙정부보다 더 잘, 그리고 더 빨리 확인할 수 있어야 한다. 그리고 스스로 그 대응책을 신속하게, 종합 조정된 방식으로, 그리고 가능하면 더 경제적으로 마련할 수 있어야 한다. 샤프(Sharpe, 1970, pp. 155, 165)는 이러한 능력을 지방정부의 '지식가치(knowledge value)'라고 명명하였다.

> 중앙정부는 각 지역의 독특한 여건을 포착할 수 없다. 지방적으로 선출되어 자체의 전문 직원을 고용하고 있는 기관들이 지역공동체의 여건과 수요를 이해하고 해석하기에 더 좋은 위치에 있다. 바로 그 점 때문에 지방정부가 선호된다 … 파견된 현장사무소들은 … 그들의 활동을 서로 조정할 수 없다.

이러한 종합 조정에 있어서 예외적이지만 하나의 중대한 사례가 1989년 9월, 11명의 군악병이 사망했던 딜(Deal) 소재 해병대 병영(Royal Marines' barracks)의 폭탄 폭발에 따라 켄트 카운티 의회(Kent County Council)가 수행했던 비상사태 지원활동이다. 당시 카운티의 거의 모든 부서들이 이 조치에 관여했었다.

- 소방서
- 경찰: 최초로 고지
- 비상사태계획 담당조직: 후속 지원활동을 조정하고 필요한 경우 영국 적십자사, 앰뷸런스 서비스, 관내의 도버(Dover) 디스트릭트 의회와 같은 타 조직의 지원을 요청
- 사회서비스: 소개된 주민들을 위한 임시 주거 제공, 급식배달서비스, 보호 및 카운슬링
- 교육: 학교를 휴식센터로 동원
- 학교급식서비스: 구조된 사람과 구조활동 요원에 대한 음식 및 온수 제공
- 건축디자인 및 고속도로 업무: 구조공학자들이 반파된 건물에 대해서 조언 제공
- 조달: 방수 및 기타의 보호 장비 주문 제공

2005년 7월의 런던 폭탄테러 사건에 대한 대응은 사전에 예행연습을 했었고 주요 서비스 책임이 광역런던시(Greater London Authority)와 여러 런던 바러(London boroughs)로 분산되어 있었기 때문에 일부 다른 측면이 있었다. 그러나 동일한 원칙, 즉 관리 전문용어로서 소위 '수평적 통합(horizontal integration)'에서 도출되는 편익은 위디콤위원회보고서(Widdicombe Committee Report)가 상술했던 것과 꼭 마찬가지로 적용이 가능하다.

> 지방자치단체는 도심(inner city) 문제 등 다차원의 지방적 문제에 국가 서비스로는 수행하기 어려운 기관 통합적 방식으로 대응할 수 있다. 이것은 다목적 정부(government) 조직이 가지는 장점의 하나로서 지방행정시스템(system of local administration)이 쉽게 흉내 낼 수 없다. 보건서비스의 경우 단일의 서비스를 디스트릭트의 지방 보건기관과 중앙정부가 수직적 통합을 통해 능률을 극대화할 수 있다면, 지방정부는 지방 차원에서 광범한 영역의 서비스를 수평적으로 통합하는 이점을 가진다(Widdicombe, 1986a, p. 52).

[도표 3.2] 통합적 마약정책에 대한 지방정부의 기여

사회서비스부 — 마약사용자 사회보호 계획의 수립 및 제공
주택부 — 회복기 마약사용자에 대한 주택 보급; 사회주택(social housing) 구역에서의 마약사용 관리 및 통제
교육·청소년서비스 — 교내외 마약경각심 교육; 지역공동체 마약방지 전략 개발; 청소년 및 교육 인력, 지역공동체 개발 요원 활용
환경서비스 — 사용된 주사기의 수거 및 안전한 처리; 공중오락장 허가, 출입 통제관(door supervisors) 등록 등
레저·레크리에이션 — 젊은이들에게 적절하고 이용하기 편리한 레저시설 제공
교육훈련·인사 — 마약방지전략 지원; 마약 문제를 가진 직원 지원
경제개발 — 마약거래 및 사용을 억제하기 위한 고용기회 제공
청소년마약사범담당팀 — 청소년 마약사범의 마약치료소 수용

지방자치단체는 이와 함께 기관 통합적으로(CORPORATELY) 경찰, 관세 및 국내소비세 행정, 감호 및 교도서비스, 보건기관 그리고 자원봉사 분야의 대표들과 연결될 수 있는 최적의 기관이다.

'총체적(holistic)' 내지 '통합(joined-up)' 정부(Perri 6 et al., 2002 참조)는 이 같은 현상을 지칭하는 최근의 용어들로서 정책결정의 발표와 서비스의 공급을 각각 독립적으로 수행하는 긴 수직 탑 형태의 '사일로(silo)' 조직과 대비된다. 다기능의 지방자치단체에서 일하는 사람들의 입장에서는 누가 보아도 효과적으로 통합된 것 같지 않은 중앙정부(Whitehall)의 부처 사일로를 관장하는 정부 각료들로부터 통합 정부의 장점에 대해 설교를 듣는 것이 혼란스러운 일이다. 범죄, 치안, 사회적 괴리, 일자리 창출, 마약([도표 3.2] 참조) 등과 같이 다루기가 가장 어려운 여러 가지 정책 문제들에 대처하기 위해서는 다양한 영역에 걸쳐 다종의 서비스 공급을 통한 관여가 필요하며, 그것은 책임과 권한 및 서비스를 광범하게 보유한 지방자치단체가 이상적인 위치에서 공급 및 조정할 수 있다.

시민권 진작 및 참여 촉진

지방*행정*(local *administration*)은 수용에 관한 것으로서 전국적으로 결정된

정책을 지방공무원이 수용하는 것, 그리고 지방공무원이 정책을 집행한 결과를 서비스 수혜자들이 수용하는 것이다. 지방*정부*(local *government*)는 선택과 도전에 관한 것이다. 특히 오늘날에는 시민의 관여와 참여를 적극적으로 권장한다. 샤프(Sharpe, 1970, p. 160)는 이것을 중앙정부를 넘어서는 '민주적 최고성(democratic primacy)'이라고 부르는데 그 이유는 "보다 많은 사람들을 자신들의 정부에 참여할 수 있도록 하기 때문이다."

무엇보다도 중요한 사실은 선출된 지방정부가 시민들을 유권자로서 그리고 선출된 대표로서 관여시킨다는 것이다. 정기적으로 지방선거가 실시된다는 것은 우리가 국회의원보다 지방의회의원을 뽑을 기회를 훨씬 더 자주 가진다는 것을 의미한다. 실제로 투표에 참가하는 사람들은 소수이지만 말이다. 최근 지방선거의 낮은 투표율을 생각할 때 흥미로운 점은 다른 여러 나라들과 비교해서 영국은 지방의회 및 지방의회의원의 수가 예외적으로 매우 적고, 그래서 지방의회의원들이 대부분의 유권자에게 개인적으로 알려져 있지 않은 반면에 국회의원의 수는 예외적으로 많은 나라라는 점이다. 그럼에도 불구하고 국회의원 또는 국회의원 후보자 한 명당 대략 40명꼴로 소위 '기간(principal)' 지방의회, 즉, 카운티, 디스트릭트, 바러 및 단일통합 의회의 지방의회의원 또는 의원 후보자가 나온다.

이 숫자에는 파리시, 타운 및 커뮤니티를 포괄하는 '국지적(local)' 지방의회에서 선출되는 의회의원 90,000명이 완전히 제외되어 있다. 잉글랜드에는 대략 8,700개의 파리시 및 타운 의회가 있고, 웨일스와 스코틀랜드에는 약 2,000개의 커뮤니티 의회가 있으며, 이들 의회의 의원 수는 평균적으로 9명이다. 다만, 이들 지방의원 중 일부는 기간(principal) 및 국지적(local) 지방의회의원을 겸직한다. 국지적 지방의회 중에서 일부는 작은 디스트릭트 의회의 규모를 능가하여 인구 30,000명 이상의 지역공동체를 대표하는 경우도 있는데, 다른 나라였다면 이들은 강력하고 중요한 기관이 되었을 것이다. 그러나 영국에서는 이와 대조적으로, 앞으로 제 5 장에서 보겠지만, 국지적 지방의회는 상대적으로 경미하고 지역적으로 극히 제한된 서비스를 제공할 수 있는 재량권을 가질 뿐이며 그 역할 또한 기간 지방의회와 다른 기관들에게 관할지역 주민들의 입장을 대변하는 데 그치고 있다. 상황이 이렇게 때문에 선거가 경합 없이 치러지는 경우가 많다고 해서 놀랄 일이 아니다. 그렇지만 이들 지방의회

역시 민주적으로 구성되는 책임 있는 기관으로 계속 남아 있으면서 수많은 시민들에게 지역공동체 운영에 직접 참여할 수 있는 수단을 제공한다.

지방정부에 참여하는 방법은 지방선거에 출마하고 투표하는 것 이외에도 엄청나게 많다. 현대 지방의회가 의사결정에 주민들을 참여시키기 위해 사용하는 다양한 참여 방법들을 기록하고 유형화한 드 몬트포트 대학교(De Montfort University) 연구자들의 경험적 조사에서 볼 수 있는 것처럼 선거는 시민참여에 있어서 빙산의 일각에 불과하다(Lowndes et al., 2001). [도표 3.3]의 데이터는 그들의 연구를 기초로 한 후속 자료조사에서 나온 것으로서 잉글랜드의 전체 지방자치단체로 확대해서 추정해 보면 "지방정부 전체적으로 참여 및 공적 의견수렴(consultation)을 통해 2001년 한 해 동안 약 14백만 명을 참여시켰다"는 것을 보여주고 있다(ODPM, 2002, p. 23).

이러한 데이터는 물론 조심스럽게 해석되어야 한다. 2001년에 대략 100만 명이 각종 주민투표에서 투표권을 행사할 수 있었고 250만 명이 해당 지방의회로부터 공적 의견수렴을 위한 서류를 받았다고 해서 그들이 갑자기 지방정부에 열광적으로 참여하는 모범적인 시민이 되었다는 것을 의미하지는 않는다. 이러한 시책들이 제시되어도 많은 사람들, 심지어 대부분은 그들의 이익이 이미 적절하게 반영되었고 또 그들 생활에 보탬이 되는 더 나은 일을 해야 한다고 생각해서 참여하지 않기로 결정했을 수 있다. 만약에 이와 반대로 그들의 이해관계나 호기심이 자극된다면 참여할 수 있는 기회는 전혀 부족하지 않다. 이해가 되겠지만 지방의회는 닉 레인스퍼드(Nick Raynsford)와 같은 정부 각료들로부터 '개인과 지역공동체를 관여시키기 위한 새로운 방법들을 발견해 내고' 그리고 '지방의회가 하는 일에 사람들을 더 많이 참여시키라'는 독려를 받아서 몸살이 나 있다(Raynesford, 2005). 그러나 민주주의에서 사람들을 강제로 참여하게 할 수는 없다.

정치교육 및 훈련 제공

참여는 그 자체가 정치교육의 한 형태이다. 전통적으로 정치교육은 영국의 학교교육 과정에서 대체로 소홀하게 다루어진 분야의 하나이다. 늦었지만 현재는 시민권 교육(Citizenship Education)이 중등 교과과정의 필수 이수과목이

[도표 3.3] 지방자치단체의 시민참여 시책

	2001 ~ 02년중 해당 방법을 사용했다고 응답한 비율 (대략적 수치)	증가(+) 또는 감소(-)
1. 전통적인 방법		
• 공공 미팅/의견수렴서류	80	-
• 지방의회 위원회에 충원	50	-
• 지방의회 및 위원회에서 개최한 공공질의 및 답변	50	+
2. 소비자중심주의 방법 (주로 서비스 공급 측면과 관련됨)		
• 불만/제안 방법	90	=
• 서비스 만족도조사 — 특정 서비스 대상 또는 지방자치단체 전체 서비스 대상	90	+
3. 자문 방법		
• 대화형 웹사이트	65	++
• 시민 패널 — 통계적으로 대표 가능한 표본 1000 이상	70	++
• 지역 단위 주민투표	8	+
4. 포럼 — 공통의 배경과 경험을 가진 주민 집회		
• 서비스이용자 포럼	70	+
• 지역 또는 근린지역사회 포럼	65	+
• 쟁점 포럼	45	+
• 공유 이해관계 포럼	35	+
5. 심의 방법 - 쟁점에 대한 심도 있는 고려 권장		
• 초점 집단 — 선정된 주민 10 ~ 12명 정도의 소규모 토론 그룹	50	+
• 지역공동체 계획/수요분석 — 지방 서비스 공급의 우선순위 설정	65	+
• 비전 제시 — 미래의 특정 측면에 대한 참여자의 비전 확보	40	+
• 시민 배심원 — 특정 정책 분야에 대한 증거에 기초를 둔 확대된 심의	5	=
6. 이용자 관리 — 지방 서비스에 대한 직접적인 시민 통제		
• 예) 임차인 관리하의 지주회사, 지역사회 직영 유아원 및 청소년 클럽 등	20	=

출처: ODPM(2002) 표 2, 그림 1 및 2, pp. 12 ~ 13.

되고 초등학교 준거 틀인 개인, 사회 및 보건 교육과 공민권(Personal, Social and Health Education and Citizenship)의 한 부분에 포함됨에 따라 이러한 상황이 점차 교정되고 있다. 희망컨대, 시간이 더 경과되면 이러한 발전이 정치적 교양과 지역공동체의 관여 수준을 높여 줄 것이다. 비록 그런 때가 오더라도 정부제도 그 자체는 특히 지방 차원에서는 정치적 학습의 자극제로서 중요한 역할을 계속 수행할 것이다.

지방선거는 특히 중요하다. 투표를 하지 않는 사람들조차도 선거운동 기간 동안 지방적 쟁점과 후보자에 대한 미디어의 높아진 관심을 통하여 정치적 자각 및 정부에 관한 지식을 확장할 수 있다. 영국에서 모든 지방선거는 지방의회가 새 회계연도의 예산을 확정하고 지방세 고지서를 발송한 직후인 4월 또는 5월에 실시된다. 지방의회의원들과 후보들은 선거 연설과 공약을 통해 그들이 취했던 행동을 방어하거나 정책 대안을 제시해야 한다. 통계수치가 발표되고 도전을 받고 토론이 벌어진다. 조사연구 결과들을 보면 아직까지 사람들은 누가 그들을 대표하는 지방의회의원이고 그들의 지방의회가 무엇을 하는지 모르는 경우가 많다. 그렇지만 만약에 선거가 없다면 이러한 무지는 거의 전반적인 현상이 될 것이다.

지방정부는 가장 적극적이고 관여 정도가 높은 참여자에 대해서는 단순히 교육뿐만 아니라 전문적으로 정치적 경력을 쌓아갈 수 있도록 훈련과 견습의 기회를 제공한다. 최근 몇 번의 총선거에서 어느 정당을 막론하고 지방정부를 능가하는 충원의 장은 단 하나도 없었다. 2001년 및 2005년의 국회는 전체 국회의원의 과반수가 이전에 지방의회의원으로 활약했던 경력을 가지고 있으며, 이것을 정당별로 구분해 보면 노동당이 소속 국회의원의 약 2/3, 자민당이 약 60퍼센트, 그리고 보수당이 30퍼센트 이상을 차지한다.

이것이 비록 주목할 만한 수치이기는 하지만 앞의 마지막 문장에서 핵심적인 내용은 '이전에 이미 활약했었다'는 것인데 국회의원이 되고 나면 거의 전부는, 해당 국회의원 의석이 우연히 그들 지방의회의 관할 영역에 있더라도, 정치적으로 가장 빠른 기회를 잡아 지방의회의원직을 사퇴할 것이기 때문이다. 이러한 관점에서 볼 때 일반적으로 영국에서는 다른 나라들에 비해 중앙 및 지방 정치 경력간의 중복이 매우 적으며, 그 결과 전국 무대에서 지방정부의 목소리가 미약한 편이다.

권력의 분산

마지막으로 ― 그렇다고 해서 가장 중요하지 않다는 것은 결코 아니다 ― 우리는 논쟁의 여지는 있지만 다원주의(pluralism)라는 지방정부의 가장 근본적인 가치 내지는 정당성의 문제에 이르렀다. 지방자치단체의 업무 수행에 관한 위디콤보고서(Widdicombe Report)는 다음과 같이 서술하고 있다.

> 다원주의의 논거는 권력이 하나의 국가 조직에 집중되어서는 안 되고 분산되어야 하며, 따라서 정치적 견제와 균형을 제공하고 자의적인 정부 및 절대주의를 제어해야 한다(Widdicombe, 1968a, p. 48).

이보다 10년 전에 나온 또 다른 정부보고서, 즉 레이필드 위원회(Layfield Committee)의 지방정부 재정에 관한 조사(Inquiry into Local Government Finance)에서도 지방정부의 역할을 다음과 같이 거의 동일한 것으로 보고 있다.

> 상이한 정치적 견해를 가진 사람들이 결정을 내리는 데 있어서 수많은 논점을 제공함으로써 … 그것은 정부 결정에 내재된 통일성에 대해 균형을 잡아주는 평행 추 역할을 한다. 그것은 정치권력을 분산시킨다(Layfield, 1976, p. 53).

이것은 어떤 인용사전에도 첫 페이지에 나오는 액턴 상원의원(Lord Acton)의 유명한 경구인 '권력은 부패한다, 그리고 절대 권력은 절대적으로 부패한다'와 동일한 생각의 연장선상에 있다. 잘 알려진 것처럼 보이는 여러 다른 경구들과 마찬가지로 이것 또한 잘못 인용되는 경우가 많다. 그러나 우리의 목적에 비추어 다음 문장에서 보는 강조의 위치가 매우 인상적이다. 권력의 분산이 부패를 *야기할 수 있겠지만*, 그러나 액턴 경의 확신은 권력의 집중에 유보되어 있다.

결 론

명확하게 정리하자. 우리는 이 장에서 분권화된 정부를 옹호하기 위해 이념적으로 그리고 무비판적으로 정당성을 제기하는 것이 아니며, 그것은 분명이 영국에서 현재 존재하는 것도 아니다. 우리의 지방자치단체들이 소위 분권의 가치에 부응하는 데 어려움을 겪고 있을 뿐만 아니라 앞에서 열거한 분권의 여러 가지 단점을 노정하는 것을 쉽게 볼 수 있다. 다원주의의 도구로서, 참여의 확대를 위한 강령으로서, 그리고 지역공동체의 옹호자로서 그 단점은 명백하며, 그에 대해서 계속 논의가 이루어지고 연구문헌도 많다(예: King and Stoker, 1996). 그것은 무능할 정도로 비능률적일 수가 있고, 이가 갈릴 정도로 관료적일 수도 있으며, 때로는 광기 그 자체일 수도 있다. 예를 들어 캠든 의회(Camden Council)는 햄스테드 극장(Hampstead Theatre) 근방에 있는 공공조각품 한 점을 보호하기 위해 조각품과 함께 맹인과 약시자들에게 정보를 제공하기 위해 고안한 브라유식 점자(Braille) 명각까지 온통 덮어버리는 유리케이스를 만들었다. 또한 햄프셔 카운티 의회(Hampshire County Council)의 웹사이트는 투표소에 나올 것을 촉구하면서 커다랗게 검정색으로 체크 표시를 한 투표용지의 그림을 사용했는데 유권자들이 투표용지에 실제로 그렇게 표기하면 집계할 때 무효표로 처리된다. 이 같은 백치 행위는 분권화된 민주주의가 치러야 할 내재적인 비용의 일부이다.

우리는 또한 제 2 장에서 다루었던 단일국가와 그러한 국가에서 볼 수 있는 의회주권 및 지방정부의 헌법적 종속성에 관해서 도전하는 것도 아니다. 그러나 우리는 선택을 확대하고, 창안과 혁신을 권장하고, 적극적인 참여를 진작함으로써 중앙으로부터 권력을 의미 있는 수준으로 분산시키는 것이 집권과 집중보다는 정부의 질과 민주주의의 건강에 도움이 될 수 있다고 주장한다. 민주적 분권에 따르는 문제는 권력의 과도한 집중으로 생기는 문제와 비교할 때 상대적으로 경미하다.

제 4 장
과거의 지방정부

고대에 기원을 둔 현대의 제도

본질적으로 역사적인 내용을 왜 현대 지방정부에 관한 책에 하나의 장으로 포함시켰는가? 왜 제 5 장의 현재의 체계와 구조로 바로 들어가지 않는가? 대답은 너무나 간단하다. 존 스튜어트(John Stewart, 2000, p. 15)가 관찰했듯이 '지방정부의 성격은 역사적으로 형성되었다. 시간을 두고 발전된 공감대가 지방정부라고 의제되는 세계의 한 부분이 되었다.' 현재를 제대로 이해하려면 최소한 그것이 어떻게 나타났는가, 과거로부터 어떻게 발전되었으며, 과거와 어떻게 다른가에 대한 어느 정도의 인식이 있어야 한다. 이것은 어느 나라에도 해당되는 말이지만 영국에서 특히 중요하다. 그 이유는 지방정부가 다른 대부분의 제도들과 마찬가지로 공식적인 헌법적 결정을 촉발할 수 있는 외부의 침략이나 폭력적 혁명에 의해 간섭받지 않고 몇 세기를 두고 점진적으로 그리고 조금씩 발전되었기 때문이다.

영국에는 지방자치단체의 권한과 책임, 그리고 중앙정부와의 관계를 규정한 성문화된 헌법전이 없다. 그 대신에 변화하는 상황에 대응하여 일련의 제도와 관습이 창설되고 변용되어 왔으며, 어떤 것은 수 세기의 역사를 가지고 있다. 그래서 샤이어(shire)가 있고, 또 어떤 샤이어 카운티(shire county) 구역은 그 기원이 앵글로 색슨 또는 켈트 시대까지 거슬러 올라간다. 그리고 많은 사람들은 최근의 지방정부체제 개편 논쟁에서 이것의 폐지나 새로운 단일통합 의회로의 대체를 원하지 *않는다고* 분명하게 의사를 표명했다. 12세기에 국왕헌장(Royal Charters)을 하사받은 브리스틀(Bristol), 옥스퍼드(Oxford), 뉴캐슬(Newcastle), 노리치(Norwich), 애버딘(Aberdeen), 던디(Dundee)와 같은 역사적인 도시들은 1970년대 초반의 지방정부 개편으로 각각 카운티 또는 광역권역에 강제적으로 편입될 때까지 수 세기 동안 진정한 도시 자치정부의 중심지였다.

행정관(magistrates) 또는 치안판사(JPs: Justice of the Peace)는 정당이 출현하기 500년 정도 이전인 14세기에 국왕의 지방 대리인(local agents)으로 처음 임명되었다. 그래서 그들이 현대 경찰행정청에서 독립적인 대표성을 유지하는 데 그처럼 격렬하게 집착하는 것을 이해할 수 있다. 이와 관련하여 존스(Jones)와 스튜어트(Stewart)는 최근의 현상인 비선출 지방정부기관의 확산(p. 22 참조)을 설명하기 위해 '신행정관체제(new magistracy)'라는 문구를 사용했다. 한편 오래 전부터 지방재산세로서 엘리자베스 구빈법 1601(Elizabethan Poor Law 1601)에 기원을 둔 '레이트(the rates)'가 있었다. 1988년 보수당 정부에 의해 이 제도가 폐지되자, 충분히 예견될 수 있었던 일로서 새로 도입된 지방부담금(community charge)이 가지지 못했던 이 제도의 중요한 장점들이 다시금 인식되었다. 이에 따라 지방부담금 제도가 거의 순식간에 폐지되자 이 제도는 지방정부세(council tax)의 형태로 실질적으로 부활하였다.

따라서 역사 및 역사적 연속성에 대한 어느 정도의 인식은 중요하다. 그렇지만 이 책은 기본적으로 현대 지방정부에 대한 설명이기 때문에 우리는 이론의 여지가 없는 주요 경향 및 발전을 간략하게 검토하는 선에서 그치고자 한다.

프랑스의 체계, 영국의 헝클어진 실타래

'지방정부'라는 용어 자체가 지방정부의 규모가 그 어느 때보다도 크고 지방적 성격이 약했던 19세기에 만들어졌다는 사실은 영국 지방정부의 역사에 있어서 아이러니이다. 그럼에도 불구하고 19세기 초는 우리가 출발점으로 삼기에 가장 적절하다. 영국해협 바로 너머의 프랑스에서는 1789년 혁명에 따라 명확하게 정의된 지방행정체계를 이미 보유했을 뿐 아니라 그 본질적인 요소를 오늘날까지 유지하고 있다.

- 각각의 타운, 바러, 파리시(parish) 내지 비도시 지역공동체마다 자치정부(municipality) 내지는 *코뮌(commune)*을 두도록 함으로써 [학교와 교회를 자체적으로 가지지 못한] 작은 마을(hamlet)에서부터 파리(Paris) 전체에 이르기까지 전국적으로 동일한 헌법적 지위를 가지는 코뮌이 36,000여개에 달하며,
- 각 코뮌은 보통선거로 선출되는 자체의 의회(assembly)와 해당 코뮌과 중앙정부에 대하여 책임을 지는 시장(mayor)을 둔다.

영국에는 대조적으로 이러한 '체계(system)'라는 것이 애초에 없었으며 19세기가 거의 경과될 때까지도 생기지 않았다. 그 대신 패트리샤 홀리스(Patricia Hollis)가 사실적으로 묘사한 바와 같이 기본적으로 세 개의 전통적인 지방정부 단위인 파리시, 카운티 및 바러가 '헝클어진 실타래(a tangle)'처럼(Hollis, 1987, p. 23) 얽혀 있었다.

*파리시(parishes)*는 1830년대까지 15,000개 이상이 있었는데 보안관(constables), 고속도로 검사관, 빈민후견인, 교구위원 등 다양한 공직자를 무보수로 임명하여 각각 법질서, 도로 유지관리, 빈민에 대한 생업 또는 금전적 구호 등의 책무를 맡게 하였다. *카운티(counties)*는 치안판사(JPs: Justices of Peace)가 관장하였으며 중세기 영국 국토의 대부분이 카운티로 구획되었다. 치안판사는 국왕이 임명한 관리로서 사법 및 행정권을 모두 행사했다. 사법적 역할은 [분기별로 매년 4차례 개정하는] 카운티 분기법정(county quarter session)을 통해 행사했으며, 고속도로 및 교량, 중량 등 도량업무, 파리시의 일반적 감독 등 행정적인 책무가 계속 증가하였다. *바러(boroughs)* 또는 다른 이름으로 타운 도시법인(corporate towns)은 200개 정도였으며 치안판사의 관할에서 벗어나 국왕헌장(Royal Charter)에 의해 창립된 도시법인(Corporations)을 통해서 실질적으로 자치를 실시하였다. 바러(boroughs)는 자신들의 정부체계를 — 선출과 자체 임명 등의 방법 중에서 — 어떻게 구성할지, 그리고 국왕에게 납부해야 할 부담금을 어떻게 조성할 것인지를 스스로 결정하고 자체적으로 법정을 운영할 수 있는 권한을 가졌다. 스코틀랜드에서도 이와 동일한 지방자치의 원칙이 발전되고 확대되어 버제스(burgesses)를 지방의회로 하는 상대적으로 많은 수의 바러(burghs)가 운영되었다.

이와 함께 영국국회의 지방법(Local Acts of Parliament)에 의해 특정 지역을 대상으로 특별한 서비스를 공급하는 수많은 종류의 *특별자치단체*(*ad hoc authorities*)가 설치되었는데, 이들 특별기관의 구역은 각각 다른 기관들의 구역과 서로 일치하지 않을 수 있다. 도로의 관리 및 신규 개설을 위해 사용자들에게 통행료를 징수했던 유료고속도로관리인(Turnpike Trustees)과 도로포장, 가로등 관리, 도로청소에서 나중에는 소방차, 가스 및 수도의 공급에 이르기까지 재산세를 재원으로 공급되는 서비스를 관장했던 서비스개선행정관(Improvement Commissioners)이 그 예이다.

도시빈곤과 실업, 과밀과 비위생, 질병과 범죄 문제 등 산업혁명으로 촉발된 압력으로 인해 이러한 '헝클어진 실타래(tangle)'로서의 지방정부의 현실이 부각되고 시급하게 개혁을 추진해야 한다는 당위성이 제기되었다. 제도에 대한 기존의 땜질 처방으로는 발전하는 산업사회의 수요를 충족시킬 수 없었기 때문이었다.

정부의 대응은 대조적인 형태로 나타나 1830년대에 제정된 두 개의 주요 개혁 법률에 각각 반영되었다. 하나는 *구빈법개정법률 1834*(*Poor Law Amendment Act 1834*)로서 *더 많은 단일목적특별자치단체*(*more single-purpose ad hoc authorities*)가 창설될 것임을 예고했다. 이 법률은 파리시를 빈민구제행정기관으로서 각각 *선출된*(*elected*) 후견인위원회(Boards of Guardians)를 둔 약 700개의 빈민구제연합(union) 내지 파리시 집단으로 개편하였다. 후견인위원회는 중앙의 구빈법행정관(Poor Law Commissioners)으로부터 강력한 통제를 받았지만 선출직이라는 성격 및 그에 따른 선거책임으로 말미암아 그 이후에 창설된 다른 대부분의 단일목적 자치단체들과 큰 차이를 보였다. 그 뒤를 이어 지방보건위원회, 고속도로위원회, 초등학교위원회, 위생구역(sanitary districts) 등 수많은 특별기구(ad hoc bodies)가 생겼는데 그것은 중앙 하위의 정부에 대한 종합적인 개혁이 지연된 데도 일부 기인하였다.

그러한 종합적인 개혁에 가장 접근한 두 번째의 법률이 도시법인법 1835(Municipal Corporations Act 1835)이다. 이 법률은 사법행정(administration of justice) 기능이 없는 78개의 선출형 다목적지방자치단체(multi-purpose elected local authorities)를 창설함으로써 현대 지방정부의 기초가 되었다는 평가를 받는다. 그래서 지방정부구조에 관한 핵심적인 법률을 요약한 [도표 4.1]에서 첫번째 항목을 차지하고 있다. 새로 창설된 이들 지방의회의 권한은 제한적이었으며 참정권은 더욱더 제약되어 레이트, 즉 재산세를 내는 남성으로서 3년 이상의 거주자에 대해서만 한정적으로 부여되었다. 그렇지만 선출에 의한 지방자치정부의 원칙은 이 법률에 의해 확립되었다.

도시—비도시의 이원적 체계 대두

1830년대의 개혁에도 불구하고 19세기가 거의 끝날 때까지 막연하게나마 지방정부 체계(system)라고 부를 만한 것은 아무 것도 없었다. 문자 그대로 수천 개의 임명 또는 선출되는 단일 및 다목적 자치단체들이 난립된 '헝클어진 실타래(tangle)' 상태가 여전히 계속되었다. 합리적인 개편의 시기가 이미 늦은 것이 분명했으며, 이에 따라 19세기의 마지막 12년 동안에 일련의 법률이 무더기로 통과되었다. 지방정부법 1888(Local Government Act 1888)은 런던(LCC)을 포함하여 62개의 카운티 의회(county councils)와 61개의 카운티바러(county boroughs)를 탄생시켰는데 이들은 모두 직접 선출되는 지방의회였다. *카운티 의회*(*County councils*)는 인구 350만 명의 랭커셔(Lancashire)에서 2만 명의 러틀랜드(Rutland)에 이르기까지 규모면에서 엄청난 차이가 있었다. 카운티의 권한은 당초에는 고속도로와 교량, 난민 보호시설, 도량형 및 부분적인 경찰통제 업무에 국한되었으나 20세기가 진행됨에 따라 지속적으로 확대되었다.

카운티바러 의회(County borough councils)는 카운티로부터 독립된 일반목적 자치단체였다(all-purpose authorities). 당초에는 인구 150,000명 이상의 큰 도시에만 바러의 지위를 부여하려고 했지만 법률 통과 과정에서 그 기준이 50,000명으로 축소되었다. 이에 대한 카운티의 원성이 대단했는데 그것은 바러 하나만 잃어도 재정적으로 생존 능력에 심각한 위협이 될 수 있었기 때문이었다. 스코틀랜드에서는 이에 상응하는 법률로 선출형의 33개 카운티 의회가 창설되었다. 그 중에서 4대 바러(burghs)였던 글래스고(Glasgow), 에든버러(Edinburgh), 던디(Dundee), 애버딘(Aberdeen)은 일반 목적의 시티 카운티(counties of cities)가 되었는데, 이들은 사실상 잉글랜드의 카운티바러와 같이 독립 섬의 성격을 띤다.

[도표 4.1] 현대 지방정부의 발전과정: 핵심적 입법

1835	**Municipal Corporation Act** — 자체적으로 선출되고 부패가 심했던 잉글랜드 및 웨일스의 중세 법인을 대체한 직접 선출형의 바러 탄생
1888	**Local Government Act** — 잉글랜드와 웨일스에 62개의 선출형 카운티 의회 및 61개의 일반목적 카운티바러 의회 설치. 지방정부(스코틀랜드) 법 1889로 스코틀랜드에 상응하는 구조를 창설
1894	**Local Government Act** — 카운티 의회의 영역에 535개의 도시디스트릭트 의회(UDCs)와 472개의 비도시디스트릭트 의회(RDCs) 및 270개의 비카운티바러(non-county borough) 의회 설치. Town Council(Scotland) Act 1900으로 스코틀랜드에 상응하는 구조를 창설
1899	**London Government Act** — '현대(modern)' 지방정부구조를 완성. 런던카운티 의회(LCC) 영역에 38개의 교구 및 디스트릭트 위원회를 대체하여 28개의 수도권 바러 의회와 런던시티 도시법인 네트워크 설치
1929	**Local Government Act** — 구빈법후견인위원회를 폐지하고 그 기능을 지방정부로 이관. 스코틀랜드에서는 Local Government(Scotland) Act 1929로 보다 광범하게 구조를 개편하고 기능을 이관
1963	**London Government Act** — 1965년부터 광역런던의회(GLC) 및 32 런던바러와 함께 종전의 런던카운티 의회(LCC) 영역에 내부런던교육청(ILEA)을 설치. 런던시티 도시법인(33번째 바러)은 그대로 존치
1972	**Local Government Act** — 1974년부터 카운티바러 폐지 및 잉글랜드와 웨일스의 카운티를 47개로 줄이고, 333개 비광역도시디스트릭트 의회를 통합 설치. 잉글랜드의 도시 지역에 6개의 광역도시 카운티와 36개의 광역도시 디스트릭트 설치
1972	**Local Government(Northern Ireland) Act** — 북아일랜드의 73개 지방자치단체를 비례대표로 선출되는 26개의 단일계층 디스트릭트 의회로 대체
1973	**Local Government(Scotland) Act** — 1929년 이래 존속했던 400여개의 지방자치단체를 대체하여 1975년 5월부터 9개 광역권역 의회, 53개 디스트릭트 의회, 3개 도서 의회를 설치함으로써 스코틀랜드의 지방정부를 개혁
1985	**Local Government Act** — 광역런던 의회(GLC) 및 6개 광역도시카운티 의회를 1986년 4월부로 폐지. 1990년 4월, 내부런던교육청(ILEA) 폐지
1994	**Local Government(Scotland) and (Wales) Act** — 1996년부터 스코틀랜드와 웨일스의 2계층 체계를 각각 32개 및 22개의 단일통합의회로 대체. 이에 상응하여 국회 명령(parliamentary/statutory orders)으로 46개의 새로운 잉글랜드 단일통합의회를 창설하여 잉글랜드의 '혼성(hybrid)' 체계를 확대
1999	**Greater London Authority Act** — 영국 최초로 직선의 집행수장형 시장 및 의원 25명으로 구성되는 의회를 탄생시킴. 양자 모두 2000년 5월에 선거 실시

지방정부법 1894 (*Local Government Act 1894*)는 종전의 위생구(sanitary districts)를 기반으로 선출형의 *도시디스트릭트 의회* (*UDCs: urban district councils*) 및 *비도시디스트릭트 의회* (*RDCs: rural district councils*)를 창설함으로써 런던을 제외한 잉글랜드와 웨일스의 지방정부 개혁을 완성했다. 스코틀랜드도 상응한 입법을 통해 1894년과 1900년 선출의 원칙을 파리시와 타운/바러 의회에 각각 확대하였다. 그러나 당분간은 잉글랜드 및 웨일스와 마찬가지로 학교위원회(school boards), 경찰위원회(police commissions), 카운티 도로위원회(county road boards), 디스트릭트 및 통합상임위원회(district and joint standing committees) 등과 같은 특별기구(ad hoc bodies)의 복잡한 네트워크가 유지되었다.

1899년의 런던정부법 (*London Government Act 1899*)은 런던카운티 의회(LCC) 아래에 28개의 *수도권바러 의회* (*metropolitan borough councils*)를 창설하여 수도 런던의 지방정부 계층을 2단계로 만들었다. 런던시티 도시법인(City of London Corporation)은 당시 700년의 역사와 시장(Lord Mayor), 그리고 참사회(Court of Aldermen) 및 민의회(Court of Common Council)와 함께 그대로 존속되었으며, 이것은 후속되는 런던정부 개혁에도 변함없이 적용되었다.

19세기의 마감을 앞두고 제정된 이러한 일련의 입법으로 인해 조그마한 헌법적 변화가 일어났다. 이제는 영국 전역에 걸쳐서 선출형 지방정부의 *이원적 체제* (*dual system*)가 들어선 것이다. 대도시(런던 제외)에는 일반 목적의 카운티바러(county boroughs/burghs)가, 그 이외의 지역에는 카운티, 디스트릭트/바러, 파리시 의회 간에 권한을 나누어 갖는 2 내지 3계층의 지방정부 체제가 그것이다. 각 계층의 의회가 모두 자신들의 책무와 자족성에 대해 방어적이었기 때문에 이것이 반드시 가장 조화로운 체제라고 볼 수는 없겠지만, 그래도 이것이 본질적으로 다음 3/4세기 기간 동안 그대로 지속되었다.

구조는 땜질처방, 기능은 성장

잉글랜드와 웨일스의 인구는 20세기 초반에 매년 평균 1퍼센트 이상씩 증가하였다. 더욱 중요한 것은 인구의 증가가 매우 불균등하게 도회지에 집중됨으로써 도시가 인근 지역으로 팽창 내지 확산되었다는 점이다. 이에 따라

19세기에 획정된 경계가 시대에 뒤떨어지기 시작했고, 점점 많은 도시들이 카운티바러의 자격 기준을 갖추고 그 지위를 추구함에 따라 도시와 비도시 지방자치단체 간에 이해의 충돌이 불가피하게 나타났다. 그러나 카운티바러가 되기 위한 인구 기준이 1926년 75,000명으로 상향 조정되고 그 절차도 상당히 까다로워져서 카운티들로서는 한숨을 돌릴 수 있게 되었다. 실제로 1927년과 1964년 사이에는 카운티바러가 새로 창설된 사례가 한 건도 없다.

그 이외의 구조적 변화는 1929년의 두 가지 입법으로 시작되었다. 먼저 *지방정부(스코틀랜드)법*(*Local Government(Scotland) Act*)은 앞에서 언급한 개혁 및 합리화 과정을 완성시켰다. 갈피를 잡을 수 없을 정도로 다양했던 바러(burghs)를 두 개의 유형으로 정리하여, 당시 카운티가 맡고 있던 교육 이외에 대부분의 서비스를 책임지는 21개의 *대규모 바러*(*large burghs*)와 주택, 공중보건 및 주민편의를 담당하는 176개의 *소규모 바러*(*small burghs*)로 구분한 것이다. 그 구분은 인구 20,000명을 기준으로 하였다. 파리시, 디스트릭트 및 통합 상임위원회는 모두 폐지되고 비도시지역에 약 200개의 *디스트릭트 의회*(*district councils*)가 대체됨으로써 4대 도시를 제외한 스코틀랜드 전역에 지방정부 2계층제가 완성되었다.

잉글랜드와 웨일스에서는 *지방정부법 1929*(*Local Government Act 1929*)를 통해 도시 및 비도시 지방자치단체 간의 균형 문제를 다루기 시작했는데 특히 규모가 아주 작은 수많은 도시 및 비도시 디스트릭트 의회가 그 대상이었다. 그 후 10년간 경계 심사를 거쳐 300개 이상의 디스트릭트 의회가 폐지되었다. 그럼에도 불구하고 여전히 많은 수의 소규모 디스트릭트가 존치되어 있었다. 모든 지방자치단체를 대상으로 하는 구조적 개혁은 보다 집중적인 방식으로 추진되어야 하지만 전후의 시기까지 그런 일은 일어나지 않았다.

지방정부법 1929(*Local Government Act 1929*)에 의해 초래된 또 다른 중요한 결과는 당시까지 유일하게 남아 있던 특별기관으로서 구빈법, 시민등록 업무 및 병원 서비스를 담당했던 빈민후견인(Guardians of the Poor)이 폐지되고 그 기능이 카운티 및 카운티바러에 넘어간 것이다. 유사한 조치로서 당시 도로 사정이 나쁜데도 자동차 수가 증가하는 문제에 대응하여 비도시 디스트릭트 의회가 관장했던 도로 권한을 카운티 의회로 이관하였다.

이러한 기능적 변화와 함께 카운티 및 카운티바러가 계속해서 서비스 책무를 부가적으로 획득해 나간 것이 상대적으로 경미했던 구조적 개혁보다 20세기 전반기의 지방정부 역사를 훨씬 더 특징적으로 규정할 수 있는 요소들이다. 이 과정을 시각적으로 표현하면 좌우 대칭적 아치의 상승 부분에 해당된다고 할 수 있다(Game 1991). 아치의 전체 모양을 '현대' 지방정부 출범 이후 최초 100년간의 입법 및 기능적 역사를 상징하는 것으로 본다면 그 종석 내지 정점은 대략 지방정부의 '황금시대(golden age)'라고 일부 논자들이 지칭하는 1930년대 초반이 될 것이다(eg., Byrne, 2000, p. 21).

새로 탄생한 선출형의 카운티 의회는 1889년 창설되기가 무섭게 당초의 미약했던 관장 업무에 새로운 기능을 추가해 나가기 시작했으며 그 과정이 최소한 1930년대까지 이어졌다. 직업 및 기술교육, 도로 유지관리, 초등교육, 자동차 및 운전자 등록, 학교급식, 모자복지, 경력발전 조언, 정신보건서비스, 중등교육, '재가지원(home help)' 제도, 도서관, 실업구제, 계획 및 개발 규제, 민방위 등이 여기에 해당된다. 이와 동시에 카운티바러는 1920년대에 있었던 지방정부의 공영주택 공급 드라이브를 선도했으며 수도, 가스, 전기, 대중교통과 경우에 따라서는 항만, 공항, 전화 시스템, 극장, 화장장 및 도축장까지 관할권을 넓혀갔다.

아치가 하강 국면으로 접어든 전환점은 '돌(dole)'이라고 부르는 실업수당의 지급 책임이 신호가 되었다. 이 업무는 1931년 갑자기 주어졌다가 3년 후 실업지원위원회(Unemployment Assistance Board)의 설치를 구실로 중앙정부에게 빼앗겼다. 그러나 아치가 실제적으로 하강한 것은 노동당 정부가 제 2 차 세계대전 이후에 추진했던 대규모 프로그램인 보건, 복지 및 국유화 관련 입법에서 시작되었는데 이들 입법은 모두 지방의회로부터 서비스 책무를 앗아가는 것들이었다.

마침내 이루어진 중요한 구조개혁

전후가 되자 1920년대와 1930년대에 이미 명백해진 구조적인 문제점들이 훨씬 두드러지게 나타났다. 지역공동체의 거주 패턴이 변화함에 따라 지방정부의 구조는 더욱더 비합리적으로 되고 동일한 유형의 지방자치단체들 사이에도 규모면에서 중대한 차이가 생겼다. 특히 많은 지방자치단체가 자체적으로는 서비스를 효율적으로 제공하기에 규모가 너무 작은 것으로 나타났다. 지방자치단체의 수가 엄청나게 많아 일반 국민들을 혼란스럽게 만들고 서비스 공급 책임이 분산되었으며, 이에 따라 번거로운 조정 기제가 필요하게 되었다. 그러나 기득권 세력들은 이구동성으로 개혁에 반대하였다. 정당들은 선거에 미칠 영향을 염려했고, 지방의회의원들은 도시와 비도시 지방정부의 통합 원칙에는 찬성했으나 그것은 자신들의 지방정부가 폐지되지 않는다는 조건부의 찬성이었다. 그럼에도 불구하고 변화를 요구하는 압력은 높아져 갔고 그 결과가 런던에서 처음으로 나타나게 되었다.

런 던

3년에 걸친 왕립위원회(Royal Commission)의 검토를 거쳐 입법된 *런던정부법 1963* (*London Government Act 1963*)은 새로운 2계층 구조를 탄생시켰다. 런던카운티 의회(LCC)를 대체하여 주변의 카운티, 즉 이제는 광역런던에 편입된 본토 카운티(Home Counties) 지역으로까지 시역을 확대한 *광역런던 의회*(*GLC: Greater London Council*)와 32개 *런던바러*(*London boroughs*)가 그것이다([그림 4.1] 참조). 런던시티(City of London Corporation)는 1890년대와 마찬가지로 무사히 개혁 과정을 통과하여 사실상 33번째의 런던바러가 되었다. 런던바러들 중에서 12개(런던시티를 포함하면 13개)는 종전에 런던카운티 의회의 영역이었던 내부런던(Inner London)에, 그리고 20개는 그 외곽의 외부 런던(Outer London)에 설치되었으며 주택, 사회서비스, 비광역도시도로, 도서관 등의 서비스 책임이 대거 할당되었다. 광역런던의회(GLC)는 소방, 앰뷸런스, 간선도로, 쓰레기처리 등 보다 '전략적(strategic)'인 기능을 담당하게 하였다. 교육이 특별한 경우로서 런던카운티 의회(LCC)가 쌓아올린 높은 명성을 손상 없이 그대로 유지했으면 하는 기대가 광범하게 퍼져 있었다. 그래서 외부 바러들이 교육 기능을 인수한 데 반해 내부 런던은 내부런던교육청(ILEA: Inner London Education Authority)으로 알려진, 해당 지역 12개 바러의 선출직 지방의회의원들로 구성되는 광역런던 의회(GLC)의 특별위원회로 하여금 그 기능을 관장하도록 하였다.

불가피한 일이었겠지만 1963년의 법률에 대한 반응은 대조적이었다. 어떤 사람들은 당초부터 개혁이 전혀 필요가 없었다고 주장했는가 하면 어떤 사람들은 개혁이 충분하지 못했고, 광역런던 의회(GLC)의 구역이 너무 협소하게 획정됨으로써 2개 계층의 지방정부 사이에 서비스 책무가 분산되어 나타났던 제반 문제점을 전혀 경감시키지 못했다고 주장했다. 그러나 런던정부의 개혁은 적어도, 그 장점과 단점이 무엇이든 간에, 서비스를 완전히 재배분하지 않고도 대규모의 변화가 가능함을 보여주었다. 이것은 또한 '연담도시권 전체가, 여기서는 8백만 인구를 포괄하는 지역이, 단일의 정부 단위로 통치되어야 한다는 원칙'(Elcock, 1991, p. 28)을 확립하였다. 나머지 부분의 시스템에 대한 개혁은 결국은 뒤따라 올 것이다.

잉글랜드와 웨일스

개혁을 추진하기 위해 1966년 두 개의 왕립위원회가 별도로 설치되었다. 하나는 잉글랜드에 관한 것으로서 상원의원 레드클리프-모드(Lord Redcliffe-Maud)가 주도했고, 다른 하나는 스코틀랜드에 관한 것으로서 상원의원 휘틀리(Lord Wheatley)가 의장으로 활동했다. 양 위원회는 모두 1969년 보고서를 제출했다. 웨일스는 다음에 나올 1990년대의 개편 때와 마찬가지로 잉글랜드와 달리 다루어졌다. 위원회가 반드시 필요하지 않고 웨일스 장관(Secretary of State for Wales)의 백서만으로 충분하다고 생각되었기 때문이었다.

레드클리프-모드 위원회(Redcliffe-Maud Commission)는 두 개의 보고서를 생산했다. 대다수의 위원들은 도시 및 비도시지역을 모두 포괄하는 일반 목적의 단일통합의회에 거의 절대적으로 바탕을 둔 구조를 선호했었다. 이에 반해 계획분야의 언론인이자 *가디언지(the Gardian)*의 원예 부문 편집인이었던 데릭 시니어(Derek Senior)는 강력한 내용의 소수 반대의견 비망록(Memorandum of Dissent)을 통해 지역의회, 시 광역권, 디스트릭트 및 국지적 지방 의회 등으로 구성되는 다계층 체제를 옹호했다. 그러나 두 보고서는 모두 소위 러프에 빠져 앞으로 나갈 수 없었다. 단일통합의회 체제는 1970년 6월 노동당 정부가 선거에 패배함으로써 함께 추락했고, 1990년대에 들어와서 보수당의 존 메이저(John Major) 정부가 재발견하였다. 한편 데릭 시니어(Derek Senior)의 시 광역권(city regions)은 2004년 잉글랜드에 선출형의 광역권역의회(elected English regional assemblies)를 구성하기 위해 실시된 주민투표가 거부됨에 따라 같은 상황, 즉

[그림 4.1] 영국(북아일랜드 제외)의 선출 지방정부, 1974~95

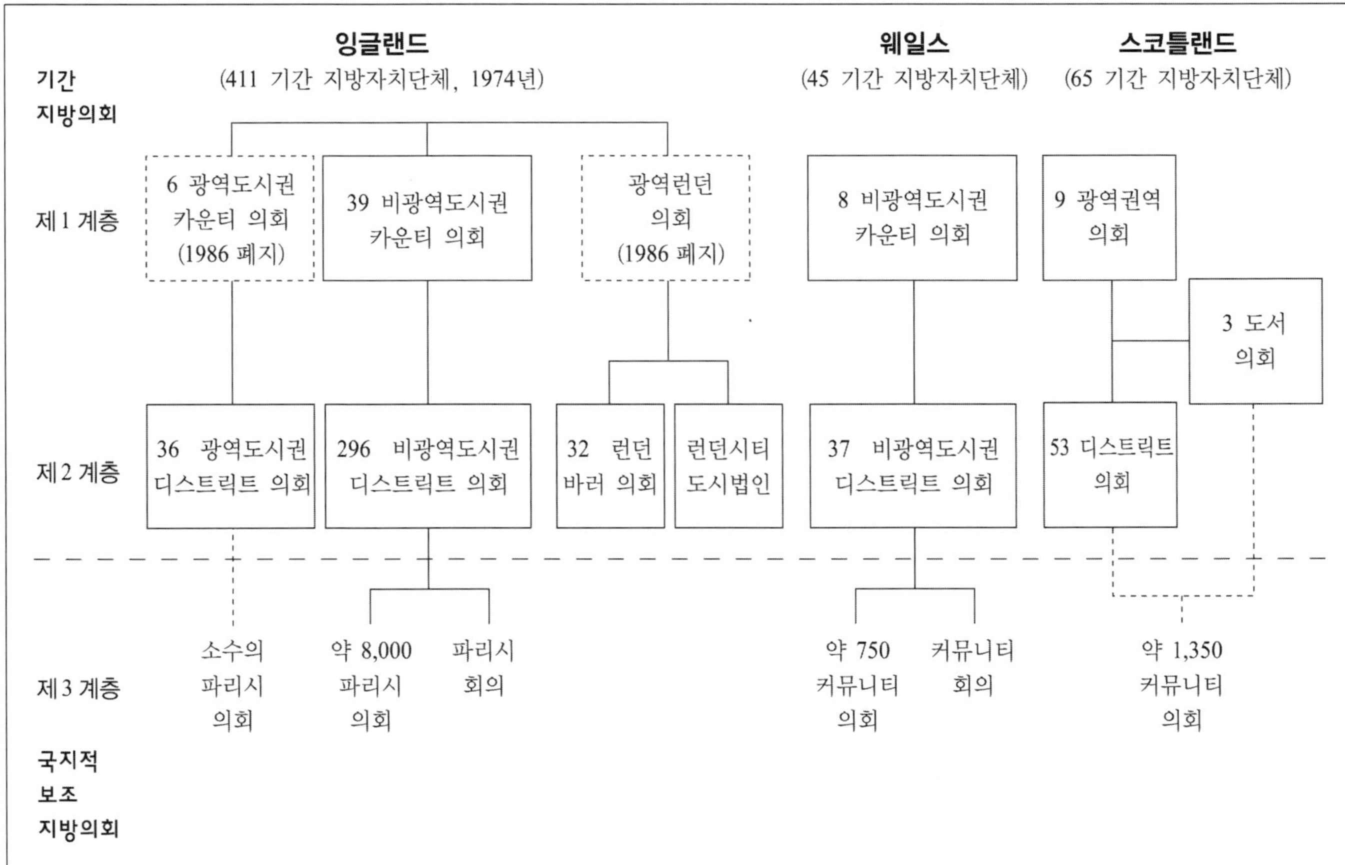

부활을 맞게 되었다. 그러나 슬프게도 주창자인 데릭 시니어(Derek Senior) 자신은 이미 고인이 되어서 그것을 볼 수가 없었다.

보수당의 히스(Heath) 정부는 레드클리프-모드 위원회의 단일통합의회 방안을 거부하고 잉글랜드와 웨일스 전역을 기존의 카운티를 주된 기반으로 하여 2계층 체계로 유지하는 방안을 채택했다. 그 이유는 일부 철학적인 논거도 없지 않았지만 중앙정부와 마찬가지로 보수당원과 그들의 지지자 및 동조자들이 대부분의 카운티 의회를 지배하고 있었던 점이 분명히 작용하였다.

지방정부법 1972 (*Local Government Act 1972*)는 1974년부터 카운티바러를 모두 폐지하고 잉글랜드와 웨일스의 58개 *카운티 의회* (*county councils*)를 47개로 축소했는데 당시 인구 규모는 10만 명(포위스, Powys)에서 150만 명(햄프셔, Hampshire)까지 걸쳐 있었다. 카운티 안에 있었던 1,250개의 도시 바러, 도시 및 비도시 디스트릭트는 333개의 *디스트릭트 의회* (*district councils*)로 통합되었으며 이들 또한 인구 규모가 18,760명(래드너, Radnor)에서 422,000명(브리스틀, Bristol)까지 큰 격차를 보였다. 주요 연담 도시권에는 6개의 *광역도시카운티 의회* (*metropolitan county councils*)와 함께 인구 규모가 172,000명(사우스 타인사이드, South Tyneside)에서 110만 명(버밍햄, Birmingham)에 이르는 36개의 *광역도시 디스트릭트/바러* (*metropolitan districts/boroughs*)를 설치하였다. 6개의 광역도시카운티 의회는 광역 맨체스터(Greater Manchester), 머지사이드(Merseyside), 웨스트미들랜즈(West Midlands), 타인 앤드 워어(Tyne and Wear), 사우스 요크셔(South Yorkshire) 및 웨스트 요크셔(West Yorkshire)이다.

6개 광역도시권 이외의 지역에서는 대부분이 노동당의 아성이었던 종전의 카운티바러가 새로 개편된 카운티 의회에 디스트릭트 의회로 흡수되었다. 이로 인해 대부분의 경우 수 세기에 걸쳐 발전된 자치의 역사와 강렬한 공민적 자존심을 가졌던 이들 과거의 '독립 섬(independent islands)'들이 대규모의 서비스 공급을 바탕으로 하는 강자의 지위를 상실했다. 일반적으로 보면 상대적으로 보수적인 카운티 의회에 교육과 사회서비스 기능을 빼앗긴 것이 그들에게는 특별히 쓰라린 타격이었다. 실제로 두 개의 기간(principal) 계층이 유지됨으로써 정책 및 행정상의 조정이 매우 어려워졌으며, 카운티와 디스트릭트가 공동관할권(concurrent powers)을 가지는 분야(예: 계획, 레저 서비스)는 지역에 따라서 특별히 심각한 문제를 노정하였다.

잉글랜드의 주요 도시 외곽에는 제3계층 또는 기간 자치단체의 하위 계층으로서 파리시가 존치되어 디스트릭트보다 작은 지역을 관할한다. 10,000여 개의 파리시 중에서 약 8,700개는 선출형 의회를 가지고 있으며, 도시화가 보다 진전된 지역에서는 그 명칭이 타운 의회(town councils)로 알려져 있다. 유권자가 200명 미만인 소규모 파리시는 의회 대신에 지역 유권자들이 모두 참석할 수 있는 파리시 회의(parish meetings)를 개최한다. 웨일스에서는 1974년 파리시의 명칭이 *커뮤니티*(*communities*)로 변경되었는데 잉글랜드의 파리시와 유사한 기준에 따라 선출형 의회를 설치하거나 커뮤니티 회의를 개최할 수 있다. 이와 함께 일부 도시 지역에는 *근린지역사회 의회*(*neighbourhood councils*)가 구성되어 지방의 의견을 반영하는 공명판의 역할을 한다.

스코틀랜드

휘틀리 위원회(Wheatley Commission)는 잉글랜드에 관한 레드클리프-모드 위원회와 대조적으로 2계층 체계를 제시했다. 그리고 놀랄 것 없이 이 제안은 전반적으로 보수당 정부의 *지방정부(스코틀랜드)법 1973*(*Local Government (Scotland) Act 1973*)에 채택되어 1975년 5월 시행되었다. 잉글랜드와 마찬가지로 소규모 지방자치단체가 수도 없이 난립되어 있는 것이 기존 체제의 근본적인 약점이라는 생각에서 최종 입법은 그 수를 잉글랜드와 웨일스보다 오히려 더 큰 폭으로 축소하였다. 그리하여 431개의 카운티, 시, 바러(burghs) 및 디스트릭트 의회가 9개 광역권역(regions), 53개 디스트릭트(districts), 그리고 오크니(Orkney), 셰틀랜드 (Shetland), 웨스턴아일스(Western Isles)의 3개 준일반목적 도서자치단체(most purpose island authorities)로 통합되었다([그림 4.1] 참조). 9개의 광역권역(regions)은 인구 규모가 100,000명(보더스, Borders)에서 거의 250만 명에 육박하는 곳(스트래스클라이드, Strathclyde)까지 분포되어 있으며, 디스트릭트는 9,000명(배드노흐 앤드 스트래스페이, Badenoch and Strathspey)에서 850,000명(글래스고, Glasgow)까지 편차를 보였다. 이와 함께 약 1,350개에 달하는 커뮤니티(communities)는 일종의 3단계 계층으로서 *커뮤니티 의회*(*community councils*)를 설치할 것인지를 자체적으로 선택할 수 있다. 그러나 이들 의회는 성문법적인 권한이 없으며 파리시 의회보다도 지위가 낮다.

휘틀리(Wheatley)가 제시했던 광역권역 및 디스트릭트 의회의 네트워크는 보수당 정부가 선호했던 지방정부 2계층제와 맞아 떨어졌다. 그러나 광역권역 계층의 규모와 원격성에 대하여 격렬한 비난이 쏟아진 것은 불가피한 일이었다. 잉글랜드와 마찬가지로 디스트릭트와 광역권역 의회가 특정 서비스에 대해 공동 관할권을 가지게 되면 어려운 문제가 나타난다. 그러나 일부 경미한 구조적인 변화를 제외하고는, 1975년 이후의 체계가 막대한 크기의 스트래스 클라이드 광역권역이 스코틀랜드 전체 인구의 거의 절반을 포함하는 상태로 거의 고스란히 1996년 4월까지 유지되었다.

북아일랜드

[도표 4.1]에서 북아일랜드의 지방정부 개혁도 영국의 다른 지역과 동시에 이루어졌음을 알 수 있다. 그러나 북아일랜드의 개혁과 그 결과로서 나타난 매우 특징적인 구조는 북아일랜드에서 1960년대에 격화된 통합주의자(Unionists)와 가톨릭 공동체(Catholic communities) 사이의 정치적 갈등의 맥락에서 이해할 필요가 있다.

지방정부(아일랜드)법 1898(Local Government(Ireland) Act 1898) 이래로 북아일랜드는 본토와 매우 유사한 지방정부 구조를 가지게 되었다. 그래서 2개의 일반목적 카운티바러 — 벨파스트(Belfast) 및 런던데리(Londonderry) — 와 함께 2계층 체제로서 6개 카운티(역사적인 얼스터(Ulster) 지역 9개 카운티가 아님)와 55개의 도시 및 비도시 디스트릭트가 있었다. 과반수가 넘는 다수파인 통합주의자들은 그들이 대부분의 카운티를 장악하고 가톨릭 정당은 중요한 영향력을 행사할 수 없도록 경계를 획정하였다.

그 결과 나타난 서비스 공급의 형평성 결여, 특히 주택의 차별적인 배정은 시민권 운동가들이 큰 불만을 품었던 사항이었다. 그리하여 1969년 마침내 패트릭 마크로리(Patric Macrory)를 의장으로 하는 조사평가기구(Review Body)가 설치되었다. 마크로리 보고서(Macrory Report)는 휘틀리위원회의 영향을 받아 2 계층제의 개혁된 선출형 지방정부 모델을 제안하였다. 그 내용은 선출되는 광역권역 기관에 대부분의 서비스, 즉 교육 및 도서관, 계획, 도로, 상하수도, 소방 및 사회서비스 기능을 부여하고, 디스트릭트 의회의 숫자를 대폭 줄이는 것이었다.

이들 권고 중에서 일부는 지방정부(북아일랜드)법 1972(Local Government (Northern Ireland) Act 1972)를 통해 실현되었다. 그러나 선출되는 광역권역 계층은 같은 해에 스토몬트 정부(Stormont government)의 권한이 정지되고 영국 국회(Westminster)의 직접 통치가 시작됨으로써 더 이상 실현될 수 없었다. 그리고 주택, 개인적 사회서비스, 보건, 교육, 계획 등에 관한 대부분의 지방자치단체 권한은 지방 차원의 분파적인 편견을 제거하기 위해 북아일랜드행정청(Northern Ireland Office)의 여러 다양한 비선출형 위원회, 기관 및 부서 등에 넘겨졌다.

따라서 북아일랜드의 지방 민주주의는 *26개의 디스트릭트 의회*(*district councils*)에 국한되었다. 이들 의회는 비례대표의 일종인 단일양도성투표(STV: Single Transferable Vote) 제도를 통해 선출된다. 그러나 그들의 책무는, 일부 논자들이 말하는 것처럼 3b, 즉 쓰레기(bins), 화장실(bogs) 및 묘지(burials)에 꼭 국한된 것은 아닐지라도, 본토의 지방자치단체들과 비교할 때 매우 제한적이다. 그 내용에는 쓰레기 수거 및 처리, 공중화장실, 공동묘지 및 화장장 이외에 레저, 레크리에이션 및 문화시설, 소비자 보호, 환경 보건 및 안전 관련 업무가 포함되며 관광 기능이 점차 증가하고 있다. 그러나 26개 디스트릭트의 연간 지출은 모두 합산해서 350백만 파운드 정도로서 북아일랜드 공공지출 총액의 4퍼센트가 채 안 된다. 이러한 민주적 결손(democratic deficit) 내지 '마크로리 격차(Macrory gap)'는 구역위원회(area boards)와 준독립비정부기구(quangos)들이 다른 모든 서비스를 제공하면서 메우고 있다. 이들 기관은 모두 116개로서 각료 명단에 '북아일랜드의 6개 카운티에서 선출된 국회의원(MP)이 한 사람도 포함되지 않은 중앙정부에 의해 임명된다'(Vize, 1994, p. 16). 일부 위원회의 경우는 디스트릭트 의회가 위원의 40퍼센트까지를 지명하지만 '정책적 권한은 여전히 영국 국회(Westminster)와 그의 스토몬트 성(Stormont Castle) 출장소에 유보되어 있다'(Vize, 1994, p. 17).

보수당 시대 — 정치가 원한으로?

19세기 말에 창설되어 20세기의 대부분에 걸쳐 근본적으로 변화가 없었던 도시/비도시의 이원적인 지방정부 구조는 1970년대 중반에 이르러 완전히 개편되었다. 국토의 거의 전역에 2계층의 체제가 자리를 잡은 것이다. 이러한 체제는 불가피하게 유권자의 신임을 얻기 위한 경쟁, 재원을 둘러싼 질투, 서비스 공급에 있어서 권한과 책임의 불명확성 등과 같은 긴장관계를 초래했다. 그렇다면 이런 상태가 다음 천년까지 계속될 것인가? [도표 4.1] 및 [그림 4.1]에서 이미 보았듯이 절대로 그렇지 않다. 이 새로운 구조 중에서 일부는 정착할 기회를 찾기도 전에 이미 해체가 시작되는 운명을 맞았다.

1979년 집권한 보수당 정부는 자당 소속의 지방의회의원과 자당 지배하의 지방의회를 다른 어떤 정당보다 훨씬 많이 확보하고 있었음에도 불구하고 지방정부에 대해 호의적이지 않았다. 정부 각료들에게 있어서 지방정부는 '낭비적이고, 씀씀이가 헤프고, 믿을 수 없고, 책임지지 않고, 사치스럽고 통제 불능'의 존재였다(Newton and Karran, 1985, p. 116). 그 결과 재정 리모델링을 겨냥한 입법의 십자포화가 이어졌다. 그러나 그렇다고 해서 그것이 처음부터 지방자치단체의 실제 구조를 겨냥했던 것은 아니었다.

다음으로 보수당은 1983년 5월 총선 정책선언에 6개 광역도시카운티 의회와 광역런던의회(GLC)를 폐지하겠다는 약속을 포함시켰다. 엘코크(Elcock)의 지적(1991, p. 39)처럼,

> 이렇게 서둘러 제안한 공식적인 이유는 이들 기관들의 기능이 매우 협소하고, 따라서 중복된다는 것이다. 그러나 [당시의 정치적 상황을 보면] 1981년 이들 7개 의회가 모두 노동당의 수중에 떨어졌고, 광역런던의회의 대표(GLC Leader) 켄 리빙스톤(Ken Livingstone)이 그의 본부를 템스 강 너머 대처(Mrs Thatcher)의 바로 맞은편에 두고 화려하고 실제적인 적대자로 등장했었다.

다른 말로 표현하면, 1970년대의 개혁도 그랬고 또 단일국가 체제에 있어서 중앙 하위 정부의 조직개편은 어느 것이나 항상 그럴 수밖에 없듯이, 이번 구조개혁에 정당정치의 측면이 개입되었다는 것이다. 우리는 정치인들이 정치적으로 행동하는 것을 보고 너무 놀라서는 안 된다. 그리고 이러한 선출형 지방정부 계층의 폐지는 확실히 '대처 여사의 개인적 결정의 성격이 짙은 것으로서 정치적 원한 행위로 널리 이해되었고 … 정상적인 정치적 안건이 전혀 아니며 다른 대부분의 유럽 국가에서는 … 헌법에 위배된다'(Hebbert, 1998;

Travers, 2004, p. 30에서 재인용).

정부의 주장 및 정책선언의 제안에 대한 보충적인 설명이 선거 후에 발간된 백서 *도시 간소화*(*Streamlining Cities*)에 게재되었다(DoE, 1983). 전반적으로 '국가 변경의 회복(roll back the frontiers of the state)'을 위해 백서의 제목에서 관료제와 중복 및 낭비를 줄이려는 정부의 관심사를 강조한 것이 의미심장했다. 광역도시권을 관할하는 최상 계층의 자치단체를 폐지하고 이미 제한적으로 담당하던 기능의 대부분을 바러 및 디스트릭트 의회로 이관함으로써 정부가 주민에게 더욱 가까이 다가서고 종합성과 접근 가능성을 보다 높이는 한편, 결과적으로 지방의 민주주의를 진작시킨다는 것이다. 물론 그렇게 하는 과정에서 광역도시의 최상 계층과 중앙정부가 서로 다른 정당에 의해 운영될 때 항상 수반되는 정책적 갈등으로 인한 염증을 제거하겠다는 것이었다.

지방정부법 1985 (*Local Government Act 1985*)는 하원과 상원에서의 반대에도 불구하고 결국 통과되어 1986년 3월 31일부터 광역런던 의회(GLC)와 6개의 광역도시카운티 의회가 폐지되고 런던에는 1855년 이래 처음으로 시 전역을 관할하는 정부가 사라졌다. 폐지된 상급 자치단체의 기능은 런던바러 및 광역도시 디스트릭트/바러로 많이 이관되었지만 일부는 다양한 종류의 통합행정청(joint boards), 통합위원회(joint committees), 특별기관(ad hoc agencies) 및 중앙정부의 부처 등에 의해 종전과 같이 광역도시 규모로 운영되었다. 그 결과 복잡성과 편린화의 정도가 증가하여 도시 '간소화(streamlining)'라기보다는 오히려 19세기에 볼 수 있었던 행정의 '헝클어진 실타래(tangle)'로 회귀한 듯이 보였다.

광역도시권의 모습도 복잡하기는 런던과 다를 것이 별반 없었다. 준정부기관이 인수한 기능은 극소수에 불과했지만, 이관된 기능들은 하나 같이 지출 규모가 매우 크고 중요성이 가장 높은 서비스들이었다. 그래서 각각의 6개 광역도시권에서는 그 때부터, 그리고 지금도 여객교통, 경찰, 소방 및 민방위를 관장하는 3개의 *통합행정청*(*joint boards*)이 운영되고 있다. 광역 맨체스터(Greater Manchester)와 머지사이드(Merseyside)에는 쓰레기처리를 관장하는 통합행정청이 있다. 그리고 레크리에이션, 예술 및 경제개발과 같은 문제를 처리하기 위해서는 *통합위원회*(*joint committees*)가 설치되어 있다. 이들 통합행정청 가운데 *직접 선출되는*(*directly elected*) 것은 아무것도 없다. 대부분은 통합행정청을 구성하는 광역도시 디스트릭트에서 *지명되는*(*nominated*) 지방의회의원들이 관리를 맡고 있다. 직접 선출된 지방정부는 1986년 이전에 비해서 더욱 약화되고 편린화된 반면에 간접 선출되거나 임명된 기관의 수 및 중요성은 계속 확대되고 있다.

그러나 1986년의 개혁 중에서 일부는 1992년 총선까지도 지속되지 못했다. 내부런던교육청(Inner London Education Authority)은 종전 런던카운티의회(London County Council)의 구역을 관장하는 광역런던의회(GLC)의 소위원회였다. 따라서 광역런던의회(GLC)의 폐지로 인해 새로운 조치가 필요했다. 그래서 창설된 것이 20세기의 이 나라에서는 매우 예외적인 형태로서, 특히 미국의 서부 및 미드웨스트(West and Midwestern USA) 지방의 선출형 교육청과 자못 유사한 *직접 선출된 단일기능*(*directly elected unifunctional*)의 의회이다. 이것은 아마도 지방 민주주의 형태의 한 대안으로서 흥미로운 연구의 대상이 될 수 있을 것이다. 그러나 노동당의 주도가 불가피했던데다 높은 지출수준과 '진보적(progressive)' 교육의 열정이 감지되는 등 불리한 상황이 겹쳐서 결국 이 기구는 *교육개혁법 1988*(*Education Reform Act 1988*)에 의해 조기에 폐지되었다. 이에 따라 1990년 4월 1일부터 내부 런던의 교육서비스 책임이 개별 바러로 이관되었다.

요약—1990년대로의 이행

그해 말, 1990년 11월 보수당의 당수이자 총리였던 대처 여사(Mrs Thatcher)가 존 메이저(John Major)로 교체되었다. 지방정부에 있어서 메이저(Major)가 물려받은 가장 큰 두통거리는 엄청난 반대에 직면하고 있었던 인두세 내지 지방부담금이었으며 그것을 어떻게 폐지하느냐가 관건이었다. 정부체제의 구조는 상대적으로 단순하고 문제가 없는 듯이 보였다.

잉글랜드와 웨일스 전체, 그리고 스코틀랜드 본토를 통틀어 *비광역도시권 지역*(*non-metropolitan areas*)에 유사한 선출형의 지방정부 구조가 존재했었다([그림 4.1] 참조). 이들 지역에는 두 종류의 기간 계층(principal tiers) 지방자치단체를 두어 계층별로 규모에 적합하다고 판단되는 일련의 서비스를 각각 제공하게 하였다. 잉글랜드와 웨일스에서는 상위 계층 지방자치단체를 *카운티*(*counties*)라고 하고 스코틀랜드에서는 *광역권역*(*regions*)이라고 부른다. 하위 계층의 자치단체는 *디스트릭트*(*districts*)로 알려져 있고 일부는 역사적인 이유에 따라 스스로를 *시*(*cities*) 또는 *바러*(*boroughs*)라고 부를 수 있었다. 이와 함께 영국의 많은 비광역도시권 지역에는 잉글랜드에서는 파리시, 웨일스와 스코틀랜드에서는 커뮤니티 의회라고 부르는 제 3 의 또는 *국지적*(*sub-principal*) 지방자치단체가 있었다.

잉글랜드 *광역도시권*(metropolitan) 및 런던에는 *광역도시 디스트릭트*(*metropolitan districts*)와 *런던바러*(*London boroughs*)라는 단일의 선출형 지방정부 계층이 있으며, 이들은 실제로 알려져 있지는 않지만 단일통합의회(unitary) 또는 준일반목적(most-purpose)의 지방자치단체라고 설명할 수 있다. 이들 단체는 서비스 공급 책무를 다른 선출형 지방자치단체와 분점하지 않고, 간접적으로 선출되거나 임명된 기관들과 협력하여 수행한다. 실제로 소방 및 민방위, 여객교통과 같은 주요 서비스의 공급을 관장하는 다수의 통합행정청 및 위원회를 두는 단일 계층의 지방정부는 절대로 이름처럼 그렇게 단순하지 않다. 따라서 우리는 '준일반목적(most-purpose)'이라는 용어를 '일반목적(all purpose)'보다 선호한다.

북아일랜드는 본토의 비광역도시 디스트릭트 의회보다도 서비스 책무가 오히려 더 제한적인 26개 디스트릭트 의회의 단일계층 구조로 되어 있다. 주요 기능인 보건 및 사회서비스, 교육과 도서관은 디스트릭트 의회의원이 1/3, 그리고 나머지 2/3는 각료가 임명하는 위원들로 구성되는 지역행정청(area boards)이 관장한다. 공공주택은 임명직의 북아일랜드 주택행정관(Northern Ireland Housing Executive)이 관장하고 6개의 광역권역(regions)을 통해 관리된다.

영국의 지방자치단체 중에서 25년 이상 존속하고 있는 것은 하나도 없으며 대부분은 15년이 갓 지났을 뿐이다. 1960년대 및 1970년대에 지방정부체제가 완전히 재편되었고 1980년대에 들어서도 상당한 수준의 땜질이 있었다. 여러분은 안정을 이루는 기간, 즉 지방자치단체가 정착되고, 존재 및 정체성을 확립하고, 주민들의 입장에서 그들 지방의 통치자가 누구인지 그리고 그들이 하는 일이 무엇인지에 대해서 익숙해질 수 있는 시간을 생각할지 모른다. 만약 그렇다면 그것은 완전히 틀린 생각이다.

제 5 장
현재의 지방정부 — 외부 구조

지방정부의 구조 및 변화의 모습

이 장과 다음 장은 영국 지방정부의 현재의 구조와 조직을 개관한다. 제 6 장은 *내부 구조(internal* structures), 즉 지방의회가 운영되고 일상적으로 업무를 수행하는 서로 다른 방식들을 다룬다. 그러나 그에 앞서 *외부 구조(external* structures)를 먼저 살펴본다. 그 출발점으로서 제 4 장에서 남겨 두었던 지방정부 체계의 역사적 발전을 현재 시점까지 완전히 끌어 온다.

우리는 이 책을 집필하는 시점(2005/06)을 기준으로 영국의 중앙 하위 정부, 즉 광역권역 및 지방정부의 지도를 제시한다. 그에 대한 설명은 노동당 정부의 광범한 헌법개혁 프로그램의 진행 상황과 불가피하게 뒤섞여 있다. 스코틀랜드 의회(Parliament)와 웨일스 및 북아일랜드 의회(Assemblies)로의 자치권 이양, 런던광역권 전체를 관할하는 독특한 형태의 직접 선출형 자치기관의 복원, 좌절되기는 했지만 잉글랜드의 각 광역권역(English regions)에 직접 선출형 의회(assemblies)를 도입하려고 했던 시도 등이 지방정부와 관련된 노동당 정부의 헌법개혁 사례들이다. 헌법상의 주요 변화는, 적어도 영국에 있어서는, 그렇게 빨리 일어나리라고 생각할 수도 없고 또 일어나지도 않는다. 그러나 이번에는 그러한 변화가 실제로 일어났으며 그래서 크게 주목할 만한 사건이 되었다.

잉글랜드 — 혼성체제, 아니면 개밥인가?

제 4 장에서 제시했듯이 구조 개혁은 일단 국가 정치논쟁의 의제가 되고나면 스스로 굴러가는 동인을 갖는다. 그것은 1960년대에 런던에서, 1970년대에는 영국의 나머지 지역에서, 그리고 1980년대에는 광역도시권에서 있었던 지방정부의 개편과 이어서 1990년대에도 전국적으로 구조 개혁이 계속 진행되었던 이유를 무엇보다도 잘 설명해준다. 당시는 30년 이전과는 달리 소규모 지방자치단체들이 도시 및 교외의 팽창과 지리적 이동 문제를 해결하기 위해 악전고투하는 경우가 더 이상 많지 않았고, 갓 도입되어 한 세대도 채 경과되지 않은 지방정부의 구조를 뿌리 채 흔들자는 생각에 열광하는 사람들도 거의 없었다.

개혁의 동력은 거의 전적으로 마이클 헤슬타인(Michael Heseltine) 개인으로부터 나왔다. 그는 1990년 마거릿 대처(Margaret Thatcher)가 사임한 이후 보수당당수 선출 경쟁에 참여했으며, 그 대신에 생애 두 번째로 환경부장관(Secretary for the Environment)을 맡았다. 자신의 후반부 정치역정에서 영향력을 확대하기 위하여, 그리고 당혹스러웠던 인두세(poll tax) 문제로부터 유권자의 관심을 돌리기 위한 방편으로서, 그는 지방정부 개편이 1992년 총선에서 보수당 정책선언의 유력한 공약이 될 것임을 확신했다. 보수당의 정책선언은 '우리는 잉글랜드의 각 지역별로 어떤 지방정부 제도가 적정한지를 하나하나 검토할 위원회를 설치할 것이며' '지역별로 *단일 계층*(*single tier*)의 지방정부가 더 책임성이 있고 효율적인지 여부'를 결정하는 것이 주요 목표라고 선언하였다(이탤릭체는 저자들이 강조).

정책선언에 나타난 표현에서 뚜렷한 의미를 발견할 수 있다. 그것은 지방정부의 모든 취약점 내지는 문제점을 일거에 해결하는 방도로서 *구조 주도*(*structural-led*) 또는 *지도상의*(*cartographic*) 경계획정 접근방법을 제시하는 듯이 보이기 때문이다. 즉, 지방정부의 미래의 역할과 목적을 설정하기 이전에 그 구역을 확대하고 '지역성(localness)'을 감소시키는 관할구역의 재획정에 열중하고 있는 것이다. 헤슬타인 위원회(Mr. Heseltine's commission) — 스코틀랜드와 웨일스의 경우는 정부 각료 — 가 결정할 사항은 지방정부가 미래에 무엇을 어떻게 할 것인지가 아니라 그것을 수행할 관할구역의 규모였다. 헤슬타인(Michael

Heseltine)의 후임 환경부장관이었던 마이클 하워드(Michael Howard)와 존 감머(John Gummer)가 비록 전임자의 개혁 열정을 공유하고 있는 것 같지는 않았지만 재편 과정은 일단 시작되자 당초에 예상했던 심대한 충격은 줄어들었지만 뒤뚱거리면서도 앞으로 나아갔다.

정부의 의도는 지방정부위원회(Local Government Commission)로 하여금 카운티별로 정부구조를 하나하나 평가하도록 한 다음 대부분의 잉글랜드 비광역도시권에 단일통합형 지방정부(unitary local government)를 탄생시키고, 이어서 각료명령(diktat)을 통해 스코틀랜드와 웨일스까지 이것을 확대하여 전국적으로 통일된 단일통합형 체제(all-unitary system)를 확립하는 것이었다. 위원회의 권고안 초안을 보면 한 때는 이러한 정부의 구상이 가능한 것처럼 보였다. 그러나 위원회는 확신이 없는 일반 국민들의 의견을 들어야 할 의무가 있었다. 비록 많은 국민들이 단일통합형 지방정부의 아이디어를 좋아했지만, 실제로 의견 제출을 요청받자 더 많은 사람들이 그들 자신의 카운티에 대한 위원회의 세부적인 개편 개획과 그에 수반될 대변혁 및 비용에 대해서 반대의사를 표명했다. 그래서 대부분의 카운티에서 현상을 유지하는 것으로 주민 의견이 가닥이 잡혔다.

이것이 메이저(Major) 정부의 낮은 국민적 인기도 및 야당과의 근소한 의석수 차이와 결부되어 정책 후퇴가 불가피하게 되었다. 그 결과 단일통합형 지방정부가 잉글랜드의 표준이 된 대신에 '혼성 체제(hibridity)', 기술적인 표현을 쓴다면 단일 및 2계층 지방자치단체의 혼성 또는 개밥(dog's breakfast)이 탄생한 것이다. 개밥 내지 잡탕이라는 견해는 지방정부위원회의 초대 위원장이었던 존 반함 경(Sir John Banham)이 지방정부체제 개편 퍼즐의 마지막 조각을 망치로 두드려 박고 있는 [그림 5.1]에 분명하게 나타나 있다.

공정하게 표현한다면 [도표 5.1]과 [그림 5.2]에서 보는 실제의 모습은 만화에서 묘사된 것처럼 그렇게 무질서의 극치는 아니다. 1995년과 1998년 사이에 46개의 단일통합형 지방자치단체(unitary authorities)가 탄생했으며 관할 인구는 잉글랜드 비광역도시권 전체의 1/4을 약간 상회한다. 기존의 39개 카운티 의회 중에서 완전히 사라진 것은 바로 직전인 1970년대 초기의 개편에서 새로 등장했던 3개의 '신참(newcomer)' 카운티 — 에이번(Avon), 클리블랜드(Cleveland), 험버사이드(Humberside) — 에 버크셔 (Berkshire)를 포함해서 4개에

[그림 5.1] 만화 — 혼란스러운 해결책

출처: *Local Government Chronicle*, 1994. 9. 16.

불과했다. 1974년에 통합되었던 헤리퍼드(Hereford)와 우스터(Worcester)는 다시 분리되었고 아일 오브 와이트(Isle of Wight)는 그 자체로 단일통합카운티(unitary county)가 되었다. 14개 카운티는 변화 없이 존치되었고 나머지 19개 카운티는 주로 한두 개의 큰 도시가 단일통합의회가 되고 나머지 지역은 변함없이 2계층 카운티로 남아 있는 혼성구조(hybrid structures)를 가지게 되었다(링크된 웹사이트 도표 참조).

그 결과 1986년 광역런던의회(GLC) 및 6대 광역도시 카운티 의회의 해체로 단일통합의회가 된 32개 런던 바러와 36개 광역도시 디스트릭트에 이어서 주로 도시 지역에서 제 2 세대의 단일통합의회가 탄생했다. 만약 이러한 편제가 어느 정도 친숙하게 들린다면, 그것은 제 4 장에서 설명했던 것처럼 2계층 구조의 카운티 내에서 카운티 바러가 독립섬(independent islands)으로 되어 있었던 1974년 이전의 구조로 최소한 부분적으로는 회귀했기 때문이다. 그러나 [도표 5.1]의 마지막 두 항목을 보면 큰 차이가 있는바 최근에 이루어진 개편에는 그것을 뒷받침하는 어떠한 논리적인 명분도 없다는 것이다. 신규 단일통합의회의 대부분이 실제로 중심도시였고, 절반 정도는 종전에 카운티 바러이

[도표 5.1] 제2세대의 46개 잉글랜드 단일통합의회

창설 연도	종전 카운티	신규 단일통합의회	인구 (000명)	도시인구 비율 (%)	DEFRA 정주 유형
1995	Isle of Wight	Isle of Wight	133	15	5
1996	Avon	Bristol City	381	100	2
		S. Gloucestershire	246	81	2
		North Somerset	188	45	5
		Bath & NE Somerset	169	54	4
	Cleveland	Hartlepool	89	97	3
		Middlesbrough	135	100	2
		Redcar & Cleveland	139	56	2
		Stockton-on-Tees	179	85	2
	Humberside	Kingston upon Hull	244	100	2
		E. Riding of Yorks.	314	29	5
		N. Lincolnshire	153	48	5
		NE Lincolnshire	158	88	3
	North Yorkshire	York	181	83	3
1997	Bedfordshire	Luton	184	100	3
	Buckinghamshire	Milton Keynes	207	89	3
	Derbyshire	Derby City	222	100	3
	Dorset	Bournemouth	163	100	2
		Poole	138	96	2
	Durham	Darlington	98	88	3
	East Sussex	Brighton and Hove	248	99	2
	Hampshire	Portsmouth City	187	100	2
		Southampton	218	100	2
	Leicestershire	Leicester City	280	100	2
		Rutland	34	0	6
	Staffordshire	Stoke-on-Trent City	241	100	2
	Wiltshire	Swindon	180	86	3
1998	Berkshire	Bracknell Forest	110	94	2
		West Berkshire	145	57	5
		Reading	143	100	2
		Slough	119	100	3
		Windsor & Maidenhead	134	81	3
		Wokingham	150	83	2
	Cambridgeshire	Peterborough City	156	87	3
	Cheshire	Halton	118	97	3
		Warrington	191	83	3

[도표 5.1] 계속

창설 연도	종전 카운티	신규 단일통합의회	인구 (000명)	인구비율 (%)	DEFRA 정주 유형
1998	Devon	Plymouth City	240	100	3
		Torbay	130	85	3
	Essex	Southend-on-Sea	161	100	2
		Thurrock	143	86	3
	Hereford & Worcester	Herefordshire	175	34	5
	Kent	Medway	250	90	3
	Lancashire	Blackburn with Darwen	137	95	3
		Blackpool	142	100	2
	Nottinghamshire	Nottingham City	267	100	2
	Shropshire	Telford & Wrekin	158	84	3

출처: 환경 · 식량 · 농촌부(DEFRA) 데이터 및 링크된 지방자치단체 분류 데이터 세트

주: 환경 · 식량 · 농촌부의 지방자치단체 정주유형 분류(DEFRA, 2005):

1. 주요 도시: 인구 750,000 이상으로서 100,000 또는 인구의 50% 이상이 도시지역에 거주
2. 대도시: 인구 250,000~750,000으로서 50,000 또는 인구의 50% 이상이 도시지역에 거주
3. 기타 도시: 37,000 또는 26% 미만이 비도시 정주지역 또는 마켓타운(market towns)에 거주
4. 비도시적: 37,000 또는 인구의 26% 이상이 비도시 정주지역 및 마켓타운에 거주
5. 비도시-50: 인구의 50~80%가 비도시 정주지역 및 마켓타운에 거주
6. 비도시-80: 인구의 80% 이상이 비도시 정주지역 및 마켓타운에 거주

긴 했으나 일부는 환경 · 식량 · 농촌부(DEFRA)가 발표하는 정주 스펙트럼의 반대편 극단에 해당되는, 다시 말하면 거의 전적인 비도시 지역으로서 단일통합의회의 지위가 행정논리보다는 정치적 기제에 의해서 결정되었음을 보여준다.

지방정부위원회(Local Government Commission)에 대해서 보면 관장했던 평가기능 및 관련 책무 — 전체 지방의회의원의 수, 선거구별 의원의 수, 선거구의 경계와 명칭, 선거 시기 등에 관한 모든 검토 — 가 선거위원회(Electoral Commission)에 흡수되었다. 선거위원회는 영국의 선거법 및 선거관행 일체를 평가하는 독립기관으로서 2000년 설치되었다.

[그림 5.2] 잉글랜드의 지방자치단체 지도, 1998년 이후

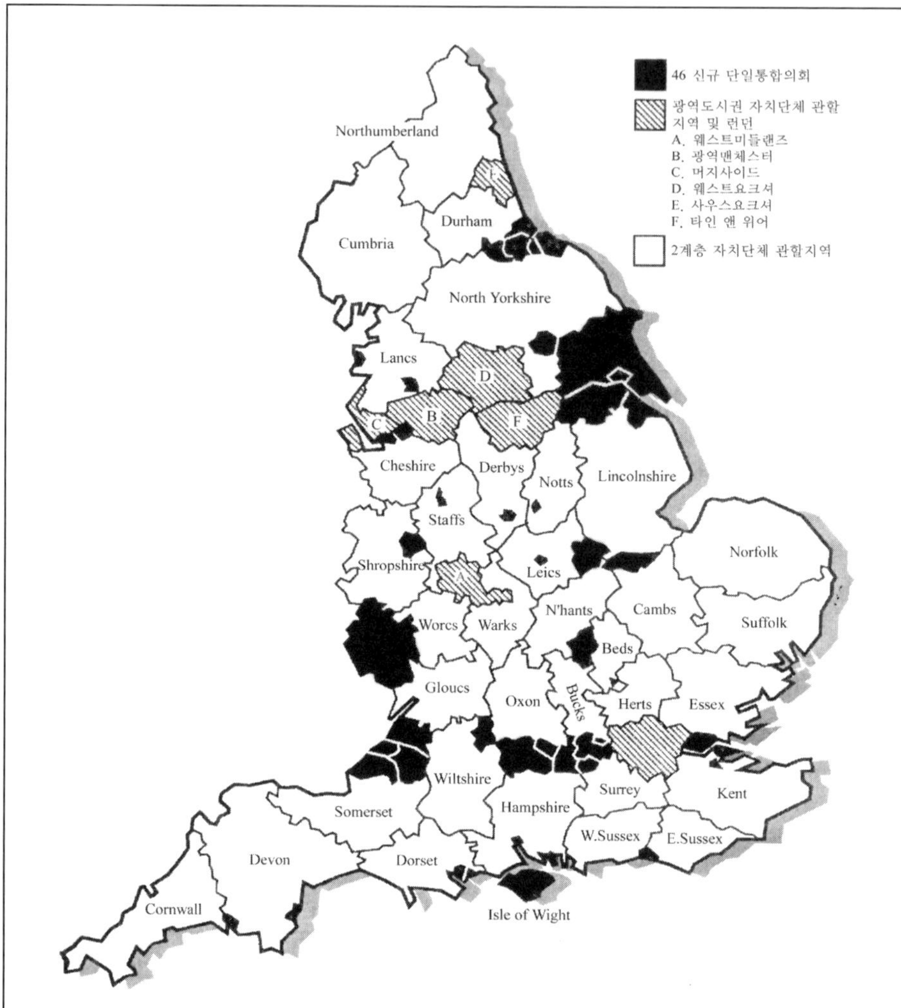

스코틀랜드와 웨일스 — 지방의회 감소에 따른 민주적 결손 확대

스코틀랜드와 웨일스에 대해서는 지역별로 하나하나 대안을 검토하고 권

고를 행할 '회전식 평가위원회(rolling commissions)'가 설치되지 않았었다. 그 대신에 스코틀랜드 및 웨일스부의 각 장관에게 단일계층의 지방자치단체 구조를 제안하도록 과업을 맡겼다. 단일계층 구조를 채택하면 지방의 정체성이 강화되고, 능률성이 제고되고, 그리고 책임 소재가 더욱 명확해진다는 것이 옹호론자들의 주장이었다. 이러한 제안은 지방자치단체협의회와의 협상에 따라, 그리고 두 법안의 국회통과 과정에서 일부 수정되었다. 그러나 그 결과는 — 잉글랜드 출신 국회의원들의 압도적인 찬성에 크게 힘입어 — 정부의 의도대로 전국적인 단일통합 자치단체 체제로 나타났다. 스코틀랜드에 32개, 그리고 웨일스에 22개의 일반목적 지방자치단체가 설치된 것이다. 이들 지방의회는 1995년 선거를 치른 후 1996년 4월부터 업무를 개시하였다. — [그림 5.3] 및 [그림 5.4] 참조.

스코틀랜드와 웨일스 모두 정부 각료에 의해 주도된 구조 개편의 결과 지방의회의 수가 절반으로 줄어들었으며, 당연한 결과로서 관할 면적이 종전의 디스트릭트에 비해 크게 확대되었다. 이와 함께, 불가피한 일은 아니었지만 지방의회의원의 수도 훨씬 감소되었다. 잉글랜드의 구조 개편도 비록 그 규모는 작았지만 동일한 효과를 가져와서 지방의회의 수는 6퍼센트 미만 감소하는 데 그쳤지만 지방의회의원의 수는 25퍼센트 이상 줄어들었다([도표 5.2] 및 [도표 5.3] 참조). 1970년대와 1990년대에 있었던 두 차례 개편의 결과, 영국은 평균적으로 지방자치단체의 규모 및 선출된 지방의회의원 1인당 주민수가 서구 유럽에서 가장 큰 나라가 되었다([도표 12.3] 참조). 소위 유럽연합(European Union)의 결함을 일컫는데 종종 사용되었던 '민주적 결손(democratic deficit)'이라는 용어가 오히려 여기에 더 적합하고 앞으로 더욱더 정당화될 것으로 보인다. 왜냐하면 정부 각료들이 잉글랜드에서 선출형 광역권역 의회 및 이에 동반할 통일적인 단일통합형의 지방정부 모델에 집착하는 사이에(p. 117 참조) 스코틀랜드에서는 가장 급진적인 지방공동협력통치의 새 모델로서 하나의 선출기관 아래에 공공서비스를 모두 통합하는 '초 지방의회(super-councils)'를 모색하고 있기 때문이다.

[그림 5.3] 스코틀랜드의 32 단일통합의회, 1996년 4월부터 운영

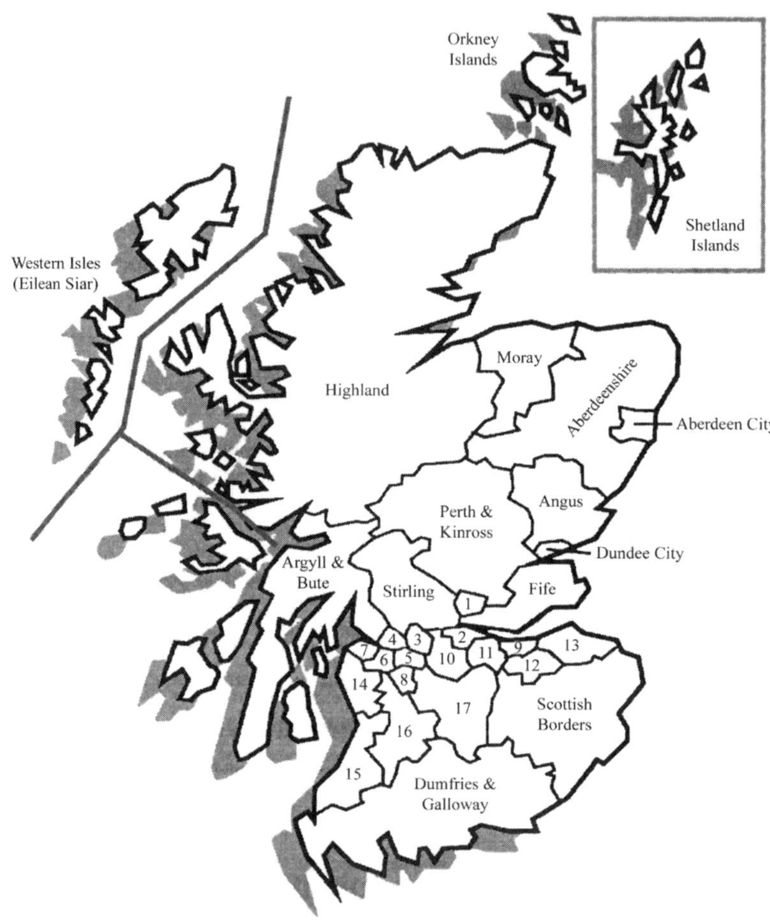

1 Clackmannanshire
2 Falkirk
3 East Dunbartonshire
4 West Dunbartonshire
5 Glasgow City
6 Renfrewshire
7 Inverclyde
8 East Renfrewshire
9 City of Edinburgh
10 North Lanarkshire
11 West Lothian
12 Midlothian
13 East Lothian
14 North Ayrshire
15 South Ayrshire
16 East Ayrshire
17 South Lanarkshire

[그림 5.4] 웨일스의 22 단일통합의회, 1996년 4월부터 운영

1	Swansea	7	Blaenau Gwent
2	Neath Port Talbot	8	Torfaen
3	Bridgend	9	Newport
4	Rhondda Cynon Taf	10	Cardiff
5	Merthyr Tydfil	11	Vale of Glamorgan
6	Caerphilly		

[도표 5.2] 영국 지방정부 규모의 확대

	1974/75 이전	1974/75 ~ 1996/98	새로운 구조	1974/75 이후 규모의 확대
잉글랜드				
지방의회의 수	1,246	c. 410	388	
평균 인구규모	37,000	113,000	121,000	3.3배
스코틀랜드				
지방의회의 수	430	65	32	
평균 인구규모	12,000	78,000	153,000	12.8배
웨일스				
지방의회의 수	181	45	22	
평균 인구규모	15,000	62,000	128,000	8.5배
그레이트브리튼				
지방의회의 수	1,857	520	442	
평균 인구규모	29,000	106,000	128,000	4.4배

출처: 저자들이 직접 계산

[도표 5.3] 단일통합의회의원—1/3 감소

	지방의회의원의 수		민주적 결손	
	새 단일통합 지방자치단체	종전 2단계 체제	인원	배율(%)
비광역도시권 잉글랜드	2,391	3,476	1,085	31
스코틀랜드	1,245	1,695	450	27
웨일스	1,273	1,977	704	36
합 계	**4,909**	**7,148**	**2,239**	**31**

출처: 저자들이 직접 계산

광역런던시 — 전략적 지방정부

1990년대에 잉글랜드에서 있었던 제 2 세대 단일통합형 지방자치단체의 창설이 20세기 말 수십 년간에 걸쳐 진행되었던 일련의 지방정부체제 개편 과정의 마무리는 아니었다. 런던이 20세기의 마지막 시점까지 주요 서구 국가의 수도 중에서 유일하게 자체적으로 민주적 발언권을 가지지 못한 채 남아 있었다. 광역런던의회(GLC)가 폐지될 당시 동 의회를 장악했던 노동당은 광역런던에 어떤 형태로든지 직접 선출형의 정부를 복원하겠다고 지속적으로 공약하였다. 그리고 1997년 기회가 왔다. 노동당은 정책선언을 통해 다음과 같이 약속했다 (p. 34).

> 주민투표를 거쳐 다수의 의사를 확인한 다음, 런던에 직접 선출되는 전략적인 기관(strategic authority)과 시장(mayor)을 각각 두는 새로운 조치를 취할 것이다. 이 두 기관은 런던의 수요를 대변하고 런던의 미래를 계획할 것이다. 그들의 책무는 기존의 런던 바러와 중복 없이 광역 런던의(London-wide) 문제, 즉 경제회생, 지역계획, 경찰, 교통 및 환경보호 분야를 맡을 것이다.

그것은 새롭고 독특한 제도적 조합을 창출하는 것으로서, 혼성체제의 특별한 전략적 지방정부 내지는 지방정부 개혁과 배태기 광역권역 정부의 혼합체라고 볼 수가 있다. 광역런던시(Greater London Authority)는 당시 정부가 런던 이외의 잉글랜드 전역에 도입하려고 계획했던 '현대화된(modernised)' 시장제 지방의회와는 매우 다른 형태로 추진되었다. 그러나 양자 모두 공통점으로서 스코틀랜드, 웨일스 및 북아일랜드에서 대두되고 있었던 분권 행정부처럼 자치권을 허용하는 문제는 고려되지 않았다.

지방정부 구조 개혁은 제 4 장에서도 강조했듯이 모두 정당정치의 측면을 가지고 있다. 광역런던의회(GLC)는 '적색 켄' 리빙스톤('Red Ken' Livingston)이 이끌던 '도시사회주의자들(municipal socialists)'의 행정관리 방식에 대한 대처 정부의 혐오감 때문에 폐지되었었다. 새로운 광역런던시(GLA)의 창설도, 특히 그 형태는 그에 못지않게 정당 및 인물 정치의 영향을 받았다. 다만, 이번에는 신노동당(New Labour Party)과 그리고 아주 예외적인 경우로서 동일한 인물, 즉 켄 리빙스톤(Ken Livingstone)의 개성 사이에서 이루어진 *내부적인*(*internal*) 정치가 작용했다. 광역런던의회(GLC) 폐지 이후 리빙스톤은 넓은 의미에서 극좌의 인습 파괴적인 국회의원이 되어 그의 정당이 나아가는 방향과 당 지도자들에 대한 비난을 그치지 않았다. 반대로 신노동당의 리더들은 리빙스톤과 그의 광역런던의회(GLC), 그리고 1980년대에 두드러졌던 유사한 성향의 지방의회들이 당의 인기도 추락과 연속적인 총선 실패에 무거운 책임이 있다고 여전히 비판하고 있었다.

정당화 여부를 떠나서 토니 블레어(Tony Blair)와 그의 각료들은 무슨 일이 있어도 제 2 의 광역런던의회(GLC Mark Ⅱ), 즉 중앙정부의 정책에 심각하게 도전할 수 있는 권한과 과세 근거 및 민주적 정당성을 함께 갖춘 기관은 창설을 허용할 수 없다는 생각이 단호했다. 다른 지방자치단체에서 선출될 시장들은 기존의 지방의회 — 흔히 단일통합의회가 많았지만 — 가 보유하고 있던 넓은 범위의 서비스 책무와 그에 상응하는 막대한 예산을 그대로 인수하는 것으로 예정되어 있었다. 그러나 런던에서는 이들 서비스 — 교육, 사회서비스, 주택, 환경보건 및 소비자보호, 레저, 레크리에이션 및 예술 — 를 대부분 32개의 런던 바러가 계속해서 공급하는 것은 물론이고, 심지어 그 중에서 여러 바러는 앞으로 시장을 직접 뽑게 될 것으로 예견되고 있었다. 광역런던시장은 중요한 의미를 지닌 명목상의 수반이자 국가 수도의 대변인이며, 광역런던시의 책무를 직접 수행하기 위해 신설될 여러 책임행정기관(executive agencies)의 임명에 있어서 상당한 권한과 영향력을 행사하게 될 것이지만 직접적인 권한과 조세 징수능력은 보잘 것 없도록 계획되었다. 더구나 이러한 총리의 생각을 추종하는 정당 리더십의 통제, 특히 정권을 잡은 정당이 자당 조직에 가하는 통제 때문에 욕을 먹던 리빙스톤으로서는 시장으로 당선은커녕 노동당 후보의 자격도 얻지 못할 상황이었다.

야당에게 큰 의석 우위를 확보하고 첫 임기를 맞은 정부로서 당연한 일이었지만 일은 일단 계획대로 풀려갔다. 정부 각료들은 백서, *런던 시장과 런던의회*(*A Mayor and Assembly for London*)를 발간했고 1998년 5월 런던 전역을 대상으로 실시된 주민투표에서 투표율은 비록 34퍼센트에 그쳤지만 투표자의 72퍼센트가 정부의 제안을 지지하였다. 입법이 뒤따랐고 그것을 저지하기 위한 야당의 무수한 시도가 있었지만 정부측 의석이 하원에서 우위를 점하고 있었기 때문에 영국 국회의 전후 역사상 가장 장문의 법률인 광역런던시법(Greater London Authority Act)이 결국은 통과되었다.

런던 시민들의 투표율이 50퍼센트 가까이에 이르렀던 직전의 총선에서 런던의 국회의원 총 74석 중에서 57석을 얻었던 노동당은, 보수당의 상대가 당초의 후보로서 곧 망신을 당하게 될 제프리 아처 상원의원(Lord Jeffrey Archer)이 되었건 그를 승계한 스티븐 노리스(Steven Norris)가 되었건 시장 자리를 차지할 것으로 확신했다. 따라서 정부각료들이 다음으로 할 일은 '정치적으로 수용할 수 있는(politically acceptable)' 당 후보를 선정하는 것이었다. 신랄하고 냉소적으로 조작된 선출과정이 이어졌으며 '리빙스톤 하차(Stop Livingstone)'는 무슨 대가를 치르더라도 꼭 이루어내야 할 총리와 그의 동료들의 유일한, 그리고 공공연한 목표였다. 그리하여 그는 결국 저지되었다. 노동당 후보 선출에서 전임 각료였던 프랭크 돕슨(Frank Dobson)에게 근소한 차이로 패배를 당했던 것이다. 그러나 그 대가는 당의 통합성과 희생양이 된 돕슨(Dobson) 자신의 당선가능성이었다.

각종 여론조사는 정부각료들의 희생양이 된 리빙스톤(Livingstone)이 거의 확실하게 승리할 것으로 전망했다. 이에 따라 그는 자신이 소속된 정당의 시장 후보를 상대로 경쟁하지 않겠다던 종전의 약속을 정확하게 번복하고 무소속 후보로 출마하였다. 여론조사는 맞아 떨어졌다. 2단계의 보충투표제(Supplementary Vote) 선거에서 돕슨(Dobson)은 1차에서 3위로 탈락하고 2차 선호를 집계한 결과 리빙스톤(Livingstone)이 776,000여 표를 얻어 564,000표를 얻은 노리스(Norris)를 누르고 광역런던의 초대 시장에 당선되었다. 켄(Ken)이 돌아왔다. '14년 전 내가 그토록 무참하게 제지당한…'이라고 연설을 할 수 있는 아주 주목할 만한 위치로 그가 돌아온 것이다. 투표율은 미디어의 관심이 비상하게 높았음에도 불구하고 주민투표 때보다도 약간 낮았다. 그러나 리빙스톤(Livingstone)의 득표는 영국 역사상 어떤 정치인보다도 많은 최다 득표를 기록 중이다. 직접적인 권한을 일부러 축소시킨 자리에 대해 유권자들이 엄청난 신임을 보낸 셈이다(D'Arcy and MacLean, 2000; Travers, 2004, ch. 3).

그러나 [도표 5.4]에 요약되어 있는 시장의 제한된 권한은 충분히 예측될 수 있는 일로서 정말로 큰 문제이다. 광역런던시 사무의 대부분을 실제로 추진하는 '직능기관들(functional bodies)'과의 관계에 있어서조차도 시장은 중앙정부 부처들과 권한을 공유하거나 그들로부터 구속을 받는다. 이에 대해 트래버스(Travers, 2004)는 다음과 같이 지적한다(p. 184).

> 시장은, 그가 누구이든 상관없이, 광역런던시법(Greater London Authority Act)에 규정된 장치 때문에 대체로 무력할 것이다 … 런던의 국민보건서비스, 고등교육, 직업기술교육, 직업훈련, 예술, 주택 및 사회보장 분야의 재정지출은 모두 중앙정부가 결정한다. 한편 학교, 사회보호, 지방교통, 환경서비스 및 일부 사회주택(social housing)은 바러가 관장한다. 시장은 이미 확립되어 있는 이들 두 진영의 재정 및 정치권력 사이에 꽉 끼어 있는 존재이다.

이 주장은 타당하다. 그러나 '대체로 무력하다(largely powerless)'는 표현은 아마도 약간은 과장일 것이다. 시장 취임 이후 처음 3년 동안에 리빙스톤(Linvingstone)은 정책적으로 몇 가지 중요한 업적을 성취했다. 버스 이용이 증가하여 총 이용객 수가 40년 만에 최대 수준을 기록했고, 버스요금이 인하되었고, 도클랜드 경전철(Docklands Light Railway)의 노선이 연장되었고, 트라팔가르 광장이 재개발 및 공개되었으며, 경찰관이 추가적으로 충원됐다. 그리고 무엇보다 중요한 것은 도로이용자부담금 내지 교통혼잡부담금 부과제도(congestion charging)로서 이 정도의 규모로는 한 번도 검증되지 않았던 조치가 이용자들 및 미디어의 대규모 반발과 보기 좋게 실패할 것이라는 각료들의 예측(희망이 아니라면)을 뒤로 하고 2003년 성공적으로 도입되었다(Glaister, 2005, p. 226). 교통혼잡부담금 부과제도의 성공은, 그에 따른 국제적인 관심은 말할 필요도 없고, 총리의 입장에서는 당혹스럽게도 양보를 해야 할 때가 도래했음을 의미했다. 그리하여 리빙스톤(Linvingstone)은 2004년 시장선거 시점에 와서 노동당 복당이 허용되었고 당 후보로 선정되었다. 그는 노동당의 상징인 빨간색 대신에 종전에 무소속으로 있었을 당시의 자주색을 상징적인 색으로 삼아 선거운동을 펼친 끝에 828,380표(55.4퍼센트)를 얻어 667,178표(44.6퍼센트)를 얻은 보수당의 스티븐 노리스(Steven Norris)를 편안하게 누르고 2008년 임기까지 재선되었다.

이제는 정부의 중요한 자산이 된 리빙스톤(Linvingstone)은 시장의 권한

[도표 5.4] 광역런던시(GLA: Greater London Authority)

개 관

런던 전체를 관할하는 특별한 형태의 전략적 정부. 시장과 의회로 구성됨.

- 직선에 의한 집행수장형 시장 — 영국 최초. 초대 시장은 2000년 5월 선출되었고, 2004년 재선에 성공한 켄 리빙스톤(Ken Livingstone). 현재는 노동당 소속임.
- 별도로 선출되는 25명의 의원으로 구성되는 의회(Assembly) — 2004년 선출된 의원을 정당별로 보면 보수당 9, 노동당 7, 자민당 5, 녹색당 2, 영국독립당 2명임.

시장과 의회는 650명 가량의 상근직 공무원의 보좌를 받음. 상근직 공무원은 이름이 다소 헷갈리는 집행수석(chief executive), 앤서니 메이어(Anthony Mayor)가 지휘.

하는 일 및 일하는 방식

주요 책무로서 *전략적(strategic)*인 기능을 수행함. 주된 분야는 교통, 경찰, 소방 및 비상계획, 경제, 개발, 지역계획이며 2차적으로 문화, 환경, 보건을 관장함. 런던바러는 교육, 주택, 사회서비스, 지방도로, 도서관 및 박물관, 쓰레기수거, 환경보건 등에 대한 책무를 계속 보유함.

광역런던시의 주된 책무는 *4개의 직능기관(4 functional bodies)*을 통해 수행되고 직능기관의 위원들은 대개 시장이 임명하고 시장에게 책임을 짐.

- 런던교통청(TfL) — 요금구조, 미래 투자를 포함하여 런던의 대중교통 대부분을 관장함.
- 광역도시경찰청(MPA: Metropolitan Police Authority) — 종전에는 치안부장관(Home Secretary)에게 책임을 짐.
- 런던 소방·비상사태계획청(LFEPA: London Fire and Emergency Planning Authority)
- 런던개발청(London Development Agency) — 런던의 고용, 투자, 경제개발 및 회생을 촉진하기 위해 새로 설치된 기관. 잉글랜드의 나머지 8개 광역권역에 설치되어 있는 광역권역개발청(Regional Development Agencies)과 유사함.

책임자 — 시장인가 의회(Assembly)인가?

시장은 정책을 결정하고, 즉 교통, 토지이용, 환경, 문화 등에 관한 계획을 수립하고, 직능기관의 예산을 배정 및 결정.

의회는 시장의 활동과 예산에 대해 심사하고 질의함. 예산은 2/3 다수로 거부할 수 있는데 노동당 의석이 9석에서 7석으로 줄어든 지금은 의미가 큼. 이와 함께 런던시민과 관계있는 문제를 조사하며, 시장에게 정책 제안을 함.

지출규모

광역런던시의 총예산은 2005~06의 경우 대략 9십억 파운드. TfL 5십억 파운드, MPA 3십억 파운드, LFEPA 0.5십억 파운드, 그리고 런던광역시 자체는 약 61백만 파운드임. 보조금과 기타 수입을 제외한 순예산 요구(less grants + other incomes)는 3십억 파운드로서 대부분은 중앙정부의 보조금으로 조달됨. 런던시민은 지방정부세 D등급을 기준으로 약 250파운드를 부가세로 납부.

소재지

'시청(City Hall)'은 런던에서 가장 볼만한 신축 건물 중 하나임. 포스터 상원의원(Lord Foster)의 수상 작품이며, 타워브리지 곁에 건설된 안개 등을 닮은 유리 건축물. 일반적으로 시장의 '유리 불알(glass testicle)'로 알려져 있음. 원래의 '출렁이는(wobbly)' 밀레니엄 브리지(Millennium Bridge)와 함께 빌 나이(Bill Nighy)의 영화, *러브 액츄얼리(Love Actually)*에 등장했었음.

강화를 강력하게 추구했다. 런던 광역권역 내부의 경계획정대안 제시 권한, 지역계획권한 확대, 바러의 업무성과 확인 권한, 시 전역을 관할하는 단일의 쓰레기관리청 등이 그 사례들이며, 가장 중요한 것은 아마도 광역권역 의회(Assembly)를 휴지조각으로 만들고 그것을 바러 집행위원장 위원회(borough leaders' committee)로 대체하려는 희망일 것이다. 올림픽유치 경쟁의 성공과 그 집행 과정에서 발휘했던 핵심적인 역할을 감안하면, 그의 주장은 강력한 명분을 가지고 있다.

광역런던시(GLA)의 창설에 따라 영국 지방정부의 구조 개편이 적어도 당분간은 완료되었다. 1970년대에 창설된 521개의 기간 지방의회([그림 4.1] 참조)가 거의 6개에 1개꼴로 축소되어 442개가 되었고([그림 5.5] 참조) 평균 인구는 약 130,000명으로 증가하여 서구 유럽국가 평균의 10배 정도가 되었다.

공동처리제도

런던의 개편과 최근에 있었던 다른 대부분의 개편의 분명한 차이는 다른 지역에서는 기존의 지방자치단체를 단일통합의회로 숫자를 줄여서 통합한 데 반해 런던에서는 업무조정을 염두에 두고 새로운 기관을 추가로 창설했다는 점이다. 따라서 런던에서는 제도가 간소하게 정비되고 책임 소재가 명확해졌을 것으로 기대할 수 있다. 그러나 바러의 권한이 대체로 변함없이 유지되고 광역런던시의 권한이 과도하게 제약되어 있기 때문에 실제적인 효과는 매우 제한적일 수밖에 없다. 트래버스(Travers, 2004, pp. 185 ~ 7)는 선출형 정부제도에 부가하여, 그리고 종종 이들과 경쟁하는 '중앙정부 부처, 광역권역행정청, 임명형 위원회 … 공동위원회의 로코코식 계층'을 묘사한 바 있다.

만약 이것이 런던의 모습이라면, 1980년대에 광역도시 카운티가 그리고 1990년대에 갓 창설된 '신참' 카운티 의회가 각각 해체되었던 잉글랜드 지역 및 디스트릭트가 새롭게 단일통합의회로 통합된 스코틀랜드와 웨일스 지역에서 이와 유사한 모습을 발견한다고 해도 하등 놀라운 일이 아니다. 제 4 장에서 지적한 바와 같이 단일계층(single tier)이 반드시 단순화를 의미하는 것은 아니다. 폐지된 지방자치단체의 모든 서비스가 쉽게 나눠지거나 결합될 수 없

[그림 5.5] 영국(북아일랜드 제외)의 선출 지방정부, 2006

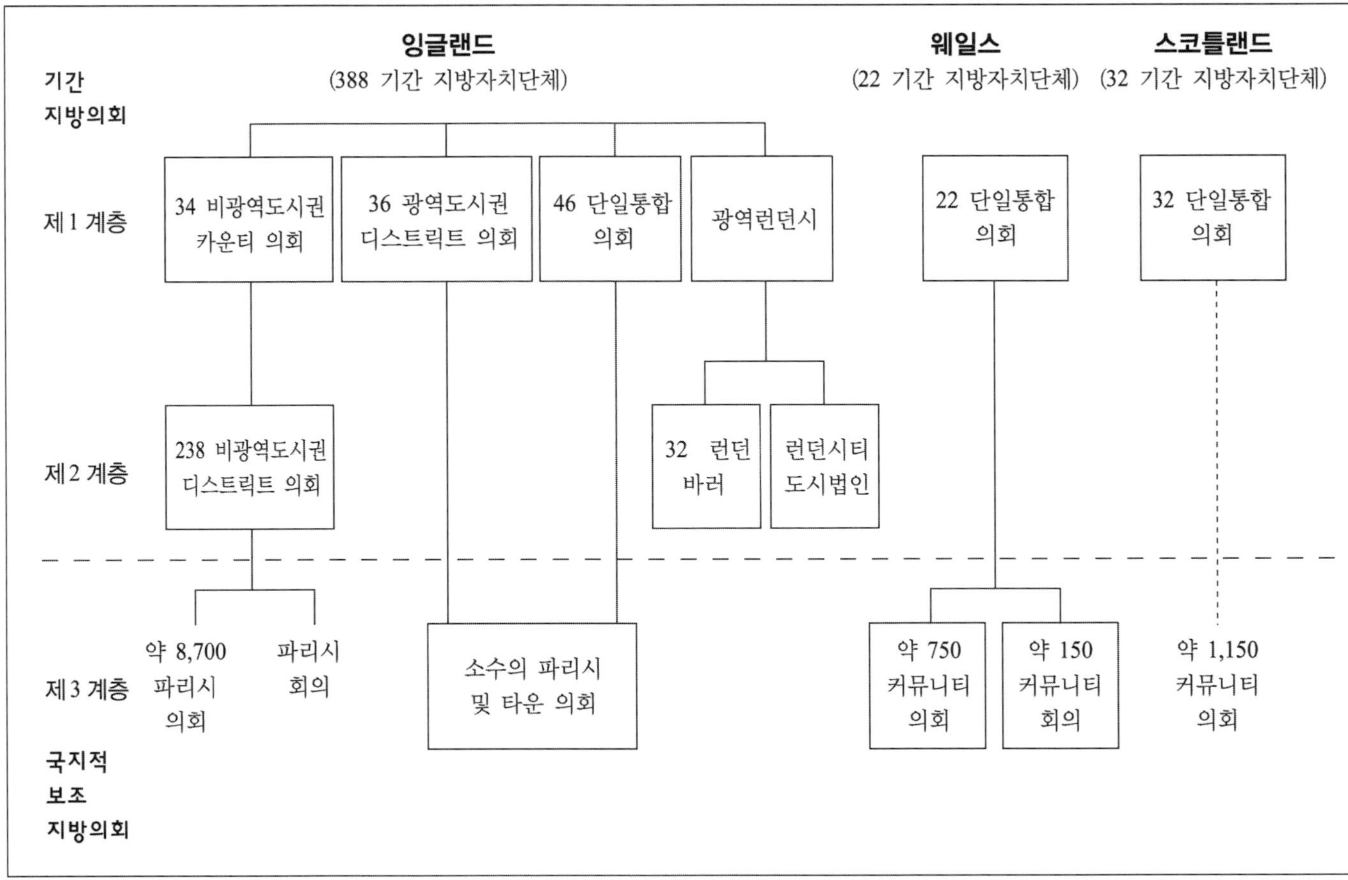

으며 새로 창설된 다른 선출형 의회로 양도되기도 쉽지 않다. 따라서 현재 영국의 많은 지역에서는 직접 선출형 구조와 함께 지방의회들 사이에 흔히 *임명형 또는 간접 선출형의 공동기관*(*nominated or indirectly elected joint bodies*)을 비롯한 공동처리제도의 네트워크가 있다.

지방의회들이 서비스 제공을 위해 서로 협력하는 공동처리제도(Joint arrangements)에는 다음과 같이 세 가지의 주요 형태가 있다.

- **통합행정청**(Joint Boards) 성문법에 의해 공급이 의무화된 서비스를 제공하기 위해 두 개 이상의 지방의회가 법률에 의거하여 의무적으로 설치하는 기관이다. 이들 기관은 정부 각료들에 의해 창설되며 회원 자격 및 기관의 관리는 각료의 승인사항이다. 그러나 이들 기관은 회원 자치단체를 통해 징수하는 '부가세(precept)'로 재원을 조성하는 등 독립적인 재정 권한을 가진다. 잉글랜드의 광역도시권과 스코틀랜드에는 경찰, 소방, 대중교통 및 쓰레기처리를 위한 통합행정청이 있다. 그리고 자체적으로 경찰력을 유지하기에 규모가 너무 작다고 판단되는 카운티에는 통합경찰청이 이미 설치되어 있었다. 예를 들어 웨스트 머시어 경찰서(West Mercia Constabulary)는 슈롭셔(Shropshire), 텔퍼드(Telford) 및 뤠킨(Wrekin), 그리고 헤리퍼드셔(Herefordshire) 및 우스터셔(Worcestershire)를 관할하고 있으며 경찰서의 추가적인 통합은 정부의 개혁의제 중에서 높은 우선순위를 차지하고 있다.
- **통합위원회**(Joint Committees) 통합행정청과 여러 가지 측면에서 유사하나 *자발적으로*(*voluntarily*) 창설된 기관이라는 점이 다르다. 둘 이상의 소규모 지방자치단체가, 예를 들어 특성화학교(specialist schools), 양로원(residential homes) 등의 특별한 기능을 개별적으로 하는 것보다 더욱 효과적으로 수행하기 위해서 지방의회의원들을 위원으로 하여 통합위원회를 설치한다.
- **계약 또는 기관협정**(Contracting or agency arrangements) 지방자치단체는 서비스 공급을 위하여 서로 계약을 맺을 수 있다. 일례로 카운티 의회는 고속도로 행정청(highway authorities)으로서 오래 전부터 관할구역 내의 디스트릭트, 타운 및 파리시 의회와 고속도로 기관협

정(highways agency arrangements)을 맺고 있다. 여기서 후자의 기관들은 잔디 깎기, 초목제거와 같은 경미한 기능을 수행한다. 보다 많은 수의 지방의회들이 수권자(enablers) 역할을 발전시키고 있기 때문에 이러한 행정수행 방식이 늘어날 것으로 보인다.

제 4 장의 말미에서 지적한 바와 같이 이러한 상이한 종류의 공동처리제도가 팽창함에 따라 비판론자들은 단일통합의회를 '일반목적(all-purpose)' 지방자치단체라고 부르는 데 대해 의문을 제기한다. 이들은 해당 지역에서 유일하게 *직접(directly)* 선출된 지방자치단체일 수는 있으나 보다 정확하게 얘기하면 '대부분 목적 내지는 준 일반목적(most-purpose)'의 지방의회로 불러야 할 것이다. 통합행정청 또는 통합위원회는 때로는 능률적이고 효율적으로 서비스를 제공하고 일부는 회원인 지방자치단체를 통합 기구의 의사결정과정에 참여시키기도 한다. 그러나 불가피하게 지방정부의 *편린화(fragmentation)*가 심화되고, 일반 국민들의 혼란 및 불확실성이 가중되며 선거 책임이 더욱 희석된다. 사태가 이렇게 발전하는 것을 염려하는 사람들은 이 점에서, 다른 여러 가지 측면들과 마찬가지로, 영국이 매우 예외적이라고 서슴없이 지적한다. 서유럽에서는 룩셈부르크와 핀란드 단 두 나라만이 단일통합의회형 지방정부체제를 가지고 있을 뿐이다!

국지적 보조 지방자치단체

이 책이 주로 '기간(principal)' 지방자치단체의 활동을 다루고 있지만 브리튼, 즉 북아일랜드를 제외한 영국의 비광역도시권에는 수많은 '국지적 보조(sub-principal)' 지방자치단체가 있다. 잉글랜드의 파리시 의회(parish councils)와 스코틀랜드와 웨일스의 커뮤니티 의회(community councils)를 말하는 것인데, 이들은 흔히 고대에 기원을 두고 있지만 그렇다고 해서 그것이 시대에 맞지 않는다는 의미는 결코 아니다. 이들은 최근에 있었던 구조 개편의 와중에서 살아남았을 뿐만 아니라 역할과 권한이 오히려 강화되고 있음을 볼 수 있으며 때로는 우리 지방정부의 '제 3 계층(third tier)'으로 지칭되기도 하는, 결코 무시할 수 없는 존재이다.

잉글랜드에는 대략 10,200개의 파리시가 있는데 그 중에서도 대부분은 상대적으로 비도시적 성격이 강한 지역을 중심으로 8,700개 정도가 파리시 또는 타운 의회를 가지고 있으며 약 75,000명의 의원들이 여기서 봉사한다. 이들 '세속적(civil)' 파리시는 영국국교 교구위원회(Anglican parochial church councils)의 '종교적(ecclesiastical)' 파리시와 완전히 구별되는 별개의 존재이다. 파리시는 영국 지방정부 체계에서 필수불가결한 요소로서 전체 인구의 약 1/3을 관할하고 있으며 빌리지(villages)와 소규모의 타운 및 교외 지역에서 선출되고 그들에 대해 책임을 지는 독립적인 민주적 기관이다. '타운 의회(town council)'라고 하면 흔히, 그리고 헷갈리기 쉽지만 '파리시 의회(parish council)'와 동의어로 간주되며 어떤 파리시 의회도 스스로를 타운 의회라고 부를 수 있다. 그리고 때로는 그 명칭이 매우 적합하기도 하다. 그것은 인구가 70,000명이 넘는 최대의 파리시인 웨스톤-수퍼-메어 타운의회(Weston-super-Mare Town Council)와 같이 일부 파리시는 작은 디스트릭트 의회를 규모 면에서 능가하기 때문이다. 그러나 대부분의 파리시는 훨씬 국지적이고 2/3 가까이는 인구가 1,000명 미만이며 40퍼센트는 500명 미만이다(Ellwood et al., 1992). 웨일스에는 약 900개의 '커뮤니티(communities)'가 있는데 750개 가량은 잉글랜드의 파리시에 해당되는 커뮤니티 의회를 설치하고 있다. 스코틀랜드 또한 약 1,150개의 커뮤니티로 구분되어 있다. 그러나 스코틀랜드의 커뮤니티 의회는 성문법적인 근거가 없을 뿐 아니라 과세의 권한도, 공공재정을 활용할 수 있는 권리도 없기 때문에 동일한 의미의 지방자치단체가 아니다.

따라서 스코틀랜드 커뮤니티 의회의 주요 기능은 서비스의 공급보다는 오히려 당해 지역 주민들의 의견을 확인하고 그것을 표명하는 자문 및 대표에 있다. 이러한 역할은 분명히 파리시나 타운 또는 웨일스의 커뮤니티 의회에도 똑같이 중요하다. 그러나 이들의 경우는 협의를 요청받을 권리를 갖는다. 디스트릭트 또는 카운티 의회로부터 지역계획 신청 및 공공 소로(footpath) 측량에 대한 의견제출 기회를 권리로서 보장받는 것이 하나의 예이다. 이들은 또한 스스로의 시책으로, 아니면 해당 카운티 또는 디스트릭트 의회의 대리인으로서 광범한 범위의 서비스를 공급할 수 있다. 가장 전형적인 서비스는 마을회관(village halls) 및 커뮤니티 센터의 유지관리, 분할 대여농지(allotments), 운동장, 체육관 및 공용 수영장, 공공 소로, 공원 및 공한지, 대피소 및 전쟁기념물, 가로등, 주차장, 교회부속 묘지와 공동묘지 등이다.

메이저 보수당 정부(Major Conservative Government)의 마지막 시기에는 위에서 본 기능 목록에 일련의 교통 및 범죄방지 권한이 추가되었다. 따라서 파리시는 현재 배달급식서비스(meals on wheels), 재활용시설 제공, 마을버스 배치, 승용차 공동이용계획 수립, 범죄 방지를 위한 CCTV 카메라 설치, 지역 우체국 및 상점의 운영 지원, 지역일반진료소(local GP clinics) 설치운영 등에 관여하는 경우가 많다. 이와 함께 파리시 의회는 관할 지역 또는 주민들에게 직접적인 혜택이 있다고 생각되면 목적을 불문하고 유권자 1인당 5파운드까지 공공 재정을 지출할 수 있다.

그러나 이러한 권한은 모두 *재량 사항*(*discretionary*)으로서 서비스를 제공해야 하는 어떠한 의무도 없다. 다만 서비스가 제공되는 곳에서는 그 비용의 일부를 수수료 또는 요금으로, 그리고 일부는 소관 디스트릭트 의회가 해당 지역에서 징수하는 지방정부세에 '부가세(precepts)'를 가산하여 조달한다. 이 부가세는 D등급의 재산을 기준으로 어떤 지역은 10파운드가 채 안되는가 하면 어떤 곳은 100파운드에 이르기까지 의회의 활동이 천차만별이듯이 전국적으로 큰 편차가 있다. 이 책이 파리시 및 타운 의회에 대해 큰 관심을 보이지 않는 것은 이와 같이 그들의 업무가 전적으로 자유 재량적 성격을 띠기 때문이지 규모 때문이 아니다. 이들 의회가 잉글랜드와 웨일스에서 포괄하는 인구는 전체의 1/3 미만으로서 *보편적이지 않으며*(*not universal*), 서비스와 시설을 제공할 *어떤 특별한 의무도 없다*(*no specific duties*). 그럼에도 불구하고 이들 의회는 서비스 제공을 훨씬 뛰어넘는 중요한 존재이다.

> 그것은 국민들에게 가까이 있는 민주주의의 한 형태이다. 그들의 정당성은 선거에서 찾을 수 있으며, 권한은 그들이 스스로 또는 규모가 보다 큰 지방자치단체들과의 파트너십을 통해 직접 제공할 수 있는 서비스뿐만 아니라 여론의 반영, 결집 및 활용을 통해서도 나온다(Coulson, 1998, p. 248).

스튜어트(2000, p. 248)가 지적한 바와 같이 카운티와 디스트릭트는 모두 파리시 의회와의 관계를 발전시켜 왔다. "한편으로는 구조 개편으로 인해, 다른 한편으로는 지역사회에 더 가까이 다가서고자 하는 관심이 점증함에 따라 지역공동체의 선출된 대표로서 파리시와 타운 의회에 대한 관심이 새롭게 나타나고 있다.” 하나의 명백한 척도로서 도시 지역에 파리시 및 타운 의회를 설치하는 사례 — 리즈, 브래드퍼드, 스톡포트, 요크, 하틀리풀, 뉴캐슬 — 를 볼 수 있다. 그리고 수도에 파리시 의회를 도입하는 것은 켄 리빙스톤과 뉴햄(Newham) 시장이자 런던정부협의회(Association of London Government)의 의장이었던 로빈 웨일스 경(Sir Robin Wales)과 같은 유명인사들의 소망이다. 또 다른 척도는 노동당 정부가 2003년 수립한 파리시 및 타운 모범의회 제도(Quality Parish and Town Council Scheme)이다. 모범의회(Quality Council)는 예컨대 후보 경쟁이 있는 선거, 주기적인 회의, 핵심 인력에 대한 교육훈련 프로그램과 효과적인 협의 절차 등을 통해 능력과 능률성을 스스로 증명해야 한다. 이러한 ‘품질 테스트(quality test)’를 통과하면, 특히 당해 지역을 관할하는 기간 지방자치단체, 지역공동체 및 자원봉사조직과의 파트너십을 통해 서비스 제공의 범위를 확대할 수 있다. 2006년도 말까지 모범 의회의 지위를 얻은 파리시 및 타운 의회의 수는 300개에 근접하고 있다.

이것은 모두 칭찬할 만한 일이다. 그러나 다소 걱정스러운 점도 있다. 그것은 동시에, 그리고 때로는 동일한 각료가 독려하는 여러 가지 다른 ‘지역주의자(localist)’ 시책들 — 구역위원회(area committee), 근린지역사회포럼(neighbourhood forum), 지방전략공동추진연대(Local Strategic Partnership), 지방구역협약(Local Area Agreements) — 이 상호 경쟁하고 동시에 혼란을 유발할 수 있다는 점이다. 이것은 앞으로 우리가 다시 숙고해야 할 하나의 주제이다.

스코틀랜드 및 웨일스로의 자치권 이양 — 준연방주의로의 길

1997년 노동당 정부의 헌법 개혁 업적은 당초에 급진주의보다는 지나치게 조심스럽다고 더 비판을 받았던 정부로서, 그리고 수반인 총리가 이 문제에 관해서 뚜렷한 관심이 전혀 없었던 정부로서 괄목할 만한 일이다. 집권 4년 내에 상원(House of Lords)을 개혁했고, 인권 및 정보자유법(Human Rights and Freedom of Information Act)을 제정했고, 정당 및 선거운동자금 조달을 성문화했고, 새로운 선거제도를 눈사태처럼 무더기로 도입했고, 그리고 우리가 보았듯이 지방정부의 구조개혁을 계속 추진했다. 그러나 무엇보다도 심대한 영향을 미친 개혁은, 논란의 여지는 있지만, 스코틀랜드, 웨일스 및 북아일랜드로 자치권을 이양한 것으로서 그것은 영국 헌법을 내용뿐만 아니라 성격까지 바꿔 놓았다. 영국은 이제 실제로 준연방국가가 되었다. 웨스트민스터 국회가 헌법상 최고기관으로 남아 있지만 그 최고 주권은 영국의 4개 자치지역에서 각각 다른 의미를 가지게 되었다. 비록 방식은 다르지만 스코틀랜드와 웨일스 및 북아일랜드에서 '큰 권한들이 각료 및 국회의원들의 관장에서 떨어져 나갔다' (Bogdanor, 2001, p. 149).

광역런던시의 설치와 함께 스코틀랜드와 웨일스로 자치권을 이양하려고 했던 노동당 정부의 의도는 1997년 정책선언에 다음과 같이 요약되어 있다 (pp. 33 ~ 34).

> 우리는 선거 후 최단 시간 내에 우리가 백서를 통해 내놓을 제안에 대해 스코틀랜드 및 웨일스의 주민들이 각각 별도로 주민투표(referendums)를 할 수 있도록 법률을 제정할 것이다. 스코틀랜드에 대해서는 법률제정권을 가지며 부가선출제도(additional member system)에 의해 선출되는 의회의 창설을 제안한다. 법률제정 권한에는 명확하게 규정되고 제한된 범위에서 재정수입을 변화시킬 수 있는 재정적 권한이 포함된다. 스코틀랜드 의회(Scottish parliament)는 현재 스코틀랜드행정청(Scottish Office)이 행정적으로 수행하는 책무에 대해 민주적 통제권을 행사하게 된다. 웨일스 의회(Welsh assembly)는 현 웨일스 행정청(Welsh Office)의 기능을 민주적으로 통제할 것이다. 그것은 2차적인 입법권(secondary legislative powers)을 가지게 되며 부가선출제도에 의해 선출될 것이다. 각각의 주민투표에서 과반수의 찬성을 얻으면 우리는 국회(Parliament) 첫 해에 실질적인 자치권 이양을 제안하는 법률을 제정할 것이다.

국가 권력에서 18년이나 소외되었던 정당이 자치권 이양을 높은 정책 우선순위로 삼는다는 것은 기대하지 않았던 일이었다. 그러나 정책선언에 포함되었던 안건들은 계획대로 거의 정확하게 추진되었다. 집권한 지 두 달 이내에 백서가 발간되었고 1997년 9월 주민투표가 양 지역에서 각각 실시되었다.

[도표 5.5] 스코틀랜드 분권정부

개 관 입법적 분권의 한 형태. 영국 국회의 헌법적 주권(constitutional sovereignty)은 변함이 없으나 보건, 교육, 지방정부, 경제개발, 교통, 법률 및 내무, 환경, 농업·어업·임업, 스포츠, 예술 등 스코틀랜드에 이양된 문제에 대해서는 관습적으로 입법을 하지 않음.

스코틀랜드 의회(Scottish Parliament) 129명의 의원(MSPs)을 비례대표제인 부가선출제도(Additional Member System)를 통해 선출(pp. 295~9 참조). 73명(56.5퍼센트)은 개별 선거구를 대표하고, 56명은 8개 광역선거권역(electoral regions)을 대표함. 2003년의 제 2 회 선거에서도 과반의석을 확보한 정당이 없는 '다정파분점의회(hung parliament)'가 구성됨. 의석 분포는 노동당 50(-6), 스코틀랜드국민당 27(-8), 보수당 18, 자민당 17, 스코틀랜드녹색당 7(+6), 스코틀랜드사회당 6(+5), 노인통합당 1, 무소속 3석임. 여성의원은 48명으로 39.5%를 차지(국회의원 비율은 19.6%)

스코틀랜드 집행부(Scottish Executive) 이양받은 사항을 관장하는 스코틀랜드 정부. 수석장관, 내각, 보좌 공무원으로 구성됨.

- 수석장관(First Minister) — 전체 의회에서 선출되며 사실상 스코틀랜드의 국무총리임. 초대 수석장관은 도날드 드와(Donald Dewar)이며, 2005년에 잭 맥코넬(Jack McConell, 노동당) 취임
- 내각(Cabinet) — 12명의 장관으로 구성. 수석장관이 임명하고 전체 의회의 승인을 받음. 1999년 이래 노동당-자민당 연합정부-노동당 9, 자민당 3
- 보좌 공무원 — 지방정부와의 관계를 관장하는 재무·중앙서비스(Finance and Central Services)를 비롯한 주요 8개 부처로 편제

영국국회에 유보된 책무 스코틀랜드장관(Secretary of State for Scotland)을 통해 행사됨. 영국헌법, 대외정책, 유럽, 국방, 재정 · 경제정책, 고용, 사회보장수당 · 연금, 교통안전, 방송정책, 국민복권 등

재정제도 2005~06 회계연도의 총예산 규모는 27십억 파운드. 90퍼센트는 영국국회가 교부하는 보조금, 7퍼센트는 사업용재산세(business rates), 2퍼센트는 유럽연합(EU)에서 나옴. 스코틀랜드의회는 또한 스코틀랜드 주민에게 부과하는 소득세의 기본 세율을 3펜스, 총액으로 환산하면 약 700백만 파운드까지 조정 — 스코틀랜드 모직물 이름에서 따온 '타탄세(tartan tax)' — 할 수 있으나 아직까지 실제로 시행한 적은 없음.

의회 위원회 의회의 업무는 위원회를 통해 수행되는 경우가 많으며 입법과 심사 · 조사 기능을 모두 가지고 있어서 영국 국회에 비해서 훨씬 강력하고 혁신적임. 중요한 것은 입법을 시작할 수 있다는 점임. 위원장은 정당별로 원내 의석수에 따라 배분

지방정부 관장 관장업무의 범위가 넓고 작명이 재미있는 재정 · 공공서비스혁신장관(Minister of Finance and Public Service Reform, 2006년 톰 맥카비 — Tom McCabe) 업무의 일부. 의회의 지방정부 · 교통위원회(committee for Local Government and Transport)는 장관에게 질의하고 입법을 심사할 수 있음.

소재지 홀리루드하우스 왕궁(Palace of Holyroodhouse)에 인접하여 세워진 화려한 빌딩안에 있으며, 동 건물은 수상 경력이 있음. 예산 범위를 크게 초과했으며, 비록 켄 리빙스톤(Ken Livingstone)의 '불알(testicle)'보다는 미래지향성이 덜하지만 여전히 현대적이며 다수의 토착 자재 — 켐네이 화강석(Kemnay granite), 케이스네스 판석(Caithness flagstone), 스코틀랜드 오크(Scottish oak) — 및 기업들의 혁신 전시장임.

[도표 5.6] 웨일스 분권정부

개 관 집행 및 행정적 분권의 한 형태. 영국 국회가 적어도 현재까지는 모든 1차 입법을 통제함. 그러나 의회에 스코틀랜드 목록과 유사한 특정 사안에 대해 2차 입법을 할 수 있는 권한을 이양하고 정부 각료들이 관습적으로 여기에 관여하지 않음.

웨일스의회(National Assembly for Wales) 60명의 의원(AMs: Assembly Members)을 스코틀랜드의회의원(MSPs)과 같이 부가선출제도(Additional Member System)로 선출. 40명(67퍼센트)은 개별 지역구를, 20명은 5개의 광역선거권역을 대표함. 2003년에 있었던 제2회 선거에서 과반수 의석을 얻은 정당이 나오지 않았음. 의석 분포는 노동당 30(+2), 웨일스 국민당인 플레이드 킴루(Plaid Cymru — Welsh Nationalist) 12(-5), 보수당 11(+2), 자민당 6, 무소속 1석임. 50퍼센트가 여자로서 노동당의 '선거구 짝짓기(pairing)'와 지방 활동가들의 남녀 대표 선별에 힘입어 2005년 현재 세계에서 가장 높은 여성 비율을 보이고 있음(르완다 49퍼센트, 스웨덴 45퍼센트).

웨일스의회정부(Welsh Assembly Government) 영국 정부 및 국회와 달리 웨일스 내각은 의회의 한 부분으로서 별도로 분리되어 있지 않음. 수석장관, 내각, 보좌공무원으로 구성

- 수석장관 — 전체 의회에서 선출되며, 따라서 보통은 제1당의 대표가 수석장관이 됨. 2000년 2월 앨런 마이클(Alun Michael)의 사임에 따라 로드리 모건(Rhodri Morgan) 취임
- 내각 — 수석장관이 임명한 9인의 의회장관(Assembly ministers)으로 구성됨. 2003년 선거에 따라 모두 노동당 소속이며, 기술적으로 표현하면 소수 정부임. 각료회의 의사록과 보조 자료를 관련 위원회에 배포하는 등 극히 공개적임.
- 보좌 공무원은 약 3,500명 정도임.

재정제도 이양된 모든 서비스를 처리할 수 있도록 영국 국회가 공식에 따른 보조금(formula-based grant)을 의회에 교부함(2005년 13십억 파운드). 웨일스의회는 소득세 조정 권한이 없음.

의회 위원회 포괄적인 것이 특징임. 장관이 관련 위원회의 위원(의장이 아니라)으로 참석하며 영국 국회의원에 비해 일반 의원들의 정책 참여도가 높음. 위원회의 주요 책무는 정책을 개발하고 — 내각과 공동으로 — 그리고 장관의 업무를 심사하며 공공기관을 감시하는 것임. 의회의 사무는 모두 복수 언어로 수행되고, 대부분은 의회 전용의 디지털 채널인 S4C2를 통해 중계

지방정부 관장 재무 · 지방정부 · 공공서비스장관(Minister for Finance, Local Government and Public Services, 2006년 Sue Essex)이 지방정부 · 공공서비스위원회 위원으로서 지방정부를 관장하며 동 위원회의 심사를 받음. 웨일스 의회의원(AMs)과 지방정부 대표들로 구성된 위원 25명의 파트너십협의회(Partnership Council)를 통해 지방정부와 협력함.

소재지 카디프만(Cardiff Bay) 수변의 최첨단 의회 빌딩. 퐁피두센터(Pompidou Centre)와 밀레니엄 돔(Millenium Dome)으로 명성이 높은 리처드 로저스(Richard Rogers)가 설계. 웨일스 의회의원들은 스코틀랜드 의회의원들보다 대규모의 예산 초과에 대하여 덜 관대하여 로저스를 한 때 해고했다가 다시 고용했음. 2006년 초 개원

스코틀랜드의 주민투표에는 두 가지의 질문이 포함되었는데 60퍼센트의 투표율에, 의회(Parliament)에 대해서는 투표자의 74퍼센트가, 그리고 의회의 조세조정권한에 대해서는 64퍼센트가 찬성표를 던졌다. 이와 대조적으로 웨일스 의회(Welsh assembly)는 투표율 50퍼센트에 찬성이 50.3퍼센트로서 아주 근소한 차이로 승인되었다.

곧바로 입법이 이루어졌고 새로운 기관들을 구성하기 위한 선거가 1999년 5월 최초로 실시되었다. 스코틀랜드의 *1차* 입법 의회(*primary* legislative Scottish Parliament)와 웨일스의 *행정 내지 2차* 입법 의회(*executive or secondary* legislative Welsh assembly)의 유사성과 차이점은 [도표 5.5] 및 [도표 5.6]에서 볼 수 있다. 아마도 예견했었겠지만 양 기관 모두 칭찬과 그리고 그 이상의 비난을 함께 받았다. 통합주의자들(unionists)은 아주 소소한 자치권 이양조차도 결국은 영국, 즉 유나이티드 킹덤(United Kingdom)의 해체로 향하는 첫걸음으로 보았던 반면에, 민족주의자(nationalists) 및 급진적인 자치권 이양주의자들은 실망할 수밖에 없었다. 그러나 논란의 여지가 없는 하나의 사실은 민족주의자 및 자치권 이양주의자들이 그들의 존재를 알렸다는 점, 즉 무엇인가 중요한 차이를 만들었다는 점이다.

당연한 결과로서 스코틀랜드 의회(Scottish parliament)는 일부 독자들로서는 애써 상기할 필요가 없을 정도의 큰 충격을 가져왔다. 초기의 대표적인 사례로서 집행부(Executive)는 졸업생의 기부를 지지하는 대신에 스코틀랜드에서 공부하는 스코틀랜드 학생에게는 '선납(up-front)' 수업료를 폐지했다. 이것은 정부의 정책과 정반대였으며 블레어 총리는 "스코틀랜드가 영국의 나머지 지역과 다르게 하는 것을 좌시할 수 없다 … 나는 지금 이 모든 자치권 이양 따위가 가져오는 단점을 보기 시작했다"라고 격렬한 감정을 터뜨렸다(Ashdown, 2001). 이 말은 비록 의도한 바는 아니었지만 하나의 예언이었다. 왜냐하면 2001년에는 잉글랜드가 스코틀랜드와 함께 이 대열에 동참했기 때문이다. 그러나 [도표 5.7]에서 보듯이 그 외에도 에든버러(Edinburgh)와 영국 국회(Westminster) 간의 간극을 초래한 정책 제안들이 수없이 많다. 그 중에서 스코틀랜드 리스트의 마지막 항목이 특히 중요하다. 스코틀랜드의 지방의회는 정치 운영 및 지방재정 개혁에 있어서 이미 독자노선을 취한 데 이어, 2007년부터 비례대표제인 단일양도성투표(STV: Single Transferable Vote)를 통해 선출된다.

[도표 5.7] 스코틀랜드와 웨일스의 특색 있는 정책들

스코틀랜드 의회(Scottish Parliament)

- 노인들을 위한 무료의 장기 개인보호
- 대학생 수업료 '선납(up-front)' 제도 폐지
- 교사 보수 및 근무여건 개선
- 정보자유법률의 규제 완화
- 여우사냥 조기 폐지
- '학교에서의 동성애 촉진' 금지의 폐지
- 학교급식 영양기준 향상
- 공공장소 흡연 금지
- 지방선거에 비례대표제 도입

웨일스 의회(Assembly of Wales)

- 영국 최초로 어린이 행정관(Children's commissioners) 운영
- 웨일스의 22개 지방자치단체와 협력할 22개의 보건행정청(Health Boards) 창설
- 노숙자위원회 및 노숙자를 위한 서비스 확대
- 중등학교 '학교성과비교표(league tables)' 폐지
- 25세 미만, 65세 이상자에 대한 무료 의료처방
- 연금생활자 대상 버스 무료이용
- 7세 미만 어린이에 대한 학교 우유 무료 급식

그 결과 3 개에 하나 꼴인 '단일정당 독점(one party monopolistic)' 또는 '단일정당 지배(one party dominant)'형의 지방의회가 스코틀랜드에서 전부는 아니더라도 대부분 사라지게 될 것이다([도표 14.1] 참조).

웨일스(Wales) 또한 1차 입법 권한이 없고 예산규모가 작은데도 불구하고 특별한 정책 리스트를 자체적으로 생산해냈다. 그 중에서 가장 널리 알려진 정책은 비통한 일이었던 어린이집 학대에 관한 조사 결과 어린이의 권리를 옹호하고, 그들의 이익을 대변하며, 무엇보다도 앞으로 학대와 관련된 불평을 철저하게 조사하기 위해 2001년 어린이 행정관(Children's Commissioner)을 설치한 일일 것이다. 이것은 영국 국회(Westminster Parliament)의 입법이 필요한 사항이었음에도 불구하고 당초 잉글랜드에서는 그것을 매우 신기하게 생각하다가 4년 후에는 그대로 모방하였다.

북아일랜드 — 계획에 없었던, 그리고 중단된 자치권 이양

북아일랜드에서는 1990년대 기간 동안 스코틀랜드와 웨일스, 그리고 일부 잉글랜드 지역에서 볼 수 있었던 단일통합의회의 확산에 상응하는 어떠한 지방정부 개편도 없었다. 그 상태는 제 4 장에서 개관한 바와 같이 2006년의 시점에서도 그대로 유지되고 있다. 선출형 지방정부가 26개의 디스트릭트에 국한되어 있으며, 영국의 기준에서 보면 규모가 작고, 서비스 책임도 영국의 다른 지역에 비해서 훨씬 협소하다([그림 5.6] 참조). 국민들의 일상생활에 영향을 미치는 서비스는 대부분 임명직으로 구성되는 지역행정청(Area Board) — 4개의 보건 및 사회서비스 행정청, 5개의 교육 및 공공도서관 — 과 주택행정관(Housing Executive), 아일랜드중학교기구(Irish Medium Schools' Body) 등과 같은 수많은 다른 공공기관들이 관리한다.

[그림 5.6] 북아일랜드의 26 디스트릭트 의회, 2006

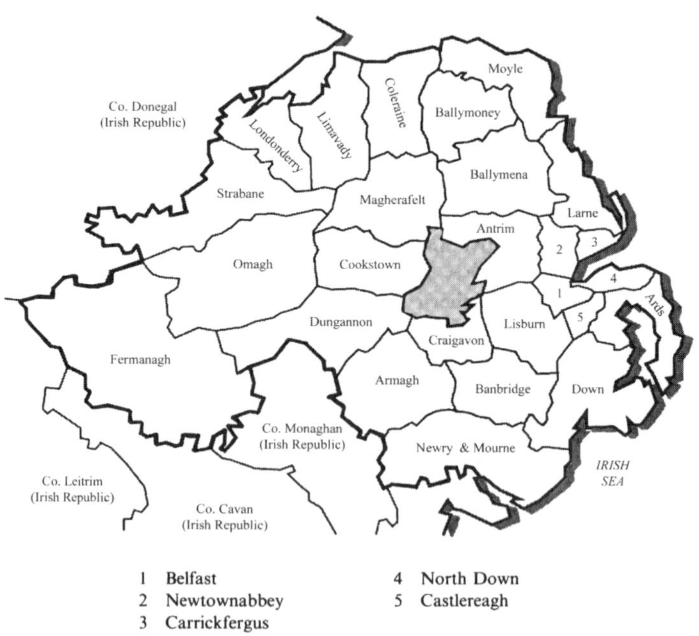

그러나 보다 혁신적인 지방의회와 지방의회의원들은 쉽지는 않지만 때때로 자신들의 제한된 권한을 최대한 활용하기도 한다. 선출형 지역의회가 없었던 시절, 이들은 북아일랜드에 영향을 미치는 핵심적인 쟁점에 관한 토론 포럼으로서 막대한 역할을 수행했다. 그들은 또한 관할 지역과 개별 주민의 후원자로서 그들의 중요한 역할을 발전시켰으며 주민들 또한 영국 본토에 비해 지방선거에서 훨씬 높은 투표율을 보이고 있다. 이들 북아일랜드의 디스트릭트들은 1994년 마스트리히트 조약(Maastricht Treaty)에 관한 영국국회의 표결에서 통합주의자들(Unionists)이 메이저 정부(Major Government)를 지원한 데 대한 보답으로서 경제발전을 위해 재정을 지출할 수 있는 중요한 권한을 부여받았다. 일부는 또 국경 너머 아일랜드의 지방의회들과도 긴밀하게 협력하면서 유럽개발기금 지원 협상에 매우 효과적으로 대응해왔다. 그러나 오랜 기간 변함없이 분명한 사실은 더 이상의 중대한 의미를 가지는 권한의 이양은 소위 평화과정의 실질적이고도 확고한 진전에 전적으로 달려 있었다는 것이다.

1997년의 노동당 정책선언에서 북아일랜드에 관한 약속이 스코틀랜드 및 웨일스에 비해 훨씬 모호했음에도 불구하고, 실제로 세 개의 분권 지역기관 중에서 북아일랜드 의회의 선출이 가장 먼저 결정되었다. 그것은 1998년 4월의 그 유명한 벨파스트 '굿 프라이데이(Good Friday)' 협정으로 절정을 이룬 격렬한 협상의 산물이었다. 수 주 내에 아일랜드의 양 지역에서 주민투표가 동시에 실시되어 협정이 승인되었고 그 뒤 한 달이 채 지나지 않아서 의회가 선출되었다. 북아일랜드 의회(Northern Ireland Assembly)는 어셈블리(Assembly)라는 명칭에도 불구하고 스코틀랜드 의회(Scottish parliament)와 매우 유사한 하나의 완전한 집행 및 입법적 분권의 사례이다. 그 권한으로서는 북아일랜드행정청(Northern Ireland Office) 소관이었던 농업, 경제개발, 교육, 환경, 재정, 인사, 보건 및 사회서비스 등을 관장한다. 스코틀랜드 의회(Scottish parliament)와 비교할 때 가장 뚜렷한 차이는 사회안전 기능과 경찰 및 법원이 제외되었다는 점이다.

북아일랜드 의회의원은 총 108명으로서 이들은 북아일랜드의 18개 국회의원 지역구에서 비례대표제의 일종인 단일양도성투표(STV: Single Transferable Vote)를 통해 선출된다(pp. 298~299 참조). 단일양도성투표는 1973년 이래 북아일랜드에서 영국국회의원 선출을 제외한 모든 선거에 적용된다. 여기에는 특별한 이유가 있는데 그것은 이 제도가 가톨릭/민족주의자(Catholic/Nationalist)와 개신교/왕당파(Protestant/Loyalist) 사회를 아우르는 광범한 여론을 대표할 수 있게 하고, 어떤 단일 당파도 의회의 절대 다수를 차지하지 못하게 하는 기제이기 때문이다. 북아일랜드 의회 자체가 기능정지 기간 중에 있었던 제 2 회 선거는 예상했던 대로 '강경노선(hard-line)' 정당들의 승리로 나타났다. 이안 페이슬리 신부(Revd Ian Paisley)의 민주통합당(Democratic Unionists)이 30석으로 27석을 얻은 공인된(official) 얼스터 통합당(Ulster Unionists)을 추월했고, 신페인당(Sinn Fein)은 24석을 얻어 사상 최대의 성과를 보이면서 18석에 그친 사회민주노동당(Social Democratic and Labor Party)을 앞질렀다(상세한 내용은 Electoral Commission, 2003a 참조).

가장 최근에 집행부(Executive) 및 의회(Assembly)의 권한이 정지된 2002년 10월까지는 이들 4당의 의원으로 구성된 권력분점형의 12인 각료집행위원회(Executive Committee of Ministers)가 북아일랜드의 분권정부 기능을 수행했다. 12인 각료집행위원회는 얼스터통합당과 사회민주노동당 각 4명, 신페인당과 민주통합당 각 2명으로 구성되었다. 지방정부는 환경부장관(Minister for the Environment) 소관으로서 지방정부 관련 정책에 대한 책임은 공식적으로 환경부에 있다. 다만, 권한정지 기간 중에는 영국 중앙정부의 북아일랜드부 각료 (UK Northern Ireland Ministers) 중의 한 사람인 루커 상원의원(Lord Rooker)의 감독을 받았다. 그러나 그것은 다른 분권기관들과 마찬가지로 정책의 개발과 심사에 있어서 지역의회의원들(Assembly members)로 하여금 부처별 위원회를 통해서 국회의원들(Westminster MPs)보다 더 큰 역할을 담당하게 하자는 의도가 있었다.

[도표 2.1]에서 언급한 바와 같이 지방정부의 구조 개혁은 북아일랜드 집행부 (Executive)의 종합적인 공공행정조사(RPA: Review of Public Administration)의 일환으로 계속 논의되고 있다. 이 조사는 공공행정 2단계 모형을 제안했다. 상위 계층은 지역의회(Assembly)와 집행부(Executive)로 이루어지는 광역권역계층(regional tier) 및 중앙정부의 각 부처로서 정책개발과 기준 설정에 초점을 맞춘다. 그 아래의 광역권역 하위 내지 지방 계층(sub-regional/local tier)은 숫자는 축소되지만 기능은 훨씬 강화되는 지방의회, 새로운 보건기구, 그리고 교육과 같은 광역권역기관의 서비스공급 단위조직들이 동일한 행정구역을 이상적으로 공유하면서 각각의 기능을 수행한다. 지방의회는 '해당 지방의회의 행정구역 내에 있는 주요 서비스 공급자들 사이에서 서비스 공급에 관한 지방의 정

책을 개발하고 조정하는 핵심적인 역할을 수행하게 될 것이다.' 2006년도의 시점에서 본다면 지방의회의 수는 인구규모가 400,000명에 이르는 수준까지 축소될 것이고, 주민 의견을 수렴하여 기간 지방의회에 제공하는 다수의 '시민의회(civic councils)'로부터 지원을 받을 수 있을 것이다(RPA, 2005). 영국 본토에서와 마찬가지로 개혁가들은, 북아일랜드지방정부협의회(NI Local Government Association)와는 달리, 지방정부는 지역적(parochial)이며 큰 것이 좋은 것(bigger equals better)이라는 신조를 받아들이는 것 같다.

잉글랜드의 광역권역 정부 — 유산된 광역권역 의회

1997년 집권한 노동당 정부가 자치권이양 공약을 대부분 신속하게 이행했지만 논란을 제기할 수 있는 분야가 하나 있다면 바로 잉글랜드의 광역권역 정부(English regional government)이다. 1997년 총선 정책선언은 다음과 같이 약속했다.

> 지역경제개발을 조정하고, 소기업을 지원하며, 관내 투자를 권장하기 위해 원스톱 광역권역개발청(RDAs: Regional Development Agencies)을 설치한다(p. 16).

이들 광역권역개발청(RDAs)은 임명형의 광역권역회의(Regional Chambers)와 연결되며, 광역권역회의는 설립 후 다수의 동의를 받으면 '선출형 광역권역 의회(regional assemblies)로 전환하는' 조치가 이루어질 것이다(pp. 34 ~ 35).

1998년의 입법으로 8개의 *광역권역개발청(RDAs: Regional Development Agencies)*과 이에 상응하는 8개의 *광역권역회의(Regional Chambers)*가 지체 없이 창설되었다. 런던에는 2년 후에 광역런던시 (Greater London Authority)와 함께 대등한 새로운 기관이 들어서는 것으로 예정되었다([그림 5.7] 참조). 광역권역개발청(RDAs)은 지방정부 인사 4명을 포함하여 정부 각료가 임명하는 총 8 내지 15명의 위원으로 구성되는 이사회가 지휘한다. 설치 목적은 고용, 투자, 경제개발 및 지역회생을 촉진하고 일반적으로 지역 경제의 경쟁력과 해당 지역의 성공 가능성을 높이는 데 있다. 재정지출 규모는 연간 2십억 파운드 정도이다. 일부는 평이하게 개발청(Development Agencies)으로 알려져 있으나 남성

[그림 5.7] 광역권역개발청: 명칭, 본부 및 2006~07 예산

및 기업 주도의 위원들이 이사회를 거의 압도적으로 구성하고 있음을 반영하여 보다 남성적인 이름을 택한 경우도 더러 있다. 요크셔 포워드(Yorkshire Forward), 어드밴티지 웨스트미들랜즈(Advantage West Midlands)가 그 예이다.

광역권역회의(Regional Chambers)는 지방의회의원과 기업, 노동조합, 교육 및 훈련, 자원봉사 · 문화 및 환경 조직 등 다른 관련 분야의 대표들을 위원으

로 하여 임명되는 기관이다. 광역권역회의는 광역권역개발청(RDAs)이 수립하는 지역경제 전략에 대해서 자문하고 광역권역개발청의 활동을 심사한다. 그러나 한 가지 중요한 특징은 광역권역개발청이 궁극적으로 책임을 지는 것은 광역권역회의가 아니라 정부 각료 및 국회라는 점이다. 연간 평균 1십억 파운드 이상을 각각 지출하는 정부통합광역권역행정청(GOs: Government Offices for Regions) — 국내문제와 관련이 있는 중앙 부처들의 지역 통합조직 — 과 함께 광역권역개발청(RDAs)과 광역권역회의(chambers)는 결코 싸게 먹히지 않는, 그렇지만 권한은 제한되어 있고 책임성은 모호한 삼각 구조를 이루고 있다.

이러한 권한을 확대하고 책임 소재를 명확하게 하기 위해서는 비선출형 광역권역회의를 직접 선출되는 광역권역의회(regional assemblies)로 대체해야 한다. 2002년 부총리였던 존 프레스코트(John Prescott)의 노력과 지원에 거의 전적으로 힘입어 뒤늦게 발간된 백서, '*당신의 지역, 당신의 선택 — 잉글랜드 광역권역의 재활력화*(*Your Region, Your Choice — Revitalising the English Regions*)'는 그것을 어떻게 실행할 것인지를 요약해서 제시했다. 광역권역의회(assemblies) 내지 미니 국회(mini-Parliaments)는 스코틀랜드 의회(Scottish Parliament)나 웨일스 의회(Welsh Assembly)보다는 권한이 훨씬 작지만 여러 측면에서 광역런던시(Greater London Authority)에 비견될 수 있을 것이다. 이들 기관은 광역런던시(GLA)처럼 경찰 및 소방 서비스는 관장하지 않지만 전략적 계획, 경제개발, 기술 및 고용, 교통 및 주택 전략, 공공보건, 문화 및 관광에 관한 책무를 가지게 될 것이다. 그들은 또한 지방정부세 고지서별로 주당 평균 5펜스의 부담금을 부과할 수 있게 될 것이다. 그러나 보수당은 이를 '분권세(devolution tax)'라고 이름을 붙이고 이 계획 전체에 대해 강력하게 반대하였다.

어떤 광역권역도 선출형 의회를 갖도록 강요당하지는 않겠지만 만약에 일반 주민들이 이를 지지한다는 증거가 있으면 주민투표를 통해 의사를 표명할 수 있는 기회를 반드시 가지게 될 것이다. 그리고 이 주민투표에서 그들은 단일통합형 지방정부 구조를 함께 선택하게 될 것이다. 여기에 광역권역주의(regionalism) 논쟁에 있어서 부총리가 기여한 부분이 나온다. 그것은 정부 각료들이 반대파들로부터 '관료제 팽창(increasing bureaucracy)'을 초래한다는 비난을 받지 않도록 하기 위해 어떤 광역권역도 중앙 하위의 정부 계층을 하나 이상 가질 수 없도록 했기 때문이다.

프레스코트(Prescott)의 당초 희망은 노스이스트(North East), 요크셔 및 험버(Yorkshire and Humber) 그리고 노스웨스트(North West)의 3개 지역에서 주민투표를 함께 실시하는 것이었다. 그러나 각료 및 당 동료들의 회의적인 태도와 일반 국민들의 무관심, 그리고 대규모 우편투표의 안전성에 대한 걱정으로 인해 결국은 노스이스트(North East) 한 군데로 투표지역을 한정할 수밖에 없었다. 2004년 11월 실시된 주민투표의 결과는 투표율은 48퍼센트로서 훌륭했으나 반대가 78퍼센트(반대 696,519표, 찬성 197,310표)로서 가히 충격적이고 치욕적이었다. 집행 비용으로 10백만 파운드 정도가 지출된 것으로 추정되는데 앞으로 이 같은 일이 되풀이되지 않을 것임은 두말 할 필요조차 없을 것이다(회의 논문 — Game, 2005 — 링크된 웹사이트 참조).

이렇게 적어도 예견될 수 있는 미래에는 *선출형의, 그리고 민주적으로 책임있는*(*elective and democratically accountable*) 광역권역주의가 종식되었다고 해도, 행정적(administrative) 권역주의는 여전히 번성하고 있다. 토메이니(Tomaney, 2004)가 지적하는 것처럼 정부통합광역권역행정청(Government Offices for the Regions) 및 광역권역개발청(RDAs)이 '경제개발, 주택 및 공간 계획과 같은 정책 분야'에서 내리는 결정은 '지방의회의 행위 맥락으로서 중요성이 더욱 커지고 있다'(p. 180). 그러나 이들 기관들이 광역권역 거버넌스, 즉 공동협력통치의 전체 그림에서 차지하는 비중은 극히 부분적이다. 전체 그림에는 사회보장수당, 어린이 지원, 도로, 지방, 환경 기관과 함께 고용, 예술, 스포츠, 관광, 보건서비스, 교도소 서비스 등을 관장하는 광역권역 기관들을 모두 포함시켜야 한다. 몇 년 전 '웨스트 미들랜즈(West Midlands)의 거버넌스, 즉 공동협력통치의 구조'를 그려보려는 시도를 통해 약 50개의 공공기관이 확인된 적이 있었다. 이들 기관들의 재정지출 총액이 연간 22십억 파운드가 넘는데, 이것은 결국 국세에서 모두 나오지만 민주적 책임성을 직접 가지는 선출된 기관을 통해 집행되는 돈은 한 푼도 없다(Ayres and Pearce, 2002, p. 16). 이와 대조적으로 동일한 권역에서 선출된 지방의회 의원 1,935명 또는 지역 내의 38개 지방자치단체가 책임을 지는 예산 총액은 6십억 파운드가 채 안되는데 그 중에서도 약 3/4은 중앙정부가 보조금의 형태로 통제한다. 그리고 이러한 격차는 노동당이 2005년 총선 정책선언으로 '계획, 주택, 경제개발 및 교통과 관련하여 기존의 광역권역 기관으로 권한을 더욱더 이관'하겠다고 공약했기 때문에 점점 더 커질 것으로 보인다(p. 108).

제 6 장

현재의 지방정부 — 내부 구조

정치적 관리의 '혁명'

최근에 영국 지방정부체계에서 일어나고 있는 급진적이고 광범한 외부구조의 변화는 적어도 그 내부의 변화, 특히 '집행부제 지방정부(executive local government)'의 대두와 견줄만하다. 아마도 '개혁(reform)'이라는 용어는 지난 몇 년간 다수의 지방자치단체들이 실제로 경험하고 있는 일상적인 업무 관행의 변화를 묘사하기에 너무나 온건한 표현일 것이다. 이 장에서 논의하는 새로운 시장제 또는 내각제의 집행부는 약 2세기 동안 내려온 위원회 기반의 의사결정을 완전히 폐기해버린 거의 혁명에 가까운 변화이다.

이 책의 성격상 그러한 변화를 개관하고 평가하는 데는 불가피하게 어려움이 따른다. 새로운 체계 및 제도의 규모와 그 의미를 이해하기 위해서는 먼저 그것들이 무엇을 대체했는지를 알아야 하기 때문이다. 따라서 이 장은 먼저 전통적인 지방의회 제도 및 그 운영에 대해서 살펴본 다음 지방정부법 2000(Local Government Act 2000)이 가져온 변화를 알아본다.

몇 가지 용어에 대한 설명

우리는 먼저 지금까지 지나가면서 언급했지만 더 이상 설명하지 않았던 몇 가지 용어들에 대하여 좀더 자세하게 살펴본다. 지방자치단체(local authorities), 지방의회(councils), 지방의회의원(councillors), 선출직회원(elected members), 위원회(committees), 국 내지 부서(departments) 및 지방공무원(officers)에 대해서이다. 우리는 제 2 장에서 *지방자치단체*(*local authority*)를 영국 국회에 의해 창설되고, 국회가 부여하는 책무를 수행하는 준 독립적이고, 정치적으로 분권화된 다기능 기관이라고 설명한 바 있다. 이 용어는 흔히 *지방의회*(*council*)와 대체 가능한 것으로 구별 없이 사용되고 있으며, 우리도 이미 그렇게 사용하고 있다. 그러나 엄격하게 말하자면 지방의회는 지방자치단체의 법적 실체(legal embodiment)이다. 집단적으로 결정을 내리고 해당 지방자치단체의 정책과 행위에 대해 궁극적으로 책임을 지는 *선출된 지방의회의원들*(*elected councillors*)의 기관인 것이다. 이러한 법적인 책임에 대한 인식에서 지방의회의원을 때로는 보수를 받는 직원, 즉 *지방공무원*(*officers* — 국가공무원을 일컫는 용어인 'civil servants'와 명확하게 구별됨)과 다른 행정 · 전문 · 사무직 및 육체노동자와 구별하여 해당 지방자치단체의 선출직 *회원*(*members*)이라고 부른다.

이미 언급했듯이 영국의 지방자치단체는 일반적으로 매우 큰 조직이며 그 규모는 단일통합의회가 확산됨에 따라 더욱더 커지고 있다. 현재 영국은 인구 6,000만 명에 지방자치단체의 수가 468개로서 평균 인구규모는 129,000명이다. 지방의회의원의 수가 100명이 넘는 곳이 여럿 있으며, 규모가 큰 카운티 또는 광역도시 의회는 풀타임과 파트타임을 합쳐서 직원이 수만 명에 이른다. 지방의회의원과 지방공무원은 소위 지방정부의 '두 세계(two worlds)'이다. 이 두 세계의 공식적인, 그리고 비공식적인 상호작용을 통해 의사결정이 이루어지고 정책이 나온다. 대부분의 경우 지방자치단체에서 필요한 모든 의사결정을 지방의회 전체회의에서 내리거나, 공무원들이 다양한 종류의 지방정부 서비스를 내부적으로 어떤 구조적인 분업 없이 운영 또는 공급하는 것은 불가능한 일이며 바람직한 것도 아니다. 영국의 지방자치단체는 지방자치법 2000으로 정치적인 집행부가 도입되기 이전까지는 전통적으로 지방의회의원들을 구성원으로 하는 *위원회*(*committees*)와 전문성에 기초를 둔 *국*(*departments*)으로 조직이 편제되었다.

지방의회의원과 위원회

단어 연상테스트에서 '위원회(committee)'는 아마도 많은 사람들이 지방정부와 관련지어, 부정적인 경우가 더 많겠지만 그래도 가끔은 긍정적인 측면에서, 가장 먼저 떠올리는 생각일 것이다. 위원회 제도는 다기능 지방자치단체가 '상속받은 세계(inherited world)'를 규정했던 하나의 핵심적인 특징이다(Steward, 2000, ch. 4). 이를 통해 선출직 지방의회의원들이 정책결정을 비선출직 공무원들에게 모두 넘기지 않고 효과적으로 그리고 민주적으로 업무를 수행할 수 있었다. 위원회는 지방의회의원들의 지방적 지식과 해당 지방의 수요에 대한 그들의 정치적 평가가 지방공무원들의 전문 직업적 보좌와 한 데 어우러져 기대컨대, 민주적으로 책임 있고 실행 가능한 정책을 산출하는 지방의회의 워크숍이었다. 의견의 차이가 거기에서 철저히 검토되고 비록 문자 그대로 결정은 아니지만 정책이 *형성되는*(*shaped*) 곳이었다. 정책결정은 지방의회의원 전원이 참석하는 '의원전체회의(full council)'에서 결정되었다. 왜냐하면 위원회의 의원들은 물론이고 위원장조차도 실제로 결정을 *채택할*(*take*) 집행권한이 없었기 때문이다.

지방의회의 위원회는 선출직 지방의회의원들로 구성되고 그들 중에서 의장을 뽑았으며 지방공무원들로부터 보좌를 받았다. 교육 및 사회 서비스와 같은 일부 분야는, 그 책무를 부여받은 지방의회로서는, *법정*(*statutory*)의 의무였다. 그러나 대부분의 책무는 *재량*(*permissive*) 사항으로서 업무를 어떻게 처리하고 어떻게 배분할 것인지를 지방의회의원들이 스스로 결정할 수 있었다. 따라서 정확하게 동일한 책무를 부여받았다고 하더라도 위원회 및 소위원회의 구조는 지방의회마다 크게 다를 수 있다. 실제로 스코틀랜드와 웨일스의 한두 개 디스트릭트 의회는 모든 업무를 의원 전체회의에서 처리하고 위원회를 별도로 전혀 설치하지 않았다. 그러나 일반적인 경향은 정반대였다. 시간이 지나면서 지방의회별로 위원회 및 소위원회의 수와 그에 따른 각종 회의가 폭발적으로 증가하였다. 이에 따라 논의가 중복되고, 의사결정이 복잡해지고 지연되며, 그리고 일반적으로 시간이 너무 많이 걸린다는 인식이 확대되었고 이것이 최근의 개혁을 촉진했던 하나의 중요한 배경이 되었다.

그러나 위원회가 쉽게 비난의 과녁이 되어 왔기 때문에 개혁주의자들 중에서 일부는 급하게 '현대화(modernisation)'를 추진하는 과정에서 지방정부 전체 역사의 대부분에 걸쳐서 훌륭하게 기여해온 위원회 관행의 여러 가지 긍정적인 측면들을 과소평가했을 가능성이 있다. 위원회를 현대적으로 대체하기 위해서는 그 장점을 재창조하도록 노력해야 하고, 그렇지 못할 경우에는 소위 목욕물을 아이 째로 버리는 위험을 범하게 된다. 위원회를 통한 의사결정의 장점을 요약해 보면 다음과 같다.

- 지방의회의원들로 하여금 전문적인 정책 분야에서 전문적인 지식을 얻을 수 있도록 하여 보다 정통한 의사결정을 내리게 한다.
- 지방의회의원들이 공공 연설, 회의 주재, 그리고 잠재적인 리더로서 필요한 기타의 기술을 발전시킬 수 있도록 한다.
- 의사결정을 공적으로 심사할 수 있게 한다.
- 반대 진영의 지방의회의원들이 대안을 제시할 수 있게 한다.
- 특수 이익을 대표할 수 있게 한다.
- 공무원과 공공서비스 계약자들이 성과에 대한 책임을 지도록 공개토론의 장을 제공한다.

물론 이러한 긍정적인 특질 중에서 다수는 부정적인 측면을 동시에 가지고 있다. 지방의회의원들이 지나치게 전문화되어 판단력이 흐려지고, 그 결과 지방의회의 업무를 전체적으로 이해할 수 없게 될 수가 있다. 위원회의 회의 또한 주요 정책 이슈나 전략, 그리고 서비스 성과의 모니터링보다 세부 운영사항에 대한 논의에 치중되는 경우가 많다. 이와 함께 위원회가 과도하게 정당정치의 경향을 띠게 됨으로써, 다수당 의원들로서는 소속 당의 지도자들을 공개적으로 비판하는 것을 주저하게 되고 야당 의원들은 너무 소수여서 효과적으로 심사를 하기가 어려워지는, '평가조사 부족(scrutiny shortfall)'(Leach, 1999, p. 82)을 초래할 수 있다.

통합적 기관의 이미지를 보이고자 하는 다기능 지방자치단체로서 무엇보다 중요한 것은 서비스 기반 내지는 국 조직과 결부된 위원회들 사이에 '칸막이가 생겨(compartmentalised)' 조정이 어려워질 수 있다는 점이다. 바로 이 점 때문에 거의 대부분의 지방의회가 결국은 정책 및 자원(Policy and Resources)이라든지 재정 및 관리(Finance and Management) 또는 이와 유사한 이름을 가진 *중앙관리위원회*(*central management committee*)를 발전시켰다. 이 위원회는 일반적으로 해당 지방의회의 집행위원장이 의장을 맡고 경험이 가장 많은 의원들이 참여하는데 그 목적은 전문 분야별로 설치된 위원회의 업무를 서로 조정하고 전반적인 정책 리더십을 제공하는 것이다. 그러나 일부 비판론자들은 *직접 선출된*(*directly elected*) 개인 지도자가 없는 한 가장 통합적인 정책 리더십조차도 지역주민과 서비스 이용자 그리고 유권자들에게 깊은 인상을 줄 수 없다고 주장한다. 이것이 노동당 정부가 선출에 의한 집행수장형 시장(elected executive mayor) 제도를 제안했던 명분의 하나였다.

지방공무원, 국 및 부서

보완적이며 상호 작용을 하는 지방정부의 두 번째 세계는 지방의회의 직원, 특히 시청 또는 카운티 청사의 각 국에서 일하는 '화이트칼라(white-collar)' 공무원의 세계이다. 전통적으로 지방의회의 *국*(*departments*)은 편제는 물론이고 심지어 이름조차도 그들의 소관 위원회를 밀접하게 반영한다. 그래서 숫자가 상당히 많고, 일부 국은 교육, 주택, 사회서비스, 도서관처럼 주민들에게 직접 서비스를 제공하는가 하면 일부는 재무, 인사, 건축 및 디자인과 같이 다른 국을 대상으로 서비스를 제공하는 역할을 한다. 각 국은 해당 분야의 전문 직업인(professional)으로서 전문가 자격을 갖춘 수석행정관(chief officer) 내지 국장(director)이 이끈다.

현재는 이러한 '상호대응' 구조가 모두 사라졌다. 정책위원회는 대부분 폐지되었으며, 서비스 조직이 되기 위한 보다 전략적인 접근 방법이 발달하고 지방의회가 서비스의 직접적인 공급자보다는 '수권자(enablers)' 내지 '위탁자(commissioners)'로 변모하는 경향에 따라 국 편제가 알아보기 어려울 정도로 달라졌다. 먼저 용어가 변했는데 그 중에는 유용하고 상상력을 풍부하게 발휘한 이름도 있지만 때로는 그렇지 않은 경우도 있다. 인사가 인적자원관리로, 박물관과 때로는 동물원이 전통유산(Heritage)의 일부가 되고, 주택이 축조환경

(Built Environment)이 되는 경우도 또 아닌 경우도 있으며, 지역사회(Community) 국이 거의 공통적으로 설치되는 경향이 있다. 그리고 거의 대부분의 지방의회가 자신만의 독특한 관리구조를 원하는 듯이 보이고, 관련이 있는 몇 개의 국(departments)을 통합하여 부서(directorates)의 수를 대폭 줄이는 사례가 점점 많아지고 있다. 오늘날 전형적인 카운티 의회는 아마도 5개의 부서를 두고 있을 것이다. 그것은 집행수석실(Chief Executive's), 어린이서비스(Children's Services), 성인사회서비스(Adult Social Services), 교통·환경(Transport and Environment), 그리고 기관운영서비스(Corporate Services)로서 이들 각각의 부서는 종전에 독립적으로 운영되던 여러 개의 국을 포함한다. 예를 들어 교통 · 환경이 토목, 도로, 쓰레기관리, 환경보건 및 거래기준을 포함하는 식이다.

이들 부서의 장들에게는 때로는 집행 부수석(Deputy Chief Executives)의 직명이 주어지지만 집행/전략/기관운영 부서장(Executive/Strategic/Corporate Directors)이라고 부르는 경우가 보다 일반적이다. 이들 이름은 모두 같은 의미를 가지는 것으로 생각되며 기본적으로 *관리*(*managerial*) 기술과 경험을 토대로 임명된다. 이들은 각 부서 아래에서 다양한 서비스 분야를 이끄는 20여명 남짓 되는 *수석행정관들*(*Principal or Chief Officers*)과 마찬가지로 아마도 그들이 관장하는 정책의 한 분야에서 훈련을 받고 자격 요건을 취득했을 가능성이 가장 크다. 이것은 각 국의 하위 계층에서 채용되는 다수의 직원들에게도 마찬가지로 적용된다.

각 지방자치단체는 국 편제와 지방공무원의 임명에 있어서 상당한 재량권을 가진다. 실질적으로 이에 대한 유일한 제약은 가끔씩 볼 수 있는 입법으로서 관련 지방자치단체로 하여금 특정의 수석행정관 — 교육 수석행정관(Chief Education Officer), 소방 수석행정관(Chief Fire Officer), 사회서비스국장(Director of Social Services) — 을 의무적으로 임명하도록 규정한다. 가장 최근의 입법 사례는 어린이법 2004(Children Act 2004)로서 각 지방의회는 2008년까지 어린이를 위한 핵심적인 서비스를 통합하고 교육과 어린이사회서비스를 어린이서비스국장(Director of Children's Services) 관장 사무로 통일해야 한다. 그러나 이렇게 법률로써 특정의 자리를 정하는 것은 일반 원칙이 아니라 예외적인 사항이다.

부서장 및 수석행정관은 지방의회의 정책 집행에 대하여 전반적으로 책임을 진다. 그러나 그들이 비록 고도로 훈련되고, 전문직업적인 자격 요건을 갖추었으며, 또 어떤 기준에 비추어 보아도 보수 수준이 대단히 높은 것이 사실이지만 *지방의회*(*council*)의 직원 내지 '공복(servant)'일 뿐이라는 점에서는 갓 채용된 육체노동자와 다를 바가 없다. 지방공무원들은, 흔히들 공식적인 교육과 훈련 및 급여 수준이 그들보다 훨씬 낮은 지방의회의원들과 달리, 선출되지 않으며 그들의 역할은 지방의회의원들이 설정한 정책을 집행하고 그들의 합리적이고 합법적인 지시가 수행되도록 보장하는 데 있다. 앞의 마지막 두 번째 문장에서 강조한 내용을 유의하기 바란다. 정책이 공식적으로 지방의회의 전체회의에서 결정되던 전통적인 제도 아래에서는 지방공무원들의 책무는 자연히 *전체* 지방의회(*whole* council)에 대한 것이었지, 과반수 지배 여부를 막론하고 특정 정당에 대한 것이 아니었다. 우리는 이 장의 마지막 부분에서 오랜 기간에 걸쳐 소중하게 내려온 이러한 정치적 중립의 원칙과 통일된 지방공무원 구조가 집행부제 정부가 대두됨으로써 어떻게 도전을 받고 있는지 살펴볼 것이다.

우리는 이미 *집행수석*(*CE: Chief Executive*)의 직위에 대해서 언급하였다. 집행수석의 임명은 법정 의무가 아니며 일부 지방의회는 요사이 추측건대 그들의 기업형 문화를 강조하기 위하여 전무이사(MD: managing director) 또는 바러 이사(borough director)라는 직함을 더 선호한다. 한편 일부 지방의회는 1970년 이전의 시기를 상기시키듯이 '집행수석(chief executive)' 대신에 법률자문관 또는 기록관에서 격상된 명칭인 '타운 서기관(town clerk)'을 사용한다. 그러나 90퍼센트 이상은 집행수석이라는 이름을 선택하고 있으며, 타운 서기관이 남성의 전유물이었던 데 반해 현재는 여성이 집행수석의 1/5을 차지한다.

집행수석(CE)이 되었건 전무이사(MD)가 되었건 그 직위의 보유자는 당해 지방의회 및 각 국에 대해 전반적인 책임을 지는 최고위 행정관이며, 일반적으로 알려지고 있는 것처럼 '유급 직원들의 수장'이다. 한편 모든 지방의회는 지방정부 · 주택법 1989(Local Government and Housing Act 1989) 이후 추가된 의무의 하나로서 해당 의회가 법률의 테두리 내에서 운영되고 있는지를 점검하기 위해 '감시관(monitoring officer)'을 두도록 되어 있다. 이 역할 또한 보통은 집행수석이 수행한다. 집행수석은 일종의 지방공무원 팀의 리더이며, 일반적으로 대부분의 수석행정관을 포괄하는 국장 또는 수석행정관 관리팀을 주재한다. 각 지방자치단체마다 정밀한 패턴은 명백히 다르지만 거의 대부분의 경우에는 국간의 효과적인 접촉과 정책 조정을 보증하는 기제를 가지고 있다.

내부관리 개혁을 위한 초기의 접근방법

우리가 이 장을 시작하면서 언급했던 최근의 내부관리개혁은 모두 *집행부제 지방정부* 제도 및 절차의 발전에 관한 것이다. 내각(cabinets), 선출형 시장(elected mayors), 책임행정관(council managers), 평가조사위원회(overview and scrutiny committees) 등이 여기에 포함된다. 개혁의 모습은 거의 전적으로 지방정부법 2000(Local Government Act 2000)에 따라 결정되었는데 그 입법 자체는 1997년 노동당 정부가 생산한 일련의 정책협의예비문서(preliminary consultation papers)의 산물이다. 그러나 이것이 지방자치단체의 내부관리구조의 재편을 처음으로 시도한 것은 결코 아니다. 과거에도 아래에서 개관하는 정부 보고서 또는 조사연구를 통해서 정책자원위원회(policy and resources committees), 집행수석(chief executives), 관리팀(officers' management team) 등 '전통적' 체계의 여러 부분들이 발전되어 왔다.

모드(Maud) 1967 — 집행수석 채택, 관리위원회 폐기

존 모드 경(Sir John Maud) — 후일 레드클리프-모드 상원의원(Lord Redcliffe-Maud)이 됨 — 이 의장을 맡은 지방정부관리위원회(The Committee of the Management of Local Government)는 제 4 장에서 언급한 바 있는 구조개편에 관한 레드클리프-모드 왕립위원회(Redcliffe-Maud Royal Commission)의 역할을 동시에 수행했다. 이 위원회는 위원회 제도로 인해 지방의회의원들이 세부적인 일상적 관리에 지나치게 집착하고 넓은 범위의 정책 및 전략에는 충분한 관심을 기울이지 못하는 데 대한 비판이 있을 것임을 예견했었다. 그 처방은 급진적이었으며, 많은 사람들이 보기에 지나칠 정도로 실로 급진적인 것이었다.

모드(Maud)는 규모가 아주 작은 곳을 제외한 모든 지방자치단체에 광범한 권한을 위임받은 5~9명의 선임 지방의회의원으로 구성되는 *관리위원회(Management Board)*를 둘 것을 제안했다. 이와 동시에 각 지방자치단체는 위원회 및 국의 수를 획기적으로 줄이고, 논란의 여지가 없는 유급 직원들의 명백한 수장으로서 *집행수석(chief executive)*을 임명해야 한다. 집행수석은 전통적인 타운 서기관과는 달리 반드시 법률가일 필요가 없다.

대부분의 지방자치단체는 이 보고서에 대하여 본능적으로 적대적인 반응을 보였다. 그 내용이 엘리트주의적 제안으로 비춰졌을 뿐만 아니라 다수의 지방의회의원들은 최근의 집행부제 지방정부로의 이행과 꼭 마찬가지로 관리위원회에서 배제됨으로써 정책적 영향력이 거의 없는 2류 의원으로 전락할 것을 두려워했기 때문이다. 그럼에도 불구하고 모드(Maud)는 변화를 자극했다. 그래서 다수의 지방자치단체들이 위원회 체계를 정비했고 또 일부는 집행수석을 임명했다. 이러한 개혁과정은 1970년대 초반의 베인스보고서(Bains Report(England and Wales))와 패터슨보고서(Paterson Report(Scotland))에 의해 한층 고무되었다.

베인스(Bains) 1972, 패터슨(Paterson) 1973 — 기관통합관리의 당의를 입힌 옛날 과자

이 두 위원회는 잉글랜드와 웨일스에서는 지방정부법 1972, 스코틀랜드에서는 지방정부법 1973에 의해 새로 창설된 지방자치단체의 내부관리구조에 대하여 권고하기 위해 설치되었다. 이들 보고서는 모드 위원회와 비교해서 훨씬 더 호의적인 반응을 얻었다. 그 내용은 본질적으로 지방정부에 널리 퍼져 있는 전통적인 부서적(departmental) 태도를 보다 넓은 기관 통합적(corporate) 또는 기관전체적(authority-wide)인 시각으로 전환해야 한다는 것이었다. 논란이 있었던 모드(Maud)의 엘리트 관리위원회 아이디어는 갈 길을 찾지 못하고 방치되었다.

베인스/패터슨의 권고에 따라 거의 모든 신설 지방자치단체가 *집행수석*(*chief executives*)을 임명하고 *정책·자원위원회*(*policy and resources committee*) 및 *상급공직자관리팀*(*senior officer management team*)을 설치했다. 그리하여 다수 지방자치단체의 내부 구조에 커다란 변화가 있었다. 그러나 일상적인 업무 관행에 어떤 효과를 주었는지는 판단하기가 쉽지 않다. 조직도표를 새로 그리는 일은 상대적으로 쉽지만 조직이 실제 움직이는 방식에 맞춰 조직문화를 지속적으로 변화시키는 것은 훨씬 어렵다. 기관 통합적인 새로운 관리의 *형태*(*forms*)는 대두되었지만 뿌리 깊은 부서적 문화가 대부분의 지방자치단체를 계속 지배하는 가운데 베인스(Bains)의 집행수석이 강력하게 조정 역할을 수행하는 경우는 예외적인 사례에 불과했을 뿐이다.

위디콤(Widdicombe) 1986 — 정당정치에 대한 뒤늦은 인식

위디콤 위원회는 상당수에 달했던 노동당 지배하의 도시지역 지방자치단체들의 정책 및 선거운동에 대한 대처 정부의 걱정이 낳은 대응이었다. 이들 지방자치단체는 도시정부 좌파 내지 신도시 좌파(Municipal or New Urban Left), 또는 타블로이드 신문에서 알려진 것처럼 '극좌(loony left)'로 불린다. 당시에 런던 및 다른 몇몇 도시에서 주로 젊은 세대의 노동당 소속 지방의회의원들이 공직에 진출하여 경제개발, 주택, 교통 및 계획 등의 분야에서 지방의회를 급진적이고 간섭적인 새 정책의 실험장으로 이용하는 한편 중앙정부의 지출 삭감에 대항하여 해당 지역사회를 방어하였다.

모드와 베인스 및 패터슨 위원회는 주로 조직의 구조에 초점을 맞췄고 거기서 나온 관리적 처방은 선출직 의원들의 역할과 심지어는 그들의 존재 자체까지, 그리고 점차 첨예화되고 있던 이 나라 지방정부의 정당정치 측면을 무시했었다. 위디콤 위원회는 이 문제를 정면으로 제기했다. 지방정부에서 정당정치가 확산되고 있음을 인식하고 조사하는 한편, 그것이 가진 다수의 긍정적인 특성을 환영하였다. 후보경쟁이 있는 선거, 깨끗한 민주적 선택, 정책적 일관성, 그리고 직접적인 책임성의 향상이 그것이다. 이와 함께 위원회는 소수 정당과 개별 및 무소속 의원들의 지위를 보호하는 데도 관심을 기울였다.

위디콤의 권고에 따라 지방정부 · 주택법 1989(Local Government and Housing Act 1989)에 단일정당으로 구성되는 위원회 및 소위원회를 확실하게 금지하고 고위직 지방공무원들의 공적 정치활동을 완전히 봉쇄하는 규정을 포함시켰다. 전체적으로 위디콤 위원회의 영향은 과반의석을 확보하여 정치적 대안을 결정하고 집행하는 정당(majority party)의 권한에 심각하게 도전하지 않으면서도 여러 가지 견제와 균형 장치를 도입한 것이다. 그것은 지방자치단체에 관한 논의에 현실주의라는 신선한 바람을 불어넣었다. 그러나 과반의석을 확보한 정당이 지배하는 데 대한 타당성을 완전하게 인정하는 것은 새천년 및 신노동당 정부의 탄생을 기다려야 했다.

신노동당의 '현대화' 처방 — 별도의 집행부

1997년 5월 선출된 신노동당 정부는 1998년 일련의 정책협의문서(consultation papers)를 통해 지방정부에 대한 그들의 생각을 발표했다. 그 중에서 최초의 문서가 *지방정부 현대화(Mordenising Local Government): 지방민주주의와 지역사회 리더십(Local Democracy and Community Leadership(DETR, 1998b))*으로서 그 뒤 지방정부법 2000으로 발전되었다. 그러나 그것은 지금도 여전히 개혁에 대한 정부의 접근방법을 상기시켜 주는 유용한 자료이다. 신노동당의 주장에 따르면, 그들은 직전의 보수당 정부와 대조를 이루는 민주적 지방정부에 대한 자신들의 신념 및 헌신을 강조하고 싶어 했다. 그들은 또한 기존의 제도가 잠재적인 역량을 제대로 발휘하지 못하는 것도 함께 보았다.

> 지방선거의 투표율은 평균 40퍼센트 정도이고 때로는 이것보다 훨씬 낮다. 지방민주주의에 대한 무관심 풍조가 있다. 지방의회의원들이 열심히 일하고 헌신적이기는 하지만 본질적인 문제에 집중하기보다는 세세한 쟁점에 매달리는 위원회의 회의 때문에 때로는 비생산적으로 과부하가 걸리는 것이 명백하다. 지방의회의원들이 지역사회를 대신하여 강력한 목소리를 낼 수 있는 기회가 결여되어 있다(DETR, 1998b, para. 1.3).

정책협의문서 제 5 장은 '1세기도 더 전에, 지나간 시대를 위해 고안된' 제도의 단점을 비능률, 비밀성, 불투명성 그리고 책임성의 부족이라고 설명하였다.

- 지방의회의원들은 그들의 시간 중에서 너무나 작은 비중을 실제로 가장 중요한 역할이 되어야 할 지역사회의 대표 업무에 투입한다.
- 그들은 너무나 많은 시간을 비능률적으로 소모한다. 특히 실질적인 결정이 이루어지는 법이 없는 위원회의 회의를 위하여 그것을 준비하고, 참석을 위해 이동하고, 또 실제로 참석하는 데 소비한다. 그러나 대부분의 지방의회에서 의사결정은 오히려 일반 주민이나 야당의 눈길이 미치지 않

는 정당 교섭단체 회의에서 문을 걸어 잠근 채 이루어진다.

- 전통적인 위원회는 또한 지역사회 리더십과 책임성을 개발하고 구현하는 데 있어서도 취약하다. 위원회는 지방의회의원의 집행(정책결정)과 대표 역할을 혼동시킨다. 그리고 누가 실제로 결정을 했으며, 그래서 누구에게 책임을 추궁할 수 있는지가 분명하지 않다.

정책협의문서는 진보적 성향이 강한 여러 지방의회가 이미 위원회 구조를 재고해보고 일반주민들을 의사결정에 참여시키는 혁신적인 방안을 개발했다는 점을 인정했다. 그러나 훨씬 더 포괄적인 변화가 필요했다. 정부는 이 변화가 지방의회의원들의 역할을 집행과 대표로 *분리*(*separation*)하는 데 기반을 두어야 한다고 보았다. 이것은 모든 의원들이 적어도 공식적으로는 동등하다는 기존의 지배적인 문화에서 벗어난 것으로서 논쟁의 여지가 있었다. 이러한 역할 분담은 어디서 누구에 의해 결정이 내려지고, 그래서 책임을 질 사람이 누구인지를 훨씬 명확하게 해 줄 것이었다. 이와 함께 이들 결정에 대한 보다 엄정한 심사를 가능하게 할 것이었다. 실제로 역할 분담이 명확할수록 기대되는 효과도 그만큼 더 커지게 된다.

> 따라서 정부는 직접 선출된 시장이 이끄는 강력한 집행부 모델에 크게 경도되었다. 이 모델에서 시장은 뚜렷하게 부각된 인사일 것이며 … 지방의회 또는 소속 정당이 아니라 일반 유권자에 의해 선출되기 때문에 관심의 초점을 내부의 동료 의원들이 아닌 외부에 맞출 것이다. 시장은 일반 유권자들이 알아볼 수 있는 강력한 정치 및 지역사회 지도자일 것이다. 시장은 선거구민들에게 잘 알려져야 하고 이것이 지방정부에 대한 관심과 이해를 증진시키는 데 도움이 될 것이다(para. 5.14).

선택은 당신의 몫 — 세 개의 모델 제시

정책협의문서는 각 지방의회가 내각제, 집행위원장 제도, 직접 또는 간접 선출형 시장 등 다양한 관리장치들을 시험할 수 있도록 허용할 것임을 암시했다. 그러나 최종적인 입법에서는 범위가 압축되고 내용이 더욱 구체적으로 규정되었다. 지방정부법 2000은 잉글랜드와 웨일스의 모든 주요 지방자치단체들로 하여금 [도표 6.1]에 요약되어 있듯이 구체적으로 정해진 세 가지의 집행부 형태 중에서 하나를 선택하든지 정부각료들이 수용할 수 있는 어떤 대체적인 장치를 제안하도록 하였다.

이처럼 선택 대안의 제약과, 논란이 많은 직접 선출형 시장제에 대한 명백한 편향은 격렬한 반대를 불러 일으켰으며 이에 따라 정부는 국회 입법 과정에서 일부 양보를 하지 않을 수 없었다. 그 중의 하나는 약 1/3에 달하는 인구 85,000명 미만의 소규모 샤이어(shire) 디스트릭트에 관한 것으로서 해당 지역사회에서 지지를 받는 경우, 네 번째의 선택 대안으로서 '쇄신된(revamped)' 위원회 제도를 선택할 수 있도록 허용되었다. 잉글랜드와 웨일스의 다른 모든 지방자치단체는 세 가지 집행부 모델 중의 하나에 기초하여 새로운 구조에 관한 계획을 수립하고, 이를 제출해서 2001년 내에 각료의 승인을 받아 그것을 2002년 말까지 시행해야 했다.

스코틀랜드에는 현재 자체의 의회(Parliament)와 집행부(Executive)가 설치되어 있어서 독립적으로 결정을 내릴 수 있다. 그리고 이미 일부 적절한 권고가 포함된 매킨토시 위원회(McIntosh commission)의 보고서(McIntosh, 1999)가 나와 있었다. 매킨토시 위원회는 스코틀랜드의회(Scottish Parliament)가 스코틀랜드의 지방정부에 대하여 어떤 조치를 취할 수 있는지를 검토하기 위해 설치되었다. 가장 잘 알려진 권고는 지방선거에 있어서의 비례대표제였다. 이와 함께 위원회는 지방의회가 어떻게 업무 및 정치적 의사결정을 조직화할 것인지에 대해서도 살펴보았으며, 32개 지방의회가 각각 공개성과 책임성이라는 두 가지의 명시적인 기준에 입각하여 자체의 관리 제도를 검토할 것을 제안했다.

이에 따라 스코틀랜드 집행부(Scottish Executive)는, 잉글랜드 및 웨일스의 지방의회가 선택할 수 있는 대안으로서 규모가 아주 작은 곳을 제외하고는 단지 세 개의 모형만을 규정한 영국국회(Westminster Parliament)와 달리, 어떤 형태로든 '중앙 청사진'의 제시를 명시적으로 거부하고 '풍부한 다양성을 가진 서로 다른 모델'의 대두를 장려하는 방안을 선택했다. 그 결과 스코틀랜드에는 직접 선출된 시장(Provosts)이 전혀 없으며, 32개의 단일통합의회 중에서 5개만이 집행위원장/내각제(leader/cabinet) 모델을 선택하고 나머지는 정비된, 일부는 그렇게 썩 정비되지 않았지만, 위원회 체계를 택하고 있다.

[도표 6.1] 새로운 '별도 집행부제'의 정치적 관리 모델

전통적인 위원회 기반의 구조

지방의회의 의사결정이 지방공무원에게 위임될 수 있다. 그러나 개별 지방의회의원에게는 위임될 수 없다. 이것은 심지어 의회대표 또는 위원회 위원장에게도 마찬가지이다. 위임되지 않은 의사결정은 의원 전체회의 또는 지방의회의원으로 구성되는 위원회나 소위원회에서 이루어진다. 따라서 모든 지방의회의원이 법적으로 볼 때 의사결정과정의 일부이다.

지방정부법 2000(Local Government Act 2000)은 최초로 지방의회의 역할을 의사결정의 수립 및 *집행*(*making and execution*)과 그 결정에 대한 *평가조사*(*scrutiny*)로 명백하게 구별하도록 했다. 지방의회의 정책기본방침(policy framework)과 예산은 집행부의 제안에 따라 의회 전체회의에서 합의가 도출된다. 정책방침이 합의되면 집행부는 그것을 집행한다.

3가지(또는 그 이상)의 집행부 제도 형태

잉글랜드와 웨일스의 모든 지방의회는, 인구 85,000 미만의 샤이어(shire) 디스트릭트를 제외하고는, 당해 지역 주민들의 의견을 물어 구체적으로 정해져 있는 세 가지의 집행부 형태 가운데 하나를 선택하든지 정부각료들이 수용할 수 있는 대안을 제안해야 한다.

(1) **시장 및 내각제 집행부** — 전체 유권자가 직접 시장을 선출하고, 시장이 지방의회의원 2~9명으로 구성되는 집행부/내각(executive/cabinet)을 임명

(2) **집행위원장 및 내각제 집행부** — 의원 전체회의에서 선출되는 집행위원장(예: 일반적으로 다수당의 대표)과 집행위원장 또는 의회가 임명하는 2~9명의 지방의회의원

(3) **시장 및 책임행정관** — 전체 유권자가 직접 선출하는 시장이 개괄적인 정책방향을 제시하고 의회가 임명한 책임행정관(council manager)이 일상적 관리를 담당

(4) **대안적 제도** — 위에 제시된 집행부의 형태보다 해당 지방의회의 특수 여건에 더 적합한 것으로 관계 장관이 승인한 집행부 형태의 대안

소규모의 샤이어(shire) 디스트릭트에는 대안이 하나 더 추가로 부여됨

(5) **대안적 제도(별도의 집행부 불포함)** — 관계 장관의 승인에 따라 능률적이고 투명하고 책임 있는 방식으로 의사결정이 이루어지고, 수용될 수 있는 감독 및 심사기능을 갖춘 위원회 제도의 유지

시장을 두는 2개 대안(Mayoral options)은 유권자의 5퍼센트가 서명한 청원이나 관계 장관의 지침에 따라 해당 지방의회에서 전체 주민투표를 실시하여 승인을 받아야 도입될 수 있다.

평가조사위원회

집행부 제도를 운영하는 모든 지방의회는 집행부의 책임을 확보하기 위하여 비집행직 의원(비의회의원 영입 가능)으로 구성된 평가조사위원회를 설치해야 한다. 평가조사위원회는 지방의회 업무의 어떤 측면에 대해서도, 그리고 해당 지방자치단체의 구역 또는 주민에게 영향을 미치는 어떠한 사안에 대해서도 집행부 또는 해당 지방자치단체에 보고서를 제출하고 권고를 행할 수 있다.

시장제의 채택

비록 존 프레스코트(John Prescott) — 지방정부를 관장했던 부총리 겸 각료회의 위원 — 가 유보적인 입장을 가졌던 것으로 알려지기는 했지만 정부의 공식적 입장은 지방자치단체들이 선출형 시장제를 채택하도록 가능한 일이라면 무엇이든지 한다는 것이었다. 심지어는 정부에 크게 유리한 비중으로 집행부 제도의 세 가지 대안을 제시할 정도였는데, 그러나 그것은 우리가 나중에 살펴보듯이 결과적으로 패배를 자초한 일이었다. 일반 국민들은 — 그들이 한 번도 생각해본 적이 없었던 문제에 대해서 물어보는 여론조사의 결과를 가지고 판단하는 것이 가능하다면 — 원칙적으로 시장제를 광범하게 지지하는 것으로 보였다. 시장제는 또한 독립기관인 지방민주주의위원회(Commission for Local Democracy, 1995)의 핵심적인 권고 사항이었다. 이 위원회의 의장이었던 사이먼 젠킨스 경(Sir Simon Jenkins)은 특히 시장제의 열렬한 지지자였으며 블레어 총리에게 이 제도의 명분을 확신시켜 준 장본인으로 알려져 있다.

그러나 지방정부의 세계에서는 지지가 미미했고 반대는 격렬했다. 지방의회의원들은 비판적이었으며, 한편으로는 걱정스러워했다. 즉, 한 사람의 개인 손에 권력이 집중된다는 점에서 비판적이었고, 만약 자신들이 소수의 집행직 의원에 포함되지 않으면 정책결정과정에서 완전히 배제될 것이라는 점을 걱정했다. 집행위원장/내각 모델은 집행부와 비집행부가 분리되기는 하지만 지금까지 익숙해 있던 제도와 보다 유사하다는 점에서 훨씬 안전한 길이었다.

시장/책임행정관(mayor/council manager) 모델은 선출형 시장제를 기초로 하는데다, 책임행정관이 영국 지방정부에 또 다른 생소한 제도라는 점에서 이중의 장애를 가지고 있었다. 시 또는 카운티 책임행정관 제도는 미국에서 가장 일반적인 도시정부 형태의 하나로서, 특히 댈러스, 샌디에이고, 캔자스시티, 피닉스에서 채택하고 있다. 이 제도는 또한 형태는 다르지만 아일랜드와 뉴질랜드에서도 찾아볼 수 있다. 선출형 시장의 강력한 정치 및 정책 리더십을 의회에 의해 임명되어 일상적인 의사결정을 책임지는 전문직 행정관의 관리 전문성 및 경험과 분명하게 결합시키는 이 제도의 매력은 쉽게 이해할 수 있다. 그러나 다른 한편으로 지방의회의원들의 입장에서 볼 때 임명직 공무원에게 막대한 권력을 부여하는 것은 선출형 시장에게 권한을 주는 것보다 오히려 더 꺼리는 일이었다. 그래서 지금까지는 스토크-온-트렌트(Stoke-on-Trent)만이 유일하게 이 경로를 따랐을 뿐이다.

2000년 법률이 통과되자 잉글랜드와 웨일스의 모든 주요 지방자치단체는 지방 유권자들의 의견을 들어 특정된 세 개의 모델 중에서 하나를 선택해야 했다. 어떤 지방자치단체가 2개의 선출형 시장 모델 중에서 하나를 채택하려면 주민투표를 통해 해당 지역 주민들의 동의를 얻어야 했다. 또한 ① 지역 유권자의 5퍼센트 이상이 서명하여 선출형 시장제를 지지하는 청원을 하거나, ② 어떤 지방의회가 비시장형 모델 — 집행위원장/내각 모형 — 을 채택하는 것이 지역 주민들의 견해를 잘못 대표하는 결정이라고 관계 장관이 판단을 내리는 경우에도 해당 지방자치단체는 주민투표를 실시해야 했다. 지방의회는 의견수렴 과정에서 [도표 6.2]에서 보는 것처럼 3개의 모델에 대하여 각각의 장점과 단점을 균형 있게, 그리고 편향되지 않은 방식으로 설명하는 자료를 생산해야 했다.

바로 여기가 시장제 모델을 선택하도록 지방의회를 조정하려고 했던 정부각료들의 열망이 결과적으로 실패를 자초한 부분이다. 버밍햄과 브래드퍼드와 같이 만약 그들이 선출형 시장 모델을 선택했다면 다른 지역의 역할 모델이 될 수 있었던 거대 지방의회를 포함하여 여러 개의 지방의회에서 의견수렴에 응한 유권자의 과반수가 두 개의 시장제 모델 중에서 하나를 지지했음에도 불구하고 최다 득표를 한 대안은 오히려 과반수에는 미달되지만 집행위원장/내각 모델이었다. 따라서 그들은 이러한 선호조사의 결과를 관계 장관에게 보고했으며, 관계 장관은 지역 여론이 왜곡되었다는 것을 이유로 그 과정에 개입하여 주민투표를 실시하도록 지시할 수가 있었으나 결국은 그러한 도전을 사절하였다(Game, 2003, p. 20 — 기사 전문은 링크된 웹사이트 참조).

베뤼크-어폰-트위드(Berwick-upon-Tweed)가 유권자들의 청원에 따라 시장제 주민투표(총선일에 실시, 2001)를 실시한 최초의 지방자치단체였다. 그러나 정작 주민투표에서는 유권자들이 선출형 시장제에 단호하게 반대하였다. 그 이후 이러한 사례가 여러 차례 반복되었으며 단지 네 개의 지방의회(베드퍼드, 맨스필드, 스토크-온-트렌트와 2005년 토베이)만이 청원을 통해서 선출형 시장제도를 도입하였다. 적어도 일부 청원자들은 시장제를 갖기 위해서라기보다 발언권을

[도표 6.2] 세 가지 집행부 모델 — 장점과 단점

새 대안 1 — 간접 선출형 의회집행위원장 및 내각

당신은 이제 투표장에 가서 시의회의원을 선출한다. 선출된 시의원들은 다시 선임의 시의원을 몇 명 선정(나중에 그들의 실적이 만족스럽지 못하면 투표를 통해 배제)하여 내각을 구성하고 시의회의원 중 한 사람을 의회집행위원장으로 선출한다. 현재 서비스 분야별로 운영되고 있는 대부분의 위원회는 폐지된다. 집행위원장과 내각이 의회의 중요한 의사결정을 하고 그들이 내린 결정을 나머지 의회의원들이 심사하고 감시한다. 각각의 집행/내각직 위원은 분야별로, 예를 들어 교육, 주택 또는 사회서비스 등과 같은 지방의회 서비스의 운영 책임을 맡고 해당 서비스에 관하여 주민들과 다른 지방의회의원들에게 책임을 진다.

이 제도를 좋아하는 사람들의 의견: 집행/내각직 위원들이 지방에서 잘 알려진 인사들일 것이기 때문에 의사결정이 신속해지고 책임성이 향상된다. 권한의 행사에 있어서 중요한 요소인 견제와 균형이 유지된다. 내각에 포함되지 않는 지방의회의원들은 그들의 선거구를 대표할 수 있는 시간을 보다 많이 갖게 된다.

이 제도를 좋아하지 않는 사람들의 의견: 이것은 임시변통에 불과하며 제도 개혁의 수요를 충족시키는 충분한 변화를 이끌어 낼 수 없다. 시민들로부터 더 많은 관심과 더 많은 참여를 확보하지 못한다. 시장제와 같이 의사결정이 신속하게 이루어지지 않는다.

새 대안 2 — 직접 선출형 시장과 내각

이 새로운 제도는 지방의회 위원회를 대부분 폐지하고 그들이 보유했던 대부분의 권한을 4년마다 전체 유권자들이 직접 선출하는 시장의 손에 넘긴다. 시장은 소수의 지방의회의원으로 내각을 임명하고 각자 주요 서비스 분야를 관장하게 한다. 나머지 지방의회의원들은 시장과 내각의 결정을 조사하고 그들의 지역구를 대표하는 역할을 수행한다.

이 제도를 좋아하는 사람들의 의견: 지명도가 높은 시장이 지방의회에 대한 공공의 관심을 회복시킨다. 의사결정이 한층 더 신속하고 책임 있게 이루어진다.

이 제도를 좋아하지 않는 사람들의 의견: 4년 동안 퇴출시킬 수 없는 시장의 손에 너무 많은 권한이 집중된다. 다른 지방의회의원들에게는 강력한 의사결정권이 아무것도 없다. 참여하는 사람들이 매우 소수이기 때문에 의사결정의 책임성이 약화될 수 있다. 시민들의 관심과 참여가 높아진다는 어떠한 보장도 없다.

새 대안 3 — 직접 선출형 시장 및 의회 책임행정관

새 대안 2에서와 같이 시장이 주민들에 의해 직접 선출된다. 그러나 이 모델에서는 일상적인 차원에서 서비스를 운영하도록 지방의회가 책임행정관을 임명한다. 경우에 따라서는 의회가 책임행정관 아래의 부서별 수석행정관도 임명할 수 있다.

이 제도를 좋아하는 사람들의 의견: 대안 2의 장점을 가지면서 내각이 없기 때문에 의사결정이 한층 더 신속하게 이루어질 수 있다. 오로지 두 사람만이 정책결정 책임을 갖기 때문에 일반 주민들은 누가 책임을 져야 하는지를 더욱 쉽게 알 수 있다.

이 제도를 좋아하지 않는 사람들의 의견: 오직 두 사람, 그 중에서 한 사람은 선출조차 되지 않고, 두 사람 모두 지방의회의원들에게 직접 책임을 지지 않는 사람들에게 너무 많은 권한을 부여한다. 이 제도는 반민주적이며 권력에 대한 견제와 균형이 거의 없다. 너무나 많은 의사결정이 공개된 내각 회의보다 장막 뒤에서 이루어진다.

갖겠다는 생각에서 서명을 하는 것처럼 보인다. 이렇게 청원으로 시작되는 주민투표는 [도표 6.3]에서 볼 수 있듯이 소수 중의 소수였다. 각료들의 입장에서는 참으로 실망스럽게도 선출형 시장제에 관한 주민투표는 첫 단계에서 단지 30회—열세 개 지방자치단체에 하나 꼴—실시되는데 그쳤으며 그 중에서 11개만이 제도의 도입에 찬성하였다. 여기에는 3개의 단일통합의회(하틀리풀, 미들즈브로, 스토크-온-트렌트), 2개의 광역도시권 바러(돈카스터, 노스타인사이드), 3개의 런던바러(해크니, 루이셤, 뉴햄), 그리고 3개의 디스트릭트(베드퍼드, 맨스필드, 왓퍼드)가 포함되어 있는데 이들 모두가 중요하고 규모가 크기는 하지만 대도시 의회들이 그들의 선도를 따라야 한다는 강박관념을 가질 정도는 아닌 것 같다. 나머지 절대 다수의 지방의회(316개, 81퍼센트)는 집행위원장/내각제를 선택했고, 69개 의회(15퍼센트)는 '소규모 의회'에 대한 양보안으로 제시된 '대안적 제도'를 취했다([도표 6.1] 참조).

2002년 5월과 10월 영국의 제 1 세대 집행수장형 시장을 뽑는 역사적인 선거가 실시되어 몇 가지 주목할 만한 결과와 흥미를 끄는 승자들을 탄생시켰으며([도표 6.4] 참조), 전세계적으로 미디어의 관심을 촉발했다. 11개의 선거대결에서 5개는 다양한 성격의 무소속이 승리를 거두었다. 켄 리빙스톤(Ken Livingstone)까지 고려하면 고도로 정당 정치화된 영국의 지방정부 체계에서 선출형 시장의 절반이 정착된 기존 정당의 모든 후보자를 *패퇴시키고* (*defeating*) 당선됐다는 것을 의미한다. 불과 6개월 전만 하더라도 여러분들은 도박업자들(bookmakers)로부터 그러한 결과가 일어날 확률이 거의 없다고 들었을 것이다. 2년 전의 런던에서와 마찬가지로 이 대학살에서 가장 큰 피해를 입은 정당은 노동당이었다. 미들즈브로(Middlesbrough)에서는 노동당 후보가 대중적 인기를 가진 전직 경찰관 레이 말론(Ray Mallon)에게 패했다. 노스 타인사이드(North Tyneside)에서는 당시 노동당이 28년 동안 의회를 지배하고 있었으나 유권자들이 보수당 시장을 선출하였다. 왓퍼드(Watford)에서는 의회 집행위원장이 학교 교사였던 자민당 소속의 도로시 쏜힐(Dorothy Thornhill)에게 패했다. 스토크 온 트렌트(Stoke-on-Trent)에서는 시장 선거를 있게 만든 청원 조직자 마이크 울프(Mike Wolfe)가 당선되어 영국에서 최초로 공개적인 게이 시장이 되었다. 동요 '누가 크고 나쁜 늑대를 두려워하랴(Who's Afraid of Big Bad Wolf?)'가 당시 그의 선거운동 슬로건을 웃음거리로 만들었다. 노동당, 특

[도표 6.3] 시장제 채택에 관한 주민투표, 2001~06

	2001	2002	2003	2004	2005/06	TOTAL
합계	**16**	**14**	**0**	**1**	**2**	**33**
발의방법						
지방의회 자율발의	15	7	–	–	–	22
청원	1	6	–	1	2	10
정부각료 지시	–	1	–	–	–	1
결과						
찬성	6	5	–	–	1	12
반대	10	9	–	1	1	21
최고투표율	64* 베뤼크-어폰-트위드	42 웨스트데본	–	36 세리디젼 (웨일스)	35 크루위 앤 난위치	
최저투표율	36 노스타인사이드					
	10 선더랜드	11 서더크			32 토베이	
찬성율 최고	84 미들즈브로	68 뉴햄		–	55 토베이	
반대율 최고	74 베뤼크-어폰-트위드	77 웨스트데본		73 세리디젼	61 크루위 앤 난위치	

출처: 저자들 독자 생산.

주: * 베뤼크-어폰-트위드에서 예외적으로 투표율이 높은 것은 총선과 같은 날 실시되었기 때문에 나타난 현상임.
시장제 주민투표에 대한 상세한 자료는 선거위원회(Electoral Commission) 웹 사이트에서 'Referendum' 참조.

[도표 6.4] 큰 업적을 이룬 네 명의 선출형 시장

지방의회 **시장** *시장 소속 정당;* *지배 정당*	**시장 약력**
돈카스터 *광역도시권바러* **마틴 윈터** **(Martin Winter)** *노동당;* *노동당(다수당,* *과반수 미달)* 2005년 무소속 후보에 8,400표 차이로 재선	왕년 프로 럭비리그 선수, 프리랜서 조각가, 경영컨설턴트. 지출 및 계획에 관련된 부정으로 21명의 지방의회의원이 구속되는 등 영국에서 가장 부패한 것으로 소문난 지방의회에서 1999년 당선됨. 2000년에는 '신형 청소기(new broom)' 의 회집행위원장으로서, 2002년 이후는 시장으로서 '브랜드 쇄신(rebranding)' 및 지역 경제회생을 선도함. 현재는 새 국제공항, 경마장 재개발, '돈카스터 교육 도시' 및 새 대학교가 자랑거리임. 하나의 소망이 있다면, '나한테 교통, 경찰 및 기타의 공공서비스 관장 권한을 달라 — 나는 전체 돈카스터의 시장으로 당선되었다고 믿고 있다'임.
하틀리풀 *바러 의회* *(단일통합의회)* **스튜어트** **드러먼드** **(Stuart Drummond)** *무소속;* *노동당지배(2006)* 2005년 노동당 후보에 8,700표 차이로 재선	전직 지역 콜 센터의 신용감독관. 2002년 '웃음을 선사하기 위해' 타운 축구클럽의 마스코트인 행거스 더 몽키(H'Angus the Monkey)로 출마하여 당선됨. 그의 승리는 그가 실패하기를 즐겁게 기다리던 전통적인 정당 정치인들에 대한 궁극적인 거부로 여겨짐. 그는 즐겁게 해 주기를 거부하여 원숭이 복장을 집어던지고, 미국식의 토크쇼 모습을 줄이고, 정당 구분을 넘어서 내각을 구성하고, 빨리 배우고, 타운의 지역사회안전파트너십의 의장직을 맡고, 매달 특정 지역사회를 선정해서 거리청소와 반사회적 행동의 일제단속에서 건강검진 및 건강식세미나(바나나만 먹지 않기!)에 이르기까지 집중적인 조치를 취하는 정화사업(Operation Clean Sweep)을 시작하였음. 리빙스톤과 함께 2005 세계의 시장(World Mayor) 수상 최종 후보로 선정되었음.

히 패배한 후보 조지 스티븐슨(George Stevenson)은 그 지역 출신 국회의원 중의 한 사람이었다.

그리고 압권은 하틀리풀(Hartlepool)이었다. 여기서는 세계의 미디어와 방방곡곡의 만화가를 즐겁게 해주는 일이 일어났다. 그들은 원숭이, 그것보다는

미들즈브로 *(단일통합의회)* **레이 말론** **(Ray Mallon)** *무소속;* *노동당지배(2006)* 2007년 재선	런던 지역 이외의 시장 중에서 지명도가 가장 높음. 19세에 경찰에 투신하여 클리블랜드 형사국장까지 올랐으며 영국에서 큰 논쟁을 불러일으킨 '무관용 치안(zero tolerance policing)', 즉 '로보캅(Robocop)'의 설계자임. 영국 수상폴로 팀의 주장으로 활약함. 2002년 직선 시장제에 대해 가장 호의적인 도시에서 1차 투표 결과 최고 득표(63%)로 당선됨. 노동당 주도이기는 하지만 각 정당을 포괄하는 내각을 구성. 신속하게 '희망높이기(Raising Hope)' 시책을 발진시켰으며 첫해에 범죄를 18% 낮췄다고 주장. 도시의 구조적 재정비 및 사업친화적 기업문화의 창발을 통해 미들즈브로를 새 두바이로 바꾸겠다는 비전을 가지고 있음. '다른 종류의 사막에서 또 다른 사막의 개발임'
왓퍼드 *디스트릭트 바러* **도로시 쏜힐** **(Dorothy Thornhill)** *자민당;* *자민당(2006)* 2006년 7,000표 차이로 보수당 후보를 누르고 당선	여성 및 자민당으로서 최초의 선출형 시장이며 소속 정당인 자민당과 마찬가지로 선출형 시장제에 원칙적으로 반대했었음. 전직 하퍼드셔에서 가장 큰 중학교의 교감이었으며, 드라마 코로네이션 스트리트(Coronation Street)의 열성 팬. 지방의회의원 10년, 1998/99년도 시장(의전) 봉직. 2002년 전통적으로 노동당의 아성에서 노동당 후보를 물리치고 시장에 당선됨. 만족하지 못한 회교도 노동당 지지자를 비롯하여 유권자들이 사상 최초로 자민당을 과반의석 확보 정당으로 만들어 주어 일하기가 편하게 되었음. 카운티 내에서 지방정부세를 최저 수준으로 유지하면서 디스트릭트의 재정 및 서비스 기록을 향상시킨 데 대해, 그리고 문전 리사이클링 제도(doorstep recycling)를 도입한 데 대해 자부심을 갖고 있음.

오히려 하틀리풀 축구클럽의 마스코트 '행거스 더 몽키(H'Angus the Monkey)' 내지는 다른 이름으로 스튜어트 드러먼드(Stuart Drummond)를 선출했다. 그는 '행거스에게 한 표를 — 그는 관심을 기울일 줄 아는 다른 종류의 사람이다(he gives a monkey's)'를 슬로건으로 완전히 원숭이 차림새를 하고 유세를 했다.

선거가 준 메시지는 강렬하기 짝이 없었다. 유권자들은 변화를 원했다. 그들이 보기에 너무나 오랫동안 그들의 지방의회를 운영해 오면서 — 그 운영이 훌륭했든 아니든 상관없이 — 확립된 기득권을 향유해온 지방 정치계를 필두로 거의 전면적인 변화를 원했다. 당선된 몇몇의 노동당 후보들 — 부패가 만연했던 돈카스터(Doncaster)의 마틴 윈터(Martin Winter), 재정운영 실패로 인해 중앙정부로부터 인수의 위협을 받았던 해크니(Hackney)의 줄스 파이프(Jules Pipe) — 조차도 '통합자(consolidators)'로서보다는 '변화의 대리인(change agent)'이 될 것이라는 희망 속에서 선출되었다. 그러나 그 강력한 메시지에 꼭 상응하는 정도로 민주적인 힘은 실리지 않았다. 이들 2002년 선거에서 평균적으로 거의 7명의 후보자가 출마했음에도 불구하고 투표율은 40퍼센트를 약간 상회한 노스 타인사이드(North Tyneside)와 미들즈브로(Middlesbrough)로부터 19퍼센트의 맨스필드(Mansfield)까지 분포되어 있었다. 이것은 레이 말론(Ray Mallon) 혼자서 *잠재적* 유권자의 1/4을 대표한다고 주장할 수 있는 반면에 스토크(Stoke)의 마이크 울프(Mike Wolfe)는 총 유권자의 7퍼센트에도 미치지 못하는 득표로 당선되었다는 것을 의미한다(Game, 2003, pp. 25 ~ 26). 따라서 전반적으로 볼 때 노동당이 주창한 집행부제 지방정부라는 현대화된 세계의 선출형 시장 요소는 이 제도에 대한 가장 확고한 지지자조차도 인정했듯이 '불길한 출발(an inauspicious lunch)'을 하였다(Stoker, 2004b, p. 6). 기획 의도는 정책 기함(policy flagship)이었으나 결과는 직접 관계되는 사람을 제외한 모든 사람들에게 적당한 오락을 제공하는 유람선(pleasure boat)이 되었던 것이다.

이들 제 1 세대 선출형 시장들은 2005년과 2006년에 재선을 맞이했다. 2005년 5월 노동당 후보였던 존 해리슨(John Harrison)과 마크 메레디스(Mark Meredith)는 보수당으로부터 노스 타인사이드를, 그리고 무소속의 마이크 울프로부터 스토크-온-트렌트를 각각 쟁취하였다. 마틴 윈터는 돈카스터에서 재선에 성공했고, 하틀리풀에서는 이제는 옷을 제대로 차려입은 스튜어트 드러먼드가 각양각색의 후보들을 모두 물리치고 두 번째로 괄목할 만한 승리를 이루어 냈다. 이번 지방선거도 총선일과 겹쳐서 투표율이 매우 높았다. 그러나 다수의 투표자들은 당시 시장 선거에서 적용되었던 보충투표제도(Supplementary Vote system — 제11장 참조)가 국회의원 선거와 달리 그들이 원하면 제 2 의 선호를 표시할 수 있다는 점을 아직도 인식하지 못하는 것으로 나타났다. 2006

년 5월에는 현직 시장 4명이 모두 재선되었다. 해크니의 줄스 파이프(Jules Pipe), 루이셤의 스티브 발로크(Steve Bullock), 뉴햄의 로빈 웨일스(Robin Wales)는 노동당, 그리고 왓퍼드의 도로시 쏜힐(Dorothy Thornhill)은 자민당이었다.

이들 선출형 시장들은 숫자는 적지만, 전부는 아니더라도 대부분은 해당 지방의회의 구역에서 의심할 여지없이 '중요한 차이를 만들어냈다.' 그들은 전임의 어떤 의회대표(council leaders)보다 훨씬 더 잘 알려져 있었으며, 해당 지방의회의 인지도를 높였고, 더러는 그들이 처한 정치적 상황의 변화를 촉발하기도 했었다. 그러한 사례는 대부분의 경우 일련의 개인적 정책 제안 및 선거운동과 관련되어 있다. 따라서 직접 선출형 시장제의 아이디어는 사라지지 않을 것임이 거의 확실하다. 실제로 우리는 이미 새로운 세대로 접어든 첫 사례를 가지고 있다. 2005년 10월 토베이(Torbay)에서 청원으로 발의된 주민투표가 성공함에 따라, 이 지역 보수당의 부동산 중개인 니콜라스 바이(Nicholas Bye)가 자민당의 경쟁자와 다른 11명의 무소속 및 기타 후보들을 물리치고 토베이 시장(Mayor of Torbay)에 당선된 것이다.

보수당 소속의 시장이 선출된 것이 [노동당] 정부를 고무했다고 생각하는 것은 아마도 기이한 일일 것이다. 그러나 정부 각료들은 선출형 시장이 많을수록 지방정부에 '좋은 일'이라는 믿음을 결코 버리지 않고 있다. 부총리실(ODPM)은 일련의 토론문서(discussion documents)의 하나로서 지방정부 10년의 비전을 제시한 *활기찬 지역 리더십*(*Vibrant Local Leadership*)에서 선출형 시장제에 대한 지지를 되풀이했으며, 지역 유권자의 5퍼센트가 서명한 청원을 시장제 도입을 위한 주민투표 실시의 요건으로 삼는 것은 '불필요하게 번잡스러운' 일일 수 있다고 주장했다(p. 14). 토론문서는 계속해서 '정부는 국민들이 지역 리더십으로서 직접 선출형 시장제도를 원하는지에 대해 그들의 견해를 보다 효과적으로 표명할 수 있는 방법을 탐색하는 데 관심을 가지고 있다'고 서술하고 있다. 노동당의 2005년 총선 정책선언, *영국 전진, 후퇴는 없음*(*Britain Forward Not Back*)은 이러한 생각을 반영해서 '우리는 또한 새 세대의 시장들이 필요로 하는 권한에 관해서 시의회들과 협의할 것이다'라고 덧붙이고 있다(p. 107).

집행위원장 및 내각

우리는 시장제가 흥미를 돋우는 하나의 오락 내지는 곁가지로 판명되었다는 것을 설명했다. 일반 주민과 지역 미디어 모두에게 일종의 오락성 곁가지가 된 시장제의 본체를 알려면 2000년의 입법이 선출형 시장제의 도입에 대하여 심각하게 고려해본 적이 전혀 없는 대다수의 지방자치단체를 포함해서 잉글랜드와 웨일스의 모든 지방자치단체에 어떠한 변화를 초래했는지 인식해야 한다. 정부 개혁의 근본적인 목적은 집행부 기반의 정책결정체제를 도입하고 지방의회의원들을 집행직과 비집행직으로 구분하는 것이었다([도표 6.1] 참조). 그들은 더 이상 양 쪽에 모두 포함될 수 없다. 따라서 대부분의 지방의회가 채택한 의회집행위원장/내각제 체제는 시장제와 마찬가지로 지방의회의원과 지방공무원들 모두에게 근본적인 역할 변화를 의미하는 것이었다.

이제 모든 지방자치단체는, 예외가 인정되는 '소규모 디스트릭트'를 제외하고는, 평균 9명으로 구성되는 매우 작은 규모의 내각 또는 집행부를 둔다. 집행부의 구성원은 각각 특정의 정책분야를 관장하며 개인적으로 그리고 집합적으로 해당 지방자치단체의 정책결정자가 된다. 그들은 의회 전체회의에서 승인된 정책 및 예산의 기본방침 아래에서 지방자치단체를 운영하지만, 개별 의사결정에 대한 책임의 소재를 명확하게 확인할 수 있다는 점에서 종전의 위원회 제도와 차이가 있다. 그 이유는 특히 모든 지방의회가 장래의사결정계획(forward plan) 내지는 향후 의사결정목록을 대개는 자신들의 웹사이트를 통해서 공표해야 하기 때문이다. 이를 통해 핵심적인 의사결정사항을 사전에 고지하고 결정의 시간과 소관 집행직 의원 및 집행부에서 이미 내린 유사한 결정의 목록을 제시해야 한다. 이러한 사항들은 지방의회들이 새 천년에 접어들어 직면한 변화를 웅변적으로 대변해 주는 지표이며 이들 변화를 통해 투명성과 책임성의 향상을 이루어 내었는지 측정할 수 있는 명백한 지표이기도 하다.

물론 시장/내각제와 의회집행위원장/내각제 모델 사이에는 하나의 본질적인 차이가 있다. 의회집행위원장은 동료 지방의회의원들 — 기본적으로는 같은 당 소속의 지방의회의원 — 에 의해 선출 및 해임되기 때문에 그들의 지지를 반드시 확보해야 한다. 반면에 시장은 지방의회의원만으로는 해임되지 않으며, 그들에게 필요한 것은 유권자들의 지지이다. 이러한 차이점을 제외하면 의회집행위원장/내각제 모델은 그야말로 하나의 모델로서 지방의회별로 각각의 여건에 맞게 매우 다른 방식으로 적용될 수 있다. 하나의 중요한 차이는 의회집행위원장에게 허용되는 개인적인 권한의 정도인데, 그것은 지방의회의 자치헌법 — 2000년의 입법이 부과한 또 하나의 의무 — 및 정당의 내부 규칙을 통해 결정된다. 초기의 지표를 보면 1/3 정도의 지방의회는 의회집행위원장이 스스로 집행/내각직 의원을 선정하고 그 중에서 관장 업무까지 배정하는 경우는 절반이 약간 넘는다(Gains et al., 2004, p. 5). 특히 노동당 소속의 집행위원장들이 개인적 권한에 크게 제한을 받았는데, 어떻게 토니 블레어(Tony Blair)가 그러한 제약을 부과하는 결정을 내렸는지 의아해 할 수도 있을 것이다. 그러나 영국 국회(Westminster)와 마찬가지로 내각은 업무수행 형태를 서로 다르게 발전시켜 나간다. 그래서 일부는 집행위원장 주도(leader-dominated)라고 설명할 수 있고, 다른 일부는 대체적으로 하나의 집합적인 팀으로 운영되기도 하며, 또 일부는 업무를 관장하는 개별적인 집행직 의원에게 상당한 정도의 자율성을 주기도 한다(Stoker et al., 2004, ch. 2).

레스터셔 카운티 의회(Leicestershire County Council)는 의회집행위원장/내각제를 채택한 하나의 사례이다([도표 6.5] 및 [그림 6.1] 참조). 레스터셔의 2000년 후기 새 헌법은 의회의 기능 수행 방식을 예전보다 훨씬 알기 쉽게 약술하고 있다. 레스터셔는 그렇게 특별하지 않은 집행위원장/내각 체제를 취하고 있다. 각각의 집행/내각직 위원에게 권한을 거의 위임하지 않고, 구역위원회(area committee)도 없으며, 내각지원위원(cabinet support members)과 평가조사위원회(Scrutiny Committee) 모두 '레스터셔 문화'에 순응하려고 하고 있다. 그렇지만 이것 또한 집행부 기반의 새로운 제도가 어떻게 운영되는지에 대한 유용한 통찰력을 제공한다. 특히 [그림 6.1]은 다른 지방의회의 정치관리 구조와 그들의 웹 사이트를 통해서 비교할 수 있다. 그리고 독자들은 '현대화 이전'의 위원회 구조(Wilson and Game, 1988, p. 72 및 링크된 웹사이트의 도표), 즉 지금은 모두 없어졌지만 정책자원위원회(Policy and Resources Committee)와 6개의 주요 서비스 위원회, 그리고 열거하기도 어려운 무수한 소위원회와 실무그룹을 둔 구

[도표 6.5] 레스터셔 카운티 의회의 집행위원장/내각 제도

카운티의회 전체회의(총 55석)

- 집합적으로 의회의 궁극적인 정책결정기관
- 의회 *헌법*(또는 헌장, *Constitution*)을 채택, 변경할 수 있는 유일한 기관
- 일련의 주요 계획과 예산을 포괄하는 의회의 *정책기본방침*(*Policy Framework*)을 승인
- 정책기본방침 또는 예산을 벗어난 내각의 제안을 승인 또는 거부
- 집행부/내각의 활동에 관한 평가조사위원회의 보고서 접수

의회 집행부의 역할

- *위임된 권한*(*delegated powers*)에 따라 주로 10명의 위원으로 구성되는 내각 대행 및 수석행정관들(Cabinet acting and chief officers)을 통해 역할을 수행
- *집행부*(*Executive*)는 의회집행위원장 — 의회에서 선출되며 일반적으로 최대 정당의 대표 — 과 *내각*(*Cabinet*)으로 구성됨. 의회가 승인한 정책기본방침과 예산의 집행에 필요한 보다 중요한 집행적 결정을 담당
- 집행/내각직 의원(cabinet members)은 특정 분야의 서비스에 있어서 *선도 역할*(*lead roles*)을 하고, 전체회의를 통해 위임된 경우 그에 따라 개별적인 권한을 행사
- 의회는 특정의 집행/내각직 의원의 직무를 지원하기 위해 내각지원위원을 임명할 수 있음. 그러나 내각지원위원은 내각에 포함되지 않음.
- 내각은 정책기본방침 또는 예산과 중요한 차이가 있는 제안은 모두 의회전체회의에 회부
- 집행적 의사결정이 이루어지는 집행부의 모든 회의는 공개적으로 개최

의회의 평가 및 조사 역할

- *평가조사위원회*(*Scrutiny Commission*)가 지도 및 조정. 평가조사위원회는 *비집행직*(*non-executive*) 의원으로 구성되고 최대 야당의 대표가 의장을 맡으며 정치적으로 균형을 맞춘 위원회임.
- 5개의 상임 *평가조사위원회*(*Overview and Scrutiny Committees*)가 카운티 의회의 기능 — 교육, 지역사회서비스, 사회적 보호, 고속도로 · 교통 · 쓰레기 관리, 자원 — 을 분장하며, 역시 비집행직 의원만으로 구성되고, 정책 개발, 평가 및 조사 기능을 담당
- 집행부 및 부서장들이 내린 의사결정을 평가 및 조사하고, 내각직 의원 및 부서장들에게 특정의 의사결정, 쟁점 및 제안에 대한 견해와 일반적인 업무성과에 관해 질의할 수 있으며, 정책 이슈와 선택 가능한 대안을 조사연구하고 심도 있게 분석할 수 있고, 구역내 타 공공기관과 연결고리 역할을 수행함과 동시에 그들의 업무성과를 조사할 수 있음.

[도표 6.5] 계속

- 평가조사위원회(Scrutiny Commission)는 또한 특정의 평가를 수행하기 위해 5인 위원으로 구성되는 임시적인 소규모 *평가패널*(*review panels*)을 임명할 수 있음.
- 또한 상임의 보건평가조사위원회(Health Overview and Scrutiny Committee)를 설치하여 지역 내의 4개 1차진료기관연합(Primary Care Trusts)에 대한 심사를 담당케 하고 레스터 시(Leicester City) 및 러틀랜드 카운티(Rutland County) 의회와 보건서비스의 광역적 측면을 담당하는 공동위원회를 설치 운영

의회의 규제 역할

- 계획, 보건 및 안전, 면허 등에 관한 규제는 개발관리·규제위원회(Development Control and Regulatory Board)가 수행
- 규제 기능을 수행하는 기타의 기관
  - 기준위원회(Standards Committee)는 최소 2명의 지방의회의원과 의회로부터 독립적인 한 명의 투표위원으로 구성되며 모든 지방의회의원들과 지방공무원들의 행위기준을 감시
  - 고용위원회(Employment Committee)는 서비스 조건에 관한 쟁점을 취급
  - 헌법위원회(Constitution Committee)는 헌법적 이슈, 선거 및 의원수당에 관하여 의회를 보좌
  - 기관운영위원회(Corporate Governance Committee)는 의회의 기관운영규정(Code of Corporate Governance)의 운영을 높은 수준으로 향상 및 유지

개별 지방의회의원들의 대표 역할

- 당해 의원이 대표하는 지역사회의 일반복지(well-being)를 보장하기 위해 노력
- 선거구의 견해, 걱정 및 고충에 대한 관련기관의 관심을 촉구
- 의회의 정책과 업무성과에 대한 감독 및 심사에 기여
- 지방자치단체 전반에 관한 정책 및 지역 주도 시책의 개발

조와도 대비할 수 있을 것이다. 영국 지방정부의 역사적 맥락에서 볼 때 과거와 그 정도의 규모의 단절은 직접 선출형 시장제를 채택하지 않더라도 거의 혁명적인 변화라고 평가할 수 있다.

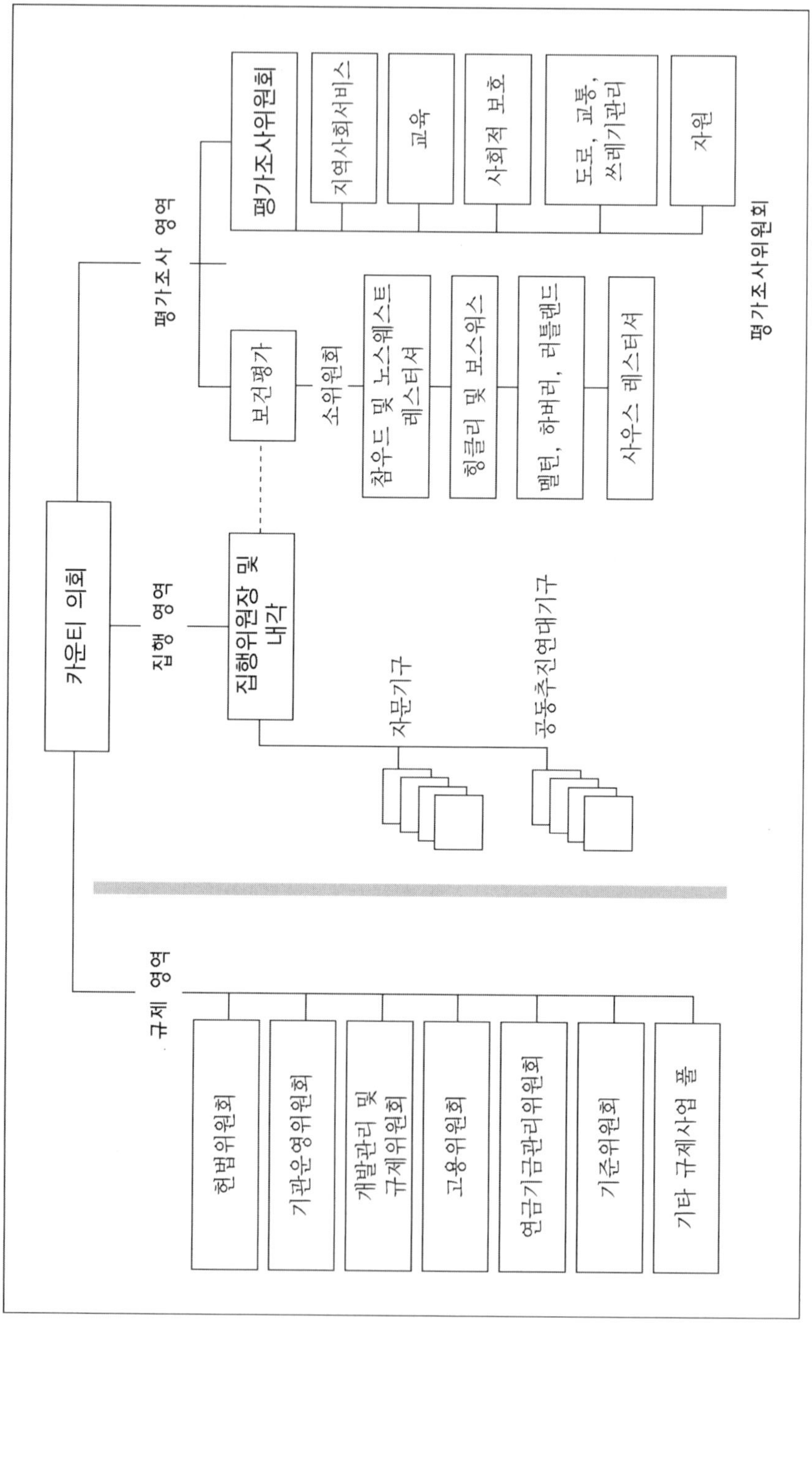

[그림 6.1] 레스터셔 카운티 의회의 집행위원장/내각형 집행제 구조

평가 및 조사

집행부 기반의 정책결정에는 필수적으로 집행부와 비집행부라는 두 가지 유형의 집단이 관여한다. 지방정부법 2000에 포함되어 있는 평가조사(O&S: overview and scrutiny) 규정은 집행부의 책임을 확보하기 위한 것으로서 집행부제 모델의 선택 자체에 못지않게 중요한 의미를 갖는다. 일부 논자들은 여기서 한 걸음 더 나아가기도 한다.

> 평가 및 조사는 지방정부 현대화의 전 과정에서 가장 흥미롭고 강력한 요소이다. 그것은 지방의회의원들을 정책결정의 핵심에 두고 그리고 … 지방의회의원들을 강력하고 영향력 있는 정치인으로 만드는 기제이다(Snape et al., 2002, Executive Summary).

그것은 적어도 이론적으로 그렇다는 뜻이다. 그러나 실제로는, 그리고 초기에는 확실히, 이론과 달랐다. 이것은 분명히 지방의회 및 지방의회의원들로 하여금 효과적으로 임무를 수행할 수 있게 하기 위한 현대화 정책 패키지를 구현하는 데 있어서 가장 어려운 부분이었다. 그것은 평가 및 조사가 [도표 6.6]에서 보는 바와 같이 위원회를 통한 의사결정에 오랫동안 익숙해 있던 사람들에게는 완전히 새로운 사고이자 운영방식이었기 때문에 별로 놀랄 일이 아니다. 비집행직 지방의회의원들은 그들이 더 이상 정책 *결정자* (policy *maker*)가 아니라고 하는 것을 정책과정에서 완전히 배제된 것으로 생각하는 경향이 있었다. 그러나 잠재적으로는 그 반대였다. 다수의 지방의회의원들은 정책을 *형성*(*shaping*)하거나 정책효과를 평가하는 데 있어서 위원회 제도 아래에서보다 더 큰 영향력을 가질 수 있었다. 만약 일부 지방자치단체에서 평가조사위원회(O&S)가 '잡담장소(talking shop)'에 불과하여 비집행직 의회의원들이 실제적인 의사결정고리에서 배제되는 것처럼 보이는 사례가 있다고 하더라도 그것을 다른 지방자치단체로 확대하여 일반화할 수는 없다.

그렇다고 해서 평가조사위원회(O&S)가 일반적으로 그들의 주창자들이 예견했던 것처럼, 특히 의사결정자들의 책임을 확보하는 측면에서, 영향력이 있

[도표 6.6] 평가 및 조사 — 의미 및 수행 방법

집행부에 포함되지 않은 지방의회의원들의 핵심적인 역할

평가 및 조사(O&S)가 비집행직 지방의회의원들의 유일한 역할은 아니다. 그 이외에도 그들은 의회 전체회의의 구성원이며, 아마도 정당 교섭단체 등 정치적 집단의 일원일 것이며, 다양하게 설치되어 있는 규제, 청원, 지역위원회와 외부 기관의 위원으로도 활동할 수 있다. 그러나 효과적인 평가 및 조사(O&S)야말로 집행부 및 다른 의사결정자들의 책임을 확보하는 데 없어서는 안 될 견제 및 균형의 핵심적인 요소이다.

원래는 '평가' 및 '조사'가 아니었다!

원래는 그냥 '조사(Scrutiny)'로 사용될 예정이었다. 그러나 이렇게 용어가 수정됨으로써 그 기능이 확장되었을 뿐 아니라 변화되기도 했다. 두 부분은 구별되어야 하며 서로 상이한 기법과 과정을 내포하고 있다.

조사 — 비판적인 친구

집행부의 책임을 확보하기 위한 것으로서 그 방법은 다음과 같다.

- 의사결정이 내려지거나 집행되기 *이전(before)*의 조사 — 이상적으로는 집행부와 협의를 통해서, 그리고 필요하다면 집행부로 하여금 당해 의사결정을 다시 심의토록 하는 '재의요구(call-in)' 권한을 통해 추진
- 의사결정이 집행된 *이후(after)*의 심사

조사의 목적은 집행부의 '비판적 친구(critical friend)'가 되는 것이지만 결코 쉬운 역할이 아니다. 너무 적대적이면 집행부 위원들이 협조를 꺼려할 것이고, 너무 편안하게 대하면 제도적 목적 자체가 손상된다.

평가 — 무엇이든지 가능하다

모든 종류의 활동이 여기에 포함될 수 있으며, 대표적인 사항은 다음과 같다.

- *정책개발 및 평가(policy development and review)* — 지방의회의원(또는 지방공무원)들에게 가장 매력적인 추가 기능의 하나로서 여러 가지 형태를 띨 수 있음. 정책개발에 대한 기여, 정책 집행과 결과 및 의도하는 성과를 달성하고 있는지에 관한 검토, 그리고 광범한 정책 분야에 걸친 대국적 관점에서의 평가의 수행 등이 여기에 포함됨.
- *외부 심사(external scrutiny)* — 외부 지역사회 기관들의 업무에 대한 심사. 보건서비스기관, 대중교통기관, 공익서비스 공급기관, 경찰, 소방구급서비스 등

고 강력하게 되기 위해서 넘어야 할 진정한 장애가 없다고 부정하는 것은 아니다. 평가조사 역할([도표 6.6] 참조)을 수행하기가 특별히 어려운 이유는 의심할 여지없이, 지배적이고 고착화된 지방 차원의 정당제도 때문이다. 지방의회의원들이 공개된 상황에서 그것도 정치적 반대파들 앞에서 소속 정당의 고

- *성과관리 및 평가(performance management and review)* — 지방의회의 성과를 전체적인 정책 우선순위 및 목표에 비추어 측정하고 최고가치(Best Value) 요건이 충족되도록 보장

평가 및 조사 담당 조직

평가 및 조사에 관한 법령과 정부 지침이 거의 모두 매우 부정확하고 신축적이다. 그것은 지방의회 자체가 어떻게 편제되어야 할 것인지에 대해서도 마찬가지이다. 다음과 같은 모델들이 있다.

- 여러 개의 평가조사위원회(O&S committees or panels)와 함께 전체 위원회를 포괄하는 회의체 — 예: 조사관리위원회(Scrutiny Management Board), 조사위원회(Scrutiny Commission)를 둘 수도, 두지 않을 수도 있음.
- 평가 및 조사 업무를 함께 수행하는 단일의 상임 조사위원회(Scrutiny Committee)로서 하원의 특별위원회(Select Committee)와 유사
- 평가 및 조사 역할을 구분하여 별도의 조직 구조를 채택 — 예: 하나의 조사위원회와 다양한 정책평가 패널(policy review panels)로 구성

평가 및 조사 위원들이 할 수 있는 일

무슨 일이든지 할 수 있으며, 가능하면 전통적인 위원회와 다른 방식으로 행동하는 것을 선호한다.

- 집행직 의원 및 공무원 면담, 교차 조사
- 업무 담당 공무원 면담
- 문서의 행정적 평가 및 지시
- 현장 방문
- 전문가 증인, 서비스 사용자, 일반 시민 면담
- 외부 조사연구 지시
- 협력 조직, 사용자 단체, 외부 기관의 대표자 영입
- 타 지방자치단체 및 조직의 방문
- 사용자 단체와 워크숍 구성
- 공공회의 개최
- 보도자료 배포, 언론 홍보 실시
- 가장 고객(mystery shoppers)으로서 지방의회의 서비스를 시험
- 지방의회에서 공적으로 논의하기 위한 보고서를 의회의원이 지휘하여 생산하거나 직접 집필

위직 의원들에 대한 비판을 꺼리는 것은 충분히 이해할 수 있다. 그것은 개인적 본능에 배치될 뿐 아니라 아마도 정당 규칙에도 어긋날 것이다.

그것 이외에도 평가조사위원회(O&S)가 본연의 역할을 수행할 수 있도록 공무원들로부터 적정한 지원이 제공되는지 여부도 문제이다. 다수의 지방의회

는 당초 평가조사위원회가 집행부의 정책을 효과적으로 조사 및 질의할 수 있기 위해서 집행직 의원들이 활용하는 것과 유사한 수준의 지원이 필요하다는 것을 쉽게 이해하지 않았다. 현재 평가조사위원회(O&S)를 위해 평가조사지원과(Scrutiny Support Unit)의 형태로 전담 조직을 통한 *전문가(specialist)* 지원을 제공하고 있는 지방의회는 극히 일부에 불과하다. 더러는 지방의회의 각 부서 공무원들이 한편으로는 평가조사위원회(O&S)를, 그리고 다른 한편으로는 집행내각을 지원하는 *통합(integrated)* 지원의 형태를 시도하고 있다. 두 개의 방식은 각각 나름대로의 장단점을 가지고 있다. 한 가지 부정할 수 없는 사실은 적어도 일부 지방의회에서는 아직도 *최소한도의(minimal)* 지원을 제공하는 데 그치고 있다는 점이다.

두 개의 모자를 쓴 지방공무원?

평가조사위원회에 대한 지방공무원들의 지원을 언급하면서 우리는 매우 중요하지만 지나쳐버리기 십상인 문제를 하나 강조할 필요가 있다. 즉 지금까지는 주로 지방의회의원들의 입장에서 이러한 정치적 관리의 변화가 그들에게 미치는 영향에 대해서 논의해 왔지만, 그것은 지방공무원들에게도 마찬가지로 심대한 영향을 미친다는 점이다. 별도의 시장과 내각 집행부를 가진 지방정부는 중앙정부와 더욱 유사해졌다. 중앙에서는 고위직 국가공무원들의 가장 중요한 임무가 그들 각료에 대한 것이지 전체 국회에 대한 것이라든지 모든 정당에 똑같은 것이 아니다. 그러나 지방정부의 공직자들은 현재 두 가지의 역할을 함께 수행할 것이 기대되고 있다. 실제로 두 개의 모자를 쓰고 있는 것이다. 그들은 잠재적인 역할 갈등에도 불구하고 집행직 의원과 비집행직 의원 모두에게, 그리고 정책결정 과정 및 거기에 대해 비판적인 평가조사과정에 동시에 봉사해야 한다.

별도의 집행부의 창설은 지방공직자들이 전체 의회에 봉사해야 한다는 원칙에 대한 실제적인 도전이 되었다. 일부 지방자치단체에서는 지방공직자들과 소관 업무를 관장하는 집행직 의원의 사이가 '중앙부처의 각료와 국가공무원 사이와 유사한 관계'를 형성하는 경향이 있다(Gains, 2004, p. 97). 스튜어트

(Stewart, 2003, pp. 88 ~ 89)가 지적하고 있듯이 "만약 국회 모델에서 구조를 따왔다고 한다면, 국가공무원들이 전체 국회에 대해 지는 이상으로 지방공무원들이 전체 의회에 대하여 책임을 지지 않는다고 생각하게 되더라도 이상할 것이 없다."

시장제를 채택한 지방자치단체, 그 중에서도 특히 시장이 과반수 의석을 확보한 정당에서 나오지 않은 곳, 예를 들어 하틀리풀(Hartlepool), 노스 타인사이드(North Tyneside), 베드퍼드(Bedford), 맨스필드(Mansfield) 등이 가장 큰 변혁을 맞았다. '개인적 차원에서 선출직 시장에게 부여된 정치적 정당성이 해당 지방자치단체 내에 있는 모든 행위자들 사이의 관계를 바꿔버렸고 분명한 것은 지방공무원들에 대한 명확한 지휘계통을 만들어냈다는 것이다'(Gains, 2004, p. 98). 이와 대조적으로 인구 규모 85,000명 이하로서 '대안적 제도'를 채택한 지방자치단체에서는 공무원이 전체 의회를 위해 봉사해야 한다는 전통적 상식에 대한 도전이 훨씬 적다.

제 7 장
변화하는 기능들

지방정부의 역할 변화

제 5 장과 제 6 장에서 우리는 영국 지방정부의 구조를 개관했다. 우리가 선출하는 지방의회의원과 지방의회 그리고 그들을 보좌하고 그들의 정책을 집행하는 지방공무원이 영국의 시, 타운, 카운티 및 디스트릭트 '정부(the government)'를 구성한다. 그것은 각료 및 국가공무원들이 이 나라의 정부를 구성하는 것과 마찬가지다. 그러나 하나의 근본적인 차이는 역사적으로 중앙정부는, 전반적으로 볼 때, 대규모의 서비스 공급자가 아니었다는 점이다. 노동연금부(Department for Work and Pension) 및 치안부(Home Office)와 같은 분명한 예외가 있기는 하지만 정부각료들과 화이트홀(Whitehall)에 둥지를 틀고 있는 중앙정부의 각 부처들은 일반적으로 *서비스가 아니라*(*not services*) *정책*(*policy*)을 생산한다. 그들은 법률을 통해서 시민들에게 어떤 서비스를 제공할 것인지, 누가 그것을 제공할 것인지, 그리고 그 재원은 어떻게 조달할 것인지를 결정한다. 서비스의 공급 자체는 주로 다른 주체가 담당하는데 20세기를 통틀어 지방 서비스의 최대 공급자는 역시 지방의회였다.

이 상황은 지금도 변함이 없지만 우리가 제 2 장에서 이미 보았듯이 그 역할은, 스토커(Stoker)의 해설서 제목을 빌리면 결정적으로 '변형(transformed)'돼 왔고 현재도 변형중이며 아마도 영구적으로 변형될 것으로 보인다.

> 선출된 지방정부가 주도하는 체제를, 광범한 범위의 기관 및 주체들이 지방정치와 서비스의 전달에 관여하는 지방 거버넌스, 즉 공동협력통치 체제로 바꾸려는 결정적인 시도가 계속되고 있다. 선출에 의해 구성되는 지방자치단체는 지방공동협력통치라는 일련의 새로운 기관사슬에서 가장 취약한 연결고리(weakest link)로서 결국은 퇴출을 요구받거나, 아니면 지방 차원의 관리 및 민주주의 과정의 복잡한 상황을 헤쳐 나가야 하는 도전을 실천하는 선도조직으로서 새로운 역할을 발견할 수 있을 것이다(Stoker, 2004a, p. 3).

지방의회는 일부 책무를 완전히 상실했다. 그리고 남은 것들도 거의 예외 없이 민간부문과의 경쟁에 노출되어 있다. 우리는 일부 정부 각료들과 평론가들이 서비스의 직접적인 공급보다는 권한의 *위탁*(*commissioning*)을 지방정부의 *가장* 핵심적인 미래 역할(*the* key future role)로 보고 있음에 주목한 바 있다. 이미 지방의회들은 때로는 선택적으로, 때로는 선택의 여지없이 해당 지역에 소재한 광범한 범위의 다른 서비스 공급 기관들과 협력하고 있다. 이것이 스토커(Stoker)가 말하는 '일군의 새로운 지방공동협력통치 기관'이며 오늘날 이들 기관은 그 자체만으로도 한 개의 장을 따로 할애해서 다룰 만한 가치가 있다. 그러나 먼저 — 그리고 우리는 그 순서가 중요하다고 느끼는데 — 지방 차원에서 서비스의 공급이, 과거에 비해 훨씬 복잡하고 분산되어 있으며 그것이 꼭 직접적인 고용 및 조직의 내부관리를 통해 공급될 필요는 없지만, 여전히 지방자치단체의 주요 역할로 남아 있다는 점을 반드시 적시할 필요가 있다고 생각한다.

그래도 여전히 큰 사업

진부하기는 하지만, 그럼에도 불구하고 분명한 사실은 영국의 지방정부가 최근의 제약적인 여러 입법, 다른 기관으로의 서비스 이관, 재산의 매각, 강요된 경쟁 등 모든 어려운 상황에도 불구하고 아직도 대단히 큰 사업이라는 점이다. 하나의 추정에 따르면 지방의회는 자체적으로 또는 파트너십을 통해 700개 이상의 서로 다른 기능을 수행하고 있다(LGA, 2005a). 영국의 경우 지방의회는 400여 개의 직업에 250만 명이 훨씬 넘는 인력을 고용하고 있으며 2005/06년도에 136십억 파운드를 지출했다. 이것은 정부지출의 1/4이 넘고 국내총생산(GDP)의 10퍼센트에 해당되는 금액이다(Treasury, 2005). 지방자치단체를 지출규모를 기준으로 나열해 본다면 거의 100개 정도는 영국의 500대 기업과 어깨를 나란히 할 것이다. 켄트 카운티 의회(Kent County Council)의 인구 130만 명은 유엔가입국 전체의 1/4에 해당되는 나라보다 많고, 1.9십억 파운드에 달하는 예산 규모는 유엔가입국 총수의 1/3에 해당되는 나라를 능가한다.

켄트와 같은 카운티 의회는 광역도시권 디스트릭트와 런던 바러 및 큰 규모의 단일통합의회와 함께 최대의 지방정부 '사업체'이다. [도표 7.1]에서 볼 수 있듯이 이들 지방자치단체들은 관할 지역에서 공급되는 지방의회 서비스의 대부분을 관장하고 있으며, 특히 교육 및 사회서비스와 같이 가장 노동집약적이고 지출 규모가 큰 서비스는 최소한 이들의 몫이다.

잉글랜드의 비광역도시권에서는 카운티와 디스트릭트의 구분을 이해하는 것이 중요하다. 이들의 관계는 계서적인 것이 아니다. 비록 제 4 장과 제 5 장에서 우리가 제시한 조직도표에는 카운티(counties)와 과거 스코틀랜드의 광역권역(regions)이 디스트릭트(districts)의 상위에 표시되어 있지만 이들 두 계층의 지위는 동등한 것으로 보아야 한다. 각 계층의 지방자치단체는 상대적으로 보다 광역적으로 또는 보다 국지적인 규모로 제공하는 것이 더 적절하다고 느끼는 서비스를 각각 관장한다. 그러나 그 구분은 균형이 심하게 파괴되어 있어서 어떤 디스트릭트 구역을 한정해서 보더라도 대개는 카운티가 제공하는 서비스의 비용이 디스트릭트 서비스의 4~5배에 달한다.

단일통합 자치단체(unitary authorities)는 카운티와 디스트릭트로 지방자치단체가 구분되지 않은 잉글랜드의 지역에서 원칙적으로 모든 종류의 서비스를 관장한다. [도표 7.1]은 일부러 단순화시켜 부분적으로만 나타냈지만, 실제로는 제 5 장에서 보았듯이 서비스의 공급에 관여하는 통합행정청과 통합위원회의 복잡한 네트워크가 있다. 이들 기관은 해당 기관을 구성하는 각각의 지방의회가 지명하는 지방의회의원들로 구성된다.

이와 함께 오늘날에는 지역의 공동협력통치에 관여하는 수많은 '지방공공지출기관들(local public spending bodies)'이 있는데, 그 중에서 직접 선출되는 기관은 아무것도 없으며, 선출적인 요소가 전혀 없는 경우도 많다. 그 숫자조

[도표 7.1] 누가 무엇을 하는가? 영국 지방자치단체 유형별 주요 서비스 책무

	광역도시/런던				샤이어/단일통합의회		
	광역도시 디스트릭트	통합행정청 통합위원회	런던바러	광역 런던시	카운티 의회	디스트릭트 의회	단일통합 의회
교육							
학교, 청소년서비스, 성인교육, 5세 미만 포함	*		*		*		*
주택							
레노베이션, 재개발, 노숙자 포함	*		*			*	*
사회서비스							
시설 및 지역사회 보호 포함	*		*		*		*
도로							
교통규제, 도로안전, 노상주차 포함	*		*	*	*	*	*
대중교통		*		*	*		*
전략/구조 계획	*		*	*			*
지역계획/개발규제	*		*			*	*
소방 및 구조							
도로사고, 안전검사 및 인가		*		*	*		*
도서관	*		*		*		*
박물관/미술관	*		*		*	*	*
레저/레크리에이션							
예술, 레저센터, 운동장, 공원 포함	*		*			*	*
쓰레기 수거	*		*			*	*
쓰레기 처리	*	*	*	*	*		*
소비자보호	*		*	*	*		*
환경보건							
식품안전, 오염통제, 아젠다21 포함	*		*	*		*	*
지방정부세 징수	*		*			*	*

주의사항: 이 표는 일반적인 관행을 보여주기 위해 제시되었다. 우리는 복잡성을 덜기 위해 일부러 세밀하고 기술적인 각주를 생략하였다. 독자의 지역에서 어떤 특정의 서비스가 어떻게 공급되는지 자세히 알고 싶으면 관할 지방자치단체의 웹사이트를 참조하기 바란다.

차도 정확하게 셀 수 없지만 이들 지방공공지출기관 또한 대단히 큰 사업체로서 어느 지역을 놓고 보더라도 이들이 선출되는 지방의회 총지출의 약 3배를 지방서비스 공급에 투입한다(Ayres and Pearce, 2002 등 참조). 이에 따라 지방정부 서비스의 관리 및 공급 방식이 크게 변화되었으며, 그래서 제 8 장에서 이들 기관들을 별도로 다룰 것이다. 그렇지만, 우리는 먼저 이 장의 나머지 부분에서 지방정부 자체의 서비스에 대해서 살펴본다.

서비스의 분류 — 영국의 특징

우리는 영국의 지방정부가 유럽의 다른 국가들에 비해 헌법적 토대가 매우 취약하고, 행동의 반경과 자유 또한 중앙정부의 정책으로 인해 최근 들어 크게 축소되고 있음을 보았다. 그러나 이에 못지않게 중요한 사실은 영국의 지방자치단체가 아직도 유별나게 크고 다변적인 조직으로서 예산 및 고용 규모가 클 뿐만 아니라 문자 그대로 수백 가지의 서로 다른 서비스를 관장하고 있다는 점이다.

제12장([도표 12.3])에서 더욱 자세히 보겠지만 영국의 지방자치단체는 실제로 유럽의 다른 어느 나라에 비해서도 그 규모가 크다. 여기서 크다는 것은 인구를 기준으로 말하는 것이지 반드시 서비스의 제공 범위를 지칭하는 것은 아니다. 따라서 복잡하게 생각할 것 없이 서로 다르다고 이해하는 것이 좋다. 예를 들어 영국의 지방자치단체는 병원 및 예방적 보건 서비스를 직접 관장하지 않는다는 점에서 예외적이다. 물론 이들 서비스는 완전히 별개의 기관인 국립보건서비스청(NHS)이 제공한다. 이러한 사례는 아일랜드, 그리스, 포르투갈 등 유럽연합(EU)의 몇몇 소규모 국가에서만 찾아볼 수 있다(John, 2001, p. 36). 그리고 영국은 대부분의 사회보조수당을 유럽의 보편적인 관행과는 달리 지방의회가 아니라 노동연금부(DWP)가 관리한다.

유럽 대륙의 대부분의 국가와 비교해서 보건 및 사회서비스가 제도적으로 덜 통합된 분야라고 한다면 교육제도는 아마도 통합의 정도가 상대적으로 강한 분야라고 할 수 있을 것이다. 교육은 지금까지 영국 지방정부의 지출에서 단연 가장 큰 손이었다. 그것은 전통적으로 지방교육청(LEA)으로 알려져 있는 지방의 교육관리기관이 학교 건립과 교사 채용에서부터 교과서와 연필의 공급에 이르기까지 사실상 거의 대부분의 교육 서비스를 제공해 왔기 때문이다. 남부 및 중부 유럽에서는 대부분의 지방자치단체가 학교부지와 건물을 제공 및 관리하지만 교사 채용은 중앙정부가 담당하는 경우가 많다. 그리고 초등과 중등, 적어도 고등학교 교육은 서로 다른 계층의 지방자치단체에 분장되어 있는 경우가 많다. 미국과 캐나다에서는 다수의 학교가 선출된 특별자치단체에 의해 운영된다.

영국에 있어서 또 다른 예외는 '공익서비스(public utilities)'의 공급이다. 거의 대부분의 유럽 국가들은 지방자치단체가 공익서비스, 즉 수도, 전기, 가스 중에서 하나 이상의 서비스의 공급을 관장한다. 이들 공익서비스는 1940년대에 국유화되었다가 1980년대에 다시 민영화되기 이전에는 모두 지방정부의 서비스였다. 이에 반해 영국의 경찰은 역사적으로, 그리고 현재도 최소한 이 글을 쓰고 있는 이 시점까지는 다른 나라들에 비해서 훨씬 지역화되어 있다. 스칸디나비아 제국과 네덜란드, 호주 및 뉴질랜드에서는 경찰은 지방의 기능

[도표 7.2] 지방서비스의 유형 구분

1. 필수 서비스(Needs services) — 교육, 개인적 사회서비스, 주택수당 등
   소득수준(means)에 관계없이 모든 사람을 대상으로 서비스가 제공되며, 따라서 해당 지역사회 내의 자원재배분에 기여한다.
2. 보호 서비스(Protective services) — 경찰 및 지역사회 안전, 소방 및 구조, 비상사태 계획 등
   국민 안전을 위해 국가적 가이드라인에 따라 서비스가 공급된다. 이들 서비스는 이용에 제한을 가할 수 없으며, 어떤 한 사람이 사용했다고 해서 다른 사람의 이용에 영향을 미치지 않는다.
3. 편의 서비스(Amenity services) — 도로, 거리청소, 계획, 공원 및 공한지, 환경보건, 쓰레기 처리, 소비자보호, 경제개발 등
   각 지역사회의 수요를 충족시키기 위해 주로 지방적으로 결정된 수준에 맞추어 서비스가 제공된다.
4. 시설 서비스(Facility services) — 주택, 도서관, 박물관, 미술관, 레크리에이션센터, 쓰레기 수거, 공동묘지, 화장장 등
   주민들의 희망에 따라 제공되는 서비스로서 때로는 민간 부문과 공급 경쟁을 한다.

이 아니다. 반면에 영국에서는 경찰행정청(police authority)이 1995년 독립된 이후에도 위원의 과반수가 지방의회의원으로 구성된다.

이러한 국가별 차이는 우리가 주요 지방정부 서비스를 간략하게 다루고 있기 때문에 기억해둘 만하다. 일부 편의적인 측면을 고려하여 우리는 [도표 7.2]에 요약되어 있는 것처럼 지방서비스를 4개의 유형으로 구분할 것이다. 그것은 '필수 서비스(need services)'부터 살펴본다는 의미인데, 이 분야는 복지국가의 주요 공급자로서 지방의회의 역할을 반영하여 영국 지방정부 총 지출의 절반이 넘는다. 다른 나라에서는, 예를 들어, '편의 서비스(amenity services)'가 훨씬 두드러진 특징이 되기도 한다.

필수 서비스 — 소득수준과 관계없는, 우리 모두에 대한 서비스

교육 — 지방교육청의 역할 감소

교육은 물론 의무교육만을 의미하는 것이 아니라 유아기 개발, 유아원 서비스 공급, 청소년 및 지역사회 교육, 성인 및 기술직업 교육 등 포괄하는 범위가 훨씬 넓다. 그러나 학교에 대한 책무야말로 지방자치단체에 교육부서가 존재해야 하는 이유이며, 오랜 세월에 걸쳐 도전과 함께 변형을 강요받고 있기도 하다.

영국의 현대적 학제는 교육법 1944(Education Act 1944)를 토대로 하는데 이 법률은 우리가 이 장의 첫 문단에서 서술했던 기능적인 구분을 정확하게 규정하고 있다. 즉 중앙정부는 입법을 하고 국가정책의 기본방침을 정한다. 5세부터 15세까지(후에 16세로 연장) 무상의무교육 실시, 모든 지방교육청(LEA)에 교육 부서장 내지 교육 수석행정관(chief education officer) 임명, 자원/교회 학교(voluntary/church school)에 대한 '지원적(aided)' 또는 '통제적(controlled)' 지위 부여, 학교 우유 무상 공급 등이 그 내용이다. 그러나 직원의 채용과 학교의 운영과 같은 서비스의 실제적인 집행은 지방자치단체의 수중에 있다. 그래서 관할 학교를 어떻게 조직할 것인지는 이들 지방교육청(LEAs)이 스스로 결정했다. 즉, 학생을 선발할 것인지 아닌지, 의무교육 학제를 초등/중등(primary/ secondary)으로 구분할 것인지 아니면 초/중/고(first/middle/junior high)로 구분할 것인지, 그리고 진학계 인문학교(grammar schools)로 할 것인지 종합예비대학(sixth form colleges)으로 할 것인지를 결정했었다. 지방교육청(LEAs)은 성인교육에서 놀이방(play scheme), 그리고 교육임상심리사(educational psychologists)에 이르기까지 다른 대부분의 서비스를 공급함에 있어서도 이와 유사한 재량권을 가졌었다.

그러나 중앙-지방 간의 이러한 균형은 1980년대 이래 근본적으로 변화되어 한 저술가는 이 주제에 관한 분석에서 '교육: 더 이상 지방정부의 역할이 아닌가?'라는 수사적인 제목을 붙이기도 했다(Donnelly, 2004). 가장 극적인 변화의 시기는 우리의 '재량깔때기(funnel of discretion)'(pp. 24～25)와 일치하는데, 지방교육청(LEAs)에서 A, 즉 권위(Authority)가 축소된 것은 [그림 2.1]의 하단부에 선택적으로 포함시켜 놓은 여러 교육관련 법률이 초래한 결과이다. 실제로 1980년대와 1990년대의 기간 동안 최소한 1년에 1개꼴로 교육법이 나왔다. 그 중에서 일부는 지방교육청(LEAs)의 책무를 깡그리 없애기도 했는데 그 예로서 종합기술전문대학(polytechnics), 예능전문대학(colleges)과 고등교육기관, 종합예비대학(sixth-form colleges)과 기술직업학교(further education colleges)를 거의 모두 자

[도표 7.3] 교육 — 핵심적 사실

- 교육은 지방의회 순 경상지출의 약 37퍼센트를 차지한다. 2005~06년도의 경우 잉글랜드의 지출은 35십억 파운드였다.
- 2005년 현재 잉글랜드에는 25,400개의 학교가 있으며 전체 학생 수는 8.3백만 명이다. 51퍼센트의 학생들이 전체 학교의 70퍼센트를 점하는 초등학교에 다니며, 40퍼센트는 전체 학교의 13퍼센트인 중등학교에 다닌다. 그리고 학생의 7퍼센트는 전체 학교의 9퍼센트를 차지하는 사립학교(independent schools)에 다닌다.
- 2005년 현재 지방교육청(LEAs)에는 431,000명의 전임교사와 269,000명의 지원인력(강의조교, 행정 및 기술인력)이 있다. 전임 교사의 50퍼센트는 중등, 45퍼센트는 유아원/초등, 그리고 5퍼센트는 특수학교 및 단기적응훈련학교(pupil referral units)에 소속되어 있다.

출처: ODPM(2005a), LGA(2005a), DfES Education Statistics(2005).

체관리 법인으로 전환시킨 것을 들 수 있다. 그리고 다른 법률들은 지방교육청의 학교관리 역할을 축소시켰다.

기본 입법은 교육개혁법 1988(Education Reform Act 1988)이었다. 이 법률을 통해 국가교육과정(national curriculum)과 함께 '핵심 단계(key stage)' 내지 '표준평가(sats)' 테스트가 도입되어 평가 결과가 학교성과비교표에 공개되었다. 이 법률은 또한 학교현장관리(LMS: Local Management of Schools)를 도입했는데, 이에 따라 지방교육청(LEAs)은 최소한 교육예산의 85퍼센트를 학교 운영기관(school governing bodies)에 전출시켜야 했으며, 이들 기관들은 스스로 학교의 경영과 재정운영을 감독하는 책임을 지게 되었다. 더욱 큰 논란이 있었던 것은 이 법률이 학부모 투표를 통해 각 학교를 지방교육청(LEAs)의 통제에서 '이탈하여(opt out)', '정부보조금직영(GM: Grant Maintained)' 학교로 전환할 수 있게 한 것이었다. 정부보조금직영 학교는 중앙정부로부터 직접 재정을 지원받고 중앙정부는 해당 비용을 지방교육청에 구상할 수 있다.

이러한 학부모 투표는 보수당 각료들이 기대했던 전면적인 교육혁명을 이루어내지는 못했다. 그래서 다음에 들어선 노동당 정부가 1998년 정부보조금직영(GM) 학교의 지위를 폐지할 당시 전체 국립학교(state school)의 5퍼센트 미만이 이 지위를 선택하고 있었다. 그러나 지방교육청이 나머지 95퍼센트의 학교를 계속 관리했음에도 불구하고 일상적인 학교 운영에 대한 관여는 이미 학교현장관리(LMS)를 통해 대폭 줄어든데다 노동당 정부 아래에서 더욱 잠식되었다. 정부 각료들은 교육표준행정청(OFSTED: Office for Standards in Education)의 설치를 통해 마련된 국가적 규제 및 감사 제도를 더욱 강화하여 '용도를 지정한(ring-fenced)', 따라서 지방자치단체의 재량이 미치지 못하는 학교 재정의 비중을 높이는 한편 지방교육청을 거치지 않고 일선 학교들과 직접 거래하는 업무 방식들을 선택하였다.

이에 따라 지방교육청에는 운영 부분의 역할이 없어지고 단지 전략 및 지원 업무만 남게 되었다. 전략적인 측면에서는 이들 지방교육청은 학교의 이용에 관한 책임을 진다. 이를 위하여 입학허가, 소청, 학부모에 대한 권고, 통학, 교육수요 평가 및 학교급식 자격의 관리를 통해 학생 수요와 수용 정원, 즉 수요와 공급을 맞추어야 한다. 지원 측면에서는 교육 복지, 급식, 안전, 운동장 유지관리, 정보 및 컴퓨터 기술(ICT) 지원 및 청소 서비스를 제공한다. 그러나 이 분야에 있어서도 각 학교는 비용 측면에서 보다 효율적인 서비스 공급자를 대체할 수 있으며 또 그렇게 하도록 권장받고 있다.

1990년대의 교육법 초안에 지방교육청을 모두 폐지해버리는 악명 높은 '영 조항(clause zero)'이 있었다고 알려져 있다(Smith, 1999). 어떤 의미에서는 2005년도에 이러한 사태가 일어날 뻔 했다. 고도의 논쟁을 불러일으킨 백서, *우리 모두를 위한 더 높은 기준과 더 좋은 학교*(*Higher Standards, Better Schools for All*)는 교육과 어린이 서비스 사이에서 앞으로 발전될 제도적 연관관계를 보다 일반적으로 인식하여 '지방교육청(local education authority)'이라는 용어가 '법전에서 삭제되고' 단순히 '지방자치단체(local authority)'로 대체될 것이라고 선언하였다.

그러나 백서는 마치 도넬리(Donnelly)가 제기한 질문(p. 159 참조)에 대해 답변이라도 하는 것처럼 지방자치단체의 새로운 역할을 확인했다(DfES, 2005, ch. 9). 그것은 '서비스의 위탁자이자 서비스 이용자의 옹호자'로서 선택과 다양성을 촉진하고, 서비스의 이용을 보장하고, 서비스 기준을 감시하고 제고하며, 필요한 경우에는 학교와 학부모 및 학생 '소비자(consumers)' 사이를 중재하는 역할이다. 그러나 백서는 이러한 서비스 위탁의 역할이 '학교 공간의 직접적인 공급자로서 활동하는 것과 매우 다르다'는 것을 강조했다. 만약 백서가 수정 없이 입법되었다면 그러한 시대는 확실히 끝났을 것이다. 그것은 [도표 7.4]의 목록에 추가할 수 있는, 자치적으로 운영되는 초기 아카데미의 또 다른 형태인 '위탁학교(Trust Schools)'의 경우를 보면 납득할 수 있다. 그러나 실제로는 백서의 결과로서 입법된 교육 및 감사에 관한 법률 2006(Education and Inspection Act 2006)은 보수당의 지원을 받아 겨우 국회를 통과하는 과정에서 대폭 수정되어 지방자치단체가 완전히 배제되지 않은 것은 물론이고 지역사회 학교를 신청하고 성과가 부진한 위탁학교를 인수할 수 있게 되는 등 오히려 새로운 권한을 얻게 되었다.

[도표 7.4] 신노동당이 창설한 새로운 학교 — 분리의 정도

노동당 정부의 목표 — 모든 학교를 지방교육청의 통제에서 '해방'

(시티) 아카데미 — 납세자의 비용에 의한 이혼

2000년 토니 블레어 총리의 특별한 열정에 따라 도입됨. 공공재정으로 운영되는 독립적인 학교로서 주로 도심 지역의 '낙제(failing)' 학교를 대체함으로써 교육수준을 높이는 것이 목적임. 민간 후원자, 즉 기업이익, 종교집단, 자원조직, 대학교 등이 학교의 건축 또는 재건축에 2백만 파운드 또는 10퍼센트를 부담하고 나머지는(30백만 파운드까지) 정부/납세자가 부담. 민간 후원자가 교과과정, 교직원 채용, 자산 및 학교 '기풍(ethos)'을 포함하여 학교운영기관에 대한 통제권을 가지며 이와 함께 지방교육청으로부터 완전하게 해방됨.

아카데미 수: 2005 — 27개; 2010 — 200개(?)

특성화학교 — 별거

대처(Thatcher)의 영감에 의해 시작된 도시기술전문대학(city technology colleges)에 뿌리를 두고 있으며 재정의 일부는 중앙정부가, 일부는 민간 후원자가 부담. 민간후원자의 열정을 불러일으키지 못해 14개만 살아남았음.

노동당에 의해 예술, 경영, 토목, 인문학, 언어, 수학, 음악 및 스포츠를 포함하여 10개의 전문 분야로 확대됨. 특성화학교는 학습목표를 충족시킬 수 있는 능력을 보여주어야 할 뿐 아니라 민간 후원으로 학교별로 50,000파운드를 모금해야 함. 여기에 전문 분야의 자본 프로젝트를 위해 정부/납세자가 100,000파운드를 지원하고 학생들은 매년 수업료로 129파운드씩을 납부함. 민간후원자는 지방교육청(LEA)으로부터 교직원 채용, 자산 소유권, 그리고 학생의 10퍼센트를 '능력(ability)', 즉 선발이 아니라 '적성(aptitude)'에 따라 합격시킬 수 있는 운영상의 독립성을 획득함.

학교의 수: 2005 — 2,380개(전체의 75퍼센트는 중등학교); 2008 — 100퍼센트(?)

재단학교 — 각 방 사용

대부분 1998년 정부보조금직영(grant-maintained)의 지위를 상실한 학교. 지금은 재정 지원을 중앙정부로부터 직접 받는 것이 아니라 지방교육청으로부터 받고 있으나 학교운영기관이 입학허가, 교직원 채용, 부지 및 건축물에 대한 통제권을 보유함. 노동당 정부에서 새로 창설된 재단학교는 거의 없으나 지원 절차는 쉬워졌음.

지역사회학교 — 행복하게 맺어진 결혼, 그러나 얼마나 오래?

1998년 개칭되기 전에는 카운티 학교(county schools)였음. 전적으로 지역교육청이 소유 및 유지 관리하며, 전통적인 방식으로 교직원을 채용하고, 토지 및 빌딩을 소유하며, 입학 허가청으로 행동함. 정절이 전부가 아니라는 점을 인식해야 함.

개인적 사회 서비스

여기서 강조하는 점은 *서비스*(*services*)이다. 그것은 이미 언급했던 바와 같이 대부분의 사회보장 급부 및 수당의 지급은 지방정부가 아니라 노동연금부(DWP) 산하의 직업센터 플러스(JobCentre Plus)나 다른 지방사무소를 통해 이루어지기 때문이다. 오늘날 지방자치단체는 흔히 자원봉사조직이나 민간단체를 통해 일하면서 다양한 범위의 고객 집단에게 시설수용보호(residential care), 주간보호(day care), 사람들이 집안에서 지낼 수 있도록 도와주는 재가지원(식사, 세탁, 주택수선, 생활편의보조용품) 그리고 상담, 육아 및 입양, 어린이 보호 등의 서비스를 제공한다.

이들 활동은 규모가 대단히 크고 성격이 매우 민감할 때가 많다. 교사들과 마찬가지로 사회복지사들(social workers)은 새로운 입법적 수요 및 공공의 기대로 인해 끊임없이 압박을 받는다. 두 직종 모두 한둘의 불행한 개인, 단 하나의 기관이나 부서 그리고 간접적으로 직업 전체가 전국적인 언론매체 헤드라인의 이글거리는 조명을 받게 되는 예외적인 상황에 익숙해져 있다. 사회복지사들에게 있어서 이것은 어린이보호에 실패한 비극적인 사건일 수 있으며 이에 따라 부적절한 또는 엉뚱하게 열성적인 직업적 행태에 관한 조사가 뒤따르게 된다. 이러한 사례들은 분명히 예외적이며 그들이 주목을 받는 이유

[도표 7.5] 사회서비스 — 핵심적 사실

- 사회서비스는 지방의회 순 경상지출의 약 18퍼센트를 차지한다. 2005~06 회계연도에 잉글랜드의 지출은 17십억 파운드였다. 이 지출금액은 지난 10년 사이에 실질 기준으로 볼 때 두 배가 증가한 것이다.
- 지출의 15퍼센트는 보호수요의 산정 및 관리에 들어가고 나머지는 주간 및 재가 보호(최근 들어 상대적으로 증가)와 시설보호(상대적으로 감소)에 거의 균등하게 양분된다.
- 주 고객 집단은 노인(지출의 44퍼센트), 어린이 및 가정 서비스(24퍼센트), 학습장애를 가진 성인(15퍼센트), 육체 및 정신 장애를 가진 성인(13퍼센트)이다.

출처: ODPM(2005A), LGA(2005a), Department of Health(2005a) 자료.

이기도 하다. 그러나 사건이 매우 심도 있게 다루어지기 때문에, 특히 공식적인 조사보고서가 나오는 경우에는, 지방의회 책임 부서의 일상적인 운영이 많이 밝혀질 수 있다.

그 중에서도 8살짜리 빅토리아 클림비에(Victoria Climbié)의 비참한 죽음을 조사한 레이밍 상원의원(Lord Laming)의 보고서(Laming, 2003)는 그야말로 가장 충격적이고 비통한 사례의 하나로서 어린이법 2004(Children Act 2004)의 입법으로 바로 연결되었다. 이 법률은 지방자치단체에 수많은 새로운 책무를 부과함으로써 관련된 광범한 어린이서비스를 '통합(join up)' 내지 재통합했는데 실제로 이들 중에서 일부는 한때 동일한 지방의회로부터 직접적인 통제를 받은 것들이다. 이 법률은 또한 지방사회서비스청으로 하여금 어린이서비스국장 및 지방의회지도의원(lead member)을 임명토록 하여 교육과 어린이 대상의 사회서비스 기능을 기본 책무로 하고 해당 지방자치단체가 적절하다고 판단하는 다른 기능, 예를 들어 주택과 레저 기능 등을 추가하여 관장하게 하였다. 이들은 또한 어린이 복지를 향상시키기 위해 전략보건기관, 1차진료기관연합, 경찰, 보호관찰기관, 청소년범죄팀, 교도소장 및 재소자훈련센터 등 어린이에 대한 책무를 가진 모든 기관을 망라하는 지방어린이보호위원회(LSCBs)를 설치하여 협력을 촉진해야 한다.

그러나 이렇게 지방 차원에서 '서비스 통합'을 추진했던 노동당 정부의 시책과 병행하여, 교육 및 보건 분야에서와 마찬가지로, '반대 방향으로의 뚜렷한 정책 드라이브, 즉 서비스의 복수화를 지향하는' 시책도 있었다(Clarke and Harrison, 2004, p. 123). 클라크와 해리슨은 이러한 '보호의 혼합경제(mixed economy of care)'가 보수당 정부에서 사회서비스행정청으로 하여금 지출의 일정 부분을 민간 양로/요양원에 들어갈 수 있는 자리를 매입하는 데 쓰도록 했던 1990년대 초반에 시작되었다고 설명하고 있다. 그 영향은 다음과 같다.

> 다수의 자원봉사 부문 조직들이 공공재원에 의해 제공되는 지역사회보호의 실질적인 공급자가 되었다 … 어린이 '빈곤'의 정도가 높은 지역에서 시행되는 프로젝트인 '탄탄한 출발(Sure Start)'과 10대를 대상으로 하는 '청소년지원종합서비스(Connexions)' 등이 그 예이다(pp. 123 ~ 124).

이 원칙은 노동당 정부에서 확대되어 특정의 사회보호 대상자들에게 공공 서비스를 제공하는 대신에 현금을 지급하였다. 따라서 이제는 노인과 장애인 복지 수혜자 및 학습 장애를 가진 사람들이 서비스를 스스로 구매할 수도 있게 되었다.

메커니즘은 다르지만 교육과 사회보호라는 지방자치단체의 양대 서비스 분야에서 발전된 '혼합경제(mixed economy)' 사이에는 분명히 유사점이 있다. 그러나 사용하는 용어는 똑같지가 않다. 사회복지사들은 '위탁(commissioning)' 이라는 말 대신에 그들의 미래 역할이 점차 일종의 중개(brokering)로 변한다고 보는(또는 걱정하는) 경향이 있다. 보건과 사회보호의 영역을 넘나들면서 수혜 대상자들의 수요를 측정하고 예산이 허용되는 범위에서 다양한 범위의 공공, 민간 및 자발적 부문의 공급자들과 협상을 통해 보호 패키지를 중개한다는 것이다. 일상적인 학교의 운영에 있어서 교육 공무원들의 관여가 배제되는 것과 마찬가지로 그들은 흔히 가장 중요한 동기가 되는 '대면적인 개입'이 사라져가고 있음을 본다.

보호 서비스 — 우리의 안전을 위한 서비스

지역사회 안전 및 범죄 경감

영국에서 치안유지(policing)는 1990년대까지 지방자치단체의 서비스라는 성격이 매우 강했다. 경찰서장은, 2000년 신생 광역런던시(GLA: Greater London Authority)가 경찰 책임을 맡기 이전까지 광역도시경찰(Metropolitan Police)이 치안부장관(Home Secretary)에게 직접 보고하던 런던을 제외하고는, 카운티 의회의 경찰위원회에 대해 책임을 졌다. 경찰위원회는 위원의 2/3가 지방의회의원, 그리고 1/3이 지방 치안판사로 구성되는 것을 제외하고는 지방의회의 다른 위원회들과 차이가 없었다.

경찰 및 치안재판소법 1994(Police and Magistrates Courts Act 1994)는 자체적으로 서비스를 제공할 수 있는 권한이 확대되고 각각의 지방의회로부터 자율성이 훨씬 높아진 독립기관으로서 경찰행정청(police authorities)을 설치함으로써 그 구성과 역할을 변화시켰다. 경찰행정청의 위원은 간접적으로 선출되는 지방의회의원과 치안판사, 그리고 치안부(Home Office)가 영입하여 지명하는 자들로 구성되는데 지방의회의원이 가까스로 과반수를 차지하고 있으며 지방정부의 이해관계는 중앙정부, 지방정부 및 경찰서장의 '삼각 구도(tripartite structure)'에서 일반적으로 가장 취약한 부분이다. 경찰행정청은 세입을 여전히 지방정부에 의존한다. 우리는 제10장에서 지방의회가 주민들에게 송부하는 지방정부세 납세고지서에 반드시 포함시켜야 하는 '부가세(precepts)'를 경찰행정청이 어떻게 부과하는지 살펴볼 것이다. 그렇지만 그들이 지방 치안목표를 결정할 때 일차적으로 준수하는 것은 일반적으로 치안부장관의 국가 목표와 일관성을 유지하는 것이지 해당 지방의회 정책과의 조화가 아니다.

카운티를 기반으로 하는 이러한 구조는 실질적인 광역권역까지는 이르지 않더라도 가까운 장래에 그 규모가 훨씬 커질 가능성이 있다. 그럼에도 불구하고 지역 주민들의 입장에서는 치안유지 및 지역사회의 안전에 관한 의사결정이 상당한 수준의 지방적 재량을 명백히 유지한 채 계속해서 지역적으로 이루어지고 있음을 여러 곳에서 발견할 수 있다. 이와 관련하여 첫째, 반사회적 행동 중지명령(ASBOs)이 있다. 이것은 범죄 및 무질서 감소 파트너십(CDRPs, [도표 7.6] 참조)을 창설한 것과 동일한 법률인 범죄 및 무질서에 관한 법률 1998(Crime and Disorder Act 1998)에 의해 함께 도입되었다. 경찰은 이 명령을 1999년부터 2005년 사이에 5,500회 이상 발부했는데 그 의도는 위반자들을 처벌하기보다는 오히려 괴롭히거나 겁을 주는 다양한 유형의 행동, 즉 언어 및 인종적 모독, 파괴약탈행위, 범죄적 훼손, 중독성물질의 남용 등을 중지시키는 데 있었다. 그러나 경찰서 사이에 편차가 매우 커서 광역 맨체스터 경찰이 발부한 명령 건수는 광역 런던 전체보다 50퍼센트가 많고 아마도 법률을 훨씬 존중하는 것으로 추정되는 머지사이드(Merseyside)보다는 5배나 많다(Home Office, 2005b).

둘째, 부총리실(ODPM)의 근린지역사회 및 가로 청경사업(Neighbourhood and Street Warden Program)에 따라 2000년 이래 전국적으로 500개 이상의 청경제도가 실시되었다. 이 사업은 도로 및 공영주택단지에 눈에 잘 띄고, 훈련된 정복 차림의 준경찰관을 배치하기 위한 것으로서 경찰 등과 협력하여 지역적으로 반사회적 행동에 대처하고 있다. 그러나 청경은 지방자치단체가 고용하고,

[도표 7.6] 경찰 및 지역사회 안전 — 핵심적 사실

- 경찰 지출은 지방의회 순경상지출의 약 11퍼센트를 차지한다. 잉글랜드와 웨일스의 2005~06 회계연도 지출은 10십억 파운드였다.
- 2005년 현재 잉글랜드와 웨일스에 43개, 스코틀랜드에 8개의 경찰서가 있으며 북아일랜드에는 경찰위원회(Northern Ireland Policing Board)가 있다. 43개 경찰서는 카운티를 기반으로 하되 소규모 카운티는 통합경찰서의 한 부분에 포함된다. 경찰서별로 376개의 범죄 및 무질서 감소 파트너십(CDRPs: Crime and Disorder Reduction Partnerships)을 각각 몇 개씩 대표하는데 이들 파트너십은 1998년 이래 지역 차원에서 범죄감소 전략을 조정하고 있다.
- 2005년 현재 43개 경찰서는 풀타임환산인력(fte)으로 223,000명을 고용하고 있다. 이 중에서 64퍼센트(143,000)는 경찰관, 32퍼센트는 민간지원인력, 3퍼센트는 지역사회보조경관, 그리고 1퍼센트는 교통청경이다.
- 경찰관의 21퍼센트는 여성이다. 그러나 경감(chief inspector) 이상의 상위직은 10퍼센트에 불과하다. 경찰관의 3.5퍼센트는 소수인종 출신이다.

출처: Home Office(2005a) 자료.

도로 청경, 도로범죄 청경, 근린지역사회 청경 등으로 다양하게 알려져 있으며, 권한 및 경찰력과의 관계가 지역별로 큰 차이를 보이고 있다. 경찰은 적어도 초기에는 그들 자신의 지역사회보조경관(community support officers)과 너무나 쉽게 혼동될 것으로 보이는 청경을 매우 부정적으로 보았었다.

지방 재량의 세 번째 영역은 의심의 여지없이 청정 근린지역사회 및 환경법 2005(Clean Neighbourhood and Environment Act 2005)의 시행과 함께 열렸다. 이 법률은 쓰레기 방기 및 무단투기, 자동차 무단유기, 개 배설물, 껌 씹는 행위, 그리고 지방 환경을 더럽히는 기타의 각종 행위에 대처할 수 있도록 지방의회에 새로운 권한과 제재수단을 부여했다. 민주적으로 선출되고 지방적으로 책임을 지는 이들 기관들에게 그러한 권한이 여태껏 주어지지 않았던 것을 외국 방문객들이 보았다면 크게 놀라워했을 것이다.

소방, 구조 및 비상사태 계획

1930년대 후반에 들어서서야 런던 외곽의 모든 지방자치단체에 소방서를

유지해야 하는 의무가 부과되었으며 이들 지방 소방대는 곧이어 2차 대전 중에 국가소방청(National Fire Service)으로 통합되었다. 소방서비스법 1947(Fire Services Act 1947)은 소방대를 지방에 되돌려주었으며, 현재의 구조는 경찰과 다르지 않다. 즉, 카운티를 기반으로 하거나 카운티 간의 통합 소방청이 잉글랜드와 웨일스에 50개(런던 소방 · 비상사태계획청 포함), 스코틀랜드에 8개가 설치되어 있고 북아일랜드에는 단일의 북아일랜드 소방대(Northern Ireland Fire Brigade)가 있다. 경찰과 가장 중요한 차이는 소방청의 경우 위원 전원이 계속해서 지방의회의원으로 구성된다는 점이다.

거의 해마다 입법이 있었던 교육 분야와는 매우 대조적으로 1947년의 법률을 소방구조서비스법 2004(Fire and Rescue Services Act 2004)로 개정하는 데는 거의 50년이라는 세월이 걸렸다. 법률 명칭이 길어진 것은 그동안 이 서비스의 내용이 소방에서 예방 및 구조로 진화되었음을 반영한다. 이 법률은 소방안전을 촉진하고 보다 안전한 지역사회의 창조를 지원하는 것을 명시적인 의무로 설정한 다음, 소방청이 더욱 예방적으로 되고, 다른 기관들과 보다 긴밀하게 협력하며, 1947년 당시에는 거의 상상할 수 없었던 책무로서 도로교통사고, 열차 및 항공기 충돌, 화학물질 유출, 환경 및 테러리스트에 의한 비상사태로부터 구조에 집중할 수 있도록 입법의 틀을 일반적으로 규정하고 있다.

런던소방청이 '비상사태계획(Emergency Planning)'을 통합한데다 1986년에 폐지된 6개 광역도시카운티의회의 영역을 관장하는 6개의 소방청이 공식적으로 소방민방위청(Fire and Civil Defense Authority)으로 개칭됨으로써 최근 드라마틱하게 변하고 있는 또 하나의 지방정부 기능을 우리에게 상기시키고 있다. 민방위법 1948(Civil Defense Act 1948)은, 비록 재정적 지원은 거의 없지만, 특정 지방자치단체들에게 산업 또는 시민 소요나 적국의 핵 공격 형태로 예상되는 비상사태에 대응하여 민간인들을 조직하고 보호할 수 있는 권한을 부여하였다. 민방위 책무는 시트콤 '*아빠의 군대*(*Dad's Army*)'에서의 농담 및 드라마 '*예, 장관님*(*Yes, Minister*)'의 단골 소재가 되었는데 그것은 아마 공정한 것은 아니라고 하더라도 이해는 할 만한 일이었다. 그 형태가 어떤 것인지 정의가 규정되어 있지 않은 비상사태에 관하여, 그것도 관련 법률이 어떤 경우에 무엇을 해야 하는지 실질적인 *의무*(*duty*)를 전혀 명시하지 않은 채 권한을 줄 때, 일반적인 수준 이상으로 계획을 수립하는 것은 어려운 일이다.

그러나 9/11 재앙과 후속된 사건들은 지방정부의 후방지역에서 맴돌던 비상사태 계획 및 최근의 표현으로서 소위 '복원력 구축(building resilience)'을 주된 정책 관심사로 확실하게 격상시켰다. 국가적으로는 이 책무를 치안부(Home Office)에서 내각사무처(Cabinet Office)의 비상사태사무국(Civil Contingencies Secretariat)으로 이관했는데 이 기구가 바로 민간비상사태법 2004(Civil Contingencies Act 2004) 내지는 엄청난 논쟁을 일으키며 국회를 통과할 때 붙여진 또 다른 이름으로서 '블레어 수권법(Blair's Enabling Act)'을 입안했던 조직이다. 이 법은 가장 큰 논란을 불러일으킨 부분으로서 정부에 '비상사태(state of emergency)'를 선포할 수 있는 매우 포괄적인 권한을 주었을 뿐만 아니라, 주요 지방자치단체 등 '카테고리 1 비상사태 대응기관(Category 1 contingency response bodies)'에게 여러 가지 새로운 비상사태 계획의무를 부과했다. 이 의무에는 비상사태계획, 위험평가 및 완화조치, 경보 및 공공 고지, 산업연속성 관리의 촉진, 그리고 대응기관 사이의 협력 강화가 포함된다. 대응기관 사이의 협력 강화는 특히 파트너십 가동을 위한 하나의 새로운 프레임워크로서 경찰 관할지역을 기반으로 하는 복원 포럼을 통해 추진된다. 종전에 비해서 중앙의 계획 및 대응지침이 훨씬 강화되었기 때문에 이론상으로는 이것이 과거보다 부수적인 역할이 되었을지 모르지만 그 내용은 훨씬 더 명시적으로 규정되어 있다.

편의 서비스 — 우리 지역사회의 수요

도로, 운송 및 교통관리

이것은 아마도 모든 공공서비스 가운데 가장 많이 공유되는 서비스로서 자동차고속도로에서 승마 길에 이르기까지 모든 길을 포괄하고, 교통부(DfT: Department for Transport)에서 파리시 의회까지 모든 정부 계층이 관여한다. 교통부장관은 간선도로와 자동차고속도로를 관장하며 의사결정은 종종 관련 지역청에서 이루어지고, 유지관리는 대부분 책임운영기관인 고속도로청(Highway Agency)이 장관을 대신해서 외부와 위탁계약을 통해 집행한다. 카운티, 단일통합의회, 광역도시 디스트릭트, 그리고 런던에서는 바러와 광역런던시(GLA)가 기타의 1차 및 2차 도로에 관한 책무를 관장한다. 여기서 '책무(responsibility)'는 먼저 노선의 설계와 사업비, 환경적 영향, 주거 및 산업적 수요 및 안전에 대한 판단, 둘째, 도로의 건설, 개선 및 유지관리, 셋째, 주차 제한, 제한 속도, 가로등, 교통표지판, 도로청소 및 쓰레기 수거 등 공로의 관리, 넷째, 동절기 유지관리 및 도로안전 등을 말한다. 그러나 실제로는 '기관협약(agency agreement)'이 통상적으로 이루어지고 있어 지방정부 2계층 지역에서는 이들 기능 중에서 다수를 디스트릭트 의회가 수행하는 경우가 많다. 지방자치단체들은 또한 버스 및 철도 회사들과 협력하여 인구의 14퍼센트가 출근에 이용하는 지역대중교통망의 개선을 추진한다.

노동당 정부 제 2 기의 정책 우선순위는 1997년 정책선언(Labor Party, 1997, p. 29)으로 약속했던, 실행이 어렵지만, 통합적이고 지속 가능한 교통정책의 진전, 특히 그 중에서도 대중교통의 이용을 확대하는 것이었다. 다른 정책 분야와 마찬가지로 지방의회들은 이 목적을 달성하기 위해 계획을 수립했다. 이 경우는 5개년종합 지방교통계획(LTPs: Local Transport Plans)으로서 각 지방의회가 교통부(DfT)에 계획을 제출하면 교통부의 각료 및 국가공무원들이 여러 가지 다양한 재정 가치를 기준으로 이를 평가하여 재정지원을 승인할 것인지를 결정했다. 시행 첫해(2001)에 제출된 지방교통계획(LTPs)에서 가장 많이 논의된 쟁점은 어떻게 교통 혼잡을 줄일 것이며, 또 여객, 특히 버스 교통을 어떻게 개선할 것인가 하는 두 가지 문제였다. 2000년대 초반에 있었던 가장 흥미롭고 중요한 교통 시책은 개척자적인 지방자치단체들이 이러한 과감한 조치를 집행했던 노력에서 나왔다.

먼저 2002년 더럼 시의회(Durham City Council)는 승강형 자동차진입방지턱(rising bollards)을 도입했다. 이것은 시의 역사적 중심지로 자동차가 진입하는 것을 제한하는 조치로서 영국에서 최초로 도로이용료가 부과된 사례이다. 자동차진입방지턱 설치 및 도로이용료 부과의 결과 방지턱 설치 구간에서 보행자 및 버스 승객이 증가하고 교통량이 대폭 감소되었다. 이듬해 2월에는 켄 리빙스톤(Ken Livingstone)이 그의 전자 군단인 자동차번호판자동식별(ANPR) 카메라와 런던 중심부 교통혼잡부담금(congestion charge) 제도를 도입했다. 이 시책 또한 버스 사용과 교통혼잡 감소에 똑같이 긍정적으로 기여했고 더불어 이동시간의 정확성과 상품 및 서비스 배달의 능률성을 눈에 띄게 향상시켰다.

이어서 케임브리지(Cambridge)는 더럼(Durham)과 유사한 제도를 채택했고, 반면에 에든버러(Edinburgh) 시민들은 2005년 주민투표에서 카메라를 통한 교통통제 실험을 거부하였다.

보다 넓은 의미에서 이들 시책의 중요성은 우리에게 처음으로 도로이용 가격을 책정하는 경험을 제공했다는 데 있다. 그것은 교통 혼잡에 대한 통제를 전통적이고, 비효과적이며, 차별적인 수단인 자동차 보유에 대한 과세(연료세, 자동차소비세)에 의존하는 것이 아니라 도로이용 가격을 책정하여 운전자로 하여금 확실하게 비용을 알고 있는 상태에서 운행 결정을 내릴 수 있도록 시도했다는 점이다. 만약에 많은 전문가들이 생각하는 것처럼 여러 가지 형태의 도로이용가격 책정이 교통관리를 위한 장기적인 해결책이라면 지방자치단체의 역할은 그야말로 필수불가결한 것으로 보인다. 지역 실정에 맞는 제도를 실험하는 것은 물론이고 지역사회 리더십의 '역량'을 갖춘 유일한 기관으로서 가격 책정이라는 '채찍'과 가시적으로 향상된 대중교통시스템을 먼저 구비해야 하는 '당근' 사이의 균형을 확보해야 하기 때문이다(LGA, 2005B).

계획 수립 및 개발

이것은 중앙정부 하위 계층 사이에 — 비록 계층은 최근 들어 달라지기는 했지만 — 공유되는 또 다른 책무이다. 기본적인 계획 기능은 사실상 개발 규제와 미래 내지 전략 계획의 두 가지로 구분된다. *개발규제*(*Developmental control*)는 단일통합의회와 광역도시 및 카운티 디스트릭트 의회가 행사하는데, 기본적으로 지역개발계획의 기초 위에서 토지 및 건물의 기존 용도를 변경하거나 빌딩의 건축, 개조, 철거 등 물리적 개발계획에 대한 승인 신청을 처리한다. 계획행정청은 승인 신청을 두 달 이내에 회신하여야 하며 다툼이 없는 사안은 일반적으로 공무원들에게 위임하여 처리하고 논쟁이 있거나 복잡한 개발은 해당 의회의 계획위원회가 결정한다. 계획위원회는 지방의회에서 집행부 제도가 채택된 이후에도 계속 존속하는 '규제(regulatory)' 위원회의 하나이다. 지방의회는 조건 없는 승인에서 조건부 또는 개요 승인, 그리고 거부까지 다양한 결정을 내릴 수 있으며 여기에 만족하지 못하는 경우 신청인은 소관 장관이 임명하는 계획수립감사관(planning inspector)에게 이의신청을 제기하거나 궁극적으로는 고등법원(High Court)에 소송을 제기할 수 있다.

전략계획수립(*Strategic planning*)은 개발계획이 결정되는 과정이며 각각의 계획 신청은 전략계획에 부합해야 한다. 다시 말하면 전략계획은 계획행정청이 관할 지역을 전체적으로, 말하자면 앞으로 15년의 기간에 걸쳐, 어떻게 개발할 것인지를 결정하는 것이다. 최근까지만 해도 카운티 의회가 폭넓은 자문을 거쳐 *구조계획*(*structure plans*)을 입안하고, 디스트릭트 의회는 지역계획을 입안했으며 단일통합의회에서는 이 두 계획이 단일 계획으로 통합되었다. 이들 계획에 따라, 환경 보호를 위한 국가 및 지방 정책을 고려하는 전제 위에서, 토지 구역이 장래의 주택, 산업, 상업 및 레저 용지로 할당된다. 주택용지의 할당은 특히 논란이 크다. 개발사업자들은 미개발전원지역(green-field)을 보다 후하게 공급해주기를 바라고 지방의회는 지방의 주거 및 환경 압력단체의 지원을 받아 '재개발산업단지(brown-field)'의 재개발을 선호하기 때문이다. 중앙정부 또한 이들 사안에 관해 항상 일관된 것은 아니지만 스스로의 견해를 가지고 있으며 주무부처 장관은 구조계획의 변경 또는 기각을 위한 '재의요청권(call-in)'을 가진다.

계획 수립 및 수용법 2004(Planning and Compulsory Purchase Act 2004)는 아마도 실현되지 않은 선출형 광역권역의회가 영국 중앙 하위정부의 상급 계층인 카운티를 인수할 것으로 예견하여, 주로 성문법에 근거를 둔 카운티 의회의 전통적인 계획 수립 권한을 '광역권역화(regionalising)'함으로써 이 제도를 바꾸어 놓았다. 따라서 실제로는 해당 광역권역의 지방자치단체들이 지명하는 지방의회의원들로 거의 대부분 구성되는 비선출형의 광역권역의회가 새로운 지역계획기관으로서 *광역권역공간전략*(*regional spatial strategies*)을 준비하는 책무를 맡고 있다. 다만 런던은 예외로서 시장이 공간개발전략을 입안한다. 이들 전략 문서는 단일통합의회 및 다른 종류의 지방의회가 지금은 지역개발 기본방침(local development frameworks)으로 알려져 있는 자체적인 지역계획을 생산하는 준거틀이 된다. 2004년의 법률은 계획과정의 진행을 촉진하고 지속가능한 개발을 계획시스템의 명시적인 목표로 삼는 다른 훌륭한 조치들을 함께 담았다. 그러나 실제 계획과정에서 볼 때 그것은 분명히 지방의 민주적 책임으로부터 또 다른 일탈을 초래했다.

환경보건 및 공공보건

오늘날의 바러 및 디스트릭트 의회가 1870년대의 공공보건법(Public Health Acts)에 의해 설치된 지방보건위원회 및 위생행정청에 기원을 두고 있다는 점에서 이 서비스는 지방정부의 서비스 가운데 가장 오래된 것이다. 빅토리아 시대의 지방정부는 맑은 물, 품위 있는 공공주택, 식품검사, 전염병 처리 등의 서비스 분야를 개척해 나갔다. 그러나 1940년대에 국립보건서비스청(NHS)을 창설할 당시 노동당 정부는 선출된 지방정부에 부응하고 책임을 지는, 그리고 사회적 보호, 주택, 교육, 환경 등 관련된 기능들이 통합된 종합적인 *건강보호(health care)* 서비스보다는 정부 각료가 통제하고 정부 각료에게 책임을 지는 사실상 독립적인 '국립질병서비스(national sickness service)'를 선택했다. 그리하여 지방정부는 1948년과 1974년에 보건 기능을 대부분 상실하고 '유일하게(only)' 남겨진 환경보건(environmental health) 기능만 관장하고 있다. 그럼에도 불구하고 이 책무는 고용자로서, 서비스 공급자로서, 규제자로서 그리고 지역공동체의 리더로서 지방의회에 보건 증진 및 질병의 예방에 있어서 다른 어떤 기관, 심지어 국립보건서비스청(NHS) 자체보다도 더 큰 잠재력을 부여하고 있다.

지방의회의 환경보건 및 소비자보호 책무는 너무나 광범해서 이 책의 제 2 판에서 우리는 이들 서비스만 가지고 무단유기 자동차에서 개 배설물, 나무 보존, 그리고 동물원 면허에 이르기까지 A~Z 서비스 목록을 만들었었다(Wilson and Game, 1998, p. 26 및 링크된 웹사이트의 도표). 전체 목록은 감사, 규제, 등록, 면허, 확인 등 모든 종류의 기능을 망라하고 있는데 이들 기능은 식품오염 위기, 위험한 개들로 인한 공포, 마사지 업소 스캔들, 그리고 조류독감 전염의 위협 등의 문제가 구체적으로 나타날 때까지는 비교적 눈에 띄지 않는 경향이 있다.

또한 노동당 정부가 국립보건서비스청(NHS)에 높은 지출 우선순위를 두었음에도 불구하고 보건을 민간재로 뿐만 아니라 공공재로도 보아야 한다는 인식이 확대되어 왔다. 이것은 다시 이 글을 쓰고 있는 시점에서 지방자치단체와 보건기관 사이에 국립보건서비스청(NHS)의 역사상 그 어느 때보다도 긴밀한 기관적 연계 및 공동업무처리가 가능하도록 하는 데 기여했다. 이러한 발전 중에서 일부—예산 풀 및 공동투자계획와 보건 및 사회보호법 2001(Health and Social Care Act 2001)에 의해 지방의회에 부여된 보건심사 역할—는 정부의 보건 불평등 및 개선 의제의 개발보다 시기가 앞선 것도 있다. 그러나 2004년 공공보건 백서, *건강 선택: 건강한 선택 쉽게 하기*(*Choosing Health: Making Healthy Choices Easier*)에 제시되어 있는 이 의제의 정책 우선순위—흡연 감소, 운동 증가, 비만 감소 및 식생활 개선, 분별 있는 음주 장려, 성 및 정신적 건강 증진—는 모두 서비스 공급자 및 규제자로서의 자신의 위치와 1차진료기관연합(primary care trusts) 및 기타 조직과의 파트너십이라는 양 측면에서 지방자치단체의 중요한 역할을 포함하고 있다.

경제개발 및 회생

여러 지방의회의 웹사이트를 보게 되면, 특히 상업지구, 공업단지, 상업용 재산 문서, 재배치 보조금, 자문 및 투자 서비스 등과 함께 대개는 경제개발 및 사업 활동의 촉진이 그들의 주된 활동이라는 인상을 받을 것이다. 그 중요성은 지방의회들이 최근에 획득한 권한, 즉 관할 지역의 경제, 사회 및 환경적 복지를 촉진하는 지역복지권(well-being power)을 통해서도 확인할 수 있다. 사실 경제개발을 지방의회의 핵심적인 역할로 성문법적으로 인정한 것은 고작 지방정부 및 주택법 1989(Local Government and Housing Act 1989)로 거슬러 올라갈 수 있을 뿐이다. 그리고 이것은 민간부문, 그리고 광역권역개발청(RDAs), 학습기술위원회(LSCs), 상공회의소(Chambers of Commerce and Trade) 등 다른 기관들과 파트너십을 통해 긴밀하게 활동하는 것이 필수적이라는 의미에서도 역시 현대적인 역할이다. 그러나 이것은 본질적으로 의무적이라기보다는 허용적, 재량적 책무이며 따라서 추진 형태와 활동 강도가 영국 전역에 걸쳐 큰 차이를 보이고 있다.

시설 서비스 — 원하는 경우, 우리 모두에게 제공되는 서비스

주택 — 마지막 장인가?

우리가 서비스를 기능이 아니라 지방정부에서 갖는 역사적 중요성에 따라 다룬다면 주택 서비스는 몇 페이지 앞에서 나왔을 것이다. 그러나 미래의 중요성을 기준으로 본다면, 일부 주택 전문가들이 전후 영국 복지국가의 본질적 특성 중의 하나로서 지방정부공영주택(council home)이 2015년경에는 실질적으로 사라질 것으로 예견하고 있듯이 서비스 목록의 마지막 부분이 아마도 가장 적절할 것이다. 이러한 변화는 두 가지의 중요한 정부 정책에 기인하는데 하나는 1980년대에 있었던 보수당의 '매수권(Right to Buy)' 입법이고 다른 하나는 보수당 정부에서 시작되어 노동당 정부가 확대한 대규모의 주택 양도 정책이다.

[도표 7.7] 주택 — 핵심적인 사실

- 주택은 지방의회 순경상지출의 약 14퍼센트를 차지하고, 잉글랜드의 경우 2005~06 회계연도에 15십억 파운드였다. 이 금액은 지방의회들이 주택 총량과 관련된 모든 소득(주로 임대료)과 지출(관리 및 유지비용)을 망라해서 의무적으로 계리하는 독립 계정인 주택수입계정(Housing Revenue Accounts)이 제외된 것이다.
- 2004년도 영국의 주택재고 총량 26백만 채 중에서 70.5퍼센트는 자가 입주, 11.5퍼센트는 지방자치단체로부터 임차('매수권'이 처음 도입된 1981년은 29퍼센트), 8퍼센트는 등록 사회주택임대주(주로 주택협회)로부터 임차, 그리고 10퍼센트는 민간 임차이다.
- 2003~04년도에 완공된 190,000채의 신축 주택 중에서 90퍼센트는 민간이, 10퍼센트는 등록 사회주택임대주가 건설했으며 지방자치단체가 건설한 것은 207채에 불과하다. 이와 비교해서 1979년에는 252,000채, 그리고 1968년에는 기록적으로 426,000채가 건설되었으며 그 중에서 40퍼센트는 지방자치단체가 건설했다.

출처: ODPM(2005a), ODPM Housing statistics(2005d).

[도표 7.8] 대규모 임의양도(LSVTs) 및 근린관리조직(ALMOs) — 지방정부공영주택의 종말?

대규모 임의양도(LSVTs) — 무슨 제도인가?

대규모 임의양도(Large scale voluntary transfer)는 임차인이 찬성투표를 하면 지방정부로 하여금 지방정부공영주택의 소유 및 관리권을 등록 사회주택임대주(RSLs: Registered Social Landlords), 즉 주로 주택협회에게 양도할 수 있게 하는 제도이다.

노동당 지배하의 지방의회마저 양도하는 이유는 무엇인가?

전국적으로 20십억 파운드가 넘게 쌓여있는 수선 및 개량 재고에 소요되는 자본을 조성하기 위해서이다. 중앙정부가 계속적으로 필수적인 수선 및 유지관리를 위한 지방의회의 차입마저 금지함에 따라 등록 사회주택임대주(RSLs)는 불가피한 선택이 될 수밖에 없었다. 1997년의 노동당 정부는 차입 규제를 완화해 주는 대신에 가난한 바러들의 누적된 주택채무를 결손 처리함으로써 대량 양도를 적극적으로 권장했다.

그래서 모든 지방의회가 시행했는가?

그렇기도 하고 아니기도 하다. 처음에는 주로 보수당 지배하의 지방의회에서 시행되었으나 2001년에 이르러서는 정치적 색채를 모두 망라한 100개 이상의 지방의회가 주택재고 양도 방식으로 거의 600,000채를 매각했다. 대부분은 지방의회가 자체적으로 설립한 주택협회에 양도되었으며, 그 과정의 '임의적(voluntary)' 성격을 강조하였고, 신규 관리위원회의 1/3은 지방의회의원으로 구성되는 경우가 많았다.

당시 최대의 지방의회 임대주들이 모두 참여했으며 — 글래스고(94,000채, 수선재고 1.2십억 파운드), 버밍햄(88,000채, 1십억 파운드), 브래드퍼드, 리버풀, 셰필드 — 임차인의 반대가 커지기 시작했다. 양도투표는 지방의회에 그대로 남는 것이 불리하도록 선택안이 제시되었다는 논란이 있었으며, 반면에 등록 사회주택임대주(RSLs)는 사실상 민주적 책임이 없는 민간 기업으로서 임대료를 인상하고 임대 안정성을 감소시킬 가능성이 있었다. 양도 찬성투표를 유도하기 위한 압력이 있었음에도 불구하고 버밍햄(Birmingham), 더들리(Dudley), 서더크(Southwalk) 등 몇몇 큰 투표는 패배했다.

1957년의 주택법(Housing Act)은 지방자치단체에 지역 주택 사정을 검토하고 주택이 추가로 필요하면 직접 신축하거나 기존 주택을 매수, 개조 및 개수하여 공급하도록 의무를 부과했다. 그 후 20년이 경과하자 전국적으로 지방정부공영주택의 총량이 7백만 채에 육박하였다. 당시 1980년에 새로 들어선 대처 정부는 주택법(Housing Act)을 통해 공영주택 임차인들에게 그들이 살고 있

정부목표를 재고해야 할 것인가?

그렇다. 현재 지방자치단체는 2010년까지 모든 사회주택을 품위 있는 주택기준(Decent Home Standard)에 맞춘다는 정부 목표를 충족시키기 위해서 3개의 대안 중에서 하나를 선택할 수 있다. 선택 대안은 모두 세 개뿐이며 지방정부공영주택에서 약간씩 변형된 형태를 띤다.

- 주택협회(Housing associations)로의 양도
- 논란이 많은 민간재정조달정책사업(PFI: Private Finance Initiative)의 활용 — 지방의회가 소유권을 보유하되 민간계약자 컨소시움으로 하여금 재원을 조달하여 개량사업을 추진하게 하고 전형적으로는 30년에 걸쳐서 정부로부터 추가적인 지원을 받아 상환하는 방안
- 근린관리조직(ALMOs: arm's length management organisations) — 지방의회가 소유권을 보유하되, 지방의회 대표와 임차인을 포함하는 관리위원회를 통해 지방의회 대신에 주택 재고를 개량 및 관리할 수 있도록 별도의 비영리법인과 계약을 체결하는 방안

지방의회, 그리고 노동조합과 노동당 당원들의 압력에도 불구하고 정부는 제4의 대안이 없다는 주장을 견지했다. 즉, '임차인 선택(tenants' choice)'에는 지방의회로 하여금 계속적으로 그들 임차인의 주택을 관리하게 하는 선택 방안은 포함되어 있지 않다는 것이다.

그래서 어떤 일이 일어나고 있는가?

교착상태에 빠졌다. 등록 사회주택임대주(RSLs)는 인기가 없고 민간재정조달정책사업(PFI)은 더 그렇다. 비싸고, 복잡하고, 위험하고, 그리고 민간 이윤을 위해 공공주택을 이용하기 때문이다. 근린관리조직(ALMOs)이 가장 덜 기피되는 방안이지만 정부는 회계감사위원회(Audit Commission)가 양호(good) 또는 탁월(excellent)하다고 평가한 근린관리조직(ALMOs)에만 여분의 재원을 지원할 것이다. 양도 비율은 정부 목표인 연간 200,000채에 크게 밑도는 수준으로 떨어졌다. 등록 사회주택임대주(RSLs) 주택이 곧 지방의회가 관리하는 주택 수를 앞지를 것으로 예상되지만 한 때 생각했던 것처럼 후자가 그렇게 빨리 그리고 완전하게 소멸될 것 같지는 않다.

던 주택을 임차 기간에 따라 최대 70퍼센트까지 할인된 가격으로 매수할 수 있는 권리를 부여했다. 노동당 지배하의 지방의회들은 민간 시장에서 주택을 임차할 능력이 없는 사람들에게 공급되는 공영주택의 총량이 감소할 것을 걱정하여 저항을 시도했지만 도리 없이 정부의 정책에 굴복하는 수밖에 없었다. 주무 장관은 어떤 지방의회가 임차인의 법정 매수권을 제한하고 있다고 판단

하면, 더비셔(Derbyshire)의 클레이 크로스(Clay Cross)에서 실제로 있었던 것처럼, 주택행정관을 파견하여 매매 과정을 인수하고 그 비용을 해당 지방의회로부터 구상할 수 있었다.

1997년까지는 한때 지방의회의 재산이었던 2백만 채의 주택이 민간인의 손에 넘어갔으며 당시 새로 집권한 노동당 정부는 누가 보아도 인기가 높았던 이 정책의 폐지를 거부했다. 이 정책이 분명히 막 시작된 주택 위기를 악화시켰고, 한편으로는 개발사업자들이 집을 매수하도록 임차인들에게 돈을 지불하고 해당 재산을 시장 임대료로 공급하는 방법으로 악용하는 증거가 분명히 있었음에도 불구하고, 정부 각료들은 매수 가격의 할인 한도를 축소하는 외에는 아무런 조치를 취하지 않았다. 이에 따라 2004년까지 500,000채가 더 매각되어 잔여 주택 총량이 1950년대 이후 처음으로 3백만 채 이하로 떨어졌다([도표 7.7] 참조).

그러나 공영주택의 총량이 감소했음에도 불구하고 유지관리는 여전히 필요했으며, 정부가 지방자치단체의 세입지출과 자본차입 양면에 대해 규제를 점차 강화함에 따라 수선 재고가 대규모로 쌓이기 시작했다. 정부는 이러한 수선 재고를 지방의회에서 스스로 처리하도록 재정적 차입을 허용하기보다는 재산양도 방식을 더 선호했다([도표 7.8] 참조). 주택법 1988(Housing Act 1988)은 새로운 임대주를 인정하는 '임차인 선택제도(tenants' choice)'를 도입했다. 그 중에서 주택협회(housing associations)가 주목할 만한 새 임대주로서 지방의회와 달리 임차인 투표의 결과에 따라 공영주택을 인수할 수 있도록 민간 자본의 조달이 허용되었다. 여기서 임차인투표 규칙은 지방자치단체에 현저하게 불리하게 규정되었다. 주무 장관은 임차인의 과반수가 지방자치단체의 소유 및 관리로부터 이탈하겠다고 선택하는 경우, 버밍햄(Birmingham)의 캐슬 베일(Castle Vale)과 브렌트(Brent)의 스톤브리지(Stone Bridge)처럼 대규모로 특정 지역을 주택재건추진연합(HAT)으로 지정할 수 있는 권한을 보유했다. 그리하여 준독립비정부기관(quangos)으로서 여섯 개의 주택재건추진연합이 창설되어 지방자치단체로부터 주택 및 이에 부수된 수선과 관리 기능을 인수하였다.

1997년까지 10년 동안 약 250,000채의 지방정부공영주택이 주택협회에 양도되었고 그들은 곧 주택 신규임대의 주요 공급자가 되었다. 지방의회에 대한 차입 제한의 폐지와 그들의 전통적인 주택관리 역할의 완전한 폐지 사이에서 선택에 직면한 신노동당의 각료들은 확고하게 후자를 택했다. 그러나 교육과 관련해서 이미 보았듯이 원칙적으로는 아직도 중요한 전략적 역할이 남아 있다. 현 주택 상황에 대한 평가와 공급, 수리, 슬럼 철거, 개량 및 수리보조금 등에 관한 미래 수요의 파악, 주택 소비자 및 다른 기관들과의 협의 등이 그것이다. 다만 교육 부문과 비교할 때 이러한 역할의 법적인 근거는 아직은 개발이 덜 된 상태로 남아 있다.

도서관 — 조용한 혁명?

지방의회는 150년 이상 공공도서관 서비스를 제공해 왔다. 그럼에도 불구하고 1919년에 이르러서야 비로소 도서 구입에 상당한 금액을 지출할 수 있도록 허용되었다. 최근에는 역설적으로 지출에 대한 어떠한 법률적 제한도 없었지만, 대체로 재량적인 이 서비스에 대한 지방의회의 예산 제약은 그 어느 때보다도 심각하다. 도서관이 문을 닫고, 개관 시간이 단축되고, 도서구입 예산이 대폭 줄어들고, 그리고 이에 따라 놀랄 것 없이 도서관 이용과 도서대출이 감소되었다.

그러나 이러한 상황에서도 적어도 도서관 제도의 일부는, 주로 외부 재정조달의 한 결과로서 '조용한 혁명'(MLAC, 2004)을 겪었다. 그 촉매는 국민복권공사(National Lottery)의 새기회기금(NOF: New Opportunity Fund)에서 전입된 120백만 파운드였다. 이 기금은 2000년 '국민네트워크(The People's Network)'를 출범시켜 브로드밴드와 점차적으로 와이파이 핫스포트(wi-fi hotspots)를 통해 거의 모든 공공도서관을 인터넷에 접속시켰다. 이어서 새기회기금(NOF)을 승계한 큰복권기금(Big Lottery Fund)으로부터 지역사회 도서관 및 가족 학습을 진흥하기 위한 지역사회 학습 프로젝트에 추가로 140백만 파운드가 전입되었다. 이들 시책은 브라이튼(Brighton), 본머쓰(Bournmouth), 노리치(Norwich)와 페캄(Pechkam)에서 보는 것처럼 빼어난 디자인을 자랑하는 몇몇 신축 건물에서 추진동력을 보강 받아 도서관 이용자 기반의 확대, 접근성의 개선, 편리한 위치 및 시설의 배치로 연결되었으며, 어린이와 젊은이들에게 지나친 경외와 '침묵(hush)'보다는 매력을 선사하는 도서관 문화를 선도했다.

[도표 7.9] 도서관—핵심적 사실

- 잉글랜드에는 약 3,700개의 공공도서관이 있다. 3,200개는 '정주(static)' 도서관으로서 그 중에서 절반이 약간 넘는 숫자는 매주 30시간 이상 개관하는 풀타임 도서관이다. 그리고 500개 가량은 '이동(mobile)' 도서관이다. 2005년에 도서관 전체적으로 325백만 점을 소장하고 있는데 그 중에서 책이 1/4을 차지한다.
- 영국 거주인구 가운데 60퍼센트는 공공도서관 열람증을 소지하고 있으며 2003~04년도의 연 방문횟수는 총 300백만 회가 넘는다. 이것은 영화 또는 축구경기 관람보다 많은 숫자이다.
- 2005년에 잉글랜드의 공공도서관은 '국민네트워크(The People's Network)'를 통해 70백만 시간에 해당되는 컴퓨터의 이용을 거의 대부분 무상으로 제공했다.

출처: Department for Culture, Media and Sport 웹사이트 www.culture.gov.uk

새 노동당 정부의 초대 문화부장관 크리스 스미스(Chris Smith)에 의해 '길목 대학(street corner universities)'으로 명명된 이들 면모를 일신한 도서관들은 정부의 여러 가지 핵심적인 목표인 평생학습, 온라인을 통한 공공 서비스의 제공, 근린지역사회 회생, 사회적 격리에 대한 투쟁, 그리고 국가 및 세계적 박물관에 소장된 진귀한 보물들에 대한 온라인 접근성 증가 등의 추진에도 기여했다. 도서 대출이 여전히 중요한 기능으로 남겠지만, 이와 병행하여 정보, 참고문헌 및 자료 센터로서의 역할, 학교, 맹인 및 약시자, 병원, 소수인종을 위한 특성화 서비스 제공자로서의 역할, 그리고 지역사회 문화예술센터로서 역할이 확장될 것이다. 또한 도서관이 앞으로도 계속 지방의회 서비스의 세부 내용, 정책의안 및 보고서 사본, 지방의회 집회 시간에 대한 정보, 그리고 지방의회의원들의 전화번호와 주소를 입수하여 전시할 것이라는 점 또한 주목할 필요가 있다.

레저, 예술 및 레크리에이션

여기서 다루는 마지막 서비스야말로 우리가 지금까지 보았던 어떤 것보다도 재량의 성격이 강할 것이다. 다른 서비스도 모두 재량적인 측면이 있어서 지방의회마다 우선순위가 다르고, 서비스의 공급 방식과 효율성의 정도가 각기 다르다. 그러나 레저 및 레크리에이션과 관련된 법률은 대부분 강제적이라기보다는 *수권적*(*empowering*)이다. 지방의회들은 박물관과 미술 갤러리를 제공할 수 있으며, 다른 지방자치단체를 통해서 같은 서비스를 제공할 수도 있고, 오케스트라와 콘서트홀을 창설할 수도 있고, 관광을 촉진할 수도, 그리고 온갖 종류의 스포츠 및 레저 시설을 공급할 수가 있다. 문화와 레크리에이션 및 예술 분야의 새로운 시책은 거의 모두가 점점 다른 기관들, 예를 들어서 예술위원회(Arts Council), 광역권역개발청(RDA) 또는 스포츠위원회(Sports Council) 등과 파트너십을 통해서 수행되고 있다. 우연히 서비스 공급 수준이 상대적으로 떨어지거나 시설의 이용에 비싼 요금을 부과하는 지방자치단체에 살고 있다면 이러한 재량은 한 사람의 시민의 입장에서는 좌절감을 느끼게 할 것이다. 그러나 지방정부 분야를 공부하는 학생으로서 당신은 레제 지출의 규모와 유형에서 해당 지방의회의 정치적, 사회적, 문화적 가치에 관하여 많은 것을 배울 수 있다.

결론 — 지방의 전속 관할영역에 대한 공유 확대

불가피하게도 숨쉴 틈 없이 살펴본 지방자치단체의 서비스에 대한 조망이, 비록 다른 기관들과의 협력이 증가하고는 있지만, 대규모 서비스 공급자로서 지방의회의 역할이 계속되고 있음을 강조하면서 시작한 이 장을 적절하게 마무리했다고 우리는 느낀다. 우리가 언급한 거의 모든 서비스는 지난 몇 년 사이에 중대한 변형을 겪었으며 종전에는 대체로 지방의회의 독점적인 역할에 속했던 사항이 지금은 다양한 다른 공급자들과 공유되는 사례가 증가하고 있다. 그러나 데이비스(Davis)가 설명하는 것처럼 그 균형과 세부적인 내용이 많이 변했고 또 앞으로도 더 변할 것이 확실하지만 '전통적인(traditional)' 그림은 아직까지 알아볼 수 있다.

> 지방자치단체가 어떤 특정 지역을 대상으로 정부 권한을 모두 행사한 적은 지금까지 한 번도 없었다. 다른 기관들도 항상 관여했으나, 과거에는 다만

지방자치단체들이 해당 지역공동체에서 합법적이고 논란의 여지가 없는 지도자로서 스스로를 자신 있게 보았다는 점이 다르다. 그러나 현재는 지방 차원에서 정부 권한을 행사하는 광범한 범위의 온갖 기관들과 지방의 '전속적 관할영역(turf)'을 공유하게 됨으로써 지방자치단체들의 지위가 도전을 받고 있다(Davis, 1996, p. 1).

제 8 장
공동협력통치 및 공동추진연대

서론—붐비는 경기장, 그러나 아주 끝나지는 않아

서비스의 직접적인 공급자로서 선출형 지방자치단체에 특별히 초점을 맞추고 있는 제 7 장을 다루면서 우리는 한편으로 무수히 많은 다른 조직들에 대해서도 언급하지 않을 수 없었다. 재단학교, 시티아카데미(중등공립자치학교), 학습기술위원회, 경찰 및 보건행정청, 등록 사회주택임대주, 주택재건추진연합, 1차진료기관연합 그리고 파트너십, 즉 공동추진연대 등이 그러한 조직들로서 도처에서 우리는 이들과 맞닥뜨렸다. 어떻게 '지방정부의 확립된 통치방식이 새로운, 그러나 아직까지는 완전한 형태를 갖추지 못한 거버넌스, 즉 공동협력통치라는 대안에게 자리를 물려주는지'를 이것보다 더 분명하게 나타내주는 징표는 없다. 오늘날 선출되는 지방정부는 독특하기는 하지만 '지방공동협력통치'로 널리 지칭되는, 자신을 제외하고는 어느 것도 직접 선출되지 않고 따라서 선거 책임을 지지 않는, 복잡한 조직 모자이크의 한 조각에 불과하다. 데이비스(Davis, 1996, p. 181에서 인용)는 선출되는 지방자치단체들이 '전속관할영역의 공유'에 점차 익숙해지고 있다는 비유를 사용한 바 있다. 토니 블레어(Tony Blair)의 이미지는 보다 더 공격적인데(Blair, 1998, p. 10), 그것은 민간부문을 훨씬 강하게 염두에 두어서일 것이다. '온갖 종류의 선수들이 과거에는 지방의회가 본 게임을 벌였던 지방의 경기장에서 자리를 차지하기 위해 경쟁하고 있다'는 것이다. 그러나 이러한 경기장 침범은 1966년 월드컵 결승

전에서 케네스 올스튼홈(Kenneth Wolstenholme)이 남겼던 불멸의 마지막 논평과는 달리 선출 지방정부의 시대가 '완전히 끝났다(it's all over)'는 신호라기보다는 단순히 참여 규칙에 어떤 커다란 변화가 있었다는 것을 의미한다. 이 장에서는 이러한 변화하는 규칙과 공동추진연대(partnership)의 세계, 그리고 어디에서나 볼 수 있는 준독립비정부기관(quango)에 대해서 설명하고 평가한다.

지방 공동협력통치란 무엇인가?

지방 거버넌스, 즉 공동협력통치가 정확하게 무엇을 의미하는가? 최근까지만 해도 '공동협력통치(governance)'라는 용어는 이론적으로 큰 의미를 내포하지 않았으며, 사용되더라도 정부 통치와 동의어였을 뿐이었다. 그러나 1990년대에 들어와서 하나의 개념으로서 공동협력통치에 대한 관심이 폭발했다. 처음에는 영국에서(Rhodes, 1997, 1999a, 1999b; Stoker, 1999a; Leach and Percy-Smith, 2001 등 참조), 그리고 나중에는 유럽 전역으로(John 2001; Denters and Rose, 2005 참조) 확산된 것이다. 이것은 *통치의 과정*(*processes of governing*)을 보다 잘 이해하게 해주는 조직 구성의 기본 틀로서 특별한 가치가 있다. 지방 공동협력통치는 서로 다른 문제를 서로 다른 다양한 전략을 사용하여 다룰 수 있도록 정부 및 비정부기관을 신축적인 파트너십, 즉 공동추진연대(partnerships)로 통합한다. 그것은 단일의 기관이나 서비스의 전문적인 공급 또는 일련의 새로운 구조를 기반으로 하는 것이 아니라 상이한 방식과 상이한 업무관계의 *융합*(*fusion*)에 바탕을 둔다. 여기서 핵심은 신축적인 접근방법으로서 공공부문과 민간부문의 경계가 불분명해지고 있음을 감안한다면 계서적이고 관료적인 전통적 통치 방식이 더 이상 적정하지 않다는 것이다. 공동협력통치에 대한 이해가 정부통치 연구에 가져다 준 핵심적인 특징과 강조점은 [도표 8.1]에 요약되어 있다.

보수당 정부에 의해 탄생된 '준독립비정부기관 국가체제(quango state)'에 비판적이었던 새 노동당 정부가 재빨리 중앙의 관여를 축소하고 지방의회가 잃어버린 책무의 일부라도 회복시켜 주기를 바랐던 사람들은 얼마 가지 않아 이것이 실현되지 않을 것임을 알아차렸다. 지방자치단체가 독점에 가까운 서

[도표 8.1] '정부 통치'와 '공동협력통치' — 강조점의 차이

정부 통치	공동협력통치
*국가 기관*에 주된 관심을 둔다.	*통치과정*과 이에 관여하는 *비국가행위자* 및 기관에 더 큰 관심을 둔다.
기본적으로 *공공부문*에서 일어나는 일에 관한 것이다.	훨씬 포괄적으로서 오늘날의 정책결정, 서비스 공급 및 문제해결은 공공분야뿐만 아니라 민간, 자원봉사, 지역공동체 등 사회의 *모든 부문*이 관여하는 것으로 인식한다.
주로 *구조*에 초점을 맞춘다.	*정책, 산출* 및 *성과*에 더 큰 관심을 둔다.
관료제적 계층구조, 권한관계 및 *책무*의 명확한 구분으로 조직의 특성이 규정된다.	개개인과 조직들 간의 *네트워크, 협력관계* 및 *협상*, 그리고 *교환관계*에 관한 것이며, 불가피하게 *책임한계가 불분명*하다.
공급, 지도 및 '*노젓기(ROWING)*'에 관한 것이다(Osborne and Gaebler, 1992).	더 광범하지만 관여의 정도는 약한 정부의 역할, 즉 *수권, 촉진* 및 '*키잡기(STEERING)*'에 관한 것이다.

출처: Leach and Percy-Smith(2001, pp. 2 ~ 5).

비스 공급자의 지위로 복귀하는 일은 결코 없을 것이며 앞으로도 다양한 협력 파트너들과 서비스 공급 책임을 계속해서 공유하게 될 것이었다. 실제로 노동당은 미국의 경험을 토대로 *특별구역(zones)*을 도입함으로써 새로운 행정용어를 양산하는 데 일조했다. 1999년부터 대두하기 시작한 고용특별구역(Employment Zones), 보건실천특별구역(Health Action Zones) 및 교육실천특별구역(Education Action Zones)은 이전 10년간을 특징적으로 규정했던 혼합경제를 통해 동일한 방식으로 지방 서비스를 공급하겠다는 새 정부의 의지를 분명하게 보여주었다. 전국적으로 가장 열악한 주택 지구를 회생시키기 위한 지역사회 뉴딜(NDC) 사업과 취학 전 아동 및 그 가족들을 지원하기 위해 고안된 탄탄한 출발(Sure Start) 프로젝트도 비슷한 유형에 속한다. 이러한, 그리고 이와 유사한 시책들은 지역사회의 수요를 보다 효과적으로 충족시키기 위해 당시까

지 편린화된 서비스를 기관간의 협력을 통해 통합하려고 했던 노동당 정부의 의도가 발현된 초기의 사례들이다. 실제로 '통합되고(joined up)' 보다 일체화된 정부로의 발전은 1999년의 백서 *정부현대화*(*Modernising Government*)의 핵심적인 주제였다(Cabinet Office, 1999).

거버넌스, 즉 공동협력통치의 시대를 맞아 선출 지방정부는 이제 지방서비스의 공급에 참여하는 수많은 기관들 중의 하나에 불과하다. 소위 단일통합 지방의회의 형태를 취하는 버밍햄 같은 도시조차도 정부조직이 더 이상 단순하고 명료하지 않다. 왜냐하면 시의회뿐만 아니라 다른 수많은 기관들, 그 중에서도 특히 독립적인 경찰행정청, 다수의 통합행정청, 8개 국립보건서비스청(NHS) 산하의 병원 및 건강보호연합, 4개의 1차진료기관연합, 학습기술위원회, 지역회생 공동추진연대 및 태스크포스, 기술직업전문대학 및 재단학교, 주택협회, 주택공사, 직업센터 플러스(Job Centre Plus), 청소년지원종합서비스(Connexions), 탄탄한 출발(Sure Start), 광역권역개발청(RDA)과 정부통합광역권역행정청(GO) 등을 고려해야 하기 때문이다. 버밍햄 시의회는 이들 모든 기관들과 관계를 맺고 협력하지만 한 때 가졌던 서비스 공급의 통제나 직접적인 공급 책임을 더 이상 지지 않는다.

지방의 준독립비정부기관체제 — 5,000개 기관의 실상

보수당 시대에는 선출 지방자치단체의 수가 감소했을 뿐만 아니라 그 자리를 대신하여 비선출 내지 간접 선출된 기관들이 급격하게 증가했다. 위어와 베탐(Weir and Beetham, 1999)은 '영국 민주주의의 평가(democratic audit of Great Britain)'에서 1997년 노동당이 상속받은 유산의 성격을 다음과 같이 요약했다(pp. 251 ~ 252).

> 지방의 준독립비정부기관 국가체제(quango state)는 현재 널리 파급되어 있고 여러 가지 서비스의 공급에 있어서 지방자치단체의 역할을 인수하거나 침범하고 있다. 주택공사는 사회주택 분야에서 지방자치단체로부터 신규 주택투자 통제권의 대부분을 획득하였다. 주택공사는 또한 지방적으로 신규 사회주

> 택사업 투자의 주요 통로가 된 지방주택협회를 감독한다 … 일부 공공주택 재산에 대한 지방정부 주택국의 관리 업무를 여러 개의 주택재건추진연합이 대체했다. 교육 분야에서는 정부보조금직영학교들이 지방자치단체의 통제에서 벗어났고 … 지방자치단체가 운영했던 직업기술전문대학은 모두 통합되어 준독립비정부기관이 되었다. 이와 함께 종합기술전문대학이 지방자치단체에서 고등교육재정지원위원회 관할의 대학교로 전환되었고, 학생 취업 · 진로지도서비스는 지방정부에서 민간기업으로 이관되었다. 계획 분야에서는 잉글랜드 지역에 12개의 도시개발공사(UDCs)가 설치되어 도심 지역의 계획 업무를 인수했고 … 고용서비스는 지방자치단체 관할 영역 밖에서 훈련 · 기업위원회(TECs)에 의해, 그리고 스코틀랜드에서는 이에 상응하는 지방기업회사(LECs)를 통해 발전되었으며 … 지방자치단체는 보건행정청의 위원회에서 대표권을 상실했고 새 경찰행정청에서는 역할이 더욱 축소되었다.

이들 새로운 협회, 위원회, 회사, 공사, 행정청 및 연합조직은 모두 조직구조가 다르고 업무 관행에 있어서도 차이가 있다. 그러나 이들 기관들은 모두 중앙정부에 의해 직접 또는 간접적으로 임명되고, 최근까지도 지방자치단체가 주로 또는 독점적으로 담당했던 서비스를 공급하거나 기능을 수행한다. 그래서 이들 기관들은 지방자치단체를 우회하거나 갈등을 빚을 소지가 있다. 이들은 중앙 하위정부의 복잡성을 크게 가중시킬 뿐만 아니라 지방 차원에서 '그들을 후견하는' 중앙부처의 영향력을 강화시키는데 이러한 측면은 지방의 지배 정당이 중앙과 다른 경우에 특히 유용하다. 어떤 의미에서 이들은 중앙의 대리기관이며 위어와 베탐(Weir and Beetham, 1999)의 표현을 빌리면 '중앙정부의 신용카드(government's flexible friends)'이다(p. 196). 집합적으로 그들은 '지방준독립비정부기관국가체제(local quango state)'로 알려져 있다.

'쾡고(Quango)'는 준독립비정부기관을 의미하는 quasi-autonomous non-governmental organisations의 영문 두문자 약어로서 쾡고에 대해서 합의를 이룰 수 있는 것은 오직 그것 하나뿐이다. 그것은 포착하기 어려운 용어로서 정치적 목적에 따라서, 즉 그 중요성을 극소화할 것인지 아니면 극대화할 것인지에 따라서 다양하게 정의를 내릴 수 있다. 정부는 그 중에서 극소화주의자들이다. '준독립비정부기관 국가체제를 일소하겠다'(Skelcher et al., 2000, p. 13)고

공허하게 약속하고 집권한 노동당의 경우가 특히 그렇다. 그와 반대로 민주주의 평가관(Auditors of democracy)들은 극대화주의자의 경향이 있다(Lewis, 2005). 이상하게도 정부는 몇 년 동안 '쾅고 웹사이트(quango website)'를 운영하고 그에 대한 정의—정부 과정에서 역할을 가지고 정부 각료들과 지근거리에서 운영되는 기관—까지 제공해 놓고는 아마도 잠재적으로 지나치게 팽창적인 속성을 가지고 있다고 판단해서인지 지금은 '그 용어를 사용하지 않는다'라고 다소 당당하게 선언하고 있다. '지방 준독립비정부기관국가체제(local quango state)'의 지형을 묘사하고자 하는 우리의 목적에는 '공공재정을 지출하는 비선출기관'이라고 규정한 (압력단체인) 헌장 88(Charter 88)의 단순하면서도 명확한 정의가 아주 훌륭하게 부합된다.

이 정의에 따르면 1990년대 중반 이래 영국에는 5,000개 정도의 지방 준독립비정부기관이 유지되어 왔다. 지금까지 이들 조직 전체의 실상을 가장 체계적으로 파악한 것은 하원 공공행정특별위원회의 것이었다. 그것은 동 위원회의 의장이 각료들에 대한 의회 질의를 통해 부족한 부분을 메울 수 있는 특권적인 지위를 가졌기 때문에 가능했다. 동 위원회조차도 행정청, 위원회, 회사 등을 혼동하기도 했었지만, 그러나 동 위원회의 조사 결과를 요약한 [도표 8.2]는 아마도 지방 준독립비정부기관 국가체제에 대한 가장 정확한 묘사가 될 것이다.

약 5,000개의 지방 준독립비정부기관은 60,000명이 훨씬 넘는 소위 '준독립비정부기관관료(quangocrats)'에 의해 운영되는데 이들은 대부분 관계 부처의 각료에 의해서 임명되거나 또는 해당 조직에서 자체적으로 임명되며, 그 숫자는 지방의회의원 1명당 세 명꼴에 해당된다. 민주주의평가원(Democratic Audit)의 초기 보고서들은 이러한 신 '지방행정관 체제(local magistracy)'의 규모와 자의적이고 당파적인 위원임명 방식, 그리고 다수 위원회에서 볼 수 있는 책임성과 공개성의 심각한 결핍에 대하여 우려를 표시하였다. 메이저(Major) 정부는 공직 생활의 기준에 관한 놀란위원회(Nolan Committee on Standards in Public Life)를 창설하여 점진적인 개혁 과정에 시동을 걸었다. 그러나 신노동당(New Labour)은 이미 언급한 바와 같이 훨씬 강력한 조치를 약속하고 '준독립비정부기관 도태(quango cull)'를 발표했다. 그러나 실제로 어떠한 도태도 일어나지 않았다. 1년이 채 지나지 않아서 '조직 숫자를 필수불가결한 최소한의 수준으로

[도표 8.2] 영국의 지방 준독립비정부기관 국가체제, 2000년 4월

기술직업교육기관	511
재단학교(종전 정부보조금직영학교 및 민간관리지원학교)	877
도시기술전문학교(City technology colleges)	15
학습기술위원회(2000년 TECs, 즉 훈련기술위원회 대체)	47
지역기업 · 경력서비스회사(LECs- 스코틀랜드)	39
등록 사회주택임대주	2,421
주택재건추진연합	4
경찰행정청	49
보건행정청/위원회	114
국립보건서비스청(NHS) 연합조직	387
1차진료기관연합	488
계	**4,952**

출처: House of Commons(2001) *Select Committee on Public Administration, Fifth Report, 2000/01: Mapping the Quango State*, Table 6.

유지하는'(Cabinet Office, 1998) 것으로 목표가 수정되었으며, 2005년에 와서는 오히려 잉글랜드의 광역권역개발청과 웨일스 및 스코틀랜드로의 자치권 이양에 따른 신규 기관을 비롯하여 적어도 111개의 완전히 새로운 준독립비정부기관이 필요한 것으로 밝혀졌다(Lewis, 2005).

스켈처 등(Skelcher et al., 2000)은 지방의 관점에서 이러한 사태의 발전을 평가하면서 정부 각료들이 그들이 하는 일이 얼마나 심대한 결과를 초래하는지 모르고 있다고 매우 너그럽게 결론을 내렸다(p. 5).

> 우리는 이러한 준공동협력통치(quasi-governance)의 팽창이 지방 수준에서 지방의 민주주의와 선출 지방정부에 어떤 영향을 미치는지 정부 각료들이 인식하지 못한다고 생각한다 … 그러나 그러한 영향이 축적되면 선출 지방정부의 권한과 기능이 계속 외부로 유출되어 고갈되고, 공공서비스의 공급을 지방적으로 조정하기가 극도로 어려워진다. 시청 등 지방정부의 사무소가 자연스럽게 공공의 서비스 및 의무에 대한 문의와 요구, 그리고 불평을 토로하는 중심 장소가 되는 지역사회와 지역주민들의 입장에서 볼 때 조정이 되지 않은

무수한 공공기관이 존재한다는 것은 사실상 그 이용이 불가능하다는 것을 의미한다.

준독립비정부기관들이 중요한 기능을 수행하고 있으며, 또 그것을 효과적으로 수행할 수 있다는 데 대해서 누구도 심각하게 이의를 제기하지 않을 것이다. 이들 조직은 지방선거제도로는 제대로 대표되지 않는 사회의 단면을 포함하여 가치 있는 경험과 전문적 지식을 정부에 투입할 수 있다. 이들 조직은 또한 민감한 쟁점에 대한 토론에서 객관성과 비당파적인 입장을 견지할 수 있다. 그러나 민주주의론자들은 선출된, 그리고 책임성 있는 지방자치단체로부터 정책 결정과 서비스 공급의 전체 영역을 모조리 인수하는 것은 심각한 민주성의 결핍에 노출될 위험이 있다고 주장할 것이다.

지방의회의원들이 선출되며, 그래서 선거구민들이 이름을 들으면 알 만하고 쉽게 접근할 수 있다는 점 이외에도, 지방자치단체는 업무를 비교적 공개적이고 투명하게 처리한다. 그들은 연례보고서를 생산하고, 매년 회계계정에 대한 감사를 받고, 회의를 공고하고, 의제와 의사록 및 배경 자료를 발간하고, 주요 의사결정을 보고하고, 불만사항을 접수하고, 지방의회의원들의 이해관계를 등록한다. 그들은 또한 중앙으로부터 포괄적인 지도와 감사 및 규제를 받는다. 하원 공공행정특별위원회의 조사에 따르면 준독립비정부기관은 다수가 이들 중에서 어떤 것도 이행할 의무가 없고 또 선택할 필요도 없다(House of Commons, 2001, table 11). 실제로는 5,000개에 달하는 준독립비정부기관의 절반 정도가 연례 보고서와 위원회 회의안건 및 의사록을 발간한다. 그러나 예를 들어, 회의를 일반 주민에게 공개하거나, 정부의 정보접근 실천 강령을 준수하거나, 또는 그들의 계획과 정책을 지방자치단체와 협의하는 조직은 1/5에 불과하다.

이러한 민주적인 관행들은 그 자체적으로는 어느 것도, 심지어 직접선거조차도, 능률적인 서비스를 보장하지 못한다. 그러나 이를 통해서 다른 기관들보다 효과적이고, 책임성 있고, 또 향상된 서비스를 창출할 가능성은 커지게 된다. 스켈처와 데이비스(Skelcher and Davis, 1996)가 행한 다음의 인터뷰를 보면 이들 다른 기관의 일부 위원들은 그들이 누구를 대표하는지조차도 확실히 모르는 것 같다.

[긴 침묵] 누구에게 책임을 지는지에 대해서 나는 아직까지 질문을 받아본 적이 한 번도 없다. [긴 침묵] 참 재미있는 질문이다. [침묵] 아마도 지역사회겠지. [침묵] 지역 주민들. 나는 그들을 위해서 무언가 하려고 하는 것을 느낀다. 그리고 물론 내 회사도 대표한다.

공동추진연대 — 새로운 패러다임

지방자치단체들이 권한을 상실하고, 과거에 직접 관장했던 서비스 공급이 편린화된 데 대해 분노를 느끼는 것은 당연한 일이라고 할 수 있다. 그러나 그로 인해 다수의 지방자치단체들이 — 오히려 정부가 점차 강력하게 요구해오기 이전부터 — 신생의 준독립비정부기관과 민간부문 및 자발적 단체들과 파트너십, 즉 공동추진연대 속에서 밀접하게, 그리고 생산적으로 협력하는 것을 방해받지는 않았다. 1998년 지방자치단체의 핵심적인 미래 역할로서 ‘지역사회 리더십(Community leadership)’이 노동당 정부 최초의 지방정부정책협의문서라는 이름으로 전면에 처음으로 크게 등장했다(DETR, 1998a). 그렇지만 스토커(Stoker)가 지적한 대로(1999a, p. 15), 이미 많은 지방자치단체들은 그들이 심각한 재정 및 기타의 입법적 제약에 직면했던 기간 동안에 과거보다는 훨씬 적극적인 자세로 지역사회에서 보다 광범한 리더십 역할을 떠맡기 시작했다. 경제개발, 도시재생, 환경보호, 지역사회안전 및 방범조치, 빈곤타파 시책, 예방적 건강보호 제도, 그리고 가정폭력방지 프로젝트는 모두 지방자치단체가 지역사회 공동협력통치의 비전을 진전시킨 분야였다. 노동당 정부의 특별한 공로는 그러한 시책과 사업이 공식적인 파트너십, 즉 공동추진연대를 통해 추진될 수 있도록 다양한 방법으로 장려하고 의무화하는 — 다시 말해서 정책 결정 및 서비스 전달의 새로운 ‘패러다임’으로서 공동추진연대를 촉진하는 — 전반적인 일련의 재정지원 제도를 도입한 데 있었다(Lowndes and Sullivan, 2004, p. 52).

그러한 패러다임의 개요는 신 노동당 정부 초기에 총리에 의해 직접 제시되었다(Blair, 1998, p. 13).

모든 일을 계획하고 공급하는 일반목적 [지방] 자치단체의 시대는 지났다.

[도표 8.3] 특별구역 및 공동추진연대의 미로 같이 복잡한 세계

미래는 밝다 — 만약에 미래가 공동추진연대라면

블레어 정부는 출범 초기부터 지방정부의 미래는 단독의 서비스 공급자가 아니라 다른 공공, 민간 및 지역사회단체들과 공동추진연대를 통해 활동하는 데 있다는 점을 분명히 했다. 하원 공공행정위원회의 '준독립비정부기관 국가체제 실태조사(mapping the quango state)'에는 그 결과 폭발적으로 늘어난 지방의 공동추진연대가 망라되어 있다. 그 중에서 선별된 다음의 2,393개 연대에는 모두 지방자치단체의 관련 부서 공무원(경우에 따라서는 지방의회의원)이 다른 공공기관, 지방의 자발적 지역사회단체, 그리고 보통은 민간부문 및 기업조직의 대표들과 함께 참여하고 있다.

113 **교육실천특별구역** — 빈곤의 정도가 높은 지역에서 성취도를 높이고 학습 장애를 극복하기 위해 지방 조직들과 협력하는 학교 집단
26 **보건실천특별구역** — 보건 및 사회보호 프로그램을 통해 보건상의 불평등과 핵심적인 우선순위 — 예를 들어, 정신 건강, 10대 임신, 마약 사용 — 에 대처
15 **고용특별구역** — 개별적 실천계획과 '개인적 취업계정(personal job accounts)'을 통해 장기 실업자의 고용 가능성 향상을 지원
12 **스포츠특별구역** — 소외 지역에서 스포츠의 사회적, 경제적 기여를 높이기 위해 활동하는 학교, 스포츠클럽 및 기타 기관들 간의 네트워크
22 **지역회생 공동추진연대를 위한 새로운 약속** — 넓은 지역에 걸쳐 생활의 질과 공동협력통치 역량을 향상시키고, 그 속에서 보다 구체적인 다른 지방 공동추진연대가 작동할 수 있는 토대를 제공

그들은 이미 사라졌다. 다른 기관들과의 공동추진연대에 … 지방정부의 미래가 놓여 있다. 지방자치단체가 앞으로도 일부 서비스를 공급하겠지만, 그들의 특징적인 리더십 역할은 지방의 다양한 이해관계자들의 기여를 서로 짜고 엮는 것이 될 것이다.

정부는 이러한 공동추진연대를 '만성적인 사회악, 즉 낮은 교육수준, 사회적 배제, 열악한 보건 및 빈곤 등에 성공적으로 대처'할 수 있는 결정적인 방안으로 본다. '어떤 기관도 이러한 뿌리 깊은 문제를 혼자서는 해결할 수 없다. 즉 이러한 "고약한 문제(wicked issues)"는 조직의 경계를 넘나들기 때문에 공동의 해결책이 필요하다'(Snape and Taylor, 2003, p. 1). 지방 차원에서 그것

39 **지역사회뉴딜(NDC) 공동추진연대** — 주택, 범죄, 교육성취도, 보건 및 고용 전망에 있어서 빈곤 지역과 기타 일반지역간의 격차를 축소

900 **지역재생통합예산 공동추진연대** — 지역재생통합예산(SRB)에 기여하는 여러 정부 부처의 회생 목표를 제시

285 **지방의제 21(Local Agenda 21) 공동추진연대** — 1992 리오 '지구정상회의(Earth Commit)'에서 합의된 지속가능한 성장, 환경보호 및 보전의 원칙을 증진

47 **청소년지원종합서비스(Connexions) 공동추진연대** — 13 ~ 19세 연령층을 종합적으로 지원하는 청소년지원종합서비스의 목표 향상

150 **유소년초기개발 및 어린이보호 공동추진연대** — 어린이 보호의 높은 품질, 저렴한 비용 및 제한 없는 이용을 보장하기 위한 정부의 노력을 종합적으로 조정

100 **학습공동추진연대** — 16세 이후 학습의 계획, 적정성, 기준 향상 및 참여의 확대

139 **탄탄한 출발(Sure Start) 공동추진연대** — 취학연령 이전의 불우 어린이들의 성공에 대한 기대를 제고

16 **창의력향상 공동추진연대** — 청소년들이 학교 바깥에서 예술 및 문화 교육을 받을 수 있는 기회를 제공

376 **범죄 및 무질서경감 공동추진연대(CDRP)** — 범죄 및 범죄 관련 쟁점을 해결하기 위한 조치를 지방 차원에서 조정

153 **지역사회 법률서비스 공동추진연대** — 법률 및 자문 서비스의 이용 기회와 공급을 향상

출처: House of Commons(2001) *Select Committee on Public Administration, Fifth Report, 2000/01: Mapping the Quango State*, Table 7.

은 공공기관과 민간기업, 그리고 자발적 지역사회단체를 서로 결합하는 공동추진연대를 의미하며, 중앙정부의 재정지원은 그 핵심이 확실히 이해될 수 있도록 점차 복수기관간 공동추진연대의 설정을 조건으로 하고 있다.

그 결과 공동추진연대가 폭발적으로 증가했는데, 설리반과 스켈처(Sullivan and Skelcher, 2002, pp. 24 ~ 7)는 최소한 5,500개의 공동추진연대가 연간 약 4.3십억 파운드를 지출하고 있으며, 공동추진연대위원회의 위원이 75,000명이나 된다는 사실을 발견하고 그 내용을 문서로 정리했다. 이들은 규모, 기능, 서비스의 영역 등 생각해 볼 수 있는 모든 측면에서 서로 다르다. 즉, 법정 연대와 임의 연대, 집행적 연대와 비집행적 연대, 전략적 연대와 운영적 연대, 그리고

[도표 8.4] 좋은 협력당사자(partner) — 한 지방의회의 공동추진연대 사례

오늘날 모든 지방자치단체는 적어도 공식적으로는 지방전략공동추진연대(LSPs)를 통해 다른 많은 서비스 공급 조직 및 기관들과 관계를 맺고 있으며, 규모가 큰 단일통합의회의 경우는 그 연대가 족히 수백 개는 될 것이다. 따라서 단지 제한된 범위의 서비스만 직접적으로 책임을 지는 디스트릭트 의회의 사례를 들어 공동추진연대의 운영을 살펴봄으로써 통찰력을 더욱 높일 수 있을 것이다. 길퍼드 바러 의회(Guildford Borough Council)는 서리(Surrey) 카운티의 11개 디스트릭트 중의 하나로서 2005년도의 공동추진연대는 다음과 같은 것들이 있다.

- **다수 기관 연대**
  범죄 및 무질서 감소
  유소년 초기개발 및 어린이 보호
- **다른 지방자치단체와의 연대**
  도시쓰레기통합관리전략 — 서리 카운티의회 및 서리 소재 디스트릭트 의회들과의 협력
  쓰레기자각 캠페인 — 웨이벌리 바러 의회(Waverley BC)와의 협력
  독립다세대형 복지보장주택(Very sheltered housing) 공급 — 서리 카운티 의회(Surrey CC)와 협력
  노상주차관리 — 서리 카운티 의회(Surrey CC)와 협력
- **다른 공공기관과의 연대**
  서리 연구자 프로그램 — 서리 대학교와 협력: 길퍼드의 교통, 공해 및 보건간의 관계 연구 후원
  노인복지수요 통합평가과정(Single assessment process) — 길퍼드 및 웨이벌리 1차 진료기관연합과 서리 카운티 의회
  건강걷기 프로그램 — 길퍼드 및 웨이벌리 1차진료기관연합, 건강생활센터, 서 서리 NHS 건강증진서비스, 에이지 컨선(Age Concern) 서리 지부, 서리 대학교와 협력
  젊은(11 ~ 19세) 음악도 기술 개발을 위한 라이브 앤 디렉트(Live & Direct) 프로젝트 — 청소년 음악(자선단체), 서리 청소년개발서비스, 서리 예술공동추진연대, 라이쓰믹스(Rhythmix) 청소년음악프로젝트와 협력
- **민간부문과의 연대**
  코마트코(Comatco Ltd) — 길퍼드 스펙트럼 레저단지(Spectrum Leisure Complex) 식당 체인점
  툰스톨 텔레콤(Tunstall Telecom Ltd) — 생활보조기술을 이용하여 사람들을 그들의 집안에서 어떻게 보살피는지를 보여주는 '스마트(Smart)' 견본주택 건립
  올드쇼트 카 스페어스(Aldershot Car Spares) — 무단 유기 자동차 24시간 무료 제거

출처: Audit Commission(2005a), pp. 22 ~ 23.

유한회사와 자선연합 등이 모두 망라되어 있다. [도표 8.3]에 발췌된 목록은 전체 공동추진연대의 절반도 채 안되지만, 관련 분야에서 서비스 책무를 수행하는 지방자치단체라면 당연히 선도적인 역할을 담당할 대규모의 공동추진연대가 대부분 포함되어 있다. 설리반과 스켈처(Sullivan and Skelcher)가 발견한 5,500개의 공동추진연대 중에서 나머지 절반은 상대적으로 규모가 작고 국지적인 경향을 띤다. 길퍼드(Guildford) 디스트릭트 의회처럼 교육, 사회서비스 및 경찰과 같은 핵심적인 서비스를 직접 담당하지도 않고, 또 극심한 빈곤 지역을 관할하는 것도 아닌 지방의회가 관여하는 공동추진연대가 그러한 유형에 속한다([도표 8.4] 참조). 이와 함께 주제가 각기 다른 이들 공동추진연대를 서로 조정하고 감독하기 위해서, 아마 지금쯤은 여러분들도 예상하겠지만, 지역공동체 계획의 수립 및 집행과 지방구역협약(local area agreements — 제17장, 특히 [도표 17.6] 참조)의 교섭을 선도하는 지방전략공동추진연대(local strategic partnerships, [도표 8.5] 참조)가 설치되어 있다.

부가가치 창출이냐 아니면 숫자만 무섭도록 많은가?

중앙정부의 채찍과 재정적 인센티브라는 당근이 없더라도 공동추진연대의 운영을 통해서 지방자치단체가 기대할 수 있는 부가가치를 쉽게 이해할 수 있다. 공동추진연대는 영국 사회에서 가장 취약한 집단들 — 가령 어린이, 노인, 정신건강에 문제가 있는 사람 — 의 수요를 충족시키는 데 있어서 개별적으로 운영되는 서비스의 한계를 극복할 수 있다. 공동추진연대는 지역사회 전반에 영향을 미치고 다기능 지방자치단체의 책임 영역조차도 넘어서는 복잡하고 '여러 분야에 중첩된', 다시 말하면 전체론적인 쟁점과 문제 — 빈곤, 도시회생, 지역사회 안전, 예방적 건강보호, 환경보호 — 를 해결하기 위해 시도해 볼 수 있다. 공동추진연대는 민주적 지방정부가 지금까지 할 수 있었던 것보다 시민참여 및 지역사회의 관여를 더욱 강화할 수 있을 것이다.

그러나 이에 대해서는 반론도 있다. 스켈처(Skecher, 2004)는 최근 공동추진연대 운영으로의 쏠림 현상을 지방자치단체의 '기능적 주권(functional sovereignty)'에 대한 도전이며, '지역사회의 민주적 목소리'(p. 35)로서 그들의 정

[도표 8.5] 지방전략공동추진연대

지방전략공동추진연대란 무엇인가?

단일, 비법정, 다기관 기구로서 지방자치단체와 동일한 구역을 대상으로 지역 차원에서 공공, 민간, 자원봉사 및 지역사회 부문의 대표들과 지역 주민을 한 데 묶는다. 당초의 목적은 해당 지역과 주민의 경제, 사회, 환경적 복지를 촉진하기 위하여 *지역사회 계획*(*Community Plan*) 또는 *전략*(*Strategy*)을 수립하고, 집행하고 그 과정을 감시하는 한편, 공동추진연대를 통해 업무를 추진함으로써 서비스 공급의 조정력을 강화하려는 것이었다.

지방전략공동추진연대가 어디에서 나왔는가?

지방정부법 2000, 그리고 부분적으로는 정부의 *근린지역사회 회생을 위한 새로운 약속*(*New Commitment to Neighborhood Renewal*)을 담은 내각사무처(Cabinet Office) 사회배제국(Social Exclusion Unit)의 전략 문서에서 나왔다. 이 약속은 잉글랜드에서 가장 가난한 지역을 대상으로 고질적이고 복합적인 문제 — 산업 쇠퇴, 실업, 고착된 가난, 공공서비스 실패, 범죄, 야만적 파괴행위, 마약거래 및 가족해체 — 를 해결함으로써 생활수준을 높이려는 것이었다. 그러나 지방전략공동추진연대는 비단 이렇게 빈곤한 지역에 국한된 것이 아니고, 잉글랜드의 모든 지방자치단체가 개별적으로, 그리고/또는 공동으로 관여하고 있다.

그래서 얼마나 많은 지방전략공동추진연대가 형성되어 있는가?

두 개의 그룹으로 구분됨.

- 88 'NRF LSPs' — 잉글랜드의 극빈 지방자치단체에 있는 연대로서 극빈 선거구의 80퍼센트 이상이 포함되어 있다. 근린지역사회 재생기금(Neighbourhood Regeneration Fund)을 정부에서 추가로 교부받는다.
- 288 'Non-NRF LSPs' — 나머지 지방자치단체 지역에 있는 연대로서 단일 지방자치단체 또는 카운티 의회와 해당 카운티 영역의 디스트릭트를 협력 기반으로 한다. 이들 공동추진연대는 보통 해당 지방자치단체 및 기타의 공공부문 조직으로부터 재정을 조달한다.

치적 권위를 훼손하는 것이라고 설명했다. 예를 들어 지방전략공동추진연대가 그것을 구성하는 기관들의 리더십 사이에서 타협의 장이 되고 반면에 공익이 무시될 수 있다는 것이다. 그렇게 되면 회계감사위원회가 적절하게 강조했다시피 비용이 따른다(2005a, p. 25).

공동추진연대의 운용은 비용을 유발한다. 만약 공동추진연대가 목적 달성에 양자 모두 통상적으로 기간 지방의회의 집행위원장이 회의를 주재한다.

협력당사자는 누구인가?

지방전략공동추진연대는 쉽게 말하면 포함시켜야 할 이해관계의 범위가 넓기 때문에 매우 큰 기구이며, 몇몇 집단은 '상급단체(umbrella groups)'에 의해 대표된다. 지방전략공동추진연대 회원의 전형으로서 레스터셔(Leicestershire)의 예를 보면 다음과 같다.

- 레스터셔 카운티 의회 — 지방의회의원 및 지방공무원
- 7개 레스터셔 디스트릭트 LSPs
- 파리시의회협회
- 샤이어 경제공동추진연대
- 사업연대
- 청소년지원종합서비스
- 학습 · 기술위원회
- 시 학습공동추진연대
- 비도시 공동추진연대
- 4개 1차진료기관연합
- 2개 국립보건서비스청 연합조직
- 전략적 보건행정청
- 환경 공동추진연대
- 문화전략포럼
- 경찰행정청
- 인종평등위원회
- 통합 소방행정청
- 자원봉사서비스위원회
  지역사회 공동추진연대
- 지역사회 사업대표
- 직업센터 플러스
- 종교집단 대표

무엇을 하는가?

초기부터 실천보다는 논의가 더 많았다 — 회원에 대하여, 구조 및 과정의 개발에 대하여, 그리고 공동목표의 합의에 대해서 등등이다. 대부분의 경우 관련 이해관계 및 서비스 이용자들의 의견을 듣기 위하여, 그리고 총괄적인 지역사회 계획에 도입될 사업, 프로젝트, 목표 및 일정표를 개발하기 위하여 실천 및 주제 집단이 설치되었다. 지금은 지방구역협약(Local Area Agreements — [도표 17.6] 참조)의 합의를 도출하고 집행하는 핵심적인 기구이며, 지방서비스 공급의 주요 추진자 및 조정자로서의 지위를 확립했다.

초점을 맞추기보다는 절차적 문제를 논의하는 회의에 시간을 너무 많이 소비하면 비용이 편익을 초과하게 된다.

행간을 읽는 데 그렇게 큰 통찰력을 발휘하지 않아도 회계감사위원회가 2005년도의 보고서에서 공동추진연대에 대한 정부의 무비판적인 열정이 너무 멀리, 그리고 너무 빨리 나갔다고 느끼고 있음을 짐작할 수 있다. 동 보고서

는 '공공기관들이 다른 방법으로는 달성할 수 없는 편익을 창출하기 위해 이 모든 협력을 성공적으로 관리하는 것이 가능한 일인가?'라고 수사학적으로 묻고는 그에 대해 회의적인 시각을 분명하게 나타내고 있다. 이 위원회의 연구에서 극소수의 조직 이외에는 그들이 참여하는 공동추진연대의 숫자조차 모르고 있으며, '거의 아무도 … 공동추진연대의 운용과 관련된 전체 비용이 얼마인지 계산해보려고 하지 않는다'. 한 조직의 경우는 '우리는 한 번도 투입, 산출 및 성과를 자세히 들여다 본 적이 없으나, 아마도 겁나게 큰 숫자로 불어나 있을 것이다'라고 수긍하고 있다(2005a, p. 25).

이해는 가지만 여러 가지 이유로 다기관 공동추진연대의 회계 문제가 어렵다고 한다면, 필연적으로 책임성이 약화될 수밖에 없다. 자원을 효과적으로 이용하고 관리한다고 주장할 수가 없으며 이루어낸 성과나 재정 가치를 계량적으로 나타내는 것이 불가능하다. 회계감사위원회가 내린 주된 결론은 공동추진연대에는 평가조사와 성과평가와 같이 해당 기관의 비공동추진연대의 업무에 적용되는 기준이 아무것도 적용되지 않으며, 그 결과 공동추진연대가 주기적으로 붕괴되고, 남은 것은 효과성을 측정할 수가 없으며, 다수는 당사자들이 인정하건 하지 않건 간에 심각한 문제에 봉착한다는 것이다. '지방공공기관'은 이 유형의 활동에 대하여 '훨씬 더 건설적으로 비판적이어야 하며, 그것이 어느 경우에나 최상의 해결책이 아닐 수 있다'고 위원회는 권고하고 있다(2005a, p. 2).

민간재정조달정책사업

앞의 몇 페이지에서 언급했던 다부문 기구의 다수는 공공·민간 공동추진연대(PPPs: public/private partnerships)라고 할 수 있을 것이다. 그러나 민간재정조달정책사업(PFI: Private Finance Initiative)은 특별히 중요하고 논란이 많은 공동추진연대의 형태이기 때문에 별도의 항으로 떼어서 설명할 필요가 있다. 이 사업은 보수당 정부가 공공지출 감축 정책을 지속적으로 추진하면서 이와 함께 학교, 병원, 교통 및 다른 분야의 국가적 경제사회 기반시설에 대한 장기간의 저투자로 정치적인 어려움에 직면했던 1990년대 초에 시작되었다. 이것은 공공 부문으로 하여금, 정부의 공공지출액 규모를 부풀리지 않고 동시에 공공서비스의 '민영화'를 확대하면서, 자본집약적인 사업(빌딩, 도로, 공장, 장비, 차량)을 추진할 수 있게 하는 새로운 방법이었다.

정부가 이들 자본 프로젝트의 비용을 조달하기 위하여 민간부분에서 차입을 하고 그것을 직접 소유 및 운영하는 대신에, 민간부문이 건설 자금의 조달뿐만 아니라 해당 프로젝트와 관련된 *서비스*까지 일부 또는 전부 제공할 수 있도록 개방한 것이다. 그 대가로 정부는 일정 기간 — 아마도 20 또는 30년 — 에 걸쳐서 자산 및 관련 서비스의 *사용*에 대한 보수를 지불하는데 여기에는 비용과 함께 자본투자 위험에 대한 보상이 포함된다. 민간재정조달정책사업은 여러 가지 종류가 있는데 어떤 것은 민간 부문이 자산 및 서비스의 공급을 모두 떠맡는 경우도 있고, 일부는 공공 및 민간 재정이 혼합되기도 하고, 어떤 것은 대여계약(leasing arrangements)을 이용하기도 한다.

민간재정조달정책사업은 처음 시작은 더뎠지만, 영불해협터널 철도노선(Channel Tunnel Rail Link)과 런던지하철 주빌리 라인(Jubilee Line)의 연장과 같은 대규모의 교통 프로젝트에서 병원, 교도소, 도로, 그리고 기술직업교육 및 고등교육 기관의 새로운 교수 및 주거 시설로 점차 확대되었다(Unison, 2002). 그럼에도 불구하고 지방정부는 1996/97 회계연도까지 민간재정조달정책사업을 착수조차 하지 못했는데, 그것은 주로 영국 지방정부의 재정운영에 가해졌던 엄격한 법적, 재정적 제약 때문이었다. 따라서 현재 지방자치단체들이 이 제도를 광범하게 활용하는 것은 대체로 블레어 정부에 의한 것이다.

다수의 민간재정조달정책사업 프로젝트는 중앙정부의 재정지원을 요하지 않는다는 점에서, 그리고 이 경우에는 관련 중앙부처의 승인을 받을 필요가 없으므로, 재정적으로 독립적이다. 그러나 지방자치단체의 주요 프로젝트는 대부분 정부의 지원이 필수적이다. 그리하여 1997년부터 2005년도 사이에 약 300개의 민간재정조달정책사업 프로젝트와 12십억 파운드의 재정 지원이 각 중앙부처에 의해 승인되었다(ODPM, 2005c). 이 제도는 [도표 8.6]에서 보듯이 광범한 영역의 서비스를 포괄하고 있으며 분야별로는 교육(전체 재정지원의 44퍼센트), 교통(15퍼센트) 및 주택(12퍼센트) 순으로 인기가 높다.

민간재정조달정책사업은 중앙정부의 입장에서도, 비록 최근 집권한 영국의 중앙정부들보다 민간부문에 대해 덜 우호적인 정부라고 할지라도, 확실히

[도표 8.6] 지방정부 민간재정조달정책사업(PFI) 프로젝트 발췌

리즈 수퍼트램(Leeds Supertram) — 지역 교통서비스를 증진하고 도시의 일부 퇴락 지역의 재생을 지원하기 위한 새로운 '슈퍼트램(Supertram)'

노우슬리(Knowsley), 학교를 학습센터로 전환 — 머지사이드(Merseyside) 바러의 11개 중등학교를 8개의 신규 학습센터로 전환

커크리즈(Kirklees)의 사회주택 — 정부의 적정주거기준에 맞게 개수하는 것이 비경제적인 650가구를 재건축하여 적정가격수준 서민주택 550가구 공급

더비(Derby)의 새로운 가로등 — 시 의회가 가로등 기둥 17,000개, 형광 교통표지판 2,700개, 자동차진입방지 보호기둥 및 횡단보도 표지등 교체

루이셤(Lewisham)의 원스톱 도서관 — 2명의 1차진료 의사 및 1차진료팀, 디스트릭트 간호사 및 방문간호사(health visitors)를 포함한 레저 및 보건시설 통합 도서관

케임브리지셔(Cambridgeshire)의 쓰레기 관리 — 쓰레기 최소화, 재활용·퇴비화 최대화 및 현재 매립되는 생물 분해성 쓰레기의 전환을 촉진하기 위한 쓰레기 장기관리시설 보급

출처: ODPM 승인 프로젝트 리스트 — www.local.odpm.gov.uk/pfi/endorsed.xls

매력적이다. 가장 분명한 것은 이 제도가 당장 부담해야 할 정부지출을 오늘의 자본지출에서 미래의 경상지출로 이전시키기 때문이다. 이 제도의 옹호자들은 또한 자산의 설계, 건설, 재원조달 및 운영에 따르는 위험을 민간부문으로 전가시킬 수 있으며, 민간 부문의 관리기술을 서비스의 품질 및 효율성 향상에 활용할 수 있다고 주장할 것이다(예: ODPM, 2005c 참조). 반대로 비판론자들은 '민간부문 계약자들을 유인하기 위해 부여하지 않을 수 없는 특혜로 인해 그러한 이점이 상쇄된다 …'고 주장하거나(Gray and Jenkins, 1998, p. 352), 헬드와 고건(Heald and Geaughan)이 스코틀랜드의 스카이 브리지(Skye Bridge) 프로젝트의 사례를 가지고 주장하는 것처럼 환경 및 다른 문제를 경시할 수밖에 없기 때문에 상쇄된다는 것이다(1999).

그러나 가장 중요한 비판은 [도표 8.7]에 제시되어 있듯이 비용 문제가 중심이 된다. 민간재정조달정책사업이 재정 부족에 찌든 공공부문이 감당할 수 없는 프로젝트를 추진할 수 있게 하지만 실제로 얻는 것은 값비싼 회계 속임수로서 공공의 주머니에서 나와야 할 비용의 지불을 단순히 연기하는 것

[도표 8.7] 민간재정조달정책사업(PFI)의 비용

민간재정조달정책사업에 대한 비판은 이념적인 것부터 소위 제도의 편익을 증명할 수 있는 어떠한 준거도 없다는 것까지 다양하다. 그러나 가장 중요한 비판은 공공기관에 야기한 과도한 비용과 관련된 것이다. 특히 이 제도 이외에는 활용 가능한 자본투자 재원이 거의 없는 지방자치단체가 그러한 공공기관에 해당된다. 민간재정조달정책사업 프로젝트가 비용이 더 많이 들 가능성이 크다고 주장하는 이유는 다음과 같다.

- 민간부문은 정부처럼 낮은 이자율로 차입을 할 수 없다.
- 민간부문은 공공부문에서는 필요하지 않은 주주를 위한 보수율을 항상 창출해야 한다.
- 이 보수율은 전가된 위험과 비교해서 크게 과장된다. 위험이 계약의 전 기간에 걸쳐 분포되는 것처럼 처리되는데, 사실은 건설 기간에 집중되고 그 이후는 거의 소멸되는 것이다.
- 민간재정조달정책사업 과정 자체가 높은 창설 비용을 요하며 계약 당사자 모두 통상적으로 값비싼 변호사 및 컨설턴트를 고용해야 한다.
- 사업과정 종결시점에서 '잔존 공공자산'이 없을 것이다.
- 계약기간 종료시점의 협상에서 민간공급자의 독점적 지위로 인해 추가비용이 들 수 있다.
- 규모가 크거나 중요한 민간재정조달정책사업 거래가 재정 문제에 직면하면 프로젝트의 실패 또는 부도의 위험을 떠맡기는커녕 공공재정을 통해 구제되기가 쉽다.

일 뿐 절약이 아니라, 사실은 그 반대라는 것이다(예: Challis, 2000, Ch. 11; Pollock and Price, 2004 참조).

이러한 유보적인 견해에도 불구하고 민간재정조달정책사업은 여전히 노동당 정부 사회기반시설계획의 중요한 요소이며, 따라서 지방 차원에서 추진되는 다수의 공동협력통치 및 공동추진연대 시책의 중심이 되고 있다. 심지어 사회주택과 관련해서 정부각료 스스로가 동 제도의 단점을 인정한 시점에서도 그렇다. 자본투자가 절실히 필요한 지방자치단체의 입장에서 이 제도의 매력은 분명하다. 민간재정조달정책사업은 자산을 직접 구매하고, 그것을 운영 및 유지해야 하는 과거의 대안과 비교할 때, 그리고 그러한 전통적인 대안을 선택할 수 없는 상황에서도, 훌륭한 재정 가치를 제공하는 것처럼 보인다. 원칙적으로 볼 때 민간부문에서 위험을 떠안는다는 것은 초과 비용이 발생할 가능성을 줄이고 건설 및 운영비용의 절약으로 이어져야 한다. 이와 함께, 지방자치단체가 성과 기준에 따라 자산 사용의 대가를 지불하므로 계약자로서는 고도의 기준에 따라 자산을 건설하고 그것을 양호한 상태로 유지할 추가적인 유인이 생긴다.

그러나 결국은 이것들 모두가 부차적인 문제에 불과하다. 그것은 민간재정조달정책사업이 과거에도 그리고 앞으로도 지방서비스의 품질을 높이기 위한 정부의 의지보다는 전국의 공공부문 대차대조표에서 차입을 사라지게 하려는 재무부(Treasury)의 관심에 의해 추진된다는 사실 때문이다. 이러한 사실에 변함이 없는 한 정부는 이 제도를 장려할 것이며, 지방정부 또한 항상 열정적이지는 않을지라도 이 제도를 광범하게 활용할 것이다.

제 9 장

중앙정부와 지방정부의 관계

서론 — 해방이냐 초중앙집권화냐?

지금까지 이 책에서 중앙정부와 지방정부의 관계를 이미 상당 부분 다루었다고 생각해도 틀리지 않다. 제 2 장에서 우리는 지방정부의 운영에 가해지고 있는 법률적, 재정적 제약에 대해서 보았고, 제 4 장에서는 계속된 '하향식'의 구조개편에 따라 오늘날의 지방정부 형태와 규모가 탄생했으며, 제 7 장 및 제 8 장은 지방정부가 준독립비정부기관들(quangos)에게 권한을 빼앗기고 있고, 중앙정부는 파트너십, 즉 공동추진연대를 통한 업무추진을 강조하고 있음을 살펴보았다. 그리고 나머지 장들도 대부분 동일한 주제를 다룰 것이라고 생각해도 무방하다. 사실 영국과 같은 단일국가 체제(unitary state)에서 지방정부에 대한 설명은 필연적으로 중앙-지방정부의 관계에 대한 설명일 수밖에 없다. 중앙정부와 지방정부의 관계는 지방정부의 배경이고 무대이자 연출이며, 각본의 많은 부분을 제공한다. 그래서 이 책의 중심축이 되는 이 장에서 중앙-지방정부의 관계에 관한 여러 가지 흐름을 한데 묶을 필요가 있다.

영국 지방정부의 미래는 특별히 중대한 국면에 있는 것으로 보인다. '신지방주의'의 논의가 무성하고, 각 정당들은 모두, 다소 모호하고 방식은 서로 다르지만, 이 관념을 주창하고 있다. 정부는 2005년 선거 직전에 새로운 중앙-지방관계의 발전을 주요 목표의 하나로 삼은 '10년 비전(10-Year Vision, ODPM, 2005c)'을 발간했다. 우리는 마지막 장에서 이 문제로 돌아갈 것이다. 그러나 중앙정부의 일각, 특히 부총리실(ODPM)의 일부 조직에서는 '해방(letting go)' 및 '자유와 융통성(freedoms and flexibilities)'의 확대를 이야기하는가 하면 같은 정부 내의 다른 각료와 부처들은 명백하게 다른 행동 메시지를 내보내고 있다.

'해방'의 여지가 매우 광범하다는 데 대해서는 의문의 여지가 별로 없다. 영국은 이미 고도로 집권화된, 그래서 심지어 '초중앙집권적(hypercentralised)' (Loughlin, 2001, ch. 2)이라고까지 할 정도의 정부체계를 가지고 있는데다, 선출 지방자치단체의 수와 권한이 축소되고 지방재정에 대해 중앙으로부터 강력하고 전방위적인 통제가 가해짐에 따라 중앙집권의 강도가 더욱 심화되고 있다. 이 장에서 우리는 중앙-지방 관계의 공식적 프레임워크와 그 관계의 역동성, 핵심적인 기관, 그리고 약간의 이론적 관점을 차례로 다루면서 현재 영국정부에서 가장 중요하고 논란이 많은 주제의 하나인 이 문제에 대한 이해를 높이는 한편 그것을 평가할 수 있는 자료를 제공하려고 한다.

공식적 프레임워크: 통제와 구속

우리는 먼저 정부 각료와 중앙 부처들이 지방자치단체를 통제 및 지휘하고 지방정부를 헌법상 그들의 종속적인 지위에 묶어두기 위해 활용하는 주요 도구들에 대해 평가한다.

입 법

입법(legislation)은 지방자치단체에 대한 가장 직접적인 중앙 통제의 수단으로서, 최근 들어 역사상 유례를 찾아보기 어려울 정도로 자주 이용되고 또 영향력도 크다. 보수당 정부는 1979년부터 1997년 사이에 지방정부에 영향을 미치는 법률을 200개가 훨씬 넘게 생산해냈고 그 중에서 적어도 1/3은 큰 파장을 미쳤던 주요한 법률이었다. 2005년 총선 직후에 있었던 여왕의 연설(Queen's Speech)은 거기에 포함된 50개 법안 중에서 적어도 20개 이상이 지방정부협의회(LGA)가 느끼기에 '지방정부에 중요한 의미를 가진 것'으로서 동물복지, 어린이보호, 교육, 선거관리에서 도로안전 및 폭력범죄까지 포괄하고 있다(LGA, 2005c).

제 2 장에서 우리는 영국 지방정부의 헌법적 지위를 표현하기 위하여 '온전하지 않은 자치(partial autonomy)'라는 용어를 사용했으며, 또 *월권*(*ultra vires*) 원칙으로 인해 부과되는 제약에 대해서도 지적했었다. 중앙정부는 법률을 통해, 원하는 대로 그리고 원하는 시기에 지방자치단체의 권한을 창설하고, 폐지하고, 재편하고, 수정할 수 있다. 지방자치단체의 입장에서 보면 특정의 서비스를 제공할 수 있는 권한을 부여받거나 확보하는데, 그것은 오로지 국가 법률의 틀 안에서 이루어질 뿐이다. 새로운 권한인 '지역복지권(well-being power — [도표 9.1] 참조)'으로 인해 이러한 전통적인 입장이 크게 수정되기는 했지만 그렇다고 그것을 뒤엎은 것은 아니다. 지역복지권이 지방자치단체의 권한을 진정으로 확대시키고, 지역공동체의 계획 및 전략과 직접 연결되기는 하지만, 그 자체가 무제한적인 권한이 아닐뿐더러 '성문법의 피조물(creatures of statute)'로서 지방자치단체의 헌법적 지위를 변화시킬 수도 없다.

개별수권법(private legislation)의 절차를 시작하고 조례(by-laws)를 제정할 수 있는 지방자치단체의 권한도 마찬가지이다. 양자 모두 중요한 권한이지만 정당한 관심을 받지 못하는 것 같다(Jones and Stewart, 2004, p. 24). *개별수권법*(*private legislation*) — 사업추진기관(promoting body)에게 기존 법률에 부가하여 권한을 부여 — 은 19세기중에 철도, 전철, 가스 및 상수도 시설의 건설을 위해 특히 지방자치단체가 광범하게 활용하였다. 그러나 개별수권법안(private bills)은 절차가 복잡할 뿐만 아니라 정부 각 부처나 이해관계를 침해받는 당사자로부터 상대적으로 쉽게 저지될 수 있기 때문에 지금은 입법 사례가 매우 드물다. *조례*(*by-laws*)는 이와 대조적으로 가로등 기둥이나 택시 안에 부착되어 있거나, 공공게시판에 핀으로 꽂혀 있는 등 도처에서 볼 수 있다. 이것은 위임 입법의 한 형태로서 지방자치단체나 기타의 기관들이 기존 법률의 범위 안에서 특정한 분야 — 전형적인 예로서 레크리에이션 장소, 수영장 및 도서관의 사용, 그리고 개, 스케이트보드타기 및 각종 구기 경기의 규제 — 에 관한 규정을 제정할 수 있게 한다. 이들 양자 모두 중앙과 지방의 관계에 있어서 지방정부가 처해 있는 종속적 지위를 변화시키지는 못한다. 그러나 지방의회들이 점차 이들 권한을 지역공동체 리더십 수단의 일부로 생각하고 있고 또 여러 도시에서, 가령 공공장소에서 흡연 및 음주를 금지하기 위한 하나의 시

[도표 9.1] 지역복지권

이 권한, 즉 지방자치단체로 하여금 '관할 지역의 경제적, 사회적, 환경적 복지를 촉진'할 수 있게 하는 지역복지권은 정부의 지방정부현대화 의제의 중요한 요소로서 지방정부법 2000(Local Government Act 2000)에 의해 도입되었다. 비록 제한이 없는 것은 아니지만, 그리고 정부 각료의 해석에 달려 있지만, 이 권한은 특히 지방자치단체의 거래 및 상업적 권한을 크게 확대했고, 지방자치단체가 '혁신적인 방법으로 활동을 — 신규 또는 전통적인 활동을 막론하고 — 수행하여 삶의 질과 각 지역공동체의 기회 및 보건을 향상'시킬 수 있도록 하였다(LGA, 2003, p. 5). 과거였다면 명백하게 *월권*(*ultra vires*)이거나 월권에 해당될 수 있는 시책 사례를 예시해 보면 다음과 같다.

- **토베이(Torbay)의 개발 파트너십**
  토베이 의회가 지역경제 활성화, 지역재생을 위한 자체 항만의 활용 및 관광 개발을 촉진하기 위해 민간부문의 기업이익 당사자와 함께 민관개발기구(public-private Development Agency)를 설립했다.

- **그리니치(Greenwich) 임시고용회사**
  런던 그리니치 바러는 그리니치 바러 의회 및 다른 고용주들에게 임시 직원을 공급하기 위한 고용기관으로서 게이트웨이 임플로이먼트 주식회사(Gateway Employment Ltd)를 설치했다. 이 회사는 수익을 지방 예술 및 문화사업에 투자하는 이익비배분기관(not for distributable profit)이다.

- **헤이스팅스(Hastings)의 자체 선탠로션**
  헤이스팅스 의회는 자체의 로션을 브랜드 제품의 반값에 판매하기 위하여 지역 화장품 제조회사들과 파트너십, 즉 공동추진연대를 결성했다. 수익금은 의회가 실시하는 '보다 안전한 일광욕(safer sunbathing)' 캠페인에 충당한다.

- **노포크(Norfolk)의 이동 우체국**
  노포크 카운티 의회는 농어촌소매점연합(Rural Shop Alliance), 우체국 및 농어촌기관(Countryside Agency)과 파트너십을 결성하여 시골 지역에 우편 서비스를 제공하기 위하여 이동도서관과 학교의 컴퓨터네트워크를 활용하는 방안을 검토하였다.

출처: LGA 자료(2003).

도로서 시험적으로 사용함에 따라 앞으로 우리가 이들에 관해서 들을 수 있는 기회 또한 더욱 늘어날 것으로 보인다.

시행령

의회가 제정한 법률(Acts of Parliament)은 제 5 장에서 언급했듯이 종종 '1차적 입법(primary legislation)'이라고 일컫는다. 그러나 다수의 법률은 적정하게 집행되려면 세부적인 '2차적 입법(secondary legislation)' 또는 상세규정이 사전에 제정되어야 한다. 이러한 2차적 입법에 해당되는 것이 시행령(statutory instruments)으로서 국회에서 정식으로 완전한 토론 절차를 거치지 않음에도 불구하고 일반적으로, 유감스럽기는 하지만, 해악이 상대적으로 없는 현대생활의 필수품으로 간주된다. 그러나 시행령은 종종 튜더 왕조의 칙령(decree)에 의한 입법처럼 정부 각료들에게 실질적으로 1차적 입법을 개정하고 심지어는 폐지조차 할 수 있

.

[도표 9.2] 시행령: 2차적 입법이지만 여전히 중요하다

2005년에 국회를 통과한 3,500여개의 시행령 중에서 일부를 발췌하면 다음과 같다.

SI 52	**교육(학생지원) 규정**. 2005/06 학년도에 지정된 고등교육과정을 수강하는 상이한 유형의 학생들에 대한 정확한 재정지원 자격요건을 규정하고 있다.
SI 221	**광역런던시(부가세 산정을 위한 보조금의 배분) 규정**. 광역런던시가 광역경찰청을 통해서 제공하는 경찰서비스에 대한 대가로서 33개 런던 바러로부터 받아들일 지방정부세의 금액을 구체적으로 명시하고 있다.
SI 345	**교육(예산보고서)(잉글랜드) 규정**. 지방교육청이 예산보고서를 작성 및 공표할 때 반드시 따라야 할 정확한 형식을 극도로 세밀하게 제시하고 있다.
SI 694	**지방자치단체(등급배정)(잉글랜드) 명령**. 387개의 잉글랜드 지방자치단체를, 정부의 성과종합평가(CPA) 절차에 의해 평정된 성과에 따라 다섯 개의 등급 — 탁월, 양호, 보통, 취약 및 부진 — 으로 할당한다.
SI 2114	**동거법 2004(부수법률의 개정) 명령**. 동성커플 동거 허용 정책에 맞추어 약 85개 종속 입법의 용어를 '부인 또는 남편(wife or husband)'에서 '배우자 또는 동거인(spouse or civil partner)'으로 대체하였다.

출처: Office of Public Sector Information(Cabinet Office), UK Statutory Instruments — www.opsi.gov.uk/stat.htm.

게 허용하는 소위 '헨리 8세 조항(Henry Ⅷ clauses)'의 형태를 띠기도 한다.

시행령의 다양성은 행정적인 측면에서 필수적이라고 할 수 있는데 이것은 정부 각료들이 그들 자신들이 마련한 입법을 '구체화'하고, 따라서 그들이 선택하기에 따라서 지방자치단체의 조치나 활동에 대한 통제를 강화할 수 있는 중요한 수단이 된다. [도표 9.2]에 선정되어 있는 시행령(SIs)의 리스트를 보면 가장 논란이 큰 정부정책 중의 하나인 지방정부성과종합평가 결과의 공식적인 확인(694)과 핵심적 행정정보의 결정 및 전달(52, 221), 그리고 결코 예외적이라고 할 수 없는 중앙정부의 지나친 미시적 통제관리(micro-management) 사례 등이 포함되어 있다. *지방교육청*의 예산서 준비에 11페이지에 달하는 규제적 지침이 정말로 필요한 것인지 의문스럽다.

회람 및 지침

정부의 각 부처는 시행령 이외에 지방자치단체를 대상으로 각종의 책무를 어떻게 행사할 것인지에 관한 '권고(advice)'와 '지침(guidance)'을 담은 회람(circulars)을 발행한다. 이들 회람은 종종 중앙의 지도를 위한 또 다른 도구로 인식되고 있으며 실제로 그렇게 사용될 수가 있다. 그러나 모든 회람이 지침적인 성격을 띠는 것은 아니며, 일부는 지방자치단체의 이해관계와 진정한 타협의 산물로서 실천적으로 유용한 권고가 포함되어 있다. 그러나 유용한 경우라고 하더라도 회람은 그 양이 엄청나기 때문에 중앙정부의 존재를 강력하게, 그리고 계속적으로 상기시키는 역할을 한다. 예를 들어, 계획담당관 한 사람만 보더라도 지역사회 · 지방정부부(DCLG)의 홈페이지를 열람해보면, 관행적인 부처 회람 이외에도 19개의 계획정책과 16개 광물정책지침각서(guidance notes), 70개의 지침, 권고 및 정보문서, 그리고 국회 답변 및 성명의 형태로 되어 있는 정부 각료들의 최근 발표내용을 숙지해야 한다.

사법적 판단

영국의 지방정부는 복잡하고 때로는 미묘한 법적 기반 위에서 운영된다. 중앙정부는 광범한 지도 및 감독 권한과 함께 국회를 통해 궁극적인 권위를 가진다. 그러나 지방자치단체들 또한 그들의 서비스 공급 책무와 관련하여 재량적으로 판단하고, 사업을 촉진하고, 실험을 할 수 있는 상당한 권한이 있다. 지방의회의 정책 및 사업우선순위가 중앙정부 또는 다른 기관들과 충돌되면 그 분쟁은 법원에서 사법적 판단(judicial review)의 절차에 따라 해결되어야 한다. 사법적 판단에 회부되는 사례는 1979년 이후 크게 증가하고 있는바, 1974년도에 160건에 불과했던 것이 1995년에는 4,400건으로 늘어났다.

로린(Loughlin; 1996b, p. 61)은 현대를 '국회와 법원 모두가 중앙과 지방의 관계에 동원되는 시대'라고 주장하면서, 중앙-지방의 관계에서 공식적인 법률적 측면이 엄청나게 증가한 것의 의미를 강조했다. 실제로 로린(Loughlin; 1996a)은 당시 가장 중요했던 사건들 중에서 일부를 분석하여 '하나의 주목할 만한 … 하도 뚜렷해서 법칙의 형태로 표현되는 패턴으로서, 즉 분쟁이 법원 계층의 상부로 올라갈수록 지방자치단체의 행위를 제약하는 원칙이 선언될 가능성이 높아진다(p. 408)'는 것을 확인했다. 우리는 이 책의 직전 판(Wilson and Game, 2002, p. 154 및 링크된 웹사이트의 도표)에서 이 나라의 최고 법원으로서 상원이 지방자치단체의 입장에 반해서 각료들의 손을 들어주었던 2개의 판례를 요약해서 제시한 바 있다. 노팅햄셔 카운티 의회(Nottinghamshire County Council)는 1986년 정부의 보조금 배분공식에서 불리하게 차별을 받았다는 주장을 증명하지 못했고, 레스터 시의회(Leicester City Council)는 1985년 시의 럭비 클럽이 남아프리카의 스포츠 인종분리 정책을 옹호했다는 이유로 시 소유 운동장의 사용을 금지한 것이 불법이라는 판결을 받았다.

그렇지만 정부 각료들이 항상 승소하는 것은 아니다. 그리고 어떤 사안이 불법으로 선언되면 국회를 재빨리 설득해서 그것을 합법화할 수는 있지만, 정부 입장에 반하는 판결은 짧은 기간 동안이나마 당황스러운 일이며 정부 정책을 후퇴시킬 수 있다. 우리는 이러한 판례도 2건을 함께 제시했었다. 즉, 상원은 1977년 당시 노동당 정부의 교육부장관이 보수당 지배하에 있던 광역 맨체스터(Greater Manchester) 관내의 테임사이드(Tameside) 의회에 종합중등학교 정책을 강요하면서 불법적으로 행동했다고 판결했다. 그리고 1994년에는 보수당 정부의 환경부장관이 더비셔 및 랭커셔 카운티 의회의 이익에 반하여 지방정부개편위원회의 권고에 영향력을 가하려고 했던 시도에 대해서 패소 판결을 내렸다.

지방 옴부즈맨

이렇게 유명한 사건은 그 영향력이 해당 사건을 넘어서까지 확대되고 개개인보다는 조직이 관련된다는 점에서 매우 예외적이다. 그러나 지방정부와 관련된 다수의 사법판단 사례는 개개인들이 지방자치단체의 결정에 이의를 제기하고 그것을 해결하는 수단으로서 법원을 *선택*한다. 여기서 선택이라고 표현한 것은 문제의 교정을 추구하는 다른 수단이 민원인들에게 열려 있기 때문인데 바로 지방 옴부즈맨(local ombudsman) 또는 공식적인 기관 명칭으로서 지방행정위원회(CLA: the Commission for Local Administration)를 통하는 길이다.

지방행정위원회는 1974년 스코틀랜드와 웨일스를 각각 관장하는 별도의 위원회와 함께 설치되었다. 그보다 앞서 1967년에는 국가 옴부즈맨인 국회 행정위원(Parliamentary Commissioner for Administration) 직이 창설되었는데 이것은 스웨덴이 최초로 옴부즈맨 내지 '국민의 대리인'을 창설한 지 158년 만의 일이다. 이러한 공공부문에서의 옴부즈맨의 임명은 하나의 흐름을 만들어 그 후 20년 동안 보험과 은행 및 부동산중개소에서 이사 업체와 장례사업자에 이르기까지 민간의 모든 분야에서 옴부즈맨이 우후죽순처럼 생겨났다. 반면에 국회 행정위원과 지방 옴부즈맨은 어느 것도 유럽의 여러 국가, 특히 스칸디나비아의 옴부즈맨과 같이 중앙 정부 또는 국민들의 의식에 그들의 존재를 선명하게 각인시키지 못했다. 그렇다고 해도 현재 세 명에 불과한 영국의 지방 옴부즈맨들이 1년에 약 19,000건의 민원을 처리하고 있는데, 만약 이 제도가 없다면 이들 민원은 지방의회의 실정(maladministration)에 대한 건강하지 못한 의심으로 쌓일 것이다.

이것이 영국의 지방 옴부즈맨이 주로 담당하는 일로서 일반 국민들이 지방의회, 경찰 및 소방서, 통합행정청, 교육소청위원회, 그리고 (입학허가와 관련된) 학교운영기관의 실정으로 야기되는 부당 및 불법행위에 대해 서면으로 제기하는 불만사항을 조사한다. 옴부즈맨은 스스로 조사에 착수하지는 않지만 최근 들어 개별 사건에서 도출되는 소위 '행위유형(class actions)'에 대한 조사를 다루어왔다. 그것은 사회서비스청이 5,000명 이상의 정신질환자들에게 병후 정양 비용을 잘못 부과해서 야기된 총 87백만 파운드에 달하는 보상금을 누가 받을 것인가에 대해서였다(CLA, 2005, p. 4). 옴부즈맨은 또 지방의회의 실제 정책에 대한 불만도 다루지 않는다. 그들의 관심은 오로지 정책이 관리되는 방식, 예를 들어 정책 집행의 속도, 능률성, 공정성 및 적정성에 있다.

옴부즈맨은 권리가 침해되었다고 불만을 가진 시민들로부터 직접적으로 또는 그들을 대표하는 지방의회의원을 통해서 불만을 접수한다. 접수된 불만 중에서 약 45퍼센트 정도는 조사 적격성을 인정받아 조사에 들어가는데 여기에 해당되는 경우 옴부즈맨은 보통 관련 지방자치단체에 자세한 응답을 요구하고 실정이 있었다고 판단되면 지방적으로 해결책을 찾기 위해 가능한 모든 조치를 취한다. 조사에 착수한 사건의 1/3 정도는 이 단계에서 해결된다. 철저한 조사가 필요한 사건은 극히 일부에 국한되는데 조사 결과는 최종보고서로 발간되고 실정이나 부정 및 불법이 있었는지에 대한 판단을 공표해야 한다. 만약에 그렇다고 판단되면 옴부즈맨은 해당 지방자치단체에 보상조치를 촉구하는데 그 형태는 사과, 금전적 보상 또는 향후 행정처리 절차의 변경 등이 있다. 그 결과 보통은 수용할만한 조치가 따르지만 때로는 관련 지방의회가 옴부즈맨의 판단에 계속 이의를 제기하기도 하는데 이때는 옴부즈맨으로서는 2차적으로 비판적인 공공보고서를 발간하는 이외에 제재 권한이 거의 없다.

지방행정위원회의 강제집행력 부재로 인해 이 제도가 '옴부즈마우스(ombudsmouse)'에 오히려 가깝다는 의견이 종종 제기되고 있으나 그것은 보편성보다는 예외적인 사례를 더 중시하는 비판에 불과하다. 지방행정위원회의 기능이 큰 가치를 가진다는 데 대해서는 논란의 여지가 거의 없다. 2004/2005 회계연도에 지방행정위원회는 18,700건의 불만 사례를 접수했는데 주요 분야는 주택 및 주택 급부(32퍼센트), 계획(23퍼센트), 도로 및 주차(10퍼센트), 그리고 사회적 서비스(8퍼센트) 등이다. 민원인의 입장에서 이 절차는 무료이며 문호가 개방되어 있고 일반적으로 비공식적인 서비스이기 때문에 원하는 경우 법원에 소송을 제기할 수 있는 권한이 전혀 침해되지 않는다. 그리고 처리 건수가 매년 증가하고 있고 건당 불만 처리비용은 실질개념으로 볼 때 계속 감소하고 있다.

한편 지방행정위원회는 200여명의 직원을 거의 12백만 파운드의 비용을 투입하여 고용하고 있으며, 운영을 시작한지 30여년이 경과되었지만 영국 성인 인구의 과반수가 그 존재를 모르고 있다(MORI, 2003, p. 6). 그리고 취급하는 사건의 고작 2퍼센트에서만 부정 및 불법으로 인한 실정을 발견할 뿐이고 그 경우에도 시정조치를 강제할 수 있는 구속력이 없다. 이에 따라 대안 및 보다 간소화된 절차가 계속 제안되고 있는데 그 근거는 지방행정위원회가 창설된 1974년 이후 지방의회 자체의 내부적인 불만처리시스템과 그들의 고객 지향성이 측정할 수 없을 정도로 크게 향상되었고 따라서 옴부즈맨의 특질인 모루채, 즉 큰 망치가 실정을 비유하는 소위 호두를 깨는 데 더 이상 필요하지 않다는 것이다. 아마도 보다 나은 대안은 지방의회 자체의 불만처리시스템을 기반으로 하고 지방의회가 재정을 충당하되 진정한 의미에서 독립적인 지방 심판관의 감독을 받는, 그리고 중앙 감시기관의 기능은 훨씬 소규모의 위원회가 수행하는, 보다 지역적인 조사절차를 채택하는 방안일 것이다.

그러나 이 방안은 앞으로 예정되어 있는 것과는 다르다. 스코틀랜드와 웨일스 자치정부는 각각 공공서비스옴부즈맨 통합사무소를 도입하여 국회 및 보건서비스와 지방정부 및 주택협회 옴부즈맨을 통합했다. 잉글랜드에 대해서도 2001년 이와 유사한 제안이 있었고, 내각사무처(Cabinet Office)는 4년 후 정책협의문서를 재빨리 내놓았다. 동 정책협의문서는 그와 같은 혁명적인 변화에는 이르지 못했지만 그 대신에 중앙정부와 지방정부 및 국가보건서비스청(NHS)의 세 옴부즈맨이 앞으로 '개별적인 관할 영역을 넘어서는 사례 및 쟁점들에 관해서 보다 협조적으로' 임무를 수행할 것을 제안했는바(Cabinet Office, 2005), 이것은 사실상 그들이 이미 하고 있는 것이다.

직무권한 정지, 관여 및 개입

법률은 종종 정부 각료들에게 직무권한정지(default)의 권한을 부여한다. 이 권한은 어떤 지방자치단체가 특정의 서비스를 제공하는 방식에 불만이 있는 경우, 정부 각료로 하여금 최후의 수단으로서 이에 개입하여 그 책무를 직접 인수하거나 타 지방자치단체 또는 특별기관에 이를 이양할 수 있도록 하기 위한 것이다. 직무권한정지의 권한이 실제로 행사된 사례로서 최근까지 변함없이 인용되는 것이 더비셔(Derbyshire)의 클레이크로스(Clay Cross)이다. 당시 노동당이 지배하던 이 지방의회는 지방정부공영주택의 임대료를 1972년의 주택재정법(Housing Finance Act 1972)에 규정된 '적정임대료(fair rent)' 수준으로 인상하는 것을 거부했었다. 이에 중앙의 보수당 정부는 주택감독관(housing commissioner)을 보내 해당 의회의 주택관련 책무를 인수하게 하였고, 11명의 지방의회의원들은 의원직 박탈과 함께 주택재정법이 집행되지 않음으로써 발생한 재정손실분 63,000파운드(2005년도 가격으로 500,000파운드 정도)를 추징당했다.

직무권한정지의 권한은 정치적인, 그리고 개인적인 반감을 불러일으키는 점은 차치하고라도 정부가 임명한 공무원이 지방의회의 전체 서비스를 인수하는 데 실무적으로 엄청난 어려움이 따르기 때문에 아주 예외적으로 행사될 수밖에 없다. 그럼에도 불구하고 최근에는 정부각료의 특수한 개입 권한이 계획 수립 및 환경보호에서부터 예외적으로 공공도서관 및 박물관에 이르기까지 온갖 종류의 법률에 명시되고 있다(ODPM, 2004a, Annex A). 이와 함께, 지방정부성과종합평가(CPA — [도표 9.3] 및 제17장 참조)가 등장함에 따라 이제는 '개입(intervention)'과 단순한 '관여(engagement)' 사이에 미묘한 구분이 이루어지고 있다. 양자 모두 과거에 비해 훨씬 빈번하게 행사되고 있으며, 개입과 관여를 받는 입장에 있는 지방의회로서는 하나 이상의 서비스에 정부각료들이 '심각한 관심'을 보이는 경우 그 구분에 차이를 느끼지 못할 때가 많을 것이다. 그러나 '관여(engagement)'는 관계 장관이 강제적이고 법률적인 개입에 앞서서, 그리고 그러한 개입의 필요성을 방지하려는 희망을 가지고 취하는 우호적, 비법률적 개입으로 보아야 한다(ODPM, 2004a, Annex E).

아마도 예상할 수 있겠지만, 최근 들어 법률적 개입이 가장 광범하게 일어나는, 그래서 개입이 확실하게 핵심적인 정책 수단이 되어 있는 분야는 교육과 사회적 서비스, 특히 어린이에 대한 사회적 서비스이다. 학교 표준 및 기본방침에 관한 법률 1998(School Standards and Framework Act 1998)은 태생이 '실무적인' 노동당의 데이비드 블런케트(David Blunkett) 교육부장관에게 지방교육청에 개입하여 높은 수준의 표준을 확보하고 필요하면 권한의 일부 또는 전부를 의무적으로 외부에 위탁하게 할 수 있는 권한을 부여했다. 이에 따라 교육기술부의 표준효과국(SEU: Standards and Effectiveness Unit)은 처음 몇 년 동안은 예상보다 점진적이고 덜 대결적인 접근방법을 취했으나 2005년까지 학교 감사기관, 즉 교육표준행정청(OFSTED)이 '특별 조치'가 필요하다고 확인해

[도표 9.3] 지방정부성과종합평가(CPA)

무엇인가?

계속적인 공공서비스의 향상을 추구하기 위한 정부의제의 한 부분. 지방의회의 *개별* 서비스를 외부 감사관이 2개의 4점 척도 — 서비스 품질(0에서 3 스타) 및 향상 기대(no, unlikely, probably, yes) — 로 측정하는 최고가치(Best Value) 제도에서 발전되었음. 지방정부성과종합평가(CPA)도 이와 유사하지만, *지방의회 전체*(*whole council*)의 성과를 측정하는 것이 큰 차이임. 잉글랜드의 388개 전체 지방의회가 외부 감사 및 다른 증거자료를 통해서 5개의 등급, 즉 2002~2004년도는 탁월(Excellence), 우수(Good), 보통(Fair), 취약(Weak), 부진(Poor)으로 2005년 이후는 4스타에서 0 스타로 분류됨.

최상 등급(4 스타 또는 3 스타)을 받은 지방의회에 대해서는 다양한 '자유 및 융통성(freedoms and flexibilities)'이 '보상으로 주어지고', 반면에 0 또는 1 스타 지방의회는 외부적 '개입' — 정부각료가 임명한 감독관이 비정상적인 지방의회의 복구계획의 수립 및 집행을 감독하고 지원 — 을 받게 됨.

평가가 실제로 어떻게 결정되는가?

지방의회 활동의 세 가지 주요 요소가 측정되고 점수가 배정됨.

- 핵심서비스 성과. 6개 서비스 분야, 즉 어린이 및 청소년, 사회적 보호(성인), 주택, 환경, 문화 그리고 사회보장수당에 대해서 평가함. 이들 서비스에 대한 평가는 감사 및 회계검사 보고서, 해당 지방의회의 자체 서비스 계획 등 다양한 증거를 토대로 내려짐.
- 자원의 이용 — 재정가치의 달성을 비롯한 재정 및 전략적 관리
- 향상역량 — 계속적인 향상을 이루기 위한 준비. 기관 자체평가 및 회계감사위원회가 구성하는 소규모 팀에 의한 후속적인 외부평가 결과로 판단함. 회계감사위원회는 지방정부성과종합평가(CPA)의 전 과정을 수행하는 기관임.

준 1,300여 개의 학교를 폐쇄하거나 성공적으로 회생시켰다고 주장했다.

개별 학교가 아니라 지방교육청이 전체적으로 낙제 판정을 받은 곳은 보다 근본적인 '치유조치(remedial action)'가 필요하다. 일부에서는 그러한 조치가 낙제 교육청과 성공적인 교육청의 '짝짓기(pairing)' 형태로 나타나는데, 라치데일 및 블랙번(Rochdale and Blackburn)을 다윈(Darwen)과 짝짓기 한 것이 그 예이

대규모의 복수 서비스 조직을 단일의 형용사 또는 스타 등급으로 평가하는 것이 약간 조악하지 않은가?

약간 조악한 것이 아니라 극도로 조악함! 전반적으로 탁월하다고 평가받는 조직도 밖으로 알려진 취약점이 있으며, 그것보다 더 중요한 것은, 업무성과가 낮은 조직도 나름대로 강한 분야 또는 우수 사례를 가지고 있다는 것임. 다양한 종류의 궁핍을 경험하고 있는 도심 지역의 지방자치단체는 어떠한 국가적 점수제도가 도입되더라도 그들에게 특히 불리하다고 느끼며, 이 주장에는 일부 타당한 측면이 있음.

그렇다면 잉글랜드의 지방정부는 얼마나 우수한가?

너무 우수하다고 할 정도임. 2002년 12월에 있었던, 150개의 단일계층 및 카운티 의회에 대한 최초의 성과종합평가(CPA) 점수와 2004년의 3차 평가 사이에 탁월(Excellence) 및 우수(Good) 자치단체는 51퍼센트에서 67퍼센트로 증가한 반면에 취약(Weak) 및 부진(Poor) 자치단체는 23퍼센트에서 11퍼센트로 반감되었음. 238개 디스트릭트 의회에 대한 최초 평가도 비슷하게 긍정적인 모습을 보여서 탁월(28) 및 우수(86)가 취약(29) 및 부진(9)보다 세 배나 많았음.

이것이 회의적인 지방자치단체 및 비판적인 지방 미디어를 향해 '계속적인 향상(continuous improvement)'을 시현해보여야 하는 이 제도가 가지는 난점임. 즉, 이 경우에는 조만간에 거의 모든 지방의회가 최소한 우수(good) 자치단체가 되고 큰 개선을 요하는 자치단체는 거의 남지 않게 될 것임. 이에 따라 2005년 정부와 회계감사위원회(Audit Commission)는 득점 제도를 변경해서 문자 그대로 '고난도 평가(a harder test)'를 도입했음(Audit Commission, 2005b 및 [그림 9.1]). 이것은 더 엄격해진 평가기준, 사용자경험 및 재정가치에 대한 집중도 강화, 그리고 스타 수에 의한 등급화를 채택하는 한편, 향상을 이루는 방향으로 진척되고 있음을 나타내는 '향상방향(direction of travel)'을 평가 내용에 부가한 것임.

그러나 여기서도 마찬가지로 지방의회의 운영성과가 공식적으로 퇴보하는 듯이 보이는 상황을 피할 필요가 있었음. 그리하여 지방정부의 걱정과는 반대로 150개 중에서 68퍼센트가 3 또는 4 스타로 평가되고, 70퍼센트 이상이 강력하게(strongly) 또는 만족스럽게(well) 향상되는(improving) 것으로 평정되었음.

다. 그러나 정부 각료들이 훨씬 빈번하게 주시하는 쪽은 민간분야로서 적어도 10개 이상의 지방자치단체가 교육표준행정청(OFSTED)으로부터 감사결과를 나쁘게 받아 교육서비스의 일부 또는 전부를 민간기업에 '위탁'해야 했다. 이러한 민간 기업에는 캐피타(Capita), 노드 앵글리아(Nord Anglia) 캠브리지교육연합(Cambridge Education Associate), 그리고 가장 악명 높은 애트킨스(W. S. Atkins, the international engineers)가 있는데 서더크(Southwark) 관내의 학교들에 대한 애트킨스의 인수 실패는 그 자체가 각료 개입을 통해 조기에 종결되었다.

그러나 이렇게 '이름을 공개하여 창피를 주고(name and shame)' 이어서 개입하는 블레어 정부의 정책은 교육 및 사회서비스 관장 부처를 훨씬 넘어서 확대되고 있다. 2001년 9월, 당시 교통 · 지방정부 · 지역부(DTLR) 장관 스티븐 바이어스(Stephen Byers)는 지방정부법 1999(Local Government Act 1999)가 부여한 이 새로운 권한을 '핵심적 서비스를 보장 및 개선하고 예산 적자를 해결하기 위해' 해크니(Hackney)에 개입하는 데 최초로 사용했다. 이 불행한 런던 바러는 전체 지방의회가, 비록 그 이후에 회복되었지만, 일정기간 사실상 중앙정부에 의해 운영되었다. 이와 관련하여 적어도 다섯 개 이상의 중앙부처가 교육, 사회적 서비스, 쓰레기 관리와 주택 수당, 그리고 새로운 재정관리시스템의 설치에 있어서 서비스 향상 의무를 구체화한 '방침(Directions)'을 발표했다.

감 사

대처 행정부에서 사법적 판단이 우후죽순처럼 성행했었다면 블레어 정부에서 이에 필적할 만한 것은 감사(inspections)이다. 지방서비스 공급자에 대한 외부 규제는 19세기 중반까지 거슬러 올라가는 학교 및 경찰 감사기관에서 보듯이 전혀 새로운 것이 아니다. 그러나 최근 몇 년 사이에 심각할 정도로 값비싼 감사 *산업*(*industry*)이 태동한 것은 주목할 만한 일이다. 이미 언급했던 교육표준행정청(OFSTED)은 현재 학교뿐만 아니라 교육행정기관도 감사한다. 이와 유사하게 사회보호감사위원회(Commission for Social Care Inspection)는 지방의회의 관련 부서와 민간 공급자를 모두 감사한다. 그 외에도 감사기관의 좌장격인 회계감사위원회는 말할 것도 없고 단일통합의회 또는 카운티의회를 감사할 수 있는 기관들이 많다. 감사 분야는 성인학습, 사회보장수당 사취, 소방서비스, 주택, 사법 서비스, 보호감호, 경찰 등을 포괄한다.

정부조차도 감사 '구조'가 통제 범위를 벗어났음을 인정했다. 2005년도 예산에서 고든 브라운(Gordon Brown) 재무부장관은 2008년까지 감사기관의 수를 11개에서 4개 — 어린이 및 학생, 보건 및 성인 사회보호, 사법기능 및 지역사회안전, 그리고 지방서비스 분야별로 각각 단일의 감사기관을 두고, 지방

서비스 분야는 회계감사위원회와 사회보장수당부정감사기관(Benefit Fraud Inspectorate)의 기능을 통합 — 로 축소하겠다고 선언했다. 그것은 감사기관의 수를 줄여서 감사를 대폭 줄이겠다는 메시지였다. 그 사이에 지방정부성과종합평가(CPA)는, 내용이 개정되고 보다 엄격한 형태로 변하기는 하겠지만([도표 9.3] 및 [그림 9.1] 참조), 정부 감사제도의 중심으로서 적어도 2008년도까지는 존속할 것이다.

지방정부에서 일하는 사람들이라면 대부분 수긍할 것이지만 독립적이고 공정한 공공서비스 감사의 잠재적인 가치는 분명히 있다. 그것은 외부적 도전과 확신을 제공하고 향상을 이루는 중요한 자극제가 될 수 있다. 이러한 인식에도 불구하고 그 규모와 중복 문제, 경직성, 중앙 중심적인 사고, 그리고 무엇보다도 현 체제가 유발하는 비용과 부담에 대한 비판이 거의 한 목소리로 나오고 있다. 카운티 의회에 대한 2004년도의 한 조사연구에서 각 카운티는 '감사를 위해 1년에 거의 500,000파운드를 지출하고, 평균적으로 전임(풀타임) 직원 12명의 업무에 해당되는 2,555 근무일을 투입'하는 것으로 나타났다. 36

[그림 9.1] 만화 — 지방정부성과종합평가(CPA): 고난도 테스트

출처: *Local Government Chronicle*, 16 June 2005.

개 카운티 전체를 합산하면 400명 이상의(그것도 주로 상위직의) 공무원이 감사 업무에 전념해야 하고 15.7백만 파운드를 지출한다는 것이다(Marinko, 2004, p. 5). 감사 산업 전체로는 600백만 파운드(Hetherington, 2004) 이상의 비용이 유발되는 것으로 추정된다. 회의론자들의 시각에서 볼 때 이것은 지방주민을 위한 봉사에 쓰여야 할 막대한 재원이 중앙정부의 감사관을 만족시키는 용도로 소모되었다고 할 수 있는데, 특히 이렇게 시간과 에너지를 투입한 결과가 지방 공무원들의 사기를 저상시킬 때는 더욱 그렇다.

성과가 높은 지방자치단체와 낮은 자치단체에 동일한 감사체제를 적용하는 것은 전혀 논리적으로 보이지 않는다. 성과가 높은 지방자치단체가 '외부의 도전과 감시를 계속적인 향상의 추진 동력으로 활용할 수 있음을 이미 증명해 보인 경우'가 특히 그렇다(LGA, 2004a, p. 2). 이에 따라 감사가 보다 더 '위험에 근거한(risk-based), 비례적인(proportionate), 그리고 효과적인(effective)' 것으로 되어야 하고(ODPM, 2005e, p. 3), 이와 함께 감사기능의 일부는 다른 수단, 즉 동료 평가, 지방자치단체 자체의 감시 장치, 그리고 고객/사용자 메커니즘을 통해 수행되어야 한다는 주장이 강력한 설득력을 갖게 된다.

법률적 이의신청(Statutory appeals)

감사관들은 그들 각각의 부처와 지근거리에서 업무를 수행한다. 그러나 상황에 따라서는 정부 각료들이 지방주민들의 권리를 조정 또는 수호하는 주체로서 보다 개인적으로 행동하는 모습을 보이는 데 큰 관심을 가질 수가 있다. 지방자치단체의 권한 중에서 다수는 개별 시민들의 이익을 침해할 수 있기 때문에—예를 들어 학교 폐교, 강제 매수 또는 철거명령의 발령, 면허 발급, 계획허가의 거부—집행에 들어가기 전에 각료의 사전 확인 또는 승인을 거치게 할 뿐만 아니라 불만이 있는 시민들에게는 정부 각료, 그리고 최종적으로는 법원에 호소할 수 있는 성문법적 이의신청권리(statutory right of appeal)를 줄 수 있다.

재 정

제10장은 통째로 재정을 다루고 있다. 따라서 여기서는 중앙정부가 지방자치단체를 통제하고자 하는 경우 두 가지의 수단을 추가적으로 활용할 수 있음을 지나가면서 간단히 언급하기로 한다. 그 중의 하나는 지방적으로 지출할 수 있는 재정 규모를 규제함으로써, 그리고 다른 하나는 그 돈이 어떻게 쓰였는지 감사를 통해서 이루어진다. 정부는, 예를 들어 지방 예산에 효과적으로 상한선을 설정하거나 자본투자를 면밀하게 통제함으로써, 지방재정지출을 엄격하게 제한할 수 있다.

중앙정부가 지방자치단체를 사실상 괴롭히거나 협박하여 원하는 대로 일을 하게 하는 사례는 수없이 많다. 예를 들어 시티 아카데미(city academies)의 건립을 거부하는 경우 학교 보수 재원의 교부를 거부하는 식이다. 그러나 여기서 우리의 관심은 미시적 간섭이 아니라 거시적 관리에 있으며, 최근 몇 년 동안 지방자치단체의 재정에 '거션(Gershon)' — 피터 거션 경(Sir Peter Gershon)의 2004년도 중앙 및 지방정부 능률성 평가인 '*일선으로의 재정 방출*(*Releasing Resources to the Front Line*)' — 보다 더 큰 거시적 영향력을 미친 사례는 찾아볼 수 없다. 거션(Gershon)은 2007/2008까지 공공분야에서 21십억 파운드의 능률성 예산절감(efficiency savings)을 달성하라고 요구했는데 그 중에서 지방정부가 절감할 부분은 경찰기관을 포함해서 6.45십억 파운드이다. 이들 능률성 예산절감 중에서 최소한 절반은 서비스 공급 일선에 방출되어 재활용되도록 '현금화(cashable)'가 가능해야 한다.

실제적인 측면에서 각 지방의회는 3년에 걸쳐서 세입 예산의 약 2.5퍼센트에 해당되는 능률성 절감 목표를 달성할 수 있는 방법을 스스로 찾아내야 한다. 이 정도 규모의 절감목표는 국회 도시문제특별위원회(Parliamentary Urban Affairs Select Committee)의 표현처럼 '달성 불가능한 환상'이라는 것이 초기의 반응이었다. 그러나 2005년 능률성 드라이브가 이미 '착수'된 것과는 별개로(Local Government Chronicle, 26 May, p. 4) 대부분의 지방의회는 기관운영 서비스 내지 '후방지원 사무소' 서비스 — 재정, 법무, 인사, 정보통신기술, 자산 및 부동산관리 — 와 그 뒤를 이어서 성인 사회보호 및 조달 서비스에서 가장 큰 절감 성과를 거양하면서 목표 달성을 위한 정상 궤도에 진입했다. 조달서비스의 경우 여러 개의 지방자치단체 및 공공기관들이 서로 협력하여 신속하게, 그리고 고통을 거의 느끼지 않고 목표를 달성할 수 있었다. 이러한 결과가 지방자치단체의 현재의 능률성과 과거의 비능률성 중에서 어느 쪽에 더 치중된 의미인지는 분명하지 않다.

재정감사는 잉글랜드에서는 주로 *회계감사위원회*를 통해서 이루어지고 스코틀랜드와 웨일즈 및 북아일랜드에서는 각각 자체의 회계감사기관을 통해 수행된다. 회계감사위원회는 1982년 집행형 준독립비정부기관(executive quango)의 하나로 설립되었으며, 현재의 정부조직체계로 보면 지역사회 · 지방정부부(DCLG)에 의해 임명되고, 그 책무는 공공재정이 지방정부, 주택, 형사사법서비스, 소방 및 구조서비스 분야에 적정하게 지출되도록 보장하는 것이다. 회계감사위원회는 이들 기관들을 위하여 자체의 직원인 '디스트릭트 감사관(district auditors)' 중에서, 또는 프라이스워터하우스쿠퍼스(PricewaterhouseCoopers), 딜로이트와 투세(Deloitte and Touche), 케이피엠지(KPMG)와 같은 민간 회계회사의 직원 중에서 외부 감사관을 임명한다.

외부 감사관은 전통적으로 지방자치단체의 회계계정을 검사하여 자금이 합법적, 합리적으로 지출되었는지를 확인해 왔다. 지금은 해당 지방의회가 자금 사용에 있어서 3E — 경제성(economy), 능률성(efficiency) 및 효과성(effectiveness) — 을 확보하고 있는지 확인하는 재정가치(VFM) 감사까지 실시해야 한다. 이러한 과정을 거친 후 감사관들은 그들의 견해를 요약하고 감사에서 대두된 핵심적 쟁점들을 적시한 회계검사 및 감사 서한(Audit and Inspection Letter)을 해당 지방자치단체에 보낸다. 이 서한은 해당 지방의회의 웹사이트에 게재되어야 하고, 회계감사위원회의 사이트에도 동 위원회가 지방자치단체서비스 성과감사기관이라는 비교적 최근에 획득한 자격에서 준비한 제반의 지방정부성과종합평가(CPA) 보고서와 함께 공표된다.

회계감사위원회는 정부에 의해, 그리고 정부가 보기에 재정적으로 무책임한 지방자치단체에 강력한 감시체제를 적용하기 위해 설립되었지만, 그동안 결코 중앙정부의 애완견 역할을 해온 것은 아니다. 위원회는 스스로 판단하여 적정하다고 생각되면 정부의 정책을 공개적으로 비판해왔으며, 지역 주민들의 선호도가 반영되었다고 결론을 내리면 개별 지방의회의 지출 우선순위를 강력하게 지원하기도 한다. 그러나 위원회가 중앙정부의 피조물이라는 것은 불가피한 일이며, 오늘날 지방정부성과종합평가(CPA) 및 지방자치단체 '성과비교표(performance league-table)'를 관장하고 있는 입장에서 그러한 인식은 오히려 더 강화될 수밖에 없을 것이다.

업무상의 관계 — 중앙 하위정부의 복잡성

우리는 지금까지 마치 도색잡지(bondage magazines)가 성적 관계 — 여기서는 중앙 및 지방정부의 관계 — 에서 통제의 도구라고 묘사할 만한 것들을 다뤘다. 그것은 정부 각료들과 중앙 각 부처의 우월한 헌법 및 법률적 지위에서 나오는 당연한 결과로서, 그들의 의지를 강요하기 위해 활용하는 다양한 방법들을 말한다. 우리는 이제 이러한 공식적인 법률적 측면을 떠나 실제 업무관계를 살펴본다. 중앙은 우리가 지금까지 보았듯이 입법, 규제, 지도 및 권고를 할 수 있는 역량을 풍부하게 보유하고 있다.

> 그러나 중앙은 일단의 다른 선출된 대표, 임명직, 전임의 지방공무원 및 관리자들의 손에 일상적인 통제 및 혁신의 범위가 달려 있는 중앙 하위정부시스템의 맥락 속에서 그렇게 행동한다. 중앙에서 통제를 추구한다고 해도 그 영향력은 감독을 받는 하위정부시스템의 규모 및 정부시스템의 편린화된 성격에 의해 제한된다(Stoker, 1990, p. 127).

따라서 업무관계가 복잡하다. 그 관계는 시간에 따라서, 지방자치단체에 따라서, 그리고 서비스 분야에 따라서 다르다. 더구나 지방정부는 *자체의* 자원을 가지고 있다. 이쯤이면 여러분은 지방자치단체가 서로 다르다는 것을 예상할 수 있을 것이다. 즉, 고유한 정치적 견해와 정책 의제를 가지고 있고, 자신들 나름의 서비스와 지출 우선순위, 역사 및 전통을 보유한다. 지방정부에 관해서 보편적으로 일반화해서 말하려고 할 때 항상 부딪히는 위험은 그것이 무엇이건 반드시 예외가 있을 수밖에 없다는 점이다.

중앙집권적인 영국의 정치문화에도 불구하고, 중앙정부 또한 그 자체가 하나로 통일된 실체가 아니라는 점을 인식하는 것도 마찬가지로 중요하다. 물론 중앙정부 부처의 수가 지방자치단체의 수보다는 훨씬 적지만 그들 또한 나름대로의 전통과 문화와 업무수행방식을 가지고 있을 뿐만 아니라 지방정부에 대하여 근본적으로 다른—때로는 완전히 상충되는—접근방식을 취한다. 로운드스(Lowndes)의 표현처럼(2002, p. 145) '중앙은 통합되어 있지 않고 지방의회는 중앙정부의 각 부처 및 기관들과 서로 다른 수많은 중첩적인, 때로는 상충되는 관계를 경험한다.'

지방정부에 대한 '후원(sponsoring)' 부처로서 지역사회 · 지방정부부(DCLG, 2006년 5월까지는 ODPM, 즉 부총리실)는 그런대로 협력적이라는 평가를 기대할 수 있겠지만, 닉 레인스퍼드(Nick Raynsford)가 지방정부 담당 차관(Minister for Local Government)으로서 4년의 임기를 마치면서 행한 인터뷰에서 지적했듯이, 다른 정부각료 및 중앙부처의 경우는 계속적인 탈바꿈이 필요하다.

> 그는 인정하기를 '일부 정부 각료들은 지방정부를 진정으로 걱정하고 있었다. 내가 맡은 업무 중의 하나는 지방정부의 서비스 공급 역량에 대한 신뢰를 구축하는 것이었다.' 그에 따르면 최근 근린지역사회(neighbourhoods)와 성과(performance)에 관한 부총리실(ODPM)의 보고서 작성에 각각 협력했던 치안부(Home Office)와 재무부(Treasury)의 양 부처에서는 모두 '중대한 태도변화'가 있었다. 그러나 그는 교육부(DfES: Department for Education and Schools)에 대해서는 전술적으로 입을 굳게 다물었다(Burton, 2005, p. 12).

지방정부에 있는 사람들의 입장에서는 지방정부를 단순히 목적달성을 위한 불편한 수단쯤으로 인식하는 교육기술부(DfES), 보건부(Department for Health) 및 치안부(Home Office)와 같은 부처보다는 지역사회 · 지방정부부(DCLG)와 때로는 지방정부를 '전체적으로' 다루는 재무부(Treasury)조차도 더 우호적으로 느낄 것이다.

사실 현실은 정말로 복잡하다. 지방자치단체의 다양성만 있는 것이 아니라, 중앙정부 부처 및 정책 분야의 다양성과 계속적으로 변화하는 정당정치의 차원도 고려해야 한다. 다른 다수의 임명형 기관들과 파트너십, 즉 공동추진연대도 때로는 '*중앙하위정부*(*sub-central government*)'라고 유용하게 명명되는 전체 그림의 구성 요소로서 함께 고려해야 한다. 이 용어는 로즈(Rhodes, 1988)

와 특별한 관계가 있는데 이것을 그는 종합적인 정부 분석서인, *웨스트민스터와 화이트홀을 넘어서*(*Beyond Westminster and Whitehall*)의 부제로 사용했다. 그는 그 이유를 중앙과 중앙하위정부 단위의 연계는 중앙 각 부처와 지방자치단체 사이의 관계에 국한되지 않는다는 사실을 부각시키기 위해서라고 설명한다. 스켈쳐(Skelcher, 2004b)는 현 시점에서 볼 수 있는 사례를 다음과 같이 예시하고 있다(p. 58).

> 청소년지원종합서비스(Connexions), 탄탄한 출발(Sure Start) 및 다른 수많은 파트너십, 즉 공동추진연대는 본질적으로 정부각료들을 위한 지방적 전달 수단이다. 예를 들어 커넥션스는 16세에서 19세짜리의 훈련 및 고용과 관련된 교육기술부장관의 목표를 이행한다. 교육에서 사용되었던 용어로 표현하면 이들은 '지방적으로 관리되는 국가 서비스(national services, locally administered)'이다. 정부의 시책이 지방 파트너십, 즉 공동추진연대를 통해 수행되는 비중이 클수록 중앙-지방 관계 개념의 재정립이 보다 절실해진다.

우리가 만든 [그림 9.2]의 '약도(sketch map)'는 불가피하게 인정사정 두지 않고 단순화한 것이다. 먼저 이 지도는 순전히 공간이 부족해서 제5장에서 보았던 광역권역 계층의 거버넌스, 즉 공동협력통치의 많은 부분을 생략했다. 그러나 이 약도에는 현재 *지방 공동협력통치*(*local governance*)의 세계를 구성하는 공공, 민간 및 자발적 부문의 조직들 중에서 일부가 포함되어 있는데, 그것은 '중앙'과 '지방 정부'를 막론하고 양자가 모두 얼마나 편린화되어 있는지에 관한 어떤 인상을 전달하기 위해서이다. 우리는 이 그림의 제목을 '정부간 관계(inter-governmental relations)'라고 명명하고 싶은 유혹을 억눌렀는데 그것은 '지방정부(local government)'를 이 책의 제목에서 유지한 것과 똑같은 이유에서이다. 이것은 *기본적으로* 중앙정부 부처들과 지방자치단체들을 연결한 지도이다. 점선은 각각의 지방자치단체와 일단의 중앙정부 부처들 사이에 이론적으로 존재할 수 있는 수많은 관계를 상징적으로 표현한다. 실선은 이러한 접촉 및 영향력의 시도 중에서 많은 부분이 실제로는 '우산' 조직 및 기타의 기관을 통해서 이루어질 수밖에 없다는 것을 의미한다.

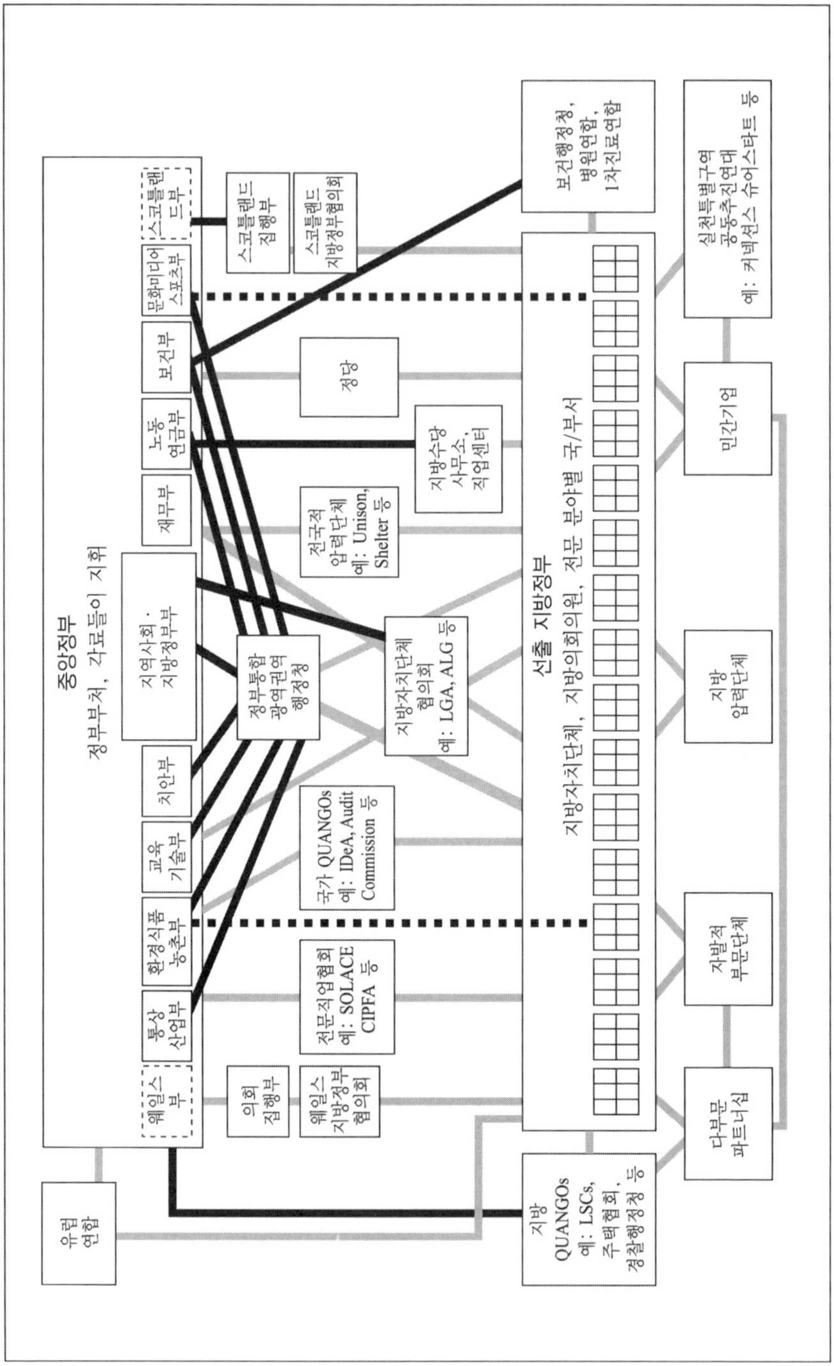

[그림 9.2] 중앙-지방정부 네트워크: 약도

중앙과 지방 관계의 해석 — 혼합적인 메시지의 연구

원칙적으로 지방자치단체의 사무에 대한 중앙 개입의 *규모*(*scale*)는 계량화할 수 있다. 우리는 국회를 통과한 모든 관련 법률과 중앙정부, 즉 화이트홀(Whitehall)이 과잉 생산하는 규정, 회람, 지침, 시행령을 합산해볼 수 있으며 의심할 여지없이 개입의 규모가 막대하다고 결론을 내릴 수 있을 것이다. 그러나 중앙-지방 관계의 *성격*(*nature*)은 평가하기가 훨씬 더 어렵다. 그것은 시간이 흐르면 그 관계가 변하는 데도 원인이 있지만 주된 이유는 특정한 시간에 고정시킨 '정지 사진'도 자세히 들여다보면 처음에 분명해 보였던 것보다 훨씬 복잡한 속성을 포함하기 때문이다.

이 책의 직전 판에서 우리는 1960년 이래의 중앙-지방 관계를 대문자 C로 시작되는 5개의 특징적인 국면으로 구분했었다(Wilson and Game, 2002, p. 163 및 링크된 웹사이트의 도표). 먼저, 우리는 1970년대 중반까지를 '협의형(Consultative)' 국면으로 규정했다. 이 국면은 지방 서비스 지출이 계속 증가하고, 관련 재정의 많은 부분을 중앙에서 충당했으며 집행은 일반적으로 지방자치단체에 일임한 기간이었다. 이어서 경기 후퇴가 가속화됨으로써 '협동조합주의형(Corporatism)' 국면이 대두되었는데, 노동당 정부는 지방자치단체의 대표들이 지출 억제에 자발적으로 동참하도록 유도했다. 그리고 1980년대에는 대처 행정부 아래에서 '대결형(Confrontation)' 및 '통제형(Control)'의 국면이 연속적으로 이어졌으며 이것은 '지방자치단체 재량 깔때기(Funnel of local authority discretion)'([그림 2.1]) 에 부분적으로 포착되어 있다. 이들 국면에서는 설득이 통하지 않았고, 따라서 정부 각료들은 입법을 통해 지방 지출을 전면적으로 통제했다. 여기에 도전하는 지방자치단체는, 광역런던의회(GLC)처럼, 폐지되었고 다른 지방자치단체들은 자산을 매각하거나 재산 양도 입찰에 민간부문이 참여하도록 권장해야 했다. 중앙의 재정통제가 확립됨에 따라 메이저(Major) 행정부는 표면적으로 덜 공격적이고 보다 '타협형(Conciliation)'의 국면을 열었고, 신노동당(New Labour)은 이 국면을 1997년 계승하였다.

신노동당은 1997년 당시 역사상 유례없이 노동당 세력이 전반적으로 지배했던 지방정부의 세계로부터 높은 기대를 받고 집권하였다. 국회를 무대로 하는 중앙 정치인들과 지방의 정치인을 막론하고 노동당 정치인들은 모두, 입장은 서로 달랐지만, 보수당 정부의 지방권한 박탈에 반대했었다. 그리고 지방 정치인들은 비록 동등한 협력관계는 헌법상 불가능하다는 것을 인식하면서도, 중앙 정치인들과 최소한 정신적인, 그리고 동지적인 협력은 가능할 것으로 기대했었다. 그러나 실제로 나타난 현실은, 지방서비스 재정이 결과적으로 크게 증가하고 서비스 향상이 정부의 주요 정책우선순위가 되었음에도 불구하고, 지방자치단체가 준수해야 할 중앙 통제 및 지도의 '획기적인' 감소는 따라오지 않았다(만약 그런 변화가 있었다면 부총리가 그것을 틀림없이 언급했을 것이다). 결과는, 다른 정부 정책 분야와 마찬가지로, 일부 관측자들 사이에 쓰라린 환멸을 안겨주었고, 스토커(Stoker)의 지적대로(2002, p. 430) 중앙-지방관계에 대한 노동당의 접근방법이 계서주의자(hierarchist) 접근의 고전적인 사례 내지는 일부 신문에서 보다 보편적으로 접하는 표현으로서 "통제편집증환자(control freakery gone mad)"로 치부되는 것을 쉽게 발견할 수 있다.

우리가 재량 깔때기(funnel of discretion)의 형상화를 통해, 그리고 [도표 9.4]를 통해서 제시하고자 하는 것은 실제의 모습은 훨씬 더 모호하다는 것이며, 정부의 정책 또한 의도적으로 복합적인 메시지를 전달했다는 것이다. 확실히 '계서주의자'라고 하는 근거는 무궁무진하다. 지방정부세는 개혁되지 않은 채 남아있고, 재정조달에 있어서 중앙-지방 간의 엄청난 불균형은 3/4은 중앙에서, 그리고 단지 1/4만을 지방 납세자로부터 충당하는 것으로 사실상 변함이 없다. 1990년대에 보수당이 조세 및 지출상한선 설정 제도를 도입할 당시 원칙 자체에 대해서 격렬하게 반대했음에도 불구하고, 집권한 노동당의 각료들은 그 권한을 존치했을 뿐만 아니라 2004년 이후에는 실제로 그것을 사용까지 하고 있다. 의무경쟁입찰(CCT)은 폐지되었지만, 중앙집권적이기는 매한가지이고 개입주의적인 측면은 훨씬 더 강한 최고가치(Best Value) 및 성과종합평가(CPA) 체제가 대신 들어섰다. 목표(Targets)와 감사(Inspections)는 이미 살펴본 바와 같이 보수당 정부는 상상도 하지 못할 정도로 강화되었다.

스토커(Stoker)도 인정하듯이(2002, p. 430) '지방의 공공서비스 개혁을 위한 신노동당의 접근방법에 계서주의자의 측면이 있다는 것을 부인할 수 없다.' 정부는 변화를 불러일으키기 위해서 중앙의 처방이 필요하다고 믿었다. 그러나 노동당의 정책의제에는 지방주의자(localist) 측면도 포함되어 있다. 예를 들

[도표 9.4] 노동당의 중앙-지방관계 대차대조표

지방주의자	집권주의자/비지방주의자
'실질금액(real term)' 기준으로, 특히 2000년 이후 지방재정 증가.	지방자치단체가 점차 주요 서비스의 공급자보다 '행정관(commissioners)' 역할을 수행
재정지출 및 지방정부세에 대한 '조잡하고 획일적인(crude and universal)' 상한선 설정 제도 폐지	스코틀랜드와 달리 선택적 상한선 설정제도 유지, 노동당 각료에 의해 2004년 적용 재개
자본지출통제의 일부 완화	지방정부 및 지방 민주주의의 역할에 대한 중요한 재평가 부재
의무경쟁입찰(CCT) 폐지, 서비스 품질의 계속적인 향상에 우선순위 부여	반복적인 약속에도 불구하고 지방재정 분야조차 주요 개혁 부재. 사업용 재산세(rates) 지방세 환원 또는 지방세입 비율증가 부재
성과가 높은 지방의회에 일부 '자유 및 융통성' 제공 - 보조금 용도지정 축소, 감사 및 계획의무 완화	지방정부세(council tax) 개혁 부재
지역복지권 도입	보조금 교부에 있어서 용도지정 증가 — 특히 정부각료 선호분야에 지정 — 예, 학교
광역런던에 민주정부 복원	의무경쟁입찰이 최고가치 제도 — 관료제적, 개입주의적 성격 강화 — 및 중앙집권적, 포괄적인 성과종합평가제도(CPA)로 대체됨.
잉글랜드에 선출에 의한 광역권역의회 설치 시도	재량은 '얻어져야' 하며 실제 내용도 중앙정부가 원하고 승인하는 재량에 국한됨
시장제 도입 주민투표, 평가조사과정 등의 정치관리 개혁을 통해 지방정부의 지역공동체 리더십 역할 강화	계속 증가하는 성과목표, 지방의회 성과비교표, 감사 및 감시체제, 그리고 정부의 파트너십 운영 강조
지방공공서비스 및 지방구역협약 도입.	잉글랜드 카운티 의회의 계획 수립 책무를 비선출의 광역권역 기관으로 이관
중앙-지방 파트너십 창설 - 고위각료와 지방정부협의회(LGA) 지도자의 정기회의 개최	자본지출의 계속적인 규제에 따라 지방의회 공영주택의 이관이 강요됨
	3개로 제한된 집행제 관리모델 강요 및 시장제 채택을 위한 주민투표 주장
	지방 준독립비정부기관(quango)의 책임성 강화를 위한 조치가 거의 전무
	총리와 기타 주요 각료 및 부처들이 지방정부에 대한 경멸을 숨김없이 노정

어 2000년의 지방정부법(Local Government Act 2000)을 보면 새로운 집행제적 정치관리 형태에 대해서 고도로 세밀하게 규정하고 있기는 하지만, 일부 지방의회가 당초에 생각했던 것보다는 운영의 차별화를 기할 수 있는 여지가 매우 크다. 동 법률은 또한 새로운 권한으로서 지역복지권한(well-being power)에 의해 뒷받침되는 지역공동체 리더십 역할과 다른 당사자들과 협력하여 지역공동체 전략을 준비하는 책임을 지방자치단체들에게 부여했다. 보건 및 사회보호법 2001(Health and Social Care Act 2001)은 단일통합의회 및 카운티 의회의 평가조사위원회에 국립보건서비스청(NHS) 산하의 기관들을 공개적으로 평가조사할 수 있는 권한을 부여했다. 지방정부법 2003(Local Government Act 2003)은 여러 가지 중요한 재정적 융통성(flexibilities)을 도입했는데 그 중에서 가장 특기할 만한 것이 제10장에서 보게 될 '자율통제(prudential)' 제도이다. 이러한 그리고 이와 비슷한 상황의 발전은, 만약에 프래체트와 리치(Pratchett and Leach)가 주장하듯이(2004, p. 378) 수면 아래를 깊이 탐구하는 것이 때로는 필요하다고 본다면, 노동당의 집권 시기를 순전히 하향적이라고 지나치게 단순화시켜 해석할 수가 없다는 것을 의미한다.

> 전반적으로 제약을 받고 있음에도 불구하고 선택이 가능하다는 것은 엄연한 현실이며 … 그리고 정책의 전 영역에 파급되어 있다. 선택은 종종 넓은 범위의 전략적 방향보다는 세부적인 집행 측면에서 가능하다.

이들 저자들은 또한 교육과 같이 정부가 높은 우선순위를 두고 있는 주요 정책 분야와 기타 광범한 영역에 걸쳐 있는 지방자치단체의 기능을 구분한다. 즉, '우선순위가 높은 분야 이외의 분야에서 재량권이 훨씬 크다'는 것이다(p. 378). 그러나 포괄적인 일반화는 위험하다.

이러한 문제들에 대한 정부의 의도된 복합적 메시지는 *지방정부지*(*Local Government Chronicle*)의 만화가가 일찍이 포착한 바 있다([그림 9.3] 참조). 그것은 당근과 채찍의 형태 — 또는 종종 그렇게 보이듯이 당근과 [파괴력이 훨씬 강한] 폭약(Semtex: 플라스틱 폭약)의 형태 — 를 띤다. 새로 집권한 노동당 정부는 물러난 보수당 정부에 비해 지방자치의 원칙에 대해 훨씬 더 우호적이라는 점을 강조하고 싶어 했다. 그러나 당시 지방정부의 상황은 여러 가지 측면

[그림 9.3]　만화—당근과 폭약: 신노동당의 영국 지방정부 의제

출처: *Local Government Chronicle*, 15 August 1997.

에서 불만족스러웠고 시급한 개혁이 필요했다. 그것은 단지 일반적인 진단이 아니라 정부의 '현대화 의제'에서도 구체적으로 확인되었다. 이러한 현대화 의제의 진단을 수용하고 정부의 처방을 열정적으로 수용한 지방의회는 상징적인 당근, 즉 나중에 '자유와 융통성(freedoms and flexibilities)'으로 알려지게 되는 보상을 받게 될 것이었다. 그러나 노새 같이—한때 보수당의 정책을 좌절시키려고 시도했던 일부 지방의회처럼—저항하는 지방의회는 곤봉을 휘두르는 부총리 존 프레스코트(John Prescott)에 의해 중앙정부가 우월한 명분과 막강한 권한을 동시에 가진 존재라는 사실을 통렬하게 상기하게 될 것이었다. 필요하다면 정부 각료들은 개입을 통해서 그들의 정책을 강요하고 궁극적으로는 고집 센 부서 또는 자치단체 전체의 관리를 다른 기관에 넘겨버릴 수 있고, 또 그렇게 할 태세도 되어 있었다.

정부의 복합적인 메시지는 세 번째 임기까지 계속되고 있다. 그것은 신노동당의 뿌리가 공공분야에 대한 완전히 양면적인 견해의 핵심에 있음을 생각하면 놀랄 일이 아니다. 즉, 자기가 제공하는 서비스는 찬양하면서 그 서비스의 공급자는 뿌리 깊게 불신하는 것이다. 2005년 학교백서(제 7 장 참조)에서

지방교육청(LEA)의 권한을 복합적으로 주고 빼앗은 것이 중요한 하나의 사례이다. 또 하나는 지방자치단체가 주류면허권한을 치안판사로부터 이관 받은 것으로서 비중은 떨어지지만 매우 전형적인 사례이다. 여기에서 정부는 지방자치단체가 따라야 할 절차는 엄청나게 자세하게 규정하면서도 그들이 지방적 상황을 반영하여, 또는 심지어 행정비용을 보전하기 위해서 수수료를 책정하는 것은 불허하였다.

부총리실과 이상한 각료 커플

노동당 정부 제 3 기가 시작된 시점, 즉 정책의제를 설정하는 연도를 맞아 중앙정부와 지방자치단체의 업무관계는 부총리실(ODPM)을 중심으로 이루어졌다. 부총리실은 1997년부터 2001년까지는 환경 · 교통·지역부(DETR), 그리고 2001년 5월부터 2002년 5월까지는 교통 · 지방정부 · 지역부(DTLR)를 이어받은 조직이다. 2002년 교통부(DfT)가 독립 부처로 분리되고, 2006년 5월 지역사회 · 지방정부부(DCLG)로 대변신을 하기 이전까지는 부총리실은 대부처의 하나로 이름조차 올리지 못했었다. 그러나 부총리실의 책무, 즉 현 지역사회 · 지방정부부(DCLG)의 책무는 지방정부 및 광역권역을 필두로 하여 주택 및 계획, 노숙자 및 사회적 배제, 도시정책 및 재생, 소방 및 복구, 여성 및 차별방지에 이르기까지 광범한 기능을 포괄하고 있다. 스코틀랜드, 웨일스 및 북아일랜드의 경우에는 자치권이 이양(devolution)됨에 따라 이들 '내무(domestic)' 기능, 특히 지방정부와의 관계를 대체로 각 자치국가의 집행부 및 의회(Executives and assemblies)가 관장한다.

2005년 총선 이후, 이 부처는 예외적으로 2명의 국무위원(Cabinet minister)이 6명으로 구성된 각료 팀을 이끌었다. 한 사람은 존 프레스코트(John Prescott) 부총리(deputy PM)로서 부처 전체의 전반적인 책임을 맡았고, 다른 한 사람은 영국 역사상 최초로 지역사회 및 지방정부 담당 차관(Minister for Communities and Local Government)이 된 데이비드 밀리밴드(David Miliband)였다. 의도했든 의도하지 않았든 간에 새 각료직의 명칭은 사이몬 젠킨스(Simon Jenkins, 2005)가 바로 지적한 것처럼 배열순서나 이름 그 자체가 모두 유별나게 부각되었다.

> 이들 두 책무는 정상적인 나라라면 어디서나 똑같은 것으로 간주될 것이다. 밀리밴드의 문제는 그의 보스, 즉 블레어(Blair) 총리가 그 두 책무를 완전히 반대라고 생각하는 데 있었다. 블레어 총리에게 있어서 "지역사회(community)"는 사탕이고, 양념이고, 매력적이고, 핑크빛이며, 부드러운, 그리고 정치적 편향이 없는 한 마디로 좋은 것을 모두 포함한다. 지방정부(local government)는 자투리이고, 굼뜬 달팽이이며, 새끼 강아지의 꼬리이다. 그것은 또한 땀에 젖은 공민회관 회의실(civic rooms)이고, 구노동당(Old Labour) 지방의회의원이며, 공공분야의 불량배들이다. 그것은 존 프레스코트(John Prescott) 같은 사람이 강펀치를 날려야 할 곳이다. 따라서 밀리밴드의 임무는 지역사회를 진흥시키고 반대로 지방정부는 억압해야 하는… 그로서는 풀 길이 없는 하나의 역설이었다.

그러나 상황이 변해서 그렇게 할 이유가 사라졌다. 그것은 2006년 5월 지방선거 직후, 총리의 '의자 뺏기 놀이(musical chairs)' 같은 개각에서 그가 프레스코트와 함께 루스 켈리(Ruth Kelly)로 갑자기, 그리고 조기에 교체되었기 때문이다. 그러나 당시 개각까지 두 각료의 배경이 너무나 극명한 대조를 이뤘기 때문에 — 프레스코트는 웨일스에서 출생하여 북 잉글랜드로 입양되었고 노동자계급임을 자랑스러워하는 '구 노동당(Old Labour)'계 노동조합원 출신이며, 밀리밴드는 옥스퍼드와 미국에서 수학한 블레어 계열의 학구파로서 마르크스주의 지성인의 아들 — 그들은 불가피하게 '이상한 커플(the odd couple)'이라는 꼬리표를 달고 다녔으며([그림 9.4] 참조), 특히 밀리밴드의 역할은 그의 구체적인 견해만큼이나 다소 분명하지 못한 부분이 있었다. 그러나 그는 2005년 9월에 있었던 지방정부세 과표재평가의 무기한 연기라는 황당하기 짝이 없는 정부의 입장 선회에 공적으로 책임을 져야 할 각료였으며, 2006년 말로 발표 예정 시점이 연기되었던 라이온스(Lyons)의 지방정부의 미래의 역할과 재정 조달에 관한 검토보고서에 대한 대응책을 선도해야 할 위치에 있었다([도표 10.6] 참조). 지방정부 세계와의 보다 일상적인 각료급의 연계는 실제로 지방정부담당 차관에 의해 유지되는데, 2005/2006의 경우는 개각에서 교체되지

[그림 9.4] 만화 — 이상한 각료 커플

출처: 'Teal', *Local Government Chronicle*, 26 May 2005.

않은 필 울라스(Phil Woolas)로서, 우연찮게 그는 지역사회 · 지방정부부(DCLG)의 6명 각료 팀 중에서 유일한 남성이다.

지역사회 · 지방정부부(DCLG)가 관장하는 업무의 범위를 생각하면 런던에 배치된 약 2,500명의 핵심 인력은 규모가 단출한 듯이 보이고, 실제로 노동연금부(DWP)와 같은 대규모의 서비스 공급 부처와 비교하면 작은 부분에 지나지 않는다. 그러나 지역사회 · 지방정부부(DCLG)는 노동연금부(DWP)와 달리 직접적인 서비스의 공급자가 아니다. 그것은 헤네시(Hennessy, 1990)가 그의 전신인 환경부(Department of the Environment)를 묘사했던 것처럼 감독을 하는 활동영역들과 다소간 지근거리를 유지하는 화이트홀(Whitehall), 즉 중앙정부의 지주회사와 유사한 존재이다(pp. 439 ~ 440). 2005/2006 부처 예산은 약 57십억 파운드(ODPM, 2005f, p. 116)로서 중앙부처 중에서 매우 높은 서열을 차지한다. 그러나 그 중에서 51십억 파운드는 지방자치단체와 광역권역개발청(RDAs)에 전도되어 지출되고 나머지 대부분은 계획수립감사기관(Planning Inspectorate)과 같은 소속 책임행정기관에 의해, 또는 제 8 장에서 보았던 회계감사위원회, 주택공사, 주택재건추진연대(HAT)와 같은 준독립비정부기관 및 협력기관을 통해 집행된다.

지역사회 · 지방정부부(DCLG)는 런던시내 여러 곳에 분산되어 있지만, 부처 활동의 중심은 전면이 유리로 건축된 이랜드 하우스(Eland House)로서 빅토리아 역 부근의 브레센덴 플레이스(Bressenden Place)에 있다. 루스 켈리(Ruth Kelly) 장관을 비롯하여 부처 공무원의 대부분이 이곳에서 근무한다. 부처 직원은 일반 행정공무원 및 관리자와 함께 경제학자, 통계전문가, 변호사, 연구원 등으로 구성되며, 지방의회의 권한 및 헌장의 현대화에서 서비스의 전자적 전달까지, 그리고 유럽 관계로부터 공공편의를 위한 조례에 이르기까지 정책 및 입법의 모든 측면에 관여한다.

지역사회 · 지방정부부(DCLG)는 화이트홀(Whitehall)의 광범한 공식 및 비공식적인 커뮤니케이션 네트워크의 중심에 자리 잡아 지방정부에 관한 문제는 어떤 것이든 모두 다룬다. 앞에서 사용했던 표현 방식을 빌리면 지방정부를 전체적으로 다룬다. 다른 많은 부처, 예를 들어 교육 · 기술(Education and Skills), 치안(Home Office), 보건(Health) 등의 업무를 관장하는 부처들은 각각 그들 자신의 특별한 업무관계를 공식 및 비공식 회의, 다양한 한시적 그룹 및 위원회 등을 통해서 처리한다. 지역사회 · 지방정부부(DCLG)는 명령이나 지침을 통해 지방자치단체와 직접 접촉하는 한편 지방정부협의회(LGA)를 비롯한 대표기관들부터 널리 의견을 듣는 데 많은 시간을 보낸다.

지방정부협의회 — 지방정부의 국가적 대변자

1997년 이전에는 카운티, 광역도시권 자치단체 및 디스트릭트의 3개 유형별로 잉글랜드 및 웨일스의 지방자치단체를 각각 대표하는 중요한 세 개의 지방자치단체협의회가 있었다. 1997년 많은 고민 끝에 조직의 통합이 지방정부의 입장에서 국가정책 수립에 정치적 영향력을 미칠 수 있는 최선의 기회를 제공한다는 판단이 내려졌고, 이에 따라 통합 지방정부협의회(LGA)가 탄생하였다. 스코틀랜드에는 이미 단일의 협의회로서 스코틀랜드지방자치단체회의(COSLA: Convention of Scottish Local Authorities)가 있었으며, 이와 함께 웨일스 지방정부협의회(Welsh LGA)와 별도의 런던정부협의회(ALG)가 운영되고 있다.

지방정부협의회(LGA)는 2004년까지 노동당이 선도했음에도 불구하고(실제로는, 선도했기 때문에), 특히 협의회를 좋아했을 사람들 중에서 비판론자들이 있다. 그것은 [도표 9.4]에서 보았던 정부의 일부 중앙집권적 시책에 보다 강력하게 반대하라는 것이다. 그러나 통합 협의회가 거의 500개에 달하는 회원조직(경찰, 소방, 교통기관 포함)을 대변해서 요구를 할 수 있기 때문에 전신의 조직들에 비해 영향력이 훨씬 더 큰 '우산(umbrella)' 조직이라는 것을 부정하는 사람은 거의 없다. 지방정부협의회(LGA)는 회원인 각각의 지방의회와 마찬가지로 본질적으로 정당정치 기구이다. 따라서 2006년 지방선거 결과 전국적으로 상당한 격차를 벌리고 최다 지방의회를 지배하게 된 보수당이 켄트 카

[도표 9.5] 지방정부협의회의 과업: 지방정부의 국가적 대변자

2005년 초에 지방정부협의회가 실천했던 과업들 중 일부

- **반 대** 교육부장관이 발표한 용도를 지정한 3개년도 학교예산제도의 도입 의향에 대하여 교육제도의 중앙집권화를 더욱 강화시키고, 민주적 책임성을 훼손한다는 이유로 반대
- **협 력** 학교교통 서비스 제공의 새로운 접근방법을 촉진하는 학교교통법안의 세부내용을 완성하기 위하여 교통부 및 교육기술부와 밀접하게 협력
- **로 비** 청정 근린지역사회 및 환경 법안에 포함된 지방자치단체의 새로운 권한이 적정 재정지원 및 공적 태도와 행동에 관한 국가적 교육 캠페인을 통해서 실효성이 보장될 수 있도록 정부에 로비
- **발 주** 지방정부에 대한 '획일적인(one size fits all)' 접근방법은 성공할 수 없으며, 지방적 상황에 가장 적합한 제도가 어떤 것인지 결정할 수 있는 보다 큰 재량을 지방의회에 줄 것을 촉구하는 보고서, *더 강력한 정치 리더십, 더 좋은 지방정부*(*Stronger political leadership, better local government*) 발주
- **조 직** 스스로 노숙자라고 밝히는 16~18세 청소년을 지방자치단체에서 우선적으로 보호하도록 의무화한 새 법률과 연계시키기 위해 청소년 노숙자에 관한 주요 회의를 조직
- **경비 지원** 지방정부에 영향을 미치는 국회 활동의 전문적인 온라인 방영을 위해 국회 모니터링 및 정보서비스(PAMIS)에 경비 지원
- **비 판** 원칙적으로 인구등록의 아이디어를 지지함에도 불구하고, 지방정부협의회(LGA)는 개인정보 보호를 위한 충분한 안전장치의 확보를 걱정하여 정부의 신분증 제도의 제 측면을 비판

운티(Kent County Council)의 샌디 브루스-로카르트 경(Sir Sandy Bruce-Lockart)을 의장으로, 그리고 집행부(Executive) 및 협의회의 업무를 조정하는 6개 정책위원회(policy boards)에서 대부분 과반수 의석을 차지하여 협의회를 이끌고 있다. [도표 9.5]는 협의회가 지방과 중앙정부 간의 상시적인 쌍방향적 의사소통의 통로로서 기여하고자 하는 *방식*을 보여주고 있는데 이것은 협의회의 2005년 초반 활동 중에서 아주 일부분에 지나지 않는다.

정부통합광역권역행정청

지방정부협의회(LGA)가 지방정부의 국가적 대변자라면 지역사회 · 지방정부부(DCLG)의 광역권역조정국(RCU: Regional Co-ordination Unit)이 조정 역할을 담당하는 9개의 정부통합광역권역행정청(GOs: Government Offices)은 광역권역에서 중앙정부를 대변한다. 정부통합광역권역행정청은 1994년 창설되고 1997년 이후 노동당 정부 아래에서 크게 확대되었는데 [그림 9.1]에서 보는 바와 같이 9개 부처에 내각사무처(Cabinet Office)를 합쳐서 모두 10개 부처의 광역권역 서비스를 통합하여 관리한다. 정부통합광역권역행정청은 광역권역개발청(RDAs) 및 광역권역의회(Regional Assemblies)와 함께 제 5 장에서 설명한 광역권역 계층의 거버넌스, 즉 공동협력통치에 있어서 제 3 의 제도적 도구로서 지방자치단체와 더욱 밀접하게 협력하고 있다.

정부통합광역권역행정청은 2005/2006 예산이 약 10십억 파운드이며, 다수의 정부 정책, 특히 광역권의 경제성과, 환경개선, 교통, 보건 및 교육과 같이 여러 부처가 관련된 프로젝트가 집행되고 전달되는 주요 통로이다. 이들 행정청(GOs)은 정부 부처를 대신하여 지출프로그램을 직접 관리하고, 이들 프로그램의 효과성을 모니터링 및 피드백하며, 각 부처 정책들을 서로 연계시키고, 특히 지역조정국(RCU)을 통해서 광역권의 소리를 국가정책의 형성에 투입하는데 이것은 과거에는 거의 없었던 일이다. 정부통합광역권역행정청은 노동당 정부의 목표인 지역간 및 지역내 격차의 감소에 필수적인 역할을 하고 있으며, 지방구역협약(LAAs)의 협상 및 감독을 통해 보다 '통합된(joined-up)' 정부를 지향하는 리더가 될 것이다.

몇 가지 개념 모델

이 장의 마지막 부분에서 우리는 중앙-지방 관계의 연구 및 해석에 적용될 수 있는 몇 개의 모델에 대해서 살펴본다. 여러분들은 이들 모델을, 로린(Loughlin)의 비유(1996b, p. 53)를 빌리면, 지도와 같이 생각하고 활용할 수 있다. 그것은 이 모델들이 마치 지도처럼 실제 세계를 일부러 단순화하여 복잡한 내용을 이해하고 앞으로 나아갈 방향을 좀 더 손쉽게 찾을 수 있도록 해주기 때문이다.

기관모델

기관모델(agency model)은 지방자치단체를 중앙정부에 완전히 종속된 존재로 본다. 즉, 중앙의 수족 또는 기관으로서 국가정책을 집행하며, 그 임무를 수행함에 있어서 재량권이 거의 없다는 것이다. 앞에서 설명했듯이 선출된 지방정부를 우회하는 일들이 증가하고 중앙의 지배가 강화되는 경향에 비추어 보면, 기관모델이 오늘날의 현실을 정확하게 규정한다고 생각할 수가 있다. 그러나 이러한 해석은 이 나라 지방자치단체들 사이에 아직도 명백하게 존재하고 있는 실질적인 정책적 다양성을 무시하는 것이다. 중앙정부가 강력한 재정 통제를 행사하고 있지만 그렇다고 해서 절대로 지출 양태나 서비스 성과가 통일적으로 나타나지 않는다. 이것은 여러 가지 방법으로 확인될 수 있는데 특히 공공재정회계협회(CIPFA)가 매년 수집하는 재정관련 통계자료를 비교하고 해석해보면 큰 통찰력을 얻을 수 있다. [도표 9.6]에서 보듯이 모든 지방의회는 의무적으로 이러한 통계자료를 생산해서 그들의 서비스 수치를 같은 유형에 속하는 다른 지방의회와 비교할 수 있도록 만들어야 한다.

보다 재미있는—이 표현이 실례라면 보다 풍부한 정보를 제공해 주는—그렇지만 지면이 제한되어 여기서 설명하기가 어려운 또 하나의 방법은 지역사회·지방정부부(DCLG)의 탁월한 웹사이트인 지방정부성과(Local Government Performance) 사이트(물론 구글로 검색 가능)를 통해 같은 종류의 실험을 해보는 것이다. 이 사이트는 지방자치단체들 상호간에 수십 개에 달하는 *최고가치성*

과지표(*BVPIs*)를 서로 비교할 수 있게 해준다. 이들 성과지표(PIs)는 주로 중앙정부의 각 부처가 생산하며 모든 지방의회는 매년 감사에 따른 성과 측정치를 이들 지표별로 공표해야 한다. 이 성과자료는 대개는 펼쳐 볼 수 있게 2페이지에 걸쳐서 지방신문이나 자체의 신문에 게재되며, 당연한 일이지만 잘한 점과 우선순위가 높은 서비스를 부각시키고 때로는 특정 지표에 있어서 왜 동일한 유형의 다른 지방의회보다 성과가 떨어지는지를 설명하기도 한다. 성과지표(PIs)와 지방의회별 성과측정치는 모두 지역사회 · 지방정부부(DCLG)의 사이트([도표 17.2] 참조)에서 입수할 수 있으며 그것을 이용하여 지표별로 성과치를 그래프로 비교하여 나타낼 수 있다.

이러한 비교는 그 자체로도 엄청난 정보를 제공해 주지만, 특히 독자들이 자신들의 지방자치단체나 지역을 비교 대상으로 삼는 경우, 그 과정에서 나타나는 편차들을 설명하거나 적어도 추측은 할 수 있겠구나 하는 느낌을 갖게 할 것이다. 이를 통해서 많은 요소들, 즉 정치적 지배, 압력단체의 활동, 지리상의 차이, 해당 지역의 경제 및 사회경제적 특성 등이 자명해질 것이다. 그러나 인구 규모는 여기에 포함되지 않는다. 그것은 모든 통계자료가 *인구 1인당* 또는 이에 상응하는 형태로 작성되기 때문이다. 또한 [도표 9.6]에서처럼 지출에 관한 통계치는 성과측정치가 아니라는 점을 기억해야 한다. 지출 통계치는 단순히 서비스 공급을 위해 무엇이 투입되었는지를 말해줄 뿐이며, 서비스 품질이나 지방의 고객 또는 납세자들이 받는 재정가치(value for money)와는 관련이 될 수도 있고 안 될 수도 있다. 성과지표(PIs)는 분명히 성과측정치이어야 하나, 어떤 것은 흥미롭기는 하지만 단순히 서술적 통계치에 불과하여 해당 지방의회의 성과에 대해서 거의 알려주지 않는다.

더구나 투입의 차이를 설명하려고 하는 것은 위험천만한 일이 될 수 있으며, 여기서 시도할 생각도 없다. 우리가 이러한 비교측정 방법을 소개하는 중요한 목적은 공식적으로 똑같은 책무를 가진 지방의회 사이에 명백하게 존재하는 예산 및 정책적 차이를 부각시킴으로써 기관모델의 타당성에 의문을 제기하기 위해서이다. 여러분은 학교 교육과 같이 거의 성문법적인 서비스 분야에서도 큰 차이가 나는 것을 보고 놀랄 것이다. 그러나 서비스 스펙트럼의 다른 극단, 즉 레크리에이션과 경제개발과 같이 대체로 또는 전적으로 재량적인 서비스의 경우에는 그 지출 및 성과의 편차가 실로 엄청나다. 즉, 지방의

[도표 9.6] 지방자치단체 서비스 통계, 2002/2003: 일부 통계적 비교

	중등교육		사회서비스	도서관	레크리에이션	경제개발
	학생당 지출 (£)	교사당 학생수	1인당 순비용 (£)	1인당 순비용 (£)	1인당 순비용 (£)	1인당 순비용 (£)
A. 단일통합의회						
Bracknell Forest	3,550	15.6	216.66	20.69	44.40	0.33
Hartlepool	3,873	16.5	n/a	52.29	70.38	21.74
Kingston-upon-Hull	4,019	16.1	336.10	20.21	87.00	21.47
Leicester	3,679	9.7	276.84	17.84	68.10	11.70
Middlesbrough	4,204	n/a	291.47	18.03	77.42	50.46
Nottingham	4,354	11.7	n/a	17.09	n/a	n/a
Rutland	3,706	19.2	156.24	n/a	n/a	6.13
South Gloucestershire	3,562	16.5	169.20	9.64	10.37	3.38
Swindon	3,139	n/a	213.45	n/a	66.90	n/a
Southampton	3,266	19.3	260.46	20.14	68.68	26.60
All English Unitaries	**3,597**	**16.1**	**246.82**	**16.33**	**50.01**	**12.36**
Percentage variation between highest and lowest	39	99	115	442	739	15,191

B. 잉글랜드 카운티

Devon	3,394	16.7	247.77	11.71	n/a	2.43
Durham	3,530	19.9	n/a	14.51	7.93	11.61
Hampshire	3,390	13.2	174.41	14.02	11.43	1.69
Hertforshire	3,526	16.6	222.82	17.35	0.92	0.82
Leicestershire	3,381	16.1	166.81	14.58	10.84	2.71
Lincolnshire	3,564	16.3	198.82	11.10	5.31	7.80
Northumberland	3,335	15.5	n/a	13.98	2.99	14.28
Suffolk	3,233	17.2	210.79	11.68	3.16	5.16
Surrey	3,375	16.4	217.77	13.89	3.38	0.69
Worcestershire	4,802	18.0	n/a	n/a	n/a	2.23
All English counties	**3,469**	**16.7**	**211.40**	**13.96**	**4.21**	**3.44**
Percentage variation between highest and lowest	49	51	49	56	1142	1970

주: □ 최고치; ○ 최소치; n/a = not available.

출처: CIPFA, *Local Government Comparative Statistics, 2003*(CIPFA, 2004), pp. 64～71.

회에 따라 효율성과 서비스 공급의 상이한 측면에 부여하는 우선순위가 확연한 차이를 보인다. 다른 말로 표현하면 지방의회에 *선택*(*choice*)의 폭이 주어져 있으며, 이것이 바로 기관모델이 중앙-지방관계에 대한 완전히 만족스러운 설명이 될 수 없다고 우리가 주장하는 이유이다.

권한의존 모델

이 모델은 중앙정부와 지방자치단체가 어느 정도 동등한 협력 상대라고 보는 파트너십 내지는 공동추진연대 모델(partnership model)을 발전시킨 것이다. 파트너십 모델 자체는 적어도 두 가지 관점에서 만족스럽지 못하다. 먼저 공동추진연대의 개념이 모호하고 정확하게 정의되지 않은 채로 남아 있다. 이와 함께 이 모델은 영국이 단일국가 체제이며, 따라서 지방정부는 필연적으로 국회의 종속적 피조물이라는 헌법상의 난점을 간과하고 있다. 이러한 비판을 피해가기 위해 학자들이 발전시킨 대안이 권한의존(power-dependence) 모델이다. 이 모델은 중앙 각 부처와 지방자치단체가 모두 *자원*(*resources*) — 법적, 재정적, 정치적, 정보 자원 등등 — 을 보유하며 서로 상대편에 대하여, 그리고 다른 조직에 대하여 이들 자원을 사용할 수 있다고 주장한다([도표 9.7] 참조).

따라서 이 모델은 권한을 협상 및 교환 과정에서 결정되는 상대적인 개념으로 본다. 중앙-지방의 관계가 동등하지 않은 것은 확실하지만 지방의회도 활용할 수 있는 중요한 자원을 스스로 보유한다. 이러한 자원에는 지방적 지식과 직업적 전문성, 네트워킹과 협상의 기술이 포함되며, 무엇보다도 중요한 것은 지역사회에서 선출되고 그 지역을 염려하는 대표로서의 지위이다. 이 모델의 분명한 매력은 중앙정부도 그리고 지방정부도 획일적인 세력으로 묘사되지 않는다는 점이다. 그러나 이것이 동시에 이 모델의 취약점이라고 주장되기도 하는데, 왜냐하면 중앙정부의 월등한 권한을 과소평가한다는 비판이 이 모델에 대해서 계속적으로 제기되고 있기 때문이다(Houlihan, 1988, p. 70; Cochrane, 1993, p. 25 참조). 이 모델은 조직 내부의 정치에 충분한 관심을 기울이지 않으며, 정부간 관계가 일어나는 더 넓은 환경으로서 (자본주의) 경제 및 정치체제에 대한 배려 또한 충분치 않다는 비판이 있다. 이러한 지적들이 무시되어서는 안 된다. 이와 마찬가지로 이 모델의 창시자로서, 이 모델 및 이 모델이

[도표 9.7] 중앙 및 지방정부의 자원

중앙정부	지방정부
• 입법 및 이양된 권한의 통제	• 지방서비스 전체 인력 고용, 국가 공무원 수보다 월등하게 많음
• 세입지원보조금(RSG)을 통해 지방자치단체 경상지출의 대부분을 공급 및 통제	• 지방의회의원 및 지방공무원을 통해 구체적인 지방적 지식과 전문성 보유
• '상한선 설정(capping)'을 통해 개별 지방자치단체의 총지출과 세금을 통제	• 정책의 집행을 통제
• 지방자본지출의 최대 부분을 통제	• 지방세 인상 및 서비스요금 책정에 있어서 제한적인 권한 보유
• 일부 서비스의 기준을 설정하고 감사 실시	• 자체적인 정치적 우선순위, 대부분의 서비스기준 및 서비스 부문간 재정배분을 결정
• 전국선거에서 부여받은 책무 보유	• 지방선거에서 부여받은 책무 보유

출처: Rhodes(1998), Figure 2.2, p. 42.

제기한 개념적 논쟁이 '계속적인 의미(continuing relevance)'를 충분히 가지고 있다는 로즈(Rhodes, 1986b)의 관점과 그래서 재검토(Rhodes, 1999b, 특히 제 5 장 및 제 6 장)가 정당화된다는 그의 주장 또한 무시되어서는 안 된다.

정책 공동체 및 네트워크

기관 모델과 권한의존 모델의 한계는 양자 모두 본질적으로 '쌍무적(bilateral)'이며, 따라서 정부간 관계의 복잡성을 수용하지 못하는 데 있다. 정부간 관계는 제 7 장 및 제 8 장에서 보았듯이 단순히 중앙정부-지방자치단체의 축에 비해 범위가 훨씬 광범하다. 양 모델은 *제도적* 또는 조직적 관계에 치중하기 때문에 불가피하게 정책 체계, 정책 공동체 및 정책 네트워크를 소

[도표 9.8] 정책공동체

정책공동체의 특징

- 제한된 수의 참여자, 일부 집단은 의도적으로 배제
- 지배적인 경제 또는 전문직업적 이해관계
- 정책 쟁점과 관련된 모든 사안에 관하여 지역공동체 구성원 모두와 빈번하게 상호 작용
- 가치, 구성원 및 정책결과에 대해 시간이 흘러도 일관성을 유지
- 모든 참여자가 공유하는 이념, 가치 및 광범한 정책적 선호에 대한 합의
- 자원을 보유하는 정책공동체의 구성원과 관계 교환
- 자원을 보유한 구성원 간의 교섭.
- 지도자가 구성원들의 추종을 확보할 수 있도록 참여조직 사이에 자원을 계서적으로 배분

출처: Rhodes(1999b), p. 143.

홀히 한다. 정치 및 정부제도 연구의 주안점은 그것들이 정책결정 및 집행과 어떻게 상호 관계를 가지는지 보다 잘 이해하는 데 두어져야 한다.

우리의 지방자치단체는 복수 서비스 조직으로서 '지방자치단체 정책결정'의 대부분은, 다수 분야를 포괄하는 파트너십의 시대에도, 여전히 교육, 사회서비스, 계획 등을 기반으로 하는 서비스 특유의 '정책공동체(policy communities)' 내에서 일어난다. 권한의존 모델은 '지방정부의 국가적 공동체(national community for local government)'에 관심을 집중하는 대신에 다른 다양한 기능적 정책공동체 및 정책 네트워크를 실질적으로 소홀히 한다고 말할 수 있을 것이다.

정책공동체는 로즈와 마시(Rhodes and Marsh)의 정의와 같이 [도표 9.8]에 열거된 특성들을 가지고 있다(Rhodes, 1999b, p. 143). 이들 특성에서 주제의 연속성 및 전문직업적 이해관계를 강조하는 권한의존 모델과의 공통점을 쉽게 볼 수 있다. 전문직업적 이해는 전문 직업에 기반을 둔 영국 지방정부의 세계에 직접 적용될 수 있어야 한다는 것이다. 요약하면, 정책공동체는 겉보기에 보다 깔끔한 다른 모델들에 비해서 우리가 제 8 장에서 보았던 복잡하고 혼란스럽기 짝이 없는 지방 거버넌스, 즉 공동협력통치의 현실에 보다 잘 들어맞는 것 같다.

제10장
지 방 재 정

고다이바 부인과 재정에 관한 신화들

지방재정에 관한 여러 신화 중에서 고다이바(Lady Godiva) 부인 이야기가 있다. 그녀의 남편이었던 메르시아 백작(Earl of Mercia) 리오프릭(Leofric)이 그녀가 만약에 당시 11세기의 코번트리(Coventry) 시장 거리를 대낮에 알몸으로 백마를 타고 다닌다면 그녀가 간청한대로 지역 소작인들에게 부과하던 헤리겔드(Heregeld) 세를 폐지하겠다고 약속했다는 것이다. 불행하게도 재미라고는 모르는 역사가들은 이들 백작 부부가 실존했던 인물임에도 불구하고 이것을 중세기에 관광 발전을 담당했던 이 지역의 관리들이 관광객 유치를 위해 지어낸 이야기라고 추측한다. 비교적 현대적인 신화 중의 하나는 지방의회가 제공하는 서비스 중에서 지방정부세(council tax)로 재정을 조달하는 비율이 얼마나 된다고 생각하는지 여론조사를 할 때 항상 나타난다. 전형적인 추측은, 그리고 실정을 잘 모르는 일반인으로서는 항상 추측에 불과하지만, 70에서 80퍼센트 사이로서 20 내지 30퍼센트 정도를 중앙정부가 조달한다는 것이다(ODPM, 2003, p. 3). 이 장의 핵심적인 목적은, 사실은 그러한 추측이 *완전히 정반대*([그림 10.4] 참조)라는 것을 강조하고, 지방정부의 시각에서 볼 때 허약하기 짝이 없는 역의 재정조달 균형이 어떤 결과를 가져오는지 보여주는 한편, 정확한 정보를 제공하여 그러한 추측의 필요성을 일부 줄이는 것이다.

이 장의 전반부는 지방정부의 재정 및 예산편성의 기본 요소를 독자의 입장, 즉 분명한 의식을 가진 서비스 이용자로서, 그리고 아마도 납세자로서의 시각에서 개관하고 관련된 사례를 제시한다. 특히 자신에게 부과되는 지방정부세(council tax)를 해석하고, 고지서가 나오기까지 거치는 주요 결정을 이해하는 데 필요한 정보를 제공한다. 후반부는 최근에 이루어진 역사적 발전과 함께 비교 분석적인 고찰을 시도한다. 특히 제 9 장의 서두에서 지적했듯이 유럽지방정부회의(CLRAE)가 지금까지 설명한 영국의 지방 체계 및 과정을 비민주적으로 중앙집권화되었다고 보는 이유를 이해하도록 한다.

당신의 세금고지서

여기서는 1993년 4월 메이저(Major) 정부가 인두세(poll tax) 또는 지방부담금(community charge)의 정치적 대안으로 불가피하게 도입한 지방정부세(council tax)에 대해서 알아본다. 무엇보다도 먼저 독자들에게 자신의 지방정부세 납입고지서와 지방의회가 이것과 동봉해서 보내주는 설명 자료, 특히 해당 지방의회 예산의 세부 내용을 살펴보기를 권한다. 만약 학생이어서 세금납입고지서가 없다면 이웃에서 빌리거나 해당 지방의회의 웹사이트를 클릭하면 예산 및 지방정부세에 관한 리플릿 또는 회계보고서의 개요를 볼 수 있다. 운이 좋으면 전문용어 해설자료 및 해당 지방의회가 어떻게 예산을 편성하는지를 이해하기 쉽게 설명한 자료도 입수할 수 있다.

세금납입고지서의 맨 아래 부분, 즉 마지막 줄이 여러분 또는 여러분의 가구가 납입해야 할 금액이다. 우리는 버밍햄 시의회(Birmingham City Council)의 2005/06 예산을 실제 사례로 활용하여 그 마지막 줄의 숫자가 어떻게 계산되었는지 설명할 것이다. 여러분의 지방의회도 마찬가지로 세금고지서를 송부할 때 각종의 부수적인 홍보자료를 동봉하여 나름대로의 설명을 제공한다. 부수적인 홍보자료에는 다음과 같은 것들이 있다.

- 세금납입고지서를 발송하는 *납세청구행정청*(*billing authority*)의 예산 및 지출 계획 — 디스트릭트(district), 바러(borough) 및 단일통합지방의회(unitary council)가 포함된다.

- 납세청구행정청이 대신 징수해주는 '부가세(precepts)'를 세입으로 하는 *부가세부과행정청*(*precepting authority*)의 별도 예산 및 지출계획 — 카운티(county)와 파리시(parish), 타운(town), 커뮤니티(community) 그리고 경찰 및 소방기관이 포함될 수 있다.
- 납세청구행정청 재정부서의 설명 자료, 구체적인 납부 방법, 이의신청 절차, 세금 감면 및 공제 등 — 여러 나라 언어로 번역되어 제공되는 경우가 많다.

이것은 중앙정부보다 지방자치단체가 훨씬 더 개방적이고 책임도가 높다는 것을 보여주는 하나의 예이다. 국세청(Inland Revenue)은 납세신고서(tax returns)를 그것의 내용을 완성해서 다시 제출하도록 납세자들에게 발송할 때 지방자치단체와는 달리 중앙정부의 지출계획에 관해 어떠한 정보도 제공하지 않는다.

자본 및 경상 지출

먼저 세금납입고지서와 함께 우송되어 온 예산 또는 지방정부세 리플릿을 보게 되면 기본적인 용어들에 대한 정의가 필요함을 알 수 있을 것이다.

> *예산*(*BUDGET*) — 특정 기간에 걸쳐 재정적 관점에서 정의한 지방의회의 정책에 관한 설명.

'특정 기간'은 매우 중요한 개념이다. 예산이라고 하면 본능적으로 연례적인 일이라고 생각하기 쉽지만 아마도 매년 수억 파운드는 족히 지출하는 지방자치단체로서는 그렇게 짧은 기간만을 생각할 수가 없다. 각 지방자치단체는 적어도 3년 이상의 기간을 두고 미래를 예측하고 계획을 수립한다. 따라서 가장 먼저 주목해야 할 특징은 지방의회의 예산이 *경상*(*current*) 및 *자본*(*capital*) 지출로 구분된다는 점이다.

> *경상 또는 세입지출*(*CURRENT 또는 REVENUE EXPENDITURE*) — 서비스 공급

을 유지하는 데 필요한 일상적인 지출. 직원 임금 및 보수, 학교 교재, 사무 장비, 쓰레기수거차량 연료, 어린이집 난방비 등

자본지출(*CAPITAL EXPENDITURE*)—장기적 관점에서 자산을 생성하는 지출로서 비싼 경우가 많으며 편익이 차년도 이후까지 지속됨. 토지의 구매, 건물 및 도로의 건설, 주요 장비 등

최근 들어 지방정부 지출은 [도표 10.1]에서 보듯이 경상운영비용이 자본투자 지출보다 훨씬 많다. 그러나 항상 그랬던 것은 아니다. 자본 대 경상 지출의 비율은 1960년대에 1 대 2에서 1980년대에는 1 대 6으로 그리고 1998/99년도는 1 대 11로 최근 수십 년 사이에 급격하게 증가했다(Wilson and Game, 2002, p. 181). 그것은 중앙정부가 지방자치단체에 자본지출을 줄이라고 사정없이 압력을 가한 데 주로 기인한다. 이러한 추세는 노동당 정부에서 얼마간 역전되어 2003/04연도에는 1 대 9가 되었다. 그러나 이러한 역전이 상대적으로 얼마나 미약한 조치에 불과한지는 재무부(Treasury)에 제출된 데릭 원리스(Derek Wanless)의 국립보건서비스청(NHS)의 장기 재정수요에 관한 연구(2002)를 보면 알 수 있다. 원리스(Wanless)는 유럽의 평균 수준과 비교할 때 1972년부터 1998년 사이에 보건 투자 부족분의 누적 금액이 267십억 파운드에 달하는 것으로 추정했다(p. 37). 지방정부 서비스에 대해서는 이에 상응하는 추정치가 없지만 자본의 과소 투자가 단지 국립보건서비스청(NHS)에 국한되었던 것은 결코 아니다.

[도표 10.1]의 마지막 줄에 나와 있는 총 지출금액은 지방정부가 영국에서 차지하는 규모 및 국가 경제적 중요성을 보여준다. 오늘날 지방정부는 정부 총지출의 약 1/4, 그리고 2003/04 국내총생산(GDP) 455십억 파운드의 약 10퍼센트를 차지하고 있으며, 이것을 주민 1인당 금액으로 환산하면 1,900파운드에 해당된다(ODPM, 2005g, p. 9). 특히 스코틀랜드에서는, 그리고 웨일스도 마찬가지로서, 1인당 금액이 잉글랜드보다 오히려 더 높다.

[도표 10.1]에서 분야별 비율을 보면 특히 교육, 그리고 덧붙인다면 주택서비스가 제 7 장에서 보았듯이 이들 서비스의 성격이 크게 바뀌었음에도 불구하고 아직도 지방자치단체에서 특별한 위치를 점하고 있다. 이들 두 서비스의 대조적인 특징을 처음 두 개의 행에서 볼 수 있는데 그것은 교육은 사회

[도표 10.1] 지방자치단체의 지출, 잉글랜드 2003/04 — 경상 대 자본지출

	경상 (%)	자본 (%)	계	
			£십억	%
교육	35	23	37.8	34
사회서비스	19	2	18.8	17
주택(주택세입회계 제외)	10	28	12.9	17
경찰 및 법원	10	5	10.9	10
지방환경서비스(LES)*	9	16	9.2	8
도로 및 교통	7	21	9.1	8
문화, 스포츠 및 레크리에이션	4	4	4.3	4
소방	2	1	2.0	2
기관운영 및 기타서비스	6	1	6.2	6
계(£ 십억)	98.9	12.3	111.2	

주: *지방환경서비스는 쓰레기수거 및 처리, 환경보건, 계획, 경제개발 등.
출처: ODPM(2005g), Table 3.2a 및 4.1c, pp. 62, 90.

적 서비스처럼 노동집약적인데 반해 주택은 도로 및 교통과 같이 고도로 자본집약적이라는 점이다.

지방자치단체의 경상지출이 지방의회 의원 및 주민들의 큰 관심사라는 것은 이해가 간다. 그리고 우리의 큰 관심사이기도 하다. 그러나 우리는 먼저 지방의회의 자본지출 사업에 대해 살펴보아야 하는데, 그 이유는 어느 지방의회에서나 그것이 장기적인 정치 및 전략적 목적의 구체적인 표현이기 때문이다. 자본지출 사업은 경상지출과 매우 다른 방식으로 재원이 조달되고, 일단 시작되면 차후년도의 경상예산에 중요한 영향을 미칠 수 있다.

자본예산 조달 방법 — 주요 개혁

우리는 앞에서 중앙정부가 지방자치단체의 자본지출을 규제하기 위하여 어떻게 계속적으로 노력해 왔는지에 대해서 언급했었다. 최근의 중앙정부 규제는 자본예산 조달의 4가지 주요 방법 가운데 3가지, 즉 차입(borrowing), 자

본수입(capital receipts) 및 자본보조(capital grants)를 효과적으로 통제할 수 있는 권한을 중앙정부에 부여한 지방정부 및 주택법 1989(Local Government and Housing Act 1989)를 근거로 하였다. 2003/04 총자본지출에서 차지하는 비율을 보면 차입이 32퍼센트, 자본수입이 16퍼센트, 그리고 자본보조가 28퍼센트였다. 이들 자본지출에 대한 규제는 경상지출의 철저한 통제와 마찬가지로 지방정부로부터 큰 원성을 샀었고, 2004년 4월에 있었던 실질적인 완화조치는 인두세(poll tax) 폐지 이후에 나온 가장 중요한 지방재정 개혁이었다.

차입 — 자율통제

2004년까지는 지방의회가 수년에 걸쳐서 비용이 지출되는 프로젝트의 재정을 조달하기 위해 차입을 하고자 하는 경우 정부 각료의 승인을 받아야 했다. 정부는 매년 개별 지방의회별로 *기본적 차입 승인(Basic Credit Approval)* 및 특별한 프로젝트에 필요한 *보충적 차입 승인(Supplementary Credit Approval)*을 통해 해당 자치단체가 투자 목적으로 빌릴 수 있는 차입의 한도를 명시적으로 설정했다. 이것은 경쟁적인 시장이자율로 빌릴 수 있는 최대한도의 금액을 말하며 정부의 무이자 융자 등 다른 형태의 차입은 포함되지 않았다.

시간은 약간 걸렸지만 노동당 정부는 2000년 녹서(Green Paper)에서 '현재의 자본통제 시스템은 책임 소재를 흐리게 하고 지방의 재정적 자유를 제한할 뿐 아니라 효과적인 자본 투자에 장애가 되어왔다'고 인정했다(DETR, 2000, para. 4.4). 이 녹서에서 제시된 개요에 따라 지방정부법 2003(Local Government Act 2003)으로 도입된 제도가 *자율통제시스템(Prudential system)*이다. 이 제도의 핵심은 지방자치단체를 무책임한 어린이보다는 약간 낫게 취급하는 것으로서, 만약 그들이 정부의 추가적인 지원이 없어도 부채를 상환할 수 있다면, 공공재정회계협회(CIPFA)가 개발한 자율통제규정(Prudential Code)에 따라 스스로 갚을 수 있다고 산정한 한도까지 차입을 허용하는 것이다. 차입비용의 변제에 정부의 지원이 필요한 경우에는 종전처럼 일정 한도까지 지원이 가능하며 이것을 *자본지출보조(Supported Capital Expenditure (Revenue))* 또는 스코틀랜드에서는 '차입보조(Supported Borrowing)'라고 부른다.

자율통제제도는 정부가 전국적으로 그리고 개별 지방의회별로 차입 및 차입의 한도를 설정할 수 있는 권한을 유보하고 있기 때문에 그 실효성이 담보된다. 그러나 이 제도는 차입승인(Credit Approval) 제도와 달리 차입 시점에서 재정가치와 미래의 수입 흐름, 그리고 지방정부세에 미치는 영향을 고려하게 함으로써 지방의회의 책임성을 제고한다.

자율통제에 의한 차입은 지방자치단체에 여러 가지 이점을 준다. 그들은 투입, 즉 얼마까지 재원을 조달할 수 있는가보다는 결과(outcomes), 즉 무엇을 성취하고자 하는가에 초점을 맞출 수 있다. 그들은 레저 센터의 확장과 같이 지방 고용의 창출과 함께 부가적으로 수입을 얻는 자변 투자(self-financing investment)를 추진할 수 있다. 그리고 이 제도는 어떤 이유에서든 민간부문과의 거래인 민간재정조달정책사업(PFI, 제8장 참조)을 경계하는 지방의회에 하나의 대안을 제공한다. 특히, 규모가 큰 지방자치단체들이 이 기회를 빨리 포착했다. 버밍햄은 국가전시센터(National Exhibition Center)를 현대화하고 지방의회 공영주택을 국가의 적정주거기준에 맞춰 개선하고 있다. 어떤 지방의회는 학교와 양로원을 신축 또는 개축하고, 주차장을 건설하고, 도서관을 개수하는가 하면, 콘월(Cornwall)에서는 토르포인트(Torpoint) 타운의 페리 3대를 교체했다(LGA, 2005d). 그렇지만 지금까지 추진된 최대의 사업은 런던교통청(Transport for London)이 지하철 역 및 선로 개선 경비를 조달하기 위해 공채 2.9십억 파운드를 발행한 것이다. 이것을 여러분들이 교통 부문의 막대한 올림픽 사전 투자 사업비를 재무부가 런던의 납세자 및 요금 납부자에게 아주 효과적으로 전가시킨 하나의 사례라고 생각할 만큼 냉소적이지 않다면 그것은 아마도 엄청난 일로 들릴 것이다(Cosling, 2004).

자산매각 수입의 사용

지방의회가 자본지출 재원을 조달하는 두 번째의 방식은 토지, 건물 및 주택과 같은 자산을 매각하여 조성한 자금을 사용하는 것이다. 이것 역시 2004년까지는 중앙정부가 새로운 자본지출에 충당할 수 있는 수입의 비율에 한도를 설정해 놓고 있었다. 1990년대를 거의 통틀어 지방의회는 주택 매각 수입의 25퍼센트, 그리고 기타 자산 처분 수입의 50퍼센트까지를 새로운 투자에 활용할 수 있었다. 수입의 나머지는 보수당 정부의 지시에 따라 부채를 갚는 데 사용해야 했다. 이 한도는 1998년 노동당 정부에 의해 완화되었다. 그러나 주택 매각수입의 일정 비율을 유보해야 하는 의무는 2004년까지 존속되었다. 현재는 자산매각 수입의 일정 비율 유보 의무는 모두 없어졌다. 그러나 그 대신에 새로운 풀 제도(pooling system)가 만들어져서 지방자치단체들은 자산매각 수입의 일정 비율을 중앙정부에 납부해야 한다. 왼손으로는 주고 오른손으로는 빼앗는다는 속담이 계속되고 있는 것이다.

자본보조

정부는 지역재생통합예산(Single Regeneration Budget)이나 탄탄한 출발(Sure Start) 또는 지역사회 뉴딜(New Deal for Communities)과 같은 사업을 통해(제 7 장 및 제 8 장 참조) 지방자치단체에 일반적으로 특정 목적의 자본보조를 한다. 국민복권공사(National Lottery)와 유럽연합도 유럽지역개발기금(ERDF)과 유럽사회기금(ESF)과 같은 구조기금을 통해, 그리고 때로는 보다 집중적인 시책을 통하여 지방자치단체에 자본보조를 제공한다. 이들 보조금은 규모가 상당히 클 뿐더러 주요 개발사업을 추진하는 데 결정적인 역할을 한다. 버밍햄의 국제컨벤션센터 및 심포니홀이 그 예로서 총사업비 180백만 파운드 중에서 50백만 파운드가 유럽연합에서 지원되었다. 지방정부법 2003(Local Government Act 2003)도 과거의 규제를 다소 완화하여 현재는 정부 각 부처가 다양한 목적으로 지방정부에 보조금을 제공할 수 있다.

경상(세입) 수입의 이용

지방의회의 또 다른 자본예산 조달 방법은 지방세나 공영주택임대료, 기타의 수수료 수입 등 자체세입을 활용하는 것으로서 이것은 1990년대에도 정부의 직접적인 통제를 받지 않았다. 그러나 재정적 압박을 받고 있는 시기에 있어서 이러한 자유는 우리 모두 리츠(Ritz)에서 식사를 할 수 있다는 것과 다를 바 없다. 정부에 의해 상한선이 설정되는 지방의회의 세입예산에 대하여 실제적으로나 정치적으로 발등에 떨어진 불처럼 훨씬 절박한 요구들이 많이 나올 수밖에 없다.

자본예산

[도표 10.1]에서 우리는 국가 전체적으로 자본예산(capital budgets)의 규모가 큰 서비스가 주택, 교육, 도로 및 교통이라는 것을 보았다. 그러나 개개 지방의회별로는 책무의 범위에 따라, 그리고 연도별로 자본예산이 매우 다양하게 나타난다. 주요 자본 프로젝트와 재원이 예산서에 항목별로 구체적으로 표시되기 때문에 여러분은 자신들의 지방의회가 어떤 프로젝트를 자율통제, 즉 정부 지원을 받지 않는 차입을 통해 추진하는지, 그리고 자본 : 경상 지출의 비율은 얼마나 되는지 등을 볼 수 있다.

버밍햄의 2005/06 자본예산은 매우 예외적인 경우인데, 그것은 버밍햄이 영국 최대의 도시자치단체라는데도 일부 이유가 있지만 앞에서 언급했던 국가전시센터(National Exhibition Centre) 증개축 사업비의 조달을 위해 한 번에 215백만 파운드의 공채를 발행한 것이 왜곡효과를 가져온 주요 원인이다. 이에 따라 자본예산이 552백만 파운드로 팽창되고 자본 : 경상 예산의 비율이 1 : 6이라는 예외적인 결과를 보이고 있다 — 그러나 2007/08에는 이 비율이 1 : 9로 환원될 것으로 전망된다. 나머지 자본예산 중에서 절반 이상은 주택 및 재개발 사업에 투입되었으며 여기에는 70,000채에 달하는 시의회공영주택의 난방, 단열, 지붕 및 전선교체 사업비 58백만 파운드가 포함된다. 67백만 파운드는 교육에 투입되었는데 이것은 주로 정부의 자본보조를 통해 이루어졌다. 학교의 체육 및 스포츠 시설을 개량하기 위해 새기회기금(New Opportunities Fund)에서 15백만 파운드, 어린이센터 내에 2,226개의 어린이보호소를 설치하기 위해 탄탄한 출발(Sure Start) 프로그램에서 15백만 파운드가 지원된 것 등이다. 그리고 52백만 파운드는 교통과 기타의 소규모 자본 프로젝트에 투자되었는데 여기에는 핸즈워드(Handsworth)의 빅토리아 공원 복원, 솔틀리(Saltley) 레저센터의 확충, 주차장 안전수준 제고, 그리고 다른 모든 지방의회와 공통적인 사항으로서 시 청사 접근편의 향상 및 장애차별법(Disability Discrimination Act) 규정의 준수를 위한 서비스의 제공 등이 포함된다.

경상지출

지출규모는? 지출대상은? 그리고 재원은 무엇인가? 앞에서 우리가 자본예산에 대해서 던졌던 이 세 가지 기본적인 질문은 비록 규모는 더 크지만 경상예산에도 비슷하게 적용될 수 있다. 실제로 그 대답은 보다 쉽게 구할 수 있어야 한다. 왜냐하면 납세요구 관련 자료의 주요 목적이 해당 의회의 경상예산 즉, 다음 회계연도 기간에 일상적인 서비스의 공급을 위해 지출할 계획을 제시하고 설명하는 것이기 때문이다. 여러분이 속한 지방의회가 운 좋게도 기업가적 창의성을 추구한다면 그들은 이러한 정보를 풍부한 상상력과 예시적인 도표 및 그래프 등을 활용하여 눈을 확 사로잡는 방식으로 전달할 것이다.

그러나 그들이 어떤 방식으로 설명을 하건 여러분은 [도표 10.2]의 버밍햄 시의회의 경우와 유사하게, 비록 단위는 크게 다르더라도, 서비스 또는 내각직 관장직무(cabinet portfolio)의 제목 아래에 배열된 숫자들을 보게 될 것이다. 그것을 해석하기 위해서는 용어에 대한 정의를 두 가지 추가할 필요가 있다.

총지출(*GROSS SPENDING*) — 해당 지방의회의 서비스를 제공하는 데 소요되는 총비용으로서 임대료 수입, 서비스 요금 및 수수료, 그리고 정부로부터 받는 보조금 수입을 고려하기 *이전의*(*before*) 지출

순지출(*NET SPENDING*) — 총지출에서 임대료, 요금 및 수수료 수입과 함께 특별한 프로젝트 또는 서비스에 대한 *특별*(*specific*) 정부보조를 *상계한*(*minus*) 금액. 후자에는 주택임대료 환급, 주택임대수당, 지방정부세 공제, 학습·기술위원회 비용의 보전 등이 포함됨

우리는 [도표 10.2]의 첫째 항목에서 버밍햄 시의회가 2005/06 회계연도에 일상적인 서비스의 제공을 위하여 2.8십억 파운드 가까이를 지출하겠다고 제안했음을 볼 수 있다. 기술직업교육과 대학예비과정이 지방자치단체의 관장에서 떨어져나가고, 일부 중등학교가 그 통제에서 벗어난 이후에도 총지출의 1/3, 그리고 순지출의 1/2이 교육 부문에 지출되고 있는데, 그 중에서 60퍼센트는 교사 봉급으로 나간다. 그 다음으로 큰 순지출은 역시 노동집약적인 사

회적 서비스로서 어린이, 노인 및 장애인 고객의 수가 50,000명을 넘는다. 이들 교육 및 사회적 서비스 경비 중에서 각각 1/5 및 1/4 정도는 서비스 수수료 및 유아·아동보호, 특수교육, 시설보호 연령(16세)을 초과한 청소년 대책(children leaving care), 망명희망자, 정신병 치료 등 지정된 목적을 위한 특별보조금 수입으로 충당된다.

이와 대조적으로 버밍햄은 주택 지출의 거의 90퍼센트를 수입으로 충당하는데 그 중에서 많은 부분은 아직도 약 70,000호에 달하는 막대한 시의회공영주택의 임대수입에서 나온다. 1990년 이래 주택수입계정(HRAs)은 '용도가 지정되어' 별도로 유지되어야 할 뿐 아니라 주택수입계정과 당해 지방의회의 일반회계 사이에 임차인 또는 지방정부세 납세자를 보조하기 위한 전출입이 금지되어 있다. 주택보조제도도 있지만 이제는 지방자치단체들의 정치적 재량사항이 아니며 그들은 정부를 대신하여 관리하는 대가로 공식에 의해 산정되는 특별보조금을 받는다. 버밍햄의 경우 이것은 집행부위원장(Deputy Leader) 예산에 계정된다. 이 제도는 과거 지방교육청의 의무적 학생보조와 유사하지만 여기서는 저소득 임차인에 대한 임대료 환급(rent rebates) 및 임대수당(allowances)의 형태를 띤다. 이 두 가지의 주요 소득원, 즉 임대료와 정부보조의 결과 버밍햄의 주택 분야 순경상지출은 한때 서유럽 최대의 주택 임대주라고 자칭했던 것과 대비해서 생각하면 의외로 낮은 수준이다.

집행위원장 및 집행부위원장 예산은 물론 전체 예산이 내각직 관장직무별로 편성되는 것과 마찬가지로 집행제 기반의 지방정부로 이행한 결과이다. 내각직 관장직무(portfolio)의 구분, 명칭, 책무는 지방의회마다 다르며, 그 중에서 버밍햄의 디스트릭트 및 선거구위원회(District and Constituency Committees)는 흥미로운 사례의 하나이다. 2003년 버밍햄은 '지역지향(Going Local)'이라고 하는 급진적인 정책을 시도하여 선거구에 기반을 둔 11개의 디스트릭트위원회로 권한을 일부 이관했다. 디스트릭트위원회는 해당 지역에서 선출된 지방의회의원으로 구성되며 지역 디스트릭트사무소(local district offices)를 통해 도로청소, 쓰레기 수거, 도서관, 스포츠 및 레저시설 서비스를 관장한다. 2005/06 회계연도의 경우, [도표 10.2]에서 보는 바와 같이 이들 디스트릭트위원회는 종전에는 시 본청에서 지방의회의원 및 공무원들이 통제했던 예산을 총 100백만 파운드 이상 관리하게 되었다.

[도표 10.2] 버밍햄 시의회의 세입예산, 2005/06

주요 서비스(내각직 관장직무/위원회별)
집행위원장 예산 국가전시센터(NEC), 컨벤션센터, 옥내스포츠오락센터(NIA), 내각사무실 등
집행부위원장 예산 주택임대수당 및 임대료 환급, 지방정부세 수당, 수당서비스, 시장
교육 및 평생학습
사회보호 및 보건
교통 및 도로서비스 도로유지, 교통관리, 쓰레기 수거 및 처리 등
레저, 스포츠 및 문화 도서관, 공원, 자연보전, 박물관, 예술활동 지원 등
주 택
지역재생 경제개발, 고용창출, 기업활동 지원
지역서비스 및 지역사회 안전 근린지역사회 회생, 지역사회 개발 및 안전 등
디스트릭트 및 선거구 위원회
규제위원회 계획, 면허, 공공보호
기타 서비스(평등 및 인적 자원)
내각직 관장직무 및 위원회 총지출
공제: 자본수입
합산: 예비비
지방의회 총지출
합산: 유보예산
지방의회순예산수요

주: * = 0.5 미만.
출처: Birmingham City Council, *Budget 2005/06*.

총지출		수수료 및 특별보조금 수입 (£백만)	순지출		
2005/06 (£백만)	총지출에 대한 비율		2005/06 (£백만)	2004/05와 차이(£백만)	순지출에 대한 비율
168	6	101	67	−2	4
434	16	408	26	+1	2
973	35	205	768	+50	50
451	16	106	345	+44	23
127	5	37	90	+6	6
56	2	11	45	+4	3
324	12	285	39	+5	3
76	3	55	21	+2	1
29	1	24	5	=	*
111	4	14	97	−2	6
30	1	15	15	−1	1
11	*	*	11	=	1
2,790	**100**	**1,261**	**1,529**	**+107**	**100**
(85)			(85)		
7			7		
2,712			1,451		
			1		
			1,452		

부가세 부과

순지출 수요를 산정하는 것은 지방의회가 개별 주민들에게 보내는 납세 고지서를 결정하는 첫 걸음에 불과하다. 그것은 [도표 10.2]에 열거되어 있는 것과 같이 지방의회가 제공하는 서비스에다 자체적으로는 지방세를 직접 청구하거나 징수할 수 없는 기관들이 버밍햄 주민들에게 제공하는 서비스를 합산해서 고려해야 한다. 버밍햄 시의회 및 6개 웨스트미들랜즈(West Midlands) 광역도시디스트릭트(Metropolitan districts) 의회로 구성되는 버밍햄 광역도시권에는 그러한 종류로서 다음 4개의 기관이 있다.

1. *웨스트미들랜즈 경찰행정청*(*The West Midlands Police Authority*) — 종전에는 통합행정청(joint board)이었으나 현재는 별도의 행정기관이다. 위원의 절반은 각각의 웨스트미들랜즈 디스트릭트의회가 지명하는 지방의회의원이며 나머지 절반은 지역 치안판사(local magistrates) 및 치안부장관(Home Secretary)이 임명하는 사람들로 구성된다. 다른 경찰행정청과 마찬가지로 순경상지출의 절반에 상당하는 금액을 중앙정부에서 보조금으로 직접 교부받는다.
2. *웨스트미들랜즈 소방민방위행정청*(*The West Midlands Fire and Civil Defence Authority*) — 디스트릭트 의회의원으로 구성되는 통합행정청이다.
3. *웨스트미들랜즈 교통행정청*(*The West Midlands Passenger Transport Authority*) — 역시 통합행정청으로서 버스 및 열차의 경노 무임승차, 어린이 및 학생 요금할인이 경상예산 중에서 가장 큰 비중을 차지한다.
4. *환경청*(*The Environment Agency*) — 웨스트미들랜즈지역 홍수방어위원회를 통해 홍수를 방어하고 수자원을 유지하는 준독립비정부기관(quango)이다.

시의회와 마찬가지로 이들 기관들은 모두 자본 및 경상예산을 운영하고 융자, 보조금, 자본 및 경상수입의 조합을 통하여 재원을 부분적으로 조달한다. 이들 기관은 또한 징수 자치단체인 디스트릭트에 인구 규모를 기준으로 *부가세*(*precept or levy*)를 할당하여 재원을 일부 조달한다. 징수 지방의회는 지방 납세자들로부터 자신들이 청구한 세금과 다양한 부가세 부과행정청이 할

당하는 부가세를 함께 걷어서 후자는 해당 기관에 바로 넘겨주어야 한다.

그래서 버밍햄의 2005/06 순세입요구*총액*(*total* net revenue requirement)에는 시가 징수해야 하지만 직접적인 통제권을 전혀 행사할 수 없는 세입이 80백만 파운드 이상 포함되어 있다. 예상할 수 있겠지만 이러한 의무는, 일정 부분은 간접적으로도 전혀 영향을 미칠 수 없는 세금 수준에 대해 정치적 책임을 지고 비난을 감수해야 하는 시의회의원들을 특별하게 자극할 수 있다. 그러나 시의회의원들의 이런 고충은 샤이어, 즉 비도시 디스트릭트 의회의원들과 비교하면 오히려 약과이다. 이들 비도시 디스트릭트 의회들은 총 세금요구액의 거의 90퍼센트를 차지하는 카운티 의회의 부가세에다, 경우에 따라서는 파리시 의회의 부가세를 얼마간 함께 징수해야 하는데 파리시 부가세는 상한선도 없기 때문에 그 고충이 배가된다.

지방정부 체제가 2개 계층으로 되어 있는 잉글랜드의 비광역도시권에서 나타나는 갈등관계의 하나는 세금부과 및 징수행정청이 교육, 사회 서비스, 교통과 같이 지출비중이 큰 책무를 수행하는 카운티 의회가 아니라는 점이다. 지방정부세는 재산세이기 때문에 카운티보다 규모가 훨씬 작고 따라서 당연히 지출도 적지만 지방 주택행정청으로서 디스트릭트 의회가 징수하는 것이 당연하다([도표 7.1] 참조). 여러분도 확인할 수 있겠지만, 디스트릭트 의회의 예산 설명 자료를 보면 이러한 입장이 강조되어 있을 것이다. 거기에는 그들 의회가 일주일에 맥주 한 잔을 마시는 것보다 적은 세금을 거둬 삶의 질을 향상시키기 위해 주택, 레저 환경 및 지역사회 서비스를 제공한다는 내용이 적혀 있을 것이다.

경상예산의 조달

경상계정의 지출 부분이 확정되려면 최종적으로 2가지의 '기술적' 조정이 필요하다. 예상하지 못한 지출 항목, 즉 '예비비(contingencies)'를 얼마나 남겨두어야 할 것인가와, 예산잔고 내지 유보예산(balances or reserves)을 얼마로 할 것인가이다. 이러한 조정이 끝난 후 버밍햄 시의회의 2005/06 *순지출요구총액*은 1,452백만 파운드, 또는 주민 1인당 1,450파운드에 달하는 어마어마한 금액이다. 당연하게 이어지는 다음 질문은 그 돈을 어떻게 만들 것인가이다.

영국의 지방정부 재정에는 어떤 대칭성이 있다. 자본예산을 조달하는 데 네 개의 주요 방법이 있듯이, 경상예산을 조달하는 데도 네 가지의 주요 방식이 있다.

요 금

지방자치단체들은 항상 그들이 제공하는 일부 서비스의 사용에 대하여 수수료 및 요금(fee and charges)을 받는다. 대중교통, 주차장, 재가지원, 학교급식, 수영장 및 기타 레저시설이 그 예이다. 지방자치단체는 또한 공영주택의 임대료를 받는다. 버밍햄의 경우 경상지출총액의 16퍼센트를 요금으로 충당한다. 지방정부 및 주택법 1989(Local Government and Hosing Act 1989) 이래로 지방의회는 교육, 경찰 및 소방 서비스, 선거, 도서관 도서 대출을 제외한 모든 서비스의 제공에 요금을 부과할 수 있다. 이러한 요금 부과제도의 확대는 지방행정서비스의 소비자들로 하여금 서비스의 비용과 가치를 더욱 직접적으로 인식하게 함으로써 지방의 책임성을 제고하려고 했었던 당시 보수당 정부의 프로그램으로 추진되었다.

대부분의 요금은 재량 사항이기 때문에 지방의회는 어떤 서비스에 요금을 부과할 것인지, 그리고 시장이 감당할 수 있는 요금 수준이 어느 정도인지를 스스로 결정한다. 그들은 서비스의 원가 총액보다 낮은 수준으로 *사회적*(*social*) 요금을 설정하여 서비스의 사용을 권장하기도 한다. 성인교육교실, 보육원 서비스가 이에 해당된다. 그들은 또한 공급원가에 *맞추어*(*just*) 요금을 책정할 수 있고, 일부 양로원에서 보듯이 지불능력을 기초로 *소득비례*(*means-related*) 요금을 부과할 수도 있으며, 이윤을 극대화하기 위해 *시장*(*market*) 요금을 적용할 수도 있다. 그리고 *억제적*(*deterrent*) 요금을 부과함으로써 시내 중심지역 주차 또는 공동묘지 매장과 같은 특정 서비스의 사용을 억제하기도 한다.

이러한 결정 — 특정 서비스에 보조를 할 것인지 말 것인지, 한다면 얼마나 하고 어떤 방식으로 할 것인지, 그리고 이윤극대화를 추구할 것인지 여부 — 은 가장 기본적인 정치적 질문을 수반한다. 요금 및 지방의회의 요금

정책에 대한 검토는 언제나 지방의회의원들의 단골 논쟁거리이다. 서로 다른 경제, 사회 및 정치적 목표가 논의되고 때로는 흥미 있는 정책결정이 이루어지기도 한다. 바로 이 점 때문에 요금 및 수수료에 관한 소책자는 잠자리에서 한 번 훑어볼까 하는 생각을 갖게 하는 몇 안 되는 지방의회 발간물 중의 하나이다.

주차, 레저센터, 쓰레기수거, 공중화장실과 같은 표준적 서비스의 요금조차도, 특히 여러분이 해당 지역을 알고 있고 또 다른 지방의회와 비교할 수 있다면, 흥미로운 논쟁거리가 될 수 있다. 왜 어떤 지방의회는 나이 많은 주민들이 수영하는 것을 장려하고, 반면에 다른 지방의회는 그들로부터 가능하면 많은 요금을 쥐어짜내려 하는가? 여러분의 지방의회는 어린이 매장에 요금을 부과하는가? 주민이 아닌 외지인의 매장에 억제적인 요율이 적용되는가? 왜 경작대여지의 측정단위는 아직까지 로드(rod: 면적단위, 약 25.29평방미터)인가? 서비스가 희소할수록 흥미가 더해진다. 벼룩시장(car boot sale) 입장 요금은 이동화장실 이용을 포함하는가, 아니면 현재의 관행처럼 은닉된 추가 요금인가? 왜 빈대와 바퀴벌레 처치 비용이 근무시간 중인데도 근무시간 외에 말벌집을 처리하는 비용보다 비싼가? 여러분의 지방의회는 위험 야생동물의 허가정책에 있어서 척추동물과 비척추동물을 달리 구분하는가? 여기에 대한 해답을 안다고 하더라도, 요금책정 관행을 한 번 읽어보기만 하면, 지방의회가 요금에 관한 정책결정 및 재량권을 모두 박탈당했다고 주장하는 것은 어렵다.

정부보조금

보조금은 최근에 와서 그 성격과 역할 및 규모가 모두 크게 변했음에도 불구하고 요금과 마찬가지로 오랜 기간 동안 지방정부 재정에서 필수적인 지위를 유지하고 있다. 우리는 여기서 예산과정에 초점을 맞춰, 한 가지 특별한 보조금 즉, 세입지원보조금(RSG: Revenue Support Grant)에 대하여 중점적으로 살펴볼 것이다. 중앙정부가 지방자치단체에 제공하는 보조금은 이것 이외에도 수없이 많으며 지원 이유도 각양각색이다. 그렇지만 보조금을 지원하는 가장 기본적인 목적은 보상과 설득이다.

보상(*compensation*)은 여러 가지 형태를 띤다. 그 중의 하나는 지방의회가

공익으로 간주되는 특정의 필수 서비스, 예를 들어 장애 어린이, 간호보호인, 정치적 난민을 위한 서비스를 제공하는 데 대한 보상으로서, 지방의 납세자들에게 그에 따른 비용 전액을 부담하도록 해서는 안 된다는 것이다. 지방의회는 또한 그들의 다양한 지출 수요 및 과세 가능한 재원을 기준으로 보상을 받는다. 세입지원보조금이 대표적인 사례로서 그 논리적 배경은 지방자치단체들로 하여금 전국적으로 비슷한 비용을 지방 납세자들에게 부담시켜 보편적인 기준에 맞게 서비스를 제공할 수 있도록 하여야 하고 이를 위해 보조금 인센티브가 제공되어야 한다는 것이다.

설득(*persuasion*)은 지방정부 지출의 어떤 측면에 영향을 미치고자 하는 중앙정부의 직접적인 희망에서 그 동기를 찾을 수 있다. 공짜 점심은 없으며, 돈을 내는 사람이 듣고 싶은 곡을 청할 수 있다는 것이다. 보조금의 지원은 특정 서비스의 지출을 촉진하기 위해서, 최소 기준을 강요하기 위해서, 중앙정부의 정책 사업(policy initiative)을 집행하도록 지방의회를 장려하기 위해서, 그리고 일반적으로 보조금이 없다면 가지 않을 방향으로 그들을 유도하기 위해서 사용된다.

보조금은 기본적인 목적에 가장 잘 맞는 형태를 취해야 하고, 또 보조금의 형태를 보면 그 목적이 무엇인지를 알 수 있어야 한다. 따라서 우리는 보조금의 두 가지 기본 목적과 짝을 이루도록 보조금의 두 가지 기본 형태, 즉 특별 및 일반 보조금을 구분해야 한다.

> *특별보조금*(*SPECIFIC GRANTS*) — 용도지정(ring-fenced), 선택적(selective) 또는 특별목적(hypothecated) 보조금으로 알려져 있기도 하다. 지방의회는 정부로부터 받은 보조금을 특정의 프로젝트 또는 서비스에 지출해야 한다. 예를 들면 세 살짜리 어린이를 위한 유아원교육보조금, 에이즈(AIDS/HIV) 지원보조금, 비도시지역 버스서비스보조금 등이 있다. [그림 10.3]에서 볼 수 있듯이 특별보조금은 지방정부에 대한 중앙정부 지원의 한 부분으로서 계속 증가되어 왔다.
>
> *일반보조금*(*GENERAL GRANTS*) — 비선택적(non-selective), 일반목적(unhypothecated) 보조금으로도 알려져 있다. 보조를 받는 지방의회는 보조금을 재량껏 지출할 수 있다. 지방정부에 대한 일반보조금인 세입지원보조금(RSG)은 여전히 중앙

정부 지원 중에서 단일항목으로서 가장 큰 비중을 차지하고 있다.

두 가지의 보조금 형태를 구분하는 것은 지원자인 중앙정부나 지원 대상인 지방자치단체 모두에게 중요하다. 설득과 영향력 행사가 정부의 목적이라면 아마도 특별보조금을 선택하고 그 목적을 가능하면 정확하게 규정할 것이다. 보상이 목적이거나 재정적 측면에서 지방의 재량범위를 최대한도로 보장하려고 한다면 일반보조금을 선택하는 것이 논리적인 귀결이다. 따라서 특별 : 일반 보조금의 비율은 중앙정부의 재정 통제를 파악하는 데 있어서 조악하기는 하지만 손쉽게 활용할 수 있는 지표의 하나이다. 그 비율이 1970년대 초반에 1 : 4에서 현재는 특별보조금을 모두 합친 금액이 세입지원보조금을 상회하고 있는데 그것은 결코 우연이 아니다.

버밍햄 시가 2005/06 회계연도에 수령한 *특별*보조금은 721백만 파운드로서 경상수입총액의 27퍼센트이다. [도표 10.2]에서 총지출을 순지출 수요로 변환시킬 때 요금 및 수수료 수입과 함께 이것을 감안했음을 기억할 것이다. 이제 단일 항목으로서 최대의 경상수입 재원인 '일반' *세입지원보조금*(*RSG*) 835백만 파운드(31퍼센트)에 대하여 논의할 때가 되었다.

매년 반복되는 세입지원보조금의 배분과정은 일련의 정부 발표라는 공개적인 형태로 늦가을에, 새 회계연도의 시작을 기준으로 하여 6개월 이내의 기간에 집중적으로 이루어진다. 먼저 정부는 다음 회계연도에 지방자치단체들이 지출할 수 있는 총액, 즉 *추정지출총액*(*TAS: Total Assumed Spending*)을 결정한다. 다음으로 정부는 추정지출총액 중에서 국세 또는 외부조달재정총액(AEF: Aggregate External Finance)으로 충당할 수 있는 비율을 공표한다. 최근 들어 이 비율은 80퍼센트 정도이다. 전체적으로 20퍼센트를 약간 상회하는 이들 두 숫자간의 차이는 각 지방자치단체가 스스로 찾아내야 한다. 이 수치는 이 장의 첫 문단에서 지적했던 것처럼 일반인들이 가지고 있는 통상적인 인식과 정반대이다.

정부는 이제 전체에서 개별 지방자치단체 차원으로 관심을 돌린다. 정부는 소위 '표준서비스수준'을 확보하기 위해 각각의 지방자치단체가 얼마를 지출해야 할 것인가를 총액 및 7개의 서비스 영역(service block)별로 산정한다. 이들 숫자들이 개별 지방의회의 *공식산정지출수요*(*FSS: Formula Spending Share*)

를 구성한다. 이것은 해당 자치단체가 앞으로 받게 될 보조금의 수준을 결정하는 데 절대적으로 중요한 영향을 미친다. 정부의 지출수요 계산은 해당 지방의회의 총인구, 65세 이상 독거노인의 수, 도로 연장 등과 같은 일단의 지표를 토대로 한다. 지출수요가 과다하게 산정되면 해당 지방의회는 사실상 보조금의 보조를 받는 효과를 누리며, 과소 산정되면 지방정부세를 인상하거나 아니면 서비스를 감축해야 한다.

각 지방의회별로 공식산정지출수요(FCC) 총액에서 두 가지의 공제가 이루어진다. 하나는 *국가표준 지방정부세 세입추정액*(*ANCT: Assumed National Council Tax*)이다. 이것은 지방정부세를 구체적으로 정해진 표준 수준으로 책정했다고 가정할 때 해당 지방자치단체가 거둬들여야 할 것으로 정부가 추정하는 총 세입이다. 다른 하나는 정부가 책정하는 *비가정용 국가재산세*(*NNDR: National Non-Domestic Rate*)에서 받게 되는 수입이다. 개별 지방의회의 세입지원보조금(RSG)은 이 두 가지를 공제한 후 남는 금액이다.

이것을 공식으로 표시하면 다음과 같다.

$$RSG = FSS - (ANCT + NNDR)$$

FSS: 정부가 산정한 특정 지방의회의 지출수요 합계
ANCT: 지방정부세를 표준적으로 책정했다고 가정할 때 특정 지방의회에 납입될 것으로 정부가 추정하는 지방정부세 세입
NNDR: 정부가 책정하는 비가정용국가재산세로부터 특정 지방의회가 인구를 기준으로 수령하는 수입

이러한 보조금의 배분 과정은 분명히 보조금의 두 가지 기본적 목적을 내포하고 있다. 평균보다 높은 지출 수요를 가진 지방자치단체에 대해 보상을 하지만 그것은 지방자치단체가 무엇을 해야 하고 또 어느 정도 해야 하는지에 관한 정부의 판단을 기반으로 시스템 내부에서 이루어진다.

지방자치단체 측에서는 정파에 관계없이 항의와 탄원이 이루어진다. 그들은 어떤 서비스에 무엇을 투입해야 할 것인지를 정부각료 및 중앙부처의 국가공무원들이 그들 자신 또는 지방의 유권자보다 더 잘 아는 듯이 생각한다고 항의한다. 그들은 정부의 방법론 — 지표의 선택이나 신뢰할 수 없고 갱신되지 않은 정보의 사용 — 및 그에 따른 비정상적인 결론에 대해서도 항의

한다. 최근의 사례를 들어보면, 게이츠헤드(Gateshead)는 지출수요(FCC) 산정 공식에 도로보수 항목은 포함되어 있지만 게이츠헤드에 특유한 총연장이 70킬로미터가 넘는 테라스 사이의 뒷골목의 유지에 대해서는 고려하지 않는다고 불평한다.

각 지방의회는 또한 보조금의 배분에 대해서도 항의한다. 총액이 적정 수준에 미치지 못하고, 만연된 인플레이션 증가율을 도저히 따라잡지 못하며, 전체 과정이 정치적이고, 타당한 이유 없이 어떤 자치단체는 득을 보고 어떤 자치단체는 손해를 본다는 것이다. 그리고 그들은 크게 성공을 거두는 경우는 거의 없겠지만 그래도 정부의 지출수요 산정공식에 포함되지 않은 자신들의 특수한 지방적 여건을 특별히 배려해 달라고 계속해서 주장할 것이다.

비가정용 국가재산세/사업용 균일재산세

지방의회 경상수입의 세 번째 재원은 보조금 계산에 대해 설명할 때 잠시 언급한 바 있는 *비가정용 국가재산세*(*NNDR: National Non-Domestic Rate*)로서 *사업용 균일재산세*(*UBR: Uniform Business Rate*)로도 알려져 있다. 이것은 지방부담금(community charge)과 동시에 도입되었으며, 헌법적으로 볼 때 지방부담금보다 의미가 더 큰 조세개혁이었다고 주장되기도 하지만 그와 같은 대중적인 원성을 초래하지는 않았다.

1989/90 이전 거의 400년 동안 영국의 지방자치단체가 활용할 수 있었던 유일한 지방세는 *레이트*(*the rates*)로 알려져 있는 재산세였다. 레이트는 행정적으로 그 원리가 간단하며, 그렇기 때문에 가장 발전된 모든 지방정부 시스템에서 어떤 형태이든 재산세를 발견할 수 있다([도표 10.5] 참조). 지역 내의 모든 재산—주택, 아파트, 상점, 사무실 및 공장—에 평가가치, 즉 *재산세과표평가액*(*rateable value*)이 매겨진다. 지방의회는 매년, 공급하고자 하는 서비스의 재원을 조달하기 위해, 정부에서 받게 될 보조금에 덧붙여 자체적으로 얼마를 징수해야 할 것인지를 계산하고 이에 따라 적정한 *레이트 세율*(*rate poundage*), 즉 재산세과표평가액 1파운드당 납부해야 할 금액을 결정한다. 가정용 재산세는 비가정용 또는 사업용 재산세보다 약간 낮은 세율이 적용되었다. 그것은 정부가 지방의회에 보상 성격의 지원을 했기 때문이다.

이 제도는 1989년 스코틀랜드에서, 그리고 1990년에는 잉글랜드와 웨일스에서 완전히 개편되었다. 가정용재산세(domestic rates)가 폐지되고 지방부담금(community charge)으로 대체된 것이다. 북아일랜드에만 유일하게 이 제도가 유지되었는데 이에 따라 그 곳의 많은 사람들이 심리적인 안정과 함께 경제적으로도 계속해서 세금부담 경감의 혜택을 누릴 수 있었다. 그것은 종전의 제도 아래에서 영국 인구의 상당 부분이 레이트 환급 혜택을 받았었기 때문이다.

비가정용 재산세(non-domestic rate)는 폐지되지 않고 국세로 전환되어 비가정용 *국가* 재산세(*National* Non-Domestic Rate)가 되었다. 이에 따라 중앙정부는 잉글랜드와 웨일스의 모든 비가정용 재산에 대하여 표준 내지 균일 재산세율을 책정한다. 그러나 스코틀랜드는 예외로서 종전의 재산세율을 유지했다. 지방의회가 계속해서 세금납입청구서를 발송하고 이를 징수하기는 하지만, 세입은 국가 회계로 들어갔다가 인구 비율에 따라 지방의회에 재배분된다. 따라서 비가정용 국가재산세(NNDR)는 사실상 중앙정부가 지방에 교부하는 일반보조금의 일부가 되었다. 이 재원은 2005/06 연도를 기준으로 21십억 파운드를 상회하며, 중앙정부 지원 총액의 거의 1/5에 해당되는 금액이다. 결과적으로 종전의 지방재산세 납세자가 국세 납세자로 바뀌고, 지방자치단체와 관할 지역의 사업 간에 직접적인 세금 연계가 사라진 것이다.

1989/90 회계연도의 비가정용 재산세는 지방정부 경상세입의 1/4이 넘었는데, 그것은 가정용재산세 세입보다 약간 큰 금액이다([그림 10.3(b)] 참조). 이에 따라 지방의회가 스스로 통제할 수 있는 세입의 비중이 50퍼센트를 상회하다가 간신히 25퍼센트가 될 정도로 일거에 절반 이하로 떨어졌다. 그리고 앞으로 보겠지만 그 비중은 더욱 떨어지고 있다.

지방세

이제 지방자치단체 경상수입의 마지막 재원이 자체의 지방세라는 점이 분명해졌다. 지방세는 전통적으로 레이트에서 지방부담금(community charge)이 되었다가 1993년 이후 지방정부세(council tax)로 바뀌었다. 지금부터 우리는 이 장이 끝날 때까지 이들 및 지방세로 운용될 수 있는 다른 세금들이 가지는 장단점을 각각 살펴볼 것이다. 여기서 하나 상기해야 할 사실은 레이트가 재산에 부과되었던 세금인 데 반해서 지방부담금 내지 인두세(poll tax)는 개인에게 부과된, 즉 18세 이상의 성인 대부분이 납부 의무를 가진 단일 세율의 세금이었다는 점이다. 지방정부세는 양자를 조합한 것이다([도표 10.3] 참조). 이것은 가정용 재산세의 일종이지만 부과금액은 재산평가액뿐만 아니라 거주자 수와도 일부 상관이 있다. 혼자 거주하는 납세자는 소득과 상관없이 최소한 25퍼센트의 감면을 받기 때문이다. 이것은 각각의 주택이 여덟 개로 구분되어 있는 재산등급(property bands)의 하나에 배정된다는 점에서 종전의 평가 시스템과도 크게 다르다([그림 10.1]).

1989/90 회계연도에 있었던 대처 정부의 인두세 도입은 이라크 침공에 비견될 만한 국내판 정책실패 사례이다. 수많은 사람들의 개인 재정에 막대한, 그리고 대체로 해로운 영향을 미쳤고 지방의회의 세금관리 및 징수담당 공무원들에게는 하나가 아니라 두 개의 행정적 격변을 안겨주었다. 세금납입 청구서의 발송이 처음에는 두 배가 되었다가 나중에는 절반으로 감소했기 때문이다. 그러나 순전히 지방의회의 연례적 예산과정에 참여하는 사람들의 좁은 시각에서 볼 때는—여기서 우리의 시각 또한 마찬가지로서—그러한 모든 변화 속에서도 핵심적인 의사결정은 본질적으로 차이가 없다.

세금의 부과는 여전히 전체 과정 중에서 다른 모든 내용, 즉 여러분이 속한 지방의회 및 부가세 부과행정청의 지출계획, 특별보조금 수령액, 요금 및 수수료, 비가정용국가재산세 풀에서 배분받는 수입, 그리고 세입지원보조금의 금액이 모두 알려진 다음 남게 되는 최종적 결과이다. 모든 다른 수입을 감안한 뒤 그래도 모자라는 금액은 해당 지방의회의 지방정부세 납세자로부터 나올 수밖에 없는데, 그것은 다른 대부분의 국가와는 달리 영국의 지방자치단체는 지방정부세를 유일한 세원으로 하기 때문이다.

위에서 언급한 마지막 쟁점은, 특히 지방자치단체의 예산상의 재량을 생각할 때 매우 중요하다. 상식적으로 판단할 때 서로 다른 납세자 그룹을 가진, 여러 가지 상이한 지방세를 운용할 수 있는 지방자치단체는 단 하나의 세금과 따라서 단 하나의 납세자 그룹에 의존할 수밖에 없는 지방자치단체보다 운신의 폭이 훨씬 클 것이다. 이것은 대부분의 선진국에서 실제로 볼 수 있는 현상이다. 예를 들어 일본의 도도부현과 시정촌은 주민, 소비(판매), 기업(영업), 자동차 및 자동차의 취득, 담배, 재산 취득, 경유 운반, 경차와 오토바이, 그리

[도표 10.3] 지방정부세: 핵심적 내용

정 의	사람이 아니고 *가정용 재산에 부과되는 세금*. 그러나 인적 요소를 포함함. *가구별로 세금납입고지서를 발부*하고 1인 가구와 특정의 다른 재산은 25퍼센트를 할인
세 액	먼저 *국세청(Inland Revenue)의 재산가치평가*에 달려 있음. 모든 가정용 재산은 1993년도에 A에서 H까지 8개의 재산등급의 하나로 분류되었으며 이들 재산등급은 상호간에 고정비율 관계, 예를 들면, A : D : H = 2 : 3 : 6과 같은 관계를 가지고 있음. 최저등급인 A등급은 1993년 분류 당시 잉글랜드에서는 40,000파운드, 스코틀랜드에서는 27,000파운드, 그리고 웨일스에서는 30,000파운드 이하였으며 최고등급인 H등급은 잉글랜드 320,000파운드, 스코틀랜드 212,000파운드, 웨일스 240,000파운드 이상의 재산이 해당되었음.
세금결정	*각 지방자치단체*. 그러나 잉글랜드 비광역도시권의 자치 2계층 지역에서는 디스트릭트만이 세금납입청구 및 징수를 담당함.
면제	재산에 대해서만, 대부분 빈집에 대해서 적용됨. 다른 재산유형으로는 종전 지방부담금 면제 대상이던 기숙사(halls of residence), 학생들만 사는 아파트/주택이 해당됨.
감면	재산을 점유한 사람의 유형과 관련되나, 납부능력과는 *상관없음*. 1인가구는 25퍼센트 감면, 18세 이하, 학생(풀타임), 심각한 정신장애자, 일부 장애인 간병인은 50퍼센트 감면. 가장 논란이 큰 사항으로서 제 2 주택 소유자에게는 지방의회 재량으로 10 ~ 50퍼센트 감면
환급	저소득 납세자에게 *100퍼센트*까지 환급
학생	풀타임 학생으로서 기숙사, 호스텔, 또는 학생 전용 숙소에 거주하는 경우 *납부하지 않음*.
납세의무자	18세 이상의 거주자로서 해당 재산에 대해 가장 강력한 법적 이해관계를 가진 자
미납 조치	인두세 미납과 유사하게 처리. 치안재판소(magistrate's court) 출두, 법원의 의무이행명령(liability order) 발부, 지방의회에 의한 금전 회수, 3개월까지 투옥(스코틀랜드 제외)
등록	인두세와 달리 특별한 등록 불요
상한선	노동당 정부에서도 상한선 설정권 유지, 2004/05 회계연도에 발동
비가정용 재산세	1989/90 회계연도 도입 이래 '국세' 체계 유지. 노동당은 지방세로 환원하겠다는 공약을 집권 후 번복했음.
공평성	공평하지 않고 시간이 갈수록 악화되고 있음. 본질적으로 역진적이며 하위 재산등급이 상위 등급보다 소득 대비 세금 부담률이 훨씬 높음. 특히 연금생활자와 같이 고정 수입에 의존하는 사람에게 불리함. 재산가치평가가 지나치게 시대에 뒤떨어져 맞지 않음. 2006년 현재 런던의 평균 재산가격은 300,000파운드였음.
미래전망	아무도 모름. 2007년으로 약속한 재산가치재평가는 무기한 연기됨. 마이클 라이온스 경(Sir Michael Lyons)의 지방정부의 재정에 관한 조사는 2006년 후반으로 연기되어 경미한 개혁조차 배제됨. 경미한 개혁으로는 의회의 명령(Parliamentary Orders)만 요하는 최상 재산등급의 분할, 최하등급 A와 최상등급 H간 비율을 1 : 3에서 1 : 7로 확대, 감면제도 폐지 등이 있음.

고 온천이 있는 경우에는 온천에 대해서도 세금을 부과한다. 뉴욕 시장은 4개의 주요 세금, 즉 재산세, 개인소득세, 일반판매세 및 일반법인세를 부과하며 그 외에도 경미하지만 호텔세, 공공요금세, 상업용 임대료세와 재산양도세 등을 부과한다. 햄블톤(Hambleton, 2005, p. 23)은 이들 세금 목록이 '지방 정치인들에게 과다한 세금 선택권'을 주는 것일 수도 있지만, 이러한 상황이 우리에게 매우 바람직하다는 것을 단호하게 강조하고 있다.

> 이것을 오로지 하나의 세금, 그것도 지출의 일부만 충당할 수 있는 세금에만 의존하는 영국의 지방의회와 비교해 보라. 그리고 믿을 수 없지만 그것마저도 중앙정부가 상한선을 설정하고 있다. 이러한 제약된 환경에서는 효과적인 지방 리더십이 번창할 것으로 기대할 수 없다.

[그림 10.1] 만화 — 지방정부세의 평가

출처: Local Government Information Unit, *LGIU Briefing*, No. 55, December 1991.

예산 상한선 설정

햄블톤의 관찰을 보면 지방세와 관련된 중요한 선택권이 최근에 와서 영국의 지방의회로부터 완전히 제거되었다고 말할 수 있다. 레이트법 1984(Rates Act 1984) 이후 이미 제한적이었던 지방자치단체의 재량권이 상한선 설정(capping)으로 알려진 과정을 통해 더욱 축소되었다. 이 용어는 '레이트 상한선 설정(rate-capping)' 또는 '지방정부세 *상한선 설정*(*council tax-capping*)'으로 다소 오해를 유발할 수 있게 사용되는 경향이 있는데, 보다 엄밀하게 말하자면 *예산 상한선 설정*(*budget-capping*)이다. 1984년 이래 동 업무를 승계한 부처의 각료들—2006년의 경우 지역사회·지방정부부(DCLG) 장관—은 어느 지방자치단체이든 그들이 보기에 과도하다고 판단되면 계획된 예산에 상한선 내지는 성문법적인 한도를 설정할 수 있는 권한을 가지고 있다. 그 효과는 지방정부세(council tax)에 직접 상한선을 설정하는 것과 본질적으로 동일하다. 왜냐하면 지방세가 한 가지뿐이어서 지출 삭감 요구를 반영하기 위해서는 그 세금에서 동일한 금액을 삭감해야 하기 때문이다.

당초 보수당 정부의 각료들은 새롭게 도입되었던 이 권한을 *선택적으로*(*selectively*) 사용했다. 즉, 매년 12~20개 정도의 지방의회—거의 대부분 노동당이 지배하던 지방의회—를 골라내어 제안된 예산과 레이트를 삭감할 수 있도록 매년 기준을 고안했다. 그러나 인두세의 등장과 함께 상한선 설정은 선택에서 *보편적*(*universal*) 조치로 갑자기 바뀌어 파리시(parishes)를 제외한 모든 지방의회에 적용되었다. 이 제도가 중앙집권적이고 독재적으로 들린다면 그것은 그렇게 고안된 제도이기 때문에 당연한 일이다. 그리고 이 제도는 또 이해하기가 매우 쉽다. 다음 회계연도의 상한선 설정 기준으로서 예산증가율 상한선이 세입지원보조금(RSG)의 세부 내역과 함께 11월에 발표된다. 따라서 각 지방의회는 예산과 관련된 어떠한 핵심적인 의사결정을 내리기도 전에 다음 회계연도에는 얼마나 지출할 수 있도록 허용되고 또 지방주민들로부터는 세금으로 얼마를 거둘 수 있는지 정확하게 알 수 있다. 그러면 다수의(사실은 대부분) 지방의회는 이들 수치를 가이드라인으로 삼아 정부가 결정한 수준에 맞추어 지출을 정하고 세금을 징수한다.

일반 국민은 아니더라도 모든 지방자치단체는 정파를 불문하고 이러한 보편적인 상한선 설정 관행을 아마도 지방부담금/인두세 강요 자체보다도 더 불쾌하게 받아들였을 것이다. 결과적으로 정부가 이 나라 모든 지방의회의 지출 상한선을 개별적으로 설정하고 지방에서 선출된 정치인들에게 비록 예산의 세부 내용은 아니지만 그들 예산의 기본 틀을 사전에 결정하여 넘겨주는 격이었기 때문이다.

노동당은 1997년 총선 정책선언을 통해 이러한 '조악하고 보편적인 상한선 설정 제도는 사라져야 한다'고 공언했다. 그러나 완전히 없앤다는 것은 아니었다. 노동당 정부 각료들이 '지방정부세의 과도한 증가를 통제할 수 있는 유보권한을 유지'했기 때문에 이 제도는 차별적, 선택적 상한선 설정으로 불릴 수 있는 새 제도로 대체되었다. 여기서 과도하다는 것은 지방에서 선출된 지방의회의원(또는 지역주민이나 유권자)이 아니라 정부 각료들이 판단하기에 과도하다는 것을 말한다.

이러한 법률상의 변화는 지방정부법 1999(Local Government Act 1999)에 의해 도입되었으나 2004년 봄까지는 거의 주목을 받지 못했다. 당시 각료들은, 사전에 수용 기준을 발표한 적이 전혀 없었음에도 불구하고, 5개 지방의회가 제시한 세금인상 결정을 '수용 불가능한(unacceptable)' 것으로 결정하고 여기에 상한선을 부과함으로써 해당 지역 납세자들을 보호하겠다고 발표했다. 익년도의 세금 발표는 2005년의 총선 및 카운티 의회선거 기간과 맞물려 있었는데, 정부 각료들은 정당 선거운동의 냄새를 확실히 풍기면서 이번 회계연도에는 8개 지방의회의 예산 및 세금인상에 상한선을 씌우겠다고 선언했다. 거명된 지방의회를 보면 그 중에서 어느 곳도 낭비의 전력이 없었고 공교롭게도 7개는 보수당이 지배하고 있었다. 아일스버리 베일(Aylesbury Vale), 데이븐트리(Daventry), 햄블턴(Hambleton), 헌팅던셔(Huntingdonshire), 미드 베드퍼드셔(Mid-Bedfordshire), 노스 도싯(North Dorset), 러니미드(Runnymede)가 그것이다.

보다 중요한 사실은, 비록 이들 지방의회의 '표면상의' 세금 증가가 정부가 선언한 한계치인 5퍼센트를 초과했지만, 이들 모두가 하위 자치계층인 디스트릭트 의회였으며, 따라서 상대적으로 예산규모가 작았고, 그리고 대부분은 세금인상을 감안하더라도 지출 및 세금 수준이 전국 평균에 미치지 못했다는 점이다. 그러나 정부 각료들은 명령을 내렸고, 해당 지방의회들은 결국

터무니없게도, 수만 파운드를 *추가로* 들여서 세금납입고지서를 새로 인쇄하여 우편으로 송부하고 관련된 행정업무를 처리할 수밖에 없었다. 그 중에서 한 지방의회는 가구당 '절약(saving)' 금액이 일주일에 10펜스에도 미달되었다.

나머지 하나, 즉 여덟 번째 지방의회는 사우스 케임브리지셔(South Cambridgeshire)였는데 너무나 격분한 나머지 여러 가지 이유를 들어 법원에 제소하였다(208~209페이지 참조). 세금인상이 3년 만에 처음 있는 일이며, 지출 및 세금 수준이 여전히 전국 평균에 미달되고, 여론조사에서 60퍼센트 이상의 응답자가 세금인상을 지지했으며, 상한선을 씌운 똑같은 정부 부처에서 향후 10년간 33퍼센트의 인구 증가가 예상되므로 이에 대한 계획을 수립하라고 지시했다는 점 등이 제소 사유였다. 그러나 예상하지 못한 바는 아니었지만 그 소송은 기각되었다. 다만 고등법원(High Court)의 담당 판사는 개인적인 동정과 함께 해당 지방의회가 '낭비적이지 않고, 지출 수준이 낮으며, 지방정부세 인상 이유를 설득력 있게 제시했다'고 발표했다. 이 법률은 서유럽에서 가장 중앙집권적으로 통제된 영국 지방재정제도의 기본 틀을 구성하는 하나의 요소로서, 법원은 그에 의거한 각료들의 행동을 용인한 것이다.

예산의 편성 — 한계의 관리

지방예산의 편성은 그 과정에 참여하는 지방의회의원 및 지방공무원의 시각에서 볼 때, 어느 예산 설명서의 부제를 인용하면, '한계의 관리(managing the margins)'가 될 수밖에 없다(Elcock et al., 1989). 사실 이 부제는 지방예산의 결정이 거의 불가피하게 점증적 또는 한계적 성격을 지닌다는 것을 강조한 것이다. 상대적으로 소액을 증액 또는 삭감하고 예산의 기초는 대체로 수용하는 선에서 크게 손을 대지 않는다는 것이다. 그렇지만 이것은 정부 각료들이 일단 총지출과 보조금의 배분, 비가정용국가재산세(NNDR)의 세율, 그리고 때로는 예산 상한선의 설정기준에 관한 중요한 모든 결정을 내리고 그것을 선언한 다음 지방의회의 재량에 넘겨진, 매우 엄격하게 정의되고 범위가 설정된 운신의 폭 내지는 한계의 관리를 의미할 수도 있다.

어떻든 '한계관리'의 역할을 시시하고 심지어는 보잘 것 없는 것으로 보려는 경향이 있을 수 있다. 그러나 지방정부에서 일하는 사람이나 감시자인 시민들은 그러한 경향을 저지해야 한다. 이 책에서 전반적으로 강조하고 있듯이 지방자치단체의 규모와 고용 및 지출능력 때문에 예산상의 한계적인 결정조차도 지역적으로 중대한 영향을 미칠 수 있다. 정부가 예산의 기본 틀을 엄격하게 정의하겠지만 그 범위 *내에서도*, 비록 민주적으로 바람직한 수준에는 미치지 못하더라도, 지방의회가 특별한 지방적 수요에 대처하고 의회의원들이 그들의 정치적 목적을 추구할 수 있는 재량의 여지는 여전히 있다.

실제 사례를 보기 위해 [도표 10.2]에 제시되어 있는 버밍햄의 2005/06 세입예산으로 돌아가서 시의 지방정부세(council tax) 책정에 관한 이야기를 마무리하기로 한다. 이미 언급했듯이 버밍햄 시의 예산은 그 규모는 예외적일 수 있지만, 기초가 되는 기본적인 의사결정은 본질적으로 여러분 자신들의 지방의회와 동일하다.

먼저 2004년 12월 초에 있었던 정부의 세입지원보조금(RSG) 배분계획 발표가 중요한 출발점이 된다. 버밍햄의 입장에서 볼 때 이 발표에서 가장 핵심적인 데이터는 해당 시의회의 공식산정지출수요(FSS)의 구체적인 내용이다. 즉 정부가 볼 때 표준적인 수준의 서비스를 제공하기 위하여 버밍햄 시가 지출해야 할 예산의 총액(1,445백만 파운드—2004/05에서 6.4퍼센트 증가)과 구체적 내역으로서 교육(699백만 파운드—7.4퍼센트 증가), 사회서비스(358백만 파운드—5.9퍼센트 증가) 등이다. 이 공식산정지출수요(FCCs)에 의거하여 버밍햄이 교부받을 세입지원보조금(RSG)이 결정된다. 그러나 시의 지출은 다른 대부분의 지방의회와 마찬가지로 정부가 산정한 금액을 상회한다.

앞에서 언급했듯이 세입지원보조금(RSG)의 결정에 대한 지방자치단체의 공통적인 반응은 거의 연례의식이 된 분노의 표출이다. 지방의회 집행위원장들(council leaders)은 지방 미디어와 인터뷰를 통해 정부가 자기들 지방의회의 지출수요를 어떻게 그렇게 과소하게 산정할 수 있는지에 대해, 그래서 주요 서비스가 감축되거나 세금이 늘어나고, 경우에 따라서는 두 가지가 동시에 일어날 수밖에 없다는 데 대해, 그리고 이에 대해서는 물론 지방의회의원들이 아니라 정부 각료들이 책임을 지고 비난을 받아야 한다고 항의한다. 노동당 정부는 이러한 항의를 희석시키려고 3개년 지출계획(three-year spending plans)을 발표하여 일부 효과를 보았으나, 2004년 12월의 발표에서 훨씬 더 중요하게 고려된 요소는 다음해 5월로 예정되어 있던 총선이었다.

정부가 지방정부의 지출을 거의 완벽하게 통제하고자 하는 경우 당연한 귀결로서 지방정부세 인상에 대한 일반의 비난 중 많은 부분을 스스로 감수할 수밖에 없다. 그래서 정부, 보다 구체적으로 고든 브라운(Gordon Brown)이 이끌던 재무부(Treasury)는 전년도에 이어 지방정부세의 평균 인상률이 10퍼센트를 상회할 경우에 선거구민들로부터 맞게 될 분노를 피하기 위하여 보조금 재정조달총액(total grant funding), 즉 외부조달재정총액(Aggregate External Finance) 증가율을 인플레이션 비율보다 훨씬 높은 6.2퍼센트로 매우 후하게 책정하는 한편, 지방정부 담당 차관 닉 레인스퍼드(Nick Raynsford)를 협박하여 모든 지방자치단체의 세금증가율을 5퍼센트 이내로 묶게 하고 이것을 어기면 상한선을 적용하도록 하였다.

서비스 감축 및 거션 능률성절약(pp. 219~220 참조)은 여전히 추진되어야 할 정책이었지만 버밍햄을 비롯한 대부분의 지방의회는 2005/06 회계연도의 전반적인 결정을 최근 어느 해보다 더 우호적으로 받아들였다. 이에 따라 지방의회의원, 특히 보수-자민당연합내각의 집행직 의원들은 다음과 같은 핵심적인 정책질문을 발표하였다.

- 높은 우선순위를 가진, 즉 예산 삭감에서 제외되고 추가로 재원이 배분되어야 하는 서비스는 어떤 것이고, 절약 대상으로 검토할 서비스는 어떤 것인가?
- 2~3퍼센트의 인플레율과 (노동당) 각료가 제시한 예산 상한선 5퍼센트를 감안할 때 우리의 세금인상률 목표치는 얼마인가?

지방의회는 또한 지방세납세자와 서비스이용자를 대상으로 서비스의 우선순위에 관한 의견을 수렴하는 데 점점 더 큰 노력을 기울이고 있다. 공공의 주민 집회는 일반적으로 참석률이 낮고 대표성이 부족하기 때문에 다른 다양한 방법으로 대체되는 경향이 있다. 공공, 기업 및 지역사회단체 이해관계의 대표자를 포괄하는 소규모의 포커스그룹(focus groups) 또는 심의워크숍(deliberative workshops), 온라인 홍보 리플릿과 설문조사, 전화 핫라인 등이 그것이다. 브리스틀(Bristol), 크로이던(Croydon), 밀턴킨즈(Milton Keynes) 등 몇몇 지방의회는 최소한 한 번 이상 우편 주민투표(postal referendum)를 통해 의견을 수렴했으며, 크로이던의 경우에는 조세관련 주민투표에서 세율이 낮은 정책대안이 항상 채택되는 것은 아니라는 다른 나라들의 경험이 확인된 것이 가장 흥미로웠던 점이었다. 버밍햄은 2005/06 회계연도에 눈에 띄는 특별한 외부자문을 실시하지 않았다. 가장 어려웠던 논의는 직전 선거에서 각 정당이 제시했던 매우 상이한 일련의 정책 공약들을 집권 연합정당의 두 지도자들이 어떻게 절충할 것인가에 있었을 것이다. 그러나 결국은 아래와 같이 합의가 도출되어 지방 미디어의 헤드라인으로 보도되고 시의 예산 리플릿을 통해서도 홍보되었다.

- 전액 통과될 교육 및 사회서비스 분야의 공식산정지출수요(FCC) 증가에 따라 학교 지출 39.4백만 파운드(6.6퍼센트) 증가, 학교 및 방과후 학교에서의 어린이 서비스 개발에 6백만 파운드 투입, 그리고 사회적 보호, 특히 어린이 집 교체와 취약 어린이 및 고령자를 위한 서비스 현대화에 20백만 파운드를 증액 투입
- 13백만 파운드는 서비스 압력을 완화하는 데 투입 — 예, 주택수당보조금 감소, 가로등 전기요금 인상, 대중교통요금할인 보조금 지급 증액 등
- 6백만 파운드는 지방의회의원들의 최우선 정책과제 추진에 투입 — 예, 지역사회안전증진, 도제 및 직업훈련 발전, 도서관 투자 등
- 능률성절약 23.5백만 파운드 — 조달관행 개선, 부채관리비용 절감, 능률평가목표제 등

이들 및 수십 개의 유사한 결정들이 예산에 통합되어 2005년 2월 22일 마침내 지방의회 전체회의에서 공식적으로 승인되었다([도표 10.4] 참조). 그 결과 순지출증가가 6.6퍼센트에 달했고, 지방정부세(council tax)는 D등급(Band D)의 재산을 기준으로 시의회 서비스 몫으로 2.8퍼센트, 그리고 전체적으로는 상징적으로 2.99퍼센트가 인상되었다. 등급 D는 전국적인 평균 재산가치를 나타내는 것으로 비교 목적에서 일반적으로 인용된다. 그러나 버밍햄의 재산은 대다수가 등급 A와 등급 B에 속하는데 이것은 세율을 책정할 때 고려해야 할 또 다른 요소이다. 의회지도자들이 버밍햄의 지방정부세가 맨체스터, 셰필

[도표 10.4] 버밍햄의 지방정부세, 2005/06 (단위: 100만 파운드)

시의회 2005/06 회계연도 순예산소요액		
(정부로부터 승인받는 한도)	1,452	
공제: 세입지원보조금(RSG)		
(정부가 결정)	835	= 57.5%
공제: 비가정용국가재산세(NNDR) 재배정 금액		
(정부가 정한 균일 세율로 징수)	330	= 22.7%
잔여 금액: 지방정부세로 충당해야 할 예산소요	**287**	**= 19.8%**
버밍햄의 등급 D 재산에 대한 지방정부세 환산금액	1,013.64파운드	= +2.8%
합산: 경찰관서 부가세	83.68	
합산: 소방서 부가세	41.21	
등급 D 지방정부세 총액	**1,138.53파운드**	= +2.99%
등급 A 재산에 대한 지방정부세의 3/2	759.02파운드(등급A)	
등급 H 재산에 대한 지방정부세의 1/2	2,027.28파운드(등급H)	

출처: Birmingham City Council, *Budget 2005/06.*

드, 리버풀, 브리스틀, 노팅햄, 뉴캐슬 등(그러나 리즈는 아님) 다른 대부분의 핵심 도시보다, 그리고 대부분의 웨스트미들랜즈의 디스트릭트, 즉 코번트리, 샌드웰, 울버햄턴과 월살보다 낮다고 강조할 때 인용하는 것이 바로 이 등급 D에 대한 세금 1,138.53파운드이다.

오늘날 주로 집행직 의원들이 개별적으로 또는 집합적으로 내리는 이러한 정책결정이 아마도 '한계적(marginal)'이라고 인식되는 것 같다. 가장 우선순위가 높은 서비스도 예산이 불과 몇 퍼센트 증가하는 데 그쳤으며, 어떤 부서도 적어도 금년도에는 강제적인 감원은 물론이고 주요한 감원이 아예 없었다. 그리고 지방의회 예산의 거의 대부분과 주요 서비스는 모두 영향을 받지 않은 채로 유지되었다.

이것을 비록 한계적이라고 할 수는 있겠지만, 그렇다고 사소한 것은 아니다. 이러한 모든 결정은 그 과정에 참여하거나 영향을 받는 사람들에게 비용을 유발하고 결과를 동반한다. 그러한 결정들은 필연적이라고 볼 수 없고, 전적으로 중앙정부가 내리는 것도 아니며, 정치적으로, 그리고 심지어는 사회적으로도 이론의 여지가 있고, 정당 간에, 그리고 지배정당 내부에서도 큰 정치적 논쟁의 대상이 된다.

그러나 버밍햄의 *전반적인* 지출 수준과 서비스의 공급 내지는 지방정부세의 전반적인 수준을 결정하는 데 있어서 핵심적인 역할을 하는 것은 지방정치인들이 내리는 이러한 정책결정이 아니라는 사실은 여전히 변함이 없다. 이러한 중요한 의사결정은, 한 때는 지방의회의원 및 선거구민들의 책무였지만, 2005/06 시점에서는 실질적으로 중앙 정치인들과 런던에 있는 국가공무원들의 소관이다. [도표 10.4]에서 보는 바와 같이 버밍햄의 지방세납세자들은, 전국적인 현상으로서, 시의회 순지출의 1/5만 부담하고 있다. 이러한 상황은 유권자들의 입장에서 볼 때, 납세 및 투표의 대상인 세금의 변화에 누가 책임이 있는지 분명하지 않다는 점에서 책임성을 흐리게 만든다. 이와 함께 '승수효과(gearing effect)' 또한 순지출을 증가시키고자 하는 지방자치단체에 큰 장해요인이 된다. 왜냐하면 중앙정부가 보조금과 비가정용 국가재산세(NNDR) 등 다른 모든 재원을 통제하는 상황에서, 지출을 1퍼센트 증가시키기 위해서는 지방정부세를 4~5퍼센트까지 인상해야 하기 때문이다. 이러한 상황이 종전에도 항상 그랬던 것은 아니다. 그리고 이것은 곧 보게 될 것이지만 대부분의 다른 국가들이 지방재정을 체계화하고 운영하는 방식도 아니다.

외국의 지방세 관리

[도표 10.1]의 설명에서 우리는 지방정부가 전체 정부지출의 1/4, 그리고 국내총생산(GDP)의 10퍼센트 가량을 차지하고 있음을 보았다. 비중이 굉장히 큰 것처럼 들리고, 또 실제로도 그렇다. 이것은 어느 지방자치단체의 관할 구역을 놓고 보더라도 지방의회 그 자체가 대규모의, 그리고 많은 경우에 *최대*의 고용자, 지출자 및 구매자인 이유를 설명해 준다.

그러나 서구의 다른 지방정부제도와 비교하면 영국은 축구 용어로 말하자면 [프리미어(Premier) 리그 아래의 2부 리그인] 챔피언십(Championship) 리그에 가까스로 들 정도이다. '중앙 하위정부의 프리미어 리그(Sub-central Premiership)'에서는 지방정부 부문이 국내총생산의 30퍼센트를 상회하는 덴마크가 선두를 달리고 있고, 스웨덴(24퍼센트), 캐나다 연방(28퍼센트), 그리고 미국, 벨기에, 독일과 오스트리아가 각각 20퍼센트 정도로서 그 뒤를 따르고 있다(UNPAN, 2005, tables A2 and A6). 조세 측면에서 그 비교는 더욱 뚜렷하다. [그림 10.2]에서 보는 바와 같이 국가 전체의 세입을 하나의 케이크로 볼 때 영국의 지방정부는 특별히 크다고 볼 수 없는 국가 세입, 즉 전체 케이크(cake)에서 아주 작은 조각(slice)을 차지하고 있다. 우리가 어떻게 믿고 있고, 또 어떤 이야기를 듣고 있건 영국은 상대적으로 조세부담이 적은 국가이며, 세금 1파운드를 낼 때 그 중에서 5펜스 미만이 지방의회로 직접 들어간다.

사실 EU 회원국가들 중에는 영국보다 지방정부 부문이 훨씬 작은 나라도 일부 있다. 교사를 지방이 아닌 중앙정부가 고용하는 나라가 특히 그렇다. 그러나 이미 보았던 예산 상한선 설정 제도의 도입과 1989~93년의 조세제도 변화, 특히 사업용 재산세의 '국세화' 이후에는 영국보다 지방정부의 재정적

[그림 10.2] 영국의 지방정부세 — 크지 않은 케이크의 작은 조각, 2003/04

케이크: GDP 대비 총 조세수입 비율 \ 조각	5% 미만	5~25%	25% 초과
40% 초과		오스트리아(41, 18) 핀란드(44, 21) 프랑스(44, 10) 노르웨이(45, 15) 이탈리아(42, 17)	스웨덴(51, 33) 덴마크(50, 36) 벨기에(46, 29)
30~40%	네덜란드(39, 4) **영국(36, 4.8)** 그리스(36, 1) 아일랜드(30, 2)	포르투갈(37, 6) 뉴질랜드(35, 6)	독일*(35, 28) 스페인(35, 28) 캐나다*(33, 47) 호주*(32, 32)
30% 미만			미국*(25, 35) 일본(25, 26) 스위스(29, 40)

총 조세수입에서 차지하는 지방세/국세 비율

주: 괄호 속의 첫 번째 숫자는 각국의 국내총생산(GDP) 대비 조세 수입을, 두 번째 숫자는 총 조세 수입 대비 지방세 수입을 백분율로 표시함. 연방국가(* 표시)의 경우 두 번째 숫자는 주+지방조세수입 비율임.

출처: OECD(2005), *Revenue Statistics of OECD Member Countries, 1965-2004*(Paris: OECD)

재량권이 확실하게 작은 서구 국가는 더 이상 많지 않다. 이러한 상황을 나타내는 핵심적인 내용이 [도표 10.5]에 나와 있다.

어떤 측면에서는 [도표 10.5]의 구체적 수치보다 다음의 명백한 메시지가 더 중요하다.

• 서구 국가들 중에서 지방자치단체가 단일의 세원에 의존해야 하는 나라는

[도표 10.5] 국가/지방세 수입의 구성, 2003(%)

		소득 및 이익	재 산	재화 및 용역	기 타
연방국가					
캐나다	국가	43	5	40	12
	지방	-	94	2	4
미국	국가	39	3	58	-
	지방	5	73	22	-
벨기에	국가	46	12	42	-
	지방	87	-	13	-
독일	국가	50	5	45	-
	지방	75	19	6	-
단일국가					
덴마크		93	7	-	-
핀란드		95	5	-	-
프랑스		-	54	11	35
이탈리아		22	15	23	40
일본		45	32	22	1
네덜란드		-	57	42	-
노르웨이		89	9	2	-
스페인		24	26	49	1
스웨덴		100	-	-	-
영국	1898년 이전	-	100	-	-
	1990~1993	-	-	-	100
	1993~	-	100	-	

출처: OECD(2005) *Revenue Statistics of OECD Member Countries, 1965~2004*(Paris: OECD), 표 132 및 138.

거의 없다.

- 대부분의 국가에서 지방자치단체는 상이한 납세자 집단과 서비스 이용자를 대상으로 다양한 종류의 세금을 부과한다.
- 매우 드문 예외로서 주로 스칸디나비아 국가는 세원의 기반이 넓고 누진적인 성격을 가진 지방소득세에 크게 의존한다.
- 영국은 재산세 또는 고정세율에 의한 개인세에 집중적으로 부담을 부과해 왔다는 점에서 매우 독특한 사례이다.

단일 지방세로 인한 부담

유명한 경제학자인 케인즈(John Maynard Keynes)는 조세를 문명사회에서 살기 위해 지불하는 회비라고 했다. 즉, 다수의 정치인들이 우리로 하여금 그렇게 믿게 하려는 것처럼 조세는 본질적으로 '악'이 아니라, 선을 이루기 위한 힘으로서 보통교육, 사회서비스, 대중교통과 같이 우리가 가치를 두는 일을 할 수 있도록 경비를 충당해 준다. 조세가 부담스럽게 보이는 것은 조세의무가 적절하지 않게, 또는 적정하지 않게 배분될 때이다. 영국의 지방자치단체는 선택의 여지없이 단일의 지방세에 의존할 수밖에 없도록 되어 있는데, 이것은 두 가지 의미, 즉 조세체계 자체와 납세 의무자의 양 측면에서 부담이 된다. 지방자치단체의 책무가 증가함에 따라 납세 태세 내지는 궁극적으로 지불 능력이 한정되어 있는 동일한 납세자 집단에게 더 많은 세금을 납부하도록 요구하게 된다. 거기에다 단일 조세의 세율이 정률이거나 세입이 납세자의 소득 및 재산의 변화와 느슨하게 관련되어 있을 뿐이라면 문제는 더욱 확대된다. 이것이 바로 전후 지금까지 영국의 지방정부가 처해 있는 상황이다.

앞에서 설명했던 대로 오랫동안 내려온 지방재산세 체계는 당초에는 효과적이었으나 전후 지방의회의 서비스 책무가 점차 늘어남에 따라 그 한계가 명백하게 나타났다. 재산세의 일종인 레이트(rates)는 '역진적(regressive)' 조세였으며 가구주 또는 가구원의 납세능력과 직접적인 관련이 전혀 없었다. 가정용 레이트(rates)는 능률적이고, 예측 가능하고, 징수가 쉽고 징수비용이 적게 들 뿐 아니라 조세 회피가 어려웠다. 그러나 70년대를 맞아 세금이 매년 증가하고, 주택보유자들이 다른 서비스 이용자들의 '무임승차(freeloading)'를 명백하게 목도함에 따라 이 세금의 불공정성에 대한 비난이 급증하였다. 보수당, 보다 정확하게 말하면 야당의 환경 대변인—마거릿 대처라는 사람(one Margaret Thatcher)—은 1974년 총선 정책선언으로 '해당 국회의 임기 내에 레이트를 폐지하고 과세 기초가 보다 넓고 *국민의 지불능력과 관련된* 세금으로 이것을 대체'할 것을 약속했다(이탤릭체는 저자들이 강조).

네 개의 부분으로 이루어진 이 공약은 결국 절반이 성취되고 나머지 절반은 이루어지지 않았다. 가정용 레이트는 폐지되었지만 약속과는 달리 해당 국회의 임기가 아니라 3개의 국회 임기를 요했다. 대체된 지방부담금(community charge) 내지 보편적으로 알려진 명칭인 인두세(poll tax)는 거의 모든 사람을 대상으로 동등한 금액을 부과하는 세금으로서 과세 기초는 확실하게 확대되었지만 지불 능력과는 전혀 관계가 없었다. 이 세금의 도입은 매우 흥미로운 사건이었다(Butler et al., 1994; Wilson and Game, 1998, 제10장 참조). 무엇보다도 대규모의 지방정부 시스템에서, 그것도 큰 부분을 서구 민주주의 세계에서 독특하기 짝이 없는 개인세로 충당하려고 시도한 정부 각료, 특히 총리의 엄청난 후안무치가 그렇다.

보수당 정부가 레이트 제도의 개혁에 10년이라는 시간을 소비한 이유는 지방 지출을 통제하려고 했지만 결국은 다른 수단이 모두 소진되었기 때문이었다. 대처 정부는 중앙-지방 관계에 있어서 '협동조합주의자(corporatist)' 단계(p. 225 참조)에 집권했고, 매년 교부하던 지방정부 레이트지원보조금(Rate Support Grant)의 총액을 축소함으로써 지방 지출을 억제하려던 노동당의 정책을 물려받았다. 이 정책은 지방정부 계획 및 토지법 1980(Local Government Planning and Land Act 1980)을 통해 전례가 거의 없는 지출 '목표(targets)' 및 *개별 지방의회*에 대한 보조금 페널티(grant penalties) 제도를 도입함으로써 더욱 강화되었다. 어떤 지방의회의 지출이 '가이드라인' 목표치를 크게 상회하면 해당 자치단체에 교부되는 보조금이 증가하기는커녕 삭감되는 것이다. 1970년대 중반에는 영국 지방자치단체 순지출의 절반 이상이 레이트지원보조금으로 충당되어([그림 10.3(a)] 참조) 지방의회는 약 1/3 정도(35퍼센트)만 지방에서 자체적으로 책정하는 가정 및 사업/비가정용 레이트를 통해서 재원을 찾으면 그만이었다. 그러나 해가 갈수록 보조금이 감소됨에 따라 다수의 지방의회는 서비스를 축소

[그림 10.3] 영국 지방자치단체 순지출예산 재원 구성의 변화, 1975 ~ 2006

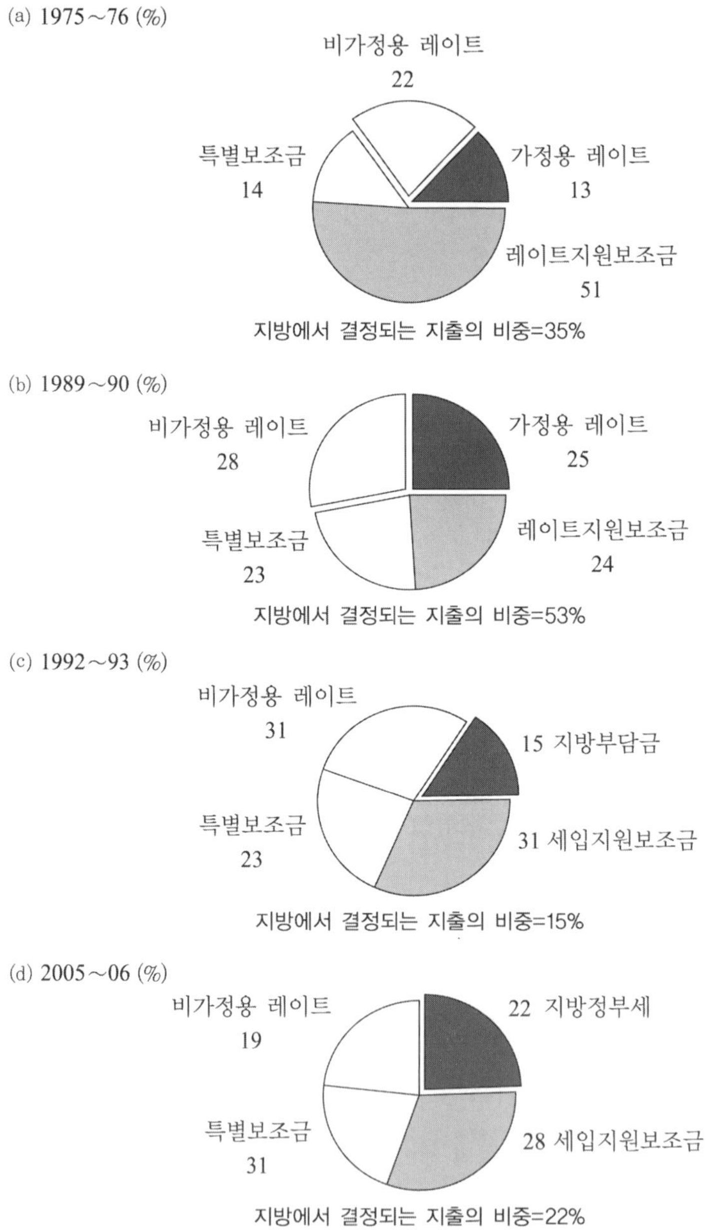

출처: ODPM(2005g) 기타

하기보다는 레이트 인상을 통해 부족한 세입을 충당하였으며 때로는 그 인상률이 가공할 수준이었다 — 1980/81 평균 27퍼센트, 1981/82 19.4퍼센트.

이에 대한 정부의 대응은 세 갈래였다. 첫째, 녹서를 통해 *가정용 레이트의 대안*(DoE, 1981)으로서 지방판매세(local sales taxes), 석유, 주류 및 담배세(petrol, alcohol and tobacco duties), 지방급여세(local payroll tax), 지방소득세(local income tax) 등을 광범위하게 검토했으나, 결국은 실천가능성을 이유로 인두세(poll tax)를 포함하여 대부분의 대안을 기각하였다. 두 번째는 결과적으로 '레이트 상한선 설정(rate-capping)' 제도가 1982년 스코틀랜드에, 그리고 1984년 잉글랜드와 웨일스에 도입되었다. 레이트법(the Rate Act)은 처음에는 일부 지방자치단체에 대하여, 그리고 결국에는 모든 지방자치단체를 대상으로 지출 및 조세 정책을 완전하게 통제할 수 있는 권한을 중앙정부에 사상 최초로 부여하였다. 이것은 정부의 세 번째 조치, 즉 1985년에 '과도하게' 지출수준과 세금이 높았던 광역런던의회(GLC) 및 광역도시카운티의회(Metropolitan County Councils)를 폐지한 것보다 더 근본적인 헌법적 발전이었다고 주장되기도 한다.

인두세 — 단명했던 정책 재앙

보수당의 1983년 총선 정책선언에는 레이트 제도의 폐지를 약속하는 어떤 언급도 없었다. 그러나 정부가 계속해서 일반보조금의 교부를 삭감함에 따라 레이트 납세자들의 부담 비율이 불가피하게 지방정부의 지출 '파이'에서 증가될 수밖에 없었다([그림 10.3(b)] 참조). 바로 이 시점에 '금세기 가장 급진적인 영국의 지방정부 재정개혁 제안'(DoE, 1986, p. 76)을 요약한 또 다른, 이번에는 비타협적인 내용의 녹서(Green Paper) *지방정부의 재정보전*(*Paying for Local Government*)이 나왔다. 그것은 과장된 말이 아니었다.

이번 개혁에는 두 개의 큰 줄기가 있었다.

- *가정용 레이트*(*Domestic rates*)는 폐지되고, 지방부담금(Community Charge)으로 대체된다 — 18세 이상의 모든 성인을 대상으로 정액을 부과하되, 금액은 개별 지방자치단체가 결정한다.

- *비가정용 레이트*(*Non-domestic rates*)는 '국세로 전환된다(nationalised)' — 향후 중앙정부가 전국적으로 균일한 세율을 정한다.

지방부담금 내지 인두세의 불공정성에 대한 항의는 크게 확산되었고, 격렬했으며, 공격적이었다. 운영상의 어려움 — 회전식 과세명부(rolling register)의 취합 및 유지관리와 집행상의 문제 — 에 대한 경고 또한 엄청났다. 정부 각료들조차도 대처를 대표하는 간판 정책인 이 제도가 보편적으로 인기를 끌 수 없을 것임을 인정하였다. 그러나 이러한 인식의 결과 나온 조치는 레이트에서 이 제도로 점진적으로 교체하려던 당초의 계획을 단번에 전격적으로 도입하는 것으로 단순히 방향을 전환하는 것이었다. 이에 따라 '전후 영국 정치에 있어서 가장 유명한 재앙'(Butler et al., 1994)이 1989년 4월 1일 스코틀랜드에서, 그리고 1990년 4월 1일 잉글랜드와 웨일스에서 시작되었다.

1990/91 인두세 평균은 성인 1인당 363파운드로서 1981년의 녹서에서 예상했던 금액보다 14배 가량이 많았다. 이 제도로 '손해를 본 사람'이 '득을 본 사람'보다 적어도 3배 이상 많았으며, 가장 큰 타격은 연금생활자와 편부모 가정과 같이 재산이 거의 없이 최저 수준의 소득으로 살아가는 사람들에게 돌아갔다. 항의와 시위는 폭동으로 변했다. 납세 능력이 없거나 납세를 거부함으로써 수만 명이 생애 처음으로 범법자가 되었고 체납률이 급증했다. 실제로 이 인기 없는 세금은 수용될 수 없는 것으로 판명되었다. 1990년 11월 대처(Mrs Thatcher)는 보수당 당수직을 잃었고 그것은 적어도 부분적으로는 인두세가 소속 정당에 손상을 입힌 결과였다. 새로 총리가 된 존 메이저(John Major)는 이 세금에 대한 집단적 각료 책임이 있음에도 불구하고 그것의 폐지를 추진하였다. 다만, 첫 단계는 그것을 중화시켜야 했는데 그것은 1991년 3월 당시 재무부장관 노만 레이몬트(Norman Lamont)의 예산을 통해 이루어졌다. 이 예산에서 그는 부가가치세(VAT)를 15퍼센트에서 17.5퍼센트로 인상하여 전국의 성인 개개인당 인두세를 140파운드 인하함으로써 생긴 재정손실을 보전하였다. 이틀 후 환경부장관(Environment Secretary) 마이클 헤슬타인(Michael Heseltine)은 1993년부터 인두세를 폐지하고 이것을 지방정부세(council tax)로 대체한다고 선언하였다.

지방부담금 내지 인두세가 유발한 재정적, 금전적, 경제적, 그리고 고용상의 비용은 막대하기는 하지만 적어도 추정은 할 수 있다(Wilson and Game, 1998, [도표 10.5] 참조). 그러나 보다 장기적인 사회적, 지역공동체적 비용과 지방정부에 끼친 치유 불가능한 손상은 추정조차 할 수 없다. 그 영향은 아직도 분명히 남아 있다—선거인등록 및 센서스 조사 거부, 지방정부 참여 기피, 분명히 훨씬 공정한 지방정부세에 대해서조차도 일부에서는 납세에 저항하는 사례 등이 그렇다. 그러나 지방정부가 입은 보다 큰 손실은 지방세를 통한 재정 조달의 비중이 순지방지출의 절반이 넘던 것에서 단지 1/6만을 조달하는 것으로 두 단계의 변화—첫째는 균일의 사업용 레이트, 다음은 부가가치세(VAT)의 인상—를 겪은 것이다([그림 10.3] (b) 및(c) 참조). 이어서 다음 10년 동안 지방에서 결정되는 지출의 비율이 1/5 정도까지 완만하게 상승하였다. 그러나 우리가 앞에서 이미 보았듯이 이 수치는 대부분의 서유럽 국가들보다 훨씬 낮으며, 재정적으로 튼튼한 지방 민주주의를 지원하기에는 너무나 낮은 수준이라고 느끼는 사람들이 많을 것이다.

개혁의 무기한 연기

1988년 이후 조세개혁의 가장 분명한 유산은 영국의 지방자치단체들이 아직도 단일의 지방세에 의존하는 거의 유일한 위치에 있다는 점이다. 그것은 일종의 재산세로서 세입 규모가 큰 것도 아니고, 충분한 탄력성도 갖추지 못했으며, 그렇다고 반드시 납부능력을 고려한 것도 아니고, 저소득 및 고정소득 수입자가 불리하게 차별을 받고, 중앙정부가 거의 자의적으로 상한선을 설정하는 세금이다. 스스로 현대화 및 분권 정부임을 표방하면서 집권 제3기에 깊숙이 진입해 있는 현재의 상황을 감안할 때, [도표 10.6]에 요약되어 있는 얘기들은 틀림없이 토니 블레어(Tony Blair)를 상당히 곤혹스럽게 만들 것이다.

2001년 정부는 개혁의 핵심—재정 조달에 있어서 중앙-지방간의 극심한 불균형과 부적정성 및 역진성이 심화되는 지방정부세—을 명시적으로 인정했다. 그 이후 정부 각료들은 그들 스스로를 위한 보고서를 만드는 데 2년 반을 흘려보냈다. 그러나 그 보고서는 실체적으로나 분석적인 측면에서나, 훨씬 종합적이고 도전적이었던 1970년대 레이필드 위원회(Layfield Committee)의 조사

[도표 10.6] 균형재정 혁신: 아무 일도 없었다, 그것도 두 번씩이나

균형의 의미

실제로는 불균형 — 최근 지방정부의 경상지출 조달 비율은 국가와 지방간에 약 75 : 25의 불균형을 보이고 있다. 이러한 불균형은 지출을 1퍼센트 증액하려면 지방정부세를 4퍼센트 인상해야 하는 '승수효과(gearing effect)'를 통해 책임성을 왜곡한다. 다시 말하면 지방세 납부와 서비스 수혜 사이의 명확한 관계를 전혀 볼 수 없게 함으로써 지방납세자와 선거구민들을 혼동시킨다.

무개혁(non-reform) 연표

2001 백서는 '고위실행그룹(high-level working group)'으로 하여금 재정균형의 모든 측면을 평가하도록 하겠다고 약속했다(DTLR, 2001, para. 6.7).

2003 지방정부 담당 차관 닉 레인스퍼드(Nick Raynesford)를 위원장으로 하여 재정균형평가단(Balance of Funding Review)이 활동을 개시하였다.

2004 7월, 평가단은 무미건조하기 짝이 없는 보고서를 생산했다. 그것은 진부한 정책대안들에 대한 평가였으며, 다만 몇 가지 흥미로운 조사연구보고서를 포함하고 있었다(DCLG 웹사이트 참조). 결론은 없었다. 재정 균형의 주요 변화를 이루기 위한 유일한 방법은 사업용 레이트의 지방세 환원 및/또는 지방소득세를 통해 지방정부세의 개혁을 보완하는 것이었다. 1차로 아무 일도 일어나지 않았다. 담당 차관은 버밍햄 시의회에서 집행수석(Chief Executive)을 지낸 마이클 라이온스(Michael Lyons) 경에게 지휘봉을 맡겨 추가로 *지방정부 재정의 조달에 관한 조사*(*Inquiry into Local Government Funding*)를 실시한다고 선언했다. 그것은 변화의 당위성에 대한 구체적 검토, 그리고 지방정부세를 어떻게 개혁할 것인가에 대한 검토 조사로서 보고 시한은 2005년 12월이었다.

2005 9월, 2차로 또다시 아무 일도 일어나지 않았다. 노동당 정부의 새 각료였던 데이비드 밀리밴드(David Miliband)는, 아마 선거에 온통 사로잡혀 있던 총리의 결정이라고 짐작되지만, 2007년으로 계획된 잉글랜드의 가정용 재산의 재평가를 무기한 연기한다고 선언했다. 아울러 라이온스(Lyons)의 조사 범위에 미래 지방정부의 기능과 역할을 추가하고 보고 시한을 2006년 12월로 연장했다.

연구에서 한 발짝도 더 나아가지 못했다. 그들은 TV 드라마 "*예, 장관님*(*Yes Minister*)"의 험프리 애플비(Humphrey Appleby)조차도 뻔뻔스럽다고 생각할 정도로 또 다른 조사팀을 임명하고, 보고 기한이 다가오자 조사 분야를 확대하여 그것을 1년 뒤로 연장하였다. 보고 기한이 연장됨에 따라 2009/10년으로 예정

라이온스의 평가 — 지역주의자의 평가기준

가장 눈에 띄는 개혁안은 지방정부협의회(LGA)가 내놓은 '정책조합의 선택(Combination Option)'이다(LGA, 2004b; Travers and Esposito, 2004b). 라이온스(Lyons)가 자기 나름대로 견해를 정립해야 할 대부분의 개혁안이 여기에 담겨 있기 때문에, 이것은 조사단이 최종적인 권고사항을 체크할 채점표와 같다.

지방정부협의회(LGA)의 의도는 현재의 중앙 : 지방의 재정균형 75 : 25, 즉 승수비율(gearing ratio) 4 : 1을 1.5 : 1이 되도록 개선하는 한편, 지방자치단체간의 재정수요 및 재원의 격차를 균등화하는 기능은 계속 유지하는 것이었다. 정책조합의 선택에는 다음과 같은 방안들을 포함되어 있다.

- 재산/지방정부세의 형평성 제고(세입 18십억 파운드 창출, 2003/04 회계연도 가격) — 재산가치재평가, 등급수 증가, 등급간 차이 확대, 지역별 등급화 등)
- 사업용 레이트(business rates)의 지방세 환원(15.6십억 파운드)
- 국세인 소득세의 일정 비율을 지방정부 재정으로 직접 전출(18십억 파운드) — 이상적으로는 누진적인 지방가변소득세(Locally Variable Income Tax) 도입.
- 상응하는 금액을 세입지원보조금(RSG)에서 삭감(40십억에서 18십억 파운드로 감액)
- 보완적 성격의 소규모 세금 또는 수수료 — 예시
  - 자동차세 지방세화 — 지방의회 세입으로 전입
  - 지방판매세 — 특정 재화 및 용역의 소매가격에 과세
  - 인지세의 지방세화 — 재산 양도에 대한 과세
  - 토지가치세 — 재산 점유가 아닌 토지 소유에 대한 과세
  - 관광 및 숙박세
  - 공익사업체의 도로작업 부담금
  - 중심시가지 혼잡통행료
  - 녹색/환경세 — 연료세, 비닐봉투세, 가정쓰레기발생부담금

된 총선 이전에는 입법이 불가능하게 되었고, 그 결과 지방정부세의 재산가치 평가가 무려 18년이나 미뤄지게 되는 셈이다. 공감하겠지만 딱하기 짝이 없는 이 긴 이야기는 사무엘 베켓(Samuel Beckett)의 연극, "*고도를 기다리며*(*Waiting for Godot*)"의 평론자 한 사람을 떠올려 준다. 왜냐하면 그것은 고도(Godot)가

실제로 절대 나타나지 않기 때문이며, 다른 하나는 두 번씩이나 아무 일도 일어나지 않는 것으로 이 연극을 설명한 유명한 논평 때문이다(Grant, 2005, p. 14).

만약에 연극에서와 달리 라이온스 보고서(Lyons Report)가 이번에는 가시화된다면, 지방의회 낙관론자(Pollyannas)들은 [도표 10.6]의 방향에 맞춰 급진적 지방주의자의 혁신 패키지에 재정을 투입하는 것이 필요하다는 것을 정부가 충분히 납득할 수 있을 정도로 지방정부의 미래 역할에 대한 설계가 보고서에 아주 공고한 모습으로 서술되기를 기대할 것이다. 반면에 비관론자들(Eeyores)은 정부가 라이온스(Lyons)의 분석과는 상관없이 반대 방향으로 급진적인 처방을 선택하기가 쉬울 것으로 의심의 눈초리를 보낸다. 즉, 규모가 크고 재정적으로 논란이 많은 사회서비스 및 교육 재원은 중앙에서 완전히 충당하고 몸집이 대폭 줄어든 지방정부의 잔여 서비스 재원은 비율 측면에서는 훌륭한 수준인 60퍼센트 정도를 지방정부세를 약간 손질해서 조달할 것으로 본다(Travers, 2005a, p. 28). 그것이 그렇게 빛나는 해결책은 아니지만, 그래도 현재의 제도보다는 합리적이라고 많은 사람들이 느낄 것이다.

Part 02

지방정부의 정치와 사람

제11장
지방선거-크리스마스트리 전구인가?

서 론

우리는 제 2 장에서 지방자치단체가 다른 지방행정기관들로부터 구분되는 여러 가지 특징에 대해서 언급했다. 그 중에서도 가장 근본적인 차이는 선거로서, 앞으로 두 장은 선거의 제 측면을 다룬다. 제12장은 선거 과정의 산물, 즉 지방의회의원에 초점을 맞춘다. 이 장은 지방선거 자체 — 선거가 어떻게 실시되고, 누가 투표를 하고, 그리고 어떤 방법으로 투표권을 행사하는지 — 에 대해서 알아본다. 지방선거는 '영국 정치의 크리스마스트리 전구 — 사람들이 매년 빼놓을 수 없고 확실히 주위 정경에 색조를 더해주지만 그렇게 환하게 빛을 발하는 일은 거의 없는 존재'라는 꼬리표를 달고 다닌다(*The Times*, 3 May 2003, editorial). 우리는 지방선거의 촉광이 과소평가되었다는 것을 보여주기 위해서 노력할 것이다. 그리고 위의 비유 자체는 굳이 덧붙이자면 중앙 미디어가 우리의 지방 민주주의를 어떻게 그렇게 전형적으로 비하하는지를 눈부시게 비추고 있음을 보여줄 것이다.

그런데 왜 걱정인가?

"*더 타임스*(*The Times*)"의 논리는 쉽게 이해가 된다. 투표율이 60퍼센트 정도로 기록적으로 낮았던 2001년 및 2006년의 총선과 비교해도 지방선거의 투표율이 훨씬 더 낮다는 사실을 누구나 다 알고 있다. 정부각료들, 드라마 "*예, 장관님*(*Yes, Minister*)"에 나오는 가상 인물 짐 해커(Jim Hacker)뿐만 아니라 실제 각료들조차도, 다음과 같이 이야기하는 것이 틀린 말은 아니지 않은가?

> 지방민주주의는 하나의 광대놀이이다 … 지방선거에서 투표를 하지 않는 사람들이 하는 사람보다 더 많으며, 투표에 참가하는 사람들도 그것을 단지 웨스트민스터의 중앙정부에 대한 인기투표쯤으로 취급한다(Lynn and Jay, 1983, p. 45).

영국의 중앙 정치생활에서 지방선거에 큰 중요성을 부여하지 않는 것은 확실하다. 지방선거의 결과는 그것이 *실제로* 무엇을 의미하는지, 즉 지방의회에서 지배 정당의 교체라든지, 정책의 변경이라든지, 아니면 의석을 얻거나 빼앗긴 지방의회의원들의 측면보다는 만약 총선에서 그런 결과가 나왔다면 어떤 의미를 가질 것인지를 중심으로 분석된다.

그런데도 우리는 왜 하나의 장 전체를 지방선거에 할애하는가? 대답은 간단하다. 우리는 지방선거가 — 1979년, 1997년, 2001년 및 2005년처럼 총선과 같은 날에 실시되는 경우조차도 — 단지 총선의 축소판으로 치부되어서는 안 된다고 믿는다. 지방선거는 국가적 인기도 조사 또는 아마도 1983년과 1987년에 마거릿 대처(Margaret Thatcher)가, 그리고 2005년에 토니 블레어(Tony Blair)가 생각했던 것처럼, 총리가 전술적으로 유리한 선거 일자를 잡기 위해 간편하게 활용할 수 있는 편의용품(handy aid) 이기에는 너무나 복잡하고 중요하다. 지방선거가 무엇에 관한 것인지, 그리고 무엇에 관한 것이 아닌지에 대한 우리의 견해는 "*더 타임스*(*The Times*)" 같이 사뭇 진지한 중앙지가 때마다 게재하는 일종의 '선거 전후' 사설을 통해 요약할 수 있다. 선거 당일이었던 1990년 5월 3일, 조간의 사설은 독자들에게 다음과 같이 설파하였다.

> 오늘 선거는 영국의 도시, 타운 및 카운티 디스트릭트의 운영에 관한 것이다. 그것은 국민 여론조사가 아니다. 그것은 대처 총리에 대한 심판을 의미하는 것이 아니며, 그녀의 웨스트민스터 정부나 말썽 많은 인두세에 대한 심

> 판도 아니다. 그것은 지방행정을 운영할 선남선녀를 선발하는 것이다. 지방선거를 총선 대용품으로 치부하는 정치적 주장을 하는 사람들은 중앙집권주의자 게임을 하는 데 지나지 않는다. 그들은 지방민주주의의 적이다.

그리고는 이상하고도 실망스럽게도 이틀 후 같은 신문의 사설은 그 자신이 말한 '중앙집권주의자 게임'을 선택하고 있다.

> 어제 선거의 결과는 예견되었듯이 국민들이 인두세를 좋아하지 않음을 보여주었다…높은 투표율과 노동당에 쏠린 표는 [총선이었다면 국회에서 노동당 당수] 키녹(Kinnock)에게 큰 의석 차이로 과반수를 안겨주었을 것이다.

다수의 유권자들이 인두세를 좋아한다고 공개적으로 지지하고, 인두세 때문에 이득을 얻고, 그리고 그에 따라 투표를 했다는 사실은 차치하고라도 우리의 도시와 타운과 카운티 디스트릭트를 운영하는 지방의회의원들은 모두 어떻게 되었는가? 사설의 집필자는 국가적 선거와 지방선거를 서로 대체할 수 있는 것으로 가정하고 있다. 이 장이 던지는 핵심적인 메시지는 그것이 *그렇지 않다*는 것이다. 지방선거는 지방의 정치적 사건이며 투표자 대다수는, 정치 평론가는 아니어도, 명확하게 그런 관점에서 지방선거를 다루고 있다. 국회의원 선거에 비해서 실제로 투표권을 행사하는 사람들은 훨씬 적지만, 투표에 참가하는 사람들 중 다수는 두 유형의 선거에서 *일관성 있게 다르게 투표한다*.

그들은 전국보다는 지역적인 쟁점에 입각하여, 그리고 소속 정당에 관계없이 특정 후보자의 경력과 인격을 보고 투표할 것이다. 나중에 이 장에서 몇 가지 구체적인 사례를 소개할 것이지만, 먼저 영국 지방선거가 실제로 어떻게 실시되는지를 개관하는 것이 필요하다고 본다 — [도표 11.1] 참조.

[도표 11.1] 지방선거—누가, 언제, 무엇을, 그리고 왜

1. 언제 실시되는가?
   매년 5월, 통상적으로, 첫째 목요일. 다른 많은 나라처럼 주말 또는 공휴일에는 실시되지 *않음*.

2. 투표권자는?
   18세 이상의 영국, 아일랜드 또는 영연방국가 시민권자. 다만 유죄판결을 받은 죄수는 제외. 유럽연합(EU)의 시민권자와 상원의원, 그러나 이들은 국회의원 선거에는 투표권이 없음.

3. 사전 등록이 필요한가?
   국회의원 선거의 경우 그렇다. 2001년 이후 영국은 영속적으로 관리되는, 또는 다른 표현으로 회전식의 선거인명부(rolling electoral register)를 가지고 있다. 디스트릭트 의회 또는 단일통합 의회의 선거인등록담당관(Electoral Registration Officer)이 이것을 관리한다. 그들은 *당신의 선거구 거주사실*을 확인하는 등록 양식을 작성하도록 요구할 것이다. 그러나 이 등록 양식은 개별 유권자가 아니라 가구주가 작성하도록 되어 있어 원시적일 뿐만 아니라 공공연히 악용될 소지가 있다. 투표 자격을 갖춘 인구의 8~9퍼센트(3.5백만여 명, 2000년)(Electoral Commission, 2005a)가 등록을 해태하고 있음이 알려진 사실이지만, 그것은 위법이며 팝 그룹 East 17의 가수이자 에핑 포리스트(Epping Forest)의 주민이었던 브라이언 하비(Brian Harvey)의 사례에서 보듯이 1,000파운드까지 벌금이 부과될 수 있다.

4. 재산 요건은 없는가?
   이제는 없다. 과거에는 비거주자도 해당 선거구역에 토지나 재산을 가지고 있으면 투표를 할 수 있었으나 이러한 복수 투표는 런던시티(City of London)를 제외하고는 1969년 폐지되었다.

5. 매년 투표할 수 있는가?
   쉬운 질문이나 대답은 터무니없이 복잡하다. 당신이 어디에 사느냐에 달려 있기 때문이다. 대부분의 지방자치단체는 같은 날은 아니지만 4년마다 '전체지방의회일괄선거(*whole council* 또는 *all-out elections*)'를 실시한다. 그 예는 다음과 같다.

   잉글랜드 카운티(2005, 2009)
   런던 바러(2006, 2010)
   광역런던시(2004, 2008)
   스코틀랜드 단일통합의회(2003, 2007)
   웨일스 단일통합의회(2004, 2008)
   북아일랜드 디스트릭트(2005)

   그러나 광역도시권 디스트릭트는 *부분교체(partial)* 또는 *1/3교체(by third)* 선거를 실시하며 카운티의회 선거가 없는 해(2004, 2006, 2007, 2008, 2010)에 각각 지방의회의원의 1/3씩을 개선한다.

   일부 잉글랜드 단일통합의회 및 비광역도시권 디스트릭트는 *선택권*이 있다. 약 1/3 가량의, 주로 보다 도시형의 지방자치단체는 1/3 개선제를 채택하고 있으며, 나머지 대부분은 4년마다(2003, 2007) 전체의회일괄선거를 실시하며, 7개 지방의회는 1/2 개선제(2006, 2008)를 채택하고 있다.

6. 누구를 선출하는가?
   당신이 사는 특정 지역을 대표하는 지방의회 의원 내지 의원들을 선출한다. 모든 지방의회는 단일의 또는 복수의 의원을 선출하는 선거구로 나뉘는데 이 선거구를 카운티에서는 *디비전(divisions)*, 나머지 디스트릭트, 바러, 단일통합의회에서는 *와드(wards)*라고 부른다. 각 선거구는 1, 2 또는 3명의 *4년 임기*의 지방의회의원을 선출하여 의회에 보낸다. 2000년 런던 시장(London Mayor)이 선출되기 전까지는 영국 지방정부에 직접 선출된 정치적 집행수장이 없었다. 런던 외부에서 처음으로 시장 선거가 실시된 것은 2002년 5월이다.

7. 언제, 그리고 어디서 투표하는가?
   전통적으로 선거일 당일, 지정된 지역투표소에서 투표한다. 주목할 만한 사실은 어떤 신분증도(북아일랜드 제외), 심지어는 사전에 받는 투표카드조차 휴대할 필요 없이 그냥 투표소에 나가기만 하면

된다는 것이다. 2000년 *신청에 의한 우편투표(postal voting on demand)*가 도입되었다. 그 결과 투표율이 약간 높아졌고 몇몇 악명 높은 사례로서 선거부정도 함께 증가하였다. 전체 우편투표도 특히 시장선거 및 광역권역의회 주민투표에서 몇 번 실시되었으며 인터넷, 터치폰, SMS, 쌍방향 디지털 TV 등 몇 가지 전자투표 방식도 궁극적으로 *다종방식 선거(multi-channel elections)*를 위해서 실험적으로 실시되었다.

8. 투표는 쉬운가?

그렇다. 투표용지를 완성하는 것은 더 이상 쉬울 수 없다. 영국에서 우리는 국회의원 선거처럼 *다수득표제(plurality 또는 first-past-the-post system)*를 채택하고 있다. 당신이 좋아하는 후보(복수 의원 선출 투표구에서는 후보들)에게 단순히 ×표시를 하고, 가장 득표가 많은 후보가 선출된다. 예외적으로 북아일랜드에서는, 그리고 2007년부터 스코틀랜드에서도, 비례대표 성격의 *단일양도성투표제(SingleTransferableVoting system)*를 통해 후보자를 선호도 순으로 서열을 매기는 보다 친숙한 기회가 유권자들에게 주어진다.

개표 및 집계 또한 매우 단순해서 오늘날은 지방의회 선거의 최종 결과가 투표시간 마감 2시간 내에 발표되는 경우가 많다.

9. 후보자의 이름을 알아볼 수 있을까?

반드시 그렇지는 않다. 물론 현직 지방의회의원이 재선을 위해 출마한 경우에는 알아볼 수도 있을 것이다. 당신의 선거구에 1,000명에서 20,000명 사이의 등록된 유권자가 있을 것이기에 후보자가 아무리 부지런해도 모두를 개인적으로 방문하기는 어려울 것이다. 그러나 후보자들은 최소한 그들 자신 및 그들이 지지하는 정책을 설명하는 간단하면서도 십중팔구 삽화가 곁들어진 '선거연설'을 당신의 주거지로 무료로 전달할 수 있다. 그들은 또한 그들 자신을 투표용지 자체를 통해 여섯 단어 이내로 홍보할 수 있는데 일반적으로 소속된 정당이 그 내용에 포함된다.

10. 나도 후보로 나설 수 있는가?

아마도 가능할 것이다. 나이 18세 이상(선거관리법—Electoral Administration Act—2006으로 21세에서 낮춤)의 영국인이거나 영연방국가 또는 유럽연합(EU)의 시민이어야 하며, 지명되기 전까지 최소 12개월간 해당 지방의회 구역에서 거주 또는 취업했어야 한다. 자격박탈 요건으로서는 유죄 판결, 파산 등이 있으며, 가장 중요하고 논란의 대상이 되는 실격 요건은 만약 당신이 어떤 지방자치단체에서 보수를 받고 고용되어 있다면 해당 지방자치단체를 대표할 수 없다는 것이다. 이 경우 다른 지방자치단체에는 입후보할 수 있다. 이 요건은 1989년 확대되어 지방정부의 상급관리자 및 '정치적으로 민감한' 직위에 있는 사람들의 선거 입후보를 전적으로 금지하였다.

11. 지명을 받아야 하는가?

그렇다. 국회의원 선거와 마찬가지로 관련 선거구의 유권자 10명으로부터 지명을 받아야 한다.

12. 입후보하는 데 돈이 많이 드는가?

엄청나게 비싸지는 않다. 상환이 안 될 수도 있는 공탁금이 없기 때문에 득표가 저조한 경우 국회의원 선거에 비해 싸다. 그리고 개별 입후보자별로 2006년의 경우 기본 600파운드에 등록 유권자 1명당 5펜스씩을 가산하는 법정 지출한도가 있다. 그러나 허용된 한도 가까이 지출했다고 보고하는 후보자는 거의 없다.

13. 왜 제도가 불필요하게 복잡한가?

좋은 질문이다. 그것은 단순한 역사적 사고이다. 그러나 그것은 선거위원회(Electoral Commission)가 강력하게 주장하는 것처럼(2004) 일관성이 없고, 차별적이고, 혼란스럽고, 그리고 다수의 유권자들이 '그들의' 선거가 언제 실시될지 모르기 때문에 사실상 참정권을 박탈하는 것이다.

선거위원회의 위원들은 단순화의 필요성이 저자인 우리가 대부분의 다른 상황에서 선호하는 다양성의 장점을 능가하는 것으로 보았다. 그들은 영국의 지방 유권자들이 디스트릭트, 바러 및 단일통합의회의 의회의원 전체를 4년마다 동시에 선출하고 그 중간에 역시 4년 주기로 카운티의회 의원을 선출해야 한다고 권고했다. 우리는 이에 동의한다.

전체 지방의회 일괄선거 및 개별 등록제도의 필요성

지방선거제도의 일부 측면이, 특히 선거가 언제 실시되고 또 등록은 어떻게 하는지 등이, 글을 쓰는 이 시점에서 볼 때 혼동되고 불만족스럽다는 점을 부정할 수 없다. 여러분이 잉글랜드의 비광역도시권에 산다면 아마도 디스트릭트 의회의 선거위원회와 접촉해서 당해 의회가 '일괄(all-out)'과 '부분(partial)' 선거 중에서 어떤 제도를 채택하고 있는지, 그래서 다음 투표는 언제 있는지 알아보아야 할 것이다. 만약 전자라면 여러분은 아마도 혼란스러울 것이고, 투표 및 의회의 정치적 구성에 영향을 미칠 기회가 적다는 점에서 이웃 디스트릭트에 살고 있는 친구들에 비해 불리하다고 느낄 것이다. 많은 생활영역에서 지방적 관행이 추천할 만한 일이기는 하지만 선거 제도가 그 중에 하나여야 한다는 것은 자명하지 않다. 선거위원회 및 그 전신인 위디콤위원회(Widdicombe Report, 1986a, para. 7.15)가 동시 '지방선거일(Local Election Day)'에 가능하면 많은 유권자들이 투표소에 나올 수 있도록 통일된 제도를 주장한 점은 확실히 옳다.

'전체 지방의회 일괄(whole council)'선거에 대해서는 찬반양론이 있다. 이 제도를 통해 선거 사이에 숨을 쉴 수 있는 확실한 시간적 여유를 지방의회에 제공함으로써 정책적 일관성 및 장래의사결정계획 수립(forward planning)을 촉진하고, 정치적으로 어려운 결정, 예를 들어 학교 폐쇄, 세금 인상 또는 도로 노선 결정 등을 연기하려는 유혹을 감소시킬 수 있을 것이다. 반면에 경험이 없는 지방의회의원들이 갑자기, 그리고 대거 유입됨으로써 정치적 지배의 극적인 변화를 초래할 수 있다. 반대론자들은 이 제도가 정치인들이 그들의 정책을 선거구민들에게 주기적으로 설명하고 정당성을 확보해야 하는 정치적 책임성을 희석시킨다고 단정한다. 그러나 이것보다 더 분명하고, 많은 사람들이 볼 때 흔들리지 않는 증거는 일반적으로 전체 지방의회 일괄선거의 경우 투표율이 최소한 몇 퍼센트 포인트는 상승한다는 것이며(Rallings and Thrasher, 2003; [도표 11.4] 참조), 여러분이 정말로 의회의 활동을 불만족스럽게 생각한다면 한 방에 '표로써 그 악당들을 쫓아낼 수 있다(vote the rascals out)'는 점이다.

지방적 다양성의 장점이 과장될 수 있는 것과 꼭 마찬가지로 전통 또한 그렇다. 안전성이 보장되지 않는 세대별 선거등록은 유권자에게 재산적 요건이 요구되었고 또 성인 문맹률이 높았던 빅토리아 시대라면 납득할 수도 있다. 그러나 오늘날에 와서 이것은 원칙적인 측면에서 근본적으로 잘못된 일로 보이며, 실제로도 유권자들이 스스로 등록 책임을 지지 않으므로 민주주의를 훼손하는 것이다. 이것이 2000년에 도입된 신청에 의한 우편투표제도와 함께 운영됨으로써 누가 우편투표를 신청하고 투표용지를 접수했는지, 누가 표를 찍었고 거기에 어떤 종류의 강압이 있었는지를 확인할 수 있는 실질적인 방법이 전혀 없게 되었다. 이것은 광범위하고 체계적이고 조직적인 부정을 공개적으로 초대하는 일로서 버밍햄(Birmingham) 선거재판(British Helsinki Human Rights Group, 2005; Parris, 2005)에서 사실로 확인된 바 있다. 이 사건에서 노동당 후보들과 그들의 지지자들은 기존 제도의 수많은 문제점들을 악용해서 2004년 2개의 도심 선거구에서 실시된 지방의회 선거를 '도둑질'했다는 혐의로 유죄 판결을 받았다.

북아일랜드는 2002년 이미 개인별 등록 제도를 도입했다. 이에 따라 유권자들은 생년월일, 국민보험 번호(national insurance number)와 서명 등 개인 확인 정보를 제출해야 하며 투표소에서는 사진이 부착된 신분증으로 본인 확인을 거친다. 그러나 선거제도의 완전성을 전문적인 견지에서 — 정치적인 측면과 반대의 의미로서 — 걱정하는 사람들이 거의 대부분 권고했음에도 불구하고 선거관리법 2006(Electoral Administration Act 2006)은 새로운 선거부정 범죄들을 창설하면서도 그것을 전반적으로 방지할 수 있는 실질적으로 명백한 방안인 등록제도의 개혁은 이루어내지 못했다.

선거제도 — 잉글랜드도 스코틀랜드의 예를 따라야 하는가?

투표 프라이버시의 원칙을 이렇게 아무렇지 않게 내팽개치는 것은 헌법적으로 중대한 일이지만, 그것은 정부가 투표율을 높이기 위한 하나의 방편으로서 우편투표제도에 급하게 매달림으로써 대두된 최근의 걱정거리이다. 그러나 지금도 현행 선거 관행에 있어서 더 큰 논쟁은 제도 그 자체, 즉 *다수득표제도*(*plurality or first-past-the-post* (*FPTP*))에 관한 것이다. 이것은 잘 실험되고 쉽게 이해될 수 있는 제도로서, 영국 본토에서 모든 종류의 정부 선거에 오랜 기간에 걸쳐 이용되어 왔기 때문에 거의 모든 사람들이 친숙하게 느낀다. 그러나 이 제도가 안고 있는 명백한 문제점과 불공정성에 대한 적대감도 널리 퍼져 있으며, 새로이 자치권을 이양 받은 스코틀랜드, 웨일스, 북아일랜드 및 런던 의회가 모두 비례대표성이 강화된 제도를 채택했듯이, 지방정부의 선거 개혁은 어떤 헌법개혁 의제에서도 하나의 불가결한 요소가 되었다. 기존 제도에 대한 주요 찬반 주장은 [도표 11.2]에 요약되어 있다.

우리가 선거 개혁에 관해 이미 이루어진 광범한 연구문헌에 무엇을 크게 더 보탤 의도는 없지만, 우리 모두가 기초적으로 이해해야 할 시민권과 관련된 이 주제에서 명백하게 존재하는 혼란을 생각할 때 핵심적인 몇 가지 쟁점을 설명하는 것은 적절하다고 본다. 첫째, 선거제도의 선택은, 지방적으로나 국가적으로나, 단순히 다수득표제(FPTP)와 비례대표제(PR)의 문제가 아니라는 점을 힘주어 강조할 필요가 있다. 아마도 [도표 11.3]에 요약되어 있듯이 기본적으로 네 개의 유형이 있다고 생각하는 것이 가장 유용할 것이다.

둘째, 지금까지 서구에서 가장 일반적으로 통용되는 지방선거제도는 정당명부제도이다. 그러나 그것은 1999년과 2004년 유럽의회의원 선거에서 영국의 유권자들이 경험해야 했던 폐쇄적, 비개인적, 변경 불가능한 명부와는 *다르다.* 대부분의 나라는 투표자들이 개별 후보자에 대한 선호를 표현할 수 있는 개방형 명부(unblocked lists)를 사용하거나 또는 '무순위(unordered)' 명부를 사용하는데 후자는 핀란드처럼 각 정당에 할당된 의석을 채우는 순서를 해당 정당의 '선정권자(selectorate)'가 아니라 유권자(electorate)들이 후보자들에게 직접 투표함으로써 결정하는 것이다. 다시 말하면 누가 그들을 대표할 것인지를 유권자들이 결정한다.

셋째, 정당명부제도는 세계적으로 인기가 높음에도 불구하고 그 자체로는 영국 지방선거에 있어서 비례대표제(PR)의 장점을 논의하는 어떤 자리에서도 두드러지게 부각될 것 같지 않다. 우리의 경우는 아마도 주된 선택이 단일양도성투표제(STV)와 특정 형태의 부가의원선출제도(AMS) 사이에서 이루어질 수 있을 것이다. 물론 혼성 모형인 후자는 그 요소로서 정당명부 투표를 포함한다. 북아일랜드에서 수년 동안 운용되고 있는 단일양도성투표(STV) 제도는 비례대표제(PR)로서 스코틀랜드가 2007년 지방선거부터 선택했으며(그러나 웨

[도표 11.2] 지방선거의 '다수득표제(FPTP)'에 대한 찬반 양론

찬성론

- 단일 정당이 정책 수행의 전권을 갖는 *결정적인 선거결과를 가져올 가능성을 최대화함.* 반대로 연합정부 또는 소수정부의 가능성과 이에 따라 선거 후 지루하게 계속되는 정당간의 협상 가능성을 줄임.
- 대표가 지리적인 기반을 가진 어떤 지역구와도 직접 연계가 없는 일부 비례대표제와 달리 *지방의회의원과 선거구민간의 직접적이고 개인적인 관계를 제공*
- *정당들이 넓은 지지기반을 갖추고, 수용적이고 온건하게 되도록 장려하고* 새로운 이해관계 및 주장을 대표하는 정당의 창설 및 분화를 억제
- *극단주의자 정당 및 견해의 영향을 축소*
- 이해 및 관리 양 측면에서 *가장 쉬운 제도*
- 광범한 합의에 기초를 둔 다른 대안이 없음.

반대론

- 득표수와 획득 의석수 간의 *왜곡*으로서 때로는 그 정도가 엄청나서 국회의원 선거보다 더 심각함. 가까스로 과반수를 득표하거나 심지어 과반수에 미달하고도 압도적인 의회 지배권을 획득하는 정당들이 반복적으로 나타남. 어떤 경우는 최다 득표를 한 정당이 표가 더 적은 경쟁 정당보다 의석수가 적을 때도 있음.
- 야당 대표가 지방의회의 위원회에 할당된 자리를 채우기도 어려울 정도로 없거나 수가 너무 적어 *사실상 반대파를 소멸시킬 수 있음.*
- 표가 낙선 후보자에게 가거나 당선에 필요한 득표 차이를 넘어서 불필요하게 당선자에게 간다는 면에서 다른 어떤 제도보다 *사표가 많음.*
- 자신의 선거구나 지방의회 영역 전체적으로 선거결과에 영향을 미칠 수 있다고 느끼는 잠재적 투표자의 비율을 줄임으로써 *투표 유인을 감소시킴.*
- 국회의원과 마찬가지로 다수의 지방의회의원들이 소수 득표로 당선되고 또 국회의원 선거보다 투표율이 낮기 때문에 *지방의회의원들의 정통성에 대한 인식을 훼손시킴.*
- 투표자들의 제 1 선호만 유효하게 활용하고, 정치적 견해를 구체적으로 표명할 기회를 주지 않는다는 점에서 *선거가 비능률적임.*
- 이미 해당 지역에서 강한 기반을 갖춘 두 개의 주요 정당에만 이득을 안겨 주므로 *사회적, 지리적으로 분파적임.*
- 정당간의 이해보다는 반대 정당의 파괴에 더 큰 관심을 가지게 하는 반대의 정치를 조장하므로 *정치적으로 분열적임.* 선거 후 협상 및 지배 정당이 없는 다정파분점(hung) 의회에서의 협력을 다른 어떤 경우보다 더 어렵게 함.
- *여성 및 인종적 소수파를 차별할 수 있음.* 영국 지방정부의 여성 대표비율이 일부 비례대표제(PR system)를 채택하고 있는 국가들보다도 높기는 하지만, 다수득표제는 기본적으로 여성과 소수 인종의 선정 및 선출을 어렵게 함.

[도표 11.3] 선거제도의 기본적 유형

1. **다수득표(Plurality or first-past-the-post, FPTP) 제도**
   한 사람의 후보에게만 투표하고, 최다 득표를 한 후보(다수 득표이지 반드시 과반수가 아님)가 승리함.
2. **과반수득표(Majority/majoritarian) 제도** — 예, 대체투표(AV: Alternative Vote), 보충투표(SV: Supplementary Vote), 이중투표(double ballot)
   이들 제도는 선호도표기 투표제도(preferential system)로서 일반적으로 단일대표를 뽑는 소선거구에서 실시됨. 지방의회의 구역 전체를 선거구로 하여 실시되는 시장 선거도 여기에 해당됨. 주요 목적은 비례대표성의 확보가 아니라, 필요한 경우 투표자의 차선 또는 후속적인 선호도를 집계하여, 후보자가 과반수에 미치지 못하는 득표로 당선되는 사례를 없애는 데 있음. 예를 들어 2005년 총선의 경우 국회의원의 2/3가 과반수 미만의 득표로 당선되었음.
3. **비례대표제도(Proportional systems)**
   득표수와 의석수 사이의 비례대표성을 달성하기 위한 투표제도로서 대선거구제가 필수적인 기반임.
   비례대표제는 다시 두 개의 주요 유형으로 구분됨.
   (a) 정당명부제도(Party list systems) — 대중의 지지도에 비례하여 정당을 대표하는 것이 목적으로서 개별 후보자에 대한 투표는 정당에 대한 투표에 부수적일 뿐임.
   (b) 단일양도성투표제도(STV: Single Transferable Vote) — 대선거구에서 실시되는 선호도표기 투표제도로서 투표자들에게 정당 선택뿐만 아니라 동일 정당 내에서도 후보자 선택권을 부여하는 것이 핵심적인 목적임.
4. **부가의원선출제도(AMS: Additional Member Systems) — 추가(Top-up) 또는 혼성의원비례대표(MMP: Mixed Member Proportional)** 제도로도 불림
   소선거구제와 정당명부제를 결합한 혼성 시스템으로서 선출기관 전체적으로 정당 비례성을 확보하기 위하여 '부가(additional or top-up)' 의원을 지역구 의원에 추가함.

일스 의회는 채택을 거부함), 이미 복수의 의원을 뽑는 선거구가 많은 잉글랜드에도 비교적 쉽게 도입할 수 있을 것이다. 원칙적으로 보면 이것은 소비자선택의 극대화를 옹호하는 정치적 신념을 가진 모든 정파의 관심을 끄는 제도임이 틀림없다.

부가의원선출제도(AMS)는 우리에게 점차 친숙해지고 있는 선거형태로서, 노동당 정부가 동 쟁점을 국민투표에 부치기로 약속했던 자신들의 1997년 정책선언을 부정하기 이전까지 하원의 젠킨스 위원회(Jenkins Commission)가 지지했던 모델이다. 지방정부협의회(LGA) 또한 이 제도를 선호했으며, 이 기관이 주창한 지방정부 부가의원선출제도(LGAMS)는 지방의회의원의 2/3를 다수득표제를 통해 지역구 대표로 직접 선출하고 나머지 1/3은 개방형 정당명부제를 통해 '부가(top-up)' 의원으로 선발하는 방안이었다(LGA, 2001). 단일양도성투표(STV)와 비교할 때 이 제도는 선거구를 계속 소규모로 유지할 수가 있고, 런던의회(London Assembly)와 같이 지방자치단체 전역을 하나의 선거구로 하여 부가 의원들을 선출하는 경우에는 이들이 그 지방의회 전체를 대표하는 특징적이고 유용한 역할을 수행할 수 있다는 점이 장점으로 인식되었다.

두 제도 모두 채택된다면 무소속 및 소수 정당 후보자의 당선 가능성을 높일 수 있으며, 이미 상당한 비중을 차지하고 있는, 지배정당 없는 다정파분점(hung) 또는 '균점된(balanced)' 지방의회를 확실히 크게 증가시킬 것이다. 2006/07 현재 북아일랜드를 제외한 영국(Great Britain)의 441개 지방의회 중에서 33퍼센트인 147개 의회에 지배정당이 없다([도표 14.3] 참조). 양 제도 아래에서는 모두 다수득표제(FPTP)처럼, 대부분 과반수에 미치지 못하는 득표를 기반으로 지배 정당이 되었으면서도, 규모가 가장 크고 중요한 다수의 지방의회에서 정치적 지배가 바뀐 적이 *전혀 없다거나*, 런던 바러의 3/4(24 — 노동당 12, 보수당 12)과 광역도시권 바러의 절반(18 — 모두 노동당)에서와 같이 동일 정당이 최소 20년 이상을 지배하는 경험은 일어나지 않을 것이다(Game 2004). 그러한 결과가 바람직하다고 생각하는지는 개인적인 정치 견해의 문제이다. 그러나 다정파분점 지방의회가 탁월하게, 그리고 만족스럽게 운영될 수 있으며, '과반수 의석을 확보한 정당이 지배하는 지방자치단체에서 전형적으로 발견되는 것보다 더 개방적이고 민주적인 지방정부 형태를 육성할 수 있다'는 증거는 많이 있다(Leach and Game, 1992, p. 152; Leach and Stewart, 1992; Temple, 1996; Game, 2004).

투표율 — 선거에 대한 영국인들의 문화적 염증

지방선거에 대해서 누구나 알고 있다고 생각하는 하나의 사실은 투표에 참가하지 않는 사람들이 더 많다는 것이다. 그 생각은 맞다. 2005년 영국 총선의 투표율 61.4퍼센트는, 각국에서 가장 최근에 실시된 국회의원 선거의 투표율을 기준으로 할 때, 유럽연합(EU)의 15개 '당초(original)' 회원국 중에서 맨 꼴찌이다(ERS, 2005, p. 5). 그러나 이 숫자조차도 최근 영국 지방선거의 평균 투표율의 약 2배 수준이다. 이 부분에 있어서도 우리는 [도표 11.4]에서 보듯이 지금도, 그리고 과거에도 논란의 여지없이 최하위의 성적을 기록하고 있다.

[도표 11.4]에는 투표의무제(compulsory voting)를 채택하고 있는 벨기에(Belgium), 룩셈부르크(Luxemburg), 그리스(Greece)가 제외되어 있다. 그래도 가장 최근에 실시된 유럽 지방선거의 평균 투표율은, 비록 과거에 비해서 크게 낮아지는 경우가 종종 발생하지만, 65퍼센트에서 70퍼센트 사이이며 영국과 비교할 때 지방선거가 국회의원(parliamentary) 선거 또는 자치지역 의회(national assembly) 선거와 동시에 실시되는 경우를 제외하면 대체로 약 두 배 수준이었다. 거의 대부분의 국가에서 '2차적' 선거로 종종 지칭되는 지방의회 및 유럽의회 선거는 투표율이 낮다. 그러나 지방과 국가 선거의 격차는 이 글을 쓰는 시점에서 서부 유럽에서는 일반적으로 63퍼센트와 80퍼센트 사이인 데 비해 잉글랜드의 경우는 약 33퍼센트와 60퍼센트 정도이다.

[도표 11.4]에서 영국의 통계치가 최소한 암시하는 것은 지방선거의 투표율이 최근 들어 분명히 떨어지기는 했지만, 유럽 대륙과 비교하면 영국의 지방선거는 *지금까지 항상* 소수자가 참여하는 일종의 여흥에 불과했다는 점이다. 이것은 오늘날의 낮은 투표율이 그동안 집권해온 중앙정부들이 지방의회의 토대를 계속해서 침해하고 취약하게 만든 데 대한 유권자들의 의식적, 무의식적인 반응을 대변한다고 주장하는 사람들의 이론을 뒤엎는 통계이다. 예를 들어, 버밍햄(Birmingham)과 같은 시의회가 자체의 시 은행이 참여한 가운데 교육과 전차에서부터 가스와 수도 공급까지 모든 것을 운영했던 시절로 되돌아가 보자. *당시* 투표자들은 투표의 핵심을 알 수 있었고, 그러한 동기에

[도표 11.4] 지방선거 투표율 — 영국과 서부 유럽

	전형적/평균 투표율		비율변화 1995 이전에서 1995 이후	최근 총선 투표율
	1980 ~ 94 (%)(n)	1995 ~ (%)(n/선거일)		(%)(선거일)
잉글랜드				61.3(2005)
런던 바러(wc)	46(4)	33(2)	-13	
광역도시권 바러(p)	40(11)	31(8)	-9	
카운티의회(wc)	40(4)	*		
샤이어디스트릭트(wc)	46(4)	34(2)	-12	
샤이어디스트릭트(p)	41(8)	33(5)	-8	
스코틀랜드	44(4)	45(1998)*	+1	60.8(2005)
웨일스	50(4)	42(2004)*	-8	62.6(2005)
북아일랜드	55(1)	55(1997)*	=	62.9(2005)
오스트리아	82(1)	76(2)	-6	84(2002)
덴마크	80	69(2005)*	-11	85(2005)
핀란드	73(4)	59(3)	-14	67(2003)
프랑스	68	65(2)	-3	64(2002)
독일	71(1)	58(1999)	-13	79(2002)
아일랜드	60(1)	54(1999)*	-6	63(2002)
이탈리아	85	75(1999)	-10	81(2001)
네덜란드	67(3)	58(2)	-9	80(2003)
노르웨이	67(1)	62(3)	-5	77(2005)
포르투갈	65(4)	60(2)	-5	65(2005)
스페인	63(1)	67(3)	+4	77(2004)
스웨덴	85(3)	82(3)	-3	80(2002)

주: n=평균 투표율을 계산한 선거의 수; wc=전체 지방의회 일괄선거; p=부분교체선거(통상 의석의 1/3 개선). * 선거가 예외적으로 국회의원 또는 유럽의회의원 선거와 동시에 실시되어 지방선거의 투표율 표기가 생략되었다는 표시임.

출처: European Union, Committee of the Regions(1999); Rallings et al., 2000 ch 4; 개별 관련국가 통계청 등.

비추어 투표장으로 나올 수 있었다. 즉, 그들의 이론대로 될 수 있었다. 그러나 버밍햄 시민들은 그렇게 하지 않았으며 [도표 11.5]는 이것을 분명하게 보여주고 있다.

버밍햄이 도시 정부의 황금시대를 가졌는지는 몰라도, 지방의 투표율이 1918년 이후 유일하게 거의 경이로운 수준이라고 할 수 있는 50퍼센트를 기록한 1950년을 제외하면 한 번도 지방 선거민주주의의 황금시대를 경험한 적이 없다. 이것은 다른 대부분의 시 및 타운 의회도 마찬가지이다. 두 차례 세계대전 사이의 기간 동안 버밍햄에서는 지방의회 의석 6석에 1석 꼴로 무경합 선거가 이루어졌으며 — 이 비율은 비도시지역으로 갈수록, 그리고 정당정치의 영향을 덜 받는 지역일수록 훨씬 높았을 것으로 추정 — 대개는 보수당과 노동당 사이의 직접적인 접전으로 진행되었다. 이러한 후보 경쟁을 척도로 본다면 지방 민주주의의 전성기는 바로 지금이다. 무경합 의석의 수가 잉글랜드 지역에서는 확실히 30년 전과 비교해서도 최저 수준을 기록하고 있으며 (웨일스에서는 그 정도가 낮음), 많은 지방자치단체에서 버밍햄처럼 군소정당 및

[도표 11.5] 어떤 의미의 황금시대? 버밍햄의 지방선거, 1920 ~ 2004

	선거 수	경합의석 평균투표율 (%)	무경합 의석 비율 (%)	의석당 후보 수
1920 ~ 29	10	42	17.7	2.1
1930 ~ 38	9	36	17.7	2.0
1945 ~ 50	5	44.4	0.5	2.2
1951 ~ 60	10	39.2	–	2.4
1961 ~ 72	12	32.4	–	2.9
1973 ~ 80+	7	36.1*	–	3.3
1981 ~ 90	8	41.2	–	3.6
1991 ~ 2000	8	33.0	–	3.8
2001 ~ 04	3	33.0	–	3.9

주: + 1972 ~ 74: 잉글랜드 지방정부체제 개편
* 총선과 지방선거가 동시에 실시된 1979년 제외
출처: Phillips, 2000, p. xxviii.

무소속 후보들이 의석을 쟁취하기 위해 그 어느 때보다 많이 도전하고 있다 ([도표 11.9] 참조).

투표 기회를 증가시킴으로써 지방 공동협력통치에 있어서 시민의 관여를 강화하고자 열망하는 사람들은 이러한 선거 활력의 두 가지 척도, 즉 후보자의 공급과 투표율을 매우 조심스럽게 판단해야 한다. 지방세를 결정하고 온갖 종류의 서비스를 운영하는 지방의회 선거에 — 그리고 정말이지 자기 자식들이 다니는 학교의 학부모 운영위원장 선거에 — 입후보하거나 투표하는 데 관심이 없는 사람들이 갑자기 경찰이라든지 사회서비스 또는 공원 위원회의 선거에 열광할 것이라는 조짐은 거의 없다. [도표 11.6]에서 보는 기존의 특별목적 기관의 선거에서 나온 증거는 아무리 잘 해석하려 해도 그렇게 분명하지가 않다.

지역사회 뉴딜(NDC: New Deal for Communities) 위원회 선거에서 보여준 초기의 몇몇 높은 투표율 — 브리스틀, 셰필드, 뉴캐슬 — 은 정책적인 관점에서 전국에서 가장 빈곤한 지역으로 정의되는 지역에 속한다는 점에서 확실히 인상적이었다. 그러나 그것은 선거 규모가 작았고, 강력하게 홍보된 우편투표를 통해 때로는 이틀에 걸쳐 투표가 실시되었으며, 사진을 보면 알 수 있을 정도로 유명한 지방의 후보자들이 출마하였고, 투표자들 또한 선거결과에 아주 개인적인 금전적 이해관계가 결부되어 있었던 데 큰 원인이 있었다. 그러나 평균 투표율은 같은 지역의 지방선거에서 기대되었던 수치에 미치지 못했다 (Rallings et al., 2004).

공익재단병원연합(Foundation Trust Hospital) 선거는 선거권 자체가 문제가 되었다. 투표율이 높은 하나의 선거 사례를 보면 몇 천 명의 투표자들이 그들로서는 아는 사람이 거의 없는 수십 명의 후보자 명부에서 20명까지를 선정하게 된다. 당선된 사람이라고 해도 아마 제 1 순위 선호투표를 열 손가락 이내로 얻는 경우가 많을 것이지만, 99퍼센트 이상이 병원연합의 회원으로 등록하는데 필요한 최소한의 절차조차 밟으려고 하지 않는 병원 '공민(public)'을 대표하려고 노력한다. 이러한 성격을 가진 단일목적 '참여 민주주의'를 명분으로 지방의회의 기능을 추가로 박탈하는 것은 보기에 기묘하기까지 하다.

다시 지방의회 선거로 돌아가 보면 가장 최근에 투표율이 정점을 이룬 것은 1990년의 경우이다. 당시 버밍햄의 투표율이 46퍼센트였으며, 전국적으

[도표 11.6] 단일목적 기관의 선거

미국화인가 아니면 지역사회에 의한 통제인가?

미국 지방정부의 양대 특징은 단위 정부의 수가 엄청나게 많다는 것과 그 결과로서 서비스가 편린화되어 있다는 점이다. *센서스국의 2002년 정부센서스(the Census Bureau's 2002 Census of Government)*에 따르면 미국에는 88,000개의 지방정부가 있다. 그 중에서 39,000개(44퍼센트)는 일반목적(General Purpose — 카운티, 시, 읍), 나머지 49,000개는 특별목적(Special Purpose) 지방정부이다.

이들 *특별목적 지방자치단체(Special Purpose authorities)*는 대개 각각의 일반목적 지방자치단체로부터 독립되어 있다. 가장 잘 알려져 있는 것이 13,500개의 교육구(school districts)로서 교과내용 등을 관장한다. 그 외에 배수 및 홍수 통제, 주택 및 지역사회 개발, 공동묘지, 도서관, 공원 및 레크리에이션 등을 각각 관장하는 기관들이 있다. 이들 기관의 위원회 위원들은 전부는 아니지만 많은 경우 직접 선출된다.

최근 들어 우리도 특별 내지 단일목적 행정기관의 선거를 경험하고 있고, 서로 다른 정치적 입장에서 이들 기관을 더 많은 정책 분야로 파급해야 한다는 제안도 나오고 있다. 노동당과 보수당은 양당 모두 전부 또는 부분적으로 선출되는 경찰위원회(police boards) 및/또는 경찰행정관(police commissioners)을 지지해 왔으며, 노동당 각료 헤이즐 블리어즈(Hazel Blears)는 광범한 영역에 걸쳐서 각각의 개별 서비스를 지역에서 선출되는 이해관계자위원회(Stakeholder Boards)가 관장토록 하는 '지역사회 통제(community control)'를 희망하고 있다(Blears, 2003).

지역사회 뉴딜(NDC: New Deal for Communities) 위원회

지역사회 뉴딜은 전국적으로 가장 빈곤한 39개의 근린지역사회를 쇄신하고 회생시키기 위한 정부의 간판 전략이다. 10년에 걸쳐서 약 50백만 파운드(전체적으로 2십억 파운드)를 투자함으로써 이들 뉴딜 지역들이 낮은 고용수준, 범죄, 낮은 교육성취도, 열악한 보건 및 주택 상황과 같은 문제에 대처할 수 있는 역량을 갖추도록 지원한다. 지역 주민들이 그들 주민 중에서 선출하는 위원회가 전략적 방침을 제공한다.

초기의 선거는 일부 지역에서 투표율이 50퍼센트에 이르는 등 새로운 '독특한 지방정치 브랜드'로 지칭될 정도로 참여자와 관찰자 모두의 관심을 끌었다(Shaw and Davidson, 2002, p. 5). 그러나 이러한 통계치는 예외적인 것이었으며 참신함과 특유의 지방적 규모, 그리고 프로젝트에 관한 투표자들의 개인적인 이해관계에도 불구하고 평균 투표율은 24퍼센트에 미달하였다(Rallings et al., 2004).

공익재단병원연합위원회(Foundation Hospital Trust Boards)

공익재단병원은 국립보건서비스청(NHS) 내에 새로운 기업가 정신을 고취하고 능률을 높이기 위해 정부가 도입한 논란 많은 병원의 한 형태이다. 이들은 독립적이며, 회원 소유의 법인으로서 전통적인 국립보건서비스청 소속의 병원들보다 큰 재정적인 재량권을 가진다. 이들 법인은 세 개의 회원 집단으로부터 선출된 후견인위원회(boards of guardians)에 의해 통제된다. 세 개의 회원 집단은 직원, 환자, 그리고 다른 하나는 논란이 가장 큰 일반주민으로서 공익재단병원연합의 정관에 명시된 선거 구역에 사는 개별 주민들이다.

직원 및 환자 회원은 '선택적 배제 제도(opt out)'가 적용되는 경우가 많다. 즉, 탈퇴를 하지 않는 한 등록하여 투표를 할 수 있다. 공공회원은 수백만 명이 될 수도 있는바 '선택적 가입 제도(opt-in)'가 적용된다. 이것은 투표율이 70퍼센트에 이를 정도로 높고 '만족스럽다'는 병원연합 및 독립 규제자(www.monitor-nhsft.gov.uk)의 보고가 사실은 병원서비스 제공 권역에 사는 주민 1퍼센트의 참여에 의한 결과에 불과할 수가 있음을 의미한다(www.epolitix.com/EN/MPWebsites/Frank+Dobson/Articles).

로 50퍼센트 이상을 기록한 디스트릭트가 많이 나왔다. 이러한 높은 투표율은, 그리고 그것이 대체로 인두세에 대한 분노에서 초래되었다는 사실은, 우리에게 지방투표 행태에 관한 흥미로운 직관을 제공한다. 사람들은 자신들의 의회가 하고 있는 일이 중요한 차이 — 특히 지방세 고지서에 — 를 만들어 낸다고 느끼면, 그리고 그렇게 느낄 때 투표에 더 많이 참여할 것이다. 그러나 지방과 중앙정부 간에 거의 전례가 없을 정도의 적대감이 팽배해 있었던 시대, 그리고 항의행진, 시위, 폭동, 의회 회의의 반복적인 방해, 광범한 시민 불복종이 휩쓸었던 시대에조차도 투표율이 *단지 몇 퍼센트만* 오르는 데 그쳤을 뿐으로, 다른 대부분의 유럽 국가들이 평상시에 보여준 투표율의 근처에도 미치지 못했다. 영국의 총선 투표율이 지속적으로 보여 주고 있듯이 이 나라의 국가정치 문화는 어떠한 형태의 선거에도 많은 사람들을 특별히 헌신적인 투표자가 되도록 유도하지 못하고 있으며, 따라서 지방 투표율을 *크게* 높이기 위한 어떤 마술의 열쇠를 찾는 것은 헛수고에 그칠 가능성이 높다.

투표율을 높이는 세 가지 방법

단 하나의 방법으로 해결할 수 있는 마술의 열쇠가 없다고 해서 아무 일도 할 수 없다는 뜻은 아니다. 지방선거에 대한 관심과 투표율을 확실하게 높일 수 있는, 그리고 병행해서 함께 추진한다면 더욱 효과를 볼 수 있는 세 가지 유형의 개혁이 있다. 즉, 지방세, 선거제도 및 투표방법의 개혁이다.

지방부담금/인두세(community charge/poll tax)와 관련하여 대처 여사는 적어도 하나의 중요한 측면에서는 옳았다고 할 수 있다. 지방세를 납부함으로써 주민들이 그들 지역사회에 이해관계가 있음을 느끼고, 그들이 납부하는 세금과 지방의회가 제공하는 서비스 사이에 뚜렷한 관계를 볼 수 있다면, 보다 많은 사람들이 투표에 참가하게 될 것이다. 그녀가 틀렸던 것은 균등한 개인세를 지방의회가 활용할 수 있는 지방세의 *유일한* 세원으로 삼았다는 점이다. 그러나 [도표 10.6]에서 제시했던 바와 같이 현재의 중앙 : 지방 재정조달 비율이 지방정부에 유리하게 거꾸로 되어 있다면, 그리고 지방의회가 상이한 다수의 지방세를 상이한 납세자 집단에게 부과할 수 있다면, 인두세의 효과처럼 투표율이 올라갈 수 있는 조건이 가능할 것이다. 지방의회의 예산 및 기본 세금 수준에 있어서 어떠한 변화도 서비스의 개선 또는 감축 제안과 밀접하게 결부될 것이기에, 경쟁하는 정당들은 예산 및 서비스계획의 대안을 제시할 수 있고, 투표자들은 의미 있는 선택을 하게 될 것이다.

그러나 그러한 선택은 적어도 투표자들이 그들 스스로 싫어하는 정책을 가진 지방의회를 좋아하는 정책을 가진 지방의회로 바꾸기 위해 투쟁할 수 있는 기회가 있다고 생각할 때에만 진정으로 의미가 있다. 이것이 우리를 선거제도로 되돌아가게 한다. 2005년의 총선을 보면 거의 10퍼센트에 가까운 유권자들이 등록을 하지 않았고, 등록 유권자의 38퍼센트는 집에서 그냥 쉬면서 기권을 한데다가, 투표를 한 사람의 70퍼센트는 낙선 후보에게 표를 주거나 불필요하게 과다한 표차가 나도록 당선 후보에게 집중적으로 투표함으로써 사실상 그들의 표를 '낭비'했다(Electoral Reform Society, 2005, p. 8).

지방선거도 똑같이 다수득표제도를 채택하기 때문에 이와 매우 유사하다. 수백만 명의 잠재적 투표자들이 이 당 또는 저 당에 거의 확실히 '안전한' 선거구 또는 지역에 살고 있다는 것을 알고 있다. 그래도 투표를 하거나, 아니면 실없이 신경을 쓰지 않더라도 그 당의 후보는 당선될 것이고 그 당은 지배 정당의 지위를 변함없이 유지할 것이다. 이미 지적했듯이 비례선거제도를 더 가미하면 두 가지 현상이 나타날 것이다. 첫째, 이들 비례선거제도는 개개인의 투표선호도에 더 큰 의미를 부여한다. 부가의원선출제도(AMS)는 정당명부 투표 또는 후보자 투표를 통해서, 그리고 단일양도성투표(STV)에 있어서는 제2선호 또는 후속 선호도를 고려함으로써 그것이 가능해진다. 둘째, 이들 제도는 선거 결과 및 그 효과가 뻔하다는 확실성을 훨씬 떨어뜨려서 투표가 시간 낭비라는 사람들의 인식을 줄여 주고 그에 따라 현재 어떤 단일 정당에게 안전한 대부분의 선거구 또는 지방의회를 일소하게 될 것이다.

비례대표(PR) 선거제도는 이렇게 투표 유인을 강화하기 때문에, 지방정부에서의 비례대표제도도 마찬가지로 투표율을 일부 높이는 데 거의 확실히 기여한다. 블레이스와 카티(Blais and Carty, 1990, p. 179)는 20개 나라에서 실시된 500여 개의 국가적 선거 사례를 연구한 결과 다음과 같은 사실을 발견했다.

다른 조건이 모두 같다면 비례대표(PR)와 비교하여 다수득표제는 투표율이 7

퍼센트 낮고, 과반득표제도는 5퍼센트가 낮다.

블레어(Blair) 정부가 지방선거 개혁의 당위성에 대하여 검토조차 하기를 거부한 것은 적어도 일관성이라는 측면에서는 장점이 있다. 아마도 그것은 득표는 과반수에 미치지 못해도, 국회 의석수는 과반을 훌쩍 뛰어넘게 창출해내는 다수득표제(FPTP)의 마술에서 그들의 권력이 나왔다고 해도 과언이 아니라는 점을 고려한다면 놀랄 일이 아니다. 정부는 '투표제도의 변화를 지방정부의 현행 취약점을 치유하는 만병통치약으로 보지 않는다'는 것이 초기부터 내놓은 정직하지 못한 거부 사유였다(DETR, 1998d, para. 4.26). 마치 누군가는 그렇다고 심각하게 주장이라도 하는 것처럼 말이다.

결과적으로 2001년 총선 투표율의 급락에 당혹하여 투표율을 제고하는 방안을 고려하지 않을 수 없게 되었을 때에도, 정부 각료들은 선거제도 자체 또는 호주, 벨기에, 그리스, 터키 및 세계적으로 민주주의 국가의 1/6이 채택하고 있는 투표의무제(compulsory voting)가 아니라, 선거관리 및 투표 *방법*(*methods*)에 천착하였다. 총선이 있었던 2001년과 2005년을 제외하고는 선거위원회(Electoral Commission)는 각 연도의 지방선거를 통해 우편 및 각종의 전자투표에서부터 투표용지의 일련번호를 바코드로 바꾸는 것에 이르기까지 광범한 영역에 걸쳐 실험적 제도를 실시하고 평가했다. 실험 결과 바코드는 그 자체로 커다란 투표 유인이 될 수 없지만, 우편 투표는 확실히 가능성이 있다는 의견이 제시되어([도표 11.7] 참조) 이 대안이 급속히 거의 모든 주요 선거에서 광범하게 활용되었으며, 2005년 총선에서는 실제 투표의 15퍼센트가 우편투표로 이루어졌다(Electoral Commission, 2005b, p. 47).

2004년의 지방선거를 놓고 판단할 때 우편투표는, 적어도 그 참신성이 시들기 전까지는, 급락하는 투표율에 대처하기 위해 정부가 찾고 있는 것이 분명한 하나의 '응급처치(quick fix)' 처방을 제공할 것이다. 정부의 품격이나 지방의회가 제공하는 서비스의 품질이 아무것도 하루 밤 사이에 바뀔 수는 없지만, 광역도시권 바러와 비도시지역의 샤이어 디스트릭트 의회 공히 41퍼센트에 이르는 투표율은 1990년의 인두세 선거 이래 최고의 수준이다(Rallings and Thrasher, 2004, p. xv). 전자투표는 어떤 형태이든 아직까지는 투표율에 유사한 영향을 보여주지 않았다. 미래에는 의심의 여지없이 전자투표가 완전한 규

[도표 11.7] 미래의 선거 형태

대안적 투표 제도의 실험

선거위원회(EC)는 2000년부터 2004년 사이에 주로 개별 지방자치단체를 통해 선거과정의 다양한 혁신방안을 시험해 봄으로써 130개의 실험적(pilot) 제도를 평가했다. 이들 중 대다수는 상이한 투표 방법에 관한 것으로서 우편 또는 전자, 버튼식 전화기, 인터넷, 디지털 텔레비전, 그리고 SMS 문자 메시지를 이용한 투표와 함께 전자식 개표 집계, 투표시간 연장 및 비전통적 투표 장소 지정 등이 포함되어 있다.

투표율에 미치는 영향

정부가 이들 실험 프로그램을 시작하게 된 주요 동기는 투표율을 높이는 데 있었다.

*우편투표(postal voting)*가 효과가 가장 큰 것으로 나타났다. 2003년 지방선거에서 일괄 우편투표를 시험 실시한 지역을 보면 투표율이 종전의 34퍼센트에서 49퍼센트로 평균 15퍼센트가 높아졌다(Electoral Commission, 2003b). 2004년 유럽의회 및 지방선거에서 일괄 우편투표를 시험 실시한 4개 지역은 비실시 지역에 비해 투표율이 5퍼센트 높게 나타났었다.

*전자투표(Electronic voting)*는 투표소의 전자 키오스크에서 하든지 아니면 원격지에서 하든지 상관없이 대체로 투표자들이 긍정적으로 받아들였으며, 이 제도가 주는 부가적인 선택을 높이 평가했다. 그러나 대부분의 경우 투표율에는 의미 있는 영향을 주지 않았다.

다종방식 선거의 지향

선거위원회(EC)와 정부는 공히 다종방식 또는 전자지원 선거의 원칙을 추구한다. 여기에는 2006년 이후 미구의 시기에 전자지원 방식으로 총선을 실시하는 것이 포함된다. 이러한 목표를 향해 지금까지 진전된 사항은 다음과 같다.

- 투표방법의 *계속적인 선택(continued choice)*. *일괄 우편투표(all-postal voting)*는 선거위원회(EC)에 따르면 앞으로 법정 선거나 주민투표에 사용되어서는 안 된다.
- *신청에 의한 우편투표(postal voting on demand)*는 계속되어야 한다. *그러나* 보안 및 안전성과 일반국민의 신뢰를 유지 및 회복할 수 있는 안전장치가 마련되어야 한다.
- 선거위원회는 그러한 안전장치에 다음과 같은 것들이 있다고 주장한다.
  - 현재의 가구별 등록을 유권자들에게 서명과 생년월일과 같은 구체적인 본인 확인사항을 제시하도록 요구할 수 있는 *개별 등록(individual registration)*으로 변경
  - 투표자들에게 생년월일을 확인해 줄 것을 요구하여 등록부의 정보와 대조
  - 모든 우편 및 대리투표 신청서에 등록시 수집된 구체적인 본인 확인사항 포함
- *전자투표제도(electronic voting schemes)*는 추가적인 기술적 실험이 필요하고 매표와 같은 쟁점이 고려되어야 할 것이다. 이것은 적어도 선거관리법 2006이 시행되는 시점까지는 우선순위가 높은 제도가 아니다.
- 유권자들이 영국의 어느 투표소에서라도 투표할 수 있도록 지방적으로 축적된 범영국 전자 등록이 필요하다.

모의 다종방식 선거(multi-channel elections)의 핵심적인 요소가 되겠지만 2005/06 연도에는 어떠한 정책적 우선순위도 여기에 부여되지 않았다.

지방 투표

단일양도성투표제도(Single Transferable Vote)에 대해서 논의할 때 보았듯이 선거제도의 개혁은 형태에 따라서 지방선거의 '지역주의(localism)'를 강화하는 효과를 내기도 한다. 무소속과 지역 또는 군소 정당 후보의 출마가 권장될 수 있고, 유권자들에게는 지방적 이슈와 후보자의 장단점에 따라 투표하고, 그리고 일반적으로 투표 결과에 더욱 적극적으로 영향을 미칠 수 있는 더 많은 기회를 제공할 수 있다. 이들 관행의 확대는 많은 사람들로부터 환영받을 일이나, 사실은 벌써부터 일어나고 있는 현상이기도 하다. 투표자 다수는 "*더 타임스*"(*The Times*, p. 226 참조) 편집인들이 굳이 상기시켜 주지 않아도 지방선거를 진짜 지방의 일로 다루는 것이 중요하다는 사실을 잘 알고 있다.

지방적 쟁점, 지방의 후보자

이 절은 지방투표 행태의 실제 사례를 소개함으로써 우리의 출발점으로 되돌아간다. 밀러(Miller)는 "*엉뚱한 선거?*"(1988)라는 도전적인 제목을 붙인 이 주제에 관한 포괄적인 연구에서 오늘날보다 훨씬 많은 사람들이 정당을 강력하게 인식하고 있었던 1980년대에도 수많은 투표자들이 지방선거를 *지방의* 일로 다뤘다는 사실을 발견했다.

- 56퍼센트의 응답자가 지방선거에서 *국가적인 쟁점보다 지방의 쟁점에 의해 더 크게* 영향을 받는다고 주장했다.
- 39퍼센트는 지방선거에서 정당보다는 *개별 후보자를 보고* 투표한다고 주장했다.
- 20퍼센트는 현재 소속된 전국 정당과 *다른 지방 정당을 선호*했다.

요약하면, 유권자의 1/5이 지방선거와 국회의원 선거에서 다른 정당의 후보에게 투표했다고 답변했다. 이 수치에는 두 가지 선거에서 같은 정당의 후보를 지지했다고 하더라도 서로 다른 고려에 입각하여 그러한 결정을 내린 훨씬 많은 수의 사람들을 합산해서 고려해야 한다.

분할투표의 증거

이러한 분할 투표의 행태는 일부 투표자들이 지방선거에서는 A정당의 후보를, 그리고 전국 선거에서는 B정당의 후보를 지지하는 반면에, 다른 일부는 정확하게 반대의 행태를 보임으로써 일정 비율이 불가피하게 자체 상각된다. 그러나 최근의 경험을 보면 국회의원 선거에서는 보수당에게 유리하게 투표하고 지방선거는 비 보수당에게 경도되는, 특히 자민당의 경우 전국 선거보다 지방선거에서 지속적으로 높은 지지를 받는 편차가 인지를 할 수 있을 정도로 노정되고 있다.

지방선거와 국회의원 선거에서 사람들이 다르게 투표하는 가장 결정적인 증거는 캘러헌(Callaghan), 메이저(Major), 그리고 블레어(Blair) 총리가 총선을 각각 이미 결정돼 있던 그 해의 지방선거일에 실시하지 않을 수 없었거나 스스로 그날을 선택했던 1979, 1997, 2001 및 2005년의 '동시 선거(synchro-elections)'에서 우연하게 나왔다. 이들 선거에서 수백만 명이 국회의원(MP)과 지방의회, 일반적으로 카운티 의회의원을 뽑는 투표권을 동시에 행사했다.

[도표 11.8]은 이들이 최근 두 개의 선거에서 서로 다른 정당의 후보자를 지원했던 분할 투표의 정도를 나타내고 있다. 여기서 33개의 선거구를 의도적으로 선정했는데, 그것은 해당 선거구가 분할 투표의 특별한 증거를 보여 주어서가 *아니라* 지방 및 국회의원 선거구가 정확하게 일치하고 주요 정당들이 모든 지방의회 선거에 후보자를 출마시켰기 때문이었다. 전형적으로 두 해 모두 두 종류의 선거에서 투표율은 거의 동일했지만 실제 투표행태는 달랐다. 각 선거 연도마다 약 1.5백만 명에 달하는 유권자들 중에서 수만 명이 국회의원 선거와 지방선거에서 다르게 표를 던졌음이 틀림없다. 그 인원이 모두 얼마인지는 알 수가 없지만 그들 행동의 순효과만 보더라도 보수당과 노동당은 총선에서 상당히 좋은 대접을 받은 반면에 자민당은 지방선거에서 훨씬 좋은

[도표 11.8] 분할 투표, 1997년 및 2001년

'완전' 경쟁을 치른 33개 잉글랜드 선거구					
	보수당 (%)	노동당 (%)	자민당 (%)	기타 (%)	투표율 (%)
총선, 2001년 6월	38.8	38.3	19.2	3.8	61.7
지방(카운티의회) 선거	37.0	34.3	26.3	2.3	61.0
차이: 총선-지방선거	+1.8	+4.0	-7.1	+1.5	+0.7
1997년의 차이	+2.0	+4.4	-8.5	+2.1	+0.6

출처: Rallings and Thrasher(2001, p. 12).

모습을 보여주었다.

사실 이것을 이해하기 위해서 동시 선거가 꼭 필요한 것이 아니다. 지방선거의 결과를 연구하면, 그것이 어떤 종류이건 막론하고, 지방선거의 영향력 효과(the impact of local electoral influences)를 뒷받침하는 증거를 풍부하게 발견할 수 있다. 미디어 헤드라인과 수집된 수치를 조금만 파헤쳐보면 선거구별 세부 결과의 다양성과 명백한 모순으로 인해 곧바로 충격을 받을 것이다. 보수당 후보가 한 선거구에서 새로 의석을 차지하는가 하면 종전에 장악했던 인근의 선거구를 잃기도 한다. 노동당이 한 지방의회의 지배력을 새로 차지하는 대신에 다른 몇 개의 의회에서 지배력을 상실한다. 제3 또는 군소 정당의 후보 및 무소속 후보가 의석을 차지하거나 심지어는 다른 모든 정당을 물리치고 전체 의회를 차지하기도 한다([도표 11.9] 참조).

2004년 6월 선거 — 수영장, 버스노선에서 바그다드까지

지방선거의 영향력(local electoral influences)을 설명하기 위하여 우리는 특별히 어려운 해였던 2004년을 선택했다. 당시의 지방선거 — 광역도시권 전체 및 108개의 잉글랜드 단일통합의회와 디스트릭트 의회, 그리고 웨일스 단일통합

[도표 11.9] 아이들 토드(The Idle Toad)와 친구들

수많은 군소 정당 중 몇몇 정당이 최근 지방선거에서 후보를 내고 의석을 획득함

아이들 토드(Idle Toad) — 증가 일로에 있는 지역사회 정당의 하나. 랭커셔(Lancashire)의 사우스 리블(South Ribble)에 근거를 두고 있으며 거기서 네 명의 디스트릭트 의회의원과 한 명의 카운티 의회의원 — IT 자신인 톰 섀러트(Tom Sharratt) — 을 확보함. 적은 회비, 적은 규율(whip less)을 특징으로 하는 정당이며 노동당의 구 제 4 조(Labour's old Clause Ⅳ)로부터 정강 목표를 차용. 그들의 웹사이트, 뉴스레터 및 유용한 '젊은 투표자 가이드(Guide for Young Voters)'를 점검해 보시라.

자유당(Liberal Party) — 자민당(Lib Dems)이 아님. 역사적인 전통을 가진 자유당의 잔당으로서 1988년 자유당과 사회민주당(Social Democratic Party)의 통합에 반대. 지방의회 의원이 총 30여명으로 다수는 자민당에 대항하여 의석을 획득

녹색당(Green Party) — 생태환경당(Ecology Party, 1975~85)에서 발전됨. 1989년이 전성기로서 유럽의회의원 선거에서 투표의 15퍼센트를, 지방선거에서 약 9퍼센트를 얻었음. 비도시 및 대학촌(Stroud, Oxford) 기반에서 커크리스(Kirkless), 브래드퍼드(Bradford), 리즈(Leeds), 해크니(Hackney) 등 도시 지역으로 점차 대표성을 확대. 2006년 현재 런던의회 의원 2명을 포함하여 90여명의 지방의회의원이 있음.

메뵹 커노(MEBYON KERNOW) — '콘월의 아들(Sons of Cornwall)' 또는 보다 평이한 이름으로서 '콘월을 위한 정당(The Party for Cornwall)'. 중도좌파이며, 분리주의자라기보다 분권주의자. 방치된 카운티를 위한 보다 나은 조치 추진 — 콘월 어셈블리, 대학교, 유럽연합 재정조달 승인. 여섯 개 디스트릭트 중 3개 디스트릭트에서 지방의회의원 확보

영국국민당(British National Party) — 1982년 국민전선(National Front)에서 형성됨. 그러나 국민전선(NF)은 아직도 존재. 닉 그리핀(Nick Griffin)의 '존경할 만한(respectable)' 리더십 아래에서 인종차별주의를 인종민족주의(ethno-nationalism)와 신노동당 또는 캐머런(Cameron) 류의 보수주의에 식상한 사람들을 겨냥한 대중적 프로그램으로 변경. 2006년 지방선거에서 주류 정당들로부터 엄청난 경보를 받은 바 있으며 의석이 46석에 이름.

건강관심당(Health Concern) — 단일 쟁점 정당으로서 2001년 이래 리처드 테일러(Richard Taylor) 박사가 국회의원(MP)으로 활동. 1998년 키더민스터(Kidderminster) 병원의 강등을 중단시키고 동 병원 응급실(Accident and Emergency)의 부활을 요구하기 위한 캠페인을 개시. 1999년 위어 포리스트 의회(Wyre Forest Council)에 대한 노동당의 전반적인 지배권을 소멸시키고, 2000년에는 최대의 그룹이 되었으며, 그리고 당분간 반노동당 연합정부에 참여함.

인민정의당(People's Justice Party) — 인도 외교관을 살해하여 투옥된 두 명의 파키스탄인 카시미르 분리주의자를 석방시키기 위한 단일 쟁점 캠페인에서 출범함. 버밍햄의 도심 선거구에서 노동당으로부터 지방의회 의석을 빼앗고 이들 빈곤 지역의 모든 지역사회 분야에 호소할 수 있도록 명칭을 변경

주민 및 납세자 조합 — 대표 민주주의의 한 형태로서 정당의 오래된 대안임. 서리 교외지역 — 1936년 이래 주민 및 세입자 조합에 의해 운영돼온 엡섬 및 유월(Epsom and Ewell), 엘름브리지(Elmbridge) — 과 동부 런던(East London) 및 에식스(Essex) — 에핑 포리스트(Epping Forest), 바킹(Barking), 그리고 특히 연정(power-sharing administration)에 참가하고 있는 헤이버링(Havering) — 을 아성으로 하고 있음.

관료주의 반대 집단 — 지방정부, 특히 바러 의회의원 5명과 카운티 의회의원 2명을 배출한 지역인 첼턴함(Cheltenham)에서 관료제를 축소하고 정당정치를 배제하기 위해 1976년 창설됨. 다른 관심사는 지하주차, 주거지역 속도제한구역 설정, 불꽃놀이 판매 등

의회와 런던 시장 및 의회를 선출 — 는 구제역의 발발로 인해 유럽의회의 선거 시기에 맞추어 5월에서 6월로 연기되었다. 그러나 그 연기는 중요한 것이 아니었다. 왜냐하면 유권자들이 중앙 미디어를 통해 당시의 선거가 전적으로 정부의 이라크 침공 참여 및 그와 관련된 쟁점에 관한 것이며, 만약에 그것이 아니라면, 유럽연합(EU) 및 유럽연합 헌법안에 대한 반대가 쟁점이라고 반복적으로 들었기 때문이었다. 지방적 요인은 모두 사실상 국민여론조사로 흡수되어, 선거결과 반정부 또는 반 블레어(anti-Blair) 투표를 축으로 노동당 지배하의 지방의회와 소속 지방의회의원들이 심대한 타격을 받고 공직에서 쓸려나갈 것으로 예상되었다.

선거 후에 나온 미디어 헤드라인은 예상이 정확하게 맞아떨어졌다고 설명했다. 노동당이 얻은 결과는 사상 최악이었다. 전국 득표 26퍼센트는 보수당과 자민당 모두에 뒤진 수치였으며, 총 545개의 의석을 잃고 16개의 지방의회에서 지배력을 상실했다. 그 중에는 30년 만에 최초로 지배력을 상실한 뉴캐슬(Newcastle)과 돈카스트(Doncaster)를 비롯해서 리즈(Leeds), 번리(Burnley), 입스위치(Ipswich), 옥스퍼드(Oxford), 카디프(Cardiff) 및 스완지(Swansea)가 포함되었다. 자민당은 뉴캐슬 및 랭커셔(Lancashire)의 펜들(Pendle)을 빼앗고 239개 의석을 얻었다. 보수당은 315개 의석과 자민당으로부터 빼앗은 더들리(Dudley), 트래퍼드(Trafford), 월살(Walsall) 광역도시권 바러 및 이스트본(Eastbourn)을 포함하여 12개 지방의회를 얻었다.

만약 이들 선거가 전적으로 국가적 쟁점을 놓고 격전이 이루어졌다면 더 이상 할 얘기가 없다. 그러나 이러한 표면적 수치를 살짝만 파헤쳐 보면 명백히 비정상적인 몇몇 현상들과 당장 맞닥뜨릴 것이다. 노동당은 전반적으로 패배한 가운데서도 실제로 84개의 의석과 무소속 직선 시장이 이끌던 하틀리풀(Hartlepool)과 스토크-온-트렌트(Stoke-on-Trent)를 포함하여 지방의회를 7개나 새로 얻었다. 이와 유사하게 자민당의 승리 또한 110개 의석 및 4개 의회의 상실이라는 대가를 치렀다. 보수당조차도 런던의회(London Assembly)의 당 리더를 포함하여 56개 의석을 잃었으며, 더욱 중요한 일로서 켄 리빙스톤(Ken Livingstone)의 런던시장 재선을 막지 못했다.

제 5 장에서 언급했듯이 리빙스톤의 승리는 거의 전적으로 그의 독특한 공적 인지도와 첫 임기중의 업적에 대한 평판이 좋았기 때문이었다. 그러나

전국적인 경향에서 이격된 결과를 보인 곳은 모두, 비록 규모가 작을 수밖에 없지만, 그에 상응하는 어떤 종류의 '지방적(local)' 요인이 작용했을 것이다. 예를 들어 스완지(Swansea)의 경우는, 투표자들이 노동당에게 실망한 것이 확실하지만 그것은 바그다드의 운명보다는 노동당 의회가 시립수영장을 폐쇄한 것이 더 큰 요인이었으며, 레디치(Redditch)에서 노동당이 지배정당의 위치에 복귀한 것은 투표자들이 사담(Saddam)에 반대해서가 아니라 노인 및 취약계층에게 제공되는 버스요금 할인혜택을 폐지하려던 보수당의 계획에 반대했기 때문이었다. 다른 곳에서는, 자민당 후보에게 패한 노동당 소속의 버밍햄 시의회의원이 유감스럽게도 인정했던 바와 같이, 지방 정당의 행동주의자가 엄청나게 열심히 노력해서 얻은 성공 사례도 있다(Coulson, 2005).

> [이것은] 10년 동안 심각하게 리플릿을 제작하고 각 선거마다 선거가 시작되기 이전에 6~7종의 리플릿을 가정마다 돌렸던 그들 10년의 결정판이었다. 데스크 탑 출판 및 신속한 복사 덕분에 리플릿의 수준이 크게 향상되었다.

이들 지방적 요인들에 있어서 요점은 ― 14번 런던 시내버스의 노선과 밀턴 킨즈(Milton Keynes)의 한 후보였던 리즈 캠벨(Liz Campbell)이 가가호호 선거운동을 하면서 발견했던 주민들의 관심사로서 새로운 개 배설물 쓰레기통과 같은 세세한 지방적 쟁점은 차치하고라도(Campbell, 2004) ― 중앙 언론인과 선거 '대가들(pundits)'에게 이러한 요인들이 전혀 알려지지 않아 그 선거가 무엇에 대해서인지 그들 자신의 전국적 구도에 맞지 않는 결과는 '특별한 사건(freak)' 또는 '독불장군(maverick)' 쯤으로 치부해버리고 만다는 것이다. 그러나 그러한 사례는 물론 특별한 변종이 아니다. 그것은 이번 지방선거의 선출 대상이 국회의원(MP)이나 중앙정부가 아니라 지방의 정책을 수행하고 지방 서비스를 공급하는 지방의회의원과 지방의회라는 투표자들의 가시적이고 완벽하게 합리적인 인식의 결과이다. 제12장에서는 이러한 지방의회의원에 대하여 살펴본다.

제12장
지방의회의원 — 선택된 목소리

서론 — 언론의 악평에 대한 균형 잡기

지방정부협의회(LGA)는 한때 ITV를 대상으로 노스요크셔(North Yorkshire) 지방의 연속극 *엠머데일*(*Emmerdale*)에 지방정부를 이해하고 공감할 수 있는 이야기 줄거리가 전개되도록 강력하게 로비를 한 적이 있다. 그 이유를 이해하는 것은 어렵지 않다. TV 시청자들에게 전달되는 지방의회의원의 이미지는, *닥터 후*(*Dr Who*)에 나오는 것처럼 외계인 같고 우쭐대고 선출직이 아닌 것이 분명한 카디프 시장(Lord Mayor of Cardiff)과 그녀의 시내중심지 핵발전소의 이야기가 방영되기 이전에도, 고약하고 역겨운 것이었다. *코로네이션 스트리트*(*Coronation Street*)의 지방의회의원 오드레이 로버츠(Audrey Roberts)는, [무대가 맨체스터로서] 확실하게 정당 지배하에 있는 지역이기 때문에 실제로는 있을 법하지 않지만, 무소속의 핸디캡을 가진 자만심이 강하고 다루기가 쉬운 사람이다. *이스트엔드 사람들*(*Eastenders*)에서 이안 빌(Ian Beale)은 월퍼드 의회(Walford Council)의 의원으로 잠시 재직하면서 철저히 이기적이고 쉽게 부패하는 배역을 연기했다. 그리고 1990년대에 있었던 두 개의 탁월한 '사실적' 드라마 시리즈로서 앨런 블리스데일(Alan Bleasdale) 원작, 로버트 린지(Robert Linsay) 주연의 *중상*(*GBH: Grievous Bodily Harm*)과 피터 플래너리(Peter Flannery) 원작, 크리스토퍼 이클레스톤(Christopher Eccleston) 주연의 *북잉글랜드의 우리 친구들*(*Our Friends in the North*)은 모두 지방의회의원의 권력 남용과 부패를 이야기의 줄

거리에 흐르게 하였다(Brooke, 2005; Mahony, 2005 참조).

이 장에서는 — 약간의 정보와 균형을 더 배려하여 — 지방의회의원들이 진짜로 어떤 사람들인지, 무엇을 하는지, 그리고 왜 그것을 하는지를 탐구한다. 그렇지만 우리에게 전적으로 의존하는 것은 좋지 않다. 여러분을 대표하는 지방의회의원 한두 사람과 이야기해보기 바란다. 그리고 그들이 어떻게 시간을 보내고 선출직으로서 그들의 존재를 어떻게 정당화하는지 직접 알아보기 바란다. 그들이 '전형적인' 지방의회의원은 아닐 것이다. 그러나 이 장의 핵심적인 메시지는 전적으로 전형적인 역할과 행태만을 생각하는 것은 도움이 되지 않는다는 것이다. 극적인 효과를 위해서건 아니건 일반화를 시도하는 사람들이 있을 수도 있다. 그러나 여러분들이 조금만 더 신경을 써서 분석해 본다면, 여러분의 지방의회의원들이 마치 우리가 지금 소개하고자 하는 조그마한 배역 리스트처럼 이 사람 다르고 저 사람 다르다는 것을 아마도 쉽게 발견할 수 있을 것이다.

펜으로 묘사한 다섯 사람의 초상화

모린(Maureen)

모린은 약 20년 동안 지방의회의원으로 있었고 지금은 랭커셔(Lancashire)의 직물 도시로서 노동당이 지배하는 한 단일통합의회의 내각/집행직 의원 중의 한 사람이다. 그녀는 홀 부모로서 지금은 십대인 세 자녀를 혼자서 키웠다. 노동당 지지를 가족 배경으로 가졌던 그녀는 학교를 졸업하자마자 당에 가입한 후 지방의 당 서열구조를 따라 착실하게 성장해나갔다.

일단 당선되자 그 보상으로서 경작대여지소위원회부의장(Vice Chair of the Allotments Sub-Committee)이라는 '견습' 직위(오래 전에 없어짐)가 그녀에게 바로 주어졌다. 그 이후 그녀는 12,000채에 달하는 지방의회공영주택 및 아파트에 대해 정치적 책임을 지는 주택위원장(Chair of Housing)으로서 몇 년을 일했다. 집행제 지방정부가 대두되기 훨씬 이전부터 그녀는 사실상 전업의 지방의회의원이 되어 생계를 소득보조금에 의존하고, 낮 시간은 물론이고 저녁에도 대부분의 시간을 시청에서 보냈으며, 자식들을 제대로 보살피지 못한다는 생각에서 그들에게 칩을 사먹을 돈을 '뇌물로 줘 가면서' 활동했다. 그리고 어떤 고용훈련 과정을 시작했는데, 당초 그녀는 정치적으로 그 프로그램의 운영에 반대했었지만 어쨌든 거기서 1주일에 10파운드씩 가외의 수입을 얻을 수 있었다. 그러나 그로 인해 지방의회의 일을 가능하면 점심시간에 많이 할 수 있도록 조정해야 했는데 그 시간은 '내가 결사적으로 주장하지 않으면 공무원들이 절대로 내주지 않는 시간'이었다.

주택위원장으로서 그녀는 대규모 도심재개발사업이 완료되는 것을 지켜보았고, 양질의 임대주택을 공급하기 위해 주택협회와 협상을 진행했고, 시의회의 미입주 재산 및 임대료 연체를 크게 감소시켰다.

> 그러나 내가 추진했던 가장 중요한 단일의 시책은, 믿거나 말거나이지만, 임차인들이 스스로 그들의 현관문의 색깔을 선택할 수 있게 한 것이었다. 나 자신이 임차인으로서 시청 사람들이 우리네 집이 있던 길거리로 내려와서 그토록 수많은 색깔들을 돌아가면서 배정하곤 했던 것을 기억한다. 한 번은 우리 지역에 사용될 색깔 중의 하나가 자주색이었는데 집 숫자를 세어 보고는 우리 집이 그 끔찍한 자주색에서 가까스로 벗어나서 안도했던 것을 기억한다. 나는 노란색을 원하지 않았지만 자주색은 정말 증오할 만큼 싫어했다. 그래서 위원장으로 일할 때 나는 공무원들에게 색깔 선택권을 임차인들에게 주라고 했었다. 공무원들은 처음에는 임차인의 집을 찾아가서 무슨 색깔을 원하는지 묻는 것이 왜 중요한지를, 다시 말하면 그들이 무슨 잘못을 저질러서가 *아니라 임차인*(*tenants*)으로서 만나는 것이 왜 중요한지를 이해하지 못했다. 그것은 작은 일이지만 모든 사람들에게 좋은 느낌을 준다.

사이먼(Simon)

모린(Maureen)과 같이, 사실은 모든 지방의회의원들이 비슷하듯이, 사이먼은 웨스트미들랜즈(West Midlands) 지역의 시의회 의원이 된 이후, 상황이 다르기는 하지만 시간 관리에 어려움을 겪었다. 그는 2000년 선거에 당선된 여러 명의 젊은 보수당 의원들 중 한 사람으로서 그들이 당선됨으로써 시의회의 평균 연령이 크게 낮아졌을 뿐만 아니라 소속 당이 20년 만에 처음으로 노동당으로부터 과반에는 미달되지만 최소한 다수당 지배의 지위를 빼앗아왔다. 이것은 확실히 신나는 일이었다. 그러나 약관 23세의 나이에 그가 간판 격으로 내세우는 자격요건으로서 최근 취득한 정치학 학위만으로는 집행제 지방의회가 대두되기 이전이었던 당시의 의정활동 수행을 위해 당장 필요했던 준비에 턱없이 부족하다는 것을 깨달았다.

> 나는 선거 이후 최초로 개최된 우리의 정당 교섭단체 회의와 위원회에 배정된 과정을 기억한다. 각 위원회가 실제로 무슨 일을 하는지에 관해서 설명이 거의 없었으므로 우리 '신출내기들(new boys)'은 누구도 어디에 지원해야 할지를 몰랐다. 나는 그냥 레저 서비스라는 말이 듣기가 좋았다. 그것은 당시 지역 유람선 나이트클럽 회사의 매니저였던 내 경험과 잘 연결되었다.

그러나 유람선 나이트클럽은 주로 지방의회의 위원회와 겹치는 시간대인 저녁에 운영되는 것이 문제였으며 사이먼은 '나의 정치적 진출을 크게 지원하는 이해심 많은 사장'에게 크게 의존했음을 인정했다. 지방의회가 신입 지방의원들에게 어떠한 공식적인 훈련도 제공하지 않았지만 다행스럽게도 그는 타고난 자신감으로 '깊은 물에 밀어 넣어 헤엄을 배우게 하는 방식'에 적응해 나갈 수 있었다.

> 지방의회의원에 대한 공식적인 안내로서 저녁에 부서장들과 와인을 곁들인 다과회가 개최되었다. 이어서 견학을 통해 우리가 알아야 할 시 청사의 각 방들, 즉 위원회의 행정실, 우편 집배실, 집행수석 사무실 등에 대한 간략한 설명이 뒤따랐다. 우리는 또한 부서장들에게 질의하거나 조치를 요청하는 형태의 하나로서 '황화(yellow peril)' 시스템이 어떻게 운영되는지에 관해서도 들었다. 전화나 이메일과 같은 현대적인 의사소통 형태는 의회의원들이 부서장을 통하지 않고 다른 공무원들과 접촉하는, 분명히 항명을 초래할 개연성이 다분했기 때문에 거부되었다.

'소문자 c'로 시작되는 보수가 아닌 '대문자 C'로 시작되는 보수당으로서 사이먼은 그가 할 수 있는 위치에 가는대로 이러한 항명을 일으키고, 필요하다면 이를 선도함으로써 이처럼 한가하고 느긋해 보이는 공무원 주도의 문화를 쇄신하겠다고 결심했다. 그 시기는 예상보다 오히려 빨리 다가왔다. 2004년 보수당은 과반수 지배 정당의 지위를 차지했고 사이먼은 당의 부의원장이자 당연직으로서 의회의 집행부위원장(deputy leader)이 되었다.

> 우리는 이제 지방의회의원 훈련지원담당관을 두어 우리의 훈련담당공무원과 함께 포괄적인 오리엔테이션 프로그램을 관리하게 하였다. 새로 당선된 지방의회의원들은 이제 경험이 많은 동료 의원들로부터 지도 및 조언을 받게 될 것이다. 지방의회는 또한 질문에 가장 잘 답변할 수 있는 위치에 있는 공무원들과 의회의원들이 이메일을 주고받거나 대화를 할 수 있도록 희망하는 의원들에게는 모두 가정용 컴퓨터와 인터넷 사용료를 지급한다.

집행부위원장으로서 사이먼은 그의 의회에서는 '재정 및 예산(finance and budget)'이라는 이름 대신에 '재정적 분별 및 재정가치(Financial Prudence and Value for Money)'라고 부르는 내각/집행직 의원으로 활동하는 한편, 그것이 마치 그렇게 많은 시간을 요하는 직위가 아니기라도 하는 양 2005년에는 카운티의회의원에도 당선됨으로써 '복수 지방의회 겸임의원(dual member)'이자 매우 '전문적인 지방의회의원'이 되었다.

아프잘(Afzal)

아프잘의 지방의회 경력은 사이먼(Simon)처럼 2000년에 초선으로 당선된 이후 매우 빠른 상승곡선을 그렸다. 그러나 그가 2005년 아시아계로서, 그리고 이슬람교도로서도 최초로 맨체스터 시장(Lord Mayor of Manchester)에 선임되는 하룻밤 사이의 성공을 거두기까지는 그의 47년 인생의 절반 이상이 소요되었다(Hammond, 2005 참조).

모하메드 아프잘 칸(Mohammad Afzal Kahn)은 파키스탄에서 영국령 인도육군(British Indian Army) 장교의 아들로 태어났다. 12살이 되던 해에 삼촌에게 입양된 그는 영국에 건너와서 랭커셔(Lancashire)의 면화 직물도시에 정착했다.

영어를 거의 몰랐던 그가 악전고투했던 것은 전혀 놀랄 일이 아니다. 졸업장을 따지 못하고 학교를 떠난 그는 직물공장에서 직공으로 승진해서 일하다가 '스스로 "아니야, 나 여기에 머물지 않을거야" 하고 다짐하면서 인생유전의 순간'을 경험했다.

그는 시간을 쪼개 중학교 졸업자격시험(O-levels)을 통과했고, 그의 사촌 여동생과 결혼해서 지금까지 살고 있으며, 지방의 전문대학에서 대학예비과정(A-levels)을 이수하면서 학생회장이 되었고 아시아 및 이슬람 그룹을 창설했다. 아시아계 가족들의 통상적인 관습과는 반대로 그는 버스운전자, 청소년개발요원, 경찰 등의 직업을 전전하면서 부인이 치과의사 자격을 따도록 지원했다. 그의 부인은 지금 그녀 소유의 국립보건서비스청(NHS) 진료소를 운영하고 있다. 아프잘 자신의 전문가자격 취득은 그 이후 법학 학위를 따기 위해 서장의 만류를 뿌리치고 경찰을 떠난 뒤 이루어졌으며 결국 번창하는 변호사사무소의 공동경영자가 되었다. 여기서 그는 다시 한 번 인생의 변화를 추구했다.

> 나는 공공분야에 점점 더 경도되었고 나의 성장배경으로 인해 사회적 정의를 위해 싸우고 불우한 사람들을 지원하는 전통을 가진 노동당에 자연스럽게 끌렸다.

노동당 지방의회의원으로서 그의 첫 임기는 어려울 수밖에 없었다. 아프잘은 소속 정당이 같음에도 불구하고 정부의 이라크 침공에 반대하여 목소리를 높였고 그의 종교를 위해 일종의 공적 대변인이 되어야 했다.

> 가끔씩 겉으로 보이는 것과 반대로 이슬람교는 매우 관대한 종교이다. 나는 그것을 배척의 종교라고 절대로 보지 않는다. 그것은 사실 매우 개방적이고 다원적이며 다른 신조가 존재하는 것을 기꺼이 용인한다.

이것이 그가 (의전) 시장으로 재임하는 동안 전통에 따라 단일의 사제를 그 자신의 종교에서 임명하지 않고, 그 도시의 다양한 종교를 대표하는 사제팀을 임명한 이유이다. 즉, '그것은 내가 맨체스터를 포용할 수 있고 맨체스터가 인종차별주의자들의 거짓말을 폭로하는 나를 포용할 수 있다는 것이며,

서로 다른 인종과 종교 및 문화가 행복하게 공존할 수 있음을 증명한다'는 것이다.

조이스(Joyce)

조이스 역시 상대적으로 늦게 정당정치에 발을 들여놓았다. 그녀가 처음으로 웨스트미들랜즈 광역도시권 의회와 의미 있게 접촉했던 것은 시위자로서이다. 실제로 그녀는 지방의회의원으로 당선되기 이전에는 지방의회의 회의에 참석해본 적이 없다. 미래에 나올 법한 많은 지방의회의원들처럼 그녀의 활약은 개인에게 영향을 미치는 공적인 쟁점, 즉 딸아이가 다니던 초등학교를 노동당이 지배하던 지방의회가 폐쇄하겠다고 위협함으로써 촉발되었다.

시위 직후 자민당의 지방대표가 그녀에게 접근하여 그녀의 활약이 얼마나 인상적이었는지 말하면서, 다음 5월 선거에 자민당 후보로 출마할 것을 권유했다. 그녀는 과거에 자민당에 투표하면서도 지방의회의원이 되는 것은 꿈에도 생각해보지 않았었다. 그러나 국가공무원의 경력을 포기한 마당에, 그리고 애들이 이미 학교에 다닐 정도로 성장했기 때문에 그녀는 그 권유를 받아들였고 큰 표 차이로 당선되었다.

조이스가 보기에 자민당의 지역구는 적색의 노동당 바다에 떠 있는 노란색(자민당 상징)의 조그만 섬으로 보였다. 그녀는 정말로 자신의 큰 관심 분야인 교육, 학교 및 환경 관련 위원회에서 주로 일해 온 것(지금은 내각자문팀 및 심사분석 패널에 소속돼 있음)을 행운으로 여기면서도 소속 정당이 만년 소수당의 지위에 있는 것에 대해서는 좌절한다. 그래서 그녀는 거의 불가피하게 대표 기능 내지는 지역구 기반의 지방의회의원 역할로서 유권자의 문제를 다루는 일에 많은 시간을 할애한다.

키이쓰(Keith)

조이스(Joyce)의 위치가 갖는 긍정적인, 그리고 부정적인 측면을 모두 이해할 수 있는 지방의회의원은 수없이 많다. 그러나 같은 지방의회, 같은 출신 지역구, 그리고 같은 소수당 소속으로서 한 때 바로 그 직책을 담당했던 키이쓰만큼 그녀를 잘 아는 사람은 아마도 없을 것이다.

키이쓰도 조이스와 비슷하게 지방의회가 주민들이 원하지 않는데도 지방공영주택단지를 둘러싸는 펜스를 설치하는 데 반대하여 지역사회의 항의운동을 주도한 후 자민당 후보로 출마할 것을 권유받았다. 그도 몇 년 후 조이스(Joyce)처럼 첫 출마에서 당선되었다. 그러나 그의 사업가적 배경으로 인해 그는 곧바로 환멸을 느꼈다.

> 나는 순진했다. 나는 지방의회의원이 되면 내 지역의 사람들을 실제로 도울 수 있을 것으로 생각했다 … 그러나 자민당으로서는 그렇게 할 수 없었다. 내 시간은 귀중하다. 내 노력을 100퍼센트 쏟아 넣는다면 나는 반드시 그 결실을 보아야 한다.

그래서 그는 노동당이 영속적으로 지배하고 있는 그의 의회에서 당적을 바꾸기로 결론을 내렸다. 그는 일단 자민당을 떠나 무소속이 되었다가 '회의장 마루를 건너(cross the floor)' 노동당 진영에 합류했다. 놀랄 것 없이 의심의 눈초리를 많이 받았으나 다음 연례회의에서 그는 기술직업교육위원장(Chair of Further Education) 자리로 '보상을 받았다'. '그것은 커다란 신분적 상승으로 들리지만, 사실은 나 말고는 누구도 그 자리를 원하지 않았었기 때문이다'.

중학교 과정(GCE O-level)에서 생물학을 이수한 것만 가지고는 기술직업교육에 대한 그의 지식은 미미하기 짝이 없었다. 그러나 그도 말하듯이 '바로 그것 때문에 공무원들이 있는 것'이다. 그가 알고 있고, 그리고 진짜로 관심이 있었던 것은 그의 위원회의 책무 중에서도 청소년 및 지역사회 분야였다. 그래서 그는 3년 동안 자신의 직무에 전력투구했다. 그는 지방의회가 계획적으로 추진한 중등교육 개편에 깊숙이 관여했고, 이와 동시에 그의 지역구에도 얼마간 기여할 수 있었다. 즉, 지방 자원봉사조직을 한 데 결집시켜 한때 조이스(Joyce)의 딸이 다녔던 바로 그 학교의 건물에 자체의 커뮤니티 센터를 갖춘 지역사회협의회를 구성한 것이다.

이것이 우리가 가진 몇 안 되는 배역들로서 여러분도 여기에 스스로 한두 사람의 초상화를 추가할 수 있을 것이다. 배역의 구성을 보면 성별로는 여성 3명과 남성 2명, 지방의회 유형별로는 단일통합의회 및 샤이어(카운티) 의회의원 각 1명과 광역도시권 지방의회의원 3명, 정당별로는 보수당 1명, 노동당 2명, 자민당 1명, 그리고 자민당에서 노동당으로 당적을 바꾼 사람이 1명이며 마지막으로 활동별로는 현재 강력한 정책결정자 직위를 보유한 사람이 3명이고, 매우 적극적인 지역구 대표자와 주요 지역사회인사가 각 1명씩 포함되어 있다. 이름도 많고 서로 큰 차이를 보이기도 하지만 이들 배역들이, 그리고 전국적으로 22,000명의 다른 지방의회의원들이 가지고 있는 공통점은 과연 무엇일까?

선출된 지방 정치인 — 선택된 목소리

먼저, 그리고 이것은 보기처럼 그렇게 명확한 설명은 아니나, 이들 22,000명 모두는 선출된 지방 정치인이다. 이 표현의 세 부분을 순서대로 간략하게 살펴보자.

1970년대의 지방정부 개편 이전에는 다수의 지방의회에서 의회의원의 과반수가 비 선출직이었던 때가 있었다. 그 이유는 부분적으로 *참사회원*(*aldermen*) 때문이었다. 참사회원은 대체로 연장자이며 경험이 풍부한 의회의원으로서 의원 수를 추가로 1/3 정도까지 더 늘리고 전문성과 연속성을 보완하기 위해 선출직 지방의회의원들이 임명했다. 그들은 6년의 임기로 임명되었으며, 당시 선출 지방의회의원들의 임기가 3년(지금은 4년)이었던 점과 비교된다. 그들은 인원 비율보다 위원회의 위원장 및 부위원장 자리를 훨씬 많이 차지했었고, 변덕스러운 유권자의 지지를 구할 필요도, 그리고 그들로부터 패배를 당할 이유도 없었다. 그것은 비민주적이었으나, 그럼에도 불구하고 북아일랜드와 런던시티를 제외하고는, 스코틀랜드 판 참사회원인 *베일리*(*bailies*)와 함께 1970년대에 가서 종국적으로 폐지될 때까지 어느 의미에서 보아도 무책임하게 존속했었다.

만약에 지방의회의원 자신들도 마찬가지로 다수가 선거를 치를 필요가 없었다는 사실을 상기하지 않는다면 이들 비선출직 참사회원은 더욱 더 시대착오적인 존재로 보였을 것이다. 제11장에서 언급했듯이 영국 지방정부 역사의 대부분에 걸쳐 매년 선거 때마다 수천의 지방의회 의석이 경쟁자 없이 채

워졌고, 1960년대까지 40퍼센트 이상의 지방의회의원들이 경쟁 후보의 도전을 받지 않고 의원 신분을 차지했었다.

따라서 이중으로 민주적 결손이 생겼는데 하나는 지방의회의원의 1/4까지가 선출될 필요가 없었고, 다른 하나는 선출되어야 했지만 실제로는 그렇지 않았던 의원들이 많았다는 점이다. 그 중에서 하나는 1972~74년의 지방정부 개편 이래 실질적으로 소멸되었다. 전국 대부분의 지방에서 95퍼센트 이상의 의석이 그 이전 어느 때보다도 많은 후보들의 경쟁 속에서 선출됨으로써 지방의회의원들이 개별적으로나 집합적으로 그들 지역사회의 '선택된 목소리(voice of choice)'로서 훨씬 큰 정통성을 가졌다고 주장할 수 있게 되었다. 이들 지방의회의원들을 수단으로 삼아 주민들은 특정의 지리적 구역의 기반 위에서 일련의 후보자, 정책, 서비스 및 조세 수준의 조합이 다른 조합보다 좋거나 나쁘다는 선호를 표출한다.

모두 정치인이다

선택, 선호, 우선순위 … 이것들은 정치에서 통용되는 화폐이며, 정치인은 이 화폐를 실제 정책으로 전환시키는 사람이다. 적어도 명목상으로는 선출되고 특정의 지리적 장소를 대표한다는 점과 더불어 모든 지방의회의원들이 공통적으로 가지는 세 번째의 속성은 그들이 정치인이라는 점이다. 그들은 모두, 자칭 '비당파' 또는 '무소속'의 일부 소수파 의원들조차도, 위디콤위원회의 핵심 구성원이었던 로렌스 보일 경(Sir Lawrence Boyle)의 표현을 빌리면 '정치적 기능(political function)'을 수행한다.

> 모든 정부는, 중앙과 지방을 막론하고, 두 가지의 기능을 수행한다. 하나는 *서비스 기능(service function)*이고 다른 하나는 정치적 기능이다. 서비스 기능은 이런 저런 이유로 공공부문을 통해 제공되는 재화 및 서비스의 공급으로 이루어진다. 반면에 정치적 기능은 재화와 서비스의 공적인 제공과 관련된 쟁점에서 야기되는 갈등을 관리하고 축소하는 일이다. 그것은 *공공서비스의 범위, 규모 및 품질, 그리고 그에 수반되는 비용을 충당하는 방식*에 대한 물

음을 포함한다. 이와 함께 지방정부에서 서비스 기능을 제거하는 것이 정치적 기능을 제거하는 것보다 실제로 더 쉽다는 점을 지적할 필요가 있다. 왜냐하면 서비스 기능은 우리가 알다시피 언제라도 민영화될 수 있으나 *정치적 기능은 위임될 수도 없고 위임되어서도 안 된다. 지방정부에서 정치적 기능이 제거되면 그것은 지방정부로서 종언을 의미한다*(Boyle, 1986, p. 33, 이탤릭체는 저자들이 강조).

이것이 바로 우리가, 중앙과 지방을 막론하고, 선출된 우리들의 대표에게서 똑 같이 기대하는 바이며 우리 사회가 가지고 있는 자원의 배분에 관하여 그들 *스스로* — 선출되지 않은 공무원들에게 위임하지 말고 — 토론하고 결정하라는 것이다. 유권자들은 정치적인 기능을 그들에게 위임한다. 즉, 주택, 학교 및 도로의 건설에 관하여, 그리고 서비스 공급의 규모와 세율에 관하여 유권자를 대신하여 결정을 내리도록 한다. 그들이 정당을 표방하고 당선되었건 아니건 간에 그것이 그들의 역할이고 책무이다. 대부분은 그렇다. 제14장에서는 그러한 정당 소속감이 어떻게 그들 과업의 거의 모든 측면을 구체화하는지에 대해 살펴볼 것이다.

대표 — 반영이 아님

지방의회의원들은, 이제는 모두가 선출된 지방의 정치인들이다. 그러나 다른 사람들을 대신하여 *자신의* 정치적 의지를 행사하겠다는 분명한 자만심을 가진 그들은 어떤 *종류*의 사람들이며, 동시에 유권자들에게 표를 달라고 간청하고 조롱과 거부의 위험을 마다하지 않는 그들은 도대체 누구인가? 그들과 그들의 유권자들은 얼마나 같고 어떻게 다른가? 이러한 질문에 대한 표준적인 답변은 [도표 12.1]에서 보는 것처럼 지방의회의원들의 개인적, 사회경제적 특성을 세세하게 설명하는 경향을 보인다. 이 자료에서 본질적으로 잘못된 것은 없다. 그것은 비교적 쉽게 수집되고 분류될 수 있으며 — 실제로 지금은 정기적인 지방의회의원 '센서스'가 있다 — 지방의회의원 모수의 특정 속성이 과다 또는 과소 대표되었는지를 판단할 수 있는 척도를 우리에게 제공해

[도표 12.1] 지방의회의원들의 개인적 특성 — 잉글랜드, 2004

정당 (전체의 비율)	지방의회 의원 전체 (%)	보수당 (39%) (%)	노동당 (29%) (%)	자민당 (23%) (%)	무소속 (8%) (%)
성별					
남성	71	73	71	65	77
여성	29	27	29	35	28
소수 인종집단	3.5	1.4	7.2	2.1	0.7
흑인	(85)	(6)	(62)	(15)	(0)
인도인	(184)	(26)	(140)	(15)	(3)
파키스탄인	(119)	(25)	(64)	(28)	(2)
기타, 혼혈 포함	(230)	(44)	(135)	(41)	(6)
계	(618)	(101)	(401)	(99)	(11)
나이					
25세 미만	*	*	1	*	*
25～34	4	3	4	4	1
35～44	9	8	10	10	6
45～54	20	16	26	21	17
55～64	37	36	36	42	38
65～69	16	18	14	13	19
70세 이상	14	18	10	11	19
평균	(58)	(59)	(56)	(57)	(61)
16세 미만의 아이를 가진 의원	13	15	14	15	9

교육 — 최고 학력					
학위 및 동등학력(NVQ 4/5, HNC, HND)	50	48	51	61	38
GCE A-level 또는 동등학력(NVQ 3, ONC, OND)	12	14	10	11	11
CGE O-level 또는 동등학력(NVQ 2, School Cert)	13	16	9	11	16
도제(Trade apprenticeship)	6	5	7	4	8
기타	5	5	6	4	5
공식 학력 없음	14	12	17	9	22
고용상태					
전업 유급직	25	21	32	26	16
파트타임 유급직	11	9	13	12	9
자가고용	16	22	8	14	25
실업자	2	1	3	2	1
퇴직자	39	41	36	37	41
가사	3	3	2	5	3
기타(장애인, 풀타임 학생 등)	4	3	6	4	5
현재의 직업(지방의회 업무 제외)					
관리/집행	37	46	29	30	37
전문/기술	28	26	30	31	26
교사/강사/연구원	9	5	13	14	5
행정/사무/비서/판매	14	13	14	15	14
육체노동/공예	14	10	14	10	19
지방의회업무 투입시간					
(주 평균시간)	(21.5)	(20)	(24)	(21)	(20)
복수직위 지방의회의원(둘 이상 기간자치단체)	8	9	8	9	7

주: * =1퍼센트 미만, [ ] =성인인구에 대한 비율보다 훨씬 높은 비율, ( )=퍼센트가 아닌 실제 숫자

출처: EO/IDeA(2005).

준다.

예를 들어, 전통적인 퇴직연령을 넘긴 지방의회의원보다 여성 의원의 숫자가 적고, 흑인 및 소수인종(BME: black and minority ethnic) 지방의회의원이 1997년 노동당 집권 이후 줄어들고 있으며, 어린이부양 책임을 가진 지방의회의원의 비율이 일반 성인을 대상으로 하는 통계치의 절반 이하라는 점은 그냥 짐작하는 것보다는 알아둘 만한 가치가 있다.

그러나 이러한 자료는 한계가 있다. 그것은 부당하고 오해를 불러일으키는 일반화를 유도할 수 있다. 그것은 서로 다른 지역 출신의, 서로 다른 유형의, 그리고 서로 다른 정당의 지방의회의원들 사이에 존재하는 의미심장한 차이를 모호하게 할 수 있다. 그것은 또한 '대의 정부'가 아이디어와 이상을 대표하기보다는 오히려 클린턴 대통령(President Clinton)이 처음에 조각했던 '거울에 투영된 미국(Mirror on America)' 식의 내각과 같이 유권자의 사회경제적 특성을 반영하기 위해서 노력하는 것을 의미하는 것으로 오해하게 할 수 있다. 이러한 한계를 염두에 두면서, 우리는 '전형적인 지방의회의원'이 있다는 생각을 *단념시키겠다*는 희망 속에서 몇 가지 핵심적인 특징과 함축적인 의미를 도출한다.

성 별

여성 지방의회의원의 비율이 1980년대 이후 절반가량 증가했지만, 그리고 항상 그랬듯이 여성 국회의원 비율(19.7퍼센트, 2005년)보다는 훨씬 높지만 대부분의 독자들은 [도표 12.1]의 성별 통계를 보고 틀림없이 낙심했을 것이다. 지방정부에서 최상위 직위에 있는 여성 지방의회의원 또한 여성공무원보다 많다. 즉, 여성 집행위원장 및 집행부위원장(16퍼센트)이 집행수석보다 많고 집행직 여성 의원(26퍼센트)이 부서장/수석행정관보다 많다(EO/IDeA, 2005). 아마도 더욱 놀랄 만한 일은 영국은 스웨덴과 노르웨이(42퍼센트와 37퍼센트), 그리고 비례대표제에 의해 선출되는 우리의 스코틀랜드 및 웨일스 자치지역의회(40퍼센트와 50퍼센트)에는 훨씬 처지지만 유럽의 다른 많은 나라들보다 여성 지방의회의원이 많다(CEMR, 2000). 그러나 이 분야에서는 프랑스가 48퍼센트로서 선두에 있다. 그것은 각 정당에게 동수의 여성과 남성을 코뮌

(commune) 후보로 지명해야 하는 의무를 부과한 논란 많은 균일법 2000(Parity Act 2000)의 제정에 따른 것이다. 이것은 할당 제도를 선출 대표의 편차를 효과적으로 수정하는 유일한 제도라고 선호하는 사람들이 즐겨 찾는 하나의 사례이다.

이러한 성별 왜곡이 문제가 되거나 무슨 의미가 있는가? 그렇다, 그것은 불가피하다. 복잡하게 생각할 것 없이 전체 의석수의 75퍼센트가 남성인 지방의회는 반대로 여성이 75퍼센트는 고사하고 40퍼센트인 지방의회와도 동일한 정책 우선순위를 추구하거나 같은 방식으로 같은 결론을 도출하지 않는다. 여성 지방의회의원이 많을수록 어린이 보육시설이 좋아지고, 시영 골프장이 적어진다는 것은 진부한 사례에 속한다. 그러나 이것보다 훨씬 큰 의미가 있다. 여성들은 지방의회 서비스의 주 고객이다. 지방의회의 각 부서로 걸려오는 전화의 3/4이 여성들의 몫이다. 여성들이 임차인의 과반수를 차지하며, 수영장과 도서관을 가장 많이 이용하는 가족 구성원이며, 아마도 쓰레기 수거 날짜에 맞추어 쓰레기통을 밖에 내다놓는 사람일 것이며 지방 환경상태 — 부적절한 거리청소, 어두운 가로등, 개 배설물, 구멍 난 도로 및 아스팔트 포장, 불편한 대중교통, 길거리 범죄 — 에 의해 가장 크게 영향을 받는 사람일 것이다. 그들은 특별한 우선순위와 의제를 가지고 있을 가능성이 크다.

아직도 미심쩍으면 두 개의 간단한 질문에 대답해 보기 바란다. 왜 대부분의 공공건물에는 로열 오페라하우스(Royal Opera House)의 재건축 — 아주 주목할 만한 예외 — 사례와 같이 여성들에게 남자보다 약 세 배쯤 많은 화장실 공간을 적절하게 배려해야 한다는 사실을 인식하지 못하고, 여자화장실이 남자화장실보다 훨씬 적은가? 그리고 공공부문 조직에는 왜, 버밍햄(Birmingham) 시의회의 평가조사위원회(overview and scrutiny committee)가 발견했던 것처럼, 직무에 복귀하는 모유 수유 엄마들의 특별한 수요를 해결하기 위한 직장 정책이 거의 없는가?

소수 인종집단

전체 성인인구의 8.4퍼센트를 차지하면서 지방의회의원의 비중은 3.5퍼센트에 불과한 소수 인종집단의 과소 대표성에도 동일한 주장이 적용된다. 다만

이 집단도 중앙 무대(국회의원의 2.3퍼센트, 2005)에서보다는 지방에서 약간 나은 대우를 받고 있고, [도표 12.1]에서 보듯이 그들의 진출은 비율보다는 절대적인 숫자 측면에서 더욱 의미가 있는바 흑인 및 아시아계의 지방의회의원이 최근 들어 괄목할 정도로 증가하였다.

그러나 이 부분에서는 어떠한 전국적인 통계도 사실을 유난히 크게 오도하고 있다. 문제는 소수인종 집단의 인구규모가 상당히 큰 지역에 있어서 대표의 수준과 구체적인 내용이다. 예를 들어, 버밍햄의 경우 총 120석의 시의회에 20여명의 소수 인종집단 의회의원이 있다. 20퍼센트에 가까운 의회의원 비율은 30퍼센트 정도인 이 지역의 소수 인종집단 인구를 대표하기에 용인할 만한 수준으로 볼 수도 있다. 그것은 소수 인종집단 인구의 엄청난 다양성을 고려하지 않는다면 그렇다는 뜻이다. 여기에는 아프리카-카리비아인, 캐시미르인 식당주인·택시운전자·직물산업출장인부, 지역경제에 뚜렷한 기여를 하고 있는 펀잡 시크인, 인도와 동아프리카에서 온 구주라티스인(Gujuratis) 소기업 소유자, 방글라데시인, 예멘 사람, 중국 및 베트남 사람, 상대적으로 새로운 난민들로서 소말리아, 수단, 아프칸, 보스니아, 알바니아, 쿠르드, 이란, 이라크 등지에서 건너 온 사람들, 그리고 그 외에도 수많은 소수인종 '공동체'를 발견할 수 있다. 이들 집단의 대부분은 단순한 과소 대표의 문제가 아니라 인종적, 종교적, 문화적으로 어떠한 의미에서도 시의회에서 직접적으로 전혀 대표되지 않는다고 느낄 수밖에 없다. 만약 버밍햄이 이 정도라면 다른 대부분의 지방자치단체에서는 더 말할 것도 없다.

연 령

만약에 나이가 정말로 지혜를 가져다준다면, 우리의 지방정부는 중국의 노인 정치와 자웅을 겨뤄볼 수 있을 것이다. 그 이유는 지방의회의원의 세계가 점차 중년 및 노인의 무대가 되고 있기 때문이다. 사이먼(Simon)과 그의 젊은 보수당 동료의원들은, 적어도 오늘날에는, 매우 예외적인 존재들이다. 이전 판들에서 인용했던 1985년의 위디콤위원회(Widdicombe Committee)의 조사에 따르면 전체 지방의회의원의 1/4 이상이 45세 미만이었으며, 특히 노동당은 1/3 그리고 당시 자유당(Liberals)은 거의 1/2이 이 그룹에 속했다. 이 판을 집필하고 있는 시점에서 45세 미만의 의회의원 비율 13퍼센트(성인 인구비율은 46퍼센트)는 1964년의 21퍼센트(Wilson and Game, 1998, p. 221)보다도 훨씬 낮은 수준이며, 오늘날은 전체 지방의회의원의 거의 30퍼센트가 65세를 넘어섰다. 노동당과 자민당은 현재의 지방정부에서 '청년'당이지만 평균 연령이 56/57세로서 국회의원 평균 연령보다 약 6살이 많다. 스코틀랜드는 평균 연령이 조금 낮지만 여전히 잉글랜드 카운티의회보다 높고, 스코틀랜드 지역의회가 퇴직을 장려하기 위해 나이 많은 지방의회의원들에게 '과거봉직기간보상제도(past service reward scheme)'라는 퇴직 급여를 20,000파운드까지 지급하는 것을 승인하기 전까지는 웨일스의 지방의회보다 높았다. 그러나 어떤 지방의회도 조이스(Joyce)가 지방의회 회의에 처음 참석했을 때를 기억하는 것처럼 겉으로 보기에 존경할 만한 모습을 보이지 않는 곳은 거의 없다.

> 나는 노신사들의 숫자가 많은 데 대해 깜짝 놀랐다. 내 나이 또래(30대 중반)는 다섯 명 정도에 불과했으며, 나는 어린이를 부양하는 유일한 여성 의원이었다. 아마도 나는 지방의회 회의에 참석하는 동안 자녀 보육대책을 세워야 하는 유일한 의원이었을 것이다.

어린이돌보기, 어린이센터, 탁아소, 주간보육원, 놀이센터, 부모 및 유아그룹, 취학전 놀이그룹, 장난감도서관, 유아원 등을 책무로 하고 있는 지방의회로서는 유감스럽게 느낄 수 있는 일이다.

교 육

부분적으로는 연령적 특성 때문에 지방의회의원은 전체적으로 그들의 선거구민보다 교육 수준이 높기도 하고 또 아닐 수도 있다. 1985년의 위디콤위원회의 조사연구로 돌아가 보면 공식적인 졸업장이 없는 지방의회의원의 비율이 23퍼센트로서 전체 성인인구를 대상으로 도출한 비율의 절반 수준이었다. 현재는 사실상 별 차이가 없다. 그러나 여전히 차이가 있는 것은 졸업장의 수준으로서 지방의회의원은 50.2퍼센트가 국가직업능력자격(NVQ) 4단계 또는 그 이상의 자격을 갖추고 있는데 비해 일반인은 25퍼센트에도 미치지 못한다. 물론 졸업장 자체가 정부 봉사의 적격성 내지 적성을 보여주는 척도는 아니다. 그러나 교육은 우리의 선출된 대표들이 전체 인구를 완벽하게 반영하지 않음을 아마도 우리 대부분이 기쁘게 여기는 하나의 특성일 것이다.

고 용

지방의회의원직이 자원봉사 및 파트타임 활동이라는 오랜 전통을 생각할 때 현 지방의회의원의 41퍼센트만이 전업 유급직 고용상태에 있다는 것은 충격적이다. 이 수치는, 비록 고용/자가고용의 비율 측면에서는 차이가 예견되지만, 전체적으로 정당 사이에 차이가 거의 없다. 이 수치가 1976년 65퍼센트, 그리고 1985년 54퍼센트에서 크게 낮아진 것은 퇴직자가 1976년에는 16퍼센트였으나 지금은 39퍼센트나 된다는 사실에 부분적으로 원인이 있다(Gyford et al., 1989, p. 51). 또 다른 핵심적인 요인은, 앞으로 보게 되듯이, 지방의회의원 수당이 크게 인상되어 비록 소박하기는 하지만 전업 지방의회의원으로서의 생활양식을 지탱할 수 있는 수준이 되었기 때문이다. 과거에는 주당 아무리 많은 시간을 의정활동에 쏟더라도 '전업(full time)'임을 공개적으로 인정하는 지방의회의원이 거의 없었다. 그러나 2001년 지방의회의원 센서스에서는 30퍼센트 이상이 그렇다고 인정했고, 그 수치는 거의 매년 계속해서 증가할 것이 분명하다.

교육수준이 높기 때문에 지방의회의원들 중에서 일반적으로 비육체적 직업, 그 중에서도 특히 전문직 및 관리직 출신이 많은 것은 놀랄 일이 아니다. 이에 따라 육체노동자의 비율이 고용 상태에 있는 지방의회의원의 14퍼센트, 그리고 전체 의원의 7퍼센트로서 성인인구의 경우 거의 30퍼센트나 되는 것과 매우 대조적이다. 특히 노동당 지방의회의원들 중에서 육체노동자의 비중이 크게 감소하여, 1985년 35퍼센트에서 2004년에는 사상 처음으로 지방의회의원 전체의 평균을 상회하지 않는 수준이 되었다.

지방의회의원의 업무와 역할

이제 우리는 지방의회의원들이 어떤 사람들인지 어느 정도 안다. 그들은 어떤 배경, 어떤 직업 계층에서도 나올 수 있고 또 사실이 그렇다. '전형적인' 지방의회의원이 있다고 이야기하는 것은 쉽지 않을 뿐더러 도움도 되지 않는다. 그렇다면 지방의회의원의 전형적인 업무라는 것도 없다는 논리가 당연히 따르는 것인가? 그렇다, 당연히 따른다. 서로 다른 지방의회의원들은 각기 다른 관심, 동기, 기술, 적성 및 기회를 가질 것이며 최소한 불가피하게 제한적인 자신들의 시간을 서로 다른 방식으로 보내려고 노력할 것이다.

요즈음은 과거와 달리 대부분의 지방의회 헌법(일반적으로 제2부 제2장)에 최소한 지방의회의원의 '역할과 기능'에 관한 어떤 지침이 있고, 바로 그 뒤에는 그들의 '권리 및 의무'가 따라 나온다. 그런데 이것이 크게 도움이 되지 않는다. 그것은 표현이 단순한 탓도 일부 있지만, 주된 이유는 의식적으로 '모든 지방의회의원들'을 대상으로 삼고 있어 집행제 지방정부라는 우리의 새로운 제도에서 볼 때 매우 불완전한 모습밖에 제공하지 못하기 때문이다. 그러나 그러한 전제하에서, 우리는 이들 역할의 목록에서 [도표 12.2]에서와 같이 지방의회의원들의 (전형적) 업무라기보다는 지방의회의원들이 하는 업무로서 일종의 출발점이 되는 복합적인 설명을 구성해 볼 수 있다.

이러한 일종의 출발선상의 설명은 내재적인 한계를 상쇄시킬 수 있는 세 가지의 중요한 장점을 가진다. 첫째, 그것은 다른 방법으로는 장황하게 될 수밖에 없는 지방의회의원들의 구체적인 의무와 책임의 목록으로부터 정수를 깔끔하게 뽑아낸 것이다.

[도표 12.2] 지방의회의원들이 하는 (모든) 업무

- 모든 유권자를 대표하고, 그들에게 책임을 지며, 그들을 후원 …
- 지방자치단체의 정책 및 실천방법을 만들어내는 데 있어서 …
- 그것들의 효과성을 감시 …
- 지역사회의 리더십을 제공 …
- 동시에 (물론) 최고도의 행동 및 윤리를 유지

둘째, 그것은 전통적이고 누가 봐도 사려분별이라고는 거의 없는 '정책(policy)'과 '행정(administration)' 사이의 교과서적인 구분, 즉 지방의회의원들은 정책을 수립하고 공무원들은 그것을 집행 및 관리하며 그 둘은 절대로 서로 만나서는 안 된다는 생각에서 우리를 확 벗어나게 해준다. 제15장에서 명명하듯이, 이러한 '공식 모델'에 기반을 둔 현실성의 엄청난 결여는 지방정부에서 일하는 대부분의 실무 공무원들을 자극하였다. 한편으로, 인원도 적고 그것도 파트타임으로 일하는 아마추어적인 지방의회의원들이 그들 자신이 임명한 고도로 훈련되고, 경험이 풍부하고, 높은 보수를 받는 수많은 공무원들로부터 필수적이고 실질적인 도움을 받지 *않고* 지방의회 서비스의 하나하나를 구석구석 모두 살피는 '정책(policy)'을 생산해낼 역량을 — 또는 자세라도 — 가졌다고 진정으로 생각할 수 있겠는가? 유사한 이야기로서 지방의회의원들이 그들의 정책선언을 소위 돌에 새긴 십계명처럼 약속만 하고, 그 정책이 어떻게 집행되는지, 그리고 그것이 그들 자신의 지역주민 및 유권자들에게 어떤 영향을 미치는지에 관해서는 정말로 아무런 관심도 기울이지 않고 비껴서 있을 것이라고 생각하는가? 모린(Maureen)이라면 그것을 아마도 혐오감을 주는 자주색 문짝 처방이라고 할 것이다!

이러한 생각을 통해서 우리는 출발점의 정의가 가지는 세 번째의 장점을 인식할 수 있다. 그것은 지방의회의원 자신들이 이해할 수 있는 언어로 표현되어 있다는 점이다. 지방의회의원들의 역할 및 '역할 정향(role orientations)'은 오래전부터 인기 있는 학문적 연구의 주제였으며 몇몇 통찰력을 갖춘 연구결과들이 발표되었다(Lee, 1963; Hampton, 1970; Budge et al., 1972; Dearlove, 1973; Jones, 1973; Corina, 1974; Newton, 1976; Jennings, 1982; Gyford, 1984). 그러나 이와 함께 역할명칭 또한 사전 한 권은 족히 될 정도로 새로 생겨났다. 정치인, 대리인, 수탁자, 대표, 광범한 정책결정자, 옹호자, 정치가, 정부지지자, 지방적, 사람들의 대리인, 정책옹호자, 정책대변인, 정책알선자, 정당정치인, 관념주의자, 정당인, 촉진자, 저항자, 정치행정가, 의사전달자, 인기영합주의자, 전통적 정치인, 지역사회정치인 등이 그것이다.

독자들에게는 이러한 명칭의 폭발이 교육적 기능을 가질 뿐만 아니라 한편으로는 혼란을 유발할 수도 있을 것이다. 그러나 대부분의 지방의회의원들은 아마도 냉소적인 반응을 보일 것이다. 그들이 실제로 그 단어들을 이해한다고 하더라도 그들 자신이나 동료 의원들의 행동을 설명하기 위해 그런 용어를 사용하는 것을 자연스럽게 생각하지 않을 것이다. 반대로 그들은 대표 및 책임, 정책형성, 성과감시 및 지역사회 리더십과 같은 용어는 이해하고 공감할 것이다.

따라서 지방의회의원의 '전통적인' 직무 기술서는 다양한 종류의 잠재적인 역할 및 책무 — 대표(representative), 정책결정자(policy-maker), 조사자(scrutineer) 및 지역사회 지도자(community leader) — 를 망라한다. 그러나 오늘날은 다르다. 구체적으로 설명할 필요 없이 그냥 그렇게 하지 않을 것이다. 집행제에 기반을 둔 정책결정 체제로 인해, 그리고 지방의회의원들이 집행직과 비집행직 중에서 어느 한 쪽에만 속해야 하기 때문에 이들 역할과 책무 중에서 일부는 여전히 모든 의원들에게 공유되지만 다른 것들은 모두 일부 의원들에 의해 각각 수행된다. 이에 따라 처음으로 모든 지방의회의원들이 모든 역할을 다 보유한다고 주장할 수가 없게 되었다. 이것을 설명하기 위해서 각각의 역할과 책무를 차례로 보기로 한다.

대표 역할 — 장대한 규모

우리는 가장 중요하면서도 종종 가장 경시되는 역할부터 시작한다. 우리의 지방정부체제에서 지방의회의원은 모두 *와드*(ward) 또는 *디비전*(division)으로 알려진 선거구, 즉 특정의 지리적 영역에 거주하는 주민들로부터 선출되고 그들에게 책임을 진다. '컨스티튜언시(constituency)'는 주로 국회의원 선거구를 일컫는 용어이다. 영국은 지방정부의 규모가 예외적으로 크기 때문에 이들 유권자의 규모 또한 그들을 대표해야 하는 지방의회의원들의 입장에서 보면 위압적일 정도로 크다.

[도표 12.3]은 '구(old)' 유럽연합(EU) 국가들의 목록이지만 담겨진 의미는 다른 나라들을 아무리 더 보태더라도 마찬가지로 유효하다. 우리의 '지방'자치단체는 서구 유럽의 어떤 나라와 비교해도 상대적으로 숫자는 작고 규모는 훨씬 크다. 그리고 북아일랜드, 스코틀랜드 및 비광역도시권 잉글랜드에서 구조개편이 예상대로 진행되면 그 정도가 더욱 심해질 것이다. 이러한 '지방(local)' 정부 규모의 귀결로서, 서유럽에서 가장 중앙집권적인 정부체제를 가

진 단 하나의 예외인 아일랜드와 함께, 우리 영국 시민들은 우리를 대표하는 지방의회의원들의 숫자를 적게 뽑고 있으며 당연한 일이지만 우리가 그들을 알거나 그들이 우리를 알아볼 가능성이 그만큼 적다. [도표 12.3]의 마지막 항목의 숫자는 지방의회의원들의 업무 규모를 실제보다 과소하게 나타내 보인다. 선거구별로 복수의 지방의회의원을 뽑는 디스트릭트가 많음을 감안하면 잉글랜드의 디스트릭트 의회의원은 평균적으로 3,000명에서 5,000명 사이의 유권자를 대표하고, 카운티 의회의원은 10,000명까지, 그리고 광역도시권 디스트릭트와 단일통합의회 또는 런던 바러의 경우는 그 규모가 더 크다. 전체 주민수를 구하기 위해 이들 수치에 가령 1.5를 곱해보면 대도시와 단일통합의회의 지방의회의원들은 인구가 최대 25,000명에 이르는 선거구를 대표하고 있다.

지방의회의원들은 그들의 선거구민을 대표하는 데 얼마나 많은 에너지를 쏟을 것인지를 이 직업의 다른 측면과 마찬가지로 스스로 결정한다. 그들은 의원사무실 또는 시민봉사실을 유지하거나, 선거구민의 문제, 불평, 질의 및 의견을 처리하기 위해 면담 가능한 시간을 고지 — 요사이는 지방의회 인터넷을 이 목적에 즐겨 사용 — 할 의무가 없다. 그러나 지방의회의원 대부분은 이러한 일들은 물론이고, 그 외에도 여러 가지 다른 일들을 스스로 맡아서 한다. 이 경우 그들은 사회복지사 및 개인적인 문제해결사로서, 그리고 이야기를 들어주는 사람, 후원자, 중재자, 촉진자 및 권한 부여자와 같은 여러 가지 독특한 하위의 대표기능을 수행하는 자신들의 모습을 발견하게 된다(Gross and Corrigan, 1999, pp. 13ff.).

그들은 선거구 내의 다양한 집단, 조직 및 개인들과 만나서 *듣고*(*listen*) 또 물론 이야기를 한다. 임차인과 주민 협회, 지역사회집단, 주택협회, 청소년 클럽, 지역축제, 보건 및 경찰 행정청, 지역상공인, 언론인 등이 그 대상이다. 그들은 지방의회의 적절한 부서에 지역주민, 특히 관공서 이용에 어려움을 겪을 가능성이 높은 사람들의 견해, 수요 및 어려움이 전달되도록 보장하는 *후원자*(*advocates*)로서 행동한다. 조만간 그들은 서로가 옳고 정당하다고 믿는 개인 또는 집단간 분쟁의 *중재자*(*ring-holder*) 역할을 수행해야 할 것이다. 나아가 그들은 소외되거나, 고통을 받거나, 분열된 집단들과 협력함으로써 사람들이 문제를 함께 논의하고 공동으로 해결책에 동의하도록 연대를 *촉진할*(*facilitate*) 것이다. 그리고 그들은 때때로 지역 집단들이 스스로를 조직하고 준비하고 재

[도표 12.3] 규모가 큰 영국의 지방정부 — 지방의회 인구규모

	인구 (백만)	기간 지방의회의 수 (최하위 계층)		지방의회 평균 인구규모	지방의회의원 총수	지방의회의원 1인당 주민수
프랑스	60.7	36,782	코뮨(Communes)	1,650	515,000	118
오스트리아	8.2	2,380	게마인덴(Gemeinden)	3,440	40,570	201
스페인	40.3	8,108	무니시피오스(Municipios)	4,970	65,000	623
독일	82.4	12,434	게마인덴(Gemeinden)	6,630	198,000	418
이탈리아	58.1	8,101	코뮤니(Comuni)	7,170	97,000	597
그리스	10.7	1,033	디모이(Dimoi), 키노티테스(Kinotites)	10,360	18,600	573
핀란드	5.2	444	쿤타(Kunta)	11,710	12,400	418
벨기에	10.4	589	코뮨(Communes)	17,660	13,000	800
덴마크	5.4	271	코뮤너(Kommuner) (2007년까지 약 100개)	19,930	4,700	1,161
스웨덴	9.0	290	코뮤너(Kommuner)	31,000	46,240 *	195 *
포르투갈	10.6	309	무니시피유시(Municipios)	34,300	9,000	1,200
네덜란드	16.4	467	게멘텐(Gemeenten)	35,120	9,600	1,713
아일랜드	4.0	85	시티, 바러, 타운(Cities, boroughs, towns)	47,000	874	4,576
영국	**60.4**	**434**	**단일통합의회, 디스트릭트 의회 (Unitaries, districts)**	**139,000**	**19,999**	**3,020**
영국	**60.4**	**468**	**기간 지방자치단체 전체**	**129,000**	**22,268**	**2,712**

주: *동시에 선출되는 대리직 포함. 이 통계는 가장 현실에 접근한 국가적 비교를 위해 영국의 파리쉬, 타운 및 코뮤니티 의회와 같이 매우 제한적인 서비스 책무만 가지고 있고/있거나 전국에 걸쳐 보편적으로 설치되어 있지 않는 일부 지방자치단체 계층을 제외.

출처: *The Local Channel*(2005), pp. 4 and 7; 개별 국가 자료.

원을 조달하도록 지원함으로써, 그들이 지방의회의 일부 프로젝트를 관리하거나 서비스 책임을 인수할 수 있는 *권능을 부여할*(*empower*) 것이다.

이러한 '외부적' 활동은 모두 상대적으로 신속하고 긍정적인 결과를 가져올 수 있고, 간혹 도움을 받은 사람들로부터 감사의 인사를 받기도 한다. 지방의회 청사 내부의 일에 대한 보상은, 특히 비집행직 의회의원들에게는, 명확하지 않는 듯이 보이고 그래서 다수의 지방의회의원들이 왜 주민대표 역할에 더 큰 만족을 느끼는지를 쉽게 알 수 있다(Barron et al., 1987, pp. 73ff.). 2002년부터 2006년까지 런던 램버스(Lambeth) 바러 의회의 소수당으로서 노동당 소속의 의회의원이었던 조나단 마이어슨(Jonathan Myerson)이 아마 그 중의 하나일 것이다. 그에게는 의회 청사에서의 회의가 때때로 흥미롭기도 하고, 음모를 꾸미는 듯이 보이기도 하였다. 현재로서는 지방의회의원의 대표 역할에 대해서 *소사이어티 가디언*(*Society Guardian*)에 연재되었으며, 결국은 단행본 형태로 보존될 것이 기대되는, 그의 월간 칼럼보다 더 나은 통찰력을 제공해 준 것이 없다.

또 다른 직접적인 설명으로서 브렌트, 커크리즈, 스토크포트, 테임사이드 등 여러 지방자치단체는 지방의회의원들로 하여금 개인별 웹 사이트에 그들이 무슨 일을 하고 있는지, 그리고 무엇을 성취했다고 느끼는지를 자세히 설명하는 정기 보고서를 생산토록 하는 유용한 관행을 개발했다. 그리고 아직은 (2005년 현재) 상대적으로 그 수가 적지만, 특히 공공에 대한 정보 제공과 선거운동의 구별에 관한 보다 명확한 정부의 지침으로 인해 앞으로 증가할 수밖에 없는, 웹 로그(weblogs)가 있다. 스튜어트 브루스(Stuart Bruce — 노동당, Leeds)가 최초의 지방의회의원 블로거로 공인되어 있으며 정당 간의 균형 차원에서 린 페더스톤(Lynee Featherstone — 자민당, Haringey)과 케빈 데이비스(Kevin Davis — 보수당, Kingston upon Thames)를 영광의 인물로 언급할 수 있다.

정책결정자

의회 청사에 대한 언급은 지방의회의원들의 정책적 역할로 우리의 관심을 유도한다. 전통적으로 지방의회의원들은 위원회, 소위원회 및 조사위원회에서 지방자치단체 전반에 걸친 정책 및 특별한 서비스에 관한 정책을 개발했다. 그들은 공무원들로부터 도움을 받고, 조언을 듣고, 그리고 심지어는 조종되기도 하지만 법적으로는 지방자치단체가 나아갈 전략적 방향을 제시하고 정책 우선순위를 결정하는 책무를 진다.

과거에는 이러한 정책적 또는 집행적 역할은 주민 대표의 역할과 마찬가지로 모든 지방의회의원들에게 공유되었다. 다만 되풀이되는 이야기지만 의회의원들의 기여도는 그 성격 및 영향력에 있어서 서로 간에 엄청난 차이가 있었다. 위원회는 대체로 소관 부서의 정책에 대해 전문직 공무원들처럼 기술적인 세부 사항에까지 정통해 보이는 장기 봉직 의원이 의장이 되지만, 이와 함께 안건에 대해서는 말할 것도 없고 위원회의 절차를 따라가기에도 벅찬 초선의, 그리고 아마도 소수 정당의 평의원까지 포함될 수가 있었다. 그리고 모든 지방의회는 위원회를 통해 업무를 편성했으며, 의회의원들은 모두 최소한 하나 또는 두 개의 위원회에 배정되었다. 따라서 모든 지방의회의원들은 자기들이 적어도 그들 의회의 특정 서비스 분야에서 정책결정에 기여한다고 생각할 수 있었으며 당해 의회의 정책 전반에 대해 집단적으로 책임을 졌다. 또한 모든 지방의회의원들은 불법적인 지방 재정지출을 지지한 데 대해서는 그 결정으로부터 개인적인 혜택을 전혀 받지 않았을 때조차 개별적으로 변상 책임이 있었다. 이러한 책임은 예컨대 중요한, 그리고 끔찍스럽게도 비싼 정책 실패를 초래한 정부 각료에게는 해당되지 않는 것이 커다란 차이점이다. 개인적 추징은 지방정부법 2000에서 결국 폐지되었지만 가장 최근의 사례로서 1980년대 중반의 재산세(rate) 상한선 설정 투쟁에서 78명의 리버풀(Liverpool) 및 램버스(Lambeth)의 노동당 의회의원들이 비용을 포함해서 총 600,000파운드 이상을 추징당해 결국 파산한 일이 있었다(Taafe and Mullhern, 1998).

그러나 지방정부법 2000에 의해 이것보다 훨씬 포괄적인 변화가 도입되었는데 그것은 제 6 장에서 기술했던 것처럼 지방의회의원의 역할을 집행직과 비집행직으로 구분한 것이다. 이에 따라 2001/02부터 대부분의 지방자치단체에서 지방의회의원들은 집행직 또는 비집행직 의원 중의 하나에 귀속되었다. 그리고 지방자치단체가 대부분 시장/내각(mayor/cabinet) 또는 집행위원장/내각(leader/cabinet) 모델을 채택함에 따라([도표 6.1] 참조), 소수의 내각 또는 집행직 의원들은 통상적으로 특정 분야의 서비스를 관장하는 책무를 부여받았다. 비록 그러한 관장 직무가 종전의 위원회와 명칭이 아주 닮아보여도 내각직 의원이 된다는 것은 위원회의 의장과 큰 차이가 있다. 집행직/비집행직 구분의 핵심은 어떤 특정의 정책 결정이 누구의 책임인지를, 그리고 그것이 바로 집행직 의원들이 해야 할 일이라는 것을 공적으로 명시하는 것이다. 즉, 집행직 의원들이 의사결정을 하고 비집행직 의원들에 의한 평가조사과정을 통해 그에 대한 공적인 책임을 진다. 이들 의사결정 중에서 일부는 전체 내각(집행) 위원회에서 집단적으로 이뤄지지만, 나머지는 *개별적으로*—종전에는 아무리 강력한 위원회의 위원장 또는 의회대표의원(leader)에게도 법적으로 허용되지 않았던 방식으로—결정된다.

집행직 의원들은 이제 핵심적인 *정책결정자들*(*policy makers*)이다. 그렇다고 해서 이 말이 비집행직 의원들은 더 이상 정책적 역할을 갖지 않는다는 것을 의미하는 것은 아니다. 그렇다. 그들은 몇 가지 뚜렷한 방식으로 정책적 역할을 수행한다. 첫째, 선거구의 대표로서, 그리고 아마도 구역위원회(area committee)의 위원으로서 그들은 지방의회 및 타 기관의 정책이 그들 자신의 유권자와 지역에 어떤 영향을 미치는지를 듣고 볼 것이다. 만약에 어떤 정책이 의도했던 방식대로 실행되지 않거나 서비스 제공이 만족스럽지 못하다면, 그들이 가장 먼저 불평을 접수하게 될 가능성이 크고 반복적인 불평은 정책 평가 및 검토 과정에 환류되어야 한다.

둘째, 그들은 *지방의회의원 전원회의*(*fulll council*)의 구성원이며, 전원회의의 역할은 지방의회의원들 자신들과 마찬가지로 집행제 지방정부 아래에서 크게 바뀌었고 또 향상 잠재력을 가지고 있다. 집행위원회가 지방자치단체의 정책과 예산의 준비를 선도하지만, 정책 및 예산 기본방침은 먼저 지방의회 전원회의에서 공식적으로 승인을 받아야 한다. 이와 유사하게 지방의회의원 전원회의는 현재 지방자치단체가 의무적으로 수립해야 하는 다수의 정책 계획 및 전략에 대해 동의해야 한다. 그 대상으로는 최고가치 및 성과평가계획, 어린이서비스 계획, 지역사회보호 계획, 범죄 및 무질서 감소전략 등이 있다. 집행직 의원들은 합의된 정책을 집행하는 데 필요한 '연도내'의 재정 및 우선순위를 결정한다. 그러나 정책 및 예산 기본방침에 부합되지 않거나 헌장에 집행위원회의 책무로 규정되지 않은 결정은 지방의회의원 전원회의에 부의된다. 지방의회는 또한 모든 평가 및 조사 보고서를 접수받아 토론을 진행하는데 이것이 지방의회의원들의 세 번째 주요 역할, 즉 평가조사자(scrutineer)의 역할이다.

평가조사자

정책과정은 계속적인 사이클, 즉 순환과정으로 가장 잘 도식화하여 나타낼 수 있다. 즉 착수(initiation)에서 정책형성(formulation), 입법(enactment) 및 집행(implementation)을 거쳐 평가(evaluation)로 그 순환이 완성되고 그 결과는 다시 심화된 정책의 제안 또는 응용으로 진전될 수 있다([그림 12.1] 참조). 이러한 순환과정은 입법이 완료되었다고 중지되지 않으며, 지방의회의원들의 정책적 책무도 마찬가지로 끝나지 않는다. 존 스튜어트(John Stewart)는 다음과 같이 강조하고 있다(1990, p. 27).

> 지방의회의원들은 정책 자체에만 관심을 기울이는 것이 아니라, 정책이 어떻게 수행되는지에 대해서도 관심을 가진다. 그것은 집행 과정에서 정책이 성공하기도 하고 실패하기도 하기 때문이다. 정책과 집행은 절대로 완전히 분리될 수 없다. 정책은 집행 과정에서 만들어지고 다시 또 만들어진다.

평가조사(O&S: overview and scrutiny) 기능은 정부의 개혁과제로 추진된 지방의회의 정치적 관리의 '현대화'에 있어서 비집행직 의원들에게 부여된 가장 핵심적인 역할이며, 이 기능의 효과적인 운영 여부에 따라 집행직/비집행직 구분의 성공 여부가 판단될 수 있는 실질적인 결정 요인이라고도 한다. 그래

[그림 12.1] 정책 사이클

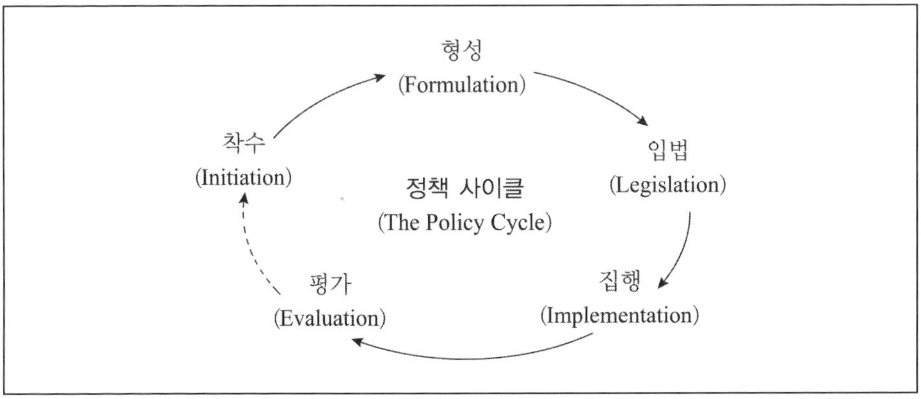

서 좋은 소식이라면 이것이 당초에 여겨졌던 것보다 훨씬 광범하게 해석되고 있으며 과거에 지방정부에 분명이 있어야 했으나, 거의 모든 사람들이 동의하듯이, 그렇지 못했던 것을 도입했다는 점이다. 나쁜 소식은 이 제도의 도입으로 가장 큰 영향을 받는 지방의회 및 비집행직 의원들이 이 새로운 장치를 생산적으로 운영하기가 매우 어렵다고 느끼는 점이다(Rao, 2005 참조).

위원회 제도 아래에서 오랫동안 '성과평가(performance review)'라는 것이 있었다. 그러나 그것은 거의 예외 없이 수동적이고 피상적이었으며, 더러는 전체 서비스 영역에 걸쳐 지방의회의 업무성과를 감시하는 책무를 단일의 소위원회에 위임하기도 했다. 평가조사(O&S)는 몰라볼 정도로 달라질 수 있고 또 달라져야 한다. 한계를 규정하기보다는 포괄적이어야 하고, 수동적이기보다 변화지향적이어야 하며, 뒤를 돌아보면서도 미래를 전망하고, 비판적이고 비난을 추구하면서도 동시에 창조적이고 건설적이어야 한다(Audit Commission, 2001, p. 9; [도표 6.6] 참조).

평가조사(O&S) 기능을 어떻게 편제할 것인지를 각 지방의회로 하여금 스스로 결정하게 한 것은 매우 적절한 조치이다. 그래서 위원회 및 패널이 서로 다르게 구성되어 있고, 규모가 서로 다르고, 책임범위도 서로 다르다. 어떤 지방의회는, 매우 권장할만한 일로서, 위원장 및 부위원장에 소수 정당 출신의 의회의원을 위촉하는가 하면 그렇게 하지 않는 곳도 있다. 일부는 투표권이 없는 영입 위원으로 지역사회 대표를 초빙하기도 한다. 그러나 *반드시* 지켜야 할 공통점으로서 지방의회의 정치적 균형을 반영해야 하고, 공개적으로 회의를 개최해야 하며, 집행위원회가 관장하는 책무의 모든 사안을 평가해야 하고, 집행위원회 의원은 어느 누구도 평가조사위원회 위원이 될 수 없다.

조사위원회는 지방의회의 헌장이 허용하는 한 안건을 스스로 설정할 수 있다. 그들은 집행직 의원들과 공무원들을 회의에 출석시켜 무엇을 하려고 하는지(policy review: 정책평가), 지금 무엇을 하고 있는지(call-in: 재의요구), 무슨 일을 끝냈는지(ex post scrutiny: 사후조사), 그리고 그것이 얼마나 효과적이었는지(service review: 서비스평가)에 관해서 질의할 수 있다. 만약에 만족스럽지 못한 경우, 그들은 집행위원회 또는 지방의회의원 전원회의에 추가적인 조치 또는 수정을 권고할 수 있다. 그들은 다른 개인 및 조직에 대해 증거의 제출을 권유할 수 있다. 원하는 경우 그들은 다른 조직 및 지방공동협력통치에 있어서의 공동추진연대가 추진하는 사업성과를 조사할 수 있다. 여기에는 보건서비스, 경찰행정청, 등록사회주택임대주, 민간재정조달정책사업 프로젝트와 심지어 지역 대학교까지 포함된다.

앞으로 분명해질 것이지만 평가조사가 궁극적으로 효과를 거두기 위해서는 비집행직 지방의회의원들이 집행위원회뿐만 아니라 그들 자신의 정당 소속감 및 충성심에 대한 도전까지 마다하지 않아야 한다. 과반수 지배정당에 소속된 의원들은 다른 정당의 동료들과 협력하여 자당의 고위 집행직 위원들의 업무성과를 조사하고 경우에 따라서 공개적으로 비난하는 것도 사양하지 않아야 한다. 그러나 '충직한 정당 지지자'의 위치를 차지하기 위한 경쟁에서 조사와 특별히 관련된 '하위 역할들(sub-roles)'이 대두되었다. 로비스트, 정책분석가, 도전자 등이 그것이다(Snape and Dobbs, 2003). 이 모든 것은 평가조사(O&S)가 위원회제도를 통한 업무 추진에 친숙하고, 아마도 능숙했던 사람들에게 얼마나 새롭고 이질적인 것인지를 웅변적으로 대변하고 있다. 그것은 서로 다르고, 쉽지 않을 뿐만 아니라, 훈련과 새로운 기법의 개발이 확실히 필요한 기능이다. 그리고 그것이 바로 이 제도가 갖는 중요성이다.

지역사회 지도자 — 또는 주창자?

이 절을 시작하면서 열거한 역할 명칭들 가운데 그 어느 것도 '리더십'이라는 단어를 포함하고 있지 않은 것은 놀라운 일이다. 그리고 이것은 다수의 지방의회의원들이 쉽게 수용하려고 하지 않는 역할 중의 하나이다. 그러나 이것은 지방의회가 한때 그들의 영역에서 가졌던 서비스 제공의 주도권을 이제는 더 행사하지 않는 바로 그 시점에서 지방의회의원들을 압박하고 있다. 서비스 제공이 더욱 편린화되고, 지방의회가 지역사회 공동협력통치 네트워크의 다른 조직들과 공동추진연대 속에서 일을 추진함에 따라, 그 어느 때보다도 복잡한 퍼즐에서 유일하게 민주적으로 선출된 퍼즐 조각으로서 지방의회의원들은 점차 그 존재가 뚜렷하게 부각되고 있다. 그들은 유권자 및 서비스 이용자들과 가장 밀접하게 접촉하는 사람들이며, 지방의회 이외의 서비스 제공자들 — 보건행정청, 주택협회, 1차진료집단 — 에 관한 질문에도 응답해야 하는 사람들일 가능성이 높다. 만약에 그들의 특정 지역공동체가 앞으로 단순한 대표 이상의 리더십을 갖게 된다면 그들 이외에 어느 곳에서 그것이 나올 것인가?

지방의회의원들이 이 새로운 책무를 포용하도록 하기 위한 정부의 해답은 '지역사회 주창자(community champions)'가 됨으로써 그것이 가능하다는 것이다(ODPM, 2005h, ch. 4). 그것은 그들이 노인, 5세 미만 아이, 장애인과 같은 특수 이익의 주창자가 됨으로써 평가조사자의 역할을 진작시킬 수 있다는 것과 거의 같은 논리이다. 또는 마이어슨(Myerson)이 그 아이디어를 젊잖게 조롱한 데서 어느 정도 표현되어 있는 것처럼 그것은 이미 있는 것을 다시 만들려고 헛된 노력을 기울이는(reinventing the wheel) 것과 마찬가지이다.

> 지방의회의원들이 이미 주창자인 줄을 존 프레스코트(John Prescott)는 모른다는 것인가? 당신이 방으로 걸어 들어가면 공무원들은 당신을 '의원님(Councillor)'이라고 불러야 하는데 그것이 곧 책임성이다. 그것은 권력이 아니며, 성과가 나올 수 있도록 일을 주도하는 것이다.
>
> 물론 장애인이나 노인 이익의 주창자는 중요하다. 그러나 지방의회의원들은 *모든 사람의 이익을 주창한다*. 그래서 지방의회를 주창자로 바꾸는 것은 납득될 수도 있을 것이다. 그러나 내 생각은 이렇다. 즉, 지방의회를 지방의회의원으로 불리는 사람들로 바꾸자(이탤릭체는 저자들이 강조).

역할의 구분, 그러나 균열이 아님

지역사회 리더십을 끝으로 우리는 사이클을 한 바퀴 완전히 돌아서 전체 지방의회의원들의 업무라고 기술했던 것으로 되돌아왔다. 집행직과 비집행직으로 지방의회의원들의 역할을 구분함으로써 정책결정과 평가조사 업무를 더 이상 그렇게 설명할 수가 없게 되었지만 앞의 몇 페이지가 던지는 핵심적인 메시지는 이것이 바로 양자의 구분이 가야 할 마지노선, 즉 최대치라는 것이다 — 따라서 그것은 균열이 아니다. [도표 12.4]에 있는 것처럼 당신이 만약 기간 지방의회(principal council)의 활동영역 내지는 지방의회의원들의 잠재적인 역할 리스트를 작성한다면 수적인 측면에서 볼 때 대부분의 역할은 집행직

[도표 12.4] 전체 지방의회의원들의 역할

지방의회 영역	집행직의원	비집행직 의원
전체 지방의회의원 — 공통 역할		
선거구 및 선거구민 대표	✔	✔
구역위원회 — 다양한 위임 기능	✔	✔
규제위원회 — 예: 계획, 면허	✔	✔
기준위원회 — 행위기준 감시	✔	✔
소청위원회 — 예: 학교입학 및 퇴학	✔	✔
외부기관 직위에 임명	✔	✔
지역사회 '주창자'	✔	✔
정당 집단	✔	✔
전체 지방의회의원 — 특별 역할		
지방의회의원 전원회의 — 지방의회 예산 및 정책 기본방침의 토의 및 승인	✔	✔
지방의회의원 전원회의 — 질의 및 집행직 의원에 대한 책임 추궁	질의대상	질의
집행직 의원 고유역할		
내각/집행위원회	✔	
비집행직 의원 고유역할		
지방의회 의장 및 부의장		✔
평가조사	요청에 따라 출석	✔
내각/집행위원회 지원 — 예: 정책포럼, 내각자문위원회		✔

출처: LGA(2000a).

의원과 비집행직 의원들이 여전히 공유하고 있음을 보게 될 것이다. 더구나 우리가 주장했던 정책과 집행의 상호의존성과 평가조사가 수행하는 정책개발 역할을 감안하면 큰 활동영역 — 집행직 활동과 평가조사 — 조차도 완전히 분리된 세계로 생각되어서는 안 된다. 양자가 최적의 효과를 내기 위해서는 협력이 필요하다. 그러한 노력은, 그 이유를 너무나 잘 이해할 수 있듯이, 배양하기가 무척 어렵지만, 그래도 반드시 추구되어야 한다.

업 무 량

지방의회의원 한 사람당 주민 수가 2,700명꼴로 되어 있는 영국에서 위원회제와 집행제를 막론하고 그들의 업무가 매우 다면적이고 엄청난 부하가 걸릴 수 있다는 것은 명백하다. 그렇다면 이 모든 일을 하는데 대체 얼마나 많은 시간이 걸리는 것인가?

간단하게 대답할 수 없다. 국회의원들과 마찬가지로 지방의회의원도 절대적으로 필요한 최소한의 의무만 수행하고 요령을 부릴 수 있다. 즉, 가끔씩 의회 및 평가조사위원회에 참석하고, 가능하면 선거구민들과의 모든 접촉을 피하는 것이다. 그러나 오늘날 그런 유형의 지방의회의원은 거의 찾아볼 수 없으며 오히려 적극적이고 일을 최대한 추진하고자 하는 극대화주의(maximalist) 행동 패턴이 많다는 것이 현실적으로 증명된다. 그것은 *지방의회와의 결혼?* (*Married to the Council?*)(Barron et al., 1987, 1991)이라는 제목으로 지방의회의원 및 그들의 배우자에 대해서 연구했던 저자들의 인상과 일치된다. 표본의 수가 제한적이기는 했지만 이 연구에 따르면 카운티의회 의원들은 한 주일에 20시간 내지 35시간을 지방의회의 업무에 투입하고 있었다.

회상과 기록의 상이한 방법을 사용했던 다른 연구 결과들은 약간 줄어든 수치를 보여주고 있다. 그러나 지난 몇 년 사이에 실시된 전국적 조사들 사이에는 [도표 12.1]에 제시되어 있는 최근의 지방의회의원 센서스의 수치를 신뢰하기에 충분한 일관성이 있다. 이들 조사에 의하면 모든 형태의 지방자치단체를 망라하여 지방의회의원들은 지방의회 및 관련된 정치적 업무에 '전형적'인 달을 기준으로 한 달에 약 86시간, 한 주에 20시간 남짓을 투입하는 것으로 나타났다(Robinson Committee, 1977; Widdicombe Committee, 1986b; Rao, 1994, 2005). 그러나 이러한 평균치는 주의를 기울여서 읽어야 하는데 집행직 의원(월 113시간— Rao, 2005)과 대부분의 도시지역 및 단일통합의회의 의원들은, 스코틀랜드와 웨일스를 포함해서, 그 수준이 훨씬 높고 샤이어 디스트릭트의회의 평의원은 상대적으로 낮다.

1980년대와 1990년대에는 지방의회의원들이 투입했던 시간 중에서 2/3까지가 어떤 방식이든지 회의와 관련된 것이었다. 회의에 참석하고, 회의를 준비하고, 회의를 위해 왔다 갔다 이동하는 시간들이 여기에 속한다. 이에 비해 선거구 및 지역사회 사무는 그들 시간의 1/5 정도를 차지했을 뿐이었다. 이러한 불균형은 지방의회의원들의 대표 역할을 강화하고 그들이 위원회 회의에서 상대적으로 소극적으로 보내는 시간을 줄이기 위한 정부의 정치적 관리 개혁을 촉발시킨 하나의 배경이 되었다. 지방의회의원 센서스의 수치는 이러한 패턴에 있어서의 변화가 정부의 기대에 미치지 못했음을 보여주고 있다. 지방의회, 정당 및 외부의 회의와 이동을 합쳐서 평균적으로 한 주에 거의 12시간을 투입(56퍼센트)하는 데 비해 지역구 업무는 5시간을 약간 밑돌고(23퍼센트) 있다.

경제적 보상

지방의회의원과 국회의원의 일은 끝이 없다는 점에서 비슷하다. 그러나 경제적 보상은 커다란 차이가 있다. 국회의원들은 지수연동보수(index-linked salaries)로서 £59,095(2005)를 받는데 이것은 평의원의 경우 평균적으로 £180,000가 넘는 연간 급여 및 수당 패키지의 일부분으로 지급된다. 이러한 평균적인 국회 평의원의 급여 및 수당은 다수의 샤이어 디스트릭트 의회에 있어서는 의회의원 전원에게, 지수연동이든 아니든 보수가 아닌 수당의 형태로 지급되는 급여의 총액에 해당된다. 그러나 아이러니컬하게도 두 집단 중에서 지방의회의원들이, 전통적인 위원회 제도 아래에서조차도, 예산을 지출하고 수백만 파운드에 달하는 계약을 배정하는 의사결정에 직접 기여한다는 의미에서 훨씬 더 크고 즉각적인 개인적 권력을 가진다. 국회의원들은 정부 각료들의 지출 결정에 대해서 질의하고, 조사하고, 승인 또는 불승인의 선택을 할 수 있을 뿐이다.

그러나 시대가 빠르게 변하고 있다. 집행직 지방의회의원의 출현과 함께 영국 지방정부 역사상 최초로, 적어도 소박한 규모로서, 집행직 보수(executive salaries)가 지급되었다. 집행직 보수는, 엄격하게 말해서 '연금수급요건을 구비한 보상(pensionable remuneration)'이라고 하는 것이 보다 적절한 표현으로서 그것은 연금수급요건을 구비한 수당을 받는다고 해서 집행직 의회의원의 신분이 해당 지방자치단체에 고용된 공무원으로 변경되지 않음을 강조하기 위해

[도표 12.5] 지방의회의원들에 대한 보상 — 잉글랜드 2004

역사적 변천

1972 출석수당(Attendance Allowances)을 처음 도입 — 하루 £10 한도

1980 특별직무수당(Special Responsibility Allowances)을 의회대표의원(leaders), 위원회 위원장(chairs) 등에게 지급

1991 모든 지방자치단체에 공통적으로 관계 장관이 정하는 한도 내에서 세 가지 종류의 수당을 지급
(a) 정액의 연간기본수당
(b) 특별직무수당
(c) 출석수당

1995 정부가 수당의 상한선을 정하는 제도가 폐지됨. 지방의회에서 각 의원별로 그들의 직무와 비육체근로자 평균임금률에 의한 지급액을 기초로 직무기술서를 작성

현 제도 — 2001년부터

개별 지방자치단체가 계속적으로 자신들의 수당을 결정한다. 지방정부법 2000에 의거 모든 기간 지방의회는 최소한 3인 이상으로 수당체계, 지급액수 및 집행직의원 수당의 연금수급요건 적용에 대해서 해당 지방의회를 자문할 독립보상조사위원회를 설치하여 운영해야 한다.

폐지되어 현재는 지급되지 않는 수당은 다음과 같다.

- **출석수당(Attendance Allowance)** — 2001년 폐지. '출석 문화(attendance culture)'를 고양하기 위함

반드시 지급해야 할 수당은 다음과 같다.

- **기본수당(Basic Allowance)** — 지방의회의원 전원에게 지급되는 정액의 수당으로서 의회 및 정당의 회의에 출석하고, 지방의회 공무원 및 선거구민을 만나는 데 대해, 그리고 집 또는 사설 전화를 이용하는 등으로 인해 간헐적으로 발생하는 비용을 보상한다.

임의적으로 지급할 수 있는 수당은 다음과 같다.

- **특별직무수당(Special Responsibility Allowance)** — 집행직 의원들과, 소수당 의회의원을 최소한 한 사람 포함하여 부가적으로 중요한 직무를 수행하는 의원들에게 지급된다.
- **육아 및 부양가족 보호수당(Childcare and Dependent Carers' Allowance)** — '승인받은 의회 임무'를 수행하는 동안에 부양가족 및 어린이의 보호를 위해 경비를 지출하는 지방의회의원들에게 지급되는 새로운 수당이다.
- **여행 및 생활비 수당(Travel and Subsistence Allowance)** — 기본수당에 적정하게 반영되어 있지 않다고 느낄 때 지급 가능하다.
- **회의수당(Meeting Allowance)** — 특정의 지방의회 위원회 및 자문위원회(예: 조사위원회, 퇴학소청위원회)에 영입 또는 임명된 비선출직 위원에게 지급할 수 있다.

기본수당의 세 가지 요소

1. 비집행직 지방의회의원이 해야 할 것으로 기대되는 업무 수행 시간을 추정
2. 적정한 시간당 임금 또는 일당 결정(예: 남성 전업직 임금의 중간치: 연간 £25,100, 주당 £471.50(2005) — 지방의 임금률과 비교하기 위해 종종 보정됨)
3. 공공서비스 할인율 결정 — 지방의회의 일이 자원봉사 서비스라는 원칙을 감안하여 봉사 시간의 일정 비율 즉, 통상적으로 20퍼센트 내지 50퍼센트를 보상에서 제외해야 함.

평균적인 수당 금액 — 일부 사례, 2004

	기본수당	최저	최고	집행직	집행위원장
지자체 전체	**£5,187**	**£1,666 케임브리지**	**£14,000 버밍햄**	**£7,782**	**£14,571**
런던바러	8,084	5,000 킹스톤	10,490 크로이던	14,929	26,742
광역도시권 디스트릭트	8,700	6,000 다들리	14,000 버밍햄	11,377	24,420
샤이어카운티	8,091	5,400 케임브리지셔	11,300 켄트	12,195	21,724
샤이어 디스트릭트	3,396	1,666 케임브리지	8,445 볼소버	4,732	9,363
단일통합의회	6,493	2,097 윈저/메이든헤드	10,195 브라이튼/호브	8,528	17,089
광역런던의회	49,266	n/a	n/a	n/a	아래 참조

고액을 지급받는 정치지도자, 2004

광역런던시	켄 리빙스톤(시장)	£134,000(2005)
뉴햄 런던바러	로빈 웨일스 경(시장)	£68,000
해크니 런던바러	줄스 파이프(시장)	£65,000
스토크 온 트렌트 단일통합의회	마이크 울프(시장)	£62,000
하틀리풀 단일통합의회	스튜어트 드라몬드(시장)	£50,200
버밍햄 시	마이크 휘트비(집행위원장)	£48,000
이슬링턴 런던바러	스티브 히친스(집행위원장)	£45,000

출처: IDeA(2005).

서이다. 본 개정판 이전에는 우리는 대부분의 지방의회의원들이 받는 연간 수당을 당시에 대학생들에게 지원되던 학비보조금의 상한선인 £2,500 미만과 대중을 맞췄었다. 비록 많은 지방자치단체가 아직도 기본수당을 £2,500(주당 £50)보다 훨씬 낮은 수준으로 유지하고 있지만 오늘날 보다 정확한 비교 대상은 대학생 융자 상한선인 £4,195 또는 여기에 런던수당(2005/06)을 포함한 £5,176이다. [도표 12.5]에서 보는 것처럼 2004년 잉글랜드 지방의회의원 전체의 평균 기본수당은 £5,187로서 £1,700를 하회하는 케임브리지 시와 그레이트 야머쓰(Great Yarmouth) 샤이어 디스트릭트에서 맨체스터의 £12,600와 버밍햄의 £14,000(주 £280)까지 분포되어 있다. 스코틀랜드는 평균 £7,000였으며, 스코틀랜드 집행부(Scottish Executive)에 의해 잠정적으로 지연되고 있기는 하지만 2007년 지방선거 이후에는 £20,000가 될 것으로 전망된다.

1995년 이전의 상황과는 달리, 현재 잉글랜드의 지방자치단체는 지방의 독립보상조사위원회(independent remuneration panel)의 자문과 권고를 바탕으로 자신들의 수당 구조와 수준을 완전히 자율적으로 결정할 수 있다. 따라서 국가적 평균치의 상승에 대하여 가장 큰 책임을 져야 할 당사자는 바로 이 심의위원회이다. 아마도 이 기구는 조직의 목표를 정부와 마찬가지로 지방의회의원들의 업무가 성격상 어렵다는 점을 알아주고, 더욱 다양하고 양질의 후보자를 유인하며, 적정한 지원 및 훈련 예산을 확보하고, 그리고 육아 책임을 가진 의회의원을 지원하는 데 두고 있을 것이다. 그 다음은 물론 또 하나의 쟁점으로서, 특히 대도시 및 단일통합의회를 중심으로 크게 확대된 집행위원장 및 집행직 의원들의 개인적 책무를 인식하고 경우에 따라서는 전업 직위를 능가하는 이들 자리에 대해 적정한 보상 수준을 결정하는 것이다.

왜 지방의회의원을 하는가?

정부는 이러한 새로운 수당 제도가 '사람들이 재산을 모으기 위해 공직에 들어오지 않는다'는 것을 인정하는 한편, 지방 정치에 투신하는 데 있어서 기존의 저해요인을 일부 해소할 것으로 기대하였다(DETR, 1998a). 앞 문장에서 '인정하는' 이라는 표현은 재론할 필요조차 없다. 금전적 보상에 대한 욕구가 지방의회의원이 되는 데 있어서 가장 중요한 동기였다고 주장하는 의원은 거의 없을 것이고 [도표 12.5]에서 보는 통계치 또한 금전적 탐욕을 꿈꿀 수 있는 수준이 아니다. 그렇다면 지방의회의원들의 동기는 과연 무엇인가? 누가 보아도 보상이 소박한 수준이고 일반 국민들 또한 거의 알아주지 않는 것이 확실한데도 불구하고 무엇이 그들로 하여금 지방 의정활동에 그렇게 많은 시간을 쏟게 하는가?

권력, 지위, 자아확대, 야망, 개인적 신분의 불안정성에 대한 보상, 심지어는 성적 부적응까지 … 정치인에게 갖다 붙이는 동력 및 동기요인은 무궁무진하고, 대개는 호의적이지 않다. 이러한 것들은 조롱해서도 안 되고, 그리고 가볍게 무시할 것도 아니다. 그러나 여기는 본질적으로 지방의회의원들의 개인적 동기에 속하는 문제에 대하여 추측하는 자리가 아니다. 우리의 의도는 우리가 처음 시작한 방식으로, 즉 우리 자신의 작은 지방의회의원 배역 명단을 가지고 그들의 동기가 무엇이었는지 살펴보는 것으로 이 장의 결론을 맺는 일이다.

우리가 가장 먼저 발견한 사실은 우리의 배역 대부분이 지방정부에 들어오기 이전의 경력에서 분명히 지방의회의원이 되기 위한 뿌리 깊은 또는 확고한 소망을 가지지 않았다는 점이다. 모린(Maureen)의 최초 입후보는 그녀가 지방 정당에 점차 활발하게 관여하는 한편 소속 정당의 정책과 목표를 발전시키려는 소망을 품은 데서 나온 자연스러운 결과였다. 아프잘(Afzal)의 동기 또한 인생살이 중 상당히 늦은 시기에 받은 것이기는 하지만 얼마간 비슷하다. 조이스(Joyce)와 키이쓰(Keith)의 경우는 '이벤트'가 그야말로 핵심적인 충원의 동인이었는데, 두 사람 모두 출마를 권유받기 이전에는 정당원조차 아니었기 때문이다.

우리의 배역 대부분은 주도면밀한 계획은커녕 준비가 거의 없는 상태에서 지방의회 의원직에 불쑥 내던져졌다. 그들은 정확한 의미에서 '기피자'는 아니었으나 어느 누구도 부가적인 경력 발전을 적극적으로 추구하고 계획하는 매우 열정적인 '자발적 출발자'로는 보이지 않는다. 그들은 전업직으로 일하거나, 어린 애들을 키우거나, 나이 많은 혈연을 부양하거나 또는 세 가지 일을 모두 동시에 하고 있었다. 그 결과 거의 끝없이 시간을 요하는 지방의회의 일은, 대부분의 지방의회의원들에게도 마찬가지이지만, 잠재적으로 그들에게 매우 값비싼 직업적 선택으로서 적어도 가정 및 가족생활의 일부를 희생할 수밖에 없게 하였다. 전업 지방의회의원이 되는 것이 경제적으로 가능했던 시대를 막 맞았던 사이먼(Simon)만이 아마도 예외였을 것이다.

만약 그들이 '권력욕'을 가지고 있다면, 우리의 배역 다섯 사람은 대부분 그것을 상당히 잘 숨기고 있다고 할 것이다. 그러나 그들은 *영향력*과 *참여*를 추구한다. 그것은 그들 지방의 환경계획 및 개발에 관한 것이며, 그들 선거구민과 지역사회가 더 나은 대우를 받게 하기 위해서이며, 그리고 특별한 명분의 추구 내지는 보다 일반적으로 소속 정당의 정책을 더욱 발전시키기 위해서이다. 이러한 활동은 일상적인 업무보다 그들에게 보다 직접적인 만족감과 성취감을 가져다준다. 이와 유사하게 그들은 의사결정이 이루어지고 주민생활의 질이 결정되는 장소에, 또는 거기에 가깝게 있는 것을 매우 가치 있게 생각한다.

그들은 또한 동료 의회의원들과의 교류 및 관심과 경험의 공유, 그리고 가벼운 잡담을 곁들인 대화와 협상을 즐긴다. 이런 일들은 처음에는 기대하지 못했지만 정당을 벽을 넘어서 이루어지기도 한다. 모린(Maureen)은 다음과 같이 회상한다.

> 처음에 나는 우리가 보수당 사람들과 같은 방에 앉아 있는 것조차 왜 그렇게 하는지를 이해하지 못했다. 그러나 그들은 대개가 매우 협조적이었으며, 나는 대부분의 지방의회의원들이 우리 지방의회에 좋은 일을 하기 위해 전적으로 헌신하고 있음을 알게 되었다. 종종 회의장 밖으로 나올 때면 그들이 개인적으로는 당신과 의견을 같이 한다고 말하는 것을 들을 수 있을 것이다. 이것은 그 누구도 당신에게 말해준 적이 없는 이야기로서 당신은 협력할 수 있고 또 협력하고 있다는 것이다.

집행제 정부와 모든 정당이 참여하는 평가조사 절차가 개발됨에 따라 그녀에게 이것이 지금보다 더 절실하게 중요했던 때가 없었다.

제13장

지방정부의 인력

일반화를 경계해야 — 주위를 둘러보자

제12장에서 던지는 핵심적인 메시지는 '전형적인 지방의회의원'은 없으며, 그런데도 불구하고 마치 그 전형이 있기나 한 것처럼 분별없이 일반화를 시도하는 것을 피해야 한다는 것이다. 지방의회가 고용하고 있는 직원 수는 선출된 지방의회의원의 100배가 훨씬 넘는다. 따라서 이들에 대해서도 비슷한 함정에 빠져드는 것을 피하는 것이 매우 중요하다. 물론 지방의회의원들의 경우처럼 함정은 있다. 예를 들어 한 반의 학생들에게 지방정부 경력과 관련하여 가장 먼저 연상되는 것이 무엇인지 물어본다면 아마도 사무실 업무, 회의, 정형화된 일, 관료제, 9시부터 5시까지 근무, 서류더미, 또 다른 회의, 그리고 직업 안정성과 최근에는 어쩌면 85년 연금원칙을 이야기할 것이다. 그러나 현실은 훨씬 더 복잡하다.

제12장에서 보았듯이 우리의 소위 '지방' 정부시스템은 민주적 대표성의 측면에서 그 규모가 너무나 크기 때문에 대부분의 사람들은 그들 자신의 지방의회의원을 모르는 것은 물론이고 때로는 개인적으로 아는 의원이 전혀 없을 수도 있다. 그러나 지방의회의 직원은 다르다. 확률적으로 취업중인 성인 20명을 안다면 한 사람 이상은 틀림없이 지방의회에서 전임 또는 파트타임으로 일할 것이다. 그리고 그들이 스스로를 지방의회 *공무원*(*council officers*)이라고 표현하지 않을 확률도 최소한 그 이상일 것이다. 이것이 이 장의 제목을

‘지방공무원(local government officers)’이나 심지어는 ‘전문기술직(professionals)’ 대신에 지금처럼 붙인 이유이다. 정책을 수립하거나 지방의회의원들과 교호작용을 하는 경우에는 우리가 전문직 공무원의 역할에 대하여 이미 얘기한 이상으로 덧붙일 것이 많을 것이다. 그러나 우리는 먼저 지방정부의 인력 전체를 보다 넓은 시각에서 조망하기로 한다. 지방정부의 인력은 500개 이상의 서로 다른 직업 분야와 3,000개 이상의 직무 명칭을 포괄하고 있다. 그것은 다수의 지방의회 직원들이 사무실은커녕 심지어는 옥내에도 배치되어 있지 않고, 회의로 인해 휘둘리지도 않으며, 스스로를 전문 관료라고 꿈에도 생각하지 않는다는 것을 의미한다.

우리가 가장 즐겨 언급하는 지방의회의 직원은 해리 베닝(Harry Venning)이 “*소사이어티 가디언*(*Society Guardian*)”에 연재하는 만화의 주인공인 *지역사회의 클레어*(*Clare in the Community*—[지역사회보호(care)를 연상시키는 제목으로서] 공공서비스 일자리 광고와 함께 수요일 연재)이다. 지금은 그녀 자신의 수상 작품으로서, “*스맥 더 포니*(*Smack the Pony*)”의 주인공 샐리 필립스(Sally Phillips)가 출연하는 라디오 시리즈에 나온다. 클레어(Clare)는 자신을 절대로 관리라고 하지 않겠지만 만약 당신이 그녀의 전문성을 미더워하지 않는다면 한 대 맞을 각오를 해야 할 것이다. 그녀는 대학 교육을 받았고, 전문적으로 훈련된 사람이며, 그러한 훈련이 불어넣는 동정심, 보호 및 양심을 모두 갖춘 책임감 있는 사회복지사이다. 그녀는 하루를, 그리고 밤에도 종종 ‘감정의 최전단(Emotional Frontline)’ 에 있는 인생과 직면하여 ‘사회의 더러운 일(society’s dirty work)’을

[그림 13.1] 만화—감정의 최전단(The Emotional Frontline)

출처: Harry Venning(*the Guardian*).

하면서 보낸다. 그녀는 지방의회의원들을 보거나 의회 청사의 근처에도 가는 일이 거의 없으며 아마도 원격지 디스트릭트 사무소에서 5명으로 구성된 사회업무팀의 일원으로서 일할 것이다. 팀은 남녀 혼성으로 구성되어 있고 남자가 팀장일 때도, 비록 클레어(Clare)와 그녀의 친구 미건(Megan)이 억울해 하기는 하지만, 진정으로 서로 돕는 조직이다. 우리는 제10장에서 그녀에게 항상 좌절감을 안겨 주는 하나의 요인인 예산의 부족에 대해서 살펴보았다. 그리고 그녀는 "*지방정부 고용 다이제스트*(*Local Government Employment Digest*)"의 통계치를 볼 필요도 없이 오래 전부터 지방의회에서 충원 및 유지하기가 가장 어려운 직종 중의 하나가 사회복지사 및 복지보조원들이라는 사실을 잘 알고 있다. 그녀는 '사람을 돌보는 전문 직업'이 안겨주는 상충되는 압력, 즉 개별 고객들의 수요와 지역공동체 전체의 수요, 그리고 복지의 제공과 통제의 필요성 사이에서 매번 고민한다. 놀랄 것 없이 그녀는 [그림 13.1]에서 보듯이 일 생각에서 벗어나지 못할 때가 많다!

여기 우리가 선정한 작은 표본들이 보여주듯이 지방의회의 다른 직종들은 관심과 업무방식이 완전히 다를 수밖에 없다. 스티브(Steve)는 규모가 큰 시의회 예술레저국(Arts and Leisure Department)의 매니저, 구체적으로는 스포츠 마케팅 및 홍보담당 매니저(Sports Marketing and Promotions Manager)이다. 그의 역할은 시민들로 하여금 가능하면 다양한 종류의 스포츠를 쉽게 즐기고 육체와 정신 건강을 증진하게 하는 것이다. 스티브 자신은 그렇게 표현하지 않지만, 그의 일은 지방의회에서 가장 오래된 19세기 책무 중의 하나인 공공보건

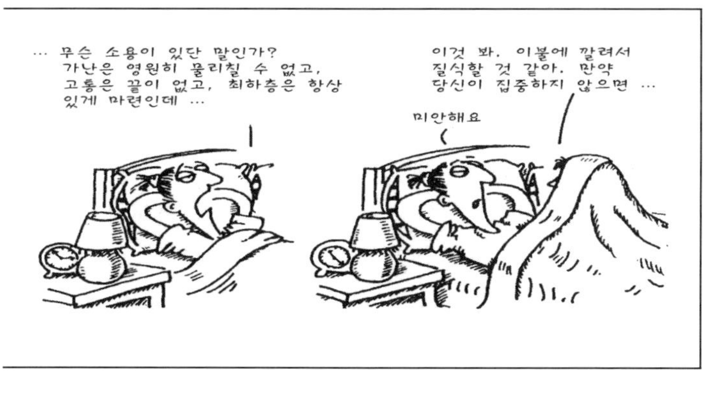

업무가 21세기에 와서 확대된 것이라고 할 수 있다. 그의 일은 주로 스포츠시설의 관리자와 실제로 스포츠 활동 및 이벤트의 운영 책임을 맡고 있는 사람들과 대화를 나누고 그들의 마케팅 및 홍보활동을 감독하는 것이다. 따라서 전형적인 '하루 일과'는 '우리 모두에게 주는 상(Awards for All)'의 홍보활동을 논의하기 위해 스포츠개발담당관들과 회의를 하고, 특별이벤트 가이드에 장애인 스포츠 활동과 소수인종을 위한 지역사회이벤트의 내용이 자세하게 담겨져 있는지를 검토하고, 잠재적인 스포츠 이벤트의 후원자와 자선기금 모금인을 만나보고, 지역 축구클럽에 연례보고서 작성에 필요한 '반인종차별' 자료를 제공하는 것 등이다.

론(Ron)의 직무 명칭도 민간분야의 흔적을 뚜렷이 가지고 있다. 그는 셸포스(Shelforce)의 판매 및 마케팅 담당 매니저로서 이 회사는 시 사회서비스국 소속으로서 매상이 수백만 파운드에 달한다. 1838년 맹인들의 일터로 출발한 이 회사는 현재 직원이 수십 명이고 그 중에서 2/3는 중증 장애인을 고용하는 성공적인 기업이 되었다. 셸포스(Shelforce)는 PVCu를 소재로 창과 문을 만들어 대부분을 시 주택국에 판매하고 있으며, 자체 공장부지에서 전 생산 공정이 이루어지는 침대는 호텔 고객과 일반인들에게 판매된다. 론은 '장애인들은 품질 좋은 상품을 만들지 못 한다'는 일반적인 인식을 불식하기 위해 열성을 쏟고 있으며 '우리가 만든 모든 제품들이 영국표준을 충족시킬 뿐 아니라 당당히 글라섹스 산업상(Glassex Industry Awards)을 수상한 것을 자랑스럽게 여긴다.'

마르시아(Marcia)는 주택지원담당관(Housing Support Officer)으로서 그녀의 구체적인 임무는 난민 신청자들—최근 이라크, 알바니아, 이란, 소말리아에서 주로 유입—이 이 나라에서 영원히 살 수 있는지 판정을 기다리는 동안에 그들을 임시 주거지에 정착시키는 일이다. 그녀는 미디어가 그녀의 고객들을 묘사하는 방식에 대해 분노하면서 난민신청자들에게 기본적인 숙소를 제공해야 하는 지방의회의 법적 의무와 함께 그들이 고향 땅을 떠나 외국을 떠돌 수밖에 없도록 만든 '고문 카탈로그'를 제시한다. '한 남자는 강제로 배터리산(acid)을 마시고 유리조각을 먹어야 했는데 이런 사람들에게 거처를 주는 것을 어떻게 꺼려할 수 있겠는가?' 그녀의 일 중에서 일부는 '영어 학습 또는 다른 무엇이 되었건' '계획된' 것이고 일부는 '계획에 없는' 일로서 '통역 또는 현관문을 고칠 사람을 찾는 등 돌발적인 문제를 처리하는 것이다.'

앤드루(Andrew)는 매니저도 행정관도 아닌 산림안내원, 즉 도시공원안내원(Urban Park Ranger)이다. 그의 임무는 그가 소속된 지방의회의 남부에 위치한 60여개의 공원 및 공한지를 관리하는 일로서 주된 근무처는 이들 공원 중의 한 곳에 있는 사무소이다. 그의 팀은 이들 공원 및 공한지를 잠재력이 극대화되도록 개발하고, 더욱 안전하게 만들며, 특히 가족들이 더 많이 이용하도록 권장한다. 일과는 대부분 사무실 근무와 옥외 활동으로 나눠진다. 사무실 근무는 공중화장실과 관련된 서면 민원에 대한 답변 작성, 리플릿과 포스터의 도안, 예약 접수, 그리고 개 쓰레기통을 설치할 수 있도록 조치하는 일 등이다. 옥외 활동은, 우리가 앤드루를 만난 날처럼, 규모가 비교적 큰 공원 한 곳의 정원사들과 모임을 갖고, 공원이용자 자문회의에 참석하고, 8~14세 대상의 테니스 교실을 운영하는 것 등이 포함된다.

지면이 허용된다면 직위공유 방식으로 일하는 연금 및 급여 보조원, 독립다세대형 복지제공주택의 상주관리인, 파트타임 학교 관리인, 도서관 웹사이트 편집자, 탁아소 종사자, 기술서비스 감독(가스), 사회복지보조원(캔턴이즈/하카어 구사자)과 그 밖에도 여러 수십 개의 직종에 대해 끝없이 설명할 수 있다. 그러나 이쯤에서 우리는 나무에서 숲으로 전환하여 이들 다양성에 어떤 구조를 제공하기로 한다. 따라서 이 장의 나머지 부분에서는 먼저 지방정부의 고용 현황과 특징을 확인하고 이어서 고위관리자의 역할과 전문가 조직의 중요성에 대해서 살펴본다. 그리고 마지막으로 보다 융통성 있는 고용 관행의 채택에 대해서, 그리고 지방정부에서 일하는 것을 직원들 스스로가 어떻게 느끼는지에 대하여 검토한다.

지방자치단체의 고용—몇 가지 현황 및 통계치

지방자치단체는 어떤 측면에서 보아도 주요 고용자이다. 이들은 고도로 노동집약적이며 인건비에 총지출의 절반까지를 투입한다. 아마도 단일 고용자로서 해당 지역에서 가장 크거나 아니면 그에 근접할 것이다. 버밍햄 시의회가 확실한 예로서 총인원 52,000여명, 풀타임환산인력(FTEs: full-time equivalents)으로는 37,000명을 고용하고 있으며, 글래스고는 스코틀랜드에서 가장 큰 지방자치단체로서 36,000명을 고용하고 있다. 2005년도 현재 영국의 총 고용 인력은 28.7백만 명이며 이 중에서 2.6백만 여명이 지방정부에서 일하고 있다. 다른 말로 표현하면 영국의 풀타임 및 파트타임 고용의 10퍼센트 가까이를 지방정부가 제공한다.

민간부문과의 비교

[도표 13.1]처럼 극단적으로 요약된 형태를 보더라도 오늘날 지방정부의 고용통계의 모습은 민간부문과 매우 다르며, 국가 전체적인 고용인력구조와도 다르다(*Labour Force Survey*, 2005 참조). 국가적으로는 전체 일자리의 3/4이 풀타임인데 비해 지방정부에서는 거의 절반이 파트타임이다. 그리고 민간부문에서는 남자와 여자의 비율이 60 : 40인 데 비해 지방정부에서는 26 : 74이다. 전국적으로 풀타임 남성 고용이 전체의 48퍼센트를 점하는 데 반해 지방정부에서는 1950년대에는 이와 같았으나, 지금은 20퍼센트를 밑돈다. 파트타임 여성 노동자는 전국적으로 전체의 20퍼센트이나 지방정부에서는 44퍼센트를 차지한다. 그 중에서 많은 사람은 여성의 전통적인 4C, 즉 돌보기(Caring), 청소(Cleaning), 식당일(Catering) 그리고 금전등록(Cash registers) 업종에 종사한다. 이들 업종은 바로 상대적인 직무차별(job segregation) 때문에 급여평등(Equal Pay) 입법에도 불구하고 계속해서 문자 그대로 저평가 및 저임금 상태로 남아 있다.

이와 같이 파트타임 고용의 비율이 높기 때문에 제 7 장에서 언급했듯이 고용통계치가 [도표 13.1]처럼 *총계*(*gross*) 개념인지, 아니면 *풀타임환산인력*(*FTE*)인지 항상 유의해서 보아야 한다. 영국의 2004년도 풀타임환산인력은 거의 정확하게 2백만 명이었다. 여러분이 지금쯤은 짐작할 수 있겠지만 파트타임 고용의 거의 2/3, 그리고 전체 인력의 절반이 훨씬 넘는 숫자가 교육 분야에 종사한다. 이 점이 지방자치단체의 평균 고용의 범위에 큰 편차가 있음을 같이 설명해준다. 만약 당신이 교육을 관장하고 있다면, 그래서 사회서비스를 함께 관장한다면 고용 인력이 틀림없이 몇 천 명은 족히 될 것이다. 이것이 바로 40퍼센트 미만의 지방의회가 지방정부 총 인력의 3/4 이상을 고용하고 있는 이유이다.

[도표 13.1] 지방정부의 고용 — 영국, 2004

	풀타임 (000s)	파트타임 (000s)	계 (000s)	전체의 비율	자치단체 평균	파트타임 (%)	여성 (%)	파트타임 여성(%)
교육—교사	429	187	616	24		30	75	27
교육—기타 직원	199	625	824	32		76	87	70
사회서비스	182	191	373	14		51	83	46
일반주민 직접서비스	361	209	570	22		37	51	30
기관운영기능	156	54	210	8		26	60	22
합계 (영국)	**1,327**	**1,275**	**2,602**			**49**	**74**	**44**
지방자치단체 유형								
카운티(34)	320	463	783	30	23,000	59	80	53
샤이어 디스트릭트(238)	99	45	144	6	600	31	52	26
광역도시 디스트릭트(36)	293	253	546	21	15,200	46	73	41
런던 바러(33)	150	103	253	10	7,700	41	71	35
잉글랜드 단일통합시(46)	188	207	395	15	8,600	53	75	46
웨일스 단일통합시(22)	85	79	164	6	7,500	48	71	41
스코틀랜드 단일통합시(32)	192	126	318	12	10,000	40	67	36

주: 일반주민 직접서비스: 주택 및 건설, 도서관, 박물관 및 미술관, 레저 및 레크리에이션, 환경보건, 쓰레기, 리사이클링 및 거리청소
기관운영기능: 총괄 행정 및 비서직, 인사, 총괄관리서비스
북아일랜드의 지방정부 고용 총계는 약 10,000

자료: Employers' Organisation, *Local Government Employment Survey, 2004*; Scottish Executive, *Joint Staffing Watch Survey, December 2004*.

고용 숫자의 변화

지방자치단체의 고용 증가는 주로 1960년대와 1970년도 초반에 이루어졌다. 1979년부터 1980년대 후반까지는 고용 규모가 약 3백만 명 수준으로 상당히 안정된 상태를 유지했다. 이 기간 동안에 육체노동자의 수가 꾸준히 감소했는데, 그것은 대체로 비육체노동자의 증가에 의해 상쇄되었다. 그 후 1986년 광역런던의회(GLC) 및 6대 광역도시카운티의회가 폐지되고 1989년에는 종합기술전문대학(polytechnics)과 고등교육기관이 지방교육청(LEA)의 관할에서 제외됨으로써 고용이 최대의 폭으로 감소되었다.

1990년대 초반에도 고용 인원이 전체적으로 감소했는데, 그것은 특히 1993년 기술직업교육기관이 지방교육청(LEA)의 통제에서 벗어나고 1995/1996년도에 경찰행정청이 독립기관으로 창립되었기 때문이다. 지방정부의 고용은 1990년대에 모두 합하여 1/5 가까이 감소했다. 그러나 예컨대 사회서비스 및 계획수립 분야는 고용 인원이 오히려 늘어나는 등 그 추세는 서비스 분야별로 크게 달랐다. 이러한 하강 추세는 1997년 노동당 정부의 집권과 거의 맞물려 역전되었다. 공공분야 전체적으로 고용이 해마다 증가하여 2005년에는 1998년보다 13퍼센트가 높아졌고 — 민간부문 증가의 2배 이상 — 지방정부도 같은 기간 동안에 8퍼센트가 증가했다. 그러나 여전히 1990년대 초반 수준에는 미치지 못했다(Hicks, 2005).

성별에 기초한 계서제 — 유리 천장이라기보다 거울 미로

지방자치단체의 고용사다리의 정점에는 고위관리자 및 전문기술직 계층이 있다. 최고관리자인 집행수석(chief executive)은 2005년, 주로 기관의 규모와 공공의 평가에 따라, 거의 200,000파운드까지 '보수 및 제 급여패키지'를 받을 수 있었다. 여러 가지 이유가 뚜렷하기 때문에 런던 바러는 보수를 가장 높게 지급(해야) 하는데, [도표 13.2]에서 보는 바와 같이 런던 바러 집행수석들의 보수 중간값은 149,000파운드이다. 이것이 엄청나게 많은 것처럼 들릴 수도 있겠지만 예산과 직원 규모가 유사한 수준의 민간기업 수장이라면 아마도 이 금액의 두 배 이상을 받을 것이다. 수석행정관(chief officers)과 상급관리자(senior

[도표 13.2] 상급관리직 보수 — 잉글랜드 지방자치단체, 2005

집 행 수 석 최고 급여 중간값	£000	수 석 행 정 관 기본급 최고치 평균값	£000
지방자치단체 전체	104	교육	93
샤이어 카운티	143	사회서비스	93
샤이어 디스트릭트	85	도서관	89
광역도시 디스트릭트	126	재정	76
런던 바러	149	주택	76
단일통합시	113	환경보건	61

출처: EO/IDeA(2005) *Salaries and Numbers Survey of Chief Executives and Chief Officers*, 2004/05

officers), 그리고 상급 전문기술직(senior professionals)도 높은 보수를 받는다. 그러나 그것은 지방자치단체 전체 또는 특정한 그들 부서의 운영, 집행위원회 및 지방의회의원의 보좌, 예산의 운영 등과 같은 어려운 책무를 담당하는 데 따른 보수이다. 지방 파트너십의 운용이 점차 증가함에 따라 이들은 또한 광범한 범위의 다른 민간 및 공공 기관들과도 긴밀하게 협력한다.

지방정부에서 상급 관리직은 영국 경제의 다른 많은 분야와 마찬가지로 백인 남성이 주도하는 세계이다. 전체 지방정부 인력의 74퍼센트를 여성이 점유하고 있지만 이러한 수적 우위가 최고 관리층에는 반영되어 있지 않다. 다만, 여성 집행수석, 수석행정관 및 차석행정관이 점차 증가하여 2004/05 연도에 각각 12, 24 및 25퍼센트 가량을 차지하고 있다. 따라서 전원 남성으로 관리팀이 구성되는 것이 통상적인 일인 데 반해, 슈롭셔(Shropshire)와 같이 총 7명의 관리팀 가운데 집행수석을 포함하여 6명이 여성인 경우는 특집이 될 정도로 뉴스 가치가 크다(*Municipal Journal*, 4 March, 2004). 그리고 흑인 및 소수인종(BME)의 대표성 또한 지방정부 전체적으로 6.6퍼센트로서 전국적인 고용인력의 비율인 8.1퍼센트보다 적으며, 상급 관리직의 경우는 더욱 희소하여 집행수석이 1.4퍼센트, 수석행정관이 2.3퍼센트에 지나지 않는다(*Local Government Employment Digest*, November 2005).

노골적인 차별은 상대적으로 드물다고 하지만, 편견이 널리 퍼져 있고 극복하기가 어렵다. 왓퍼드 바러 의회(Watford BC)의 집행수석이었던 캐롤 하산(Carole Hassan)은 지방자치단체가 기회균등을 보장하는 고용주라고 공개적으로 주장하지만 기실은 자기만족에 빠져 있다고 비판했다. 즉, '그들은 우리가 목표에 도달했다고 생각하지만, 우리는 그렇게 생각하지 않는다'는 것이다. 그녀는 지방정부협의회(GLA)와 지방자치단체집행수석협회(SOLACE)와 같은 조직이 인종 및 성적 차별에 관해 행동을 취해 줄 것을 촉구했다. '지방정부의 극소수 상급관리직 여성들은 다른 여성 공무원을 지도 및 지원하느라 바쁘고, 그것이 그들을 엄청나게 압박한다. 그것은 유리 천장이라기보다 오히려 매 단계마다 새로운 난관이 나타나는 거울 미로이다'(*Local Government Chronicle*, 12 November 1999).

급여패키지 및 최저임금

수석행정관/부서장은 중간관리자 및 전문기술직과 더불어 업무를 처리한다. 전문기술직은 특별한 서비스 또는 지원 기능(예: 재정, 법률, 인사, IT)에 관한 전문지식을 해당 지방자치단체에서 재원과 인력을 감독하는 경험 및 역할에 결부시킨다. [도표 13.3]에서 간략하게 발췌하여 보여주고 있듯이 최고 및 중간 관리직의 수와 범위는 상당히 크며, 그에 대한 설명은 때로는 흉내를 내기조차 어렵다. 이 상급 관리직 및 전문기술직 집단의 맨 아래에는 교사, 현장근무 사회복지사, 환경보건담당관, 개발규제기획관과 같이 전문기술직 훈련을 받고 서비스 일선에서 활약하는 인력이 포진하고 있다.

최고관리자 및 전문기술직 집단의 아래에는 '일벌 집단(worker bees)', 즉 하급의 다양한 사무보조, 육체 및 비육체적 직위를 망라하는 광대한 직원 네트워크가 있다. 지방자치단체는 750,000명 가량의 행정, 기술 및 사무보조(ATC) 직종의 '화이트 컬러(White Collar)' 인력 — 타이피스트, 사무보조원, 학교 서무담당자, 기술자, 유아원 간호사, 복지보조원 등 — 을 고용한다. 지방자치단체는 또한 50만 명 정도의 풀타임 및 파트타임 육체노동자를 고용한다. 거리 및 학교 청소부, 학교시설 관리인, 지방의회 정원사, 재가활동조력자 및 도로유지관리원 등이 그들이다. 이와 함께 구내식당 판매원, 매표원, 해충관리인

[도표 13.3] 관리자 직위 및 보수의 일부 사례

구인광고 직위 (2005년 4월)		보수
워릭셔 카운티 의회	**집행수석** 의회의 미래 거버넌스 및 리더십 역할을 확립하고 공공기관과 자원봉사 및 민간 부문과 파트너십 업무추진 강화	**£150,000**
론다 시논 타프 카운티 바러 의회	**집행수석** '진정한 혁신자 및 기업가'로서 당신은 우리의 기관운영팀(corporate team)을 이끌고 계획 수립, 집행 및 감시 업무를 감독하고 시민들의 사회적, 경제적, 민주적 수요를 우리 조직의 중심에 둔다.	**패키지 £120,000 까지**
선더랜드 시의회	**어린이서비스국장** 보건, 교육, 사회서비스의 전달을 통합하고, 젊은이들을 참여시키고, 공허한 제스처 이상으로 자문을 실천하도록 지원하는 새로운 방법을 모색	**£110,000 협의가능**
타워햄릿 런던 바러 의회	**서비스팀장—고객 접촉** '이 막중한 역할'은 예술 수준의 첨단 고객안내센터의 설치를 비롯하여 고객 탁월성의 새로운 기준을 설정하기 위해 고객 보호 및 서비스 매니저의 일을 두루 잘 해낼 수 있어야 함	**패키지 £90,000 까지**
스태퍼드 바러 의회	**국장—지역사회서비스** 외부지향적이고 대체로 비실무적임. 이 직책의 다섯 개 우선순위는 발전전략, 쓰레기관리, 공공용지관리, 지역사회 안전 및 파트너십 운영임	**약 £80,000**
버밍햄 시의회	**평등 및 다양성 과장** 평등이 대세가 되도록 의회에서 평등과 다양성에 대한 새로운 이해를 수용하고 이를 통해 버밍햄을 탁월한 기회의 도시로 육성	**패키지 £70,000 까지**
말번힐스 의회	**기업지원 및 고객서비스 과장** 우스터셔 허브(Worcestershire Hub)의 핵심 멤버인 디스트릭트 의회를 카운티 내에서 고객서비스 및 조달 분야의 선두 주자로 육성	**£54,000 까지**
캠던 런던 바러 의회	**지방정부세 담당관** 법원 단계를 지난 지방정부세 체납의 일상적인 관리와 지방정부세재산팀 및 외부 감사관 관리	**£39,414 까지**
헤이버링 런던 바러 의회	**쓰레기강제집행관** 도로보호 및 쓰레기관리 시책을 보완하기 위하여 환경범죄 단속의 의지를 가지고 장려 시책과 설득 및 강제집행을 균형 있게 활용	**£28,179 까지**

[도표 13.4] 보수 수준이 비교적 낮은 직위들의 일부 사례

구인광고 직위 (2005년 4월)	보수
청소원(Cleaning operatives) 도서관, 지역사무소, 커뮤니티 센터, 사무실 등 각종 장소를 청소	£5.65/시간
보조인력 감독원(Assistant in Charge) 학생들 대상의 음식물 서비스를 감독했던 경험을 필요로 하며 식당의 위생 및 청결을 담당함. 기초 식품위생 자격증 보유자 또는 훈련 제공	£5.76/시간
실내청소부(Domestic Assistant), 어린이 및 청소년과 도심 어린이센터의 청결 및 위생 상태가 매우 높은 수준으로 유지되도록 청소를 실시	£5.78/시간
거리청소원/운전원(Street Cleansing Operative/Drive) 멀리 걸어야 하고 악천후에도 옥외에서 일을 해야 함. 필요시 운전 임무를 수행할 수 있도록 완전한 자동차운전면허증을 보유해야 함.	£940.50/월
인명구조원(Lifeguard) 확립된 지침에 따라 풀장 감독 임무를 수행하고 고객보호를 높은 수준으로 보장. RLSS 자격증 취득은 요망사항이나 필수요건은 아님	£230.08/주
도서관보조원(Library Assistant) 번잡한 커뮤니티 도서관에서 일하는 데 필요한 탁월한 인간 기술, 궁금해 하는 마음, 진정한 독서열 및 그것을 적극적으로 촉진할 수 있는 자신감을 가져야 함	£10,893- £14,127/년
학습장애팀 사무원(Learning Disabilities Team Clerk) 행정적 지원, 컴퓨터 입력 및 일반 주민들로부터 걸려오는 전화 응답 등을 담당. 훌륭한 조직 기술 및 탁월한 의사소통 기술이 필요함	£11,649- £13,458/년
보조교사(Teaching Assistant) 교육표준행정청(OFSTED)이 '재정가치가 훌륭한 좋고 효과적인 학교'로 부르는(2004.10) 핵심단계1수준(Key Stage 1 Level)의 초등학교에서 근무	£12,018- £14,106/년
독립다세대형 복지제공주택 관리인(Sheltered Housing Warden) 상주 또는 비상주 관리인 유경험자로서, 복지제공주택 제도를 위해 질 높은 서비스를 제공	£12,663/년
놀이관리자(Playworker): 어린이 및 청소년과 개별 어린이들의 수요를 효과적으로 충족시키기 위해 질 높은 놀이환경을 제공하는 팀 구성원으로서 일할 것이 기대됨	£13,737- £14,554/년

등과 같이 업무의 성격이 완전한 사무직도, 완전한 육체노동도 아닌 잡역부가 상당수 있다. [도표 13.4]에서 보듯이 이들 직위는 보수 수준이 하나 같이 낮은 것이 특징이다. 즉, 영국의 최저임금수준(2005년 5.05파운드)과 거의 같고 하향 조정된 유럽의회최저생활비한도인 시간당 6.70파운드 또는 주(38시간)당 225파운드에 크게 밑도는 경우가 많다. 생존을 위해 다수가 저소득층에게 지급되는 국가 사회보장수당에 의존해야 하는 상황에서, 지방정부 근로자들이 2002년 23년 만에 처음으로 전국적인 파업을 감행한 것은 놀라운 일이 아니다. 오히려 이것이 연례행사가 아니라는 점이 놀라운 뿐이다.

이 절을 요약하면 지방의회는, 어떤 기준에서 보더라도, 극도로 이질적인 인력이 혼재하는 대규모의 고용자임이 분명하다. 상층부에는 높은 보수를 받는 상급 관리자와 전문기술직이 있고, 그 밑에는 지위가 낮은 일단의 광범한 행정, 사무보조, 육체 및 비육체 근로자 계층이 포진해 있다. 이들 또한 행정서비스의 공급 과정에서 필수적인 존재이지만, 재정적인 보상은 상대적으로 매력이 없는 경우가 많다. [도표 13.3]과 [도표 13.4]를 통해 같은 시간에 구인공고가 나간 직위들 사이에 10배 이상의 보수 차이가 있음을 비교해 보기 바란다. 연금 옵션, 민간의료보험, '회사' 임차차량 제공 등과 같이 협상이 가능한 편익을 포함하는 고용 '패키지'는 육체노동자 및 사무보조직 근로자가 경험할 수 있는 세계가 아니다.

상급 관리직의 세계

우리는 이제 지방자치단체 서비스를 실제로 공급하는 사람들로부터 이들 및 지방자치단체 자체를 관리하는 사람들, 즉 조직 일선보다는 조직의 정점에 있는 상급관리자로 관심을 돌린다. 지방정부의 각 부서가 단일의 서비스에 얽매이는 강도가 점점 약해짐에 따라 수석행정관/부서장들은 자기 부서뿐만 아니라 전체 기관운영의 관점에서도 역할을 수행할 것이 기대되고 있으며, 심지어 수석행정관/부서장이 해당 부서의 지배적인 직종 출신이 아닌 경우도 있다 (Stewart, 2000, p. 202). 확실히 이들 최 정점에 있는 관리자의 임명에는 해외 또는 민간부문 등에서 습득한 관리 기술과 경험이 전문 기술적 자질 및 전문지

[도표 13.5] 집행수석들 — 네 명의 초상

존 베스트(John Best)[밀턴 킨즈(Milton Keynes)] — 젤리브레드(Jellybread)가 경력형성 촉발

이전 경력 — 세 개의 런던바러에서 24년간 계획수립 및 도시회생 분야에서 일함. 1960년대 후반 서식스 대학교(Sussex University) 학생 시절, 피트 윙필드(Pete Wingfield)가 키보드 보컬리스트로 활동했던 인기 블루스 밴드, 젤리브레드(Jellybread)와 함께 순회공연을 하면서 경력 발전의 자극을 받았다고 스스로 주장함. '나는 지역사회가 어떻게 발전하는지 보기 시작'했으며 그것이 계획수립과 뉴타운에 대한 평생의 관심을 촉발했음.

1996년 영국에서 가장 빠르게 성장하는 도시인 밀턴킨즈에 안착하여 2003년 집행수석(CE)이 됨. 아직도 열렬한 재즈 음악가로서 가끔 큰 밴드의 일원으로 베이스를 연주하고, '오케스트라 구성의 요소, 즉 밀턴킨즈의 모든 연주자로 하여금 보기 좋고 듣기 좋게, 무엇을 함께 하도록 하는' 관리측면의 의미를 합리화하고 있음.

수잔 로(Susan Law)[관리이사, 돈카스터 광역도시 바러 의회(Managing Director, Doncaster MBC)] — 오세아니아주(Down Under)에서 경력 축적

이전 경력 — 원래는 뉴질랜드에서, 그러나 핵심적인 경험은 호주, 특히 아델레이드 시의회(Adelaide City Council)의 대표이사(CEO) 직을 수행하면서 축적함. 아델레이드시 정치 불안의 십자포화를 받아 계약기간 중에 사임하고 세계은행 자문관의 신분으로 남아공의 케이프타운으로 건너감. 그녀 스스로 인정하듯이 당시 영국 지방정부에 대해서 아는 것이 거의 없었지만, 돈카스터(Doncaster)의 직선 시장 마틴 윈터(Martin Winter)가 이임하는 집행수석(CE) 대신에 그에게 직접 보고하는 관리이사(MD)를 임명하려고 했던 결정을 계기로 스카우트되었음.

첫 인상: 외부 감시의 정도. '나는 중앙정부가 지방정부 지출의 대부분을 통제하고 있음을 알고 있었으나 그것이 어떤 영향을 미치는지를 과거에는 이해할 수 없었다. 이 모든 감시가 실제로 서비스 혁신의 제동장치로 작용하는 것이 아닌지 의심스럽다.'

식 이상으로 중요한 기준이 된다. [도표 13.5]의 예시는 몇 사람 되지 않지만 시작은 적어도 맨체스터 유나이티드의 불멸의 포워드라인을 닮은 2005년도 현직 집행수석의 호화 진용을 보여주고 있다.

알리스타 닐(Alistair Neill)[머터 티드필 카운티 바러 의회(Merthyr Tydfil CBC)]—집행수석이 되기까지 18개월이 걸리고 보수 삭감

이전 경력: 국제 민간분야, 즉 유니레버(Unilever) 및 영국석유(BP)에서 아프리카, 아시아, 그리고 미국을 무대로 활동함. 독일어를 하며, 불어도 서부아프리카 악센트로 구사. 2002년 노샘프턴셔 카운티 의회(Northamptonshire County Council)의 관리국장(corporate director)으로 영입될 때 50퍼센트의 급여 삭감을 받아들였음—'나는 정부 및 정책결정자들과 연결 기회가 주어지는 공공부문의 역할을 원했으며, 내가 민간부문에서 축적한 관리 기술을 활용할 수 있는지 알고 싶었다.'

18개월 후에 웨일스에서 규모가 가장 작고 평가 등급이 최하위인 머터(Merthyr)의 집행수석(CE)에 임명됨. 큰 반전을 이끌어 냄으로써 탁월한 지도력을 인정받아 2005년도 웨일스 지도상(Leading Wales Awards)을 수상함. 공공부문에서 일하는 사람은 타고나는 것이지 만들어지는 것이 아니라는 개념에 격렬하게 반대함. '만약에 공공부문에서 일하기 위해서 엄청난 대가를 치러야 한다는 관념이 있다면 어떻게 성취도가 높은 인력을 확보할 수 있겠는가?'

시나 램지(Sheena Ramsey)[노우슬리 광역도시 바러 의회(Knowsley MBC)]—잉글랜드 북동에서 북서 지역으로

이전 경력: 지학 학사학위('일종의 남자의 세계')에서 시작하여, 기회평등 분야 석사를 취득하고 잉글랜드 북동지역에서 지방정부 경력을 쌓음. 뉴캐슬 연구관, 미들즈버러 기회균등담당관을 거쳐 뉴캐슬에 되돌아와 집행수석보좌관(Assistant CE)이 되었음.

개인적으로 평등과 사회정의를 위해 강력하게 헌신하고 있으며 아들 세 명을 양육하면서 일부 자극을 받아 지방의회 전체적으로 일과 생활이 보다 잘 균형이 잡히도록 권장하고 싶어 함. '나는 놀랍도록 열심히, 그리고 장시간 일하는 사람들을 많이 본다. 나는 근무시간 내에 일을 완수해내는 반문화를 창조하고 싶다.'

출처: *Municipal Journal*, 1 May 2003(Best); 14 October 2004(Law); 23 June 2005(Ramsey); *Local Government Chronicle*, 11 July 2003(Neill).

상급관리직의 역할에는 [도표 13.6]에 요약되어 있는 것처럼 각각 검토할 만한 가치가 있는 적어도 네 가지의 특징적인 측면이 있다.

[도표 13.6] 상급관리직의 역할 — 네 가지 측면

- 전문직업적 영향력의 행사
- 정치인에 대한 지원, 보좌 및 감시
- 당해 지방자치단체의 이익을 외부적으로 대표
- 당해 지방자치단체 내부의 직원 및 자원의 관리

전문직업적 영향력의 행사

지방정부의 상급관리자는 이제는 대부분의 시간을 관리자로서 보낼 수 있겠지만, 아직도 대다수는 훈련된, 그리고 자격을 갖춘 전문기술직이다. 즉, 변호사, 출납원, 건축가, 계획입안자, 엔지니어, 주택관리사, 교육행정가, 사회복지사 등이 그들이다. 이러한 의미에서 전문가주의는 지금까지 남아 있는 영국 지방정부의 특징이자 가장 강력한 힘의 하나이다. [도표 13.7]은 지방정부에 관여하는 수십 개의 전문기술직 조직 중에서 작은 표본을 보여주고 있다. 그 중에는 지방자치단체집행수석협회(SOLACE), 수석인사행정관협회(SOCPO) 그리고 지방의회사무국장 · 변호사협회(ACSeS)처럼 지방정부에 폭넓게 관여하는 조직이 있는가 하면, 공공재정회계협회(CIPFA)와 공공홍보협회(CIPR)처럼 부분적으로만 관여하는 조직도 있다. 이들 조직은 물론 각각의 정책 네트워크 또는 정책 공동체의 핵심적인 구성원이지만(pp. 241 ~ 242 참조) 동시에 다른 역할도 수행한다. 로즈(Rhodes)가 지적한 바와 같이(1988, pp. 214 ~ 215) 이들은 '그들의 역량을 통해 인력을 충원하고 훈련시키며, 회의와 세미나를 개최하고, 연구보고서와 간행물을 발간하는 "지식인 사회"로 조직된다. 그리고 다른 조직화된 집단들과 마찬가지로 그들의 이익을 위해 사람들의 생각을 변화시키고 또 로비를 한다.' 이들은 또한 '노동조합이며 그리고 … 정부에 영향력을 행사하기 위한 수단으로 준법투쟁 및 파업을 사용할 수 있다. 실제로 이들 전문기술직은 정치적 영향력을 행사하기 위해 위의 세 가지 방법을 사용한다.'

따라서 전문기술직으로서 상급 관리자의 영향력은 상당히 강력하게 될 수 있으며, 그것은 복잡한 기술 지식이 중앙정부에 특별한 프리미엄이 되고

[도표 13.7] 몇몇 선도적인 전문적 직능조직 — 두문자 약어 클럽

1. 지방자치단체집행수석협회(SOLACE) — Society of Local Authority Chief Executives (and Senior Managers)
   회원자격: 두문자어 이름이 지금은 정확하다고 볼 수 없으며, 공공부문의 상급 관리자는 누구나 가입할 수 있음. 최근 들어 회원조직인 동시에 잘나가는 비영리 자문회사(SOLACE Enterprises) 및 자선조직(SOLACE Foundation)으로 조직이 확대되어 훈련보조금과 여행경비 등을 지원함.
   회원혜택: 연회비 280파운드 이상. 협회 뉴스레터, 각종 간행물과 정책자료, 연례총회, '네트워킹 및 영향력행사 기회', 희망의 집(Hope House)으로 이름이 잘 붙여진 호화스럽고 편리한 웨스트민스터 본부를 이용할 수 있음.
2. 수석인사행정관협회(SOCPO) — Society of Chief Personnel Officers
   회원자격: 눈길을 끄는 두문자 약어를 유지하고 있지만 실제로는 '유형에 관계없이, 모든 정부서비스 인사담당관협회(Society of Personnel Officers)'임.
   회원혜택: 최저 연회비 90파운드. 일반적인 간행물, 회의, 할인 및 지방정부 분야별로 자연스럽게 구성되는 다양한 전문가 실무 작업그룹 내지 지도위원을 둔 과업완수그룹(task-and-finish groups) 운영에서 나오는 혜택.
3. 공공재정회계협회(CIPFA) — Chartered Institute of Public Finance and Accountancy
   회원자격: 오랫동안 지방정부와 기타로 나눠져 있었음. 잉글랜드웨일스회계협회(ICAEW: Institute of Chartered Accountants in England and Wales)와의 통합을 통해 추가적인 확대를 희망했으나 차갑게 거절당함. 자체의 전문직 자격요건과 석사 학위과정을 갖추고 있으며, 다른 조직들에 비해 훈련 및 기준감시 기관의 성격이 강함.
   회원혜택: 연회비 260파운드. 지방정부 전문 직능조직 중에서 아마도 가장 깔끔하게 서비스를 제공하는 것 같음. 다른 조직에서 볼 수 있는 일반적인 서비스에다 양질의 주간지 공공재정(Public Finance)과 통계정보서비스를 추가로 제공함.
4. 지방의회사무국장·변호사협회(ACSeS) — Association of Council Secretaries and Solicitors
   회원자격: 감시, 심사, 기준 담당관 등의 새로운 군단을 맞아 회원 자격요건을 거의 포기하다시피 하였음. 무엇이 되었건 당신이 행정 또는 법적인 것과 막연하게나마 관계있는 일을 한다면 그들은 당신의 회비를 받을 것임. 그렇지만 아직은 지방정부에 중점을 두고 지방서비스의 민주적 제공을 위해 노력함.
   회원혜택: 연회비 170 파운드. '우수사례(best practice)' 주석 및 지침이 유용하고, 회의를 훌륭하게 개최하고, 두문자어 이름이 깔끔함. 그러나 최근에 와서 일부 회원들이 원하는 유명인사에 의한 정책리더십은 볼 수가 없음. 현 회장 기프티 에딜다(Gifty Edilda)는 아마도 최초의 흑인 여성 회장으로서 조직에 도움이 될 것임.
5. 공공홍보협회(CIPR) — Chartered Institute of Public Relations
   회원자격: 회원 8,000여명으로 극히 소수파인 지방정부 홍보전문직에 국한됨. 공공홍보에 대하여 일부 지방의회들이 얼마나 많이 배울 수 있을 것인가를 생각해 볼 때 유감스러운 일임. 여전히 분파적인 집단임.
   회원혜택: 연회비 200파운드. 통상적인 혜택과 함께 훈련 및 개발 프로그램 제공. 지방정부그룹에서는 계간지 공공홍보 뉴스(PR News)를 간행하고 우수홍보상(Excellence in Communication)을 후원.

중대한 가치로 작용하는 정책분야에서 특히 그렇다. 항상 그렇듯이 여기서도 일반화를 피하는 것이 중요하다. 즉, 일부 전문기술직 사회는 역사적으로 유독 큰 영향력을 뚜렷이 보여주었다. 그 예로서 던리비(Dunleavy, 1980)와 라핀(Laffin, 1986)은 모두 지방자치단체의 도로 기술자 및 측량 기사들이 자동차고속도로 사업계획에 미쳤던 막대한 영향력을 주택관리 전문직들이 전후 주택경기 호황기에 보여주었던 상대적으로 미약한 영향력과 대비시켰다. 후자는 민간 건설 분야의 이익 및 중앙 정치인과 국가공무원들의 연합을 통해 주도되었다. 이런 상황에서는 전문직의 영향력이 발휘된다고 하더라도 그것은 로즈(Rhodes)가 설명하는 것처럼(1988, p. 225) 지역주의보다는 오히려 중앙집권화를 강화하는 힘으로 작용할 가능성이 크다.

> 전문직업적 영향력이 초래한 결과는 지역적 다양성이 아니라 동질적인 기준의 촉진으로 나타났다. 정책 네트워크에서 전문직이 차지하는 위치로 인해 그들은 원래부터 중심부에 *있지는* 않았더라도, 무대의 *핵심에로* 배치되었다. 결과는 이익의 집적 및 전국 표준화에 의한 중앙집권이었으며, 그 원천은 중앙 하위의 정부가 채용한 전문직이었다(이탤릭체는 저자들이 강조).

정치인들과 업무 협력

상급관리자와 지방의회의원과의 관계는 제15장에서 탐색한다. 상급관리자는 당해 지방자치단체의 전략 및 정책의 개발 과정에 관여할 가능성이 높다. 그들은 집행/내각직 의원들을 위해 보고서를 작성하고, 지방의회의원들을 만나고, 정책적 조언 및 지도를 위해 타 부서의 동료 관리자들과 연락을 주고받는 일에 많은 시간을 투입한다. 그들은 또한 그들이 관장하는 특정의 서비스와 관련하여 당연히 광범한 *위임권한(delegated power)*을 보유한다. 이것은 물론 오늘날 지방의회의 헌장에 규정된다. 집행직 의원들도 현재는 개인적으로, 그리고 집합적으로 위임권한을 보유한다. 이들 위임권한 중에서 특별히 민감한 부분 — 계획의 허가와 특정 범주에 속하는 면허 — 에 대한 협상의 결과는 지방의 관리직 공무원과 지방의회의원 중에서 누가 지방자치단체의 운영을 주도하는지 가늠할 수 있게 하는 새로운 지표를 제공한다.

최근에 나타난 또 다른 변화는 지방의회 및 지방의회의원들의 업무성과와 관련된 상급 관리자의 *감시 역할*(*monitoring role*)이다. 보수당 정부는 1986년의 위디콤위원회 보고서(Widdicombe Committee Report)에 따른 하나의 대응으로서 지방자치단체에 감시관(monitorig officer) — 통상적으로 법무담당관 또는 지방의회 변호사 — 을 임명하도록 의무화하여 적법성, 재정적 청렴성, 그리고 소위 실정의 문제를 지방의회에 직접 보고토록 하였다. 이 책무는 지방정부법 2000(Local Government Act 2000)에 의해 확대되어 감시관은 현재 지방자치단체 내부의 행위기준을 높은 수준으로 고양하고 유지하는 한편, 집행부의 결정을 관련된 일체의 배경자료와 함께 공적으로 활용될 수 있도록 공개해야 하는 책임을 진다.

상급관리자는 지방자치단체 의사결정 과정의 핵심에 위치해 있다. 그들이 가지고 있는 위임권한 및 감시 책무가 그들에게 권한을 일부 부여하지만, 의사결정에 대한 실질적인 영향력은 무엇보다도 지도적 위치에 있는 지방의회의원들의 선택과 사고 및 접근방법에 영향을 미칠 수 있는 그들의 역량에서 나온다. 공식적인 의사결정권한의 보유자, 즉 집행직 의원들과의 근접성이 조직의 하부 계층에 있는 사람들로서는 가질 수 없는 고도의 영향력을 행사할 수 있도록 그들에게 기회를 제공한다.

외부 관계

[도표 13.3]에 포함된 간략하기 짝이 없는 몇몇 직무기술에도 나타나 있듯이 지방의회의 외부세계와의 관리 관계는, 협력과 지방 공동협력통치, 그리고 소위 '통합된(joined-up)' 정부가 강조되는 시대를 맞아 상급 관리자의 일상 업무에서 중요성이 더욱더 커지고 있다. 중앙정부의 광역권역통합행정청, 다른 지역 지방의회의 동료, 그리고 전문직 협회의 회의 및 토론과의 연계는 모두 현대의 상급 관리자들이 강력한 영향력의 네트워크를 구축하는 데 기여한다. 이들 기제는 정보와 아이디어를 얻는 중요한 원천이며, 상급 관리자들이 정책 창안자로서 스스로를 드러내고 다른 사람의 지식과 경험을 배우기도 하는 국가적인 토론의 장을 제공한다. 보다 일반적으로 표현하면 관리자들이 지방정부의 세계를 이해하고 그들 자신의 부서와 전문 직업 및 지방의회의 일

을 보다 넓은 맥락에서 판단할 수 있도록 도와준다.

제8장에서 설명했듯이 파트너십, 즉 공동추진연대는 지방 거버넌스 내지는 공동협력통치의 세계에 있어서 필수불가분의 요소가 되었다. 이에 따라 사회서비스국의 상급관리자는 자원봉사단체 및 기관들과 정기적으로 접촉을 유지한다. 토지이용계획 입안자는 공공집회 및 토론에서 지방자치단체를 대표할 것이다. 주택담당관은 임차인 협회 및 지역사회 조직들과 함께 무수히 많은 회의에 참석할 것이다. 30년 전의 직위와는 대조적으로 이들 상급관리자들은 상대적으로 '어려운 상황'을 각오해야 한다. 오늘날의 소비자 문화 아래에서 사람들은 점차 무엇이 최선인가에 대한 전문적인 설명은 수용하려고 하지 않는 대신에, 해당 지방자치단체의 정책과 행동에 대해서는 더 많은 의문을 제기한다. 광범한 영역을 포괄하는 쟁점들에 관해 일반 주민들의 의견을 들을 필요가 있다는 것은 — 노동당의 현대화 의제의 핵심적 요소의 하나로서 — 지방 주민들과 어느 때보다도 강한 상호작용이 있어야 함을 의미한다.

내부 관리

우리가 이미 보았듯이 오늘날 지방자치단체의 상급관리자들은 전문기술적인 역량뿐만 아니라 관리적인 역할도 수행한다. 지방자치단체의 유능한 수석행정관 및 상급관리자들은 그들의 전문 기술적 자격 요건을 훨씬 넘어서는 다양한 범위의 기술 — 전략적 관리, 의사결정, 정치적 인식과 감수성, 리더십, 기업 및 상업적 업무관행, 협상력 — 을 발휘한다.

새로운 집행제 구조는 대부분의 지방자치단체에서 당초 생각했던 것보다 상급관리자의 역할에 훨씬 큰 영향을 미쳤다. 집행직 의원들이 일상적인 의사결정 및 관리에 더 많이 관여하게 되었고, 이에 따라 관리자들의 관여는 줄어들었다. 이와 함께 지방의회 전체적으로, 그리고 동시에 현재의 정치적 리더십에 봉사해야 하는 상급관리자의 책무에 내재된 긴장관계가 증가했다. 그러나 불가피한 일이지만, 법률적으로는 동일한 성격의 지방자치단체라고 해도 운영 방식과 관행에 있어서는 상당한 차이가 계속될 것이다. 따라서 공식적인 직위가 어떤 것이든 간에 지방정부의 상급관리자들이 정책결정에 미치는 영향력을 얕보는 것은 순진한 생각이고 시기상조라고 할 수 있다. 그들이 지식과 전문성을 보유하고 있다는 것은, 고위의 지방의회의원들과 함께 중요한 핵심으로 계속 남아 있다는 것을 의미한다.

모범 고용주에서 신축적인 고용 구조로

전후 오랜 기간 동안 지방자치단체는 '모범(model)' 또는 '우수사례(good practice)' 고용주라는 이미지를 가지고 있었다. 그러나 1979년부터 변화가 시작되었다. 지방정부에 상업주의와 경쟁이 강요되었는데 가장 유명한 것이 의무경쟁입찰(CCT)이다. 이러한 변화와 함께 성과 급여, 직원평가 절차, 분권적 협상 및 협의제도와 같은 민간부문의 관리 아이디어와 인사 관행이 도입되었다. 지방자치단체들은 경쟁입찰로 인해 급여 및 근무조건에 있어서 국가적 기준을 유지하기가 어렵다는 것을 알게 되었으며, 노사관계의 관리는 공식적인 제도에서 벗어나 당해 조직의 관리 이익을 반영하는 보다 임시적인 접근방법으로 이행하였다(Leach et al., 1994, p. 199).

의무경쟁입찰(CCT)은 지방자치단체가 모범(model) 고용주의 전통을 유지하는 것이 현실적으로 점차 어려워진다는 것을 의미했다. 최고의 고용 관행은 보장되지만 그 대가로서 반드시 확보해야 할 중대한 계약 및 그에 따른 일자리를 잃어버릴 수 있는 선택 대안이 주어진다면 지방의회의원들은, 이해할 수 있는 일로서, 아마도 계약을 따내기 위해서 싸울 것이다. 이러한 딜레마와 변화하는 환경에 대응하여 지방자치단체들은 그들의 고용 관행에 보다 큰 융통성을 줄 수 있는 다양한 방식들을 개발하였다.

그 내용으로서 인력의 고용과 배치에 있어서 수석행정관들의 재량을 확대하고, 지방의회의원들의 관여는 최고위직의 임명에 국한시켰다. 계약 및 직무기술서를 융통성 있게 규정하여 특히 사무보조 및 행정직 직원들의 부서간 이동과 새로운 작업 관행의 도입을 용이하게 하였다. 집행수석 및 상급관리자를 고정 임기제 계약 및 기업 방식의 급여 패키지를 토대로 충원하는 사례가 증가하였다. 민간 분야로부터의 또 다른 반향으로서 일부 지방자치단체는—비단 보수당 지배의 지방자치단체뿐만 아니라—상급관리자들을 대상으로 성과급(PRP)을 도입하여 업무수행 실적이 탁월한 경우 성과 보너스를 지급하거나 급여를 인상해 주었다. 신축적인 근무시간 및 근무조건에 관한 제도들이 보다 광범하게 채택되고 그로 인해 지방자치단체의 직원과 서비스의 이용자 모두가 혜택을 입었다. 그 예로서 자율근무시간제(flexitime), 직위공유(job-sharing), 재가근무(home-based working)는 모두 경제계 전체보다 지방정부 부문에서 먼저 시작된 제도이다.

결론 — 일반화가 가능한가?

이 장에서 지방자치단체의 인력, 즉 서비스의 공급과 전략적 지방정책의 개발에 관여하는 엄청나게 다양한 종류의 사람들에 대하여 개관하였다. 지방정부가 직면하고 있는 다수의 인적자원 및 노사관계의 쟁점들 중에는 민간부문의 대규모 조직과 유사한 것들이 많다. 일반적으로 말해서 전통적이고 관료제적인 인사관리 접근방법이 이제는 관리자들이 소속 직원들에 대한 예산과 책임을 위임받아 수행하는 것으로 대체되었다. 그러나 지방자치단체 관리자들의 입장은 그들의 기본적인 바탕이 공공부문이기 때문에 한층 복잡하다. 급여에 대한 합의는 중앙정부가 전반적인 급여 수준을 민간 산업부문보다 떨어뜨리려는 목적에서 통제할 수 있다. 변화 및 '현대화' 정책들이 위로부터 강요되고, 잉여인력 감원, 경쟁입찰, 최고가치와 같은 쟁점들이 모두 정치적 논쟁 및 토론의 대상이 된다. 여기에다 지방의회의원들이 지방자치단체의 관리 및 감독에 개입함으로써 문제가 더욱 얽히게 된다.

지방정부의 직원들이 때때로 버림을 받았다는 느낌을 가지거나 사기가 저상되지 않는다면 그것은 아마도 기적일 것이다. 그러나 조사결과 증거가 분명하게 나타나지 않은 것은 불가피한 일이다. 전반적인 직무만족도는, 아마도 여성근로자의 만족도가 관행적으로 더 높은 데 기인하는 것으로 보이지만, 오랜 기간 동안 지방정부, 그리고 공공부문 전체가 민간부문보다 높은 상태로 유지되어 왔다. 그러나 그 격차가 최근에 들어 크게 줄어들었는데(Gardner and Oswald, 2001), 그것은 공공부문에서 스트레스 수준이 빠르게 높아지고 있고 직원 충원과 유지에 어려움이 점차 커진다는 증거가 주기적으로 제시되고 있는 것과 궤를 같이 한다(예: *Local Government Employment Digest*, October 2005 참조).

[도표 13.8] 직무만족도 — 누구에게 질문하느냐가 관건임

규모가 250만 명이 넘고, 높은 보수를 받는 상급관리자에서 문자 그대로 빈곤선의 임금을 받는 최소한 25만 명 이상의 여성근로자에 이르기까지 다양한 지방정부의 전체 인력을 대상으로 직무만족도나 직장 스트레스와 같은 주제로 어떤 일반적인, 그리고 증거에 기초를 둔 결론을 이끌어내는 것은 어려운 일이다. 그것이 얼마나 어려운가 하는 것은 바로 2005년도에 둘 다 모리(MORI)가 수행했으나 매우 이질적인 조직, 즉 지방정부향상발전기구(IDeA)와 지방자치단체 직원이 전체 노조원 130만 명의 2/3를 차지하는 공공노조 유니슨(UNISON)이 당연히 다른 관심을 가지고 위탁한 두 개의 지방정부 직원 서베이를 보면 알 수 있다.

지방정부향상발전기구(IDeA) — 지방정부성과종합평가(CPA) 및 직원 태도: 체계적인 전화조사로서 '눈덩이'/추천('snowball'/referral) 표출방법을 사용하여 종합성과평가에서 탁월, 우수, 보통, 미흡, 부진 등급을 받은 5개 디스트릭트 의회에서 각각 100명씩 총 500명의 지방자치단체 직원을 표본에 포함시켰다. 이 연구는 지방의회의 성과종합평가 등급과 직원들의 동기 및 관리와의 관계를 조사했는데 이 표의 하단에서 보는 것처럼 결과가 의미 있는 것으로 나타났다.

	동 의 (%)	부동의 (%)	순동의 (%)
[X 지방의회]는 평균 이상/최상등급의 직장이다	53	10	+43
나는 내가 하는 일의 가치를 인정받고 있다고 느낀다	65	20	+45
내 보수는 다른 조직의 유사한 직위와 비교할 때 공평하다	51	33	+18
상급관리층은 조직이 어디로 가야할지 분명한 비전을 가지고 있다	64	22	+42
	전 체 (%)	**탁월단체 (%)**	**부진단체 (%)**
[X 지방의회]는 평균 이상의 직장이다 — 동의	53	68	20
나는 [X 지방의회]를 다른 사람들에게 높게 평가할 것이다 — 강력하게 동의	33	51	20
나는 내가 하는 일의 가치를 인정받고 있다고 느낀다 — 강력하게 동의	18	21	13
나는 현재의 내 직무에 아주 만족한다	30	33	18
[X 지방의회]는 고객의 수요에 초점을 맞춘다 — 강력하게 동의	30	48	13
[X 지방의회]는 직원들에게 정보를 자세히 제공한다 — 강력하게 동의	20	31	6

[도표 13.8] 계속

유니슨(UNISON) — 지원 공동체 — 긴장의 해소: 지방정부에서 일하는 유니슨 노조원 10,000명에 대한 조사로서, 이 노조의 지방정부팀장(Head of Local Government) 히더 웨이크필드(Heather Wakefield)에 의하면 압박받고, 가치를 제대로 인정받지 못하고, 부족한 인원과 부족한 예산으로 운영되는 인력을 보여주고 있다. 유니슨이 "지방정부 뉴스"(*Local Government New*, 2005. 9. 20)에 제공한 주요 발견사항은 다음과 같다.

- 응답자의 72%는 고용주로부터 저평가받고 있다고 느낀다.
- 59%는 최근 6개월 사이에 이직을 고려했다.
- 27%는 자신이 하는 일에 대한 보상이 적절하다고 생각한다.
- 33%는 매주 무급으로 연장근무를 한다고 보고했다. 무급근무는 주당 평균 4~6시간으로서 동 노조는 무급 노동이 총 7백만 일에 달하는 것으로 계산했다.
- 40%는 서비스이용자로부터 욕을 들어본 적이 있다.
- 16%는 그들 관리자로부터 위협을 받은 적이 있다.
- 정부가 제안한 지방정부 연금제도의 변화에 대해서 79%가 걱정하고 있으며, 54%는 매우 걱정하고 있다. [특히, 대부분의 노조원에 해당되는 것으로서 나이와 회원가입기간의 합이 85년에 해당될 때 연금 전액을 받을 수 있는 조건을 갖추면서 자원퇴직이 가능한 85년 원칙의 삭제]

[도표 13.8]에서 우리는 거의 동시에 실시한 두 개의 조사 사례를 제시하고 있는데, 비록 완전히 모순되지는 않지만 서로 매우 다른 모습을 보여주고 있다. 하나는, 특히 지방정부성과종합평가(CPA) 결과 최고 등급을 받은 지방자치단체에서 상대적으로 높은 직무만족도 수준과 관리에 대한 긍정적인 견해를 보이는데 반해, 다른 하나는 낮은 평가를 받고 의욕을 상실한 인력으로서 스스로의 미래에 대하여 심각하게 걱정하는 모습을 보여주고 있다. 요약해서 말하면 깔끔한 결론은 없으며, 있을 수도 없다는 것이다. 우리가 이 장의 서두에서 경고했듯이 일반화를 경계해야 한다.

제14장
정　　당

서　　론

정당과 정당 정치는 좋든 싫든 간에, 그리고 우리는 양 측면을 모두 검토함으로써 이 장을 마무리하겠지만, 현재 영국 대부분의 지역에 있어서 지방정부의 핵심적인 요소이다. 더구나 정당은 그 활동에 대한 수많은 악의적인 비난은 물론이고 집행제에 기반을 둔 정책결정이 초래한 일부 중대한 변화와 도전에도 불구하고 당분간은 그대로 존속될 것이다. 따라서 우리는 이 장의 전반부에서 현 시점에 있어서 지방정부의 정치적 지형을 살펴보고, 그것이 어떻게 그렇게 보이게 되었는지를 간략하게 조망한다. 그 다음에는 주요 정당의 조직과 영향력을 지방의회 안팎을 통하여 비교한다. 우리는 또한 전국 정당들의 역할과 그들의 각각의 정책을 지방정부와의 관계에서 검토한다.

정당제도 및 비당파주의자의 존속

지방정부에서 정당을 다룰 때 균형을 바로 잡는 것이 중요하다. 그 중요성을 과소평가하면 다수의 그리고 가장 중요한 지방정부의 의사결정이 어떻게 그리고 어디서 이루어지는지 완전히 오해할 위험이 있다. 반대로 과대평가하는 경우 모든 지방의회가 엄격하게 통제된 정당의 노선에 따라 운영되고

[도표 14.1] 지방정부의 정당제도 — 영국(북아일랜드 제외), 2005/06

정당제도 및 정의		잉글랜드					웨일스	스코틀랜드	그레이트 브리튼		
		단일통합 의회	카운티	비광역도시권 디스트릭트	광역도시권 디스트릭트	런던 바러	단일통합 의회	단일통합 의회	계		%
완전/절대적 비당파제 (무소속 60% 이상 의석점유)		–	–	4	–	1	3	6	14		3
미약한 당파제 (무소속 20~59% 점유)		5	–	40	4	1	10	3	63		14
다당/군소정당제 (제3 당 이하 20% 이상 점유)		10	6	38	9	1	3	6	73		17
양당제 (2개 정당 80% 이상 점유)		17	18	66	10	11	2	6	130		29
일당지배제 (제1 당 60~75% 점유)	보수당	4	8	46	2	4	–	–	64		
	노동당	4	–	9	3	7	2	5	30	117	27
	자민당	4	1	12	3	1	–	1	22		
	(SNP)							1	1		
일당독점제 (제1 당 75% 이상 점유)	보수당	1	–	15	–	3	–	–	19		
	노동당	1	1	6	5	2	2	4	21	44	10
	자민당	–	–	2	–	2	–	–	4		
계		**46**	**34**	**238**	**36**	**33**	**22**	**32**	**441**		**100**

주: 표의 비율을 반올림했기 때문에 모두 합해서 정확하게 100이 아닐 수 있음.
SNP: Scotland National Party(스코틀랜드 국민당)

출처: Edkins Family Index Page—Local Council Political Composition(www.gwydir.demon.co.uk/uklocalgov/makeup.htm).

[도표 14.2] 지방의회의원의 정당별 현황 — 영국(북아일랜드 제외), 2005/06

	잉글랜드										웨일스		스코틀랜드		그레이트 브리튼			
	단일통합 의회		카운티		비광역도시권 디스트릭트		광역도시권 디스트릭트		런던 바러		단일통합 의회		단일통합 의회		2005/06		1979	
정당소속	No.	%	No.	%	No.	%	No.	%	No.	%	No.	%	No.	%	No.	%	No.	%
보수당	778	32	1,147	51	4,833	46	546	22	650	35	109	9	126	10	8,189	37	12,143	53
노동당	808	34	575	25	2,118	20	1,182	48	854	46	479	38	504	41	6,520	30	7,351	32
자민당	662	38	470	21	2,391	23	593	24	317	17	149	12	175	14	4,757	22	1,032	4
국민정당	–	–	–	–	–	–	–	–	–	–	173	14	184	15	357	2	278	1
무소속 기타	157	7	7	3	1,233	12	124	5	40	2	354	28	233	19	2,220	10	2,232	10
계	**2.407**		**2,269**		**10,575**		**2,445**		**1,861**		**1,264**		**1,222**		**22,043**		**23,036**	

주: 기타 정당에는 자유당(Liberals), 사회민주당(Social Democrats), 녹색당(Greens), 납세자 · 주민연합(Ratepayers' and Residents' Associations) 및 기타 군소 정당이 포함됨.

북아일랜드의 경우 2005년 선거에서 선출된 총 582명의 디스트릭트 의회의원의 정당별 분포는 민주통합당(Democratic Unionist Party) 182, 신페인(Sinn Fein) 126, 얼스터 통합당(Ulster Unionist Party) 115, 사회민주노동당(Social Democratic and Labor Party) 101, 연합당 (Alliance) 30, 녹색당(Greens) 3, 무소속 및 기타 25석이었음.

런던 바러의 통계치는 정당정치가 없다고 주장하는 런던시티(City Corporation of London) 민의회의원 157명이 제외된 것임.

출처: Rallings and Thrasher(2005).

모든 의사결정이 정당에 기반을 두고 내려진다고 가정하는 함정에 빠지게 된다. 사실은, 지방정부와 관계가 없는 것이 없다고 해도 과언이 아니기 때문에, 현실적인 모습은 다양하기가 거의 끝이 없다. [도표 14.1]에 요약되어 있듯이 440개 정도가 되는 이 나라의 지방자치단체에 보편적으로 해당되는 사실은 아무 것도 없다.

[도표 14.1]은 2005/06년도 그레이트 브리튼(Great Britain—UK에서 북아일랜드 제외)의 정당 및 비정당 제도의 유형을 요약하고 있다. 광역도시권과 대부분의 카운티 및 단일통합의회, 그리고 규모가 큰 샤이어 디스트릭트에서는 *완전히 성숙된 정당제도*(*fully developed party system*)를 볼 수 있다. 오늘날 전 지방의회의 5/6가 이 범주에 속하며, [도표 14.1]의 맨 아래 4개 유형이 이에 해당된다. 거의 모든 카운티와 단일통합의회가 이 범주에 포함되기 때문에, 당연한 귀결로서 영국의 거의 모든 유권자의 생활에 영향을 미친다. 이들 지방자치단체의 모든, 또는 절대 다수의 지방의회의원들은 전국 정당 또는 국민주의 정당의 명의로 선출되고, 선출된 다음에는 자체적으로 정당 교섭단체를 구성한다. 무소속이나 지방 또는 주변적인 정당의 대표는 이들 지방의회에서 당선되기가 매우 어렵고 그래서 전혀 존재하지 않는 지역도 많다([도표 14.2] 참조).

잉글랜드의 비도시지역과 웨일스 및 스코틀랜드의 경우는 정치적 그림이 크게 다를 수 있다. 잉글랜드의 디스트릭트와 스코틀랜드 및 웨일스의 단일통합의회는 *약한 정당제도*(*weak party systems*)를 가진 경우가 많고(전체 지방의회의 14퍼센트—[도표 14.1]), 나머지는 사실상 또는 실제로 *비당파*(*non-partisan*) 지역으로서 거의 대부분의 지방의회의원들이 무소속으로 출마하여 저마다 나름대로의 목적을 추구한다.

전통적으로 볼 때 거의 완전한 비당파주의의 가장 좋은 사례는 스코틀랜드의 3개 도서 지방의회, 즉 오크니, 셰틀랜드와 웨스턴 아일이다. 그러나 비당파주의가 지배적인 지방의회는 이 나라 곳곳에서, 그것도 켈트족의 주변부가 결코 아닌 지역에서도 다수 볼 수 있다. 케임브리지셔, 캄브리아, 데본, 도싯, 더럼, 글로스터셔, 험버사이드, 링컨셔, 옥스퍼드셔, 슈롭셔, 서머시트, 스태퍼드셔와 서리 등이 그 예이다.

다음은 성숙된 *정당제도*(*developed party systems*)로서 [도표 14.3]에서 보듯이 숫자적으로 그리고 조직의 측면에서 최소한 4개의 유형으로 구분된다.

[도표 14.3] 성숙된 정당제도의 4가지 유형

1. *다당제 또는 군소정당 난립*—무소속 및 기타는 상대적으로 거의 없으나, 지방의회의 의석이 여러 개의 정당 교섭단체로 분할되어 있다. 이들 지방의회의 대부분은 전체적으로 과반수를 확보한 정당이 없다는 산술적인 의미에서 '다정파분점(hung)' 또는 '균형(balanced)' 상태에 있다. 실제적인 관리 형태는 과반수미달 단일정당지배(single-party minority rule)에서 온갖 다양한 형태의 변형된 '권력분점(power-sharing)'까지 가능하다. [도표 14.4]의 북아일랜드에 관한 주석에서 보듯이 비례대표(PR) 선거제도를 채택하는 나라에서는 여러 당으로 구성되는 다정파분점 지방의회가 전형적인 형태이다. 우리의 다수득표(FPTP) 제도는 이러한 의회의 발생을 줄여주지만, 그래도 이 유형이 전체의 1/3을 차지한다. 그것은 규모가 큰 국회의원 선거구(constituencies)보다 소규모의 지방의회의원 선거구(wards 또는 divisions)에서 제 3 당 또는 군소정당 후보의 당선이 훨씬 쉽다는 사실을 반영한다. 2005년도의 지방의회 내각(집행) 위원회를 보면 각 정당은, 중앙정치 차원의 상호 반감에서 유추할 수 있는 것과는 반대로, 상상할 수 있는 모든 형태의 조합을 통해 서로 협력하고 있다. 즉 36개 지방의회는 보수당과 자민당 및 다른 교섭단체, 21개는 노동당과 자민당, 11개는 노동당과 보수당, 그리고 10개는 3당이 모두 통치에 관여한다.
2. *양당제도*—지방의회의 의석이 두 개의 주도 정당으로 비교적 균분되고 제3당 또는 무소속은 상대적으로 거의 없는 유형이다. 양대 정당의 실제적인 균형에 따라서 과반수 지배 정당이 없는 다정파분점 의회가 될 수도 있으며, 그렇지 않은 경우에는 양 정당 간에 지배 세력이 주기적으로 교체된다.
3. *일당 지배*—한 정당이 과반 의석을 확고하게 보유하며, 해당 지방의회를 거의 대부분의 기간에 걸쳐 지배할 것으로 예상된다.
4. *일당 독점*—용어에서 짐작할 수 있듯이 우리의 선거제도가 창출할 수 있는 극단적인 사례로서 단일 정당이 해당 의회를 중단 없이, 그리고 사실상 도전받지 않고 지배한다.

노동당의 지방 지배 쇠퇴

이 책의 종전 판들에는 [도표 14.1]과 꼭 같은 형태로 예전의 통계치가 제시되어 있는데 비교 측면에서 가장 흥미로운 것은 아마도 노동당이 중앙정부에 집권하기 직전이었던 1996/97년도의 통계일 것이다(Wilson and Game, 1998, p. 260). 당시 146개 이상의 '일당독점(one-party monopolistic)' 지방의회가 있었는데 그 중에서 단지 3개만을 보수당이 장악했었고 126개는 노동당 지배하에 있었다. 일당지배(one-party dominant) 지방의회는 97개로서 그 중에서 65개를 노동당이 장악했었다. 36개 광역도시권 디스트릭트 중에서는 2/3(24개)가 일당독점 지배체제로서 모두 노동당이 장악했었고, 런던에서는 15개 일당독점 지배체제 중에서 10개를 노동당이 지배했었다. 노동당이 중앙정부에서 두 개 임기를 집권하는 동안에 일어난 지방 정치지형의 변화를 이것보다 더 웅변적으로 설명하는 척도는 아마도 없을 것이다. 그 사이에 이러한 일당지배 아성의 거의 3/4이 사라지고, 보수당은 [도표 14.2]와 [도표 14.4]의 마지막 난에서 보는 것처럼 25년 전의 수준에는 미치지 못하지만 그들이 역사적으로 당연하게 생각하는, 지방정부에서 수적으로 월등한 정당으로서의 위치를 회복했다.

국가권력을 장악하는 정당이 지방선거에서 반발표로 인해 의석을 어느 정도 잃는 것은 예상되는 일이다. 그러나 보수당이 1996/97년도까지 경험한 것은 극단적인 사례로서 1979년 대처 여사가 총리에 취임했을 때와 비교해서 지방의회의원은 2/3 가까이, 그리고 지방의회는 거의 95퍼센트에 해당되는 242개를 잃었다. 이와 비교해서 노동당은 집권 후 처음 8년 동안에 39퍼센트의 지방의회의원과 55퍼센트의 지방의회를 빼앗겼다. 특기할 사실은 정당을 통해 도시/비도시 및 북/남의 정치적 분할이 더욱 두드러지고 있음을 꽤 잘 볼 수 있다는 점이다. 보수당의 지위 회복은 압도적으로 잉글랜드의 비광역도시권에서 이루어졌다. 노동당은 2005년 현재 런던과 광역도시권 디스트릭트 및 단일통합의회에서 여전히, 그리고 스코틀랜드와 웨일스에서는 압도적으로 지방정부 선두 정당의 위치에 있다.

상기 3개의 도표와 관련하여 두 가지 사항을 더 언급할 필요가 있다. 먼저 1980년대와 1990년대에 보수당이 상실한 것 중에는 많은 부분이 직접 노동당이 아니라 자민당 및 자민당의 전신인 자유당에게 빼앗긴 것이었다. 이 기간 동안에 자민당은 지방 차원에서, 국회에서와 같은 일종의 주변적인 위치를 탈피하고 중심 무대로 이동하였다. 이에 따라 2005년에 이르러 자민당은 34개 지방의회를 직접 지배하는 한편, 공식적인 표현이야 어떻든 다른 모든 정당이 선택할 수 있는 협력당사자로 인식되어, 이의 약 두 배가 되는 지방의

[도표 14.4] 지방자치단체 지배 유형 — 영국(북아일랜드 제외), 2005/06

	잉글랜드										웨일스		스코틀랜드		그레이트 브리튼			
	단일통합 의회		카운티		비광역도시권 디스트릭트		광역도시권 디스트릭트		런던 바러		단일통합 의회		단일통합 의회		2005/06		1979	
정당소속	**No.**	**%**	**No.**	**%**	**No.**	**%**	**No.**	**%**	**No.**	**%**	**No.**	**%**	**No.**	**%**	**No.**	**%**	**No.**	**%**
보수당	11	24	23	68	111	47	4	11	8	24	1	5	–	–	157	36	256	49
노동당	12	26	6	18	22	9	16	44	15	45	8	36	13	41	92	21	113	22
자민당	5	11	3	9	19	8	3	8	3	9	–	–	1	3	34	8	2	*
국민정당	–	–	–	–	–	–	–	–	–	–	1	5	1	3	2	*	4	1
무소속	–	–	–	–	7	3	–	–	1	3	3	14	6	19	16	4	68	13
다정파분점	18	39	2	6	79	33	13	36	6	8	9	41	11	34	139	32	75	14
계	**46**		**34**		**238**		**36**		**33**		**22**		**32**		**441**		**518**	

주: *1% 미만

'다정파분점'은 어떠한 단일 정당도 전체 의석의 50퍼센트를 초과하지 않는다는 의미에서 지방의회에 대한 순전히 산술적인 정의임. 따라서 단일 정당이 정확하게 전체 의석의 50퍼센트를 점하거나 시장 또는 시의회의장의 캐스팅 보트를 통하여 단일 정당이 전반적으로 지배적인 지위에 있는 지방의회도 포함되어 있음.

잉글랜드의 116개 다정파분점 지방의회(직선 시장제도를 택한 지방의회 제외) 중에서 40개 지방의회(34퍼센트)는 과반수 미달의 소수 정당이(보수당 18, 노동당 11, 자민당 10, 무소속 1), 그리고 나머지 76개 지방의회는 다양한 형태의 권력분점(power-sharing) 장치(2개 정당/교섭단체 38, 3개 정당/교섭단체 31, 4개 이상 7)를 통해 통치

북아일랜드의 경우는 단일양도가능투표(STV: Single Transferable Vote) 제도에 기초하여 지방선거를 실시하고 있으며, 2005년 선거 결과 26개 지방의회 중에서 Ballymena(DUP: 민주통합당)를 제외한 모든 지방의회가 다정파분점의 형태가 되었음.

출처: Rallings and Thrasher(2005); Edkins Family Index Page – [도표 14.1] 참조

회의 운영에 추가로 참여했다.

둘째, 1979년 이래 무소속이 지배하는 지방의회의 수는 3/4이 줄어들었지만 무소속 및 군소정당 지방의회의원의 수는 거의 변함이 없다는 사실이다. 최근에 들어서는 [도표 11.9]에서 보았던 일부 사례와 같이 초지역적인 지역사회 및 단일 쟁점 정당의 출현에 특히 힘입어 해마다 기록해 왔던 이러한 감소 추세가 정지되었다.

지방 정당정치의 역사와 확산

정당정치가 오늘날 영국 지방정부를 그렇게 크게 지배하는 것은 사실상 비교적 현대적 현상이다. 정당정치는 원래 많은 도시에서 그 역사를 적어도 도시법인법 1835(Municipal Corporations Act 1835 — 제 4 장 참조)까지 거슬러 올라가 찾을 수 있지만 이들 지역 바깥으로 확산된 것은 일반적으로 얘기해서 훨씬 최근의 일이다. 따라서 우리는 보다 정치화된 지방정부의 대두를 '19세기에 시작되어 동 세기에 먼저 주요 도시를 거쳐, 다음 단계로서 다소 차이는 있지만 샤이어 지역까지 확산된 지속적이고 장기적인 추세'로 보아야 한다(Young, 1986a, p. 81). 영(Young) 자신과, 그리고 [도표 14.5]에 요약되어 있듯이, 가이퍼드(Gyford, et al., 1989)는 이러한 추세를 다섯 단계로 유용하게 구분하여 잘 설명하고 있다.

여기서 우리의 주요 관심사는 자연히 가이퍼드(Gyford)의 마지막 재평가(Reappraisal) 단계로서 지방정부에서 정당정치의 규모가 양적으로 확대되고 근본적인 성격 변화가 함께 나타났던 시기이다. 양적인 변화는 주로 1970년대 초반의 지방정부체제 개편 직후 갑자기 나타난 현상이다. 당시까지는 선출된 지방의회의원의 과반수가 전통적인 정당의 명의를 거부했다는 점에서, 잉글랜드와 웨일스 지방의회의 절반 정도, 그리고 스코틀랜드의 2/3를 '비당파주의(non-partisans)'라고 정의할 수 있었다. 당시에도 여느 시기와 마찬가지로 도시-비도시의 구분이 뚜렷했었는데 도시지역 지방의회는 2/3 내지 3/4이 정당 노선에 따라 운영된 반면에 비도시지역은 그 비율이 카운티의회는 1/3, 비도시 디스트릭트 의회는 10퍼센트에 불과했었다.

[도표 14.5] 지방정부의 정당정치화

1. *다양화 시기*(Diversity, 1835~60년대 후반) — 다수의 새로운 도시 지방정부가 정당정치에 의해 지배되고 구분되었다. 그러나 전국적으로 통일된 형태는 없었다. 토리(Tories), 휘그(Whigs), 보수당(Conservatives), 자유당(Liberals), 급진당원(Radicals), 헌장주의자(Chartists), 개량주의자(Improvers), 절약주의자(Economiser)들이 서로 다른 도시를 무대로 다양한 처방을 제공하였다(Gyford et al. 1989, p. 7). 교육에서의 종교의 역할, 지방정부 지출 수준, 음주/절대금주주의 등이 이들을 가른 주요 쟁점이었다.
2. *결정체화 시기*(Crystallisation, 1860년대~1900년대) — 지방정부의 행정합리화와 병행하여, 정당정치가 존재하는 곳은 대부분 보수당-자유당(Conservative-Liberal)의 경합으로 계열화가 함께 진행되었다. 1860년대 조셉 체임벌린(Joseph Chamberlain)의 버밍햄자유연합(Birmingham Liberal Association)이 핵심적인 촉매제가 되었다. 그것은 성공적인 선거조직이자 도시 집산주의(collectivism) — 가스 및 수도 공급, 슬럼 일소, 공중보건, 공원 및 정원 등에 대한 지방정부의 혁신적인 관여를 주장 — 의 급진적인 선구자였다.
3. *재편 시기*(Realignment, 1900년대~1940년대) — 노동당(Labour)이 지방정부에서 급진세력의 주체로서 자유당(Liberals)을 대체하고, '지방의회 근무인력의 보수 및 근무조건 개선, 실업자에게 일자리 제공, 공중목욕탕과 세탁소, 노동자계층 가족을 위한 적정한 주택의 공급을 요구하는 독특한 도시적 사업'을 제안했다.(Gyford et al., 1989, pp. 11~12). 이에 대해 보수당(Conservative Party)은 온건개혁당(Moderates), 진보당(Progressives), 도시연합(Municipal Alliance), 납세자집단(Ratepayers) 등으로 명명된 지방 단체들을 통해 반사회주의적 대응을 총 지휘하였다.
4. *전국정당화 시기*(Nationalisation, 1940년대~1970년대) — 지방정부가 운영하던 공익사업 및 병원의 국유화와 함께 지방의 정당정치도 전국정당화가 진행되었다. 지방정부에 대한 전국 정당조직의 관여가 확대되고, 지방선거는 전국적 인사들이 국가적 쟁점을 다투는 경쟁무대가 되어갔다. 그러나 대부분의 카운티 및 비도시 디스트릭트 의회는 여전히 비정당 노선으로 조직되었다.
5. *재평가 시기*(Reappraisal, 1970년대 이후) — 지방정부 재편에 따라 지방 정당정치가 급속히 성장하고 성격이 변화했다. 양적인 변화로서 정당지배 지방의회 수의 증가 및 무소속 지방의회의원의 감소와 함께 지방 정당조직의 공식화, 정책토론의 강화를 통한 질적인 변화가 수반되었다.

출처: Gyford et al.(1989, ch. 1).

지방정부체제의 개편은 불가피하게 종전의 비당파적 지방자치단체와 보다 강력한 당파적 전통을 가진 지방자치단체의 통합을 동반하였다. 결과는 후자가 예외 없이 주도권을 장악하여 1973/74선거 이후 당파적 지방자치단체의 비율이 잉글랜드와 웨일스에서는 80퍼센트 가까이, 그리고 스코틀랜드에서는 과반수를 차지하게 되었다.

이어서 몇 년 동안 이러한 추세가 계속되었고 특히 보수당은 과거에 더러 있었던 것처럼 정당 동조자들이 무소속으로서가 아니라 모두 정당의 공식적인 후보로 출마해야 한다고 주장했다. 이미 언급한 바와 같이 아직도 생각보다 많은 수의 무소속 지방의회의원들이 남아 있지만 무소속이 지배하는 지방의회는 선거가 거듭될수록 사정없이 줄어들었다. 가장 최근에는 1990년대 중반에 있었던 스코틀랜드와 웨일스의 지방정부체제개편에 따라 그 수가 더 큰 폭으로 감소했다. 양 자치지역 모두 종전에 비해 규모가 커진 단일통합의회에서 훨씬 적은 수의 지방의회의원들이 무소속으로 남아 있다.

정당 정치화의 실제

숫자를 세는 것은 쉽다. 그러나 지방정부의 정당 정치화를 이해하는 것은 단순히 정당 지배하에 있는 지방의회의 수를 더하는 것보다 훨씬 어렵다. 만약 우리가 어떤 지방의회를 '정당정치화 되었다'고 한다면 우리는 거기서 특정의 조직 특성과 운영방식을 발견할 것으로 기대할 수 있어야 한다. 그것은 새로운 것이 아니다. 그것은 점차적으로 발전되어 왔으며, 특히 1920년대 및 1930년대에 큰 영향력을 가졌던 런던의회 대표의원 허버트 모리슨(Herbert Morrison)의 지도에 따른 것이다. 모리슨의 정당제도 모델은, 그의 전기 작가 중의 한 사람인 조지 존스(George Jones, 1975)의 설명에 따르면, [도표 14.6]에 나와 있는 것처럼 최소한 7개의 요소를 포함한다.

이러한 정당정치의 측면이 지방의회의 조직이나 업무를 도표로 나타낼 때 포함되는 예는 거의 없다. 과거의 경우를 보면 그것은 지방의회의원들이 정책결정을 내리는(궁극적으로는 지방의회 전원회의에서 공식적으로 승인) 각종 위원회를 지원하는 공무원과 행정부서의 그림을, 단순하고 간략하게 할 수 있는

[도표 14.6] 모리슨(Morrison)의 정당제도 모형

허버트 모리슨(Herbert Morrison)은 제2차 세계대전중 치안부장관(Home Secretary)을, 그리고 1945~51년 기간 동안에 부총리를 지냈다. 1934~40년 사이에는 런던 카운티 의회(London County Council) 대표(Leader)였으며, 데이비드 블런켓(David Blunkett)이 나오기 이전에는 '영국 정치에서 유일하게 지방정부를 거쳐 당의 최고위직에 오른 노동당의 인물'이었다(Donoughue and Jones, 2001, p. 63). 그런 그가 다음과 같은 지방 정당조직의 기본규범을 개발하여 발표한 것은 런던 노동당의 조직담당 비서였던 1920년대의 일이다:

1. 지방 당원위원회에 의한 *후보자 선정*
2. 통상적으로 지방의회의원들과 정당대표들로 구성되는 지방 정당그룹에 의한 *차별적인 정책 프로그램 개발*
3. 선거운동 기간뿐만 아니라 당선 후에도 해당 정당의 모든 후보가 준수할 것으로 기대되는 *정당 선거정책선언 생산*
4. 해당 정당이 의회 과반수 의석을 차지하는 경우 *정책선언 집행*
5. 내각 및 위원회 구성원과 기타의 직책 및 리더십 직위를 결정하고, 정당의 정책을 개발 및 조정하며, 정당의 규율을 확보하기 위해 *지방의회의원들을 정당 교섭단체로 조직화*
6. 대표와 함께 통상적으로 집행위원이 포함되는 *교섭단체 리더십 그룹 선출*
7. 교섭단체 구성원들이 정책적 합의를 도출하고 토론 및 투표 전술을 계획할 수 있도록 *의회전체회의 및 위원회에 앞서 교섭단체 사전회의 개최*

데도 불구하고, 복잡하게 만들 수밖에 없었기 때문이다. 우리는 스스로 이러한 복잡한 문제에 착수하여 사실주의의 관점에서 정당정치가 정책결정과정의 어느 부분에 적용되는지, 그리고 그것이 다수의 지방의회에서 실제로 정책결정과정을 어떻게 몰아가는지를 보여줄 것이다(Wilson and Gam e, 1998, [그림 14.1], p. 268).

정당 교섭단체는, 완전히 생략되는 경우가 자주 있는데, 우리의 설명에서는 거의 중심부를 차지한다. 그것은 이 분야에 있어서 핵심적인 저자의 한 사람인 코푸스(Copus, 2004)의 설명과 마찬가지이다. 그는 교섭단체를 '지방의회 정치의 모든 측면에, 그리고 보다 더 광범한 공공의 영역에 영향을 미치는'(p. 93) 리바이어던에 비유하고 있다. 다만 그 비유가 전설적인 바다 괴물에 대한 것인지 아니면 토머스 홉스(Thomas Hobbes)의 전지전능한 국가에 대한 것인지

는 독자들이 결정할 문제이다.

각 정당 교섭단체 및 각각의 규모는 지방선거의 직접적인 산물로서, 만약에 시장을 직접 그리고 별도로 선출하지 않는다면, 누가 그리고 어떻게 그 지방의회를 운영할 것인지를 결정해준다. 과반수 또는 최대 교섭단체에서 선출된 대표가 일반적으로 해당 지방의회의 집행위원장(Leader of the Council)이 된다. 과반수 확보 교섭단체의 정책선언은 해당 지방의회의 정책의제가 되어 관계 공무원 및 부서에 의해 실제적인 정책안건으로 구체화된다. 종전에는 과반수를 확보한 교섭단체의 의회의원들이 일반적으로 위원회와 소위원회의 의장자리를 모두 차지하고 그것을 수적으로 지배했다. 현재는 지배 정당이 집행부 내지 내각의 직위를 모두 차지하는 것과 마찬가지이다. 내각/집행직 의원들과 마찬가지로 위원회 의장들은 회의 안건을 준비함에 있어서 부서장(부서 수석행정관)들과 긴밀하게 연락을 주고받았었다.

각각의 공식적인 위원회 회의 — 그리고 여기에 집행제 정책결정의 도입으로 초래된 가장 핵심적인 차이점이 있음 — 에 앞서 통상적으로 각 정당 교섭단체는 비공식적으로 위원회 사전회의(caucus)를 개최하여 그들의 전술, 즉 어떤 쟁점에 초점을 맞출 것인지, 누가 발언을 하고 어떻게 투표할 것인지를 결정했다. 집행제의 도입으로 인해 무엇이 그러한 위원회 사전회의를 대체했는지 아직까지 우리는 분명한, 그리고 전반적인 그림을 가지고 있지 않다. 즉, 대부분의 지방의회에서 정당 교섭단체들이 향후 집행위원회의 결정을 논의하기 위하여 아직도 회의를 하고 있는지, 그리고 교섭단체의 결정이 집행직 의원들을 구속하는지 등이 분명하지 않다는 것이다. 그러한 전반적인 그림을 가질 때까지 우리는 지방의회가 실제로 어떻게 운영되는지 충분히 이해했다고 주장할 수 없다. 왜냐하면 위원회의 경우와 꼭 마찬가지로 지방의회의 공식적인(official) 정책결정 구조와 완벽하게 중복되어 있는 비공식적(unofficial) 정당조직을 가시화할 필요가 있기 때문이다.

과반 의석을 확보한 정당이 없는 다정파분점 지방의회(hung council)는 원칙보다는 실제적인 측면에서 다르게 운영되는 것이 불가피할 것이다. 거기서는 협상을 통해 정책선언의 타협안이 나와야 할 것이다. 우리가 언급했던 바와 같이 집행위원회는 아마도 서너 개 정당에 소속된 의원들로 구성되고, 당연한 일이지만 어떤 분야에서도 하나의 정당이 소속 의원들에게 단순히 규율만 강화하는 것으로는 투표를 승리로 이끌 수 없을 것이다. 공무원들은 아마도 두세 개 정당의 대변인들과 함께 논의하고 그들에게 보고하는 자신들을 발견할 것이다. 그럼에도 불구하고 이들 정당 및 의회의원들의 정당 소속은 여전히 정책 과정의 핵심이다.

조직 및 운영상의 차이

어떤 정당도, 현실이 이론과 다른 경우가 종종 있기는 하지만, 모리슨(Morrison)의 정당제도 모델에 포함되어 있는 대부분의 요소들을 인정할 것이다. 먼저, 지방 정당(local parties)은 규모, 재정 및 절대적인 능력이 다를 수밖에 없다. 코푸스(Copus)의 분류를 원용하면 전지전능(omnipotent)에서 '기계적 기능수행(functioning-mechanistic)' 및 회생 형태, 그리고 휴면 및 완전 빈사상태까지 다양하다(2004, pp. 68 ~ 70). 따라서 의지와 능력을 갖춘 지원자가 부족한 경우, 우리가 제12장(pp. 321 ~ 322)에서 일부 지방의회의원들의 경험을 통해 보았듯이, 후보 선출절차가 '비공식적으로 흐를' 수 있다. 정당 정책선언은 그 길이와 구체성 측면에서 책 한 권의 분량이 되는가 하면 봉투의 뒷면에 끼적거려 두었다가 옮긴 것처럼 보이는 것까지 천차만별일 수 있다. 정당의 규율 또한 서로 달라서 어떤 교섭단체는 잠재적인 그리고 실제적인 반대 투표자에 대해서 다른 교섭단체보다 훨씬 관대하다(Gyford et al., 1989, pp. 172 ~ 175; Copus, 2004, pp. 104 ~ 111). 그러나 정당 사이에는 역시 격식 및 강조점에 있어서 일부 *체계적인 차이*도 있다.

특히, 노동당과 보수당 사이에 존재하는 근본적인 차이는 그들의 대조적인 태생 및 목표에서 직접 나온다. 노동당은 실용적이고, 당헌에 기반을 둔 민주 정당임이 틀림없으며 지방조직은 일련의 *노동당 복무 및 의사 표준규칙*(*Model Standing Orders for Labor Groups*)에 의해 관리된다. 이들 표준규칙의 준수 정도는 지역별로 다를 수 있지만, 보수당과 비교해보면 통일성이 훨씬 크다. 하나의 예가 지방의회의원 후보자의 선정으로서 선거구 정당조직(ward party)이나 노동조합지부에서 지명한 사람들에서 지방정당집행위원회가 1차적으로 *승인후보명부*(*a panel of approved candidates*)를 만들고 그 중에서 선거구정당조직이 선정한다. 이러한 전체적인 절차를 광역권역정당(regional party)이 감시한다. 이에 비해 보수당의 후보 선정 절차는 당의 선거구 지부에 훨씬 많은 재량권을 부여하고 예상 후보자의 당 경험이나 심지어는 당원 자격조차 크게 강조하지 않는 등 융통성이 크다.

노동당의 경우, 모리슨(Morrison) 모델에서 설명했던 바와 같이, 정책선언의 기초를 포함한 정책결정은 지방의회에 진출한 정당 교섭단체에 전속되는 것이 아니라 당헌에 따라서 *지방정당(local party)*과 공유해야 하는 책무이다. 따라서 지방의회의원들이 아닌 대표들도 교섭단체 회의에 무투표참석권이 있다. 정당 지명자들은 회의 내용을 다시 지방 정당에 보고해야 하고, 주기적으로 합동회의가 개최된다. 보수당의 경우는 정당 교섭단체에서 정책이 결정되고, 해당 국회의원선거구에 지방정부자문위원회(Local Government Advisory Committees)가 설치되어 있다면, 그러한 기구와 협의할 수 있다. 놀랄 것 없이 노동당 원내교섭단체는 일반적으로 내부적인 규율을 보다 강조하는 등 보수당이나 자민당의 교섭단체보다 더 엄격하게 운영되는 경향이 있다. 이것은 중앙당 차원에서 국회에 진출한 노동당국회의원단체(PLP: Parliamentary Labor Party)와 전당대회에서 선출된 전국집행위원회(NEC: National Executive Committee) 사이의 관계에 비견될 정도이다. 결과적으로 그것은 지방의회의원들이 지방의회에 '함몰되고' 전문직 공직자들의 권고로 인해 정책선언의 우선순위에서 벗어나는 것을 저지하기 위해 정당의 행동주의자들이 걱정하는 양상이 됨으로써 정당 내부적으로 갈등의 여지가 훨씬 크다는 것을 의미한다.

보수당은 전통적으로 현상 유지의 정당으로서 노동당보다 훨씬 장기적으로 발전되어 왔으며 중앙과 지방 조직을 막론하고 일반적으로 규정에 집착하는 정도가 훨씬 덜하다. 보수당중앙사무소(Conservative Central Office)가 당의 교섭단체를 위해 표준 당헌을 제공하고 있으나 강행규정이 아니며, 오히려 수범사례 지침 정도로 간주된다. 자민당 또한, 요크셔(Yorkshire)의 헵든 브리지(Hebden Bridge)에 본부를 둔 영향력 있는 자민당지방의회의원협회(Association of Liberal Democrat Councillors)가 교섭단체의 조직 및 통합성의 장점을 함양하려고 애쓰고 있지만, 태생적으로 구조적 융통성을 선호하고 외부에서 부과되는 규율에 저항하는 경향이 있다.

리더십의 차이

정당 간에 명백하게 차이가 있는 또 하나의 측면은 리더십에 대한 정당의 태도이다. 이것은 전국적인 경향일 뿐만 아니라 지방적으로도 뚜렷하게 나타난다. 그 차이는 지방의 리더들에게 권한을 부여하고 보다 눈에 띄고 책임 있는 공공의 이미지를 부여하기 위해 집행제 기반의 정책결정 제도가 도입됨으로써 더욱 두드러지게 되었다. 스토커(Stoker)와 그의 맨체스터 대학교 동료들은 지역사회 · 지방정부부(DCLG)의 후원으로 새로운 정치관리 제도를 공식적으로 모니터링하는 사람들로서 초기의 발견 — 지방공동협력통치의 평가: 새로운 헌장 및 윤리(Evaluating Local Governance: New Constitution and Ethics)(www.elgnce.org.uk) — 을 통하여 집행위원장/내각 모형을 채택한 지방의회 중에서 다수가 과거 위원회 시대에 있었던 정당 특유의 리더십 유형을 계승했다고 주장한다.

[도표 14.7]의 앞부분에 나오는, 리더십의 독립성을 측정하는 세 개의 척

[도표 14.7] 집행위원장/내각제 채택 지방의회에 있어서의 정당 리더십

	보수당	노동당	자민당
집행위원장의 독자성 척도			
집행위원장이 내각직 의원 선정	55	28	18
집행위원장이 내각직 관장 사무 배정	67	57	53
집행위원장이 집행부 의사를 최소한 일부 사항에 대해서는 단독 결정	47	31	47
집중형 리더십 — 상기 3개항 모두 가능	**28**	**12**	-
리더십/평가조사의 유형			
개인 리더십 + 강력한 평가조사	25	10	13
개인 리더십 + 약한 평가조사	(35)	21	27
집단 리더십 + 강력한 평가조사	19	(44)	(40)
집단 리더십 + 약한 평가조사	22	26	20

주: ( ) = 빈도가 가장 높은 리더십 유형
출처: Stoker et al., 2003, 제 5 장 및 제 9 장

도에 초점을 맞추어 보면, 집행위원장/내각 모형을 채택한 지방자치단체 중에서 34퍼센트가 집행위원장에게 집행/내각직 의원을 선정하도록 허용하고 54퍼센트는 집행/내각직 관장업무의 배분을, 그리고 38퍼센트는 협의 없이 정책결정을 할 수 있도록 허용하고 있음을 볼 수 있다. 이들 척도를 단일의 지표로 통합하면 집행위원장의 28퍼센트는 개별 행동의 자유가 전혀 없었고, 반대로 16퍼센트는 여기서 정의하는 의미에서 완전한 독립성을 가지는 것으로 나타났다. 그러나 이 16퍼센트의 정당별 분포는 보수당 지방의회는 25퍼센트 이상, 노동당은 8개에 하나 꼴, 그리고 자민당은 전혀 없는 것으로 극단적인 차이를 보이고 있다. 보수당과 자민당의 비교는 특별히 흥미의 대상이다. 보수당 의회의원들은 일반적으로 집행위원장에게 경의를 표할 자세가 되어 있는데 반해 자민당 의원들은 특정의 집행적 의사결정 권한은 위임하지만, 추가적인 임명 권한은 반드시 그렇지 않다는 것을 보여주기 때문이다.

[도표 14.8]은 스토커(Stoker) 연구팀이 확인한 세 가지 유형의 집행부 리더십에 대하여 각각의 특징을 간략하게 묘사함으로써 뼈대만 있는 이들 통계치에 약간의 살을 붙인다. 물론 그것은 위원장 주도형 집행부(leader-dominated executive)는 보수당 지배하의 지방자치단체에서 압도적으로 많이 볼 수 있고, 팀 유형의 집행부(team executive)는 노동당 지배하의 지방자치단체에서 불균형적으로 많다는 것을 의미한다. 그러나 지방정부들이 새로운 운용방식에 점차 적응함에 따라 아마도 웨스트민스터(Westminster) 내각 모형에 가장 근접한 다수행위자 유형의 집행부(multi-actor executive)가 그 효용을 인정받아 증가될 수 있을 것이다.

스토커 등(Stoker et al.)은 지방자치단체의 관점에서 리더십 유형에 관한 보다 완성된 그림을 제공하기 위하여 [도표 14.7]의 하단에서 평가조사(O&S: Overview and Scrutiny) 제도에 대한 판단을 통합적으로 제시하고 있다. 여기서 판단기준은 여러 가지 요소 — 집행위원회로부터 평가조사(O&S)의 독립성, 혁신적인 서비스 공급 방식을 탐색하려는 자세, 그리고 평가조사에 대한 공무원 지원의 질 — 를 기초로 하고 있으며, 조악하기는 하지만 우리가 '평가조사의 건전성(scrutiny robustness)'이라고 부르는 하나의 지수로 통합될 수 있다. 이것을 '집행위원장 독립성(leader autonomy)' 지수와 결합시키면 2×2 리더십/평가조사 유형을 얻을 수 있는데 그것은 [도표 14.7]에서 동그라미로 표시된 것처럼

[도표 14.8] 집행부 리더십의 3가지 유형

집행위원장 주도형	집행위원장이 전반적인 정책 방향에 대해 책임을 지고 내각직 의원들은 집행위원장의 지휘에 따른다. 내각은 정책 개발에 대해 조언하고 집행 과정을 감시하는 역할을 한다. 내각 전체회의가 줄어들고, 집행위원장과 개별 내각직 의원 간의 '쌍무적 협의(bi-laterals)'에 크게 의존하는 경향이 있다. 집행위원장이 외부와의 협력 관계에서 핵심적인 접촉 창구이며 정책자문을 위한 독자적인 정보원을 선택할 수 있다.
다수 행위자 유형	내각직 의원들이 광범한 위임 권한을 보유하고, 상호간에 그리고 집행위원장으로부터 상당한 독자성을 가지고 이것을 운영하며, 각자의 정책 분야에서 스스로 리더십을 발휘할 것이 기대된다. 또한 스스로의 네트워크를 개발하고 독립적으로 외부의 협력자들을 만난다. 집행위원장의 역할은 통합적인 기관운영방식을 유지하고, 내각직 의원들의 노력을 통합하여 일체화된 정책을 형성하도록 하는 데 있다. 개별 내각직 의원들을 '의사결정권자로 의제(default clearing point)'한다.
팀 유형	집행위원장과 내각이 집단적 의사결정을 위해 서로 협력한다. 내각 전체회의가 주기적으로 개최되고 회의 시간도 오래 걸리는 경우가 많다. 개별적인 의사결정은 내각 전체회의에서 검증된다. 집행위원장은 합의의 도출과 관리, 그리고 지방의회 정책에 집단적인 추진력을 제공하는 데 목표를 둔다.

출처: Stoker et al., 2004, pp. 39ff.

적어도 이들 지방자치단체의 정당 지배와 어느 정도 상관관계를 갖는다.

만약에 여러분이 이러한 유형화를 넘어 현실 세계의 지도자와 연관성을 보고 싶다면 현재 활동 중인 사람보다는—단순히 명예훼손죄에 걸릴 것을 우려해서가 아니라—바로 직전의 인물을 선정할 만한 이유가 있다. 그것은 '선봉에 서는 리더십(leadership from the front)'에 대한 보수당의 수용성을 설명하기 위해서인데, 바로 그 이유에서 우리는 1983~91년간 웨스트민스터 시의회 보수당 대표였던 셜리 포터 여사(Dame Shirley Porter)를 선택했다. 그녀는 기업체의 후원을 받아 흰색과 녹색으로 디자인한 수백 개의 맞춤형 고급 쓰레기통을 설치하고, 현대적 '이동화장실(Porterloos)'을 전략적으로 배치하는 등 매우 두드러진 개인적 리더십을 유산으로 남겼다. 보다 중대한 사안으로서 그녀는 지방정부공영주택의 선택적인 매각을 통해 접전 선거구에서 보수당의 득표를 높이려고 했던 의도적 직권남용행위 — 악명 높은 '득표용 공영주택공급(homes for votes)' 스캔들 — 에 따른 엄청난 비난을 함께 남겼다.

여기서 우리의 관심은 셜리 여사(Dame Shirley)의 리더십이 적정했는지 여부가 아니라 의문의 여지없이 개인적이었던 그녀의 리더십 방식에 있다. 그것이 미래지향적인지 아니면 권위주의적인 것인지는 여러분의 관점 및 상황판단에 달린 문제이다.

> 나는 웨스트민스터 시의회와 동의어이다. 나는 의회 대표의원으로서 나의 시대에 시의회의 문화를 바꾸기 위해 노력해왔다, 그러나 … 그것은 대영제국(British Empire)을 영국주식회사(Great Britain plc.)로 바꾸는 것과 비슷한 일이다. 당신은 지방의회의원과 지방공무원이 모두 안주하고 있는 기존 질서를 변화시키고 있다. 우리는 전쟁을 치르고 있다 … 나는 '왜 우리는 이 지방의회를 민간 기업처럼 운영하지 않는가?' 하고 물었던 일을 기억한다. 우리 당 소속으로서 콧수염을 기른 긴장돼 보였던 어떤 신사가 '여기는 지방의회이다!'라고 내뱉었다. 그것이 바로 내가 일하는 방식을 바꾸려고 원했던 출발점이 되었다.

그녀의 리더십은 그녀가 즐겨 달고 다녔던 'YCDBSOYA'라고 쓰인 배지에 요약되어 있었다.

> 점잖은 표현으로 제의한다. 그것은 '당신은 안락의자에 앉아서는 일을 할 수 없다(You Can't Do Business Sitting On Your Armchair)'는 것이다[원래 표현은 Armchair 대신 Arse을 사용하여 엉덩이를 붙이고 앉아서는 일을 할 수 없다는 뜻]. 대형슈퍼마켓 체인, 테스코(Tesco)를 설립한 나의 아버지 잭 코헨 경(Sir Jack Cohen)은 이것을 하나는 캘러헌(Callaghan)에게 또 하나는 히스(Heath)에게 주었다. 그러나 나는 아직까지 감히 대처 여사(Mrs. Thatcher)에게 이것을 주지 못했다(Abdela, 1989, pp. 186 ~ 193).

당시 총리(마거릿 대처)는 셜리 포터(Shirley Porter)의 인터뷰에 주기적으로 참여하곤 했었다. 그리고 그 두 여성의 혁신적인 리더십 사이에는 행정 관습에 대해 참지 못하고, 동료를 해결책이자 문제의 일부로 보는 태도 등 놀랄 정도로 유사성이 있었다.

다른 두 정당의 경우에는 이렇게 고도로 개인적인 리더십이, 시장을 직접 선출하는 아이디어 전반에 대해서 소속 지방의회의원들이 가지고 있는 광범한 회의주의에서 명백히 나타나듯이, 큰 위험을 수반할 것이다. 노동당에도 강력하고 영향력이 큰 집행위원장들이 주위에 많이 있기는 하지만 당헌상의 필요성과 개인적 생존을 위한 정치인의 본능에서 일반적으로 소속 정당의 교섭단체와 함께하기 위해 상당한 주의와 노력을 기울일 것이다. 그들은 합의, 팀워크, 그리고 심지어 '구 노동당(Old Labour)'이 가장 좋아했던 표현이었던 '동지애'에 대해 '논의하는 것을 의논할(talk the talk)' 것이다.

1981~92년 기간 동안 더비셔 카운티 의회(Derbyshire County Council)의 대표의원이었던 데이비드 북바인더(David Bookbinder)는 셜리 포터(Shirley Porter)와 동시대인이자 똑같이 언론의 조명을 크게 받았고 '안이한' 지방정부 문화에 도전하려는 의식을 가졌다는 점에서 노동당의 셜리 포터였다. 그러나 북바인드는 개인적으로 인터뷰를 할 때조차도 1인칭 대명사로서 통상적으로 복수형을 선택했다.

> 지방정부는 지방의회의원과 서비스 공급을 위해 고용된 공무원 사이의 협력 관계라는 것이 오랜 기간에 걸쳐 정립된 시각이다 … 말도 안된다! 공무원은 공무원 나름대로의 역할이 있고 지방의회의원은 또 다른 역할이 있다. 지방의회의원은 선출되고, 정부는 어떤 종류이든 통치를 임무로 한다 … 우리가 사용하는 용어에 공무원화(being officered)라는 것이 있다. 공무원이 위원회 사전회의에서 위원장을 붙들고 그들이 무엇을 원하는지 설명하고 보고서를 전달하면 위원장은 위원들에게 보고서에 무슨 내용이 담겨져 있는지 전달할 것이다. 그러나 위원, 즉 지방의회의원들의 역할은 단지 그 보고서 끝 부분에 있는 정책 권고에 대해서 동의 또는 반대하는 것이 아니다. 우리는 소시지 기계에 무엇이 들어가야 할 것인지에 대해서 이야기하기를 원한다. 우리는 창조자여야 하고 정치적 철학에 따라 선출되어야 하는 존재이다. 우리는

사람들의 삶의 질을 바꿔왔다. 과거에는 학교 급식아동의 비율이 50퍼센트였으나 지금은 80퍼센트이고, 재가지원을 받는 노인 인구가 2배로 되었고, 배달급식서비스의 가격은 우리가 1981년 의회를 장악한 이래 불변이며, 지금은 보다 많은 수의 보육원을 갖고 있다(Willis, 1990).

정당의 차이 — 정책 및 원칙

데이비드 북바인더(David Bookbinder)의 열변은 우리의 관심을 조직에서 정책으로 돌리게 한다. 우리의 주요 정당들은 스스로 조직을 만들고 그것을 서로 다르게 운영한다. 그러나 보다 더 분명한 것은 그들의 정책적 차이이다.

이 책 전체를 통하여 강조해 왔듯이 지방정부와 그 구조, 기능 및 재정조달은 최근 들어 영국의 국가적 정치의제에서 가장 중요한 위치를 차지하게 되었다. 이에 따라 어떤 정당의 정책선언도 집권을 하게 되면 지방정부에 어떤 변화를 불러일으킬 것인지를 약속하지 않고는 완성될 수 없다. 2005년 총선에서 내놓은 주요 세 개 정당의 정책선언은 비록 과거의 일부 선언들과 비교할 때 서로 간에 현격한 차이점은 없다고 하더라도 꽤 전형적이라고 할 수 있다. [도표 14.9]에서 볼 수 있듯이 각 정당은 지방정부의 재정조달 — 물론 마이클 라이온스 경(Sir Michael Lyons)에 의해 이미 검토중 — 에 관해서, 주요 서비스의 공급에 관해서, 그리고 심지어는 중앙하위정부의 기본 구조와 조직 전반에 관하여 자체적인 대안을 가지고 있다. 따라서 [노동당 단독정부 대신에] 보수당 정부 또는 일종의 노동당-자민당 공동행정부가 들어섰더라면 2005년 국회 종료 시점에서 우리 지방정부체계의 규모, 범위 및 형태는 불가피하게 다소 달라졌을 것이다.

우리는 이 책의 지난 판들에서 비록 대부분의 유권자들이 읽지는 않지만 정책선언이 중요한 문서이며, 특히 승리한 정당의 정책선언은 그 중요성이 가장 확실하다고 주장해왔다. 그것을 보여주기 위해서 2002년 우리는 노동당의 1997년 정책선언 공약에 대하여 집행한 것은 체크 표시를 하고 집행하지 않은 것은 가위 표시를 하면서 검토했다. 결과는 두 가지 점에서 주목할 만했다. 즉, 훗날 신노동당의 '현대화의제'로 알려지게 되는 여러 가닥의 정책들

[도표 14.9] 전국 정당들의 지방정부에 관한 정책선언, 2005. 5. 5

	보수당	노동당	자민당
민주주의	스코틀랜드 출신 국회의원들이 지방정부 등에 관한 잉글랜드 법안에 투표하는 것 금지. 경찰서장 선출	직접 선출형 시장 권장. 4년 주기 전체 지방의회 일괄선거제도 전국 통일 실시 고려. 런던에 파리시 의회 설치	스코틀랜드 지방선거의 단일양도성투표제도(STV)를 영국 전역으로 확대, 영국 하원, 스코틀랜드 및 웨일스 의회에도 적용
광역권역	비선출 광역권역의회 폐지. 계획, 주택, 교통, 소방 기능을 지방자치단체로 환원	광역권역기관으로 보다 많은 자치권 이양—계획, 주택, 교통, 경제개발. 광역런던시장 권한 검토	비선출기구의 권한을 지방자치단체로 전환. 전략계획기능을 카운티로 환원. 나머지 권한은 정비하여 선출된 지방의회의원으로 구성된 집행부를 가진 하나의 기구에 통합
재 정	지방정부세 유지. 거주자가 모두 65세가 넘는 가구에 500파운드까지 지방정부세 영구 할인	라이온스(Lyons) 검토 이후 지방정부세 개혁. 연금생활자 가구에 지방정부세 200파운드 환급 검토	지방정부세를 폐지하고 지방소득세제로 대체하여 가구 평균 450파운드 절세혜택 제공
교 육	학교에 높은 우선순위 설정 및 예산 자체편성. 학생수를 기준으로 예산 배분. 교장에게 입학, 퇴학에 관한 전권 및 학교 수요에 따른 예산지출 자율권 부여	성공적인 초등학교를 재단학교로 전환. 모든 중등학교를 독립적인 특성화학교로 전환. 교육표준행정청(OFSTED)에 낙제 학교 폐쇄 및 관리층 교체의 새 권한 부여	등록금 폐지. 용인 한도를 벗어난 학생에 대하여 교장이 다른 학교 또는 특수학교로 '관리전학'을 시킬 수 있도록 지방교육청(LEA)에서 지원
감 사	성과종합평가(CPA) 및 최고가치(BV) 제도 폐지. 계획수립 결정권 등 지역공동체의 권한을 강화하고 중앙정부의 관여를 축소	국가 최소한도 기준에 따라 지방의회에 서비스 개선을 위한 자율권 증진. 감사기관 및 감사 비용의 감소를 통해 관료제 축소	숨막히게 하는 중앙정부의 통제에서 지방의회를 해방. 8개의 감사기관을 단 하나의 독립된 회계감사원으로 정비
반사회적 행동	지역주민들이 경찰 우선순위에 의견을 제시할 수 있도록 근린지역사회 치안 실시. 불법적인 여행자 캠프 설치에 대처할 수 있는 권한을 지방의회에 부여	파리시의회 관리인도 지방자치단체 직원들과 같이 소란, 낙서, 불꽃놀이에 대해 무질서 벌과금 고지권한 부여	심야 대규모 행사에 경찰보호 추가비용 부과

출처: Rose, 2005 등.

중에서 대부분이 정책선언에서 사실상 이미 예정되어 있었고, 정책선언의 구체적인 약속이 집권 4년 종료 시점까지 중요한 사항은 거의 예외 없이 실질적으로 집행되었다는 점이다.

패배한 정책선언도 마찬가지로 중요하다. 그러나 아주 다른 측면에서 그렇다. 그것은 공식적으로 패배한—따라서 인기가 없다고 추정할 수 있는—프로그램이라는 의미이며 그것을 만든 사람들은 일반적으로 차기 선언을 공표하기 이전에 그 내용을 바꾸고 싶어 한다. 2005년 총선 이후 이러한 패배당한 정책들이 거의 곧바로 포기되기 시작했었다. 자민당 국회의원들은 자당의 간판격이었던 지방소득세(Local Income Tax) 공약을 공격하였고 그 해 후반에 보수당의 데이비드 캐머런(David Cameron) 신임 당수는 당의 정책뿐만 아니라 일부 당연시했던 가치까지도 개정을 고려하는 듯이 보였다.

정당 간의 차이와 논쟁은 지방선거에서도 마찬가지이다. 지방의회는 확실히 과거에 비해 할 수 있는 일이 크게 제약되어 있다. 그들은 원하더라도 세금을 올릴 수 없고, 주요 예산지출에 대한 영향력은 제한적이다. 그러나 제10장에서 강조했다시피 제한적이라는 것은 사소하다는 것과는 다르며 특히 직접적으로 생활에 영향을 받는 사람들에게는 더욱 그러하다.

따라서 선거결과가 변화를 가져온다고 주장하는 사람들이 지방선거에 계속 출마할 것이다. 정당 정책선언 및 후보자의 선거 연설은 [도표 14.9]에 제목을 뽑아 놓은 국가 정책들 중에서 일부를 지방적 쟁점 및 상황과 관련시켜 통합적으로 제시할 가능성이 크고, 선거의 전체적인 분위기와 행동은 업적을 방어하는 정당과 그것에 심각하게 도전하는 정당들로 구도가 잡힐 것이다. 우리는 [도표 14.10]을 통해서 이러한 당파적 경쟁의 풍미를 약간이나마 전달하려고 시도하였다.

[도표 14.10]에 요약되어 있는 세 개의 선거는 전형적인 사례여서 선정된 것이 아니라 오히려 그 반대라고 할 수 있다. 각각의 선거 경쟁은 나름대로 강력하면서도 독특한 지방적 저류를 가지고 있다. 그것은 거의 전적으로 정당 정치의 대결이다. 그렇다고 전적으로 *중앙*당 사이의 대결이라고는 결코 이야기할 수 없다. 각 사례별로 선거운동 과정에서 토론을 만들어가고 미디어와 유권자들의 관심을 높여준 것은 *지방* 정당, *지방의* 지배정당 교섭단체, 그리고 *지방* 의회의 리더십이 성취해 놓은 업적이었다. 여느 다른 선거

[도표 14.10] 3개의 지방선거, 1999

사우스 스태퍼드셔 디스트릭트 의회(South Staffordshire DC) — **무 세금 토리**(Tories: **보수당**)**의 개선**

배 경: 전체 지방의회 일괄선거로서 보수당이 1990년대에 웨스트미들랜즈 지역의 지방정부에서 완전히 와해되는 과정에서 유일하게 살아남았음. 자연스러운 보수당 지역으로서 웨스트미들랜즈 서북쪽 교외에 위치한 그린벨트 지역이며 자가주택 소유 지역으로서 흑인 및 소수인종 유권자가 거의 없어 이웃 울버햄프턴(Wolverhampton)과는 완전히 딴 세상처럼 보임.

보수당의 치적: 예산절약에 치중한 의회로서 쓰레기수거 서비스를 외부에 위탁하고, 지방공영주택을 매각해서 50백만 파운드의 세입을 확보했으며, 6년 동안 지방정부세를 한 푼도 받지 않고 재선을 추구. 디스트릭트가 지방정부세를 징수하기는 하지만 디스트릭트의 몫은 부과하지 않고 받은 세수는 모두 소속 카운티와 관내 파리시에 배분. 무 세금의 업적이 보수당의 주장대로 신중한 재정 관리의 결과인지, 아니면 서비스 축소 및 다른 디스트릭트들과 달리 마을회관, 대여경작지, 버스정류장대기소 등의 관리를 직접 담당하지 않고 관내 27개 파리시로 하여금 대신하게 한 결과인지가 지방의 쟁점이었음. 자민당은 지방의회의원들이 그들이 대표하는 선거구에 살아야 한다고 실례를 들어가며 주장하였음.

결 과: 보수당이 선거에 다시 승리했을 뿐 아니라 의석 격차를 6석에서 20석으로 늘렸음.

아틀스퍼드 디스트릭트 의회(Uttlesford DC) — **터무니없는 보수당-노동당 연합의 유지**

배 경: 스탠스테드(Stansted) 공항을 둘러싸고 있는 지역 — 절대적으로 농업에 의존하는 북서에식스(NW Essex)의 유서 깊은 비도시 지역. 직전의 1995년 전체 지방의회 일괄선거에서 자민당이 최대 의석을 차지하기 전까지는 물어볼 것도 없이 보수당 지역이었음. 자민당의 소수당 집행부가 잠깐 들어섰으나 1997년 그들이 보기에 '원칙 없는', 보수당과 노동당 및 무소속의 연합으로 축출되었음.

지방 쟁점: 보통은 공항이, 어떠한 형태의 확장 계획이건, 한목소리로 반대를 불러일으켰음. 그러나 2001년 선거에서는 정당 연합이 가장 중요한 쟁점이었으며 논쟁이 격화되고 개인에 초점이 맞춰짐. 자민당 대표의 발언 — '이 지방의회에서 장의사인 노동당 대표는 보수당의 대표를 관 운구자로 고용하고 있다. 이것이 애들 장난이 아니라면 무엇을 하는 것인지 알 수가 없다.' 자민당은 이 지방의회를 전국적인 쟁취 목표로 삼아 특별 관리함.

결 과: 보수당과 노동당이 2개 의석을 서로 바꿔 가졌으며, 자민당은 한 석도 더 추가하지 못했음. 그러나 2003 선거에서는 자민당이 과반 의석을 확보했음.

돈카스터 바러의회(Doncaster BC) — **도니게이트**(Donnygate)**에도 불구하고 노동당 유지**

배 경: 탄광, 토목 및 경마로 유명한 사우스요크셔의 디스트릭트이며 전통적으로 독점에 가까운 노동당의 아성이었음. 그러나 지방의회의원 및 지방공무원들이 지출 사기 및 계획 부정으로 기소되고 유죄판결을 받음으로써 잉글랜드에서 가장 부패한 지방의회로서 '도니게이트'라는 오명을 얻었음. 정당 권한정지와 선거 패배에 따라 노동당의 의석 우세가 당혹스럽게도 23석으로 축소됨.

지방 쟁점: '부패!'가 한 마디로 말해 여전히 소수였던 보수당과 자민당의 핵심적인 쟁점이었음. 3년 동안 3번째로 바뀐 노동당 대표와 추문에서 자유로운 새얼굴의 여러 후보들은 회계감사위원회의 전국 지방의회 성과비교표를 토대로 서비스 제공 및 재정가치 실현 치적을 인용하면서 부패 문제가 유일한, 그리고 가장 중요한 쟁점이 아니라고 주장했음.

결 과: 노동당은 선거가 실시된 22개 의석(전체 의석의 1/3 개선) 중에서 6개 의석을 추가로 잃음으로써 의석 우위가 1976년 이래 최저 수준인 11석으로 줄어들었음. 이들 쟁점에 크게 영향을 받아 돈카스터는 2002년 최초로 직선 시장제를 채택한 지방자치단체의 하나가 되었음([도표 6.4] 참조).

에서와 같이 대다수는 정당을 보고 투표하겠지만 제11장에서 보았듯이 그들 중에서 의미 있는 소수는 국회의원 선거에서 지지했던 것과 다른 정당에 투표할 것이다.

정당정치에 대한 찬반론

현대 지방정부에서 정당 정치의 광범한 역할이 갖는 긍정적인, 그리고 부정적인 측면을 가장 분명하게 모두 볼 수 있는 것은 선거 때이다. 우리는 이미 — 제 3 장에서 간접적으로, 그리고 제11장에서는 직접적으로 — 긍정적인 주장의 일부 특성들, 특히 정치 교육과 정치 참여에 있어서 정당의 기여를 언급했었다. 이것과 함께 [도표 14.11]의 좌측에 제시되어 있는 주장은 정당 정치의 중요한 장점들로서 강력한 논거를 가지고 있지만, 아직도 우리들 중에서 다수는 설득력이 부족하다고 생각한다. 1985년 위디콤위원회(Widdicombe Committee)의 조사연구에서 응답자의 과반수(52퍼센트)는 지방의회가 비당파적 노선으로 운영되는 것을 선호했으며, 1/3(34퍼센트)만이 정당제도가 좋다고 대답하였다(Widdicombe, 1986d, p. 88). 따라서 우리는 동전의 이면을 검토할 필요가 있는데 [도표 14.11]을 일부러 일종의 대차대조표처럼 배열한 것은 바로 그 때문이다.

이런 방식으로 배열을 한 결과 찬반 주장들이 진짜로 매우 고르게 균형이 잡힌 듯이 보인다. 분명한 것은 반드시 여러분이, 가능하면 개인적 경험과 인상에 의거하여, 스스로 결론을 내려야 한다는 점이다. 우리는 현실주의자이기 때문에 먼저 우리가 이 장의 전반부에서 확인했던 역사적인 추세를 지적하고자 한다. 그것은 대부분의 우리 지방정부에서 포괄적인 정당 정치화가 지속될 뿐만 아니라, 만약 지방자치단체의 규모 확대와 단일통합의회로의 전환이 계속된다면, 예상될 수 있는 부작용으로서 아직 남아있는 우리 '지방(local)' 민주주의의 모든 영역에서 중앙 정당의 지배가 강화될 것이라는 점이다.

마지막으로, 학문적인 균형은 충분하다. [팝 그룹] 다이어 스트레이트(Dire Strait)의 [리드 기타리스트이자 싱어] 마크 놉플러(Mark Knopfler) [노래말]처럼 우리는 중립의 장점을 확신하지 못한다. 즉, '위험한 행로; 당신은 평화유지군으로

[도표 14.11] 지방정부에 있어서 정당정치의 장단점

장 점	단 점
• 지방선거 후보자 증가, 무경합 의석 감소 • 선거운동 활성화, 유권자를 위한 정보 및 선거 쟁점에 관한 토론 증가 • 선거 쟁점의 명확화, 정당들이 반대자들의 도전을 받기 때문에 논점 및 주장을 정당화할 수밖에 없음 • 지방정부 일반에 대하여, 그리고 구체적으로는 해당 지방의회 및 서비스에 대한 시민들의 인식과 관심이 증가하고, 그 결과 투표율이 높아질 수 있음 • 변화 및 시책개발 자극 — 정당들이 원칙과 집단적인 자원을 토대로 정책을 개발하여 유권자들에게 제시 • 지역공동체 생활에 공적으로 관여하는 기회 증가 • 책임성 향상 — 정당이 집단적으로, 그리고 그들 후보자들이 개인적으로 공약을 제시하고, 선출되는 경우 공약을 이행해야 할 뿐만 아니라 선거를 통해 결과적으로 책임을 짐 • 정부의 일체성 확보 — 단호한 선거결과에 따라 유권자 및 지방공무원 공히 명확하게 식별할 수 있는 단일 정당의 정부가 들어서면 약속한 정책을 효과적으로 추진할 수 있음 • 지방 민주주의 증진 — 선거를 통해 지지를 받은 정당 정책 및 사업계획이 존재함으로써 비선출직이면서 책임성이 없는 공무원들의 잠재적인 정책 영향력을 감소시킴	• 정당 후보자 증가, 무소속 감소 — 제도적 자원을 가진 주요 정당들이 소수 정당 및 무소속 후보들에 비해 과도하게 유리 • 선거 쟁점에 관한 협소한 논의 — 원숙한 토론 대신에 귀에 거슬리는 정당 수사학의 적대적인 충돌이 난무 • 선거 계몽효과 감소 — 정치인들이 자기 정당만이 모든 해답을 갖고 있다고 주장함으로써 열성 정당 지지자가 아닌 유권자들의 흥미를 반감시킴 • 선거 권태감 — 정치인 전체에 대한 염증을 유발하거나 또는 뻔히 예상되는 결과에 식상하여 투표에 불참 • 공적 관여 축소 — 정당 가입을 원하지 않는 다수의 시민들이 지역공동체 생활 영역에서 제외됨 • 지방선거의 전국문제화 — 지방 선거운동의 관심의 초점이 국가적 쟁점과 국가적 인사에 크게 모아지게 됨 • 지방의회의 대표성 감소 — 승리한 정당이 모든 직책을 차지하고 다른 정당을 제외한 채 자기들의 정책을 집행 • 쟁점의 과도한 정당정치화 — 합의를 통해 보다 만족스럽게 접근할 수 있는 주제에 대해서도 일반적으로 반대의 입장을 취해야 한다는 의무감을 느끼게 함 • 지방 민주주의 축소 — 지방의회의원들이 개인적인 신념과 판단과 상관없이 정당 노선에 따라 투표하도록 규율됨 • 전문가 권고 배제 — 실질적인 의사결정이 일반적으로 전문적으로 훈련받고 경험을 쌓은 공무원들의 참여가 배제된 채 모두 정당 집회에서 결정됨

부터도 총알을 맞을 수 있다.' 따라서 우리는 제12장에서 우리가 제시했던 주장을 인용한다. 즉, 정치는 적절하게 이해한다면 지방정부가 필연적으로 무엇에 관한 것인지를 말해주는 바로 그 핵심에 있다. 그것은 공공의 재화 및 서비스를 공급하고 배분함에 있어서 불가피하게 발생하는 지방적 견해 사이의 갈등을 관리하고 해소하는 데 관한 것이다. 무소속을 믿지 못할 사람이라고 정의하는 존경받는 우리의 동료들과 반드시 의견을 같이하지는 않지만, 우리는 이러한 대립적인 견해가 정리되고 공개적으로 표현될 수 있도록, 동기와 정책목표가 공적으로 구체화되지 않은 채 남아 있는 자칭 '비정치적 대표'보다는 책임의식을 가진 정당 정치인이 무언가 얘기해야 한다고 주장한다.

제15장

누가 정책을 만드는가?

정책결정의 내부적, 비공식적 정치 역학

제12장에서 제14장까지 지방의회 정책결정과정의 세 가지 핵심적인 요소로서 선출된 지방의회의원, 그들을 자문하는 지방공무원, 그리고 대부분의 지방의회의원들이 소속되어 있는 정당 집단에 대하여 검토했다. 그러나 이것들은 본질적으로 정태적인 검토 내지는 현상을 순간적으로 포착한 스냅 사진에 불과하다. 이 장에서 우리는 이러한 요소들을 한 데 묶어 집합적으로 그것들이 존재하는 이유, 즉 정책결정의 실제에 초점을 맞춘다. 그것은 평가조사위원회 제도에 의해서 책임이 담보되는 정치적 집행부 제도가 도입됨에 따라 구조적으로 변환된 과정이다. 집행직 의원들은 이제 종전의 위원회 의장들과는 완전히 다른 방식으로 서비스의 관리와 공급에 관하여 개인적으로 결정을 내리고 거기에 대해서 책임을 진다.

이러한 변화 때문에 영국 지방정부의 정책결정에 관해서 이전에 작성된 글들이 모두 무효가 되는 것은 아니다. 지방의회의원과 지방공무원 관계의 구심점과 그 미묘함, 지방의회에서 '정당 변수'가 가지는 결정적인 중요성, 그리고 그러한 내부적 관계를 개념화하려는 우리 동료 학자들의 시도가 특히 그러하다. 따라서 이 장의 목적은 정책결정에 미치는 *내부적이고 비공식적인* 영향력을 검토하고 필요하다면 우리가 알고 있는 내용을 정제하는 것이다. 제1편의 여러 장에서 우리는 지방정부 정책 기본방침의 많은 부분이 중앙정부에 의해 구축되었음을 알았다. 그럼에도 불구하고 우리는 지방자치단체들이 여전히 특수한 지방적 환경에 대응하여 어떻게 정책 우선순위를 추구하고 그들 자신의 정책 사업을 추진할 수 있는지에 대해서도 함께 보았다. 이 장은 전국적으로 카운티와 시 등 지방의회의 청사에서 어떻게 이러한 일들이 이루어지는지에 관해 일반적으로 설명할 수 있는 범위를 탐색한다.

분석의 모델

지방자치단체 내부에서 권한과 영향력이 어떻게 배분되는지를 설명하기 위하여 세 가지 모델이 널리 사용된다. 이 장에서는 이들 각각의 모델을 간략하게 살펴보고, 이와 함께 중앙정부의 직관에 기초를 둔 또 다른 모델을 검토한 후, 계속해서 이들 모델의 한계를 뛰어넘어 논의의 지평을 넓혀야 할 필요성을 강조하고자 한다.

공식적 모델

이 모델은 한 때 지방정부에 관한 연구를 지배했던 '법적-제도적' 접근방법에서 도출되었다. 이 모델을 지지하는 사람들은 권력관계를 공식적인 관계로 이해하고 의사결정의 공식적 구조인 지방의회와 위원회 및 행정부서에 초점을 맞춘다. 이 모델은 더 이상 간단할 수가 없다. 즉, 지방의회의원들은 정책을 결정하고 지방공무원들은 그들에 대한 자문 및 결정된 정책의 집행을 담당한다. 중복이나 수정은 결코 용납되지 않는다.

이 모델의 지지자들은 만약에 사람들이 공식적인, 그리고 법적인 지위를 이해한다면 현실 또한 이해할 수 있다고 주장할 것이다. 비판론자들은 현실, 특히 정치적 현실은 제12장에서 지방의회의원들의 역할을 논의할 때 이미 설명했던 것처럼 훨씬 더 복잡하다고 응수할 것이다. 지방의회의원들이 지방의회를 통하여 정책을 결정하고 공무원들은 단순히 조언하고 집행만 한다고 보는 모델은 아마도 *실제로 일어나는* 것보다는 *일어나야* 할 것에 대해서 이야기하는 것 같다. 쉽게 말해서 그것은 지방자치단체 내부의 복잡성과 지방자치단체 사이에 존재하는 조직적 다양성을 인식하지 못하고 있다.

그러나 지나치게 단순화되었다고 해서 이 모델을 가치 없는 것으로 내치지 않도록 주의해야 한다. 대립적이었던 대처 시대에는 신 도시좌파(New Urban Left) 및 극우파(Radical Right) 지방의회의원 양측 모두로부터 이 모델을 지지하는 단호한 주장을 볼 수 있었다. 그들은 공식적 모델이 묘사하는 방식대로 지방자치단체를 운영하기 위해서 스스로 나섰다. 셜리 포터 여사(Dame Shirely Porter)가 쉽게 동조할 것 같은, 제14장에서 인용한 바 있는 데이비드 북바인드(David Bookbinder)의 이야기를 상기하기 바란다. '공무원들은 하나의 역할을 가지고 있고 지방의회의원들에게는 또 다른 역할이 있다. 지방의회의원들은 선출되며 정부는 어떤 것이든 통치하기 위한 것이다.' 이 모델은 물정을 잘 모르는 것으로 무시되는 경우가 많지만, 적어도 한 시대에는 충직한 지지자들을 가지고 있었다.

기술관료 모델

공식 모델의 반대편에 서 있는 것이 기술관료 모델로서 *지방공무원*을 지방정치의 지배적인 세력으로 본다. 그들의 권력은 특화된 기술적, 전문 직업적 지식을 통제하는 데서 나오며, 파트-타임으로 일하는 아마추어이자, 일반행정가형의 지방의회의원들로서는 그것을 가질 수도 없고 이해할 수도 없다는 것이다.

그러나 이 모델 또한 과장된 것으로서, 특히 집행제 정부 시대를 맞아 무비판적으로 수용되어서는 안 된다. 높은 보수를 받고, 전문적으로 훈련되고, 소속된 직원 및 다른 모든 자원에 대한 처분권을 가지고 거대한 부서를 이끌고 있는 고위공무원들이 경험이 일천하고 갓 선출된, 그래서 아마도 생전 처음으로 청사 사무실에 들어오는 지방의회의원들의 입장에서 볼 때 공포의 대상이 될 수가 있다. 그러나 그 관계도 그렇게 일방적인 것만은 아니다.

리더 역할을 하면서 장기간 봉직하는 다수의 지방의회의원, 특히 사실상 전업직의 집행직 의원들은 공직자들과 어떠한 협상에서도 그들의 주장을 효과적으로 제기할 수 있는 경험과 지식, 그리고 정치적 기술을 가지고 있다. 그리고 신참 의회의원조차도 공무원은 제아무리 높은 지위에 있어도 절대로 가질 수 없는 민주적 정통성이라는 권력의 원천이 있다. 그것은 모든 지역민을 대표할 수 있는 *선출되었다는* 권위로서 선거를 통해 승인받은 정치적 강령의 토대가 된다.

[도표 15.1]은 일종의 대차대조표로서 공무원과 지방의회의원들이 각각 활용할 수 있는 자원을 서로 비교하고 있으며, 중앙 및 지방정부의 자원을 대비했던 [도표 9.7]과 흡사한 면이 있다. 거기서 우리는 지방정부가 때로는 일반적으로 설명되는 것 이상으로 많은 자원을 활용할 수 있다고 주장했었는데, 그것은 지방공무원과의 관계에서 지방의회의원들에게도 똑같이 해당된다.

[도표 15.1]은 지방공무원과 선출된 지방의회의원 사이의 권력 균형의 이동에 있어서 무엇보다도 크게 작용한 것이 정치화, 특히 1970년대 또는 1980년대 이래 격화된 지방정부의 정치화였다는 점을 분명하게 보여주고 있다. 신

[도표 15.1] 지방공무원 및 지방의회의원들이 가지는 자원

지방공무원	지방의회의원
• 전문기술 지식, 훈련, 자격증	• 정치적 기술, 경험 및 경우에 따라서는 해당 직업 분야에서의 훈련, 전문성 및 자격증
• 전문기술적 네트워크, 전문지, 회의	• 정당정치 네트워크, 전문지, 회의
• 전업직, 높은 보수를 받는 지방의회의 직원	• 지방의회의 일에 주당 평균 20시간 투입, 집행직 의원의 경우는 훨씬 많은 시간 투입
• 전체 부서의 자원	• 전체 지방의회의 자원
• 다른 지방의회에 관한 지식 및 업무지식	• 해당 지방의회, 선거구와 당해 주민 및 서비스 이용자에 대한 심도 있는(때로는 평생을 통해 쌓은) 지식
• 전문기술적 가치와 기준에 헌신	• 개인적, 정치적 가치와 지역 및 지역사회에 헌신
• 선출되지 않은(UNELECTED) '지방의회의 공복' - 지방의회의원들에게 조언하고 그들이 결정한 정책을 집행하기 위하여 임명됨	• 정치적 선거공약을 바탕으로 정책을 수립하고 수백/수천 명의 주민 및 서비스 이용자들을 대표하기 위해 선출됨(ELECTED)

좌파(New Left)와 신우파(New Right)를 막론하고 양측 모두 이념적으로 헌신적이고 뛰어난 정치적 기술을 가졌던 지방의회의원들이 크게 약진했던 1980년대로 돌아가 보자. 당시의 상황은 지방공무원들이 어떤 독립적인 정책적 열망을 가졌다고 하더라도 불가피하게 견제를 당할 수밖에 없었음을 의미한다. 1990년대를 예로 들어보면, 당시 보수당이 지배했던 웨스트민스터 런던 바러(Westminster LB), 원스워드 런던 바러(Wandsworth LB), 에이번(Avon)의 원스다이크 디스트릭트 의회(Wansdyke DC), 에식스(Essex)의 로치퍼드 디스트릭트 의회(Rochford DC)가 경쟁입찰과 촉진/구매 철학의 도입에 특히 단호한 태도를 보였었다. 그것은 바로 10년 전에 '도시좌파(municipal left)'가 대중교통, 지방의회 주택보조금, 일자리 창출 및 반차별 정책을 도입했던 것과 마찬가지였다.

이러한 사례에도 불구하고 공무원들이 보유하고 있는 전문직업 및 기술적 지식은 여전히 엄청난 자산으로서 지방의회의원들의 적극적인 정책적 선도가 *없는 경우* 그들이 강력한 정책결정자로 행동할 수 있도록 무장시킨다. 그들의 영향력은 무소속 지방의회의원들이 지배하는 소규모의 비도시 지방자치단체에서 특히 강력하다. 전문가로서 지방공무원은 어떠한 정치적 진공상태도 메울 수 있도록 항상 준비되어 있다. 지방의회의원들은 스스로 명확하고도 — 제13장에서 본 바와 같이 전문직업적 영향력이 집권주의로 경도된다는 로즈(Rhodes)의 관찰을 회상할 때 — 지방주의자(localist)의 정책 의제를 설정함으로써 거기에 어떠한 진공상태도 없다는 것을 확신시켜 주어야 한다.

공동엘리트모델

공동엘리트 모델은 과반의석 지배정당의 의회의원 리더들(지금은 집행직 직위에 다양하게 포진)과 고위공무원들로 구성되는 소규모의 집단이 정책결정을 주도하며, 소수 정당과 지금은 비집행직으로 불리는 의회의원들, 그리고 하급 관료들은 잘해봤자 거기에 제한적으로 관여하는 데 그치는 것으로 본다. 이 모델의 지지자들은 공식적 모델 또는 기술관료 모델보다 이것이 현실을 더욱 정확하게 반영한다고 주장한다.

이러한 해석을 지원하는 몇몇 경험적 연구들이 있다. 그 중에서 손더스(Saunders)의 크로이던(Croydon) 바러에 대한 조사연구(1980, pp. 216~30)는 부서장/

수석행정관들과 정치지도자들이 '밀접한 동맹군'이 되어 정책결정을 강력하게 통제하는 지방의회 청사 정치의 모습을 드러냈다. 코크번(Cockburn)의 램버스(Lambeth) 바러에 대한 연구에서는 '정치 리더와 고급 공무원의 고위협력관계에서 배제되어' 결과적으로 '정책과정에 거의 참여하지 못하는' 평의원의 모습을 볼 수 있다. 코크번(Cockburn)에 따르면 지방의회의 의사결정은 과반의석 지배정당의 최고위직 의원 소위원회와 긴밀하게 협력하는 중역진 즉, 부서장/수석행정관을 정점으로 철저하게 통제된 계서제에 의해 주도된다(Cockburn, 1977, p. 169).

그러나 공동엘리트 모델에 대해서도 비판론자들이 있으며, 그들은 엘리트 집단에게 명백하게 귀속되는 사실상의 독점적인 영향력에 대해서 의문을 제기한다. 그 예로서 영과 밀(Young and Mills, 1983)은 계서제의 최고위층에 의한 정형화된 권한의 행사 자체는 하급 계층의 공무원들과 비교할 때 *정책변화의 원천*(*sources of policy change*)이 될 가능성이 적다고 주장했다. 이들 '하급 행위자들(junior actors)'은 직접적인 운영 경험을 통해서 배울 뿐 아니라 새로운 시책을 개발하는 데 꼭 필요한 창조적인 에너지를 가지고 있는 경우가 많다. 어떤 지방자치단체에 있어서도 지방의회의원 리더들과 공무원들이 분명히 중요하기는 하지만, 정책과정을 철저히 이해한다면 그들이 공통의 의제를 공유하는 단합되고 응집력 있는 집단을 구성하는 사례가 거의 없다는 점을 알게 될 것이다. 현실 세계의 관계는 더욱 복잡할 뿐만 아니라 그 특징이 긴장과 갈등으로 규정되는 경우가 허다하다.

'동태적 의존' 모델

앞에서 살펴본 세 개의 모델은 저마다 한계가 있으며, 모두가 위원회 제도를 운영하던 시대에 뿌리를 두고 있다. 따라서 초기의 '후기 현대적(post-modern)' 분석으로 명명될 수 있는 하나의 시도에 주목할 필요가 있다. 그것은 종전 모델들, 그 중에서도 특히 자원에 기반을 둔 기술관료 모델의 요소를 노동당이 '현대화 의제'를 통해 도입한 정치적 관리의 변화 — 실제로는 이들 변화의 집행 과정에서 나타나는 지방자치단체들 사이의 차이점 — 에 적용시켜 보려는 것이다.

게인스(Gains)는 맨체스터 대학교의 지방공동협력통치 평가(Evaluating Local Governance) 프로젝트를 수행하는 요원의 시각에서, '행위를 구조화하고 결과에 영향을 미치는 공식 및 비공식적으로 제도화된 규칙'(예: Rhodes and Dunleavy, 1995)의 중요성을 강조하는 중앙정부의 관료제적 정치관계에 관한 연구문헌을 바탕으로 논의를 전개한다(Gains, 2004, p. 94). 지방적 차원에서 이러한 제도화된 규칙으로는, 지방정부의 부서 및 계서적 성격에 관한 제도적 이해 내지는 '전통', 공무원은 정치적으로 중립적이며 전체 지방의회에 봉사한다는 데 대한 이해(Stewart, 2000), 그리고 공유된 '세계관'으로서 대처(Thatcher)가 주입한 경제성, 능률성, 효과성의 추구와 신노동당의 '조정적 중앙집권주의(steering centralism)' 및 목표, 성과측정과 파트너십의 추진을 위한 헌신 등이 포함될 것이다.

게인스(Gains)의 '동태적 의존' 가설에 따르면 지방의회의원과 공무원들의 모든 행동은 이러한 제도적 이해 — 부분적으로 개별 제도에 특유함 — 및 각자의 자원을 활용하는 행위자들의 기술이 상호 작용을 통해 만들어낸 결과이다. 고위공무원과 대비해서 지방의회 대표의 정치적 자원으로는 정당 교섭단체의 힘 등이 있다(p. 95). 게인스(Gains)는 동태적 의존 분석을 통해 지방의회의원-지방공무원의 관계가 지방자치단체별로, 그리고 시대에 따라서 어떻게 그리고 왜 달라지는지를 정태적인 다른 모델들에 비해 상대적으로 쉽게 이해할 수 있다고 주장한다. 좀더 구체적으로 말하면 이 모델은, 지방공동협력통치 평가(ELG) 연구(p. 98)에서 발견한 사실로서, '2000년 법률을 시행하기 위해 채택된 공식적인 제도적 장치의 엄청난 다양성'을 설명할 수 있도록 도와준다는 것이다. 예를 들어, 개별 집행직 의원들에 대한 의사결정권한의 위임이 어떻게 보수당 지배 의회 및 카운티 의회에서 더 쉽게 이루어지는지, 평가조사기능을 지원하는 전담 공무원조직이 왜 노동당 지배하의 의회에 보다 많이 설치되는지, 그리고 당초에 공무원들이 지방의회의원들보다 위원회 제도의 폐지에 대하여 일반적으로 더 빨리, 더 적극적으로 반응하는 것처럼 보였었는지 등에 관한 설명을 말한다(pp. 98 ~ 100).

다른 모델들과 마찬가지로 동태적 의존 모델도 강점과 약점을 모두 가지고 있다. 그러나 공동엘리트 모델과는 달리 이 모델은 공유 가치 또는 우선순위를 가정하지 않으며 지방의 역사 및 정치문화가, 예를 들어 지방의회 대표의 정치적 자원, 정당 교섭단체의 힘, 그리고 전문 직업공무원의 영향력에 따라서 어떻게 달라질 것인지를 강조하는 점에서 유용하다. 더욱이 이 모델은 공무원과 지방의회의원 사이의 권력 균형을 제로섬이 아니라 동태적이며, 의존성을 바탕으로 제도적 환경에 따라 달라지는 관계로 본다. 따라서 이것은 우리가 지방의 정책결정을 이해하는 데 유용한 뉘앙스를 보태주고 있다.

논의의 확대 — 정책결정에 미치는 부가적인 영향력

지방자치단체 내에서 정책 영향력이 어떻게 배분되는지를 이해하는 것은 단순히 최고위층 행위자들의 활동을 분석하는 이상의 일이다. 스토커와 윌슨(Stoker and Wilson, 1986)이 보여주고 있듯이 만약 어떤 모델을 통해 복잡하기 짝이 없는 내부적 권력관계를 묘사하려고 한다면 다른 요소들을 포함시켜야 한다. 그것이 앞으로 이 장의 남은 부분에서 다루고자 하는 내용이다. 즉, 이미 살펴본 모델을 수정하고, 무엇을 보태고, 일반적으로 복잡하게 만드는 일이며, 그렇게 하면서 정책결정에 미치는 어떤 부가적인 영향력을 확인하는 일이다. 우리는 정비된 위원회제도를 선택한 59개의 소규모 샤이어 디스트릭트(인구규모 85,000 미만)보다는, 실제로는 이들 소규모 지방자치단체들 중에서도 다수는 유사한 상황에 직면하게 되겠지만, 집행부 제도의 관리 구조를 가진 지방자치단체에 초점을 맞추기로 한다. [그림 15.1]은 우리가 이미 다뤘던 아이디어를 도형으로 보여주고 있는데 그 내용은 다음과 같다.

- 정당 내부의 영향력 — 내부관계, 특히 지배정당 교섭단체의 내부 관계 및 의원 교섭단체와 정당 일반의 관계
- 비집행직 영향력 — 평의원 내지는 비집행직 의원의 발전된 역할
- 부서간 영향력 — 부서 및 직종 간의 관계
- 부서내 영향력 — 부서 내부관계
- 정당간 영향력 — 정당 교섭단체 상호간의 관계이며 특히 서로 상대방을 고려해야 하는 다정파분점 의회에서 일어나는 관계

[그림 15.1] 지방자치단체 내부의 권력: 도식적 표현

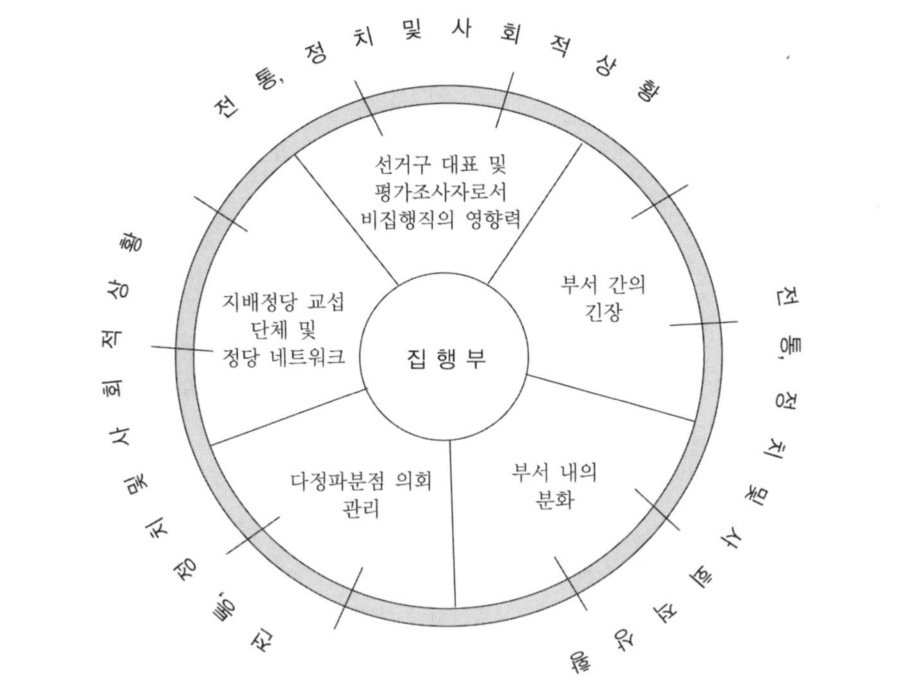

출처: Stoker and Wilson(1986)에서 일부 용어 차용.

지배정당 교섭단체 및 정당 네트워크

지배정당 교섭단체는 당 내지 의회 대표/집행위원장과 집행직 의원뿐만 아니라 전체적으로 정책결정에 중대한 영향을 미칠 수 있다. 동질적인 정당 교섭단체는 거의 없다. 때로는 별도의 정책 우선순위와 정책 의제를 추구하는 분파가 있어 비공개 교섭단체회의는 말할 것도 없고 공개적으로도 단결을 이루고 유지하기가 어렵다. 1980년대 말 레스터시의회(Leicester City Council)를 지배한 노동당 교섭단체는 분파주의를 공식화했다는 점에서, 그리고 당 대표였던 피터 소울스비(Peter Soulsby)가 어느 분파에도 소속되지 않은 몇 안 되는

의원 중의 하나였다는 점에서 이례적이었다. 그러나 그렇다고 해서 그것이 결코 유례가 없는 일은 아니었다. 당시 노동당 교섭단체에는 사실상 네 개의 의원사전회의가 있었다(Leach and Wilson, pp. 128 ~ 129).

- '좌파(left)'로서 대략 13명의 의원들이 당 교섭단체 회의에 앞서 공식적인 의제를 가지고 지역 선술집에서 회동
- '흑인(black)' 의원총회는 백인 이슬람교도 의원 한 사람을 포함하여 8명 정도가 공식적으로 사전회의를 개최
- '우파(right)' 역시 8명 정도로서 대체로 서 레스터(Leicester West) 국회의원 선거구 출신으로 구성되었으며 좌파 및 흑인 그룹에 비해서 공식적 조직화의 정도가 약했음.
- '독자(non-aligned)' 그룹으로서 6 ~ 8명의 의원으로 구성됨.

대부분의 정당 교섭단체는 매우 비공식적으로 — 때로는 우연한 모임이라고 느껴질 정도로 — 운영되지만 그렇다고 정치적 영향력의 근원이라는 그들의 역할이 사라지는 것은 아니다. 정책 제안이 교섭단체 내의 평의원 내지 비집행직 의원들로부터 나올 수 있을 뿐만 아니라, 지도부의 제안에 그들이 동의하지 않는 경우 그것을 거부하거나 다시 상정시킬 수 있다. 스토커(Stoker, 1991, p. 98)는 지적하기를 교섭단체는 다수의 쟁점에 대하여, 그리고 대부분의 경우

> 다른 곳에서 이루어진 결정을 단순히 추인할 수도 있지만, 고위직 지방의회 의원 및 공무원들은 최소한 핵심적인 정치적 가치나 평의원들의 참여를 훼손시키지 않도록 유의해야 한다. 지방의 정책결정에 있어서 정당 교섭단체의 역할은 의사결정의 중대한 영역이 될 수 있다.

오늘날 정당 교섭단체는 협의 및 의견수렴의 대상이며 의회 지도자들은, 직선 시장이 아닌 경우, 그들의 지지를 끊임없이 다져나가야 한다. 한두 명의 의원을 상심시키는 경우 그들이 떠날 수 있으며, 대다수 의원들과 소원해지면 *당신이* 떠나야 할 상황이 올 수가 있다. 지방의회의원들의 탈당 및 '다른 정당

으로의 전향'은 어떤 지방선거에 있어서도 당선자 명부에서 거의 예외 없이 확인할 수 있듯이 국회의사당 정치와 비교할 때 공표되는 경우는 적지만 숫자상으로 훨씬 더 흔하게 일어난다. 평범하고 특징 없는 '무소속(Independents)'은 논외로 치더라도, 스스로를 '독립보수당(Independent Conservative)', '사회주의노동당(Socialist Labour)', '독립자민당(Independent Liberal Democrat)', 그리고 심지어 '독립녹색당(Independent Green)'으로 묘사하면서 그들이 선호하는 정당이 그들의 이념적 순수성이나, 혹은 개인적으로 사람 자체를 수용하지 못한다고 주장하는 후보들이 많다.

때로는 정당 교섭단체가 완력을 사용하여 당 대표를 축출하는 경우가 있다. 종종 일어나듯이 교섭단체 회의가 특히 선거 직후에 개최되는 경우 그 과정이 냉혹하게 진행될 수 있다. 가장 잘 알려져 있고, 매혹적으로 반추되는 사례가 1981년 5월 당시 '레드 켄(Red Ken)' 리빙스톤(Livingston)이 상대적으로 우파였던 앤드루 매킨토시(Andrew McIntosh)를, 그가 선거에서 노동당을 승리로 이끈 지 24시간도 채 지나지 않아서 축출하고 광역런던의회(Greater London Council)의 대표 자리를 빼앗은 사건이다(Livingstone, 1987, pp. 3~4). 6년 가까이 버밍햄 시의회의 노동당 대표였던 테레사 스튜어트(Theresa Stewart)도 비슷한 운명을 맞아 1999년 5월 선거 후 며칠 만에 앨버트 보어(Albert Bore)의 추종자들에게 쫓겨났다. 2005년 할 시의회(Hull City Council)에서는 노동당 교섭단체 의원들이 당 대표였던 콜린 잉글리스(Colin Inglis)로부터 먼저 집행직 의원 임명 권한을 박탈하고 이어서 2주 후에는 종전 대표였던 켄 브랜슨(Ken Branson)으로 대표를 교체하는 단계적인 축출을 감행했다. 교섭단체에 의해 선출되는 의회대표 및 집행직 의원들은 이러한 사실을 반복해서 유념할 것이다 — 이것은 물론 수많은 지방의회의원들이 그들보다는 유권자들에게 1차적인 책임을 지는 직선 시장의 원리를 반대하는 강력한 이유의 하나이다.

지방정당네트워크(local party network) 또한 고려해야 할 요소이다. 보다 광범하게 정당 조직과 유대를 맺는 것은 개별 교섭단체 의원들에게 귀중한 자산이 될 수 있다. 특히 노동당의 경우는, 예를 들어 지방선거의 정책선언이 비의회의원 당원들과의 협의를 통해 성안되는 등 이러한 네트워크의 정책적 중요성이 더욱 크다. 이에 따라 월솔(Walsall)과 로치데일(Rochdale)에서는 당 교섭단체보다는 디스트릭트 정당이 각각 그들 바러의 분권정책을 실제로 성안

했었다. 지방의회의원들과 의회 대표들은 정당의 광범한 움직임이 갖는 이러한 역할을 존중해야 하며 그것을 무시하면 쉽게 갈등이 초래된다.

비집행직 지방의회의원

본질적으로 국회 용어인 '평의원(back-bencher)'이라는 말은, 종래 전통적인 위원회 제도 아래에서 어떤 의회의원도 법적으로 다른 의원보다 더 큰 정책 결정 권한을 가질 수 없었던 매우 이질적인 지방정부의 세계에는 애당초 적용되지 않았더라면 더 나았을 것이다. '평의원'은 법적으로 전혀 존재하지 않는 계서적인 역할 구분을 뜻하는 듯이 오해를 불러일으키고 품위를 떨어뜨린다. 한편, 지방정부향상발전기구(IDeA)와 일부 지방의회(예: Tameside, Cardiff)에서 즐겨 사용하는 '전진배치(frontline)' 지방의회의원은 우리 취향에서 볼 때 다소 군대 냄새가 난다. 그래서 우리는 계속해서, 본질적으로 부정적인 성격을 내포하고 있는 용어이기는 하지만, 이들을 주로 '비집행직(non-executive)' 의원이라고 부를 것이다. 이들은 오늘날 네 가지 역할 — 지방의회 전체회의의 구성원, 지역선거구 대표, 평가조사자 및 지역공동체 리더 역할 — 을 수행하고 있으며 이를 통해, 정책을 실제로 결정하지는 않지만, 정책 형성에 일정 부분 관여할 수 있다.

지방의회의원들은 때때로 지역선거구의 이익을 증진 또는 방어하기 위해서 매우 강력한 방식을 동원하여 정책 영역에 관여한다. 1983년 레스터셔(Leicestershire)에서는 노동당의 아시아계 지방의회의원 두 명이 그들 선거구의 철거계획을 봉쇄함으로써 당시 과반수 지배정당이던 자당의 주택정책을 폐기시키는 캠페인에 시동을 걸었다(Stoker and Brindley, 1985). 지역 선거구의 이해관계는 정당 이해관계와 충돌하기가 쉬우며, 정당제도가 상대적으로 취약한([도표 14.1] 참조) 지방자치단체에서 역으로 더욱 기승을 부릴 가능성이 크다. 이러한 상황에 처해 있는 경우 지방의회의원들은 제휴 및 로비를 통해서 지방의회의 정책 결정에 자주 그리고 효과적으로 기여할 수 있다.

집행제 지방정부를 도입하면서 정부는 하나의 부산물로서 지방의회의원들의 선거구 및 지역공동체 역할과 선거구민의 입장을 지방의회에 투입하는 통로로서 그들의 특수한 지위를 향상시키려고 했다. 비집행직 지방의회의원들은 최소한 종전의 위원회 업무에서 일부나마 해방됨으로써 정책의 개발과 최고가치의 주기적 평가 및 최고가치성과계획의 개발에 대하여, 그리고 기타 지역공동체와 관련된 시책에 대하여 지역사회로부터 의견을 수렴할 것이 기대된다. 지방의회는 특히 지방의회의원들이 그들 선거구민의 입장을 정책개발과정에 '투입할' 수 있도록 적정한 절차를 보장해야 한다.

이러한 절차의 하나가 지방의회의 평가조사제도로서, 만약 적절하게 행사된다면 *사후에*(*after*) 기존의 정책을 평가하고 집행부의 책임을 추궁하는, 즉 누가 비난을 받아야 하는지를 가려내는 것보다 — 물론 이것이 중요하고 만족을 주기는 하지만 — 훨씬 막중한 일이다. 전체의 80퍼센트가 넘는 비집행직 의원들이 정책이 최종적으로 결정되기 *이전에*(*before*) 그 개발에 *사전적으로*(*prospectively*) 기여할 수 있는 기회가 여기에 있다([도표 6.6] 참조). 평가조사는 효과적인 집행부제 정부를 구성하는 본질적인 요소로서 적절하게 제시된 것이며, 그 잠재적인 효과는 거의 끝이 없다. 그것은 그 과정을 전담하는 비집행직 의원들에게 지방의회의 과거, 현재 또는 미래의 모든 정책과 행위, 그리고 지방의회의 행정구역 및 주민들에게 영향을 미치는 모든 사안에 대해서 평가하고, 조사하고, 보고하고, 권고할 수 있는 기회를 제공하기 때문이다.

그러나 평가조사가 이러한 광범한 영역에 걸쳐 잠재적 역량을 최대한 발휘하기 위해서는 적어도 세 가지의 조건이 필요하다. 첫째, 지방의회의원 스스로가 집행부에 포함되지 않음으로써 축소된 권한 이상으로 새로운 역량을 부여받을 수 있다는 점을 인식하고 그 과정에 적극적으로 임해야 한다. 이와 함께 진지한 훈련이 없으면 습득할 수 없는 새로운 기술이 그들에게 요구되고 있음을 인식해야 한다. 과거에는 공무원들이 만든 보고서를 수동적으로 처리하는 것으로 충분할 때가 많았지만, 이제는 그 대신에 증인들로부터 증거와 그들의 견해를 끌어내기 위해 스스로 평가하고 조사하고 협력하는 한편, 전에는 누구도 해보지 않았던 방식으로 성과지표와 비교 자료 및 예산 과정을 이해해야 한다(Audit Commission, 2001, p. 24).

둘째, 평가 조사를 담당하는 의회의원들은 새로운 기술뿐만 아니라 정당간의 경계를 건설적으로 뛰어넘는 새로운 업무 수행방식도 배워야 한다. 평가조사자로서 그들의 역할은 집행부와 당이 같더라도 소속 정당의 노선을 방어하는 것이 아니라 당해 지방의회가 지역사회에 더 잘 봉사할 수 있는 방안을, 필요하다면 비판적으로, 탐색하는 일이다. 따라서 정당 규율 및 엄격한 징계 제도의 완화가 무엇보다 중요하다. 그러나 이것은 상대 정당의 모든 주장에 정확하게 반대만 하면서 성년 시기의 거의 전부를 보냈을 지방의회의원들로서는 쉽게 취득하기가 어려운 일이다.

셋째, 효과적인 평가조사를 위해서는 헌신적이고 훈련된 지방의회의원 이외에도 성실한 전담 공무원과 예산의 뒷받침이 필요하다. 집행부의 요구가 완전히 독주하도록 허용되어서는 안 된다. 충분한 수의, 그리고 충분히 상위직의 지방공무원들이 평가조사 과정에 전담으로 배치되어야 하고 그들 또한 의회의원들과 마찬가지로 이 업무를 집행부에서 하는 일보다 이류의 열등한, 경력발전을 가로막는 것으로 보지 않고 긍정적으로 받아들여야 한다. 적정한 재정적 지원 또한 필요하며, 그래서 예를 들면 외부 컨설턴트로부터 독립적인 자문도 받을 수 있어야 한다. 고위직의 전담 공무원의 배치는 적어도 초기에는 매우 예외적인 사례이다.

이들 조건 중에서 어느 하나도 쉽게 충족될 수 없다. 지방자치단체로서는 최고로 평가받는 공무원을 추가로 충원해 주기가 어렵고, 지방의회의원 및 지방공무원들은 처음에는 생소할 수밖에 없는 방식으로 뿌리 깊은 본능을 순응시키거나 억누르고 일을 해야 하기 때문이다. 따라서 거의 모든 지방자치단체에서, 그 중에서도 특히 비집행직 의회의원들이, 효과적으로 운영하기가 가장 어려운 제도라고 평가조사 제도를 생각하는 것은 당연한 일이다(예: Snape, 2004; Leach and Copus, 2004 참조).

부서 간의 긴장

지방의회는 대부분 하나 이상의 평가조사위원회 내지는 패널(panel: 위원단)을 두고 있다. 그렇다고 주요 부서/국마다 하나 꼴로 있는 것은 아니다. 이 점에서, 다른 여러 부분과 마찬가지로, 지방정부의 관행은 주로 각 중앙행정부처와 연계된 영국 하원의 특별위원회(select committees)와 차이가 있다. 일반적으로 지방의회는 그들이 안고 있는 다수의 가장 시급하고 다루기 힘든 문제들 — 소위 '고약한 문제들(wicked issues)'로서 사회적 배제, 환경적 지속성, 지역사회 안전 등 — 이 특정의 서비스를 기반으로 하는 부서 또는 위원회와 아귀가 딱 들어맞을 수 없다는 것을 선뜻 인정한다.

그래서 지방의회는 보다 개방적이고 신축적인 평가조사기구를 설치하고 모든 것을 포괄하는 거창한 명칭을 붙이는 경우가 더러 있다 — 그 한 예가 벡슬리(Bexley)의 사회통합 및 기관운영사무, 어린이 및 주택·사회서비스, 환경 및 지역회생이다. 다른 사례로서 더럼(Durham)은 평가조사위원회의 구성을 그들의 기관 목표와 연계시켜 강력하고 건강한 지역공동체 조성, 환경보호, 강력한 경제 구축, 예술과 레저 및 환경으로 구분하고 있다.

그러나 이러한 추이를 부서의 정체성과 업무 영역이 더 이상 그렇게 중요하지 않다는 의미로 받아들여서는 안 된다. 각 부서는 지방의회의 주요 행정조직 단위로 계속 유지되고 있으며, 항상 그렇듯이 서로 상이한 이해관계를 대표하고 따라서 불가피하게 서로 다른, 그래서 잠재적으로 서로 갈등이 야기될 수 있는 일련의 정책 우선순위를 가진다. 특히 성장이 멈추거나 서비스 및 인력의 감축이 요구되는 시대에는 이러한 차이점이 표면화되어 제한된 자원의 확보와 아마도 생존을 위한 투쟁 속에서 부서 간의 논쟁으로 발전될 것이다.

본능적인 '*전문직종간 경쟁*'도 있다. 토지 개발과 관련된 기술 부서들이 하나의 예로서 '계획입안자, 건축가, 주택관리인, 재산평가담당자와 토목기사 모두가 관할권을 주장하고 있으며 이들 직종간에 오랜 경쟁의 역사가 있다'(Stoker, 1991, p. 102). 특정 부서 내지는 직종의 주도적인 지위는 시대별로 변화할 수밖에 없으며 수용할 수 없는 정책은 연기되고 인기 있는 정책은 시행이 촉진된다. 지방정부 서비스에 있어서 전문성의 증가는 부서 간의 긴장이 표면화될 수 있음을 의미하며 어떤 주기를 가지고 정책 영역으로 파급될 것이다.

프라체트와 윙필드에 의하면(Pratchett and Wingfield, 1996), 시장경쟁 및 '신공공관리(New Public Management)'의 대두와 결부된 내부개혁의 이중적 충격으로 말미암아 지방정부의 공공서비스 윤리가 일부 약화되었다. 시장경쟁으로 인해 고객(client)과 도급계약자(contractor)로 동일 조직의 기능이 분화됨에 따라 각 부문 간에 대립적이고 적대적인 관계가 증가하여 지방자치단체 내에서 침묵 및 비밀주의 행동을 조장하였다. 오늘날 직원 충성심은 지방자치단체 전체가 아니라 특정의 '원가센터(cost centre)'에 대한 충성으로 이해되는 경우가 비일비재하다.

부서 내의 분화

부서/국 내부의 분화는 정책결정 산식에 포함되는 또 다른 요소이다. 개별 부서는 정당 교섭단체 이상으로 동질성이 없는 경우가 많다. 부서의 규모 및 다양성으로 인해 부서장/수석행정관이 행사할 수 있는 통솔의 범위가 사실상 제한될 수밖에 없으며, 따라서 보다 최근에 훈련을 받은 덕택으로 때로는 기술적 전문성이 우월한 하급 관리자들이 영향력을 미칠 수 있는 여지를 제공한다.

규모가 큰 지방자치단체의 부서/국은 대부분 수백 또는 때로는 수천 명의 직원들이 상대적으로 분리된 여러 개의 계층과 하위 조직들에 배치된다. 기존의 부서를 훨씬 적은 수의 전략적 중역회의(strategic directorates)로 통합하는 최근의 추세에 따라 실제로 단일의 관리단위 *내에서* 우선순위의 경쟁 및 내부 갈등이 확대되고 있다. 예를 들어 2005년 레스터(Leicester) 시의회는 지역회생 · 문화국(Regeneration and Culture Department)을 두었는데 그것은 종전의 문화서비스·근린지역사회회생국과 환경회생·개발국을 통합한 것으로서 직원이 3,200명이 넘고, 업무는 지역사회 보호 및 복지, 문화서비스, 환경, 도로 및 교통, 지역회생, 자원관리의 6개 과(divisions)에 분장시켰다. 제 6 장에서 지적했듯이 오늘날 10여개의 서비스 부서/국(service departments)을 네댓 개의 다기능 중역회의(directorates)로 '간소화하는' 것이 지방자치단체에서 일반적으로 볼 수 있는 경향이다. 어린이 및 평생학습(Children and Lifelong Learning), 성인보호 및 지역사회서비스(Adult Care and Community Services), 레저 · 문화 및 재산서비스(Leisure, Culture and Property Services) 등이 그것이다. 이러한 맥락에서 고위관리자들은 전임자들에 비해 비록 관련은 있다고 해도 보다 이질적이고 더 큰 집단의 수장으로서 역할을 수행하고 있다.

분권화된 관리 및 서비스의 공급이 확산됨에 따라 부서/국(departments) 내의 분화도 일어날 수 있다. 예를 들어 지역주재 주택담당관(Area-based housing officer)은 이중의 충성심을 발전시킬 수 있다. 그것은 소속 지방자치단체와 사업대상지역 및 주민에 대한 충성심을 말한다. 본청 부서와 구역사무소, 그리고 여러 개로 분산된 구역사무소 사이의 갈등은 전혀 예외적인 현상이 아니다. 그리고 구역사무소에 근무하는 공무원들이 해당 지역구 출신의 지방의회 의원들과 밀접한 관계를 발전시키는 것 또한 비밀이 아니다 — 이것은 하급 공무원들의 잠재적 영향력의 또 다른 원천이다. 어떤 방식이 되었건 지방의회 청사 내의 의사결정에 *하급*공무원들을 참여시키지 않는다는 것은 때로는 큰 영향력을 가질 수 있는 집단을 무시하는 것과 같다.

다정파분점 지방의회

오늘날 다정파분점 지방의회 — 과반수 의석을 차지한 단일의 정당이 없는 의회 — 의 확산은 과반수 지배정당 내에 소수의 지도 집단이 있다고 가정하는 공동엘리트모델의 타당성에 또 다른 의문을 제기한다. 1979년에는 다정파분점 의회가 14퍼센트였으나 2005/06년도에는 그 수치가 두 배 이상인 32퍼센트로 늘어나서 139개의 의회가 이에 해당되었다([도표 14.4] 참조). 스코틀랜드에서 채택한 지방선거 비례대표제도가 앞으로 영국 전역으로 확대된다면 다정파분점 의회의 수가 다시 갑절로 늘어나서 전체의 2/3 정도가 될 가능성이 크다(Leach and Game, 2000, Ch. 2).

선거개혁이 없어도 전체 지방의회의 약 1/3은 이미 정당 교섭단체들이 서로 다른 교섭단체의 정책과 행위를 고려*해야 하는* 상황을 맞았다. 그렇게 하지 않으면 그들이 제기하는 안건이 원칙적인 얘기이지만 어느 순간이든 좌초될 수 있다. 그러나 교섭단체들은 먼저 지방의회의 업무를 실제 어떤 방식으로 추진해 나갈 것인지를 그들 사이에서 스스로 결정해야 한다. 위원회 제도 아래에서는 다음과 같은 몇 가지 대안이 있었다.

- *소수당 집행부*(*minority administration*) — 일반적으로 최대 의석을 가진 단일 정당이 위원회 의장 및 부의장을 모두 차지하고 적어도 관념적으로는 마치 과반수 의석을 차지한 것처럼 통치

- *권력분점*(*power-sharing*) — 둘 이상의 정당이 위원회 의장직을 나누어 갖는 데까지는 합의를 하지만 일반적으로 정책 프로그램의 공유와 같은 더 이상의 광범한 합의는 없음. 따라서 공식적인 제휴라기보다는 협상 또는 타협이라고 할 수 있음.
- *집행부 부재*(*no administration/rotating chairs*) — 고정적으로 정해진 의장이 없이 정책이나 목적보다는 순전히 순서에 따라 정당 간에 돌아가면서 의장직을 수행

집행부제 정부 시스템은 '경기규칙'을 완전히 변화시켜 다정파분점 의회에 전적으로 새로운 요구를 하고, 실질적으로 다른 해결책을 강요했다. 위원회 제도 아래에서는 쉽게 인식될 수 있는 '집행부(executive)'라는 것이 없었다. 즉 연립정부 구성 협상에서 흥정의 대상이 될 수 있는 자리 및 관장업무를 가진, 기능적으로나 법적으로 내각에 해당되는 기구가 없었다. 위원회 의장의 개인적인 의사결정권이 전혀 없었고, 가외의 보상도 거의 제공되지 않았기 때문에 제휴 협상은, 만약에 있다고 하더라도 집행부가 아닌 입법기관(legislature)의 영역, 즉 의회 회의실에서나 가능한 일이었다.

집행부제 지방정부 — 그리고 일반적으로 집행직 의원에 대한 보상의 증가 — 와 함께 '집행부 부재(no administration)'의 대안은 처음부터 가능하지도 않았고, 성립된다고 하더라도 매력이 없는 방안이 되었다. 지방의회별로, 시장제이든 아니면 다른 제도이든, 특정의 집행부 형태를 채택해야 하는데 그에 따른 집행직 직위는 정부연립 이론가들이 쌍둥이 유인이라고 부르는 *정책적 영향력*(policy influence)과 *공직 급부*(benefits of office)를 함께 제공한다. 그래서 다정파분점 의회에서 정당 교섭단체 대표들이 경험하고 있는 협상은 과거 위원회 제도 아래에서와 닮아 보이고 선택 대안 또한 유사해 보일지라도 걸려 있는 이해관계는 사실상 매우 다르다.

기본적인 대안은 [도표 14.4]의 각주에서 지적한 바와 같이, 비록 의회 전체회의에서 언제든지 패배할 수 있지만 단일 정당 내각(one-party cabinet) — 소수정부에 해당 — 을 구성하거나, 2개 이상의 정당으로 다수정당 연립내각을 구성하는 방안이다. 흥미롭게도 2005년도의 다정파분점 의회의 대안별 분포가, 1990년대에 권력분점(power-sharing)이 점점 확산됨에 따라 위원회 제도 아

래에서 발전된 분포 상황과 유사하다는 점이다. 그래서 약 1/3에 해당되는 지방의회는 단일 정당(보통 최대 의석을 가진, 그러나 반드시 그런 것은 아님)에 의한 '단독 운영' 방안을 선택했고 나머지 2/3에서는 정당 간의 협상을 통해 권력분점 장치를 도출해냈다. 또 하나의 흥미로운 관찰은 [도표 15.2]에 나타나 있듯이 연정 구성이 산술적으로 보다 합리적이고 따라서 예측 가능하게 된다는 *선험적*(*a priori*) 가정이 위원회 제도에서 집행부 제도로 전환됨에 따라 명확하게 부정된 것이다.

영국의 위원회 제도는 연정에 관해 진지한 관심을 가지는 모든 이론가들을 당혹스럽게 만들곤 했다. 중요한 전리품이 될 집행기관 내지는 내각이 없었기 때문에 무엇보다도 정치인들이 공직으로 동기를 부여받는다는 핵심적인 가정을 세울 수 없었으며, 승리할 수 있는 최소한의 인원으로 이념적으로 견고한 연정을 구축한다는 전형적인 '최소과반수연정(minimal winning coalition)'의 예측을 무의미하게 만들었다. 사실상 다정파분점 의회에서 나타나게 될 집행부의 형태에 대한 예측은 극도로 제한적이었으며, 대부분은 사후(post hoc)에 일반적으로 지방의 제도와 문화, 그리고 특히 인물 요인에 입각하여 기술되고 설명되어야 했다(예: Mellors, 1989; Leach and Stewart, 1992). 여기서 집행부제 지방정부 아래에서 연립을 구성하는 문제를 포괄적으로 검토할 수는 없지만 [도표 15.2]에 제시된 선거결과의 표본을 가지고 판단한다면 아직까지 이러한 관점에 큰 변화가 나타나지 않았다.

각 주요 정당의 경우, 다정파분점 의회에서 의석 수의 계산만으로는 단일 최대 정당으로서 자당이 어떤 집행부를 구성할 수 있을 것인지, 또는 자당이 집행부의 일부에 포함되기나 할 것인지조차도 예측하기가 불가능해 보인다. 최소과반수연정의 개념은 적절해 보이지 않을 때가 더 많고, 정당의 이익을 위해 내각의 규모를 최대화한다는 아이디어조차도 반복적으로 명백히 부정돼 왔다.

[도표 15.2]를 보면 노동당이 최대 정당일 때 그 결과가 가장 큰 편차를 나타내는데, 여기에는 문화적, 역사적으로 훌륭한 이유가 있었다. 1980년대 초반까지 노동당은 중앙당 차원에서 연정에 대해 극단적으로 엄격한 견해를 가지고, 지방의 자당 교섭단체들이 정당 정책선언의 이념적 순수성을 희석시키는 위험에 빠지지 않도록 권력분점에의 참여는 물론이고 소수당 정부의 구성

[도표 15.2] 다정파분점 지방의회의 집행부, 2005 — 당신의 예측은?

	보수당 의석	노동당 의석	자민당 의석	무소속 기타	최소과반수 의석(MWC)	실제 집행부 (내각/집행부 구성)
보수당 최대정당						
워릭셔 카운티 의회	27	23	11	–	32	보수당 소수지배
브래드퍼드 광역도시권 바러 의회	38	29	15	8	46	보수당 소수지배(6명 내각)
이스트라이딩(요크셔 카운티)	29	8	22	8	34	보수/자민/노동당(7/1/1)
헤리퍼드셔 단일통합의회	21	4	17	16	30	보수/무소속(5/5)
노동당 최대정당						
브라이턴 및 호브 시의회	21	23	3	7	28	노동당 소수지배
할 시의회	2	27	22	8	30	노동당 소수지배
월탐포리스트 런던 바러 의회	18	26	15	1	31	노동/자민당(7/3)
위럴 광역도시권 바러 의회	21	26	19	–	34	노동/보수/자민당(5/3/2)
버밍햄 시의회	40	46	30	4	61	보수/자민당(6/4)
리즈 시의회	24	40	26	9	50	자민/보수/그린/노동당(4/4/1/1)
람버스 런던 바러 의회	7	29	27		32	자민/보수(6/2)
레드카 및 클리블랜드 바러 의회	13	23	15	8	30	자민/보수/무소속(4/4/2)
슬라우 바러 의회	8	15	6	12	21	보수/자유/자민/UKIP/무소속(3/2/1/1/2)
카알라일 시의회	20	24	7	1	27	보수당 소수지배
자민당 최대정당						
브리스틀 시의회	11	27	32	–	36	자민당 소수지배
볼턴 광역도시권 바러 의회	19	20	21	–	31	자민당 소수지배
루턴 바러 의회	4	21	21	2	25	자민당 소수지배
레스터 시의회	10	20	24	–	28	자민/보수당(6/3)
바쓰 및 북동서머싯 의회	26	6	29	4	33	자민/보수/무소속(4/4/1)
사우스 글로스터셔 의회	21	16	33	–	36	자민/보수/노동당(4/3/2)
세프턴 의회	19	20	27	–	34	자민/노동/보수(4/3/3)
로치데일 광역도시권 바러 의회	9	24	27	–	31	노동/보수(8/2)

주: MWC = Minimal winning coalition (최소과반수연정)

출처: Edkins Family Index Page([도표 14.1] 상단 참조)

마저도 강력하게 억제했었다. 시간이 지남에 따라 그처럼 가혹한 공식적인 견해는 거의 없어졌지만 기저가 되는 본능은 살아 있어서 노동당은 아직도 '지배하지 못한다면 야당이 되겠다'는 입장을 견지할 가능성이 가장 큰 당이다. 이것이 아마도 노동당이 제외되거나 반노동당의 여러 연정, 그리고 칼라일(Carlisle) 시의회의 소수당 집행부와 같은 이상하기 짝이 없는 모습을 적어도 부분적으로는 설명해 준다고 할 것이다. 이와 반대로 다른 지방자치단체에서는 의석수 분포가 비슷한데도 불구하고 왜 노동당을 중심으로 연정이 구성되거나 노동당에 의한 소수당 지배가 도출되는지를 설명하기 위해서는, 항상 그랬듯이, '지방적 요인(local factors)'으로 되돌아가야 한다.

다정파분점 의회의 집행부 형태는 어느 것이든 과반의석 지배 의회에서 통상적으로 볼 수 있는 것보다 정당 간에 훨씬 더 광범한 접촉 및 협상을 동반할 가능성이 크다. 공무원들 또한—특히 집행수석 및 부서장/수석행정관들은— 단일이 아닌 여러 정당과 협력하고 그들의 대변인들에게 브리핑하는 상이한 역할을 맡아야 한다. 정책이나 절차적 합의를 도출해내기 위해 그들은 서로 다른 정당들을 한 데 묶어 사실상 중개인(broker)의 역할을 수행할 수도 있다. 그리고 물론 비집행직 의원들도 지방의회에서 투표 하나하나가 더욱 중요해짐에 따라 그들의 지위가 향상되었음을 느끼게 된다. 단일 정당의 어떤 엘리트 의원도 도움을 받지 않고는 정책 프로그램을 자력으로 집행할 수 있다고 확신하지 못하기 때문에 협상은 매일의 일상이 되고 있다.

결론—끊임없이 움직이는 연합

이 장의 초반부에 제시된 개념 모델—공식, 기술관료, 공동엘리트 및 동태적 의존 모델—은 지방 정책결정에 나름대로 유용한 통찰력을 제공하지만, 극단적으로 단순화된 것으로 보일 수가 있다. 집행부제 정부의 도래에 따라 일반적으로 지방의회의원 리더 및 고급공무원들의 지위가 강화되었지만 정책과정을 이들 엘리트들에게 국한된 것으로 보는 것은 오해를 유발할 수 있다. 그들의 중심적 위치는 의문의 여지가 없지만, 그들의 독점적 지배는 확실한 의문의 대상이다. 지방자치단체는 정치 제도(political institutions)로서 정치, 즉 폴리티컬이라는 단어의 ‘대문자 P’와 ‘소문자 p’의 양자의 의미 — 정파적(partisan)이라는 의미와 보다 광범한 세상살이의 의미 — 를 포괄한다. 그들은 지방자치단체의 전통, 문화, 리더십, 정치적 균형 등에 따라 정책결정에 영향을 미치는 다른 행위자와 영향력을 모두 통합한다. 실세계에서의 정책 과정은 복잡하고 가변적이다. 그것은 시간의 경과에 따라, 그리고 쟁점별로 형성 및 재형성을 반복하는 일련의 움직이는 연합(shifting alliances)으로 생각될 수 있다. 이들 네트워크와 연합은 엄청나게 다양하지만 그것들이 단지 정치적 집행부와 관료 엘리트가 전유하는 공간인 것은 결코 아니다.

제16장
자발적 지역사회단체-영향력의 행사

단체로 볼링하기

피시, 아이팟, 모바일 텔레비전으로 대표되는 개인주의적이고 은밀해진 라이프스타일의 시대를 맞아 우리는 조직화된 단체 및 단체의 활동이 아직도 그냥 존재하는 정도가 아니라 최근 들어 오히려 확실히 증가했다는 사실에 대해 호기심을 가지고 있다. 표면적으로 이것은 미국에서 1960년대 후반기에 소위 공민 및 사회공동체 참여가 와해되었음을 그린 로버트 퍼트남(Robert Putnam) 교수의 유명한 저서, "*혼자 하는 볼링*"(*Bowling alone*, 2000)에서 보여주고 있는 막대한 양의 증거와 배치되는 듯하다. 영국에서 이에 상응하는 일련의 데이터 집단은 없지만, 있는 것만 두고 보면 두 사회를 직접 비교할 수 있을지가 의심스럽다.

독립 조직인 파워 인콰이어리(Power Inquiry)는 최근에 나온 다른 비평들과 궤를 같이하여 *선거활동*(*electoral activity*) — 명백하게 감소 중 — 을 *압력행사활동*(*pressure activity*)과 구분했다. 후자는 선거에 따르는 이점을 추구하지 않고 의사결정에 영향을 미치려는 광범한 영역의 활동을 포괄하며, 특징은 그것이 증가했다는 점이다(Power Inquiry, 2004, p. 24). 우리의 관심과 직접 관련되는 명백한 증거로서 특정 지역이나 타운 및 도시에서의 단체 활동에 관한 구체적인 연구가 여러 개 있다(예: VONNE, 2000; Lewis, 2001; Voice East Midlands, 2003). 그 중의 하나가 브라이튼 및 호브(Brighton and Hove) 지역사회 및 자발적 부문에 대한 평가(2003)로서 약 25만 명의 인구에 1,524개의 지역 조직이 있음을 확인했다. 멀로니(Maloney)와 그의 동료들은 1998년 버밍햄의 자발적 부문에 대하여 조사를 실시했는데 그것은 시대적 비교가 가능하다는 점에서 특히 흥미를 끌었다. 멀로니 등(Maloney et al., 2000)은 공식적으로 4,264개의 자발적 조직이 시에 조직되어 있다고 1970년대 초반에 뉴턴(Newton)이 실시한 버밍햄 연구를 기준으로 삼았다. 그리하여 인구 약 백만 명에 5,781개의 조직이 있음을 발견했는데(2000, p. 805) 그것은 달리 표현하면 그간에 조직이 1/3 이상 늘어났음을 의미한다. 대체로 비정치적인 스포츠클럽을 제외한다면 단체의 수는 2,120에서 4,589로 두 배 이상 증가했다.

퍼트남(Putnam)은 이 수치를 보고 놀랄 수가 있겠지만 우리 저자들은 그렇지 않다. 그것은 두 연구 사이 30년의 기간 동안에 지방정부의 환경에 극적인 변화가 있었기 때문에 가능한 일이었다(Maloney et al., 2000, p. 806).

> 예를 들어, 주택과 같은 전통적인 서비스 공급 분야에 있어서 지방정부의 권한과 기능이 점점 더 축소됨에 따라 기존의 또는 새로운 자발적 지역사회단체들이 이들 책임의 일부를 인수하는 한편 새로운 업무 영역을 개발했다 … 사회적 서비스의 직접적인 공급자에서 오히려 수권자로 역할이 변화되었다. 사회복지 분야에서 단체의 수가 두 배로 증가(666에서 1,319)한 것이 그러한 경향을 반영하고 있다 … 지방정부는 또한 경제발전, 환경보호 및 범죄방지와 같은 새로운 정책 분야에 진입하여 '제 3 세력(third force)' 조직들과 협력하여 그 역할을 수행해왔다(Stoker and Young, 1993).

이 장에서 우리의 주된 관심사는 바로 여기에 있다. 자발적 지역사회단체(Voluntary and Community Groups)라고 불리는 조직의 실제 숫자가 얼마나 되느냐 하는 것은, 그것이 국가에 초점을 맞춘 이익 및 압력단체 연구에서 너무나 쉽게 간과되는 지방에서의 막대한 단체 활동의 규모를 확인시켜 주는 점을 제외하고는, 이차적인 문제이다. 우리는 실제로 그 규모를 이해하는 데 도움이 될 수 있는 몇 가지의 정의를 먼저 규정하고 유형화할 것이다. 그렇지만 이 장에서는 이들 단체들이 관할 지방자치단체들과 맺는 상이한 — 그리고 변화하는 — 관계의 유형과 그들이 정책결정과 서비스 공급에 미치는 영향력의 성격에 관하여 더 많은 부분을 할애할 것이다.

하나의 포괄적 정의

평가를 실시하는 사람이나 자선사업위원회(Charity Commission)와 같은 기관에게는 정확한 정의가 확실히 중요하다. 그러나 우리에게는 그것이 그렇게 중요하지 않다. [도표 16.1]에서 보는 것처럼 우리는 자발적 지역사회단체라는 용어를 선호한다. 그 이유는 오늘날 영국의 지방정부에서 이 용어가 가장 보편적으로 사용되는 것으로 생각하기 때문이다. 우리는 그것을 *지역사회의 이익을 위해 다양한 방식으로 일하는 독립적인 비영리기관*으로 정의한다. 이렇게 의도적으로 간단하고 포괄적으로 정의를 내렸지만 우리의 목적에는 이것이 적합하다. 우리가 강조하고 싶은 것은 우리의 목적이 우리 동료들, 즉 주로 중앙정부에 관하여 저술을 하고, 압력단체(pressure group) 및 이익집단(interest group)이라는 용어를 선호하며, 정부와의 협력보다는 정치 캠페인과 정책적 영향력이 크게 부각되는 정의를 좋아하는 사람들과 다소 다르다는 것이다(예: Coxall et al., 2003, ch. 9; Jones et al., 2004, ch. 11; Budge et al., 2004, ch. 13). [도표 16.1]에서 분명히 알 수 있듯이 정치운동은 명확하게 공익 활동으로 간주되며, 따라서 이 정의는 스스로를 거의 전적으로 서비스 공급자 또는 비정치적 조직으로 생각하는 다수의 단체들이 간헐적으로나마 정치과정에 편입될 수 있음을 인정한다. 그래서 지역 원예협회가 그들의 땅 위로 도로를 건설하려는 계획에 반대하여 일시적으로 정치운동 단체가 된다. 지역 차원에서는 다수의 조직이 바로 이러한 단일 목적의 단체로서, 지방의회의 지역계획 결정과 같은 쟁점이 그들에게 직접적으로 영향을 미칠 때 한해서 정치생활에 갑자기 뛰어들게 된다.

우리의 정의는 하나의 극단적인 경우로서, 사실상 단일쟁점 정당(single-issue parties)으로서 지방선거에서 전국적 기반을 가진 큰 정당에 대항하여 후보자를 내는 단체도 포용할 수 있다. 후자가 분명하게 정부의 일을 맡으려고 하는 데 비해 단일 쟁점의 단체는 선거과정을 주로 그들의 주장을 공공에 알리는 수단으로 사용한다. 그들은, 비록 드물기는 하지만 무소속의 키더민스터 병원(Kidderminster Hospital — Health Concern) 운동가들처럼 때때로 빼어난 성공을 거두어 거의 우연처럼 집권하는 경우가 있기는 하지만, 대개는 정부를 구성하기에 충분한 수의 후보자를 내기가 어려울 것이다([도표 11.9] 참조).

[도표 16.1] 자발적 지역사회부문(Voluntary and Community Sector)의 정의

자발적 지역사회단체 — 조악하고 쉬운 정의

- 비영리조직
- 정부로부터 독립
- 일부 자원주의(voluntarism) 수단을 통해 이익 취득
- 지역사회에 다음의 행동을 통해 부가가치 제공
  - 서비스 제공
  - 후원자로 행동
  - 정치운동

통상적으로 사용되는 다른 명칭들

- **자발적 부문(Voluntary sector)** — 지역사회에 기반을 둔 다수의 소규모 단체를 희생시키고 이름이 널리 알려진 대규모 자선단체를 강조하는 듯이 보일 수 있음.
- **비영리부문(Non-profit sector)** — 미국을 비롯하여 국제적으로 광범하게 사용됨. 융통성 없는 사람들은 적정한 잉여보다는 수지를 정확하게 맞추는 단체라고 오해할 수 있으나, 그것은 숨어 있는 목적이며 수입을 배분하지 않는다는 것이 중요함.
- **자선 부문(Charity sector)** — 자선사업위원회 등록과 혼동할 위험이 있음. 약 170,000 단체가 등록되어 있으며, 그 두 배 이상은 등록된 단체가 아님.
- **제 3 섹터(Third sector)** — 개인 및 가족관계의 '비공식적 부문'을 포함하여 시장과 국가에 의해 이루어진 것이 아닌 모든 것을 망라하는 용어로 종종 사용됨. 정부가 다시 선호하게 된 용어로서(National Audit Office, 2005), TSOs를 주목할 필요가 있음. 여기서 TSO는 Trading Standards Officers가 아니라 Third Sector Organisations임.
- **사회기업 부문(Social enterprise sector)** — 정당에 따라 서로 다른 의미를 가지지만 유행하는 용어임. 서비스 공급보다는 사업 및 수입 창출에 더 중점을 둠.
- **이익, 압력단체(Interest, pressure group)** — 오늘날 지방정부의 세계에서는 거의 사용되지 않음. 정치학 연구문헌에서 대부분의 경우 국가 및 국제 정부에 관하여 사용됨. 두 용어 모두 잠재적인 서비스 공급자보다는 정책 영향력 행사자로서의 관심을 반영함.

주요 통계

- 최협의의 정의로서 자선사업위원회에 등록된 단체에 국한시키면 영국 국내총생산(GDP)의 약 2.5퍼센트를 차지함. 최광의의 정의로 보면 아마도 약 9퍼센트 정도로서 지방정부와 비중이 비슷함.
- 역시 최광의로 해석하면 약 600,000개의 조직에 아주 대략적으로 추산할 때 600,000명의 유급 직원과 16백만 명의 자원봉사자를 활용함.
- 근래 자발적 지역사회부문이 정부로부터 보조금 및 계약의 형태로 받는 수입의 비중(37퍼센트 강)이 일반 국민으로부터의 기부와 상품 및 서비스 구매로 얻는 비중을 앞질렀음.

내부자와 외부자

단체의 유형을 구분하는 데는 두 가지의 주요한 접근방법이 있다. 누구 또는 무엇을 대표하는지의 관점에서 보는 것이 그 하나이고, 정부와의 관계가 어떤 성격인지를 보는 것이 다른 하나이다. 첫번째 유형화는 기본적인 목적을 소속 회원들의 이익을 증진하는 데 두는 *분파적*(*sectional*)/*이익*(*interest*) 단체 — 노동조합, 기업조직, 임차인이나 주민 또는 재산세납세자협회, 흑인 및 소수인종(BME) 단체, 예술문화단체, 여성단체, 게이나 레즈비언 또는 양성애자 단체 — 와 소속회원들과 지지자들이 반드시 그들 활동의 직접적인 수혜자가 아닌 *목적*(*cause*)/*진흥*(*promotional*) 단체 — 어린이, 노인, 장애인, 희생자, 노숙자 및 실업자의 이익을 옹호하는 단체 — 로 구분한다.

그러나 이렇게 단순하게 보이는 구분조차도 다수의 단체가 양 범주에 동시에 해당되기 때문에 결코 절대적인 것이 아님을 쉽사리 발견할 수 있다. 그래서 다른 방식으로 유형화를 하기 위한 온갖 시도가 이루어지고 앞으로 보게 되듯이 우리는 그 중의 하나에 큰 관심을 둘 것이다. 그것은 내부자(insider)/외부자(outsider) 구분으로서 그랜트(Grant, 2000)가 개발하고 정교하게 발전시켰다. 그러나 이 구분에 있어서는 유형간의 중첩이 우리가 강조하고자 하는 핵심을 부각시키는 데 도움이 된다.

내부자(*insider*) 단체는 정부가 유용하게 활용할 수 있는 특성을 가지고 있어서 주기적으로 자문을 받을 가치가 있는 유형이다. 이에 반해서 *외부자*(*outsider*) 단체는 정부와 밀접한 관계를 원하지 않거나 주기적으로 자문을 받을 만한 유용한 특성을 갖추지 못한 단체들이다.

정부에 매력적이거나 적어도 정부가 육성할 만한 가치가 있다고 느끼는 단체들은 여러 가지 특성이 있다. 권위, 정보, 경험, 이념 및 정책 친화성, 그리고 궁극적으로는 단체의 구속력이 여기에 해당된다. 어떤 단체의 *권위*(*authority*)라고 하는 것은 그 단체가 대표하고자 하는 사람들을 대신하여 의견을 표방하고 필요하다면 지지를 보낼 수 있는 능력이다. 얼마나 많은 '아시아인 기업'이 버밍햄 아시아인기업협회에 회원으로 가입하고 있는지, 그리고 시의 어떤 아시아 커뮤니티에서 참여하고 있는지를 버밍햄 시의회의 경제개발

부서에서 물어보는 것은 충분히 이해할 수 있는 일이다. 미들랜즈 베트남공동체연합과 베트남개발센터 중에서 불교도와 가톨릭교도 양 부문을 더 잘 대표하고 있는 곳이 어디인지에 대한 질문도 마찬가지이다. 권위는 해당 단체가 보유하고 있는, 그리고 다른 방법으로는 정책결정자들이 쉽게 입수하기 어려운, 소속 회원 및 전문가적 지식에 관한 유용한 정보(information)와 밀접하게 연관되어 있을 가능성이 크다.

지역단체의 관리자 및 자원봉사자 리더들은 화이트홀(Whitehall — 중앙부처)과 웨스트민스터(Westminster — 영국국회)를 무대로 활동하는 전국 단체들과 비교해서 그들의 상대인 지방의회의 정책결정자들을 훨씬 쉽게 알 수 있고 또 그들에게 잘 알려질 수 있다. 그래서 평판 — 좋건 나쁘건 간에 — 이 굳어지고 *경험*(*experience*)을 훨씬 빨리 습득하게 된다. 지방의회의 공무원들이 책임 있고 믿을만한 자문역을 구하거나 정책개발 또는 서비스공급을 지원할 단체를 찾는다면, 그들은 자연스럽게 전에 같이 일을 한 경험이 있거나 그들이 보기에 해당 분야에서 긍정적인 경험을 쌓은 단체에 먼저 접근할 것이다.

내부자가 되고자 하는 단체로서는 대표성을 확보하고, 정보를 보유하고, 경험을 축적하는 것이 대단히 중요하다. 두 번째 시금석은 — 사실은 이것이 아마 첫번째 조건이 되어야 하겠지만 — 단체의 이념과 정치 및 정책적 관심사가 관련 지방의회, 특히 현재 지방의회를 지배하고 있는 정당 또는 정당들과 적어도 넓은 의미에서 *양립될*(*compatible*) 수 있는지 여부이다. 영국 지방정부에 있어서 지역 단체에 관한 초기의 연구를 수행했던 정치학자들은 이러한 정치적 양립가능성 내지 친화성의 문제를 가장 중요한 쟁점으로 다루는 경향을 보였다.

뉴턴(Newton)은 버밍햄의 지역단체와 관련하여 '4,000의 정치(The Politics of the Four Thousand)'라는 타이틀로 하나의 장을 설정하여 '존경할 만한(respectable)' 단체와 '논란이 있는(controversial)' 단체들이 지방의회에서 매우 다른 방식으로 다루어지고 있음을 설명하였다(p. 67). '지역공동체에서 크게 존경받고 확고하게 뿌리를 내려 어떤 정당의 정치인도 그들의 활동 및 [지방의회와의] 협력에 대해서 의문을 제기하지 않는' 단체의 일은 '정치적 반향에 대한 두려움 없이' 공무원들에 의해 다뤄질 것이다. 이와 대조적으로 '존경을 덜 받거나 논란이 보다 많은 단체는 지방의회의 관련 위원회에 회부되어' 거기서 정치적 기회를 잡아야 한다.

디어로브(Dearlove, 1973)는, 켄징턴 & 첼시(Kensington and Chelsea) 런던 바러에서의 당대 정치 연구에서, 상대적으로 소수의 선별된 단체만이 실제로 지방의회의 정책심의 과정에 참여한다는 유사한 사실을 발견했다. 그러나 그는 단체의 성공 내지는 참여자격의 취득을 다소 다른 용어를 사용하여 설명했다. 지역 단체들에 대한 지방의회의 반응은 그들에 대한 수요 — '도움이 된다(helpful)' 또는 '도움이 되지 않는다(unhelpful)' — 와 의사소통의 양식 — '수용가능(acceptable)' 또는 '수용불가능(unacceptable)' — 에 대한 지방의회의원들의 평가를 중심으로 이루어진다(ch. 8). 당연한 일로서 지배 정당인 보수당 의회의원들로부터 도움이 가장 크다는 판정을 받은 단체들은 그들에 대한 수요가 보수당 교섭단체의 견해를 가장 밀접하게 반영하고 있었다. 그리하여 켄징턴 주택트러스트(Kensington Housing Trust)가 '매우 도움이 되는(very helpful)' 단체로 널리 인식되었는데 그것은 동 조직이 지역 주택문제의 해결에 기여함으로써 당해 지방자치단체가 공영주택을 추가로 건설해야 할 필요성을 감소시키고 지배 정당의 정책 우선순위 및 이념적 정향을 강화시켰기 때문이었다.

이와 대조적으로 '도움이 되지 않는(unhelpful)' 단체들(예: 켄징턴 & 첼시 임차인협회 또는 켄징턴 & 첼시 인종협의회)은 소수의 지방의회의원들만이 지지하거나 지배 정당인 보수당 집행부의 정책 우선순위와 충돌되는 주장을 내놓았다. 이와 같은 '수용 불가능한(unacceptable)' 주장은 필시 지배 정당 교섭단체가 '적절하지 않다(improper)'고 인식하는 경로 — 예를 들면 진정이나 시위 — 를 따라 전달된다.

물론 오늘날 목소리를 알리기 위해서 '확성기 방법(megaphone method)'을 사용하거나, 사용하지 않을 수 없는 외부자 단체들이 많다. 청원 및 플래카드, 편지와 로비, 시가행진, 연좌농성 및 시위 등이 그 예이다. 만약 당신이 소속된 단체가 동물권리민병대(Animal Right Militia), 도로이용권 반환요구단체(Reclaim the Streets), 장애인 직접행동네트워크(Disabled People's Direct Action Network)라면, 아마도 예를 들어 고양이보호연맹(Cats' Protection League), 본빌 빌리지트러스트(Bournville Village Trust) 또는 버밍햄장애인협회(Birmingham Fellowship of the Handicapped)의 회원과 같은 대접을 기대하지도 그리고 원하지도 않을 것이다.

1990년대 이래 대두된 두 개의 거대한 외부자 쟁점은 지방의회를 대상으로 전국적으로 사용되는 전형적인 항의 방법을 자세하게 설명해 놓은 '우산' 웹사이트를 각각 탄생시켰다. 먼저, 초대형 소각로를 건설하여 생물분해성 쓰레기의 매립을 줄이려는 지방의회의 계획에 반대하여 다수의 소각로 반대 지역캠페인(www.no-incinerator.org.uk/contacts/html)이 출범했다. 길퍼드 소각로반대네트워크(GAIN: Guildford Anti-Incinerator Network) 하나만 해도 지역사회 쓰레기워크숍인 검정색풍선대회 및 자원재활용과 퇴비화의 촉진을 지원하는 동반 캠페인에 힘입어 84,000건의 항의 편지를 게시했다. 다른 방법의 항의로서는 국회에서의 시위와 행진, 소각로 배출가스의 잠재적 위험을 알리는 기술적인 대응 정보자료의 배포, 그리고 정보의 입수와 게시 및 건설 현장에서의 직접 행동을 지원하기 위한 인터넷의 광범한 사용을 예시하고 있다. 두 번째 쟁점은 대규모 자산이전 제안에 반대하는 지방공영주택방어(Depend Council Housing, www.defendcouncilhousing.org.uk) 캠페인으로서 여기에도 유사한 방법들이 사용되었다([도표 7.8] 참조).

지방의회와의 관계 변화

그렇다고 내부자/외부자의 구분이 이제 더 이상 의미가 없다는 것이 아니다. 오히려 지방정부의 세계가 1970년대 및 1980년대 이후 중대한 변화를 시작했으며, 지역단체 운영의 정치적 측면도 마찬가지이다. 이러한 맥락을 처음으로 언급한 사람들 중의 하나가 스토커(Stoker, 1991, ch. 5)이다. 이에 따라 현재의 관찰자가 보는 지역 단체와 관할 지방의회의 운영 관계는 뉴턴(Newton)과 디어로브(Dearlove) 및 그의 동료들에게 비쳤던 모습과는 크게 다르다. 그들이 당시 접촉했던, 상대적으로 폐쇄적이고 내부지향적이었던 조직은 그 이후, 스토커(Stoker)가 표현했듯이, 여러 가지 독특한 방식으로 '완전히 개방'되었다. 지방의회의원 및 지방공무원들의 '지역사회 지향성(community orientation)'과 공급 조직뿐만 아니라 이용자의 시각에서 서비스를 보려는 자세, 그리고 외부 이해관계자를 대상으로 하는 의견수렴 노력 등이 보다 강화되고 증가했다(Stoker, 1991, pp. 124 ~ 128). 그동안 지역단체들 스스로도 이러한 발전에 부응하여 적극성과 다양성을 강화하는 한편, 적어도 일부 단체는 예산을 추가로 확보하였다. 전체적으로 이러한 추세는 '이익집단 및 지방자치단체들로 하여금 서비스 공급 책무를 기꺼이 공유하고자 하는 자세를 강화'시켰다.

흥미롭게도 이들 두 분야 간에 협력을 지향하는 자발적 의지의 증가는 비록 방식은 달랐지만 고도로 정치화된 당시의 정당 구분을 뛰어넘어 지방의회에 그 모습을 분명하게 드러냈다. 예를 들어 노동당 지배하의 좌파 지방자치단체는 보조금의 지원을 통해서 현상유지를 타파하기 위해 활동하는 자발적 부문과 목적단체 및 지역사회 단체를 독려할 수 있었다. 중도우파 또는 자민당 영향력 하의 지방자치단체들은 광범한 영역의 단체들과 우호적인 관계를 맺고, 그들의 관심사를 듣는 것처럼 보이는 데 열심이었다. 그리고 보수당에게는 자발적 단체가 서비스의 공급을 담당하는, 그래서 지방의회의 독점적인 지위에 도전하는 하나의 분명한 대체적인 수단이었다.

협약 및 계약

자발적 지역사회단체에 대한 지방의회의 시각 및 그들과의 관계가 1970년대 이후에 꾸준히, 그리고 1990년대 중반 이후 급속하게 발전해온 내용을 단일의 문건으로 설명한 것을 찾는다면 잉글랜드의 모든 지방자치단체가 해당 지역의 자발적 지역사회 부문과 체결하고 있는 *자발적 부문 협약*(*Voluntary Sector Compact*)을 보는 것으로 충분하다. 그러한 문건은, 특히 그것이 겉만 번지르르하고, 듣기 좋게 표현되어 있고, 그리고 실질적인 내용이 없는 경우에는 냉소적으로 보기 쉽다. 더욱이 그것이 자발적 지역사회부문(VCS)을 대상으로 그들이 정부의 정책의제를 수행할 수 있도록 도와주는 것이 정부 자신의 역할이라고 부끄러운 줄도 모르고 설득하려는 신노동당 정부의 시책에서 직접 나왔다면 두말 할 것도 없다. 그러나 그 경우에도 사안의 반대 측면을 검토해 보는 것은 의미 있는 일이다.

1998년의 *잉글랜드에서의 정부와 자발적 지역사회부문의 관계에 관한 국가 협약*(*National Compact on Relations between Government and the Voluntary and Community Sector in England*)은 새 (노동당)정부 초기에 제정된 것으로, 높은 평가를 받고 있는 자발적 부문의 미래에 관한 대킨 위원회 보고서(Daekin

Commission Report on the Future of the Voluntary Sector, 1996)의 의견 및 권고에 크게 바탕을 두고 있다. 일련의 수범사례규정(Codes of Good Practice) — 흑인 및 소수인종(BME) 단체, 지역사회단체, 자문, 재정조달 및 자원봉사활동 — 과 함께 이 협약의 목적은 자발적 지역사회부문(VCS)의 지위를 정부 — 특히 지방정부 — 에 의해 무시되고/되거나 후원을 받는 지위에서 공동추진연대의 협력관계로 바꾸는 것이었다. 따라서 국가협약은, 후속의 지역협약과 마찬가지로, 양 부문이 건설적인 관계를 형성하고 상호 호혜적으로 되기 위해서 지켜야 할 권리와 책임 내지는 사업의 리스트를 규정하였다. 불가피하게 대폭 축약된 설명이지만 [도표 16.2]는 이러한 사업의 성격과 협약의 전반적인 기조를 보여주고 있다.

지금은 비록 어떠한 위반 사항도 지방 옴부즈맨에게 회부될 수 있고 궁극적으로는 사법적 판단의 대상이 될 수가 있지만, 이들 협약은 스스로 강조하고 있듯이 기본적으로 성문의 강행 문서로 간주되어서는 안 된다. 이것은 오히려 당사자들 간의 논의 및 협상 결과의 표현이며 주기적으로 평가 및 수정되어야 할 '양해각서(memoranda)' 내지는 '기본방침(frameworks)'이다. 그러나 협약의 비강행성으로 인해, 특히 정부 책무의 중요성이 훼손되어서는 안 된다. 예를 들어, 서비스 공급에 수반되는 완전한 비용의 보전 및 적절한 정보와 자문을 제공받을 권리, 공공재정을 지원받는 데 악영향을 받지 않고 정부정책을 공개적으로 비판하고 반대 캠페인을 벌일 수 있는 권리를 명시적으로 인정하는 것이다. 이미 지적했듯이, 이러한 후자의 의무는 단체들로 하여금 그들에게 먹이를 주는 손을 깨물라고 초대하는 진귀한 사례이다.

이들 의무의 강제력은 오히려 그것을 위반하는 경우 정부가 정치적으로 곤경에 빠질 수 있다는 데서 나온다. 지방정부의 입장에서는 아마도 지역단체들에 대한 명성의 실추와 성과종합평가(CPA) 감사에 있어서의 악영향 등을 예상할 수 있을 것이다. 협약 체결 초기에는 확실히 재정 지원자인 정부의 정책을 공개적으로 비판하여 위협이나 제재를 받았음이 명확하게 입증된 불평사례가 거의 없었다(Blackmore, 2004, p. 27 참조). 그러나 소규모의 지역 단체들은 그들의 지방의회가 보일 수 있는 반응을, 대규모 단체들이 중앙정부 부처에 대해서 느끼는 것보다 훨씬 더 예민하게 받아들일 가능성이 크며, 양 부문 모두 재정지원을 받는 단체로서 어느 정도 자제력을 발휘하는 것이 필요하다

[도표 16.2] 자발적 지역사회부문과의 지역협약 사례 개요

무엇? 왜?

1998년 노동당 정부는 자발적 지역사회부문과의 국가협약(National Compact)을 제정했다. 그것은 호혜적인 관계를 증진하는 한편 자발적 지역사회단체(VCGs)가 과거 공공분야에서 공급하던 서비스를 점점 더 많이 대신하고 있음을 감안한 것이다. 잉글랜드의 388개 전 지방자치단체는 2004/05까지 지역협약(Local Agreements)을 공표하기로 합의했다.

해피타운 바러의회(Happitown BC)의 전형적인 지역협약

서론 — 이 협약이 타협을 이룬 '살아있는(living)' 합의임을 강조하고, 해피타운 주민들의 전반적인 이익의 증진을 목표로 지방의회와 자발적 지역사회단체(VCGs) 간의 업무 관계를 개선하기 위한 공유 원칙, 가치 및 의무를 규정함. 위협 또는 법적인 구속과는 무관함.

공동의 업무 추진을 위한 공유 가치 — 예시:

- 독립적이고 다양한 자발적 지역사회부문(VCS)이 민주통합사회에 절대적으로 필요함.
- 공공정책의 개발 및 서비스 공급에 있어서 지방의회와 자발적 지역사회단체(VCGs)가 각각 특유한, 그러나 상호 보완적인 역할 및 책임을 보유 — 지방의회는 법적 의무 및 정부 정책을 바탕으로, 자발적 지역사회단체(VCGs)는 자선 목적을 바탕으로 운영됨.
- 지방의회와 자발적 지역사회단체(VCGs) 간 공동추진연대의 운영을 통해 정책을 개발하고 서비스 공급을 개선하는 관계 구축

해피타운 의회의 책무 — 예시

- 자발적 부문에 두 가지 유형의 재정지원 제공
  - **자발적 부문 보조금 지원**
    일회성 또는 1년 단위로 통상 10,000파운드 이내로 지원하며, 지방의회는 보조금 지원의 명확한 절차와 기본방침을 공표
  - **서비스 차원의 협약**
    지방의회를 대신하여 자발적 지역사회단체(VCGs)가 서비스 제공. 3년의 범위에서 협약을 체결하고 매년 업무성과평가 실시. 협약에는 명확하고 합의를 이룬 업무 기술서와 감시 및 평가시스템을 포함
- 자발적 지역사회단체(VCGs)의 적법성을 수용 — 특정 서비스의 공급을 위한 비용의 추정에 있어서 간접비의 적정 요소 등
- 법률의 범위 내에서 캠페인을 실시하고, 공공재정을 지원받는 데 불이익을 받지 않고 중앙 및 지방정부의 정책에 도전하고 비판할 수 있는 자발적 지역사회단체(VCGs)의 권리를 인정하고 지원
- 주요 쟁점에 대하여 자발적 지역사회부문(VCS)의 의견을 수렴하고, 영향을 받는 조직들이 자신들의 회원 및 수혜자들의 의견을 들을 수 있는 시간 부여

자발적 지역사회단체들(VCGs)의 책무 — 예시

- 성문 헌장을 구비하고 정확한 기록과 회계 계정을 유지
- 재정 지원의 효과를 증명 — 수행한 활동(산출물) 및 그러한 활동의 결과(성과)의 관점에서 본 분명한 지역사회 편익
- 단체의 정책과 입장에 관하여, 특히 의회와의 관계에서 회원 및 지지자들의 의견을 들었다는 확인

이견의 해소 — 예시

- 양자 모두 먼저 비공식적인 논의를 통해서 해결책 강구
- 필요하다면 독립적인 조사자/중재자 활용
- 자발적 지역사회부문(VCS)의 불만이 계속되는 경우, 지방정부 옴부즈맨 또는 정부의 지역사회활성화국(Active Communities Unit)이 운영하는 협약중재제도에 회부

고 느낄 것이다. 지역 단체들은 또한, 우리가 앞으로 보게 되듯이, 협약의 철학 및 내용에 의해서도 제약을 받는다. 그러나 대킨(Daekin) 교수 자신은 그의 보고서의 주요 산물의 하나로서 특히 지방에 미치는 영향에 대한 논평을 요청받고는 전반적으로 낙관적인 견해를 피력했었다.

그는 느끼기를, 오늘날 자발적 지역사회부문과 지방의회 사이에는 정파를 막론하고 그가 보고서를 발표했을 당시, 즉 중앙의 보수당 정부가 자발적 단체를 주로 정책 프로그램을 집행하는 수단으로 보았던 반면에 노동당 지배하의 지방의회는 그것을 거부하던 때보다 훨씬 나은 쌍무적 관계가 존재하고 있다(Brindle, 2004, p. 10).

> 노동당 지배하의 지방의회들은 그들에게는 꽃으로 장식한 모자를 쓴 보수당 부인들을 연상시키는 자발적 부문의 조직들과 아무런 관계도 원하지 않았다. 보수당은 '우리의 작은 조력자들(our little helpers)'을 거의 똑같이 후원했었다. '우리는 당신들에게 여러 가지 일들을 맡길 수 있다. 우리는 당신들이 [공공서비스]를 확실히 제공할 수 있도록 계약을 맺을 것이다. 그러나 정책에 대해서 이야기하고자 다가온다면 — 그런 기회는 없다.'

지방의회는 다른 모든 분야들과 공동추진연대를 통해서 업무를 수행해야 한다고 중앙정부가 강조하고 있는데다, 정부의 임무인 공공서비스의 제공을 개선하는 데 있어서 자발적 지역사회단체들이 필수적인 존재로 간주되기 때문에, 오늘날 관내의 자발적 지역사회 분야(VCSs)를 대하는 지방의회의 *행동*(*behaviour*)이 달라지지 않을 수 없었을 것이다. 그 조짐은, 지방정부의 세계에서 항상 있는 것처럼 예외가 있지만, 기본 *태도들*(*attitudes*) 역시 이미 변했다는 점에서 찾을 수 있다. 지역단체 및 그 대표들은 그들에게 영향을 미치는 정책 쟁점에 관해 의견을 제시해 줄 것을 더욱 자주, 그리고 더욱 진지하게 요청받는다. 그들은 자문그룹 및 공동추진연대 위원회에서 일할 것을 요청받는다. 그리고 그들은 일반적으로 지방정부 프로그램의 개발 및 운영을 지원하는 데 보다 직접적으로 기여한다.

레스터에 소재한 환경 자선단체인 ENVIRON([도표 16.3] 참조)은 지방정부의 다양한 기관들과 서로 진정한 호혜적 관계를 가진 것으로 보이는 하나의

[도표 16.3] 인바이런(ENVIRON)

무엇? 독립적인 자선단체로서 1933년 (종전 Leicester Ecology Trust에서) 창설됨. 레스터와 레스터셔 및 이스트미들랜즈의 기업과 지방자치단체에 환경관리 및 지속가능성에 관한 자문을 제공하는 것을 목적으로 함.

어떻게? 사업의 많은 부분을 다음의 공동추진연대를 토대로 추진

- **레스터 시의회** — 1990년 레스터가 영국 최초의 환경도시가 되던 해부터 관여. 현재는 레스터 환경공동추진연대의 핵심 회원이며, 시의 환경 및 기후변화 전략에 기여. 그 외에 모두 참여하는 분할대여농지(Allotments for All), 모두 참여하는 자전거타기(Bikes 4 All), 시티센터 자전거주차장, 컴퓨터와 휴대폰 및 타이어 재활용 제도 등 수많은 프로젝트 추진
- **레스터셔 카운티 의회** — 학생이 이끄는 학교 전체 환경관리 프로젝트인 생태학교 녹색깃발(Eco-School Green Flag) 프로젝트, 전 학교 환경교육 실시, 기업자원절약클럽, 자연보존 및 자원재활용 프로젝트 등에 관한 지역사회 협력사업
- **이스트미들랜즈개발청 및 레스터셔 경제공동추진연대(LEP)** — ENVIRON이 레스터셔 경제공동추진연대(LEP)를 대신하여, 그리고 시의회, 레스터셔 TEC, 비즈니스 링크(Business Link)의 지원을 받아 레스터셔 환경전략 초안을 작성하고 비즈니스 라인(Business Line)을 출범시킴.

관리 중역회의(무보수)로서 지방정부, 지역 경제계 및 대학교에서 참여

직원 40여명이며 조경, 교사, 생태학자, 기업경영 등으로 구성된 다분야 혼성팀. 자원봉사자, 훈련생 및 작업배치 등으로 보완

재정 2004년도 거래액 1.25백만 파운드 — 계약, 판매, 자문 수입 비중 증가 등을 포함하여 전년도에 비해 12퍼센트 증가. 주요 재정공급원으로서 레스터 시의회, 레스터 카운티의회, 힝클리 및 보스워드 및 하보로 디스트릭트 의회, 무역통상부, 근린지역사회재생기금, 새기회기금, 큰복권기금, SITA 환경트러스트, 잉글리시 네이처 등이 있음.

기타 프로젝트 에코 하우스(The EcoHouse) — 환경전시주택; 브라운스톤 태양거리 — 레스터 주택협회가 개수한 주택에 광전지판 설치; 퇴비화 클럽(레스터셔 부패꾼 — 자연적으로) 및 부패 자원센터; 녹색 의사 — 즉석 감기치료 및 에너지능률성에 대해 조언; 생태관(Eco-coffins) — 내용은 상상력을 발휘하거나 그들 웹사이트 방문: http://www.environ.org.uk.

사례이다. 단체 사업의 많은 부분이 지방자치단체에 의해 또는 지방자치단체를 통해 재정이 조달되지만, 다수의 프로젝트는 지방의회 공무원들과 직접적인 연대 하에서 추진된다. 이 단체는 숙련된 전문가 요원을 채용하며, 그들은 전문적 기능의 일부로서 전문가 자문을 제공한다. 그러나 그들의 전문지식 또한 이 단체가 참여하는 공동추진연대의 협력이 증가함에 따라 더욱 향상된다. 레스터 시의회가 환경적으로 진보적이기는 하지만 이 단체의 입장에서는 그들의 주된 재정 공급원인 시의 정책에 대하여, 그리고 환경지속성과 기후변화 문제에 관한 중앙정부의 흐리멍덩한 업적에 대해서 이견을 가질 경우도 당연히 있을 것이다. 그렇지만 그러한 비난의 목소리를 공개적으로 내는 경우 장래 재정지원이 끊길 것을 우려하여 이 단체가 심각하게 위축되는 일이 만약에 있다면 그것은 매우 놀랄 일이다.

ENVIRON은 현재 대규모 조직으로서, 그 배경에는 확립된 평판과 성공적으로 프로젝트를 수행해온 역사가 있다. 이 단체는 다양한 종류의 재원을 공공, 자원, 민간 부문 및 심지어 해외로부터도 조달할 수 있으며, 그렇게 함으로써 특정의 재정 공급원에 대한 의존도를 줄인다. 그러나 외부의 재정 공급원에게 깊은 인상을 심어줄만한 확립된 업적도 없고, 관료 기구와의 협상에 필요한 행정적 기술도 기대하기 어려운 소규모의 신설 단체는 해당 지역을 관할하는 지방의회를 먼저 찾게 되고, 그에 대한 재정적 의존도가 지나치게 높아질 가능성이 크다.

우리가 [도표 16.2]에서 예시한 지역협약은 자발적 지역사회단체들(VCGs)이 활용할 수 있는 지방의회 재정지원의 두 가지 기본적인 유형을 약술하고 있다. 하나는 운영비와 일부 개별 프로젝트의 사업비에 충당되는 상대적으로 규모가 작은 일회성의 보조금이고, 다른 하나는 서비스 차원의 훨씬 더 구체적인 협약을 통해 명시된 업무를 수행하도록 지원되는 재정이다. 대부분의 지방의회 웹사이트는 아마도 재정지원 단체의 대략적인 숫자와, 지난해 보조금 지원 총액을 보여줄 것이다. 사우쓰엔드-온-씨 바러 의회(Southend-on-Sea BC)는 예외적으로 세부적인 자료를 완전히 제공하고 있는 칭찬할 만한 지방자치단체이다. [도표 16.4]는 보수당이 절대 다수인 이 단일통합형 지방의회에서 2005/06 회계연도에 550,000파운드가 넘는 소위 그들 지역의 납세자들의 돈을 지방의회 의원들이 어떻게 배분했는지를 보여준다. 이 목록은 감히 주장하건대 수십 년

전에, 우연한 일이지만 우리 저자들 중의 한 사람이 이 바러에서 자랄 때만 해도 전혀 배려를 받지 못했을 이해관계를 적어도 일부는 포함하고 있다.

자발적 지역사회 부문의 딜레마

'협약 방식의 업무 수행'과 같은 문구가 중앙 및 지방정부 공무원들의 어휘 사전에 등장하기 시작했을 때, 그리고 강화되고 향상된 '협약 플러스(Compact Plus)' 및 공공기관과 자발적 지역사회부문의 관계를 감독하는 협약 행정관(Compact Commissioner)에 대한 이야기가 나왔을 때, 최근 지역사회단체의 정치적 세계를 덮친 변화의 규모에 대해서 의문이 있을 수 없었다. 그러나 더 크게 인정받는다는 것은 관련 당사자 모두가 잠재적으로 비용을 지불해야 한다는 뜻이다. 자발적 지역사회단체(VCGs)의 입장에서 볼 때 그것은 그들이 관할 지방의회와 보다 밀접한 관계를 맺음으로써 얻는 것만큼은 적어도 잃고 있는 것처럼 보일 수 있다는 것이다.

예를 들어, 자발적 지역사회부문을 향한 정부의 공개적인 도구주의자(instrumentalists) 접근에 대한 걱정이 널리 펴져 있다. 즉, 이 부문의 가장 중요한 기능이 정부 의제의 실천 및 정부 목표의 달성에 기여하는 것이라고 정부 각료들이 분명하게 믿고 있는 데 대한 우려이다. 솔직하고 뚜렷한 주장을 가진 자발적 지역사회부문을 높이 평가한다는 협약의 표현은 사실은 수사일 뿐이라는 비난도 이어진다. 정부는 — 중앙과 지방을 막론하고 — 이 부문의 폭넓은 사회적 기여에 대해 진정으로 관심을 가지는 일이 거의 없다. 서비스 공급과 함께 정치운동을 하는 단체는 과거와 마찬가지로 의심의 눈길을 피할 수 없다. 정부는 잘해봤자 그 분야를 포섭할 뿐이고 최악의 경우는 그것을 거세하게 된다(Whelan, 1999).

자발적 지역사회단체(VCGs)가 독립성을 서비스공급자 자격과 교환(그것이 희생이 아니라면) 함에 있어서, 정부와 소비자는 모두 그들이 마치 국가 부문에 속해 있는 *것처럼* 행동하기를 기대한다. 노동당 정부의 회계감사 및 성과 문화에 내몰린 지방자치단체들은 그들의 보조금과 계약을 보호하기 위해 규제와 책임성이라는 속박장치를 발명해 낸다. 이에 대해 지역사회단체들은 먼

[도표 16.4] 한 지방의회의 자발적 단체에 대한 보조금 지원

사우쓰엔드-온-씨 바러 의회(South-on-Sea BC)는 2005/06년도에 보조금을 신청한 78개 단체 중에서 47개 단체를 선정하여 총 £556,000 지원 — 일반적으로 운영비용 지원

단 체	지원금액(£)	단체 / 보조금의 목적
SoS Guild of Help/Citizens Advice Bureau	149,000	무료, 비밀, 독립적 법률자문
HARP(Homeless Action Resource Project)	112,000	노숙자를 위한 긴급 숙소제공 등
Southend Association of Voluntary Services	26,000	자발적 지역사회단체를 위한 훈련, 지원
Age Concern	25,200	노인에 대한 정보, 자문
Relate South East Essex	22,300	가족 내부의 자조 기술 개발
Southend Women's Aid	20,600	가정폭력 피해자
DIAL Southend	19,900	장애인에 대한 정보제공 및 자문
Southend Community Furniture Recycle Project	19,200	중저가 가구 공급
Royal Association for Deaf People	14,700	상담 및 방문
South East Advocacy for Older People	12,600	노인 지원
Southend Play Council	11,300	질 높은 어린이 놀이 제공
St. George's United Reform Church	10,250	지역사회 활동
Southend Vineyard	10,250	노숙자를 위한 식품 저장소
Shoebury Information Shop	10,000	주민 지원, 자문
Parentline plus	9,800	부모 교육, 워크숍
Southend Mencap	8,800	장애인 스포츠클럽
Southend Pier Museum Trust Ltd	8,700	운영비

[도표 16.4] 계속

단 체	지원금액(£)	단체/보조금의 목적
Business Enterprise Agency SE Essex	8,200	기업지원 서비스
Salvation Army, Leigh-on-Sea Corps	6,500	노인 식사 및 활동 지원
SoS Sports Council	6,000	스포츠 시설 제공
Southend Carnival Association	5,700	카니발 운영
Thursday Club	4,500	학습장애 어린이 지원활동
Essex Racial Equality Council	4,100	민족 및 인종관계 발전
South Essex Switchboard	3,400	레즈비언, 게이, 양성애자 지원
Share-IT Community Centre	3,000	소수인종을 위한 시설 및 활동
SoS Arts Council	3,000	미술의 이해 및 감상
SoS Disability and Sensory Forum	2,700	장애인 활동 단체 사무장비 지원
Volunteer Reading Help	2,700	장애 및 취약계층 어린이를 위한 자원봉사활동
Hindu Elderly People's Day Centre	2,500	장소임차비, 행정비용 지원
다음 2개 단체 등 10개 단체는 각각 £1,000 지원		
Churches and Refugees Together	1,000	장소임차비, 난민지위 신청자 지원
National Federation of the Blind of the UK	1,000	지역극장에서의 오디오를 통한 설명
다음 2개 단체 등 8개 단체는 각각 £100 ~ £500 지원		
Cruse Bereavement Care	500	사별 관련 자원봉사 상담자를 위한 훈련시설
Southend Crime Prevention Panel	500	지역사회 경계 조직담당자를 위한 회의, 뉴스레터

저 보조금 및 계약이 서비스 공급에 필요한 완전 비용에 미치지 못할 때가 많다고 주장할 것이다. 한편 정치인들은 소비자들에게 품질 높은 공공서비스 및 완전한 소비자 선택권을 제공한다고 약속한다. 그러나 그 서비스라는 것은 적정한 보수를 받는 전문가가 아니라 여전히 헌신적인 자원봉사자일 것으로 기대되는 자발적 지역사회단체의 직원들로부터 제공되는 것이다.

이제 자문 기능을 보면, 지역사회단체가 서비스 공급자로서 가치를 발휘하는 바로 그 지식과 경험이 지방의회의원들에게 위협으로 간주될 수 있는데 그것은 스스로를 선출된 대표로서 '그들' 지역사회의 수요에 대한 최상의 판정관이라고 생각하는 경향이 있기 때문이다. 이와 함께 거의 모든 이익집단이 정부와 상대할 때 가지는 가장 본질적인 문제가 있다. 그것은 1960년대 '프로퓨모 재판(Profumo Trial)'에서 있었던 맨디 라이스-데이비스(Mandy Rice-Davies)의 진술과 거의 같은 식으로 치부될 수 있다는 것이다. 그녀가 잤다고 진술했던 매춘의 상대 남자들이 그 사실을 부인하자 '그래, 부인하겠지, 부인하지 않겠어요?' 하고 반박했었다. 단체의 견해는 간단히 말해서 그들의 이름을 통해서 짐작된다.

노동당 정부는 특히 그들에 대한 도전을 '보통 사람들'에게 다가갈 수 있도록 이들 단체를 어떤 방식으로든 넘어서야 하는 것으로 보았다. 이것이 시민과 정부 사이에서 의사소통 통로를 제공하는 것을 핵심적인 기능의 하나로 삼고 있는 이들 단체들에게 하나의 역설을 만들어냈다. 즉, 이들 집단들이 초점 집단(focus groups), 시민 배심원단(citizens' juries), 시민 패널(citizens' panels), 숙의적 여론조사(deliberative opinion polls)와 주민투표(local referendums) 등과 같은 보다 혁신적이고 정부가 선호하는 자문 형태(Lowndes et al., 2001 참조) — 조직화된 단체보다는 개별 시민들의 참여에 우선순위를 두는 장치들 — 에 의해 포위되고 있는 것이다(Pratchett, 2004, pp. 227 ~ 228 참조).

결론 — 보다 복잡한 세계

지역사회단체와 그들의 관할 지방의회, 그리고 다른 지역기관들 사이의 관계 유형은 아마도 단순하기 짝이 없는 분류제도가 함축하는 것보다 항상 더 다양하고 복잡할 것이다. 이것은 오늘날의 지방 공동협력통치의 세계에도 분명히 해당되는데 그 이유는 자발적 부문의 단체들이 한 때는 지방의회가 스스로 공급하던 서비스를 제공하기 위하여 재정을 지원받고 있으며, 양 부문이 모두 공동추진연대의 틀 안에 포함되어 서로 협력하고 있기 때문이다. 이 책 전체를 통해서 이미 부각되어 있지만 이것이 마지막 장에서 다시 살펴볼 주제이다.

Part 03

현대화 후기로의 변화

제17장

최근 20년의 행정관리 변화 동향

서론 — 서비스 공급 및 정치적 결정

우리는 이 책을 시작하면서 지방정부에 대한 독자들의 과거 경험이 아마도 고객(customers), 소비자(consumers), 민원인(clients) 및 시민(citizens)의 자격에서 이루어졌을 것이라고 설명했었다. 이렇게 짧고 또 모두 C로 시작되는 이 목록의 순서는 별 생각 없이 제시된 것이 아니다. 이들 4C 용어들은 지방정부가 — 사실은 어떤 정부도 — 공통적으로 수행하는 두 개의 기본적인 기능을 포괄한다. 즉, *서비스*(*service*) 기능과 *정치적*(*political*) 기능(Boyle, 1986) 내지는 공급(providing)과 결정(deciding)이 그것이다. 지방정부는 특정의 상품과 서비스를 공급하며, 시민들이 그 속에서 그러한 상품 및 서비스의 공공적 제공에 관한 핵심적인 쟁점 — 규모와 분배, 품질, 비용 및 재원조달방식 — 을 놓고 시민들이 집합적으로 논의를 하고 결정을 내리는 무대이다. 둘 다 근본적인 기능이기는 하나 우리는 이미 제12장에서 절대적으로 불가분한 것은 역시 정치적 기능이라고 설명한 바 있다. 서비스 기능은 외부위탁이나 전체 또는 부분적으로 민영화될 수 있고 실제로도 그렇게 운영되어 왔다. 그러나 정치적 기능은 그것을 제거해버리고 나면 남는 것은 지방정부가 아니라 기껏해야 지방행정에 불과하다.

그러나 최근에 집권한 중앙정부는 양대 정당 모두 서비스 기능 — 어떻게 해서 서비스를 보다 능률적으로, 보다 싸게, 보다 동질적으로, 보다 경쟁적으로, 그리고 보다 기업적으로 공급할 것인지 — 에 과도하게 초점을 맞췄다. 이에 대비해서 정치적 기능 — 어떤 서비스가 공급되어야 하고 그 비용은 어떻게 충당되어야 하는지, 그리고 그것을 어떻게 집단적으로 결정할 것인지 — 에 대해서는 상대적으로 주의를 게을리 하였다. 다른 말로 표현하면 일반 주민들은 이미 지방의회를 그들의 지방정부라기보다는 서비스 제공자로 생각하게 되었고, 그들 또한 일차적으로 고객, 소비자 및 의뢰인으로 인식되었으며 공민은 단지 부차적인 자격으로 보였을 뿐이다.

고객/공민의 구별을 이전의 판들에서는 대체로 책의 마지막 부분에서 다뤘는데, 이번 판도 마찬가지의 구성을 보일 것이다. 직전의 제 3 판에서는 균형이 맞지 않은 2개의 장이 있었다. 그 중에서 하나는 대처/메이저 및 블레어 시대 초기에 있었던 무수한 급진적인 관리적 변화에 관한 장이었고 다른 하나는 당시 진행중이던 신노동당의 '민주적 쇄신(democratic renewal)' 의제를 포함하여 정치적 변화를 다뤘는데 분량이 훨씬 적었다. 제 3 판이 발간된 이후 4년 동안에 두 가지의 일이 일어났다. 관리적 변화는 계속해서 신속하게 진행되었으나, 정치적 측면은 보수당 정부와 마찬가지로 크게 *새로운* 것이 나타나지 않았다. 예고된 여러 변화가 이행되었고, 그것을 우리는 이 책의 주요 부문에서 논의했다. 즉, 새 지방의회 헌법과 막중한 의미를 지닌 정치적 관리혁명 — 비록 선출 시장은 극소수에 불과했지만 — 은 각각 제 5 장과 제12장에서, 선거과정의 변화는 제11장에서, 그리고 지역복지권에 대해서는 제 9 장에서 다뤘다.

앞으로 정치적 변화 내지는 정치적인 함축성이 큰 변화가 더 있을 것으로 보인다. 그것은 아마도 2006 백서와 라이온스 조사연구(Lyons Inquiry)의 최종보고서 등 다양하게 예정되어 있는 '기능, 형태 및 재정(function, form and finance)'에 관한 선언에서 제시될 방향에 기초를 두게 될 것이다. 데이비드 밀리밴드(David Miliband)는 지역사회 · 지방정부부의 수석 차관으로 2005~06 기간 짧게 재직하는 사이에 '임파워먼트, 즉 권능강화의 정치(politics of empowerment)'와 지방주의자 트레키(Trekkie)와 약간 비슷하게 들리는 '이중적 자치권 이양 … 지방정부 청사 및 그 너머로(double devolution … to the Town Hall and beyond)'에 대해서 이야기했다(Miliband, 2006) — 여기에 대해서는 제18장에서 다시 보기로 한다. 그러나 그가 정확하게 무엇을 실제로 마음에 담고 있었는지는 분명하지 않으며,

더욱이 그가 다른 부처로 이동된 지금은 아마도 더 이상 알 길이 없을 것이다. 따라서 우리는 1980년대 이래의 관리적 변화를 가능하면 최근의 내용까지 포함하여 설명하는 하나의 주요한 장으로서 이 장과, 이어서 불가피하게 추측일 수밖에 없는 우리의 지방정부의 미래 — 그렇다고 지방정부가 반드시 밝은 미래를 가졌다고 당연시하는 것은 아니지만 — 를 그려보는 마지막 장을 남겨두고 있다.

보수당 — 의무적 경쟁입찰 및 계약문화

1979~97년 사이에 보수당 정부가 지방정부에 도입한 재량 깔때기 형상의 변화와 혁신([그림 2.1] 참조) 가운데 헌법적으로 가장 중요한 변화는 개별 지방의회의 예산편성 및 지방세 결정 과정에 정부 각료들이 관여할 수 있도록 권한을 부여한 것이 아닌가 한다. 그러나 실제적으로 가장 심대한 영향을 미친 것은 아마도 의무적 경쟁입찰(Compulsory Competitive Tendering)과 관련된 변화일 것이다. 특히, 이것을 보수당 정부의 '신보수(New Right)'적 민영화 또는 민간위탁 전략의 한 흐름으로 올바르게 볼 때 그렇다. 의무적 경쟁입찰의 절차는 본질적으로 특정 서비스를 계속해서 내부 공급(in-house provision)을 통해 제공하는 비용을 해당 서비스의 공급에 관심이 있는 모든 민간 계약자들의 비용과 비교하여 경쟁력이 가장 높은 입찰자와 공급계약을 체결하는 것이다. 그것은 *최저금액*(*lowest*) 입찰자를 의미하며, 지방의회에 대해서는 노동조합의 권리, 고용보호, 병가, 연금, 교육훈련 및 평등권 보장 등의 쟁점과 관련하여 경쟁을 제약하고 왜곡할 수 있는 조건을 부과하지 못하도록 금지하였다. 품질보다는 원가가 항상 궁극적인 기준이었던 것이다.

여기서 반드시 강조되어야 할 점은 의무적인 것이 *경쟁입찰*(*competitive tendering*) — 가격 비교 — 이지 해당 서비스의 외부위탁이 *아니며*, 그것은 가격 경쟁에 따라서 이루어질 수도 있고 아닐 수도 있다는 것이다. 경쟁의 결과 내부 공급을 대체할 응찰이 없거나 그것이 최저가인 것으로 판명되는 경우에는 해당 지방자치단체에서 계속해서 서비스를 제공하게 되지만 조직 측면에서는 다른 방식을 택한다. 이렇게 서비스를 제공하는 지방자치단체의 부문을 직접

서비스조직(DSO: Direct Service Organization)이라고 부르는데, 이들 조직은 별도의 거래계정을 유지해야 하고 또 일정 비율의 이익을 반드시 산출해야 한다.

의무적 경쟁입찰(CCT)의 과정은 세 개의 지방정부법(Local Government Acts) 입법을 거치면서 영향을 받는 서비스 분야가 기술적인 '블루칼라(blue-collar)' 영역에서 관리적인 '화이트칼라(white-collar)' 영역으로 지속적으로 확대되었다. 즉, 지방정부법 1980에 의해 주택 및 도로의 건설 및 유지관리에서 시작하여 지방정부법 1988에 의해 쓰레기 수거, 운동장 및 차량 유지관리, 빌딩 및 거리 청소, 학교급식, 스포츠 및 레저 관리 분야로 확대되고 지방정부법 1992에 의해서 다시 주택관리, 법무 · 인사 · 재무 및 정보통신(IT) 서비스 분야까지 확대된 것이다. 이것이 이데올로기적인 정책으로 들리고 또 사실 그런 측면이 있었던 것은 신보수(New Right)의 싱크탱크 — 아담스미스연구소(Adam Smith Institute), 경제문제연구소(IEA: Institute of Economic Affairs), 정책연구센터(CPS: Centre for Policy Studies) — 가 큰 역할을 했기 때문이다. 이들 싱크탱크 및 그들과 생각이 같았던 보수당 정치인들은 종래 중앙 및 지방정부 또는 국립보건서비스청(NHS)과 같은 기관들이 독점적으로 공급하던 서비스를 외부에 위탁하면 서비스의 품질 향상과 비용 절감을 동시에 이룰 수 있다고 주장했다. 이와 함께 복지국가가 불어넣은 '의존 문화(dependency culture)'에 도전하고 작은 정부를 유도하겠다는 것도 또 다른 명분이었다. 지방자치단체의 입장에서 그것은 광범한 영역의 다른 기관들 — 민간 산업과 상업적 이해당사자 및 자원봉사기관들 — 과 서비스의 공급을 분담하는 대담한 새로운 세계로 진입함을 의미했다. 이것이 바로 의무적 경쟁입찰의 광범한 파급효과로서 거버넌스, 즉 지방공동협력통치와 파트너십, 즉 공동추진연대 운영의 원조가 되었다.

이에 반해 의무적 경쟁입찰(CCT)을 반대하는 사람들은 이 제도가 선출된 지방자치단체뿐만 아니라 노동조합의 역할까지 감소시킬 수 있음에 유의했다. 그것은 노동조합의 권력과 공공분야의 임금협상, 그리고 공공부문 노조와 노동당간의 강력한 재정적, 제도적 연대에 대한 정부의 포괄적인 공격의 일환이었다. 의무적 경쟁입찰(CCT)을 통해 얻을 수 있다는 소위 비용절감에 대해서는 능률성의 증가에 의한 것이라기보다는 오히려 직원들의 급여 삭감, 근무여건의 악화 및 안전도를 해치는 작업관행의 변화에서 온다는 주장이 더욱 강력하게 제기되었다.

의무적 경쟁입찰의 영향—관리 및 재정 측면

다른 많은 혁신들과 마찬가지로 의무적 경쟁입찰(CCT)의 직접적인 효과는 지지자 또는 반대자들이 목소리를 높여 예측했던 것처럼 극적으로 나타나지는 않았다. 민간부문이 거의 모든 서비스를 '인수하는(takeover)' 일은 일어나지 않았으며, 전반적인 그림은 여러분들이 지금쯤은 예측할 수 있는 모습—서비스에 따라 그리고 지방의회에 따라 극도로 다양한 양상—으로 나타났다. 어떤 서비스는 민간부문의 입찰이 훨씬 잘 어울리기도 했지만, 외부 입찰자가 계약을 절반 이상 따낸 분야는 빌딩 청소와 건축밖에 없었다. 모든 서비스 분야에 걸쳐서 직접서비스조직(DSOs)이 대규모 계약을 불균형적으로 많이 따냄으로써 민간 경쟁자들이 계약 건수 측면에서는 전체의 40퍼센트를 차지했지만 계약 금액은 25퍼센트를 넘지 못했다. 스코틀랜드에서는 양 측면에서 모두 실적이 훨씬 낮았으며, 잉글랜드와 웨일스에서도 6개 지방자치단체에 1개 이상의 빈도로 외부 계약자가 전혀 없었다. 따라서 1997년 집권한 노동당은 대부분의 지방자치단체에서 행정조직 내부 및 외부의 서비스 공급이 뒤섞인 혼합경제체제를 승계했다고 할 수 있다.

의무적 경쟁입찰(CCT)에 의한 예산절감 및 기타의 편익은 정확하게 평가하기가 어렵기로 악명이 높다. 매년도 원가절감—아마도 전반적으로 8퍼센트 정도—의 달성은 틀림없는 사실이나 중립적인 여러 연구들은 이것을 민간기업과의 계약 체결보다는 오히려 경쟁의 도입이 원인이라고 주장했다. 비용 절감의 주요 요인은 직원의 감축으로서, 때로는 20~30퍼센트에 이르기도 하는데, 이것은 직접서비스조직(DSOs)과 계약을 체결할 때도 나타나는 현상이다. 다른 하나는 급여 및 근무여건의 악화—임시직 계약, 유급 병가나 공휴일 및 연금의 삭감—에 따른 것으로서 주로 전직이 어려운 여성근로자가 그 대상이었다. 이와 함께 서비스 실패—어떤 것은 웃음거리이고 어떤 것은 비극적(Wilson and Game, 1998, p. 349)—사례와 지방의회가 만족스럽게 이행되지 못하는 계약을 종료시키는 경우가 있다.

대규모 공급계약을 주로 행정조직 내부에서 따내기 때문에 의무적 경쟁입찰(CCT)이 지방정부를 그렇게 크게 변화시키지 못했다고 생각할 수가 있다.

그러나 그렇지 않다. 모든 지방자치단체는 계약을 '잃고' 유지하는 것과 상관없이, 의무적 경쟁입찰(CCT)에 관리 및 조직 구성의 형태를 근본적으로 적응시켜야 한다. 그에 따른 주요한 변화는 하나의 지방자치단체 내부에서 의뢰인(client)과 도급자(contractor)의 역할을 분리시킬 필요가 생긴 것이다. 여기서 *의뢰인(clients)*은 서비스 명세서의 제공과 모니터링을 담당하고 *도급자(contractors)*는 서비스를 직접 생산하여 공급하는 역할을 한다. 이러한 역할의 구분은 한 부서 내에서 또는 별도의 계약부서를 창설함으로써 이루어진다.

기타 행정관리 경향

의무적 경쟁입찰(CCT)은 하나의 아이러니를 가지고 있다. 즉, 그것이 직접적인 서비스 공급자로서 지방자치단체의 종언을 알리는 출발점이 되었다기보다 어떤 의미에서는 오히려 그 반대의 효과를 가져온 것이다. 그것은 의무적 경쟁입찰(CCT)이 지방자치단체들로 하여금 내부 계약을 따야 하는 도전에 직면하게 함으로써, 그들 스스로 관리시스템을 정비 및 보강하도록 자극을 주었기 때문이다. 의뢰인/도급자의 구분과 내부 시장(internal markets)의 창설은 하나의 관리혁신으로서 의무적 경쟁입찰(CCT)의 중요한 요소였다. 그러나 그것 이외에도 다음과 같은 여러 가지 주목할 만한 흐름들이 함께 나타났다.

고객과 헌장

스켈처(Skelcher)의 '서비스혁명'(1992)은 의심할 여지없이 1980년대 이래 이루어진 가장 중요한 공공서비스 발전의 하나이다. 그것은 고객최고주의의 추구 내지는 적어도 그들을 '고객(customers)'이라고 명명하고 최우선적으로 봉사하겠다는 것이다. 전통적으로 지방자치단체는 주민(residents), 지방공영주택 임차인(tenants), 민원인(clients), 보조금청구인(claimants)을 대상으로, 그들을 *위해서(for)*라기보다는 그들에 *대하여(to)*, 스스로 느끼기에 가장 적절하다고 생각하는 방식과 기준에 따라 서비스를 공급해왔다. 그러다가 민간부문의 영향을 어느 정도 받아 공공서비스정향(PSO: Public Service Orientation) 또는 고객보호

(customer care) 등으로 다양하게 불리는 개념이 등장했다. 과거에는 지방의회가 제공하는 서비스의 수동적인 수혜자에 불과했던 이 사람들을 이제는 점차 완전한 선택권(choice)은 아니더라도 최소한 목소리(voice)는 가진, 그리고 의견의 수렴은 물론이고 의사결정 과정에도 적극적으로 관여할 권리를 가진 고객으로 대우해야 한다는 것을 인식하게 된 것이다.

오늘날 지방의회의 고객중심 이념이 실제로 구현된 사례는 수없이 찾아볼 수 있다. 고객서비스센터 및 복합기술 보유 직원의 채용, 원스톱 전화시스템, '일선(front-line)' 직원의 개인명찰 패용, 인터넷으로 내려 받을 수 있는 민원신청양식과 리플릿, 사용자 및 주민 의견조사, 불평처리절차 홍보, 고객보호 훈련 및 근린지역사회포럼, 지방의회 회의의 공공질의 시간, 그리고 아직은 예외적이지만 전통적인 정규근무시간외 민원 처리 등을 들 수 있다. *고객헌장(customer charters)*과 *서비스보장(service guarantees)* 또한 그러한 사례에 속한다.

헌장주의(Charterism)는 존 메이저(John Major)와 인연이 닿게 되었는데, 1991년 7월에 나온 그의 백서 "*시민헌장*"(*The Citizen's Charter*)은, 그것이 비록 집합적 정부과정의 참여자로서 보다 야심적인 발상은 아닐지라도, 개인적인 서비스의 소비자로서 시민 — Citizen's에서 단수형의 소유격 부호(apostrophe)를 주목 — 의 권능 강화를 추구했다. 사실 메이저가 주창하기 이전에도 주로 노동당 지배하에 있던 여러 지방의회에서 그들 자신의 헌장과 고객계약 및 사후시정 메커니즘을 이미 발전시켰었다. 그 중에서도 요크 시의회(York City Council)가 가장 인상적이었다.

> 단순히 중앙정부의 주요 시책에 선행하는 지방정부 혁신사례의 하나로서가 아니라 시민(citizens)과 고객(customers) 그리고 지역사회(community)의 관심을 함께 엮어내려고 시도한 방식 때문이다. 시민권(citizenship) — 요크 시민으로서 사람들이 가지는 *공민권(civic rights)* — 에 대한 약속이 알권리, 청문을 받고 영향력을 미칠 수 있는 권리, 정직하고 공정하고 정중하게 대접받을 권리, 그리고 참여하고 대변될 수 있는 권리의 관점에서 명시적으로 선언되어 있다. 이러한 일반적인 공민권은, 예를 들어 다음과 같은 제도를 통해, 실제적 권리로 전환된다.
>
> - 여러분의 근린지역사회에 영향을 미치는 결정에 관해 여러분이 의견을 제

시할 수 있는 구역위원회(area committees)

- 장애인이나 특별한 보호가 필요한 사람 등 의견을 자주 수렴하지 못하는 사람들을 참여시키는 특별한 제도

(Prior, 1995, pp. 91 ~ 92, 이탤릭체는 저자들이 강조)

시민헌장 운동은 지방공영주택 임차인, 부모, 그리고 다른 집단들을 위한 보조 헌장들과 함께 지방자치단체가 그들이 봉사하는 대상에게 '더 가까이' 다가서야 한다고 인식했음을 보여주는 한 단면이다. 최소한 지방 헌장은 권리, 보장, 책임과 같은 확인 및 모니터링이 가능한 용어를 사용하여 지방자치단체와 그들 시민들이 가지는 관계의 성격을 뚜렷하게 밝히고 있다(Prior, 1995, p. 100). 아직도 이 이념에 헌신하고 있는 지방의회의 사례를 보고 싶다면 브록스토우 바러 의회(Broxtowe BC)의 '서비스헌장(service charters)'과 게이츠헤드 광역도시권 바러 의회(Gateshead MBC)의 웹사이트를, 그리고 — 240개 정도의 사례를 보유하고 있는 — 놀랄 만한 펨브룩셔 카운티 의회(Pembrokeshire CC)의 '고객헌장(customer charters)' 웹사이트를 검색해보기 바란다(링크된 웹사이트의 Game and Vuong 회의보고서 참조).

그러나 이들 문서는 본질적으로 — 시민헌장(Citizen's Charter)의 재출범으로서 1998년 노동당의 *서비스 제일주의*(*Service First*)와 같이 — 다소 편협하고 소비자주의적인 시민권의 개념에 관한 것으로서, 거기에는 소비자주의자의 가치가 민주적 가치를 대체하고 있다. '근린지역사회를 안전하고 청결하게 유지하기 위해 서비스 공급자와 주민들이 져야 할 책무'를 제시(Miliband, 2006)한 밀리밴드(Miliband)의 근린지역사회 헌장(Neighborhood Charters)은 최초의 발표를 놓고 보면 마치 같은 제도를 재활용한 것처럼 들렸다. 앞으로 이들이 구체적으로 모습을 드러내면, 세르반테스의 *돈키호테*(*Don Quixote*) 원 번역본에 아마도 서술되어 있듯이, 푸딩의 증거(the proof of the pudding)를 맛보게 될 것이다. 다시 말해서 백문이 불여일견임을 경험하게 될 것이다.

품질시스템 및 품질보증

'고객최고주의(customer first)' 시책이 단지 종교적인 수사가 아니라면 그것

을 서비스 품질로 전환시키기 위한 진정한 제도적 노력과 역량이 필요하다. 이러한 인식에 따라 수많은 지방자치단체들이 그들 서비스의 품질을 향상시키기 위한 수단으로서 품질통제(QC: Quality Control), 품질보증(QA: Quality Assurance) 및 전사적 품질관리(TQM: Total Quality Management) 시스템을 발전시켰다. 스켈처(Skelcher)는 이들 세 개 과정을 명백하게 구분하여 논의를 전개했다(1992, ch. 8).

품질통제는 서비스가 이미 제공된 이후 또는 막 제공될 단계에서 하는 감사 및 확인 과정이다. 목적은 사전에 설정된 기준에 비추어 성과를 측정하는 것으로서, 서비스 공급에 있어서 나타나는 실패율을 확인한다. 하자보수 후에 실시하는 임차인 만족도 조사가 하나의 예이며 임차인의 불만족에 대한 정보는 다음 서비스를 개선하는 데 활용될 것으로 기대된다.

품질보증은 처음부터 표준에 미달되는 서비스가 제공되지 않도록 하기 위한 노력이다. 이 제도는 일정 수준의 서비스가 항상 보장되도록 서비스 전달체계와 절차를 설계한다. 원래 상품의 표준이 정확하게 측정되고 특정화될 수 있는 제조업 분야에서 개발된 이 품질보증제도는 인적 서비스의 제공이 중심이 되는 지방정부의 영역에는 쉽게 적용하기가 어렵다. 그럼에도 불구하고 영국 표준연구소(BSI: British Standard Institute)는 공인 인가기준(BS 5750)을 개발하여 지방자치단체 및 국립보건행정청(NHS)의 기관들이 그들의 품질보증시스템을 측정할 수 있도록 하였고, 또 더러는 공인을 받기도 하였다. 공인될 수 있는 품질보증시스템을 개발하기 위해서는 정책, 절차, 성과기준 그리고 모니터링 시스템을 세부적으로 코드화하여야 하므로 장기적이고 자원집약적인 노력이 투입될 수밖에 없다. 그러나, 예를 들어, 지방의회 공영 고아원(residential home)의 아동학대 사례에 직면하게 되면, 이 제도가 투자할 가치가 있다는 것을 어렵지 않게 알 수 있게 된다.

전사적 품질관리는 서비스 품질을 전체 조직문화 발전을 추진하는 동력으로 삼으려는 전략이다. 그것은 품질관리에 '조직 전체, 즉 모든 부서와 모든 활동, 그리고 계급을 불문하고 모든 조직원을 헌신토록 하는 방법'이다(Oakland, 1989, p. 14). 이를 위해서는 엄청난 노력이 요구되기 때문에 스튜어트(Stewart)는 전사적품질관리를 '불완전하게 실천되거나, 심지어는 이해 자체가 완전하지 못한 하나의 염원에 그칠 수 있다고 주장한다(1996, p. 19).

전략적 관리

자명한 일이지만, 품질관리를 열망하는 지방자치단체는 모두 그들의 다양한 기관 활동과 정책이 일관성을 유지하면서 해당 기관의 목표와 가치에 기여하도록 보장하는 전략적 접근을 필요로 한다. 오늘날 모든 지방자치단체는 끊임없이 변화하는 환경 속에서 그들의 활동을 면밀하고 체계적으로 평가하여 새로운 방향을 설정하거나, 적어도 몇 년 후에는 그 기관이 어느 위치에 있고 무슨 일을 하고 있을지에 대한 비전 같은 것을 제시한다.

이것이 본질적으로 전략적 관리 및 계획이다. 즉, 지방의회의 선출직 의원들과 공무원들이 함께 정책 우선순위를 설정하고, 핵심적인 사안에 에너지를 집중하며, 변화에 단호하게 대처하는 수단을 개발할 수 있도록 정보를 제공하고 의사결정과정을 개발하는 것이다. 그것은 운영(operational) 또는 반사적(reactive) 관리와 대비되는 개념이며, 그 한계에서 벗어나기 위한 수단이기도 하다(Wilson and Game, 2002, p. 334 참조). 다시 말하면 그것은 운영관리의 일상적인 압력에서 한 발짝 물러서서 해당 지방자치단체 및 그 기능을 광범하고, 조직 전체적인, 그리고 장기적인 시각에서 조망하는 것이다.

전략적 사고를 배양하고 전통적인 국/부서(departmental) 및 직종의(professional) 경계를 허물기 위한 또 다른 방안으로서 선도적인 지방자치단체들은 대부분 자신들의 조직을 소수의 부서(directorates)로 편제한다. 이들 부서의 장, 즉 부서장(Executive/Strategic/Corporate Directors)은 통합된 여러 국을 감독하지만, 일상적인 국 관리(departmental management)의 책무에서는 벗어나게 된다. 그에 따라, 의도된 결과로서, 집행수석(chief executive)과 소수의 부서장으로 구성되는 간소하게 정비된 전략적 관리팀이 출범하여 주요 정책 쟁점에 더욱 집중하고 서비스 간의 조정이 보장되도록 한다.

분권화된, 원가센터 관리

전략적 관리는 거의 필연적으로 실제적인 관리 책임의 이양을 동반한다. 지방자치단체의 전반적인 목적 및 정책을 달성하기 위해서는 그것들이 명확하게 규정되어 개별 관리자들의 목표 또는 핵심 과업으로 전환되어야 한다. 요약하면, 누군가가 책임을 지도록 해야 한다. 그러나 그 책임이 의미가 있으려면 특정화된 목표를 달성할 수 있는 방식으로 재정 및 기타의 자원을 사용할 수 있도록 필수적인 재량권을 부여해야 한다. 이러한 분권관리에 숨어 있는 원리는 그것을 통해 가파른 관리 계서체계에 갇혀 있는 중간 또는 초급 관리자들이 주도적 역할을 하도록 촉발하여 더 큰 능률을 거양하게 하고, 지방자치단체의 경우에는, 공공 서비스의 품질을 제고하도록 하는 것이다.

이러한 관리적 논리는 1980년대에 주창된 국가공무원 조직 내부의 넥스트 스텝(Next Steps) 시책으로서 종래에 화이트 홀(Whitehall), 즉 중앙부처가 관장했던 집행적 성격의 책임을 수행하도록 독립된 조직단위 내지는 책임행정기관(executive agencies)을 설치했던 것과 그 배경이 유사하다. 책임행정기관—대규모의 직업센터 플러스(JobCentre Plus)와 교도서비스청(Prison Service Agency)에서 조폐청(Royal Mint) 및 기록관리청(Public Record Office)에 이르기까지—은 국가공무원 조직의 일부로 남아 있지만 재정, 급여 및 인사상의 결정권을 독립적으로 행사한다. 원가센터 관리자(cost centre managers)도 이와 유사하게, 그것이 대학 내부에 있든 지방자치단체 내부에 있든 간에, 해당 기관의 일부로 남지만 위탁된 핵심 과업 또는 성과기준을 달성하기 위하여 그들에게 할당된 자원을 활용할 수 있는 권한을 가진다.

성과관리

원가센터가 설치되고 나면 성과관리(PM: Performance Management)로 나아가는 경향이 있다. 즉, 개인 및 조직 모두를 대상으로 직무 명세서를 작성하고, 업무성과를 측정 및 평가한다. 원가센터로 과업들이 이양되고 측정 가능한 용어로 표현되어, 원가센터 및 원가센터 관리자의 업무성과가 주기적으로 평가 및 평정되고 그 결과에 따라 보상을 하거나 제재가 가해지는 것이다. 일반적으로 평가의 대상이 조직인 경우는 성과평가(PR: Performance Review)라고 하고 개인인 경우에는 성과평정(PA: Performance Appraisal)이라고 한다.

그렇다면 서비스를 공급하는 지방자치단체의 입장에서 '성과(performance)'란 무엇인가? 주로 공공기관의 업무성과를 감사, 검사, 모니터링 및 측정하는 회계감사위원회(Audit Commission)는 그것을 [도표 17.1]에 제시되어 있는 것처럼 '3E', 즉 경제성(Economy), 능률성(Efficiency) 및 효과성(Effectiveness)을 의미하는 것으로 본다. 그러나 정치적이고 때로는 독점적 지위를 가지면서 다종의 서비스를 공급하는 지방자치단체의 경우 이들 '3E'의 적절한 척도를 찾는 것은 단일 상품으로 이익 극대화를 추구하는 제조회사와 비교해서 훨씬 어려운 일이다. 적어도 해당 지방의회의 정치적 가치 및 목표는 고려되어야 하는데 이들은 단순한 이익극대화보다 훨씬 복잡하다. 따라서 결과(outcome)에 대한 — 예를 들어 교육경험 또는 특정 사회서비스의 결과를 두고 본다면 — 측정은 고사하고 그것을 정의하는 자체도 분명히 문제가 있다.

이렇게 논란이 많고 도전적이기는 하지만 지난 수년 사이에 지방의회의 성과를 측정하기 위한 지표들이 폭넓게 선정되어 사용되고 있다. 제 9 장에서 설명한 것처럼 현재 모든 지방의회는 회계감사위원회(Audit Commission)를 위해, 주로 정부가 규정한(Government-defined) 수십 개에 달하는 성과지표(PIs: Performance Indicators)를 작성하고 그것을 스스로 공표해야 한다. 당초 2000/01에는 이들 지표의 수가 단일통합의회의 경우 200개가 넘었으나 점차적으로, 그리고 지방의회와 협의를 통해서 줄어들었고 그 내용도 투입보다는 결과 및 효과 측면에 초점을 맞추게 되었다. [표 17.1]의 하단부에는 몇 개의 상이한 성과지표의 유형 — 원가(BVs 33, 86), 생산성(76a), 시간목표(78a), 서비스 수요(170a), 서비스품질(79a) 그리고 정책효과(38, 197, 82b) — 을 예시하고 있다.

신노동당 — 최고가치 및 성과계획

의무적 경쟁입찰(CCT)은 처음부터 노동당의 반대에 부딪혔는데 그것은 영국 국회에서, 그리고 점차 숫자가 늘어나고 있던 노동당 지배하의 지방의회를 무대로 보다 격렬하게 이루어졌다. 그러나 고객보호, 품질 서비스 그리고 전략 및 성과관리는, 그것들이 아무리 재정적으로 그리고 상업적으로 경도된 시책이라고 해도, 반대하기가 매우 어려웠으며 그래서 블레어를 총리로 하여 집권한 신노동당 정부도 그에 대한 반대를 시도할 의도가 전혀 없었다. 노동당의 1997년 정책선언(manifesto)은 경쟁입찰의 첫번째 대문자 'C'를 소위 최고가치(Best Value) 서비스 공급으로 이전함으로써 노동당이 어떻게 신공공관리(New Public Management) 체제의 다른 요소들과 조화롭게, 그리고 거기에 기반을 두고 정책을 수행할 것인지를 분명히 하였다.

> 지방의회는 그들 서비스를 외부 입찰에 공개하도록 강요받아서는 안 된다. 그러나 최고가치를 달성하도록 요구받을 것이다. 우리는 높은 품질 수준을 달성하기 위해서 서비스를 반드시 민영화해야 한다는 교조적인 관점을 배격한다. 마찬가지로 우리는 다른 더 능률적인 수단이 있는데도 서비스를 내부에서 직접 공급해야 하는 이유 또한 없다고 본다. 비용도 중요하지만 품질 또한 중요하다.
> 모든 지방의회는 서비스 개선 목표가 포함된 지방성과계획을 의무적으로 공표하고 그것을 달성해야 할 것이다. 회계감사위원회는 성과를 모니터링하고 능률을 향상시킬 수 있는 권한을 추가적으로 부여받을 것이다. 정부는 회계감사위원회의 권고에 따라 실패사례를 교정할 수 있는 전권을 가진 관리팀을 필요한 지역에 파견할 것이다.

정부는 집권하자마자 이것을 정책선언에 포함된 다른 대부분의 공약과 함께 다수 지지자들이 기대했던 것보다 더욱 완벽하게 집행했다. 1998년 초 정부는 여섯 개의 현대화 정책협의문서(consultation paper) 중 하나를 통해 무엇이 지방자치단체의 새로운 책무가 될 것인지를 개관하였다. 그것은 국가적으로 그리고 지방적으로 설정된 명확한 기준에 따라 활용 가능한 가장 경제적이고, 능률적이며, 효율적인 수단을 통해 서비스를 제공하는 것이다(DETR, 1998c, para. 7.2). 그 신호는 명백했다. 정부는 인기가 극도로 낮고 전적으로 원가에 치중하는 의무적 경쟁입찰(CCT) 제도를 폐기할 것이었다. 그러나 최고가치(Best Value) 또한 의무적 경쟁입찰(CCT)과 꼭 마찬가지로 중앙에 의해 규정되고, 잠재적으로 오히려 더 간섭주의 체제임이 판명될 것이었다. 더구나 최고가치는 하나하나의 모든 개별 서비스 및 기능에도 적용되었다.

[도표 17.1] 성과측정

성과의 차원 — 회계감사위원회의 3 1/2 E

- **경제성(Economy)** — *비용(costs)* 및 *투입(inputs)*, 즉 일정 수준의 서비스를 생산하는 데 투입되는 비용의 최소화와 관련됨.
- **능률성(Efficiency)** — 본질적으로 비용에 관한 것이 *아니라, 투입과 산출 사이의 관계*에 관한 것임. 즉 일정한 자원 투입량으로 최대한의 산출을 올리는 것임.
- **효과성(Effectiveness)** — *의도된 산출과 실제 산출 사이의 관계*, 다른 표현으로서 산출과 성과 사이의 관계에 관한 것임.

이들이 전통적인 '3E'로서 정부 성과관리 프로그램의 핵심임. 경우에 따라서 제4의 E가 추가됨

- **형평성(Equity)** — 자원이 인구집단 사이에, 개개인이 아니라 인구집단의 필요성에 부응하여, 얼마나 공정하게 배분되었는지를 측정하는 척도

최고가치 성과지표(BVPIs) 및 버밍햄 시의회의 성과, 2003/04

	성과지표 — 사례는 'suite' 141에서 추출 (www.bvpi.gov.uk)	관련된 성과차원(Es)	버밍햄의 측정치	광역도시권 디스트릭트 평균
기관 건전도(23 PIs)				
BV 9	지방정부세의 회계연도내 징수비율	효과성	94.7%	95.7%
BV 11b	지방의회 공무원의 보수 상위 5% 이내에 드는 사람 중에서 흑인 및 소수인종 출신의 비율	형평성	13.8%	3.4%
교육(27)				
BV 33	청소년서비스 대상 연령집단 인구 1인당 청소년서비스 지출	경제성	£57	£87
BV 38	지방교육청(LEA) 소관학교에서 GCSE 등급 A*에서 C까지, 또는 상응하는 등급을, 5과목 이상 획득한 15세 학생의 비율	효과성	49.4%	46.2%

사회적 서비스(13)				
BV 197	1998년과 비교하여 15세부터 17세까지 여성 주민 1,000명당 임신율의 변화	효과성	−15%	+1%
주택 및 주택수당(19)				
BV 76a	1,000 사례당 부정발견을 위해 청구인을 실제로 방문한 횟수	능률성	366	210
BV 78a	주택수당 신규 신청의 처리에 소요된 평균 일수	능률성, 효과성	32.0	48.4
BV 79a	무작위 표출로 확인한 주택수당 계산의 정확도	능률성, 효과성	96.4%	96.1%
환경(9)				
BV 82b	지방의회가 퇴비화 또는 무산소분해 처리하는 가정쓰레기 비율	효과성	2.6%	3.0%
BV 84a	주민 1인당 가정쓰레기 무게(kg)	효과성	453	467
BV 86	세대당 가정쓰레기 수거 비용	경제성, 능률성	£37.7	£32.5
교통(22)				
BV 99a	인구 100,000명당 도보통행인 중상자 수	효과성	87.8	64.0
BV 165	장애인시설이 되어 있는 횡단보도 비율	형평성	87.6%	76.5%
문화 및 관련서비스(5)				
BV170a	인구 1,000명당 지방의회가 재정을 지원하는 박물관을 방문하는 횟수	효과성	944	749

미온적인 평가

의무적 경쟁입찰(CCT)은 폐지되었고 최고가치(BV)는 지방정부법 1999(Local Government Act 1999)에 법제화되어 2000년 잉글랜드와 웨일스에서 시행되었다. 인두세(poll tax) 사례와는 대조적으로 스코틀랜드에서의 입법은 이보다 늦은 2003년에 이루어졌고 중앙집권적인 성격이 다소 완화되었다. [도표 17.2]와 [도표 17.3]은 최고가치(BV)가 운영되는 방식을 보여준다.

정부의 다른 모든 '현대화' 시책과 마찬가지로 최고가치(BV)에 대해서도 평가가 이루어졌는데 이것은 카디프대학교(Cardiff University)의 지방 및 지역정부연구센터(Centre for Local and Regional Government Research)가 구성한 평가팀이 담당했었다. 10개의 사례연구 대상 지방자치단체에 관한 보조적 보고서의 제목은 "*향상을 위한 변화*(*Changing to Improve*)"(Entwistle et al., 2003)로서 긍정적이었음에도 불구하고, 314개 지방의회에서 선정된 3,000명에 달하는 공무원 및 지방의회 의원들에 대한 연구조사에서 도출된 주요 결론은 너무나도 미온적인 것이었다. 최고가치의 집행은 '대부분의 지방자치단체들에게 하나의 중대한 도전'(p. 4)이었으며 특히 상대적으로 규모가 작고 공무원의 수가 적은 디스트릭트(district councils) 계층에서 더 큰 어려움을 겪었다. 그리고 복합적인 분야에 대한 평가는 특히 어려웠고 예상했던 것보다 시간이 오래 걸렸다.

4C(Challenge, Compare, Consult, Compete)에 대한 평가는 대부분의 지방의회들이 도전과 경쟁보다는 자문 및 비교부문에서 다소 나을 것이라는 당시의 통념(Wilson and Game, 2002, p. 338)을 확인하였다. 서비스 개선방안을 짜내는 것과는 반대로 서비스를 제공해야 하는 근본적인 필요성을 엄격하게 검정해야 한다고 느끼는 사람은 거의 없는 것처럼 보였다. 경쟁 또한, 내부 조직(in-house)을 통한 서비스 공급방식에 크게 의존하는 지방자치단체에 특히 어려운 과제였는데, 그들은 의무적 경쟁입찰(CCT)의 폐지를 민간부문과 상시적으로 경쟁해야 할 필요성이 종식된 것으로 희망적으로 생각하였다.

사례연구 대상 지방자치단체들을 전형적인 사례가 아닌 수범 행정사례로 부각시킬 의도는 전혀 없지만 그들의 경험 역시 애매하고 이중적이다(p. 6).

[도표 17.2] 최고가치 제도

최고가치의 핵심적인 목적 — 각 지방의회가 *모든 서비스 책무*를 수행함에 있어서 *경제성, 능률성, 효과성*의 관점에서 계속적인 향상(continuous improvement)을 이룰 수 있는 방안을 — 연도별 최고가치 성과계획(BVPP: Best Value Performance Plan)과 개별 서비스 및 복합적인 서비스 영역에 대한 정기적인 평가의 형태로 — 마련하도록 의무화하기 위함. 각 지방의회는 그들이 계속적인 향상의 원칙을 적용하고 있음을 일반 주민들과 감사관들에게 시현하기 위해 모든 서비스에 대하여 정기적으로 평가를 실시함.

최고가치 성과계획(BV Performance Plans) — 국가 및 지방적으로 결정된 최고가치 성과지표(PIs: Performance Indicators)를 통해 기존의 성과를 평가하고, 미래 목표를 설정하고, 해당 지방자치단체의 최고가치 평가 프로그램을 개괄적으로 제시함. 서비스의 능률성과 효과성, 그리고 미래계획에 대한 해당 지방자치단체의 책임을 확보하는 기본적인 수단이 되어야 함.

최고가치 평가(BV Reviews) — 일상적인 관리 국면에서는 통상적으로 제기되지 않는 '큰 질문(big questions)'을 던짐으로써 급진적인 서비스 향상 방안을 강구하도록 자극해야 함. 평가는 다음의 4C에 따라 실시

- **도전적으로 질문(Challenge)**. 서비스가 왜, 어떻게, 그리고 누구에 의해 공급되는지 도전적으로 질문하고, 서비스 제공 대안들이 검토되었음을 제시
- **비교(Compare).** 해당 지방자치단체의 성과를 유사한 지방자치단체들과 광범한 관련 최고가치 성과지표에 걸쳐서 비교. 서비스 이용자와 잠재적인 공급자 양측의 견해를 고려
- **의견수렴(Consult).** 새로운, 그리고 의욕적인 성과 목표의 설정 및 계속적인 향상을 달성하기 위한 실행계획의 수립에 있어서 지방세납세자, 서비스이용자, 외부의 협력당사자, 그리고 지역사회단체 일반과 광범하게 협의하고 의견을 수렴
- **경쟁(Compete)**. 능률적이고 효과적인 서비스 공급을 위해 실행가능한 모든 경쟁을 실시

평가에 사용되는 질문에는 전형적으로 다음과 같은 것들이 있다.

- *무엇(What)*을 그 서비스가 지금 하고 있는가?
- *얼마나 잘(How well)* 그것을 하고 있으며, 비용은 얼마나 드는가?
- *무엇(What)*을 고객들이 그로부터 원하는가?
- *얼마나 잘(How well)* 그것을 — 다른 지방자치단체와 비교해서 — 하는가?
- 그 서비스의 편익을 어떤 다른 방법을 통해서도 얻을 수 있는가?
- 어떤 다른 조직이 그것을 더 잘 그리고/또는 더 싸게 공급할 수 있는가?
- 우리가 그 일을 더 잘 할 수 있는가(그리고 얼마만큼)?
- 우리가 고객들을 더 행복하게 할 수 있는가(그리고 얼마만큼)?
- *어떻게(How)* 우리가 지출은 더 적게 하면서 편익은 동일하게 유지할 수 있는가?
- 우리가 꼭 그 서비스를 공급해야 하는가?

감사(Inspection) — 지방의회의 모든 기능은 특별 감사기관 또는 회계감사위원회의 감사부(Inspectorate)로부터 주기적으로 감사를 받아야 함. 성과종합평가(CPA)와 같이 회계감사위원회는 모든 감사보고서 — 2005/06까지 3,200 이상 — 를, 매우 유용하게도, 개별 지방자치단체 및 '지역별(your local area)'로 공표함: www.audit-commission.gov.uk/yourlocalarea/index.asp. 여기에 대한 인상을 다소나마 갖기 위해서는 [도표 17.4] 참조

낙제 서비스(Failing services) — 관계 장관은 감사관들에 의해 최고가치(BV) 서비스를 제공하지 못하는 것으로 판정된 지방자치단체에 관여할 수 있는 광범한 권한을 보유함. 그리고 궁극적으로는 '낙제(failing)' 서비스의 관장 책무를 해당 지방자치단체로부터 박탈할 수 있음.

[도표 17.3] 우수한, 보통의 그리고 나쁜 지방자치단체

최고가치 감사(BV Inspections)

각 서비스/기능을 2개의 4점 척도로 평가

- *서비스 질*(*Quality of the service*): 낮음 = 0스타, 보통 = 1스타, 양호 = 2스타, 탁월 = 3스타
- *향상 전망*(*Prospects for improvement*): 없음(no), 희박(unlikely), 가능(probably), 있음(yes).

감사내용

감사팀은 보통 2내지 5명으로 구성되며, 감사팀의 판정은 며칠간의 방문 기간 중 면담, 직원 초점집단, 방문 및 '실태점검(reality checks)', 그리고 당연히 각종 서류를 근거로 작성된다. 그러나 아래와 같은 초 요약발췌본조차도 그들의 보고서가 매우 광범한 관찰과 인상 및 결론으로 꽉 차 있음을 보여준다.

1. *헤리퍼드셔(Herefordshire) 카운티의회 — 노숙 및 주택 자문서비스*
   탁월한 3스타 서비스이며, 향상 가능함

   좋은 특징: 지역사무소 네트워크와 광역서비스를 통해 시골지역 및 원격 오지에서도 서비스 이용 가능. 지방의회 자체의, 잘 유지 관리되고 있는 숙박시설을 최대한 활용하여 숙박 및 아침 식사(BB) 이상의 서비스 제공. 훌륭한 응접실 시설을 갖췄고, 전 사무소에 휠체어 접근이 가능하며, 어린이를 위한 장난감 비치 및 열정적인 직원을 배치. 가정폭력 피해자 적극 지원. 평균 2주일 이내에 빈집(방) 임대. 호텔 및 기타의 숙박시설을 주기적으로 점검

   향상 가능(Likely Improvement): 부가적으로 임시숙박이 필요한 고객을 위해 보다 직접적인 지원 제공. 장애, 민족, 성별 및 인종 문제에 관한 관찰 정보를 추가로 수집. 직원 및 지방의회의원 대상의 기회균등 훈련 개선

기존 관행에 도전하고 '틀에서 벗어나 사고하는(thinking outside the box)' 사례를 확인할 수 있었다. 그러나 사례연구에서 얻은 증거는 점진적인 변화가 많았으며, 서비스의 구매와 전달에 있어서 완전히 새로운 접근방법을 취한 경우는 거의 없었음을 보여주고 있다.

다수의 지방의회는 선출된 지방의회의원들이 일반적으로 최고가치 제도의 전반적인 실행에 참여하지 않고 있으며 특히 최고가치 성과계획(BV Performance Plans)의 준비에서 소외되어 있다고 보고했다. 이들 계획은 가치 및

2. *베드퍼드셔(Bedfordshire) 카운티 의회 — 도서관 서비스*
양호한 2스타 서비스이며 향상 가능함

좋은 특징: 연장근무(일요일 포함) 및 정보통신기술 이용이라는 주민들의 높은 선호도에 부응(responsiveness). 핵심 서비스인 도서대출 및 정보문의 서비스 양호. 어린이 시설 — 예: 특히 빈곤한 지역을 대상으로 따뜻하고 상냥한 직원이 배치된 공부방 제공. 도서관 연계 서비스를 통해 장애인들과 적극적으로 활동. 비영자신문 제공 및 새로 온 피난민들에게 인터넷 무료 사용 혜택 부여. 대부분의 도서관 직원들이 밝고 따뜻함(베드퍼드 중앙도서관 제외). 이용자 만족도가 높음.

향상 가능(Likely Improvement): 적절한 환영 표지, 홍보자료 등을 통해 흑인 및 소수인종 사회의 이용과 비중 증가. 사용자 통계조사에 적게 의존하는 대신에 추가적으로 비공식적 이용자집단을 개발

3. *카슬 모프스 바러 의회(Castle Morpheth BC) — 주택유지관리 및 자본프로그램*
질 낮은 0스타 서비스, 향상가능성 희박

부진한 특징: 공식적인 유지관리 예약제도가 없으며, ‘긴급(urgent)’ 업무로 처리되는 일이 과다. 계약자의 업무수행 성과에 대한 효과적인 모니터링이 없음. 해당 지방의회의 지나치게 야심적인(over-ambitious) 현대화 프로그램을 완성하려면 100년은 걸릴 것으로 판단되며, 공영주택 임차인들의 열망에는 한참 미치지 못함. 유지관리 프로그램들이 조정되지 않아 희소한 자원이 비능률적으로 사용됨. 주기적이고 체계적인 고객 피드백이 전혀 없음. 서비스 개발 또는 최고가치 평가에 공영주택 임차인 참여 전무

향상가능성 희박(Improvements unlikely): 임차인이 참여하는 효과적인 성과관리 시스템 부재, 직원들의 낮은 사기, 최고가치가 요구하는 변화 및 계속적인 향상의 수준까지 이끌 수 있는 해당 지방의회의 역량에 대한 걱정 등이 판단의 근거임.

정책 우선순위, 그리고 자원의 배분에 관한 격렬한 정치적 토론의 산물이라기보다는 공무원들이 외부 감사관들을 위해 준비한 서류쯤으로 보는 시각이 널리 퍼져 있었다. 지방의회의원과 지방공무원 모두 새 제도가 유발할 것으로 보이는 비용과 시간에 대해, 그리고 특히 감사에 대해 비판적이었다.

> 다수의 응답자들은 감사가 자신들 조직의 성과향상에 주요한 동력이 된다고 믿고 있다. 그러나 소요되는 비용이 편익보다 훨씬 크다고 느낀다.

횃불 지방의회와 지방공공서비스협약

최고가치 제도는 지방정부의 서비스 제공에 관한 신노동당의 포괄적인 공격으로서 모든 지방의회의 모든 기능 분야에 적용되었다. 그러나 그것은 몇몇 특별한 시책(selective initiatives)을 통해 뒷받침되었는데 그 중의 하나가 1999년 최고가치와 함께 시작된 횃불 지방의회(Beacon Councils)이다([도표 17.4]). 이 제도는 개별 지방의회가 거둔 탁월한 성과 사례를 확인하여 성과 뉴스를 참관 행사(open days), 책자 발간, 회의 등을 통해 다른 지방정부에 파급하는 것이다.

횃불 학교(beacon schools)와 국립보건서비스청(NHS) 횃불은 몇 년 후 중단되었지만 횃불 지방의회는 현재까지 성공적으로 실시되고 있으며 직접적인 경험을 말해줄 수 있는 지방자치단체와 지방공무원이 계속 증가하고 있다. 워릭 대학교 지방정부센터(University of Warwick's Local Government Centre)가 수행한 가장 최근의 평가조사는 이 제도에 대한 긍정적인 반응이 최고가치보다 훨씬 크다는 것을 발견했다(Rashman and Hartley, 2006, p. 7).

> 대부분의 지방공무원들은 이 제도가 수범사례(best practice)를 알려주고(83퍼센트), 동료들과의 네트워크를 강화(75퍼센트)시킬 뿐만 아니라 성과향상 모델을 제시(69퍼센트)한다고 믿는다. … 횃불로 선정된 지방자치단체들은 일반적으로 거기에 투입된 비용보다 해당 지방의회의 명성을 전국 무대에 알리고 직원들의 사기를 앙양시키는 편익이 훨씬 크다고 입을 모은다.

횃불 제도는 흥미롭게도 노동당의 2001년 정책선언(Labor's 2001 manifesto)에 직접적인 언급이 전혀 없다. 전반적으로 평범했던 이 공약은 성과가 높은 지방의회를 보상해주는 또 다른 시책으로서 지방공공서비스협약(LPSAs: Local Public Service Agreements)이 앞으로 지방정부 부문에서 더욱 뚜렷한 역할을 수행할 것이라고 주장했었는데, 현재까지의 상황을 보면 실제로 그렇게 진행돼오고 있다(Labour Party, 2001, p. 34).

[도표 17.4] 횃불 지방의회와 지방정부향상발전기구

횃불 지방의회(Beacon Councils)란 무엇인가? 정부로부터 특정 서비스 분야에서 '대가(best performers)' 또는 '창도자(leading lights)'로 공식적으로 인정받은 지방의회. 횃불의 지위를 보유하는 해에 다양한 학습활동(learning activities)을 통해 그들의 경험과 수범사례를 다른 지방자치단체에 전파. 횃불 지방의회의 목적은 모든 지방의회가 최상의 지방의회로부터 배울 수 있게 함으로써 서비스 질을 높이는 데 있음.

횃불 지방의회 선정 과정

- 정부 각 부처의 각료들이 매년 지방 주민들의 생활의 질에 직접적인 영향을 미치는 서비스 영역의 주제(themes)를 선정. 각 지방의회는 탁월한 서비스를 제공하고 있음을 보여줄 수 있는 주제에 단독 또는 합동으로 지원

  횃불 8라운드(2007/08)의 10개 주제에는 선거 서비스, 건강한 학교, 자발적 지역사회 부문의 서비스 제공 확대, 지역사회 주창자로서 선출된 지방의회의원의 역할, 반사회적 행동 방지 및 처리 등이 포함되었음.
- 전문가 자문조사단(Advisory Panel)이 지역사회 · 지방정부부의 횃불 지방의회(BC) 팀 공무원의 지원을 받아 후보자 명단 선정. 후보자 명단에 포함된 지방의회는 방문을 받고, 평가를 받음. 자문조사단이 정부각료들에게 최종 후보자를 추천. 최근의 경향을 보면 매 회(라운드)별로 200개 이상의 지원자 중에서 통상적으로 50개까지 횃불 지방의회 선정
- 횃불지방의회로 선정되기 위해서 반드시 갖추어야 할 요건
  - 횃불 주제 분야에서의 탁월성(Excellence)
  - 전반적인 기관 성과로서 양호(Good) 등급
  - 효과적인 파급 계획 — 예, 전시행사, 참관행사, 워크숍, 세미나, 멘토링 등

파급 및 지방정부향상발전기구 — 지방의회는 전파 과정을 통해 지방정부향상발전기구(IDeA: Improvement and Development Agency)와 밀접하게 협력한다. 향상발전기구는 1999년 지방정부협의회(LGA: Local Government Association)에 의해 지방정부관리위원회(LGMB: Local Government Management Board)를 승계한 2개 조직 중의 하나로 창설되었다. 고용자조직(Employers' Organisation)이 위원회(LGMB)의 보수협상 역할을, 향상발전기구(IDeA)가 관리 및 발전 역할을 승계한 것이다.

향상발전기구(IDeA)는 스스로를 중앙정부의 집권화된 감사 및 통제 체제에 대응하는 지방주의자의 견제조직으로 본다. 향상발전기구는 횃불 지방의회(BC) 제도를 지원하는 이외에 지방의회를 위해 자발적인 동료평가프로그램(Peer Review Programme)을 운영하여 규제적인 감사관으로서보다는 '비판적인 친구'로서 지방의회에 대한 평가를 수행한다. 이와 함께 선출된 지방의회의원 및 관리자 개발 프로그램을 운영하고 있으며 컴퓨터 프렌들리하지 않은 이 기관의 두문자 약어를 보완할 수 있는 유용한 웹 사이트를 보유하고 있다.

요약하면, 향상발전기구(IDeA)는 현 사무총장인 루시 드 그루트(Lucy de Groot)의 유용한 논문 제목을 인용하자면 지방정부 내부에서 향상을 만들어낸다. 그녀는 브리스틀 시의회의 집행수석(Chief Exec)이었으며, 새 집행제 내각은 2000년(당시로서는!) 그녀를 필요가 없다고 결정하고 해고했다 — 그들의 상실은 향상발전기구의 소득이었다.

> 우리는 400백만 파운드의 보상 재원을 활용하여 지방적 수요를 충족시킬 수 있도록 성공적인 지방의회에 더 많은 자유를 주려고 한다. 우리는 높은 성과를 거양한 데 대한 보상으로서 새로운 투자와 보다 큰 재정적 신축성을 허용하기 위해 지방공공서비스협약을 시범적으로 실시해 왔다. 우리는 이 개혁을 상급 계층의 모든 지방의회로 확대할 것이다. 우리는 성과가 높은 지방자치단체에 감사 개혁 및 시민사회의 부활을 지원하는 재량권의 확대와 함께 더 많은 융통성을 부여할 것이다.

지방정부의 세계에서 그 누구도, 평이하기 짝이 없는 위의 마지막 문장을 읽고, 그것이 곧 등장하여 전문직업인으로서 그들 생활의 큰 부분을 지배할 어떤 실체를 예언했다고 상상하기가 어려웠을 것이다. 그것은 횃불의 지위도 아니고, 지방공공서비스협약—뒤에서 추가적으로 언급—도 아니었으며, 정책선언에서 그 이상 언급되지 않았던 바로 그 지방정부성과종합평가(CPA: Comprehensive Performance Assessment) 제도였다.

최고가치 제 2 탄—성과종합평가

2001년 총선에 이어서 개각이 이루어졌고 지방정부를 관장하는 장관 및 차관이 존 프레스코트(John Prescott)와 힐러리 암스트롱(Hilary Amstrong)에서 스테펜 바이어스(Stephen Byers)와 닉 레인스퍼드(Nick Raynsford)로 교체되었다. 신임 각료는 두 명 모두 지방의회의원의 경력을 가지고 있어서 그들의 개혁 정책을 전임자들에 비해 적어도 표현상으로는 덜 개입주의적인 용어로 제시하였다. 초기의 핵심적인 정책문서였던 2001년도 백서 '*강력한 지방 리더십—고품격 공공서비스*(*Strong Local Leadership—Quality Public Services*)'는 지방정부에 대한 중앙정부의 미시적 통제관리(micro-management)가 얼마나 질식할 정도까지 되었는지를—마치 그것이 뉴스라도 되는 양—명시적으로 인정하였다. 그것은 투입(예를 들어 지방의회 차입의 통제 및 보조금의 용도 지정), 절차(수많은 계획 수립 및 파트너십 형성 의무 부과) 및 결정에 관한 통제를 말한다(DTLR, 2001a, paras 4.2-4.4):

몇 년간에 걸쳐 축적된 효과는 심각했다.

- 용도지정보조금(ring-fenced grant)이 지방의회의 재정운용 여지를 심각하게 제약할 정도로 증가하였다.
- 지방의회는 현재 66개에 달하는 별도의 계획(plans)과 전략(strategies)을 의무적으로 수립해야 하는데, 상급 지방의회만 별도로 계산해도 그 수가 40개 이상이다.
- 광역권역조정국(Regional Co-ordination Unit)은 약 30개의 핵심 시책이 극빈지구 및 근린지역사회를 정책대상으로 삼고 있음을 확인했다 [구역기반시책(Area-based Initiative-ABIs)].

백서는 이렇게 중앙정부의 요구나 시책이 축적되면 역효과를 낳을 수 있으며, 지방정부의 서비스를 모니터링하기 위해 성과측정틀을 중첩해서 운영하는 경우도 마찬가지라는 것을 인정했다(para. 3.12). 따라서 정부는 앞으로 투입, 과정 및 지방 의사결정에 대한 통제에서 서비스의 표준 및 책임성이라는 단일의 국가적 준거틀을 통해 성과(outcomes)를 확실히 거양하는 쪽으로 초점을 옮길 것이다(para 1.12). 이에 따라 백서는 '실질적인 탈규제 패키지를 동반한, 향상을 위한 포괄적인 성과준거틀'을 제시하였다. 이 제도가 현재의 성과종합평가(CPA)로 알려지기까지는 당연히 실체와 용어 모두 일부 변화가 있었다. 그러나 이 제도를 요약해서 제시한 [도표 9.3]에서 보듯이 '고난도테스트(the Harder Test)'에 의해 불가피하게 수정된 이후에도 백서에서 제시된 원형 및 그 배경이 된 철학은 아직까지 뚜렷하게 알아볼 수 있다(CPA의 상세한 내용과 방법론 및 운영에 관해서는 링크된 웹 사이트에서 Game 2006을 참조).

우리는 성과종합평가(CPA)를 '최고가치 제 2 탄(Best Value Mark Ⅱ)'이라고 명명했는데 정확한 측면도 있지만 일부는 그렇지 않은 요소도 있다. 성과종합평가(CPA)는 최고가치(BV)를 대체한 것이 아니라 흡수 통합한 것이다. 위에서 설명한 바와 같이 최고가치는 성문법적 제도이며, 그것이 최고가치 적용 기관에게 요구했던 기본적 의무 — 성과계획과 성과지표, 정기적인 서비스 평가, 향상의 계속적인 시현 — 는 대체로 변함없이 남아 있다. 성과종합평가에 가장 분명하게 통합된 것은 '서비스 품질' 및 '성과향상 전망'의 두 가지 차원에 대한 4점 척도를 가진 최고가치(BV)의 이원적인 득점체계이다. 반면에 두 제도 사이에는 엄청난 차이가 있는데 그것은 성과종합평가의 경우에는 최종적인 평가가 개별 서비스가 아니라 해당 지방자치단체 전체에 대한 것이라는 점이다.

백서에는 단지 4개의 전반적인 성과 등급만 볼 수 있다.

- 상급 자치단체(High performers)
- 감투노력 자치단체(Strivers) — 상급은 아니지만 향상 역량이 증명된 자치단체
- 관성 자치단체(Coasters) — 상급도 아니고 향상 역량이 증명되지도 않은 자치단체
- 부진 자치단체(Poor performers)

놀랄 필요가 없이 이런 체제는 흉내를 내기가 쉽다는 것이 판명되었다. 며칠이 지나지 않아서 이들 성과등급의 명칭이 변경 — 우수(Thrivers), 감투노력(Strivers), 회피(Skivers), 추락(Divers) — 되었는데 그것은 사소한 것이지만 관성(coasting)은 칭찬으로 받아들일 수 있는 반면 감투노력(striving)은 전체적으로 스트레스가 크게 느껴지기 때문에 그에 따른 오해의 소지를 줄였다는 것이다. 그리고 마치 준비라도 해 놓은 듯이 정부각료들은 등급체계를 웃음거리가 덜 되는 5등급 척도, 즉 탁월(Excellent), 양호(Good), 보통(Fair), 취약(Weak), 부진(Poor)으로 다시 변경했다. 명칭에 관한 이러한 모든 문제는 논란이 매우 큰 정책을, 그것을 회의적으로 바라보던 지방자치단체에서 시행할 수 있을까 하고 스스로의 능력에 대해 불안해했던 중앙정부의 예정된 양보라는 냉소적인 주장이 제기되었다. 또 다른 유화 전략은, 계속적인 향상을 추진하는 동력으로서 성과종합평가(CPA)의 요점이 평가를 통한 성과의 향상에 있음을 강조하여, 확실한 승자가 패자보다 많다는 것을 시행 초기 단계부터 확신시키는 것이었다.

자유와 융통성, 그리고 낙제 지방의회

백서의 '실질적 규제완화 패키지'는 모든 지방의회에 대한 '자유 및 융통성(freedoms and flexibilities)'을 포함한다. 여기에는 차입 및 투자의 자유 확대,

정부각료들이 요구하는 계획 및 전략의 감축, 행위가 이루어지기 이전에 정부의 동의를 요하는 '승인제도(consent regime)'의 축소, 서비스의 공급 및 재량적인 서비스에 대한 요금부과 권한의 확대 등이 있다. 비록 대부분의 민주국가에서 기간 지방자치단체들이 이러한 자유(freedoms)를 향유하고 있지만, 이들 중에서 일부는 영국의 지방의회들에게 잠재적으로 매우 중요한 것이었으며 이미 이 책의 앞부분에서 다루기도 했었다.

그러나 성과종합평가(CPA)는 성과가 높은 지방의회에 *추가적으로* 중요한 '보상'을 한다는 데 기초를 두고 있다. 백서는 여기에 예산 및 지방정부세(council tax) 한도의 폐지, 보조금의 용도지정 완화, 계획 의무의 추가적인 축소, 벌금수입금 지출 자유의 추가적인 확대, 그리고 '강도가 훨씬 약한' 감사제도의 운영이 포함될 것이라고 예시했다.

그러나 만약 이렇게 성과 향상을 목표로 아직까지 명백하게 중앙집권적으로 지휘되는 시스템 속에서 '착한 어린이(good children)'가 보상을 받는다면, 부진한 행위자 — 부진 또는 0-스타 지방의회 — 는 징벌은 아니더라도 최소한 교정적 치료를 받아야 한다. 정부각료들은 초기에는 외부로부터 지시를 받으며, 낙제(failing) 지방의회의 경우는 관리보호를 받거나 관장 기능을 다른 공급자에게 이관해야 할 가능성이 높은 상당히 강력한 형태의 법률적 개입을 선호하는 것으로 나타났다. 그러나 그들은 결국 개별 지방의회의 특수한 수요에 맞춘 *관여(engagement)* 과정을 선택했다. 즉, 그들을 지배하기보다는 그들과 협력하여 회복을 지도하고, 지원하고, 평가하는 방안을 선택한 것이다.

그 내용을 보면 지역사회 · 지방정부부(DCLG — 종전 ODPM)는 해당 지방의회가 회복 계획을 수립하고, 지원받을 수 있는 외부 자원을 확인하고, 그 실행을 모니터링할 수 있도록 지원하기 위하여 *지도관(lead official)* — 보통 전직 지방정부 상급관리자 — 을 임명한다. 지도관은 회계감사위원회 협력관(relationship manager) 및 정부감시위원회(Government monitoring board)의 지원을 받았다. 회계감사위원회 협력관은 지방의회에 대한 감사활동을 조정한다(비단 DCLG의 관여 대상만이 아니라 지방의회 일반을 대상으로 활동). 정부감시위원회는 지도관과 협력관을 비롯한 관련 이해 관계 당사자들로 구성되어 해당 지방의회의 성과회복 과정에서 공식적인 감시자(monitors)로 활동하며, 정부각료, 다른 정부기관 및 감사기관(inspectorates), 그리고 당해 지방의회에 대한 권고 기능을 수행한다

(Hughes et al., 2004).

성과종합평가(CPA) 및 계속적인 향상을 추진하는 이 제도의 동력에 대해서, 각각의 지방자치단체가 받는 개별적인 성적표와는 상관없이 감탄할 것이 많다. 정부 각료들은 회계감사위원회(Audit Commission)와 지방정부협의회(LGA), 그리고 지방정부성과향상기구(IDeA)는 물론이고 일반적으로 지방자치단체 자신들의 적극적인 노력 등 다양한 도움을 받아 독특할 뿐만 아니라 대규모 지방정부 체계를 가진 다른 어떤 나라에서도 찾아보기 어려운 국가적으로 조율된 성과관리과정을 창설했다. 이것이 의심스러우면 [도표 12.3]의 세 번째 항목의 숫자들을 다시 보면서 이들 나라의 정부들이 그들의 수천 개 지방자치단체에 대해 연례적으로 성과종합평가(CPA)를 한다고 상상해보라. 아마도 못할 것이다. 그러나 훨씬 더 중요한 사실은 그들에게는 이것을 하고 싶다는 생각 자체가 떠오르지 않을 것이다. 개별 지방의회의 세금과 지출수준을 통제하겠다는 생각과 마찬가지로 이 제도가 있기 위해서는 중앙집권적인 지방정부 구조와 중앙집권적인 사고가 동반되어야 한다.

지방구역협약 — 노동당의 코끼리인가?

2001년도 선거공약에서 아무런 언급조차 없었음에도 불구하고 성과종합평가(CPA)가 노동당정부의 제 2 기 임기를 지배했다면, 정부 각료들이 분명하게 노동당 제 3 기의 간판 격으로 보았던 시책은 지방구역협약(LAAs)이다. 지방구역협약은 훌륭한 족보를 가지고 있다. 2001년 선거공약에 포함되어 *알려졌던* 지방공공서비스협약(LPSAs — Local Public Service Agreements)은 현대화의제(modernisation agenda)의 성공사례의 하나로 판명되었다([도표 17.5] 참조).

부총리실(ODPM)의 평가 팀은 지방공공서비스협약(LPSA)의 엄청난 추진규모에 주목하고 큰 인상을 받았다(ODPM, 2005i, p. 5).

> 여덟 개 중앙부처 소관의 정책을 포괄하는 수십 개의 정책목표를 130개의 [상급] 지방자치단체들과 3년의 목표추진기간 범위를 가지고 개별적으로 협상한다는 것은 어마어마하게 야심적인 과업이다 …

[도표 17.5] 지방공공서비스협약(LPSAs)

무엇인가?
중앙정부 부처와 *개별* 지방자치단체 사이의 중앙-지방 공동추진연대(partnership)의 특별한 형태. 합의된 구체적인 지방성과목표와, 목표 달성을 위한 정부의 지원, 그리고 성공에 대한 현금 보상을 요소로 한다. 정부의 말을 인용하면 '교환(something for something)' 합의이다.

지방공공서비스협약의 3요소

- **지방자치단체의 약속.** 약 3년의 기간 내에 최고가치 성과계획의 목표(targets)를 넘어서는 10여개 정도의 *구체적이고 측정 가능한 서비스 성과 향상*을 달성한다. 목표(targets) 및 확장목표(stretching)는 정확하게, 산출 또는 투입이 아니라 성과(outcomes) 관점에서 규정되어야 한다. 그것은 지방의회가 확인한 지방의 우선순위가 반영되어야 하고, 협력당사자들과 협의되어야 하며, 중앙정부와 합의되어야 한다.
- **중앙정부의 약속.** 주로 임시의 '*유도용(pump-priming)*' *보조금* — £750,000 + 인구1명당 £1 — 의 제공을 통해서 지방자치단체가 합의된 성과향상을 달성할 수 있도록 지원한다.
- **중앙정부의 약속.** 성과향상이 증명되는 경우(이룰 때), 추가적으로 *성과보상보조금(performance reward grants)*을 2004/05 순세입예산의 2.5%까지 지급한다.

역사 및 중요성: 2000/01 20개 지방자치단체를 대상으로 한 지방공공서비스협약(LPSAs)의 시험사업이 종결되었고, 그 이후 사실상 150개 상급계층 지방자치단체 전체로 확대되었다. 정부현대화의제에 있어서 핵심적이며 성공적인 요소로 간주된다. 제2세대 협약은 목표의 지방적 정의(국가적 정의보다는)와 공동추진연대(partnership)의 운영에 더 큰 강조점을 부여하고 있으며, 2005년부터 협상이 시작되었다.

사례 — 버밍햄 시의회의 지방공공서비스협약(2005～08)

정부는 지방공공서비스협약의 집행과 관련된 시의회의 지출증가를 보전하기 위하여 2005/06년 유도용 보조금 1.75백만 파운드를 교부할 것이다. 전체 13개 목표를 완전히 달성하는 경우 시의회는 추가로 성과보상보조금 34백만 파운드를 교부받을 것이다.

시의회의 성과 약속 또는 '확장목표치(stretch marks)'를 예시하면 다음과 같다.

- GCSE등급 A*에서 C까지를 5과목 이상 취득한 학생의 비율을 2004년 51.2%에서 2007년까지 협약이 없을 경우의 55.5% 대신에 56%까지 높인다.
- 자동차 방화사건을 2004년 연간 2,048건에서 2007년에는 협약이 없을 경우의 1,660건이 아니라 1,361건으로 줄인다.
- 유죄판결을 받은 젊은 사람 중에서 2년 이내에 재범을 저지르는 비율을 2004년 연간 46.1%에서 2007년, 협약이 없을 경우의 41.1% 대신에 39.1%로 낮춘다.
- 60세 이상자에 의한 신규의 지방정부세 면세 요구(council tax benefit claims) 중에서 정부지원에 의한 처리를 2004/05년 161에서 2007/08년에는 협약이 없을 경우의 1,147 대신에 1,751로 증가시킨다.
- 16세에서 18세까지 인구 중에서 학교, 취업 또는 훈련과정에 있지 않는 사람의 비율을 2004년 13.6%에서 2007년 협약이 없을 경우의 9.0% 대신에 7.5%로 줄인다.

출처: Birmingham City Council and Birmingham Strategic Partnership, *Second Generation Local Public Service Agreement, April 2005 — March 2008* (ODPM, 2005).

[도표 17.6] 지방구역협약(LAAs)

무엇인가?

노동당 정부의 '제 3 기 임기(third term)' 빅 아이디어로서 지방서비스 공급의 질을 높이고 관료제를 축소하기 위해 지방자치단체와 중앙정부의 지방행정기관 — 1차진료기관연합, 직업센터 플러스, 탄탄한 출발(Sure Start), 청소년지원종합서비스(Connexions) — 그리고 그들의 협력당사자 사이의 조정을 강화한다. 개별 중앙부처 각료들과 개별 지방자치단체 사이에서 협상이 이루어지는 지방공공서비스협약(LPSAs)과 달리 지방구역협약(LAAs)은 주로 지방전략공동추진연대(LSPs — [도표 8.5] 참조) 및 정부통합광역권역행정청(Government Office for the Region)을 통해 추진된다(p. 182 참조).

특 징

- **파트너십, 즉 공동추진연대 활동** — 지방구역협약이 추구하는 성과(outcomes)는 지방전략추진연대 지역공동체계획(LSP's Community Plan)의 우선순위 및 증거를 기반으로 지방 서비스 공급 파트너들 사이에서 협상을 통해 설정된다.
- **단순화된 정부 재정지원** — 정부는 '통합적인(joined-up)' 공공서비스를 촉진하기 위해 중앙 각 부처로부터 동일한 지방 구역(local area)에 지원되는 수많은 재정 흐름을 극단적으로 단순화해야 한다.
- **의사결정권한 이양** — 지방구역협약은 '중앙정부의 각 부처가 그들 사업에 대한 세부적인 일상적 통제를 보다 기꺼이 이양할 것을 요구한다 … 그들은 지방 여건을 가장 잘 반영하는 우선순위가 어떤 것인지 지방자치단체 및 그들의 협력당사자들이 공동으로 결정하도록 허용해야 할 것이다.' 이것이 부총리실(ODPM)에서 하는 이야기이다(2004b, p. 5)!
- **국가의 4대 우선적 기능 분야** — 지방구역협약은 통상적으로 4대 기능분야의 어떤 조합을 중심으로 구성된다.
  (a) 어린이 및 청소년
  (b) 더 안전하고 더 강력한 지역사회
  (c) 더욱 건강한 지역사회 및 노인
  (d) 경제개발 및 기업

여기에는 불가피하게 난관과 알력이 따랐는데 그것은 '지방정부 파트너(local government partner)'라는 수사를 쓰면서도 스스로가 마음속으로 이를 믿지 못하는 정부로서는 피할 수 없는 일이었다. 따라서 지방자치단체들은 때로는 중앙정부의 목표에 대해서 '달성할 수 없는 것은 아니더라도 의미가 없다'고 생각하면서도 서명을 하는 일이 더러 있었다. 이러한 경우는, 비록 예외였지만, 제 2 기 합의에서는 지방의 정책 우선순위로 중점을 전환함으로써 해결되었다. 전반적으로 볼 때 지방공공서비스협약(LPSAs)은 '지방자치단체들로부터

역사—2004년 최초로 21개 시험적 지방구역협약이 출범했고, 2005년 말까지 87개가 서명을 했으며, 나머지 지방전략공동추진연대(LSP) 지역들은 2007년까지 모두 서명을 완료할 예정이다. 지방공공서비스협약(LPSAs)과 지방구역협약(LAAs) 간에 조정이 강화되어야 한다.

초기 사례—코번트리 공동추진연대의 지방구역협약(Coventry Partnership's LAA): ***예방을 통한 발전(Progress Through Prevention)***

- 포괄적 공통주제. 예방(Prevention)—잠재적 역량의 약화 또는 낭비 및 심각한 문제가 발생하기 이전의 개입—그것이 근린지역사회 분야이건, 가정지원 분야이건, 또는 청소년 또는 노인 건강 분야이건—을 예방하는 것을 목표로 한다.
- 합의된 우선적 성과—기능분야 (a), (b) 및 (c)
  - 어린이 및 청소년들이 학교에 다니도록 한다.
  - 어린이들이 가정의 울타리에서 살도록 한다.
  - 형사범죄의 수를 줄인다.
  - 마약사용 범법자의 치료자 수를 증가시킨다.
  - 흡연 수준을 줄인다.
  - 노인들이 병원 바깥에서 생활하도록 한다.
  - 거주하고 있는 근린지역사회에 대한 만족도를 높인다.
- 핵심적 성과 사례—구체적인 목표는 협상을 통해 정해야 한다.
  - 학생들의 반일 결석(half-days) 비율 감소
  - 탄탄한 출발(Sure Start) 어린이센터 지역의 임산부 흡연비율 감소
  - 65세 이상 노인의 응급실 이용 비율 감소
  - 장애어린이 일반학교 취학 비율 증가
  - 지방구역에서 20마일 이상 떨어진 곳에 사는 요보호아동 비율 감소

환영을 받았으며 그에 대한 열정은 지속되고 있다'(ODPM, 2005i, p. 5).

이 제도의 핵심적인 특징—협상을 통해 합의된 제한된 수의 확장 목표(stretch targets), 목표 추진에 대한 정부의 지원, 그리고 보상에 대한 전망—이 지방자치단체들로 하여금 참여 및 성취 노력을 기울이도록 동기를 부여하였다.

아마도 지방공공서비스협약(LPSAs)을 통해 성공을 거둔 것으로 느낀 정부

는 2004/05 회계연도에 새 장난감인 이 협약을 정부의 또 다른 열정 — 파트너십, 즉 공동추진연대 활동(partnership working) — 과 결합하기로 결정하고, [도표 17.6]에 요약되어 있는 지방구역협약(LAAs)을 제안했다. 지방구역협약은 방식이 다소 다르지만 지방공공서비스협약 이상으로 야심적이다. 그러나 지방정부로부터 그와 비슷한 적극적인 반응을 얻는 데는 어려움을 겪을 것으로 보인다. 자치 2계층 지역 및 통합적이고 효과적인 지방전략공동추진연대(LSPs: Local Strategic Partnerships)가 없는 지역이 특히 그렇다.

초기의 평가 결과(ODPM, 2005j)는 실험적 합의에서 통상적으로 볼 수 있는 수준을 뛰어넘는 열정과, 당황스러울 정도의 혼란을 함께 보여주었다. 그 열정은 때때로 거의 광적인 상태를 보이기도 했다. 그래서 한 광역권역 정부의 공무원은 '최근 몇 년 사이에 있었던 가장 흥분되는 시책'이라고도 했는데 아마도 그에게는 현실 감각이 조금 더 필요할 것 같다. 이렇게 평가가 큰 진폭을 보이는 것은 지방구역협약(LAA) 과정의 생경함과 그것이 본질적으로 가지고 있는 복잡성 때문에 나오는 것으로서 이해할 수 있는 일이다. 즉 보기 드물게 광범한 범위의 상이한 이해관계자들 — 자발적 지역사회단체 포함 — 과 성과(outcomes)에 대한 고도로 자원집약적인 협상 및 합의의 과정, 지방자치단체의 새로운 역할 및 정부통합광역권역행정청의 추가적인 재정 조달의무, 그리고 지방공공서비스협약 유형의(LPSA-type) 가시적인 보상이 없다는 점 등 지방구역협약과정의 특징이 그 원인이라고 할 수 있다. 이들 요인들의 대부분은 내재적이기 때문에 그대로 존속될 것이고, 평가 팀이 경험했던 복잡성도 마찬가지로 계속될 것이다.(pp. 5, 20 ~ 21):

> 협상의 전 과정에 걸쳐서 참여자 다수는 지방구역협약(LAAs)의 목적을 계속 혼동했다 … 동일한 시범 실시 지역 내에서도 인터뷰에 응하는 개개인별로 지방구역협약이 무엇이며 그 지역에 어떤 혜택을 줄 것인지에 대하여 매우 상이한 견해를 보이는 경우가 많았다. 한 응답자는 지방구역협약을 '나이프와 포크로 구름을 먹으려는 것'과 같다고 표현하였다.

"*지방정부신문(Local Government Chronicle)*"의 한 만화가는 코끼리에 대한 격언을 사용하여 "코끼리를 정의할 수는 없지만 일단 보면 안다"라고 하였다

[그림 17.1] 지방구역협약 — 일단 보면 알게 될 것이다

출처: *Local Government Chronicle*, 30 June 2005.

([그림 17.1] 참조). 그러나 사실은 코끼리는 긴 코를 가진 포유동물이며, 성년 코끼리의 무게는 평균 3톤 등과 같이 정의를 내릴 수 있다. 이와 대조적으로 지방구역협약(LAAs)은, 어떤 경우는 협상을 담당하는 사람조차도, 정의를 내리기가 계속해서 불가능할 것으로 보인다.

서비스 향상의 부수적 비용

이 장의 후반부는 주로 노동당 정부의 현대화 의제(LGMA: Labour Government's Modernisation Agenda)에 초점을 맞췄다. 이것은 불규칙적이고 때로는 분리된 상태로 적어도 8년 이상의 기간에 걸쳐 발전된 의제이다. 그러나 정부의 설명에 따르면 이 의제는 현재 20개 이상의 개별 정책 및 시책을 포함하고 있으며 그 중에서 절반 이상은 전적으로 또는 주로 서비스 향상 — 서비스 품질, 비용 효과성, 책임성, 통합성 및 접근성 — 을 목표로 하고 있다. 이것은 우리가 이

장을 시작하면서 지방자치단체에 대한 정부의 관심이 정치적 결정자보다는 서비스 공급자로서의 역할에 훨씬 더 치중되어 있다고 한 주장을 반영한다.

이러한 서비스 지향의 시책들 중에서 다수는 우리가 이미 본 바와 같이 개별적으로 평가되어 왔다. 그러나 정부는 이와 함께 현대화 의제(LGMA)가 특정의 '포괄적인 분야(over-arching areas)'에 미친 영향을 평가하기 위하여 서로 관련된 개별적인 연구의 증거들을 한 데로 결집하는 일련의 '상위평가(meta-evaluations)'를 수행하도록 위탁하였다. 그 중에서 최초의 시도가 서비스 향상이었음은 놀랄 일이 아니며 다른 분야의 사례로서는 책임성, 지역공동체 리더십, 이해당사자의 참여와 공공의 신뢰(public confidence)가 있다. 만약 이렇게 모든 관심을 기울이고 난 이후에도 지방 서비스가 눈에 띄게 향상되지 않는다면 매우 걱정스러울 것이다. 그러나 다행스럽게도 상위 평가를 통해 일부 성과를 발견할 수 있었다(Martin and Bovaird, 2005, pp. 12 ~ 13):

> 2000/01 이후 대부분의 서비스가 의미 있게 향상되었음이 증명되었다 … 부총리실(ODPM)의 성과지표그룹(basket of performance indicators)과 마찬가지로 성과종합평가(CPA) 점수는 지방정부의 성과가, 특히 가장 부진했던 자치단체들 사이에서 전반적으로 향상되었음을 보여준다. 현대화의제의 핵심 요소가 … 성과향상의 중요한 추진 동력이었음을 … 증명하고 있다.

역시 또 다른 행운은 현대화의제(LGMA)의 정책들이 실제로 서비스 향상을 방해했다고 평가 팀이 느끼지 않았다는 점이다(p. 15). 그러나 이와 반대로, 군사적인 용어로서 중대한 부수적 피해(collateral damage) — 또는 완곡어법을 더 완곡하게 표현하자면 부수적 비용(collateral costs) — 이 발생했다(p. 15).

거기에는 명백하게 드러난 다음과 같은 걱정들이 있다:

- '시책 과부하(initiative overload)'(특히 소규모 지방자치단체가 해당됨)
- 지방의회에 대한 중앙통제 강화
- 보다 통합적인 서비스의 제공이 중앙정부 및 감사기관에서의 통합적 업무추진 부족으로 더 어려워지고 있음.
- 감사비용

이들 각각의 걱정들에 대해서는 이 책의 서로 다른 부분에서 이미 검토를 했으므로, 우리가 여기서 내릴 수 있는 결론은, 현대화의제(LGMA)가 지방자치단체의 서비스 공급 기능에 어떤 기여를 했든 간에, 지역공동체의 확고한 자치기관으로서 지방자치단체가 가지는 보다 중요한 측면인 정치적 기능을 향상시켰다고는 주장할 수가 없다는 점이다.

제18장

지방정부의 미래

지금은 모두가 신지방주의자

제17장은 정부의 현대화의제(LGMA)에 대한 상위평가에서 도출된 결론의 일부 내용을 적시함으로써 끝을 맺었다. 최고가치(Best Value) 및 성과종합평가(CPA)에 대한 정부 스스로의 '공식적인(official)' 측정을 통해 그동안 지방자치단체에서 계속적으로 발전이 이루어졌고 앞으로도 향상될 수 있는 역량을 보여주었다는 점이 확인되었다. 지방자치단체들은 또한 지방정부현대화 의제(LGMA)에 포함된 각종의 서비스 관련 시책에도 적극적으로 대응했다. 이와 동시에 정부 각료들이 계속해서 목표주의 및 감사에 의한 관리, 그리고 일반적인 '통제 만능주의(control freakery)'에 집착하는 데 대한 원성도 광범하게 퍼져 있었다.

정부조차도 집권 2기의 어느 시점부터는 중앙의 요구와 시책이 쌓여서 생산성을 오히려 저해한다고 자인한 2001년의 백서의 내용이 아마도 옳을 것이라고 인정하기 시작했다. 이 점에 있어서 모든 사람들이 정당의 구분을 넘어 의견의 일치를 보았으며, 따라서 신지방주의(New Localist) 합의를 분명히 손안에 넣었다고 어떤 일반적인 관찰자가 잘못된 결론을 내린다고 해도 무리가 아니다. 모든 유형의 정치 지도자들이 동일한 *세계관*(*Weltanshauung*)을 가지고, 지방정부에서 무엇이 잘못되었으며 그것을 교정하기 위해서 어떤 처방이 필요한지에 관해서 똑같은 이야기를 하는 것처럼 보였다. 다음은 하나의 예로서 세 개의 주요 정당 가운데 어떤 정당의 간부 의원이라도 했음직한 가상적인 연설의 내용이다.

> 나는 오늘 '진정한 지방주의(real localism)'에 대해서 이야기하고자 한다.
>
> 우리는 먼저 영국 정치제도의 진정한 실패 사례 하나를 규정해야 한다. 그것은 집권화 사이클이다. 잠행성의 집권화가 … 오늘날 지방의 지역공동체 정신을 질식시키고, 지방 민주주의를 부정하고 …
>
> 역사적인 권력의 집중 경향은, 견제와 균형을 제공하는 헌법에 의해 제어되지 않은 채 … 해결책이 아니라 문제의 일부가 되어 왔다. 의사결정은 이해할 수 있는, 때로는 칭찬할 만한 이유를 근거로 해서 이루어진다. 형평성, 재정가치, 시민권한 증진 등의 문제를 걱정하는 중앙정부는 신속한 해결책을 중앙의 관여에서 찾아왔다. 그러나 결과는 칭찬할 만한 것이 아니다 … 중앙 정부가 너무 많은 것을 하려는 유혹을 받으면 결과가 제대로 나오지 않는다.
>
> 우리의 비전은 다르다. 그것은 다양성의 비전이며 지방적으로 제공되고, 지방에서 재원을 충당하고, 그리고 지방에 책임을 지는 서비스에 대한 비전이다. 그것은 권한과 책임 양자의 이양에 관한 것이다. 스스로의 삶을 통제할 수 있도록 지역 주민들과 새로운 민주적 계약을 체결하는 데 관한 것이다.
>
> 우리는 지역공동체의 편에 서 있으며, 지역 주민들에게 그들의 서비스가 어떻게 운영되어야 할 것인지, 근린지역사회의 치안은 어떻게 유지되어야 할 것인지, 그리고 그들의 우선순위는 어떻게 집행되어야 할 것인지에 관해 더 많은 권한과 통제력을 제공하기를 원한다. 경험에 의해서 태어나고 우리의 가치에 의해 더욱 견고해진 지방주의에 대한 우리의 지원은 … 진실하고도 지속적이다.
>
> 새로운 지방주의에 대한 요청은 우리 정당에게는 진정한 기회를 의미한다. 이것은 우리의 자연스러운 영역이어야 한다. 분권은 … 권력을 중앙에 집중시키고자 하는 유혹을 억제하고, 지방정부의 능력을 신뢰하는 것을 의미한다.
>
> 지방주의에 대한 우리의 헌신이 의미를 갖기 위해서는 지방정부가 그 핵심에 있어야 하며 … 우리는 지방자치단체에 대한 중앙 통제의 굴레를 극적으로 줄이는 한편 그들이 혁신을 수행하고 지역사회에서 효과적인 지도자가 될 수 있도록 재량권을 부여해야 하는 시급한 요청을 인식하고 있다.

[도표 18.1] 누가 무엇을 말했나

9개 문단으로 혼합 구성된 pp. 481 ~ 482의 '신지방주의자(New Localists)' 연설은 다음 7명의 간부 정치인의 연설에서 1, 2, 3, 4, 5, 6, 7, 4, 1의 순서로 따온 것이다.

1. **앨런 밀번(Allen Milburn),** 당시 보건부장관
   'Localism: from rhetoric to reality' — 신지방정부네트워크(NLGN) 연설, 2003년 3월 5일(www.nlgn.org.uk — eynote speeches)
2. **버나드 젠킨(Bernard Jenkin),** 당시 야당이었던 보수당의 지역부 예비 장관
   'Radical plans to re-empower local government' — 신지방정부네트워크(NLGN) 연설, 2004년 4월 19일
3. **데이비드 밀리밴드(David Miliband),** 당시 지역사회 · 지방정부 담당 차관
   'Renewing our democracy' — 지방정부협의회(LGA) 연례총회 연설, 2005년 7월 8일(www.dclg.gov.uk — 'Miliband speeches' 검색)
4. **찰스 케네디(Charles Kennedy),** 당시 자민당 당수
   'Liberalism and localism' — 공공정책연구소(IPPR) 연설, 2005년 12월 8일(www.ippr.org.uk — 'Kennedy speech' 검색)
5. **데이비드 캐머론(David Cameron),** 보수당 당수
   'I say to Liberal Democrats everywhere: join me in my mission' — 헤리퍼드(Hereford)에서의 연설, 2005년 12월 16일(www.conservatives.com — 'Cameron speeches' 검색)
6. **폴 보우텡(Paul Boateng),** 당시 재무부 수석국무상(Chief secretary)
   'New Localism' — 신지방정부네트워크(NLGN) 연설, 2003년 1월 23일
7. **캐롤라인 스펠만(Caroline Spelman),** 당시 보수당 부총리실 예비 장관
   'We will restore faith in local accountability' — 보수당 전당대회 연설, 2005년 10월 5일(www.conservatives.com — 'Caroline Spelman' 검색)

따라서 우리의 지방주의는 일반 주민과 정치인들 사이에 새로운 계약을 도출해내는 것이다.

그것이 내가 말하는 '신지방주의(new localism)'가 가지는 의미이다.

좋은 이야기이다. 그렇지 않은가? 그리고 이미 눈치를 챘겠지만 이것은 실제로 세 정당의 간부 의원들이 모두 말했던 내용이다. [도표 18.1]은 누가

무엇을 말했는지 보여주고 있다. 그러나 일의 성격상 그것이 그렇게 크게 도움이 되지는 않는다. "*이상한 나라 앨리스*"(*Alice in Wonderland*)에서처럼 여기에는 고전적인 복원불가능성(Humpty Dumpty) 의미론이 가로놓여 있다. 내가 어떤 단어를 사용할 때 그것은 내가 선택하여 부여한 바로 그 의미를 뜻한다는 말이다. 그러나 앨리스(Alice)와 다른 점은 우리가 그것을 그냥 미심쩍어 하면서 지나칠 수 없다는 데 있다. 우리는 이러한 종류의 논의에서 놀랄 정도로 거의 제기되지 않고 지나쳐버리는 하나의 질문을 필두로, 그것을 부분적으로나마 이해하기 위해서 노력해야 한다. 만약에 이 사람들이 스스로를 모두 '신지방주의자(New Localists)'라고 한다면 대체 '구지방주의자(Old Localists)'는 과연 누구인가?

구지방주의

구지방주의자(Old Localists)가 대체 누구인가? 대답은 우리(Us)이다! 만약 독자가 알파벳 철자를 US로 잘못 읽어 우리를 미국(US of A)으로 생각했다면 그것도 괜찮다. 연방제도는 어느 것이나 지방 및 주 정부에 헌법적으로 보장된 권한과 지위를 부여하므로 본질적으로 구지방주의자이다. 그러나 여기서 우리는 우리(us), 즉 우리들 자신을 지칭하며 다른 구지방주의자들에 비해서 생각을 개조하기가 약간은 더 어려운 사람들이다. 이 책 또한 구지방주의자로서 선출된 지방의회와 지방의회의원 및 그들의 민주적 책임성을 강조하고, 중앙-지방 관계의 불균형에 대해서 걱정하고, 중앙정부의 재정적 통제와 정책지도를 비판하고, 지방정부서비스의 편린화 및 다양한 형태의 파트너십, 즉 공동추진연대를 통한 고비용 구조를 재구축하는 데 대해 회의를 던지고 있다. 구지방주의자들은 우리의 제도에 견제와 균형이 필요하다는 데이비드 밀리밴드(David Miliband)의 견해에 공감할 것이다. 그러나 그와 분명히 다른 점은 힘 있는 지방자치단체, 그래서 정치적으로 도전적인 타운, 시 및 카운티 청사를 보고 싶어 하는 것이다.

신지방주의자들(New Localists)은 이것을 대체로 의미가 없는 낡아빠진 것으로서, 극적으로 변화된 2000년대의 상황에 적합하다고 생각하기보다는 1880

년대의 조셉 체임벌린(Joseph Chamberlain)의 도시 사회주의까지는 아닐지라도, 신망을 상실한 1980년대 도시 좌파의 열망쯤으로 본다. 신지방주의자들은 정부의 일부 미시적 통제관리에 대한 집착과 과도한 관여주의를 비판하면서도 지방 차원에서 변화의 주요 추진자로 상정되어 있는 정부의 역할에 저항하지 않고 오히려 그것을 수용한다. 그들은 지방자치단체들이 얻는 '자유와 융통성'을, 고도의 성과를 거양했다고 인정을 받은 지방자치단체에 대해서만 이러한 '획득된 자율성'이라는 값싼 장식품을 제한적으로 부여하는 이 체제의 지독한 중앙집권주의보다 더 강조한다. 그들은 현대적 문제의 복잡성 때문에 기존의 민주적 제도로는 포용할 수 없는 보다 광범하고 신축적인 지방성(locality)에 대한 정의가 필요하다고 주장하면서 지방의 '거버넌스', 즉 '공동협력통치'가 반드시 선출된 지방자치단체를 중심으로 하지 않는다는 것을 인정한다. 이 책에서 특히 제 8 장이 신지방주의(New Localism)에 관한 것이며 제17장의 후반부, 그 중에서도 지방 구역협약(LAAs)에 관해 기술한 마지막 항목이 이에 포함된다.

지금의 대세는 신지방주의자의 편이라는 것이 사실상 명백하다. 2006년 중에 미래의 지방정부의 구조 및 운영에 관한 여러 개의 중요한 발표가 예정되어 있으며 우리는 이 장에서, 성과종합평가(CPA)의 새 전문용어를 빌려서 표현한다면, 모든 개혁 프로그램이 취하게 되는 '진행의 방향(direction of travel)'과 그것이 도달할 성 싶은 이동거리(distance)를 추측해볼 것이다. 직관 및 경험으로 미루어 볼 때 보통은 어떤 새로운 것이 나올 것이라고 기대하기가 어렵다. 그러나 2005년 [3기] 노동당 정부에 있어서 중요한 시기였던 출범 초년도 당시에 핵심 각료를 맡았던 사람은 데이비드 밀리밴드(David Miliband)였다. 그의 생각과 연설은, 만약에 그가 2006년도 백서(2006 White Paper)의 발간 예정일을 불과 몇 주 남겨두고 개각 대상에 포함되어 다른 각료직을 맡지 않았었다면, 흡사 '그 자신의 것'으로 보였을 동 백서의 원전 자료가 되었다. 제도 개혁에 비상하게 열렬한 관심을 가졌던 것으로 알려진 밀리밴드(Miliband)에 대해서 일부에서는, 미국 사람들의 표현을 빌리면, 뜻밖에도(out of left field) 중요한 일을 거의 이룰 뻔 했다고 생각했었다.

지방주의가 노래한다

대부분의 사람들은 밀리밴드(Miliband)를, 비록 스스로는 그 명칭에 의문을 표할지 모르지만, 신지방주의자(NL: New Localist)라고 생각한다. 그리고 그렇게 말하는 데는 정당한 이유가 있다. 중앙 및 지방정부의 입장에 관한 잘 균형이 잡힌 여러 설명에서, 거기에는 불가피하게 균형의 한 쪽 측면이 먼저 고려될 수밖에 없는데, 그는 국가 우선순위의 집행을 지원하는 대리인으로서 지방정부의 책무를 지방적 수요를 정의하고 지방적 우선순위를 형성하는 주체로서의 역할보다 항상 선행시켰다. 따라서 실제로 백서에 포함되어 있는 밀리밴드(Miliband)의 개혁 아이디어를 "*더 타임스*"(*The Times*)의 전직 편집장이며, 지방민주주의위원회(Commission for Local Democracy) 의장이었으며, 신지방주의자(NL) 동료를 포함하여 주로 구지방주의자(OL) 중에서도 가장 급진적인 사이먼 젠킨스 경(Sir Simon Jenkins)과 대비해 보는 것은 매우 흥미로운 일이다.

젠킨스(Jenkins)는 그의 구상을 '지방주의를 노래 부르게 하는 것'으로 명명하는데(p. 7), 그 내용은 정책교환 팸플릿(Policy Exchange pamphlet)인 "*빅뱅 지방주의: 영국 민주주의의 구출 계획*"(*Big Bang Localism: A Rescue Plan for British Democracy*)에 가장 잘 개진되어 있다(Jenkins, 2004). 팸플릿의 기준으로 보면 분량이 많아 여기에서는 사정없이 요약할 수밖에 없지만 그 주제는 우리의 지방 민주주의의 건강 상태가 최근 들어 너무나 심각하게 악화되었기 때문에 빅뱅과 같이 포괄적이고 장관을 이루는 중앙 권력의 지방 이양만이 그것을 효과적으로 구출할 수 있다는 것이다. 따라서 그 실행 요건은 대폭발(big bang)의 형태를 띠어야 하며, 우주의 탄생은 아닐지라도, 1986년 10월 1일 당시 마거릿 대처(Margaret Thatcher)가 증권거래 및 유가증권 시장의 규제 관행을 되돌릴 수 없도록 변경시켰던 런던시티 금융기관의 빅뱅 개혁과 견줄 정도가 되어야 한다.

빅뱅을 거친 젠킨스(Jenkins)의 지방정부는 다음과 같이 압축된 8개의 요소를 포함한다.

1. 1974/75 체제개편 이전과 유사한 구조(영국에서 북아일랜드를 제외한 그레이트

브리튼에 1,857개의 기간 지방의회 운영, 현재는 442개 지방의회—[도표 5.2] 참조). 폐지된 카운티의 복원 및 대규모 비도시 디스트릭트(종종 '인위적' 또는 '위치규정형' 명칭 부여—pp. 50~51 참조)를 주민들이 제대로 구별할 수 있는 실제적인 소규모 타운 및 파리시 의회로 분해하여 단일통합의회와 2계층 지방자치단체를 계속적으로 공존시키는 체제

2. 카운티 및 시 의회가 1970년대 이래 비선출의 준독립비정부기관에게 전체적으로 또는 부분적으로 빼앗겼던 기능들을 회복—계획수립, 도로, 환경, 레저, 문화, 경찰, 교도 및 감호, 청소년 고용 및 훈련
3. 국립보건서비스청(NHS)을 해체하고 보건 서비스 기능을 카운티 및 상위 계층의 지방자치단체가 인수
4. 개인적 사회서비스 책무를 최하위 계층의 지방정부에 부여—잉글랜드에서는 시, 타운 및 파리시 의회가 관장
5. 이들 지방자치단체는 현재 영국의 기준에서 볼 때 아무리 작더라도 그들 스스로 합리적으로 공급할 수 있는 서비스에 대해서 자치기관이 됨. 초등학교, 양로원, 유아원, 탁아소, 진료소(clinics), 진찰실(surgeries) 등이 그러한 사례들임. 보다 큰 규모의 서비스는 필요한 경우 인접한 지방자치단체들끼리 통합
6. 서비스를 제공하는 이들 지방자치단체는 모두 선출되며 직접 선출되건, (프랑스처럼) 집단적인 내각의 수반이 되건 단일의 선출된 집행수장이 영도
7. 모든 지방자치단체는 단일의 일반교부금 또는 포괄보조금을 통해 중앙정부로부터 부분적으로 재정을 지원받음. 다만, 세입의 절반 이상(인두세 이전의 시대처럼)은 복수의 지방세제, 예를 들어 재산, 소득, 사업, 호텔, 관광, 도박, 자동차, 유흥 등에 부과되는 세금으로 충당
8. 중앙정부로부터 독립된 지방정부위원회(Local Government Commission)가 집행을 담당. 즉, 지방자치단체들과 협상을 통하여 내부 헌장 및 선거제도와 지방세 감시제도를 결정

젠킨스(Jenkins)의 계획이 절반이라도 실행된다면 빅뱅(Big Bang)은 아니더라도 큰 폭발음(Big Pop) 정도의 가치는 지닌 사건이라고 할 수가 있겠지만, 그는 그것을 단지 다른 대부분의 서유럽 및 스칸디나비아 국가의 제도에 다

소 접근하는 데 불과할 뿐이며 우리가 현재 범하고 있는 유럽지방자치정부헌장의 여러 조항들에 대한 위반행위를 중단하는 정도에 지나지 않는다고 주장할 것이다. 그러나 우리가 짜 맞춘 앞의 연설에서 인용된 노동당 각료들의 지방주의 열정에도 불구하고 그것은 이루어지지 않을 것이다. 적어도 내다볼 수 있는 미래에는 아닐 것이다. 따라서 무엇이 일어날 것인지를 보다 현실적으로 살펴보는 것이 낫다.

또 한 번의 구조개편인가 아니면 파괴인가?

밀리밴드(Miliband)는 과거에도, 그리고 현재도 생각이 깊은 정치인이다. 한 때 공공정책연구소(IPPR)의 연구원이었던 그는 책, 그것도 학술 서적을 읽는다. 그래서 그의 연설문 작성을 담당하는 사람들조차 더러는 그가 연설할 때 주기적으로 언급하는 저자들의 이름에 익숙하지 않은 듯이 보일 때가 있다. 제인 제이콥(Jane Jacob)의 "*미국 대도시의 흥망*"(*Death and Life of Great American Cities*), 폴 긴스버그(Paul Ginsborg)의 "*일상생활의 정치*"(*Politics in Everyday Life*) 그리고 로버트(Robert)라는 같은 이름을 가진 미국의 사회과학자 니스베트(Nisbet), 샘선(Sampson), 퍼트남(Putnam)이 그 예이다. 이렇게 독서를 통해 도움을 받아서인지 그는 지역사회 및 지방정부 담당 차관으로서 촌음 같은 시간을 자기의 마음에 드는 다양한 개혁 아이디어를 마치 다른 사람들도 똑같이 흥미를 느끼는지 알아보려는 듯 시험하면서 보냈다.

그래서 그는 직접 선출된 시장 또는 직접 선출된 내각의 형태를 취하는 지방정치의 강력한 리더십에 관한 열정을 여러 차례에 걸쳐 분명히 나타냈다. 그러나 그것은 그의 직접적인 청중들의 흥미는 크게 끌지 못했고 오히려 보수당 당수 데이비드 캐머론(David Cameron)에게 더 큰 영향을 미친 듯이 보였다. 그는 36,000개의 코뮌(commune)을 핵심으로 하면서 이와 유사한 숫자의 간선 시장을 두고 있는 프랑스의 지방정부에 매료되었다고 밝힌 바 있다. 그리고 그는 특히 34개의 잉글랜드 2-계층 카운티에서 '현안'이 되어 있던 구조적 개혁에 관한 그 자신 및 그의 정치적 상관들의 관심을 전파하였다. 그는 노포크(Norfolk)를 한 번 이상 예시적으로 언급했다(Miliband, 2005b).

> 노포크(Norfolk)는 7개의 디스트릭트 의회와 21개의 시읍(market town)을 가지고 있다. 우리는 카운티와 디스트릭트, 그리고 '*하나 또는 그 이상의 단일통합의회와 지방 근린지역사회*(*one or more unitary authorities and local neighbourhoods*)' 중에서 어떤 것이 최선의 관계가 되어야 할지를 물어볼 필요가 있다. 그리고 만약에 후자가 해답이라면 그 관계가 어떻게 작동하는지도 살펴보아야 한다. 그것은 파리시 및 타운 의회에, 또는 선거구별로 의회의원들에게 새로운 역할을 부여하는 것이 될 수도 있으며, 아래로부터의 책임을 확보하기 위한 혁신적인 새로운 조치가 될 수도 있을 것이다(이탤릭체는 저자들이 강조).

잉글랜드에 선출에 의한 지역의회를 구성하려던 정부의 제안이 패배함으로써 단일통합의회를 추가적으로, 심지어는 전국적으로 확대하겠다는 당시로서는 공공연한 비밀이 아직도 정부의 안건에서 사라지지 않았음이 확인되었다. 광역권역 의회의 구성은 해당 지역 전체를 단일통합의회 체제로 개편해야 한다는 조건부의 제안으로서 상원의원이자 펜들 바러의회(Pendle BC)의 자민당 의회의원이었던 토니 그리브스(Lord Tony Greaves)가 영국 상원에서의 토론에서 이 주제에 관해 격정적으로 설명했던 것처럼 이 나라의 곳곳에서 지방정부를 사실상 폐지하는 결과를 초래할 뻔했다.

> 내 지역인 랭커셔(Lancashire)에 관한 제안 설명을 보면 정중한 말이라고는 한마디도 없다. 그 제안들은 참으로 우스꽝스럽다 … 우리는 북쪽의 칸포쓰(Carnforth)와 안사이드(Arnside) 반도에서 리버풀(Liverpool) 교외인 서 랭커셔(west Lancashire), 옴스커크(Ormskirk), 스켈머스데일(Skelmersdale)까지, 그리고 내가 살고 있는 동 랭커셔(east Lancashire)의 구릉지역을 포함하여 랭커셔 지역 전체를 관할하는 … 단 하나의 단일통합 카운티 의회의 설치를 제안받았다. 우리는 이 지역 전체를 관할하고 876,169명의 유권자와 약 1.1백만 명의 인구를 대표하는 단 하나의 지방자치단체를 요청받고 있다. 만약에 어떤 사람이 나에게 그것을 지방정부라고 얘기한다면 나는 그가 영어 단어의 뜻을 모른다고 대답할 것이다. 그것은 우리가 알고 있는 지방정부를 폐지하는 것이다(*Lords Hansard*, 16, June 2004, Col. 825).

노포크(Norfolk)의 인구 규모는 822,000명으로 랭커셔(Lancashire)보다 약간 작지만 면적은 거의 두 배에 달하고 인구의 큰 비중이 21개의 시읍(market towns)에 살고 있다. 파리시가 없는 노리치 시(city of Norwich) 외곽은 카운티 구역으로서 약 540개의 파리시로 구분되어 있으며 거주 인구가 적다. 노리치를 기반으로 단 하나의 단일통합지방의회를 설치하거나 혹은 규모는 약간 작지만 완전히 인위적으로 구획될 수밖에 없는 두세 개의 단일통합의회를 창설하는 것은 그리브스 상원의원(Lord Greaves)이 랭커셔 단일통합의회(unitary Lancashire)가 설치되었다면 느꼈을 법한 것 이상으로 민주적인 의미를 찾을 수 없다. 지방 차원에서 진정으로 중대한 변화가 수반되지 않고는 그렇다는 말이다.

젠킨스(Jenkins)의 대답은 간단하다. 위로가 아니라 아래로 개편하라는 것이다. 노포크(Norfolk)에는 노리치(Norwich) 이외에도 대규모 타운인 인구 49,000명의 그레이트 야머쓰(Great Yarmouth)와 34,000명의 킹스 린(King's Lynn)을 비롯하여 인구 5,000명 이상의 '시읍(market towns)'이 12개가 포함되어 있다. 시읍은 공식적으로 인구규모 3,000명에서 30,000명 사이로 정의된다. 이들은 모두 실제적인 장소로서, 만약에 젠킨스(Jenkins)라면 주민들이 분간할 수 있을 뿐만 아니라 가령 지중해 해변의 어느 휴양지에서 영국 어디에서 왔는지 질문을 받는다면 노포크의 데퍼드(Theford in Norfolk), 디어햄(Dereham), 와이몬담(Wymondham), 크로머(Cromer) 등과 같이 이름을 댈 수 있는 곳이라고 설명할 것이다.

다른 대부분의 유럽 국가라면 이들 타운은 모두 지방정부로서의 완전한 권한과 책무를 가진 코뮌 또는 도시자치단체가 되어 있을 것이다. 따라서 국지적 보조(sub-principal) 지방자치단체인 타운 또는 파리시 의회로 운영된다거나, 노스 노포크(North Norfalk), 사우스 노포크(South Norfalk), 킹스 린(King's Lynn), 웨스트 노포크(West Norfalk), 브레크랜드(Breckland)와 같이 영혼 없는 '위치규정형(compass point)' 또는 통합 디스트릭트로서 정체성을 억압당하지 않을 것이다. 만약에 밀리밴드(Miliband)가 프랑스의 코뮌을 보고 파리시(parish) 및 타운 의회의 새로운 역할에 대해 숙고하면서, 이들 타운을 중요한 지방정부 단위로 전환하겠다는 생각을 가졌었다면 정말로 흥미로왔을 것이다. 그러나 걱정거리가 여러 가지 있다. 그것은 밀리밴드(Miliband)가 이제는 더 이상 그러한 제안을 수행할 직위에 있지 않다는 개인적인 차원과는 완전히 별개로서 바로 단일통합의회(unitary councils)의 문제와 가장 먼저 부딪히게 된다는 점이다.

시 광역권(City regions) — 시니어 제안의 부활?

우리는 앞에서 구조적 개편에 대한 밀리밴드(Miliband)의 관심이 그 자신의 것이었는지 아니면 앞으로 발전시켜야 할 직무상의 의무라고 느꼈었는지 확실하지 않다고 언급했었다. 1960년대의 레드클리프-모드 위원회(Redcliffe-Maud Commission) 이래, 이 문제에 관한 '중앙정부(Whitehall)'의 공통적인 견해가 만약에 있었다면, 그것은 지방자치단체의 수를 더 줄이고 규모를 더 확대하는 쪽이었다. 이 문제를 다루는 국가공무원들의 삶을 편하게 하려는 것이 무엇보다도 큰 이유이다.

이 논의에서 밀리밴드(Miliband)가 크게 기여한 것은 규모가 큰 지방자치단체가 기능을 '전략적으로' 더 잘 수행할 수 있다고 주장했던 점이다. 그것은 '특정 서비스의 공급보다는 관할 영역의 전반적인 이익을 먼저 생각하고 공공, 민간 및 자발적 부문의 모든 재원이 명확한 비전을 지향하도록 자극함으로써' 가능해진다는 것이다(Miliband, 2005a). 이러한 전략적 역량에 대한 강조는 2006년 여름에 출간될 구조개혁에 관한 백서에서 두 종류의 제안으로 발전될 듯이 보였다. 하나는 잉글랜드의 주요 연담도시권에서 완전히 자율적으로 추진되는 시 광역권(city regions)이고 다른 하나는 보다 강력한 정부 각료의 힘을 배경으로 2-계층 카운티를 단일통합의회(unitaries)로 대체하는 방안이다.

시 광역권(city regions)은 어떤 시의 경제적, 문화적, 인구학적 세력권이 공식적인 정치적 경계를 훨씬 넘어서 확대될 수 있는 구역이다. 따라서 시 광역권은 '핵심도시(core city)'와 함께 직장까지 이동거리(travel-to-work), 레저 및 쇼핑 패턴 등에 근거를 두고 명확하게 경계가 규정되는 그 '배후지역(hinterland)'을 포괄한다. 시 광역권은 최근에 주로 계획입안자 및 경제학자들이 사용했던 개념으로서 그 자체로는 결코 새로운 것이 아니지만, 2004년에 실시된 북동잉글랜드 지역의회의 구성에 관한 주민투표가 부결된 이후 갑자기 정치적으로 각광을 받았다. 현대화 씽크탱크인 신지방정부네트워크(New Local Government Network)는 외국의 기존 모델 및 그러한 모델을 영국에 적용할 수 있는지를 검토하기 위해 즉시 시 광역권위원회(City Regions Commission)를 설치했다. 위원회는 2005년 12월의 보고에서 다음과 같이 주장했다.

> 시 광역권(city regions)은 현대의 이동 및 라이프스타일 양식에 가장 잘 대응하도록 준비된 단위이며, 도시들로 하여금 그들의 자연적인 궤도 안에 들어오는 지역들과 보다 전략적으로 협력하게 함으로써 경제 개발을 지원할 수 있다.

이 즈음에 밀리밴드(Miliband)는 당시 부총리실(ODPM)의 핵심도시 그룹(Core Cities Group)에 소속된 8개의 회원 도시, 즉 버밍햄, 브리스틀, 리즈, 리버풀, 맨체스터, 뉴캐슬, 노팅햄, 셰필드가 각각 초청하는 일련의 도시 정상회의(City Summits)에 계속 참석했었다. 여기서 그는 시 지도자들에게 그들의 시역을 넘어서는 새로운 전략적 차원의 거버넌스, 즉 공동협력통치에 관한 제안을 마련하여 앞으로 나설 것을 촉구하였다. 그들에게 권장된 선례는 분명히 광역런던시(Greater London Authority)였으나 이 논의에 참여한 사람들은 모두 단일의 모델은 없으며, 시 광역권이 핵심 도시에 일반적으로 적용될 수 있는 제안이 아닐 수도 있고, 또 그것이 효과적으로 운영되기 위해서는 위로부터 강요되기보다는 '아래로부터 대두'될 수 있도록 허용해야 한다고 주장하였다. 이상론적으로는, 북부의 세 개 지역개발청에 의해 이미 선도되고 있었던 노던 웨이(Northern Way) 회생 시책과 같이, 주요 프로젝트를 놓고 서로 협력하기로 한 지방의회들 사이에서 발전되어야 한다고 보았다.

시 광역권은 간단하게 말해서 기존의 지방의회들과 협력하는 것이지 그들을 대체하는 것이 아니다. 그리고 정부 각료들의 개인적인 희망은 다르겠지만 시 광역권은 직접 선출된 시장보다는 현실적으로 집행위원회 형태로 운영되는 것이 좋을 것이다. 광역 맨체스터(Greater Manchester)와, 버밍햄 및 대공업지대(Birmingham and Black Country), 그리고 리버풀(Liverpool)이 후보지로서 초기에 가장 크게 부각되었고, 뉴캐슬-게이츠헤드(Newcastle-Gateshead), 셰필드(Sheffeld) 및 브리스틀(Bristol)이 아마도 그 뒤를 잇는 후보군에 속할 것이다. 그 결과 나타나는 광역도시권 사이의 제도적 비대칭성은 지난 1960년대에 데릭 시니어(Derek Senior)가 레드클리프-모드 위원회에서 소수 반대의견 비망록(Memorandum of Dissent)을 통해서 시 광역권 계층을 제안했을 때 염두에 두었던 것과는 어느 정도 차이가 있다(p. 74 참조). 그러나 그는 자신의 생각이 개혁의제로서 그 어느 때보다 두드러지게 부각된 것을 본다면 틀림없이 어떤 만족감을 느낄 것이다.

이중적 자치권 이양인가, 아니면 민주적 결손의 증가인가?

레드클리프 - 모드 위원회(Redcliffe-Maude Commission)에서 과반수의 지지를 얻은 해결 방안은 기억이 나겠지만 버밍햄, 맨체스터, 리버풀의 세 개 연담도시 이외의 잉글랜드 전역에 완전히 단일통합의회 구조로 58개의 지방자치단체를 두는 것이었다. 이것은 당시에 한 평론가가 지적했듯이 '어떤 뚜렷한 증거가 제시되어서라기보다 오히려 그에 반하여 단일통합의회의 원칙을 고수' 하는 것으로 보였다(Alexander, 1982, p. 32). 정부가 최근의 개편 계획에서 고수하는 듯이 보이는 원칙도 여전히 이것이다. 이것은 적어도 두 가지 점에서 우려되는 일이다.

첫째, 우리가 이미 큰 관심을 기울여온 규모의 문제이다. 지방자치단체의 규모와 서비스의 능률성 및 효과성 사이에 어떤 상관관계가 있다는 권위 있는 증거는 거의 없다. 완전한 단일통합 구조로 전환하는 경우에 나타날 규모, 원격성 및 지방의회의원의 대표성 감소는 차치하고 기존의 우리 지방자치단체의 규모만 보더라도 민주적(democratic) 효과의 감소는 불가피하다.

두 번째 걱정거리는 이러한 규모의 확대에 대한 의도적인 대응책으로서 밀리밴드(Miliband)가 '근린지역사회의 권능강화(empowerment of neighbourhoods)'를 주장했다는 점이다(2006). 여기서 우리는 *근린지역사회*(*neighbourhoods*)로의 권한이양을 이야기하는 사람이 지역사회 및 지방정부 담당 차관임을 상기하지 않을 수 없으며, 이와 함께 다른 나라에서 온 방문객이라면 거의 같다고 생각할 이들 세 개의 개념을 어떻게 구별하는지 물어보고 싶은 충동을 억누를 수가 없다. 지역사회(communities) 및 근린지역사회(neighbourhoods)에 있어서 미심쩍은 부분은 가장 최근에 이들 용어를 사용하고 있는 사람들을 볼 때 둘 사이에 사실상 차이가 거의 없다는 것이다. 하나의 테스트 방법은 '진정한 지역사회 차원의 근린지역사회 공동협력통치'(Stoker, 2005)와 같은 문구를 택하여 그것이 '진정한 근린지역사회 차원의 지역사회 공동협력통치' 또는 사이비 지역사회 차원의 공동협력통치와 어떻게 다른지 고민해보는 것이다.

보다 심각한 것은, 분명하게 구분될 수 있고 아마도 의도적인 것 같지만, 이들 지역사회 및 근린지역사회와 지방*정부*(local *government*) 사이의 차이이다.

왜냐하면 단일통합의회 체제에는 정의상 단 하나의 지방정부 기관만이 있으며, 노포크(Norfalk)에 대한 언급에서 명백하게 나타나듯이 밀리밴드(Miliband)가 염두에 두었던 단일통합의회는 근린지역사회의 규모가 결코 아니기 때문이다. 근린지역사회(또는 지역사회) 차원에서 어떤 일이 일어나건 우리가 지방정부의 정치적 기능이라고 명명하고 있는 책무를 수행하는 기관과 같은 형태를 취할 것처럼 보이지는 않는다. 존스(Jones)와 스튜어트(Stewart)는 그것을 다음과 같이 설명한다(2005).

> 근린지역사회는 지방정부의 기초가 될 수 없다. 그것은 타운, 시 및 카운티의 부수적인 존재이다. 그것은 다양한 관심사를 토대로 우선순위를 정하고 지방의 여망에 따라 재정을 배분하는 등 광범한 지방적 공익을 창출할 수 없다. … 그것은 정책협의의 역할 및 몇 가지 유용한 기능을 수행하지만 그렇다고 지방통치기관의 주요 토대로서 그러한 역할을 수행하는 것이 아니다.

밀리밴드(Miliband, 2006)는 그의 목표를 '이중적 자치권 이양(double devolution)'이라고 표현했는데 그것은 중앙 및 지방정부 모두가 '지방자치단체 청사에 국한하지 않고 그것을 넘어서 근린지역사회와 개별 시민들에게까지 권한을 이양하고 … 지역사회 [또는 근린지역사회?]는 그들에게 부여된 기회를 잡을 수 있는 역량을 보유'하는 것을 의미했다. 그는 '권능강화(empowerment)'를 사람들로 하여금 '강화된 목소리 및 선택(voice and choice)을 통해 그들이 제공받는 서비스에 대해 직접적으로 영향력을 미칠 수 있는 방법'을 제공하는 것이라고 말했다. 그러나 그가 예시했던 것은 주로 *소비자(consumers)*를 위한 선택으로서 서비스 구입대금 직접 지불, 개별화된 예산, 서비스 이용자에게 서비스 선택권 허용, 근린지역사회 헌장 등을 들 수 있다. 카운티 크기의 단일통합의회 아래에 남아 있는 유일한 지방정부로서 파리시 의회(parish council)를 유혹할 수 있는 새로운 권한으로는 협의권(consultation right)과 정액벌금고지서(Fixed Penalty Notices)의 발급이 있다.

정부의 정책을 아직까지 백서의 상태로도 입수하지 못한 채 그것을 예고하는 연설을 해석하는 것으로 책의 결론을 맺는 것은 무모한 일이다. 우리는 차라리 자못 비관적인 우리의 예측이 완전히 빗나간 것으로 판명된다면 무척

이나 기쁠 것이다. 그러나 2005/06 시점에서 볼 때, 현재 입안 중인 정부 백서가 마이클 라이온스 경(Sir Michael Lyons)의 미래 지방정부의 형태, 기능 및 재정조달에 관한 조사결과를 반영하도록 되어 있음에도 불구하고, 오히려 그와 반대로 최종보고서가 발표되기 몇 달 *전에* 발간될 예정임을 감안하면, 어떠한 '권한이양(devolution)'도 이미 큰 간극을 보이고 있는 영국 지방민주주의의 결손을 줄이기보다는 오히려 확대시킬 가능성이 더 큰 것으로 보인다.

Bibliography

Abdela, L. (1989) *Women With X Appeal: Women Politicians in Britain Today* (London: Optima).

Alexander, A. (1982) *The Politics of Local Government in the United Kindom* (Harlow: Longman).

Allen, H. J. B. (1990) *Cultivating the Grass Roots: Why Local Government Matters* (The Hague: IULA).

Ashdown, P. (2001) *The Ashdown Diaries, Vol. II: 1997～1999* (Harmondsworth: Penguin).

Atkinson, H. and Wilks-Heeg, S. (2000) *Local Government from Thatcher to Blair: The Politics of Creative Autonomy* (Oxford: Blackwell).

Audit Commission (2001) *To Whom Much is Given: New Ways of Working for Councillors Following Political Restructuring* (Abingdon: Audit Commission).

Audit Commission (2005a) *Governing Partnerships: Bridging the Accountability Gap* (London: Audit Commission).

Audit Commission (2005b) *CPA — The Harder Test: Scores and Analysis of Performance in Single Tier and County Councils 2005* (London: Audit Commission).

Ayres, S. and Pearce, G. (2002) *Who Governs the West Midlands? An Audit of Government Institutions and Structures* (Telford: West Midlands Constitutional Convention).

Baggott, R. (1995) *Pressure Groups Today* (Manchester: Manchester University Press).

Bains, M. (Chairman) (1972) *The New Local Authorities: Management and Structure* (London: HMSO).

Barron, J., Crawley, G. and Wood, T. (1987) *Married to the Council? The Private Costs of Public Service* (Bristol: Bristol Polytechnic).

Barron, J., Crawley, G. and Wood, T. (1991) *Councillors in Crisis* (London: Macmillan).

BHHRG (British Helsinki Human Rights Group) (2005) *Articles on UK Postal Ballot Election by Paul Dale and others* — with link to Commissioner Richard Mawrey QC's judgement (www.bhhrg.org/mediaYear/asp).

Blackmore, A. (2004) *Standing Apart, Working Together: A study of the Myths and Realities of Voluntary and Community Sector Independence* (London: NCVO).

Blair, T. (1998) *Leading the Way: A New Vision for Local Government* (London: IPPR).

Blais, A. and Carty, R. J. (1990) 'Does Proportional Representation Foster Election Turnout?', *European Journal of Political Research*, 18, pp. 167 ~ 81.

Blears, H. (2003) *Communities in control — Public Services and Local Socialism* (London: Fabian Society).

Bogdanor, V. (2001) 'Constitutional Reform', in A. Seldon (ed.), *The Blair Effect: The Blair Government 1997-2001* (London: Little, Brown), pp. 139 ~ 56.

Boyle, Sir L. (1986) 'In Recommendation of Widdicombe', *Local Government Studies*, 12: 6, pp. 33 ~ 9.

Brighton and Hove Community and Voluntary Sector Forum (2003) *Economic and Social Audit of the Community and Voluntary Sector in Brighton and Hove* (www.cvsectorforum.org.uk/org/BH_EconAudit_full.pdf).

Brindle, D. (2004) 'Change Agent', *Society Guardian*, 15 September.

Brooke, R. (2005) *The Councillor — Victim or Vulgarian?* (London: LGA).

Budge, I., Brand, J., Margolis, M. and Smith, A. L. M. (1972) *Political Stratification and Democracy* (London: Macmillan).

Budge, I., Crewe, I., McKay, D. and Newton, K. (2004) *The New British Politics*, 3rd edn (London: Pearson Longman).

Burton, M. (2005) 'A Suffolk Swansong?', *Municipal Journal*, 31 March, p. 12.

Buttler, D., Adonis, A. and Travers, T. (1994) *Failure in British Government: The Politics of the Poll Tax* (Oxford: Oxford University Press).

Byrne, T. (2000) *Local Government in Britain: Everyone's Guide to How It All Works*, 7th edn (Harmondsworth: Penguin).

Cabinet Office (1998) *Quangos: Opening The Doors* (London: HMSO).

Cabinet Office (1999) *Modernising Government*, Cm 4310 (London: HMSO).

Cabinet Office (2005) *Reform of Public Sector Ombudsmen Services: A Consultation Paper* (London: Cabinet Office).

Campbell, L. (2004) 'The Mother of all Election Campaigns', *Society Guardian*, 14 May.

CEMR (Council of European Municipalities and Regions) (2000) *Women in Local Politics in the European Union* (Brussels: CEMR).

Challis, P. (2000) *Local Government Finance* (London: LGIU).

CIPD (Chartered Institute of Personnel and Development) (2004) *Employee Wellbeing and the Psychological Contract* (London; CIPD).

CIPFA (Chartered Institute of Public Finance and Accountancy) (2004) *Local Government Comparative Statistics, 2003* (London: CIPFA).

CIPFA (Chartered Institute of Public Finance and Accountancy) (2005) *Coucillors' Guide to Local Government Finance* (London: CIPFA).

CLA (Commission for Local Administration in England) (2005) *Local Government Ombudsman — Annual Report 2004/05* (London: CLA).

Clarke, K. and Harrison, S. (2004) 'Governing Health and Social Care', in G. Stoker and D Wilson (eds), *British Local Government into the 21st Century* (Basingstoke: Palgrave Macmillan), pp. 120 ~ 32.

Clarke, M. and Stewart, J. (1991) *The Choices for Local Government for the 1990s and Beyond* (Harlow: Longman).

CLD (Commission for Local Democracy) (1995) *Taking Charge: The Rebirth of Local Democracy* (London: Municipal Journal Books).

Cochrane, A. (1993) *Whatever Happened to Local Government?* (Buckingham: Open University Press).

Cockburn, C. (1977) *The Local State* (London: Pluto).

Copus, C. (2004) *Party Politics and Local Government* (Manchester: Manchester University Press).

Corina, L. (1974) 'Elected Representatives in a Party System: A Typology', *Policy and Politics*, 3: 1, pp. 69 ~ 87.

Corry, D. and Stoker, G. (2002) *New Localism: Refashioning the Centre-Local Relationship* (London: NLGN).

Corry, D., Hatter, W., Paker, I., Randle, A. and Stoker, G. (2004) *Joining Up Local Democracy* (London: NLGN).

Coulson, A. (1998) 'Town, Parish and Community Councils: The Potential for Democracy and Decentralisation', *Local Governance*, 24: 4, pp. 245 ~ 8.

Coulson, A. (2005) 'The Death of a Mass Membership Party?', *Renewal — A Journal of Labour Politics*, 13: 2/3, pp. 139 ~ 42.

Coventry [Strategic] Partnership (2005) *Progress Through Prevention: A Local Area Agreement for Coventry, 2005 ~ 08* (Coventry: Coventry City Council).

Coxall, B, Robbins, L. and Leach, R. (2003) *Contemporary British Politics*, 4th edn (Basingstoke: Palgrave Macmillan).

D'Arcy, M. and MacLean, R. (2000) *Nightmare! The Race to Become London's Mayor* (London: Politico's).

Davis, H. (1996) 'Quangos and Local Government: A Changing World', *Local Government Studies*, 22: 2, pp. 1 ~ 7.

De Groot, L. (2005) 'Generating Improvement from Within: The Role of the

Improvement and Development Agency for Local Government', *Local Government Studies*, 31: 5, pp. 677 ~ 82.

Deakin Commission (1996) *Report on the Future of the Voluntary Sector* (London: NCVO).

Dearlove, J. (1973) *The Politics of Policy in Local Government* (Cambridge: Cambridge University Press).

Dearlove, J. (1979) *The Reorganisation of British Local Government* (Cambridge: Cambridge University Press).

DEFRA (Department for Environment, Food and Rural Affairs) (2005) *Defra Classification of Local Authority Districts and Unitary Authorities in England* (London: DEFRA).

Denters, B. and Rose, L. (2005) *Comparing Local Governance: Trends and Developments* (Basingstoke: Palgrave Macmillan).

DETR (Department of the Environment, Transport and the Regions) (1998a) *Modern Local Government: In Touch with the People* (London: DETR).

DETR (Department of the Environment, Transport and the Regions) (1998b) *Modernising Local Government: Local Democracy and Community Leadership* (London: DETR).

DETR (Department of the Environment, Transport and the Regions) (1998c) *Improving Local Services Through Best Value* (London: DETR).

DETR (Department of the Environment, Transport and the Regions) (1998d) *Improving Financial Accountability* (London: DETR).

DETR (Department of the Environment, Transport and the Regions) (1999) *Local Leadership, Local Choice* (London: DETR).

DETR (Department of the Environment, Transport and the Regions) (2000) *Modernising Local Government Finance: A Green Paper* (London: DETR).

DfES (Department for Education and Skills) (2005) *Higher Standards, Better Schools for All* (London: DfES).

DH (Department of Health) (2002) *Social Services Performance Assessment Framework Indicators 2001/02* (London: Department of Health).

DH (Department of Health) (2005a) *Personal Social Services Expenditure and Unit Costs: England: 2003 ~ 2004* (London: DH).

DH (Department of Health) (2005b) *Choosing Health: Making Healthy Choices Easier* (London: DH).

DoE (Department of the Environment) (1981) *Alternatives to Domestic Rates*, Cmnd 8449 (London: HMSO).

DoE (Department of the Environment) (1983) *Streamlining the Cities*, Cmnd 9063

(London: HMSO).

DoE (Department of the Environment) (1986) *Paying for Local Government*, Cmnd 9714 (London: HMSO).

Doig, A. (1984) *Corruption and Misconduct in Contemporary British Politics* (Harmondsworth: Penguin).

Donnelly, K. (2004) 'Education: No Longer a Role for Local Government?', in G. Stoker and D. Willson (eds), *British Local Government into the 21st Century* (Basingstoke: Palgrave Macmillan), pp. 107 ~ 19.

Donoghue, B. and Jones, G. (2001) *Herbert Morrison: Portrait of a Politician* (London: Orion Publishing).

Doogan, K. (1999) 'The Contracting-out of Local Government Services: Its Impact on Jobs, Conditions of Service and Labour Markets', in G. Stoker (ed.), *The New Management of British Local Governance* (Basingstoke: Macmillan), pp. 62 ~ 78.

DTLR (Department for Transport, Local Government and the Regions) (2001) *Strong Local Leadership — Quality Public Services* (London: DTLR).

DTLR (Department for Transport, Local Government and the Regions) (2002) *Your Region, Your Choice — Revitalising the English Regions* (London: DTLR).

Dunleavy, P. (1980) *Urban Political Analysis* (London: Macmillan).

Elcock, H. (1991) *Local Government* (London: Methuen).

Elcock, H. (1994) *Local Government: Policy and Management in Local Authorities*, 3rd edn (London: Routledge).

Elcock, H., Jordan, C. and Midwinter, A. (1989) *Budgeting in Local Government: Managing the Margins* (Harlow: Longman).

Electoral Commission (2003a) *The Northern Ireland Assembly Eletions 2003: The official Report* (London: The Electoral Commission).

Electoral Commission (2003b) *The Shape of Elections to Come: A Strategic Evaluation of the 2003 Electoral Pilot Schemes* (London: The Electoral Commission).

Electoral Commission (2004) *The Cycle of Local Government Elections in England : Report and Recommendations* (London: The Electoral Commission).

Electoral Commission (2005a) *Understanding Electoral Registration: The Extent and Nature of Non-registration in Britain* (London: The Electoral Commission).

Electoral Commission (2005b) *Election 2005: Turnout* (London: The Electoral Commission).

Ellwood, S., Nutley, S., Tricker, M. and Waterston, P. (1992) *Parish and Town Councils in England: A Survey* (London: HMSO).

Entwistle, T., Dowson, L. and Law, J. (2003) *Changing to Improve: Ten Case Studies from the Evaluation of the best Value Regime* (London: ODPM).

EO (Employer's Organisation) (2004) *Local Government Employment Survey 2004* (London: EO).

EO/IDeA (Employer's Organisation/Improvement and Development Agency) (2004) *National Census of Local Authority Councillors in England 2004* (London: EO/IDeA).

EO/IDeA (Employer's Organisation/Improvement and Development Agency) (2005) *Salaries and Numbers Survey of Chief Executives and Chief Officers, 2004/05* (London: EO/IDeA).

ERS (Electoral Reform Society) (2005) *The UK General Election of 5 May 2005: Report and Analysis* (London: ERS).

European Union, Committee of the Regions (1999) *Voter Turnout at Regional and Local Elections in the EU, 1990～1999* (Brussels: EU).

Farnham, D. (1999) 'Human Resources Management and Employment Relations', in S. Horton and D. Farnham (eds), *Public Management in Britain* (London: Macmillan), pp. 107～27.

Farnham, D. and Horton, S. (1999) 'Managing Public and Private Organisations', in S. Horton and D. Farnham (eds), *Public Management in Britain* (London: Macmillan), pp. 26～45.

Fenwick, J., Elcock, H. and Lilley, S. (2003) 'Out of the Loop? Councillors and the New Political Management', *Public Policy and Administration*, 18: 1, pp. 29～45.

Filkin, Lord, Stoker, G., Wilkinson, G. and Williams, J. (2000) *Towards a New Localism: A Discussion Paper* (London: NLGN).

Flynn, N., Leach S. and Vielba, C. (1985) *Abolition or Reform? The GLC and the Metropolitan County Councils* (London: Allen & Unwin).

Fox, P., Lyons, M. and Skelcher, C. (2002) *Continuity or Change? Officers and new Council Constitutions* (London: ODPM).

Gains, F. (2004) 'The Local Bureaucrat: A Block to Reform or a Key to Unlocking Change?', in G. Stoker and D. Willson (eds), *British Local Government into the 21st Century* (Basingstoke: Palgrave Macmillan), pp. 91～104.

Gains, F., Greasley, S. and Stoker, G. (2004) *A Summary of Research Evidence on New Council Constitutions in Local Government* (London: ODPM).

Gains, F., John, P. and Stoker, G. (2005) 'Path Dependency and the Reform of English Local Government', *Public Administration*, 83: 1, pp. 25～46.

Game, C. (1991) 'County Chronicles: A Collective Appreciation', *Local Government Policy Making*, 18: 2, pp. 3～18.

Game, C. (2001) 'Britain's Changing and Unchanging Electoral Systems', in S.

Lancaster (ed.), *Developments in Politics: An Annual Review*, Vol. 12 (Ormskirk: Causeway Press), pp. 49 ~ 75.

Game, C. (2003) 'Elected Mayors: More Distraction Than Attraction', *Public Policy and Administration*, 18: 1, pp. 13 ~ 28.

Game, C. (2004) 'Should the Winner Take All, or Even Quite So Much?', in A. Pike (ed.), *The Missing Modernisation: The Case for PR in Local Government Elections* (London: Make Votes Count/Electoral Reform Society), pp. 10 ~ 16.

Game, C. (2005) 'The Miscarriage of Elected English Regional Assemblies: The Future of democratic decentralization after the North East shouted No!', paper delivered at the IASIA Annual Conference, Como, Italy (unpublished).

Game, C. (2006) 'Comparative Performance Assessment in English Local Government', *International Journal of Productivity and Performance Management* (*forthcoming*).

Game, C. and Leach, S. (1995) *The Role of Political Parties in Local Democracy, CLD Report No 11* (London: Commission for Local Democracy/Municipal Journal Books).

Game, C. and Leach, S. (1996) 'Political Parties and Local Democracy', in L. Pratchett and D. Wilson (eds), *Local Democracy and Local Government* (London: Macmillan), pp. 127 ~ 49.

Game, C. and Vuong, D. (2003) 'From Citizens' Charters to the People's Panel: 12 years of public service reform in the UK', paper delivered at the International Symposium on Service Charters and Customer Satisfaction in Public Services, City University, Hong kong.

Gardner, J. and Oswald, A. (2001) 'What Has Been Happening to the Quality of Workers' Lives in Britain?' (working paper) (http://www2.warwick.ac.uk/fac/soc/economics/staff/faculty/oswald/).

Gershon, Sir P. (2004) *Releasing Resources to the Front Line: Independent Review of Public Sector Efficiency* (Norwich: HMSO).

Glaister, S. (2005) 'Transport', in A. Seldon and D. Kavanagh (eds), *The Blair Effect 2001-5* (Cambridge: Cambridge University Press), pp. 207 ~ 32.

Gosling, P. (2004) 'Up, Up and Away', *Public Finance*, 10 December, www.cipfa.org.uk/publicfinance/features_detail.cfm?News_id=22318.

Goss, S. (1998) *Local Labour and Local Government* (Edinburgh: Edinburgh University Press).

Goss, S. (2001) *Making Local Governance Work* (Basingstoke: Palgrave Macmillan).

Goss, S. and Corrigan, P. (1999) *Starting to Modernise: Developing New Roles for Council Members* (London: NLGN/Joseph Rowntree Foundation).

Grant, C. (2005) 'Who Has Read Lyons' Script?', *Local Government Chronicle*, 8

September, p. 14.

Grant, W. (2000) *Pressure Groups and British Politics* (London: Macmillan).

Gray, A. and Jenkins, W. (1998), 'The Management of Central Government Services', in B. Jones, A. Gray, D. Kavanagh, M. Moran, P. Norton and A. Seldon, *Politics UK*, 3rd edn (London: Prentice Hall), pp. 348 ~ 66.

Gray, C. (2002) 'Local Government and the Arts', *Local Government Studies*, 28: 1, pp.77 ~ 90.

Griffith, J. A. C. (1996) *Central Departments and Local Authorities* (London: Allen & Unwin).

Gyford, J. (1984) *Local Politics in Britain*, 2nd edn (London: Croom Helm).

Gyford, J., Leach, S. and Game, C. (1989) *The Changing Politics of Local Government* (London: Unwin Hyman).

Hambleton, R. (2005) 'Biting the Big Apple', *Municipal Journal*, 30 June, p. 23.

Hammond, S. (2005) 'From mill to Mayor', *Asian News*, 29 April, http://www.theasiannews.co.uk/business/s/191/191691_from_mill_to_mayor.html.

Hampton, W. (1970) *Democracy and Community* (London: Oxford University Press).

Heald, D. and Geaughan, N. (1999) 'The Private Financing of Public Infrastructure', in G. Stoker (ed.), *The New Management of British Local Governance* (Basingstoke: Macmillan), pp. 222 ~ 36.

Hebbert, M. (1998) *London: More by Fortune than Design* (Chichester: John Wiley).

Helco, H. (1969) 'The Councillor's Job', *Public Administration*, 47:2, pp. 185 ~ 202.

Hennessy, P. (1990) *Whitehall*, revd. edn (London: Fontana).

Hetherington, P. (2004) 'Inspecting the Inspectors', *Society Guardian*, 15 December, p. 10.

Hicks, S. (2005) 'Trends in Public Sector Employment', *Labour Market Trends*, 113:12, pp. 477 ~ 88.

Hill, D. (1974) *Democratic Theory and Local Government* (London: Allen & Unwin).

HM Treasury (2005) *Public Expenditure Statistical Analyses, 2005* (London: HM Treasury).

Hollis, G., Hale, R., Jackman, R., Travers, T., Foster, G., Thompson, Q., Ambler, M., Gilder, P. and Sussex, P. (1990) *Alternatives to the Community Charge* (York: Joseph Rowntree Trust/Coopers and Lybrand Deloitte).

Hollis, P. (1987) *Ladies Elect: Women in English Local Government, 1865 ~ 1914* (Oxford: Oxford University Press).

Home Office (2005a) *Home Office Statistical Bulletin: Police Service Strength, March 2005* (London: Home Office).

Home Office (2005b) *ASBO Statistics, March 2005* (London: Home Office).

Horton, S. and Farnham, D. (eds) (1999) *Public Management in Britain* (London: Macmillan).

Houlihan, B. (1988) *Housing Policy and Central-Local Government Relations* (Aldershot: Avebury).

House of Commons (2001) *Select Committee on Public Administration Fifth Report, 2001/01: Mapping the Quango State* (London: HMSO).

House of Commons (2002) *How the Local Government Act 2000 is Working*, Transport, Local Government and the Regions Committee, Report and Proceeding of the Committee, Vol. 1, HC 602-1, 12 September (London: House of Commons).

Hughes, M., Skelcher, C., Jas P., Whiteman, P. and Turner, D. (2004) *Learning from the Experience of Recovery — Paths to Recovery: Second Annual Report* (London: ODPM).

IDeA (Improvement and Development Agency) (2005) *Member Allownaces Summary (as of 24/2/04)* (www.idea.-knowledge.gov.uk/idk/aio/281821).

Jekins, S. (2004) *Big Bang Localism: A Rescue Plan for British Democracy* (London: Policy Exchange).

Jekins, S. (2005) 'Respect Starts With You Letting Us Run Our Lives, Godfather Blair', *The Sunday Times*, 15 May, www.timesonline.co.uk/article/0,,2008-1613211, 00.html.

Jennings, R. E. (1982) 'The Changing Representational Roles of Local Councillors in England', *Local Government Studies*, 8:4, pp. 67 ~ 86.

John, P. (2001) *Local Governance in Western Europe* (London: Sage).

John, P. (2004) 'Strengthening Political Leadership? More Than Mayors', in G. Stoker and D. Wilson (eds), *British Local Government into the 21st Century* (Basingstoke: Palgrave Macmillan), pp. 43 ~ 59.

John, P. and Cole, A. (2000) 'Political Leadership in the New Urban Governance: Britain and France Compared', in L. Pratchett (ed.) *Renewing Local Democracy?* (London: Frank Cass), pp. 98 ~ 115.

Jones, B., Kavanagh, D., Moran, M. and Norton, P. (2004) *Politics UK*, 5th edn (London: Pearson Longman).

Jones, G. (1969) *Borough Politics* (London: Macmillan).

Jones, G. (1973) 'The Functions and Organisation of Councillors', *Public Administration*, 51, pp. 135 ~ 46.

Jones, G. (1975) 'Varieties of Local Politics', *Local Government Studies,* 1: 2, pp. 17 ~ 32.

Jones, G. (1997) *The New Local Government Agenda* (Hemel Hempstead: ICSA

Publishing).

Jones, G. and Stewart, J. (1992) 'Selected not Elected', *Local Government Chronicle*, 13 November, p. 15.

Jones, G. and Stewart, J. (2004) 'Power Without Punch', *Local Government Chronicle*, 5 November, p. 24.

Jones, G. and Stewart, J. (2005) 'It's Big, but It's Not Clever', *Public Finance*, 9 December (www.publicfinance.co.uk/features_details.cfm?News_id=26050).

Keith-Lucas, B. and Richards, P. (1978) *A History of Local Government in the Twentieth Century* (London: Allen& Unwin).

King, D. and Stoker, G. (eds) (1996) *Rethinking Local Democracy* (London: Macmillan).

Labour Party (1997) *New Labour — Because Britain Deserves Better* (London: Labour Party).

Labour Party (2001) *Ambitions for Britain — Labour's Manifesto 2001* (London: Labour Party).

Labour Party (2005) *Britain Forward not Back* (London: Labour Party).

Laffin, M. (1986) *Professionalism and Policy: The Role of the Professions in the Central-Local Relationship* (Aldershot: Gower).

Laming, Lord (2003) *The Victoria Climbié Inquiry: Summary and Recommendations* (Norwich: HMSO).

Lansley, S., Goss, S. and Wolmar, C. (1991) *Councils in Conflict: The Rise and Fall of the Municipal Left* (London: Macmillan).

Laver, M. (1989) 'Theories of Coalition Formation and Local Government Coalitions', in C. Mellors and B. Pijnenburg (eds), *Political Parties and Coalitions in European Local Government* (London: Routledge), pp. 15 ~ 33.

Layfield Committee (1976) *Report of the Committee of Enquiry into Local Government Finance*, Cmnd 6543 (London: HMSO).

Leach, R. and Percy-Smith J. (2001) *Local Governance in Britain* (Basingstoke: Palgrave Macmillan).

Leach, S. (1999) 'Introducing Cabinets into British Local Government', *Parliamentary Affairs,* 52: 1, pp. 77 ~ 93.

Leach, S. (2003) 'Executives and Scrutiny in Local Government', *Public Policy and Administration,* 18:1, pp.4 ~ 12.

Leach, S. (2006) *The Changing Role of Local Politics in Britain* (Bristol: Policy Press).

Leach, S. and Copus, C. (2004) 'Scrutiny and the Political Party Group in UK Local Government: New Models of Behaviour', *Public Administration,* 82: 2, pp. 331 ~

54.

Leach, S. and Game, C. (1992) 'Local Government: The Decline of the One-Party State', in G. Smyth (ed.), *Refreshing the Parts: Electoral Reform and British Politics* (London: Lawrence & Wishart).

Leach, S. and Game, C. (2000) *Hung Authorities, Elected Mayors and Cabinet Government: Political Behaviour Under Proportional Representation* (York: Joseph Rowntree Foundation).

Leach, S. and Pratchett, L. (1996) *The Management of Balanced Authorities* (Luton: LGMB).

Leach, S. and Pratchett, L. (2005) 'Local Government: A New Vision, Rhetoric or Reality', *Parliamentary Affairs,* 58: 2, pp. 318 ~ 34.

Leach, S. and Stewart, J. (1992) *The Politics of Hung Authorities* (London: Macmillan).

Leach, S. and Wilson, D. (1998) 'Voluntary Groups and Local Authorities: Rethinking the Relationship', *Local Government Studies,* 24: 1, pp. 1 ~ 18.

Leach, S. and Wilson, D. (2000) *Local Political Leadership* (Bristol: Policy Press).

Leach, S. and Stewart, J. and Walsh, K (1994) *The Changing Organisation and Management of Local Government* (London: Macmillan).

Leach, S., Davis. H. and Associates (1996) *Enabling or Disabling Local Government: Choices for the Future* (Buckingham: Open University Press).

Lee, J. (1963) *Social Leaders and Public Persons* (London: Oxford University Press).

Lewis, D. (2005) *The Essential Guide to British Quangos, 2005* (London: Centre for Policy Studies).

Lewis, G. (2001) *Mapping the Contribution of the Voluntary and Community Sector in Yorkshire and the Humber* (Leeds: Yorkshire and the Humber Regional Forum).

LGA (Local Government Association) (2000a) *Real Roles for Members — The Role of Non-executive Members in the New Structures* (London: LGA).

LGA (Local Government Association) (2000b) *A Role for All Members — The Council Meeting* (London: LGA).

LGA (Local Government Association) (2001) *Electoral Reform in Local Government: A Local Government Association Consultation* (London: LGA).

LGA (Local Government Association) (2003) *Powering Up: Making the Most of the Power of Well-being* (London: LGA).

LGA (Local Government Association) (2004a) *Proposals for Comprehensive Performance Assessment from 2005* (London: LGA).

LGA (Local Government Association) (2004b) *The Balance of Funding — A*

Combination Option (London: LGA).

LGA (Local Government Association) (2005a) *Local Government Matters: Facts and Figures about Local Councils, 2005 ~ 2006* (London: LGA)

LGA (Local Government Association) (2005b) *Just Down the Road? The Future of Road Pricing — A Local Government Perspective* (London: LGA).

LGA (Local Government Association) (2005c) *Queen's Speech 2005: LGA Briefing on the Key Bills for Local Government* (London: LGA).

LGA (Local Government Association) (2005d) *Using Prudential Borrowing: One Year On* (London: LGA).

LGIU (Local Government Information Unit) (2003) *The LGIU Guide to Local Government Finance* (London: LGA).

Livingstone, K. (1987) *If Voting Changed Anything, They'd Abolish It* (London: Collins).

Local Channel, The (2005) *ICT and e-government Development for Small First-tier Councils in the EU 25* (www.thelocalchannel.co.uk/i2010/Docs/IT2010.pdf).

Loughlin, J. (2001) *Subnational Democracy in the European Union: Challenges and Opportunities* (Oxford: Oxford University Press).

Loughlin, M. (1996a) *Legality and Locality: The Role of Law in Central-Local Relations* (Oxford: Clarendon Press).

Loughlin, M. (1996b) 'Understanding Central-Local Government Relations', *Public Policy and Administration,* 11:2, pp. 48 ~ 65.

Loughlin, M., Gelfand, M. and Young, K. (eds) (1985) *Half a Century of Municipal Decline, 1935 ~ 1985* (London: Allen & Unwin).

Lowndes, V. (1996) 'Locality and Community: Choices for Local Government', in S. Leach et al., *Enabling or Disabling Local Government* (Buckingham: Open University Press).

Lowndes, V. (2002) 'Between Rhetoric and Reality: Does the 2001 White Paper Reverse the Centralising Trend in Britain?', *Local Government Studies*, 28: 3, pp.135 ~ 47.

Lowndes, V. and Sullivan, H. (2004) 'Like a Horse and Carriage or a Fish on a Bicycle: How Well Do Local Partnerships and Public Participation Go Together?', *Local Government Studies,* 30: 1, pp. 52 ~ 74.

Lowndes, V., Pratchett, L. and Stoker, G. (2001) 'Trends in Public Participation: Part 1 — Local Government Perspectives', *Public Administration,* 79: 1, pp. 205 ~ 22.

Lynn, J. and Jay, A (1983) *Yes, Minister: The Diaries of a Cabinet Minister, Vol. 3 — The Challenge* (London: BBC).

Lyons, Sir M. (2005) *Lyons Inquiry into Local Government: Consultation Paper and*

Interim Report (Norwich: HMSO).

Lyons, N. and Crow, A. (eds) (2004) *Local Government — Past, Present and Future : A Celebration of the 25-Year Writing Partnership of George Jones and John Stewart* (Birmingham: INLOGOV).

McConnell, A. (1999) *The Politics and Policy of Local Taxation in Britain* (Wirral: Tudor).

McConnell, A. (2004) *Scottish Local Government* (Edinburgh: Edinburgh University Press).

MacGregor, J. (2006) 'Local Government Must Now Step into the Breach', *Society Guardian,* 25 January, p.8.

McIntosh, N. (Chairman) (1999) *Commission on Local Government and the Scottish Parliament,* Report (Edinburgh: Scottish Executives).

Macrory, P. (Chairman) (1970) *Review Body on Local Government in Northern Ireland, Report*, Cmnd 540 (NI) (HMSO: Belfast).

Mahony, C. (2005) 'Culture Vultures', *LGC — Local Government Chronicle 1855 ~ 2005,* pp. 49 ~ 50.

Maloney, W., Smith, G. and Stoker, G. (2000) 'Social Capital and Urban Governance: Adding a More Contextualised "Top-down" Perspective', *Political Studies,* 48: 4, pp. 802 ~ 20.

Marinko, P. (2004) 'High Cost of Inspections', *Municipal Journal,* 14 October, p. 5.

Marsh, D. (ed.) (1998) *Comparing Policy Networks* (Buckingham: Open University Press).

Marsh, D. and Rhodes, R. A. W. (eds) (1992) *Policy Networks in British Government* (Oxford: Oxford University Press).

Marsh, D., Richards, D. and Smith, M. (2001) *Changing Patterns of Governance in the United Kingdom: Reinventing Whitehall* (Basingstoke: Palgrave Macmillan).

Martin, A. (2004) 'The Changing Face of Public Service Inspection', *Public Money and Management,* January, pp. 3 ~ 5.

Martin, S. and Bovaird, T. (2005) *Meta-evaluation of the Local Government Modernisation Agenda: Progress Report on Service Improvement in Local Government* (London: ODPM).

Mellors, C. (1989) 'Non-majority British Local Authorities in a Majority Setting', in C. Mellors and B. Pijnenburg (eds), *Political Parties and Coalitions in European Local Government* (London: Routledge), pp. 68 ~ 112.

Miliband, D. (2005a) 'Power to Neighbourhoods: The New Challenge for Urban Regeneration' — Speech to the Annual Conference of the British Urban Regeneration Association, 12 October (www.dclg.gov.uk/index.asp?id=1122747).

Miliband, D. (2005b) 'Local Government Reorganisation', *Local Government Chronicle,* 1 December (www.dclg.gov.uk/index.asp?id=1161912).

Miliband, D. (2006) 'Empowerment and the Deal for Devolution' — Speech to the Annual Conference of the NLGN, 18 January (London: ODPM — www.dclg.gov.uk/index.asp?id=1163065).

Miller, W. (1998) *Irrelevant Elections? The Quality of Local Democracy in Britain* (Oxford: Clarendon Press).

MORI (Market and Opinion Research International) (2003) *Ombudsmen Awareness Survey 2003* (London: MORI).

Murie, A. (2004) 'Rethinking Planning and Housing', in G. Stoker and D. Wilson(eds), *British Local Government into the 21st Century* (Basingstoke: Palgrave Macmillan), pp. 133 ~ 50.

MLAC (Museums, Libraries and Archives Council) (2004) *A Quiet Revolution* (London: MLAC).

Myerson, J. (2005) 'Lambeth Talk', *Society Guardian,* 23 February, p. 11.

National Audit Office (2005) *Working with the Third Sector* (London: The Stationery Office).

New Local Government Network City Regions Commission (2005) *Seeing the Light? Next Steps for City Regions — Media Release, 13 December* (London: NLGN).

Newton, K. (1976) *Second City Politics: Democratic Processes and Decision-Making in Birmingham* (Oxford: Oxford University Press).

Newton, K. and Karran, T. (1985) *The Poltics of Local Expenditure* (London: Macmillan).

Nolan, Lord (Chairman) (1997) *Committee on Standards in Public Life: Report on Local Government* (London: HMSO).

Oakland, J. (1989) *Total Quality Management* (London: Butterworth Heinemann).

ODPM (Office of the Deputy Prime Minister) (2002) *Public Participation in Local Government: A Survey of Local Authorities* (London: ODPM).

ODPM (Office of the Deputy Prime Minister) (2003) *Balance of Funding Review — Minutes of 3rd Meeting, 21 October 2003* (London, ODPM).

ODPM (Office of the Deputy Prime Minister) (2004a) *Memorandum: Poorly Performing Local Authorities — July 2004* (London: ODPM).

ODPM (Office of the Deputy Prime Minister) (2004b) *Local Area Agreements: A Prospectus* (London: ODPM).

ODPM (Office of the Deputy Prime Minister) (2004c) *The Future of Local Government: Developing a 10-year Vision* (London: ODPM).

ODPM (Office of the Deputy Prime Minister) (2004d) *Balance of Funding Review —*

Report (London: ODPM).

ODPM (Office of the Deputy Prime Minister) (2005a) *Local Government Finance Key Facts: England: September 2005* (London: ODPM).

ODPM (Office of the Deputy Prime Minister) (2005b) *Report on the 2004 Survey of all English LSPs* (London: ODPM).

ODPM (Office of the Deputy Prime Minister) (2005c) *Private Finance Initiative — What Is Local Government PFI?* (London: ODPM).

ODPM (Office of the Deputy Prime minister) (2005d) *Housing Statistics 2005* (London: ODPM).

ODPM (Office of the Deputy Prime Minister) (2005e) *Inspection Reform: The Future of Local Services Inspection — Consultation paper* (London: ODPM).

ODPM (Office of the Deputy Prime Minister) (2005f) *Annual Report 2005* (London: ODPM).

ODPM (Office of the Deputy Prime Minister) (2005g) *Local Government Financial Statistics England No. 16* (London: ODPM).

ODPM (Office of the Deputy Prime Minister) (2005h) *Vibrant Local Leadership* (London: ODPM).

ODPM (Office of the Deputy Prime Minister) (2005i) *National Evaluation of Local Public Service Agreements — First Interim Report* (London: ODPM).

ODPM (Office of the Deputy Prime Minister) (2005j) *A Process Evaluation of the Negotiation of Pilot Local Area Agreements — Final Report* (London: ODPM).

OECD (Organisation for Economic Co-operation and Development) (2005) *Revenue Statistics of OECD Member Countries, 1965~2004* (Paris: OECD).

ONS (Office for National Statistics) (2005) *Labour Force Survey* (London: ONS).

Osborne, D. and Gaebler, T. (1992) *Reinventing Government: How Entrepreneurial Spirit is Transforming the Public Sector* (Reading, Mass.: Addison-Wesley).

Parris, M. (2005) 'The Birmingham Case Is Simply Vote Rigging, and at the Highest Level', *The Times,* 26 March, p. 21.

Paterson, I. V. (Chairman) (1973) *The New Scottish Local Authorities: Organisation and Management Structures* (Edinburgh: Scottish Development Department).

Perri 6, Leat, D., Seltzer, K. and Stoker, G. (2002) *Towards Holistic Governance: The New Reform Agenda* (Basingstoke: Palgrave Macmillan).

Phillips, C. (2000) *Birmingham Votes, 1911-2000* (Plymouth: LGC Elections Centre).

Pollock, A. and Price, D. (2004) *Public Risk for Private Gain?* (London: UNISON).

Power Inquiry (2004) *The Decline of Political Participation in Britain: An Introduction* (www.powerinquiry.org).

Pratchett, L. (2000) 'The Inherently Unethical Nature of Public Service Ethics', in R.

A. Chapman (ed.), *Ethics in Public Service for the New Millennium* (Aldershot: Ashgate).

Pratchett, L. (ed.) (2000) *Renewing Local Democracy? The Modernisation Agenda in British Local Government* (London: Frank Cass).

Pratchett, L. (2004) 'Institutions, Politics and People: Making Local Politics Work', in G. Stoker and D. Wilson (eds), *British Local Government into the 21st Century* (Basingstoke: Palgrave Macmillan), pp. 213 ~ 29.

Prarchett, L. and Leach, S. (2004) 'Local Government: Choice Within Constraint', *Parliamentary Affairs,* 57: 2, pp. 366 ~ 79.

Pratchett, L. and Wilson, D. (eds) (1996) *Local Democracy and Local Government* (London: Macmillan).

Pratchett, L. and Wingfield, M. (1996) 'The Demise of the Public Sector Ethos', in L. Pratchett and D. Wilson (eds), *Local Democracy and Local Government* (London: Macmillan), pp. 106 ~ 26.

Prior, D. (1995) 'Citizens' Charters', in J. Stewart and G. Stoker (eds), *Local Government in the 1990s* (London: Macmillan), pp. 86 ~ 103.

Putnam, R. (2000) *Bowling Alone: The Collapse and Revival of American Community* (New York: Simon & Schuster).

Rallings, C. and Thrasher, M. (1997) *Local Elections in Britain* (London: Routledge).

Rallings, C. and Thrasher, M. (2001) 'Aspects of Voting at the Local and General Elections, 2001', Paper presented at the *Elections, Parties and Polls Conference,* University of Sussex, 2 ~ 4 September.

Rallings, C. and Thrasher, M. (2003) *Electoral Cycles in English Local Government* (Plymouth: LGC Elections Centre).

Rallings, C. and Thrasher, M. (2004) *Local Elections Handbook 2004: The 2004 Local Election Results* (Plymouth: LGC Elections Centre).

Rallings, C. and Thrasher, M. (2005) 'Strength in Numbers', *Local Government Chronicle*, 12 May, pp. 26 ~ 7.

Rallings, C. and Thrasher, M. (Annual) *Local Elections Handbook* (Plymouth: LGC Elections Centre).

Rallings, C., Thrasher, M. and Downe, J. (2000) *Turnout at Local Elections: Influences on Levels of Local Registration and Electoral Participation* (London: DETR).

Rallings, C., Thrasher, M., Cheal, B. and Borisyuk, G. (2004) 'The New Deal for Communities: Assessing Procedures and Voter Turnout at Partnership Board Elections', *Environment and Planning C: Government and Policy,* 22, pp. 569 ~ 82.

Rao, N. (1994) *The Making and Unmaking of Local Self-government* (Aldershot: Dartmouth).

Rao, N. (2005) *Councillors and the New Council Constitutions* (London: ODPM).

Rashman, L. and Hartley, J. (2006) *Long-term Evaluation of the Beacon Scheme: Survey of Local Authorities — Final Report* (London: ODPM).

Raynsford, N. (2004) 'The future of local government', Speech to *Local Government Chronicle Policy Forum,* 15 March.

Raynsford, N. (2005) 'The New Wave of Local Partnerships' — Speech to NLGN Conference, 23 March (www.dclg.gov.uk/index.asp?id=1122790).

Redcliffe-Maud, Lord (Chairman) (1969) *Royal Commission on Local Government in England 1966 ~ 1969, Vol. I Report,* Cmnd 4040 (London: HMSO).

Rhodes, R. A. W. (1986a) *The National World of Local Government* (London: Allen & Unwin).

Rhodes, R. A. W. (1986b) *Power Dependence, Policy Communities and Inter-governmental Networks,* Essex Papers in Politics and Government, No. 30 (University of Essex).

Rhodes, R. A. W. (1988) *Beyond Westminster and Whitehall* (London: Allen & Unwin).

Rhodes, R. A. W. (1997) *Understanding Governance: Policy Networks, Governance, Reflexivity and Accountability* (Buckingham: Open University Press).

Rhodes, R. A. W. (1999a) 'Foreword: Governance and Networks', in G. Stoker (ed.), *The New Management of British Local Governance* (London: Macmillian), pp. xii ~ xxvi.

Rhodes, R. A. W. (1996b) *Control and Power in Central-Local Government Relations,* 2nd edn (Aldershot: Ashgate).

Rhodes, R. A. W. and Dunleavy, P. (1995) *Prime Minister, Cabinet and Core Executive* (London: Macmillan).

Robinson, D. (Chairman) (1997) *Remuneration of Councillors: Vol I: Report; Vol II: The Surveys of Councillors and Local Authorities,* Cmnd 7010 (London: HMSO).

Rose, D. (2005) 'Same Goal, Different Approach', *Municipal Journal,* 21 April, p. 10.

RPA (Review of Public Administration) (2005) *The Review of Public Administration in Northern Ireland: Further Consultation* (Belfast: RPA).

Saunders, P. (1980) *Urban Politics: A Sociological Interpretation* (Harmondsworth: Penguin).

Scottish Executive (2004) *Joint Staffing Watch, Survey, December 2004* (Edinburgh: SE).

Seitz, R. (1998) *Over Here* (London: Phoenix).

Sharpe, L. J. (1970) 'Theories and Values of Local Government', *Political Studies,* 18: 2, pp. 153 ~ 74.

Shaw, K. and Davidson, G. (2002) 'Community Elections for Regeneration Partnerships: A New Deal for Local Democracy?', *Local Government Studies,* 28: 2, pp. 1 ~ 15.

Skelcher, C. (1992) *Managing for Service Quality* (Harlow: Longman).

Skelcher, C. (1998) *The Appointed State* (Buckingham: Open University Press).

Skelcher, C. (2004a) 'The New Governance of Communities', in G. Stoker and D. Wilson (eds), *British Local Government into the 21st Century* (Basingstoke: Palgrave Macmillan).

Skelcher, C. (2004b) 'A Commentary on "Partnership Problems" ', in M. Lyons and A. Crow (eds), *Local Government — Past, Present and Future: A Celebration of the 25-Year Writing Partnership of George Jones and John Stewart* (Birmingham: INLOGOV), p. 58.

Skelcher, C. and Davis, H. (1995) *Opening the Boardroom Door: The Membership of Local Appointed Bodies* (London: LGC Communications/Joseph Rowntree Foundation).

Skelcher, C. and Davis, H. (1996) 'Understanding the New Magistracy: A Study of Characteristics and Attitudes', *Local Government Studies,* 22: 2, pp. 8 ~ 21.

Skelcher, C., Weir, S. and Wilson, L. (2000) *Advance of the Quango State* (London: LGIU).

Smith, B. C. (1985) *Decentralization: The Territorial Dimension of the State* (London: Allen & Unwin).

Smith, G., Stoker, G. and Maloney, W. (2004) 'Building Social Capital in City Politics: Scope and Limitations at the Inter-organisational Level', *Political Studies,* 52: 3, pp. 509 ~ 30.

Smith, P. (1999) 'Countdown to the Relaunch of Clause Zero', *Local Government Chronicle,* 8 January, p. 8.

Snape, S. (2004) 'Liberated or Lost Souls: Is There a Role for Non-executive Councillors?', in G. Stoker and D. Wilson (eds), *British Local Government into the 21st Century* (Basingstoke: Palgrave Macmillan), pp. 60 ~ 75.

Snape, S. and Dobbs, L. (2003) 'The Scrutineer: The Impact of Overview and Scrutiny on Councillor Roles', *Public Policy and Administration,* 18: 1, pp. 46 ~ 62.

Snape, S. and Taylor, P. (2003) 'Partnerships Between Health and Local Government: An Introduction', *Local Government Studies,* 29: 3, pp. 1 ~ 16.

Snape, S., Leach, S. and Copus, C. (2002) *The Development of Overview and*

Scrutiny in Local Government (London: ODPM).

Social Exclusion Unit (2001) *A New Commitment to Neighbourhood Renewal: National Strategy Action Plan* (London: Cabinet Office).

Stanyer, J. (1999) 'Something Old, Something New', in G. Stoker (ed.), *The New Management of British Local Governance* (Basingstoke: Macmillan), pp. 237 ~ 48.

Stewart, J. (1990) 'The Role of Councillors in the Management of the Authority', *Local Government Studies,* 16: 4, pp. 25 ~ 36.

Stewart, J. (1996) *Local Government Today: An Observer's View* (Luton: LGMB).

Stewart, J. (2000) *The Nature of British Local Government* (London: Macmillan).

Stewart, J. (2003) *Modernising British Local Government* (Basingstoke, Palgrave Macmillan).

Stewart, J. and Stoker, G. (eds) (1995) *Local Government in the 1990s* (London: Macmillan).

Stoker, G. (1990) 'Government Beyond Whitehall', in P. Dunleavy, A. Gamble and G. Peele (eds), *Developments in British Politics 3* (London: Macmillan).

Stoker, G. (1991) *The Politics of Local Government,* 2nd edn (London: Macmillan).

Stoker, G. (ed.) (1999) *The New Management of British Local Governance* (London: Macmillan).

Stoker, G. (ed.) (2000) *The New Politics of British Local Governance* (London: Macmillan).

Stoker, G. (2002) 'Life Is a Lottery: New Labour's Strategy for the Reform of Devolved Governance', *Public Administration,* 80: 3, pp. 417 ~ 34.

Stoker, G. (2004a) *Transforming Local Governance: From Thatcherism to New Labour* (Basingstoke: Palgrave Macmillan).

Stoker, G. (2004b) *How Are Mayors Measuring Up?* (London: ODPM).

Stoker, G. (2005) 'Super-sizing the Cities', *Public Finance,* 4 March (www.nlgn.org.uk/nlgn.php).

Stoker, G. and Brindley, T. (1985) 'Asian Politics and Housing Renewal', *Policy and Politics,* 13: 3, pp. 281 ~ 303.

Stoker, G. and Wilson, D. (1986) 'Intra-Organizational Politics in Local Authorities', *Public Administration,* 64: 3, pp. 285 ~ 302.

Stoker, G. and Wilson, D. (1991) 'The Lost World of British Local Pressure Groups', *Public Policy and Administration,* 6: 2, pp. 20 ~ 34.

Stoker, G. and Wilson, D. (eds) (2004) *British Local Government into the 21st Century* (Basingstoke: Palgrave Macmillan).

Stoker, G. and Young, S. (1993) *Cities in the 1990s* (Harlow: Longman).

Stoker, G., John, P., Gains, F., Rao, N. and Harding, A. (2002) *Report of the ELG*

Survey Findings for ODPM Advisory Group (Manchester: Evaluating Local Governance, New Constitutions and Ethics, Department of Government, University of Manchester).

Stoker, G., Gains, F., John, P., Rao, N. and Harding, A. (2003) *Implementing the 2000 Act with Respect to New council Constitutions and the Ethical Framework: First Report* (London: ODPM).

Stoker, G., Gains, F., Greasley, S., John, P. and Rao, N. (2004) *Operating the New Council Constitutions: A Process Evaluation* (London: ODPM).

Sullivan, H. and Skelcher, C. (2002) *Working Across Boundaries: Collaboration in Public Services* (Basingstoke: Palgrave Macmillan).

Taafe, P. and Mulhearn, T. (1998) *Liverpool — A City that Dared to Fight* (London: Fortress Books).

Taylor, B. and Thomson, K. (1999) *Scotland and Wales: Nations Again?* (Cardiff: University of Wales Press).

Temple, M. (1996) *Coalitions and Co-operation in Local Government* (London: Electoral Reform Society).

Tomaney, J. (2004) 'Regionalism and the Challenge of Local Authorities', in G. Stoker and D. Wilson (eds), *British Local Government into the 21st Century* (Basingstoke: Palgrave Macmillan), pp. 167 ~ 81.

Travers, T. (2004) *The Politics of London: Governing an Ungovernable City* (Basingstoke: Palgrave Macmillan).

Travers, T. (2005a) 'It's Now or Never', *Public Finance,* 7 ~ 13 October, pp. 26 ~ 8.

Travers, T. (2005b) 'Local and Central Government', in A. Seldon and D. Kavanagh (eds), *The Blair Effect 2001 ~ 5* (Cambridge: Cambridge University Press), pp. 68 ~ 93.

Travers, T. and Esposito, L. (2003) *The Decline and Fall of Local Democracy: A History of Local Government Finance* (London: Policy Exchange).

Travers, T. and Esposito, L. (2004a) *I'm a Councillor, Get Me Out of Here! England's System of Local Government Finance* (London: Policy Exchange).

Travers, T. and Esposito, L. (2004b) *Nothing to Lose but Your Chains: Reforming the English Local Government Finance System* (London: Policy Exchange).

UNISON (2002) *Privatising Halls of Residence* (London: UNISON).

UNPAN (UN Online Network in Public Administration and Finance) (2005) *International Public Sector Indicators — Basic Data on Government Expenditure and Taxation, 1990 ~ 2002* (www.unpan.org/statistical_database-publicsector.asp).

Vize, R. (1994) 'Northern Ireland: The Acceptable Face of Quangos', *Local Government Chronicle,* 25 November, pp. 16 ~ 17.

Voice East Midlands (2003) *Mapping the Black and Minority Voluntary and Community Sector in the East Midlands* (Nottingham: Nottingham Research Observatory).

VONNE (Voluntary Organisations' Network North East) (2001) *The Contribution of the Voluntary and Community Sector to the Economic Life of the North East Region* (Newcastle Upon Tyne: VONNE).

Walker, D. (2002) *A Critique of New Localism* (London: Catalyst).

Walsh, K. (1995) 'Competition and Public Service Delivery', in J. Stewart and G. Stoker (eds), *Local Government in the 1990s,* pp. 28 ~ 48.

Walsh, K. (1996) 'The Role of the Market and the Growth of Competition', in S. Leach, H. Davis and Associates (eds), *Enabling or Disabling Local Government* (Buckingham: Open University Press), pp. 59 ~ 70.

Wanless, D. (2002) *Securing Our Future Health: Taking a Long-term View* (London: HM Treasury).

Watt, P. (2004) 'Financing Local Government', *Local Government Studies,* 30: 4, pp. 609 ~ 23.

Weir, S. and Beetham, D. (1999) *Political Power and Democratic Control in Britain: The Democratic Audit of Great Britain* (London: Routledge).

Weir, S. and Hall, W. (eds) (1994) *EGO TRIP: Extra-governmental Organisations in the UK and their Accountability — Democratic Audit Paper, No. 2* (Colchester: University of Essex Human Rights Centre).

Wheatley, Lord (chairman) (1969) *Royal Commission on Local Government in Scotland, Report,* Cmnd 4150 (Edinburgh: HMSO).

Whelan, R. (1999) *Involuntary Action: How Voluntary Is the Voluntary Sector?* (London: IEA Health and Welfare Unit).

Widdicombe, D. (Chairman) (1986a) *The Conduct of Local Auhority Business: Report of the Committee of Inquiry Into the Conduct of Local Authority Business,* Cmnd 9797 (London: HMSO).

Widdicombe, D. (Chairman) (1986b) *Research Volume I — The Political Organisation of Local Authorities* (by S. Leach, C. Game, J. Gyford and A. Midwinter), Cmnd 9798 (London: HMSO).

Widdicombe, D. (Chairman) (1986c) *Research Volume Ⅱ — The Local Government Councillor,* Cmnd 9799 (London: HMSO).

Widdicombe, D. (Chairman) (1986d) *Research Volume Ⅲ — The Local Government Elector,* Cmnd 9800 (London: HMSO).

Widdicombe, D. (Chairman) (1986e) *Research Volume Ⅳ — Aspects of Local Democracy,* Cmnd 9801 (London: HMSO).

Willis, J. (1990) 'David Bookbinder: Behind the Mythology', *Local Government Chronicle,* 12 January, pp. 24 ~ 5.

Wilson, D. (2004) 'New Patterns of Central-Local Government Relations', in G. Stoker and D. Wilson (eds), *British Local Government into the 21st Century* (Basingstoke: Palgrave Macmillan), pp. 9 ~ 24.

Wilson, D. and Game, C. (1994) *Local Government in the United Kingdom,* 1st edn (London: Macmillan).

Wilson, D. and Game, C. (1998) *Local Government in the United Kingdom,* 2nd edn (London: Macmillan).

Wilson, D. and Game, C. (2002) *Local Government in the United Kingdom,* 3rd edn (Basingstoke: Palgrave Macmillan).

Wood, B. (1976) *The Process of Local Government Reform, 1966 ~ 74* (London: Allen & Unwin).

Young, K. (1986a) 'Party Politics in Local Government: An Historical Perspective', in Widdicombe (1986e) (London: HMSO).

Young, K. (1986b) 'The Justification for Local Government', in M. Goldsmith (ed.), *Essays on the Future of Local Government* (Wakefield: West Yorkshire Metropolitan County Council), pp. 8 ~ 20.

Young, K. (ed.) (1989) *New Directions for County Government* (London: ACC).

Young, K. (2005) 'Local Public Service Agreements and Performance Incentives for Local Government', *Local Government Studies,* 31: 1, pp. 3 ~ 20.

Young, K. and Mills, L. (1983) *Managing the Post-Industrial City* (London: Heinemann).

Young, k. and Rao, N. (1997) *Local Government Since 1945* (Oxford: Blackwell).

번역용어 사전

[ㄱ]

가로/거리 청경	street wardens
가정용 레이트(재산세)	domestic rates
가톨릭공동체(북아일랜드)	Catholic communities
가톨릭/민족주의자(북아일랜드)	Catholic/Nationalist
각료들에 대한 국회질의	Parliamentary Questions to ministers
각료명령	diktat
각료집행위원회(북아일랜드)	Executive Committee of Ministers
간선형 지방정부	indirectly elected local government
감사	inspection
감사기관	inspectorates
감사산업	inspection industry
감시관	monitoring officer
개발규제	development control
개방형 명부(정당명부제)	unblocked lists
개별수권법	private legislation
개별수권법안	private bill
개신교/왕당파(북아일랜드)	Protestant/Loyalist
개인별 선거등록	individual registration
개인적 사회서비스	personal social services
개인적 취업계정	personal job accounts
개입 및 관여	intervention and engagement
거리청소원	street cleansing operatives
거션 능률성절약	Gershon efficiency saving
결과/성과	outcomes
경감	chief inspector
경계획정위원회	boundary commission
경상(세입)지출	current(revenue) expenditure
경상수입총액	gross current income

경상지출총액	gross current expenditure
경쟁 자치단체	competitive authority
경제문제연구소	Institute of Economic Affairs(IEA)
경찰 및 치안재판소법 1994	Police and Magistrates Courts Act 1994
경찰행정청	police authority
계획수립	planning
계획수립감사관	planning inspector
계획수립감사기관	Planning Inspectorate
계획수립 및 수용법 2004	Planning and Compulsory Purchase Act 2004
고객보호	customer care
고객서비스문화	customer service culture
고객서비스센터	customer service centre
고객안내센터	customer contact centre
고객최고주의	customer first
고객헌장	customer charters
고난도평가/테스트(성과종합평가)	harder test
고등교육재정지원위원회	Higher Education Funding Council
고속도로검사관	highway surveyors
고속도로(관리)청	Highway Agency
고용특별구역	Employment Zones
공간개발전략(런던)	Spatial Development Strategy(London)
공공 · 민간 공동추진연대	public/private partnerships(PPPs)
공공서비스옴부즈맨 통합사무소	combined Public Services Ombudsmen offices
공공서비스 정향	public service orientation
공공재정회계협회	Chartered Institute of Public Finance and Accountancy(CIPFA)
공공정책연구소	Institute for Public Policy Research (IPPR)
공공질의 및 답변시간(지방의회)	public question and answer sessions
공공태도조사	public attitude surveys
공공행정조사	Review of Public Administration (RPA)
공공홍보협회	Chartered Institute of Public Relations (CIPR)

공동관할권	concurrent powers
공동엘리트 모델	joint elite model
공동처리제도	joint arrangements
공동추진연대	partnership
공동협력통치	Governance
공동화(지방정부)	hollowing-out
공민권	civic rights
공민회관 회의실	civic rooms
공식산정지출수요	Formula Spending Share(FSS)
공식적 모델	formal model
공익서비스	public utilities
공익재단병원연합	Foundation Trust Hospital
공익재단병원연합위원회	Foundation Hospital Trust Boards
공적(공공) 의견수렴/협의	consultation
공중인터넷 키오스크	public internet kiosk
공직생활의 기준에 관한 정부 (놀란) 위원회	Government's (Nolan) Committee on Standards in Public Life
공채발행	bond issues
과거봉직기간보상제도	past service reward scheme
과반득표제도	majority/majoritarian system
과반수미달 단일정당지배	single party minority rule
과반의석 지배정당	majority party
관광숙박세	Tour/bed Tax
관리개혁	management reform
관리위원회	Management Board
관여	engagement
광역권역	region
광역권역 개발청	Regional Development Agencies (RDAs)
광역권역공간전략	regional spatial strategy
광역권역 의회	Regional Assemblies/mini-Parliaments
광역권역 정부	regional government
광역권역 회의	Regional Chambers
광역도시권/수도권 바러의회	metropolitan borough councils
광역도시카운티의회	Metropolitan County Councils
광역런던시	Greater London Authority(GLA)
광역런던시법 1999	Greater London Authority Act 1999

광역런던의회	Greater London Council(GLC),
교구위원	church wardens
교육개혁법 1988	Education Reform Act 1988
교육구(미국)	school districts
교육 · 기술부	Department for Education and Skills (DfES)
교육 및 감사에 관한 법률 2006	Education and Inspection Act 2006
교육법 1944	Education Acts 1944
교육소청위원회	education appeal panels
교육 수석행정관/부서장	chief education officer
교육실천특별구역	Education Action Zones
교육표준행정청	Office for Standards in Education (OFSTED)
교통부	Department for Transport
교통 · 지방정부 · 지역부	Department for Transport, Local Government and the Regions (DTLR)
교통혼잡부담금(부과제도)	congestion charge(charging)
구노동당	Old Labour
구빈법 1601	Poor Law/Elizabethan Poor Law 1601
구빈법개정법률 1834	Poor Law Amendment Act 1834
구빈법행정관	Poor Law Commissioners
구역기반시책	area-based initiatives(ABIs)
구역사무소	area offices
구역위원회	area committee
구조서비스	rescue services
구지방주의	Old Localism
구지방주의자	Old Localist
국가교육과정	national curriculum
국가 사회보장수당	state benefits
국가소방청	National Fire Service
국가직업능력자격	National Vocational Qualification (NVQ)
국가표준지방정부세입추정액	Assumed National Council Tax (ANCT)
국가행동강령	National Code of Conduct
국립보건서비스청	National Health Service(NHS)

국립학교	state school
국무위원	Cabinet minister
국민네트워크	People's Network
국민보험제도	National Insurance
국민복권공사	National Lottery
국/부서	department
국세청	Inland Revenue
국왕헌장	Royal Charters
국지적 보조지방자치단체	sub-principal authorities
국지적 지방의회	local council
국회 도시문제특별위원회	Parliamentary Urban Affairs Select Committee
국회/웨스트민스터	Westminster/Westminster Parliament
국회/의회 명령	Parliamentary Orders
국회/의회 주권주의	doctrine of parliamentary supremacy
국회행정위원(국가옴부즈맨)	Parliamentary Commissioner for Administration
권고	advice
권능강화	empowerment
권력분점	power-sharing
권한의존모델	power-dependence model
규제완화패키지	deregulation package
규제자/감시자	regulator or monitor
극우파	Radical Right
근린관리조직	arm's length management organisations(ALMO)
근린지역사회 및 가로청경사업	Neighbourhood and Street Warden Program
근린지역사회 사무소	neighbourhood offices
근린지역사회 의회	neighbourhood councils
근린지역사회 포럼	neighbourhood forum
근린지역사회 헌장	neighbourhood charters
근린지역사회 회생	neighbourhood regeneration
근린지역사회 회생기금	Neighbourhood Renewal Fund(NRF)
기간 지방자치단체	principal council
기관모델	agency model
기관운영(발전, 관리)팀	corporate team

기관운영/후방지원사무소 서비스	corporate or back office services
기관협정/협약	agency arrangements
기능적 분권	functional decentralisation
기본(정액/연간) 수당	Basic(flat-rate Annual) Allowance
기본적 차입승인	Basic Credit Approval
기숙사	halls of residence
기술관료 모델	technocratic model
기술직업교육	Further Education(FE)
기업단지	enterprise park
기회카드(청소년)	opportunity card

[ㄴ]

낙관론자	Pollyannas
낙제 서비스	failing services
낙제 지방교육청	failing education authorities
낙제 지방의회	failing councils
낙제 학교	failing schools
난민신청자	asylum seekers
납세/세금납입 고지서	tax bill
납세/세금납입 신고서	tax return
납세청구행정청	billing authority
내각사무처	Cabinet Office
내각지원위원	cabinet support member
내각/집행위원	cabinet member
내각(집행)직 관장직무	portfolio/cabinet portfolio
내각(집행)직 의원	portfolio holder
내부공급	in-house provision
내부런던교육청	Inner London Education Authority (ILEA)
내부 시장	internal markets
내부자 단체	insider groups
넥스트스텝스	Next Steps
노동당	Labour Party
노동당 국회의원단체	Parliamentary Labor Party(PLP)
노동당 복무 및 의사표준규칙	Model Standing Orders for Labour Groups
노동당 정부현대화의제	Labour Government's Modernisation

	Agenda(LGMA)
노동연금부	Department for Work and Pension (DWP)
노상주차관리	on-street parking management
노인복지수요통합평가과정	single assessment process for older people
노젓기	rowing
녹색당	Green Party
녹색/환경세	Green/environmental taxes
녹서	Green Paper
뉴타운개발공사	New Town Development Corporations
능률성 예산절감	efficiency savings

[ㄷ]

다기능조직	multi-functional organisations
다당제	multi-party or fragmented party system
다목적지방자치단체	multi-purpose local authorities
다수득표제	first-past-the-post system(FPTP)/ plurality system
다수인선거구	multi-member wards
다수행위자 유형 집행부	multi-actor executive
다원주의	pluralism
다정파분점 지방의회	hung councils
다종방식 선거	multi-channel elections
다종서비스 조직	multi-service organisations
단기적응훈련학교	pupil referral units
단일국가	unitary state
단일목적특별행정기관	single-purpose ad hoc authorities
단일목적행정기관	single-purpose authorities
단일양도성투표	Single Transferable Vote(STV)
단일쟁점 정당	single-issue parties
단일정당 독점 지방의회	one-party monopolistic councils
단일정당 지배 지방의회	one-party dominant councils
단일통합지방자치단체/지방의회	unitary authorities/councils
담화분석	discourse analysis
대결형 국면	Confrontation phase

대규모 임의양도	Large scale voluntary transfers (LSVTs)
대부분목적/준일반목적 지방자치단체	most-purpose local authority
대체투표 (과반득표제)	Alternative Vote(AV)
대학예비과정	A-levels
도구주의자 접근방법	instrumental approach
도급(계약)자	contractor
도로작업부담금 (공익사업체)	charges for street works
도색잡지	bondage magazines
도시개발공사	Urban Development Corporations (UDCs)
도시기술전문대학	city technology colleges
도시디스트릭트의회	Urban District Councils(UDCs)
도시법인	Corporations
도시법인법 1835	Municipal Corporations Act 1835
도시사회주의	municipal socialism
도시정부/신도시 좌파	Municipal/New Urban Left
도시정상회의	City Summits
도시회생	urban regeneration
도심	inner city
도클랜드 경전철	Dockland Light Railway
독립다세대형 복지보장주택	Very sheltered housing
독립다세대형 복지제공주택	Sheltered Housing
독립다세대행 복지제공주택 관리인	sheltered housing warden
독립보상조사위원회	independent remuneration panel
동거법	Civil Partnership Act
동시선거	synchro-elections
동태적 의존모델	dynamic dependency model
득표(투표매수)용 공영주택 공급사건	home for votes affair
등록	registration
등록사회주택임대주	registered social landlords(RSLs)
디스트릭트 감사관	district auditors
디스트릭트 원격지사무소	outlying district office
디스트릭트 의회	district council(DC)

[ㄹ]

라이온스 조사연구	Lyons Inquiry

런던개발청	London Development Agency
런던광역도시경찰청	Metropolitan Police Authority(MPA)
런던교통청	Transport for London(TfL)
런던바러	London boroughs
런던소방·비상사태계획청	London Fire and Emergency Planning Authority(LFEPA)
런던시티/런던시티도시법인	City of London Corporation
런던정부법 1899, 1963	London Government Act 1899, 1963
런던정부협의회	Association of London Government (ALG)
런던카운티의회	London County Council(LCC)
레드클리프-모드 (왕립)위원회	Redcliffe-Maud Royal Commission
레이트(재산세)	rates
레이트(재산세) 과표평가액	rateable value
레이트(재산세) 상한선 설정	rate-capping
레이트(재산세) 세율	rate poundage
레이트지원보조금	Rate Support Grant
레이필드위원회	Layfield Committee

[ㅁ]

마을회관	village hall
마크로리 격차	Macrory gap
마크로리 보고서	Macrory Report
매수권	Right to Buy
매킨토시 위원회	McIntosh Committee
명령	directives
모범의회제도(파리시 및 타운)	Quality Parish and Town Council Scheme
목적/진흥단체	cause/promotional groups
목표 및 감사에 의한 관리	managing through targetry and inspection
무경합의석	uncontested seats
무순위명부(정당명부제)	unordered lists
무임승차	freeloading
무질서벌과금 고지	Penalty Disorder notices
무투표참석	non-voting attendance
미개발전원지역	green-field

미시적 통제관리	micro-management
민간관리지원학교	voluntary aided school
민간비상사태법 2004(블레어 수권법)	Civil Contingency Act 2004
민간비상사태사무국	Civil Contingencies Secretariat
민간재정조달정책사업	Private Finance Initiative(PFI)
민방위법 1948	Civil Defense Act 1948
민영화	privatisation
민원인/의뢰인	Client
민의회(런던시티)	Court of Common Council
민족주의자(북아일랜드)	nationalists
민주적 결손	democratic deficit
민주적 책임성	democratic accountability
민주적 최고성	democratic primacy
민주주의평가관	Auditors of Democracy
민주주의평가원	Democratic Audit
민주통합당(북아일랜드)	Democratic Unionists

[ㅂ]

바러	borough
바러(스코틀랜드)	burughs
바러 의회	borough council(BC)
바러 이사	borough director
바퀴달린(이동용) 쓰레기통	wheelie-bin
반사회적 행동중지명령	Anti-Social Behaviour Orders (ASBOs)
방문간호사	health visitors
배달급식서비스	meals on wheels
백서	White Paper
버밍햄 및 대공업지대	Birmingham and Black Country
버스정류장 대기소	bus shelters
버제스(스코틀랜드지방의회)	burgesses
범죄 및 무질서 감소 공동추진연대	Crime and Disorder Reduction Partnerships(CDRPs)
범죄 및 무질서에 관한 법률 1998	Crime and Disorder Act 1998
법률	Acts of Parliament
법률적 이의신청	statutory appeals
법적-제도적 접근방법	legal-institutional approach

베인스위원회	Bains Committee
벼룩시장	car boot sale
병원연합(의료보호기관연합)	trusts
보건 및 사회보호법 2001	Health and Social Care Act 2001
보건부	Department for Health
보건실천특별구역	Health Action Zones
보수 및 제급여 패키지	pay and benefits package
보수당	Conservative Party
보수당 중앙사무소	Conservative Central Office
보안관	constables
보육원	day nurseries
보조금재정조달총액	total grant funding
보조금페널티	grant penalties
보충적 차입승인	Supplementary Credit Approval
보충투표제(과반득표제)	Supplementary Vote(SV)
보호서비스	protective services
보호의 혼합경제	mixed economy of care
복수지방의회 겸임의원	dual member
복수지방의회 겸임의원 자격	dual membership
복원력 구축(비상사태)	building resilience
복원불가능성 의미론	Humpty Dumpty semantics
복지보조원	care assistants
부가가치세	Value Added Tax(VAT)
부가세/지불명령	precepts
부가세부과행정청	precepting authority
부가(의원)선출제도	Additional Member System(AMS)
부분교체 선거	partial election
부서	directorate
부수적 비용	collateral costs
부수적 피해	collateral damage
부정 및 불법	injustice
부총리실	Office of the Deputy Prime Minister (ODPM)
북동잉글랜드 광역권역의회	North East regional assembly
북아일랜드 각료회의	Northern Ireland Executive Committee of Ministers
북아일랜드 경찰위원회	Northern Ireland Policing Board

북아일랜드 소방대	Northern Ireland Fire Brigade
북아일랜드 의회	Northern Ireland Assembly
북아일랜드 지방정부협의회	Northern Ireland Local Government Association(NILGO)
북아일랜드 행정청	Northern Ireland Office
분권세(광역권역의회)	devolution tax
분권화된 원가센터관리	devolved, cost centre management
분기법정	quater session
분파적/이익 단체	sectional/interest groups
분할대여농지	allotments
불만진정인	Complaint
불만진정/제안 제도	complaints/suggestion schemes
불만진정 직통전화	complaints hotline
블레어 수권법(민간비상사태법 2004)	Blair's Enabling Act
비가정용 국가재산세	National Non-Domestic Rate (NNDR)
비가정용재산세	non-domestic rate
비관론자	Eeyores
비당파	non-partisan
비도시디스트릭트의회	Rural District Councils(RDCs)
비례대표	proportional representation
비례대표제	proportional system
비상사태	state of emergency
비상사태 대응	emergency responses
비상사태사무국	Civil Contingencies Secretariat
비선출형 기관	non-elected bodies
비선출형 지방정부	non-elected local government
비선택적 보조금	non-selective grants
비집행직 지방의회의원	non-executive councillors
빈민구제연합	union
빈민후견인	overseers of the poor

[ㅅ]

사법적 판단	judicial review
사업용 균일재산세	Uniform Business Rate(UBR)
사업용 재산세	business rates
사일로/탑형 조직	silo organisation

사회민주노동당(북아일랜드)	Social Democratic and Labor Party
사회보장수당부정감사기관	Benefit Fraud Inspectorate
사회보장청	Social Security Agency
사회보호감사	Social Care Inspection
사회보호감사위원회	Commission for Social Care Inspection
사회복지사	social workers
사회서비스	social services
사회적 요금	social charge
사회주택	social housing
사후조사	post scrutiny
상공회의소	Chambers of Commerce and Trade
상급공직자관리팀	senior officer management team
상급관리자	senior officers
상급관리직	senior management
상원(런던시티)	Court of Aldermen
상원(영국)	House of Lords
상위평가	meta-evaluations
새기회기금	New Opportunity Fund(NOF)
생활편의보조용품	practical aids
샤이어	shire
서비스개선 행정관	Improvement Commissioners
서비스 기능	service function
서비스 도급(계약)자	service contractor
서비스 보장	service guarantees
서비스 영역	service block
서비스 제일주의	Service First
서비스 평가	service review
서비스 혁명	service revolution
선거관리법 2006	Electoral Administration Act 2006
선거구(국회의원)	constituency
선거구(바러, 디스트릭트, 단일통합의회)	ward
선거구(카운티)	division
선거위원회	Electoral Commission
선거인등록담당관	electoral registration officer
선거제도	electoral system
선납수업료/수업료 선납	up-front tuition fees

선출된 지방정부	elected local government
선출된 집행수장형 시장	elected executive mayors
선출형 다수목적지방행정기관	multi-purpose elected local authorities
선택적 보조금	selective grants
선호도표기 투표제도	preferential system
성과계획	performance plans
성과관리	performance management
성과급	performance-related pay(PRP)
성과보상보조금(지방공공서비스협약)	performance reward grants
성과비교표	league tables/performance league tables
성과지표	performance indicators(PIs)
성과평가	performance review(PR)
성과평정	performance appraisal(PA)
성문법의 피조물	creatures of statute
성문법적 권한	statutory power
성숙된 정당제도	developed party system
성인교육교실	adult education classes
세대별 선거등록	electoral registration by household
세입(경상)지출	revenue (current) expenditure
세입지원보조금	Revenue Support Grant(RSG)
소득비례요금	means-related charge
소방구조서비스법 2004	Fire and Rescue Services Act 2004
소방민방위청(6대 광역도시권)	Fire and Civil Defense Authority
소비자	Consumer
소수당 집행부	minority administration
소수반대의견 비망록	Memorandum of Dissent
소수인종집단	ethnic minority
소수인종집단 지방의회의원	ethnic minority councillors
소수정당	minority party
수권자	enabler
수권지방의회/지방자치단체	enabling councils/authorities
수범사례	best practices
수석인사행정관협회	Society of Chief Personnel Officers (SOCPO)
수석행정관(부서장)	chief officer
수수료 및 요금	fees and charges

수용보호시설(양로원/고아원)	residential home
수직적 통합	vertical integration
수평적 통합	horizontal integration
숙의 워크숍	deliberative workshop
숙의적 여론조사	deliberative opinion polls
순세입요구총액	total net revenue requirement
순지출	net spending
순지출요구총액	total net spending requirement
스코틀랜드 및 웨일스 개발청	Scottish and Welsh development agencies
스코틀랜드 의회	Scottish Parliament
스코틀랜드 지방자치단체회의	Convention of Scottish Local Authorities(COSLA)
스토몬트 정부(북아일랜드)	Stormont Government
스포츠특별구역	Sport Zones
승강형 자동차진입방지턱	rising bollards
승수효과	gearing effect
승인제도	consent regime
시 광역권	city regions
시 광역권 위원회	City Regions Commission
시 광역권 정부	City Regional Government
시민	Citizen
시민권	citizenship
시민권교육	Citizenship Education
시민배심원	Citizens' juries
시민봉사실	advice bureau
시민의회(북아일랜드)	civic councils
시민패널	citizens' panels
시민헌장	Citizen's Charter
시설보호연령(16세) 초과 청소년대책	children leaving care
시설서비스	facility services
시설수용보호/시설보호	residential care
시읍	market town
시 의회	city council(CC)
시장(스코틀랜드)	Provost
시장요금	market charge
시장(특히 런던시티 시장)	Lord Mayor

시장헌장	market charter
시책과부하	initiative overload
시 책임행정관	city managers
시책(정책사업)	initiative
시티아카데미/아카데미(중등공립자치학교)	city academies/Academies
시티카운티(스코틀랜드)	counties of cities
시행령	Statutory Instruments(SI)
신공공관리	New Public Management
신노동당	New Labour
신도시좌파	New Urban Left
신보수	New Right
신분증	identity card
신지방정부네트워크	New Local Government Network (NLGN)
신지방주의	New Localism
신지방주의자	New Localist
신지방행정관체제	new local magistracy
신청에 의한 우편투표	postal voting on demand
신페인당(북아일랜드)	Sinn Fein
신행정관체제	new magistracy
실업지원위원회	Unemployment Assistance Board
실정	maladministration
실태점검	reality checks
실험적 제도	pilot scheme

[ㅇ]

아담스미스연구소	Adam Smith Institute
아웃소싱	outsourcing
아일랜드중학교기구	Irish Medium Schools' Body
압력단체	pressure groups
약한 정당제도	weak party system
양당제	two-party system
양로/요양원 보호	residential and nursing home care
어린이법 2004	Children Act 2004
어린이보호소	child care places
어린이집	children's home
어린이행정관	children's commissioners

억제적 요금	deterrent charge
얼스터통합당(북아일랜드)	Ulster Unionists
업무용(웹사이트)	transactional
여왕의 국회연설	Queen's Speech
여행 및 생활비 수당	Travel and Subsistence Allowance
연금수급요건을 구비한 보상	pensionable remuneration
연담도시권	conurbation
연례보고서	annual reports
연방국가	federal state
연방주의	federalism
연정	power-sharing administration
영국국교 교구위원회	Anglican Parochial Church Councils
영국국민당	British National Party
영국국회	Parliament/Westminster Palace
영국국회의 지방법	Local Acts of Parliament
영국령인도육군	British Indian Army
영국표준연구소	British Standard Institute(BSI)
영불해협터널철도	Channel Tunnel Rail Link
영/폐지 조항	clause zero
예능전문대학	colleges
예비비	contingencies
예산상한선 설정	capping/ budget-capping
예산잔고	balances
예산잔고 내지 유보예산	balances or reserves
예산증가율 상한선	maximum percentage budget increases
예산편성	budget setting
오세아니아(호주, 뉴질랜드)	Down Under
온라인 홍보리플릿	on-line leaflet
온전하지 않은 자치	partial autonomy
옴부즈맨	ombudsman
완전히 성숙된 정당제도	fully developed party system
왕립위원회	Royal Commission
외부자단체	outsider groups
외부조달재정총액	Aggregate External Finance(AEF)
요금	charges
용도지정보조금	ring-fenced grant
우편 주민투표	postal referendum

우편주소 로또	postcode lottery
우편투표	postal voting
원가센터관리	cost centre management
원스톱민원처리사무소	one-stop shops
월권 원칙	ultra vires doctrine
웨일스 의회	Welsh Assembly
웨일스장관	Secretary of State for Wales
웨일스 지방정부협의회	Welsh LGA
웨일스 행정청	Welsh Office
웹로그	weblogs
웹사이트	websites
위디콤위원회	Widdicombe Committee
위생구/위생구역	sanitary district
위원회사전회의/소위원회(정당교섭단체)	pre-committee party group meetings/ caucus
위임권한	delegated power
위치규정형 지방의회 명칭	compass point council name
위탁자	commissioner
위탁 자치단체	commissioning authority
위탁학교	Trust Schools
유권자의 신임 또는 명령	mandate
유도용 보조금(지방공공서비스협약)	pump-priming grants
유럽사회기금	European Social Fund(ESF)
유럽연합	European Union
유럽의회최저생활비한도	Council of Europe Decency Threshold
유럽지방정부회의	Congress of Local and Regional Authorities of Europe(CLRAE)
유럽지역개발기금	European Regional Development Fund (ERDF)
유료고속도로 관리인	Turnpike Trustee
유보예산	reserves
육아 및 부양가족 보호수당	Childcare and Dependent Carers' Allowance
육체노동자	manual workers
융통성	flexibilities
응급실	Accident and Emergency(A&E)
의무이행명령(지방정부세 납부)	liability order

의무적 경쟁입찰	Compulsory Competitive Tendering (CCT)
의무적 학생보조	mandatory student grant
의사록	minutes
의원사무실	surgery
의자뺏기 놀이	musical chairs
이원적 체제	dual system
이의신청권	right of appeal
이익비배분기관	not for distributable profit
이익집단	interest groups
이중적 자치권 이양	double devolution
이중투표(과반득표제)	double ballots
인권 및 정보자유법	Human Rights and Freedom of Information Act
인두세	poll tax
인지세	Stamp Duty
일괄 우편투표	all-postal voting
일당독점체제	one-party monopolistic system
일당지배체제	one-party dominant system
일반목적 보조금	unhypothecated grants
일반목적 지방자치단체	all-purpose local authority/general purpose authorities
일반보조금	general grants
일반적 업무관장 권한	power of general competence
일반진료소	GP clinics
일반회계	general fund
임차인매수권(지방공영주택)	Right to Buy
임차인선택제도	tenants' choice
잉여인력/과원 감원	redundancy

[ㅈ]

자동차번호판자동식별	Automatic Number Plate Recognition (ANPR)
자동차세	vehicle excise duty
자발적 부문 협약	Voluntary Sector Compact
자발적 지역사회단체	Voluntary and Community Groups (VCGs)

자발적 지역사회부문	Voluntary and Community Sector (VCS)
자변투자	self-financing investment
자본보조	capital grants
자본수입	capital receipts
자본예산	capital budget
자본지출	capital expenditure
자본지출보조	Supported Capital Expenditure (Revenue)
자원의 이용	use of resources
자유당	Liberal Party
자유민주당	Liberal Democrats
자유민주당 지방의회의원협회	Association of Liberal Democrat Councillors
자유 및 융통성	freedoms and flexibilities
자율근무시간제	flexitime
자율통제	prudence
자율통제규정	Prudential Code
자율통제시스템	prudential system
자치권 이양	devolution
자치정부	self-government
자치지역 의회	national assembly
장래의사결정계획	forward plan/forthcoming decision list
장래의사결정계획 수립	forward planning
재가근무	home-based working
재가지원	home helps
재개발산업단지	brown-field
재단학교	foundation school
재량권	discretion
재량깔때기	funnel of discretion
재무부	Treasury
재무부장관	Chancellor of the Exchequer
재산가치세	Land Value Tax
재산가치평가	property valuation
재산등급	property band
재산세과표평가액	rateable value
재의요청권	call-in power

재정가치	value for money(VFM)
재정감사	financial scrutiny
재정조달	funding
적정가격 서민주택	affordable housing
적정 공공주택	decent public housing
적정 임대료	fair rent
적정 주거/주택기준	Decent Home Standard
전국집행위원회	National Executive Committee(NEC)
전달체계	delivery system
전략계획수립	strategic planning
전략적 관리	strategic management
전략적 관리팀	strategic management team
전략적 중역회의	strategic directorates
전략적 공동추진연대	strategic partnerships
전무이사	managing director
전문기술직	professional
전사적 품질관리	total quality management(TQM)
전속 관할영역	turf
전자정부	e-government
전자투표	electronic voting
전진배치 지방의회의원	frontline councillor
전체 일괄선거	all-out election
전체 지방의회 일괄선거	whole-council election
전화 핫라인	telephone hot-line
정당 교섭단체	party group
정당규율 및 징계제도	party whipping and disciplinary regime
정당명부제도	party list system
정부간 관계	inter-governmental relations
정부감시위원회(낙제지방의회)	Government monitoring board
정부보조금 직영학교	grant-maintained schools(GM schools)
정부임명 특별행정기관	single-purpose Government-appointed agencies
정부통합광역권역행정청	Government Offices for the Regions
정부현대화	Modernising Government
정액벌금고지서	Fixed Penalty Notices
정책공동체 및 네트워크	policy communities and network
정책기본방침	policy framework

정책문제연구소	Centre for Policy Studies(CPS)
정책사업/시책	policy initiative
정책사이클	policy cycle
정책선언	manifesto
정책평가	policy review
정책협의권	consultation right
정책협의문서	consultation paper
정책협의예비문서	preliminary consultation papers
정치운동	campaigning
정치적 기능	political function
정치적 분권/자치권 이양	political decentralisation/ devolution
제이미의 학교급식	Jamie's School Dinners
조례	by-laws
조세 및 지출상한선 설정	tax- and expenditure-capping
조정적 중앙집권주의	steering centralism
종업원지주회사	workers' co-operatives
종합기술전문대학	polytechnics
종합예비대학/식스폼 칼리지	sixth form colleges
종합중등학교	comprehensive schools
주간보호/데이케어	day care
주류면허	liquor licensing
주류면허권한	alcohol licensing powers
주류 및 담배세	alcohol and tobacco duties
주민 및 납세자 조합	Residents' and Ratepayers' Associations
주택감독관	housing commissioner
주택공사	Housing Corporation
주택법	Housing Act
주택수입계정	Housing Revenue Accounts(HRAs)
주택임대료 환급	rent rebates
주택임대수당	rent allowances
주택재건추진연합	Housing Action Trusts(HATs)
주택재정법 1972	Housing Finance Act 1972
주택행정관(북아일랜드)	Housing Executive
주택협회	housing associations
준공동협력통치	quasi-governance
준독립비정부기관 국가체제	quango state
준독립비정부기관관료	quangocrats

준독립비정부기관 도태	quango cull
준독립비정부기관체제	quangocracy
준독립비정부기관(쾡고)	quasi-autonomous non-governmental organisations(quangos)
준법투쟁	working to rule
준일반목적/대부분목적 지방자치단체	most-purpose local authority
중등공립자치학교(시티 아카데미/아카데미)	city academies/ Academies
중앙정부의 신용카드	government's flexible friends
중앙정부(화이트홀)	Whitehall
중앙하위정부	sub-central government
중재자	ring-holder
증명	certification
지도관(낙제 지방의회)	lead official
지방가변소득세	Locally Variable Income Tax
지방공공서비스협약	Local Public Service Agreements (LPSAs)
지방공공지출기관	local public spending bodies
지방공동협력통치	local governance
지방공무원	officers/local government officers
지방공영주택단지	estate/local housing estate
지방교육청	Local Education Authorities(LEAs)
지방교통계획	local transport plans
지방구역협약	Local Area Agreements(LAAs)
지방급여세	local payroll tax
지방기업회사	Local Enterprise Company
지방민주주의위원회	Commission for Local Democracy
지방법(영국국회의)	Local Acts of Parliament
지방부담금	Community charge
지방성과계획	local performance plan
지방소득세	local income tax
지방어린이보호위원회	Local Safeguarding Children Boards (LSCBs)
지방옴부즈맨	local ombudsman
지방의회	council
지방의회사무국장·변호사협회	Association of Council Secretaries and Solicitors(ACSes)
지방의회의원	councillors

지방의회의원전체회의/의원전체회의	full council(meeting)
지방의회의원행동강령	councillors' Code of Conduct
지방의회집행위원장/지방의회대표(관리개혁이전)	Leader
지방의회 책임행정관	council manager
지방의회 헌법/헌장	Council Constitution
지방자치단체	local authorities
지방자치단체 재량깔때기	funnel of local authority discretion
지방자치단체집행수석협회	Society of Local Authority Chief Executive(SOLACE)
지방적으로 관리되는 국가서비스	national services, locally administered
지방전략공동추진연대	Local Strategic Partnerships(LSPs)
지방정당	local party
지방정당 집행위원회	local party executive committee
지방정부	local government
지방정부 계획 및 토지법 1980	Local Government Planning and Land Act 1980
지방정부공영주택	council house(home)
지방정부공영주택 임차인	council house tenants
지방정부관리위원회(의장: 존 모드 상원의원)	Committee of the Management of Local Government
지방정부 담당 차관	Minister for Local Government
지방정부 및 주택법 1989	Local Government and Housing Act 1989
지방정부법	Local Government Acts
지방정부 부가(의원)선출제도	Local Government Additional Member System(LGAMS)
지방정부 성과 사이트	Local Government Performance Site
지방정부성과종합평가/성과종합평가	Comprehensive Performance Assessment (CPA)
지방정부세	council tax
지방정부세 과표재평가	council tax revaluation
지방정부세 면세(공제)	council tax benefits
지방정부세 면제	council tax exemptions
지방정부세 상한선 설정	council tax-capping
지방정부세 할인(감면)	council tax discounts
지방정부세 환급	council tax rebates
지방정부위원회	Local Government Commission

지방정부의 해체	disaggregation of local government
지방정부자문위원회	Local Government Advisory Committees
지방정부 정책협의문서	local government consultation paper
지방정부체제개편	reorganisation
지방정부체제개편위원회	Local Government Reorganisation Commission
지방정부향상발전기구	Improvement and Development Agency(IDeA/I&DeA)
지방정부현대화의제	Local Government Modernisation Agenda(LGMA)
지방정부협의회	Local Government Association(LGA)
지방주의	Localism
지방주택행정청	local housing authorities
지방준독립비정부기관국가체제	local quango state
지방판매세	local sales tax
지방행정관체제	local magistracy
지방행정위원회(지방옴부즈맨)	Commission for Local Administration (CLA)
지수연동보수	index-linked salary
지역개발기본방침	local development frameworks
지역복지권	power of well-being/well-being power
지역사회 뉴딜	New Deal for Communities(NDC)
지역사회 리더십	Community leadership
지역사회 및 지방정부담당 차관	Minister for Communities and Local Government
지역사회보조경관	community support officers
지역사회 보호	community care
지역사회·지방정부부	Department for Communities and Local Government(DCLG)
지역사회학교	community school
지역재생통합예산	Single Regeneration Budget(SRB)
지역조정국(지역사회 · 지방정부부)	Regional Co-ordination Unit(RCU)
지역투표소	local polling station
지역행정청(북아일랜드)	area boards
지출	expenditures
지출목표 및 보조금페널티 제도	spending targets and grant penalties
지침	guidance/directions

지침각서	guidance notes
직능기관(광역런던시)	functional bodies
직무권한정지	default
직무만족도수준	job satisfaction level
직무차별	job segregation
직선(집행수장형) 시장	directly elected (executive) mayor
직업기술전문대학	further education colleges
직업센터 플러스	JobCentre Plus
직위/직무 공유	job sharing
직접서비스조직	Direct Service Organization(DSO)
진학계 인문학교	grammar schools
집단적 각료책임	collective ministerial responsibility
집행/내각위원회	cabinet
집행부 부재	no administration/rotating chairs
집행부수석	deputy chief executive
집행부위원장	Deputy Leader
집행부제 관리모형	executive management model
집행부제 지방정부	executive local government
집행수석	chief executive
집행위원장 주도형 집행부	leader-dominated executive
집행직/내각직 의원	executive member
집행직 보수	executive salary
집행직/집행수장형 시장	executive mayor
집행형 준독립비정부기관	executive quango
짝짓기(낙제교육청과 우수교육청)	pairing

[ㅊ]

차입	borrowing
차입보조	Supported Borrowing
차입승인	Credit Approval
참관행사(우수성과사례)	open days
참사회(런던시티)	Court of Aldermen
참사회원	alderman
참사회원(스코틀랜드)	bailies
창업보조금 및 융자	start-up grants and loans
책임행정관	manager
책임행정기관	executive agency

청경제도	warden scheme
청소년지원종합서비스	Connexions
청소원	cleaning operatives
청정 근린지역사회 및 환경법 2005	Clean Neighbourhoods and Environment Act 2005
체납률	non-collection rates
초점집단	focus group
초점집단 토론	focus group discussions
초중앙집권화	hypercentralisation
초지방의회	super-councils
촉진자	facilitator
총지출	gross spending
총체적 정부	holistic government
최고가치	Best Value(BV)
최고가치 감사	Best Value Inspections
최고가치 성과계획	Best Value Performance Plans (BVPPs)
최고가치 성과지표	Best Value Performance Indicators (BVPIs)
최고가치 제2탄(성과종합평가)	Best Value Mark Ⅱ(CPA)
최고가치 평가	Best Value Reviews
최소과반수연정	minimal winning coalition
추정지출총액	Total Assumed Spending(TAS)
축소 및 계약기관(지방자치단체)	contracting authority
축조환경	Built Environment
출석수당	Attendance Allowances
출입통제관	door supervisor
치안부	Home Office
치안유지	policing
치안재판소	magistrate's court
치안판사	Justice of the Peace(JP)
치유조치	remedial action

[ㅋ]

카운티바러 의회	county borough council
카운티 분기법정	county quarter session
카운티 의회	county council(CC)

커뮤니티 의회	community councils
커뮤니티 회의	community meetings
큰복권기금	Big Lottery Fund
키잡기	steering

[ㅌ]

타운 도시법인	corporate towns
타운서기관	town clerk
타운 의회	town councils
타협형 국면	Conciliation phase
탁아소	day-care centre
탄탄한 출발	Sure Start
토론문서	discussion documents
통제만능주의	control freakery
통제편집증환자	control freakery gone mad
통제형 국면	Control phase
통합	joined up
통합위원회	joint committees
통합적 업무추진	joined-up working
통합적 정부	joined-up government
통합주의자(북아일랜드)	Unionists
통합행정청	joint boards
투표권이 없는 영입위원(평가조사위원회)	non-voting co-opted members
투표매수(득표)용 공영주택공급사건	home for votes affair
투표소	polling station
투표율	turnout
투표의무제	compulsory voting
튜더 왕조의 칙령에 의한 입법 관행	Tudor monarch's practice of legislating by decree
특별구역	zones
특별기구/기관	ad hoc bodies/agencies
특별목적 보조금	hypothecated grants
특별목적 지방자치단체	special purpose authorities
특별보조금	specific grants
특별(지방)자치단체	ad hoc authorities
특별직무수당	Special Responsibility Allowances
특성화학교	specialist schools

팀 유형 집행부	team executive

[ㅍ]

파리시 의회	parish councils
파리시·타운 모범의회제도	Quality Parish and Town Council Scheme
파리시 회의	parish meetings
패널/위원단	panel
패터슨위원회	Paterson Committee
편의서비스	amenity services
평가조사	scrutiny
평가조사위원회	overview and scrutiny committee
평가조사지원과	Scrutiny Support Unit
평의원(국회, 지방의회)	back-bencher
표준/균등 재산세율	standard or uniform rate poundage
표준서비스수준	standard level of service
표준평가테스트	SATs(Standard Assessment Tasks) test
풀타임환산인력	full-time equivalent(FTE)
품질보증	quality assurance(QA)
품질시스템	quality systems
품질통제	quality control(QC)
필수서비스	needs services

[ㅎ]

하원(런던시티)	Court of Common Council
하원(영국)	House of Commons
하원 공공행정특별위원회	House of Commons Public Administration Select Committees
하원 특별위원회	select committees, House of Commons
학교급식	school dinners/meals
학교성과비교표	school performance league tables
학교시설관리인	school caretaker
학교운영기관	school governing bodies
학교 표준 및 기본방침에 관한 법률 1998	School Standards and Framework Act 1998
학교현장관리	Local Management of Schools(LMS)

학생 취업 · 진로지도서비스	school careers service
학습기술위원회	Learning and Skills Councils(LSCs)
할당제도	quota system
할인요금	concessionary fares
항소법원	Court of Appeal
해병대 병영	Royal Marines' barracks
핵심 단계	key stage
핵심도시 그룹	Core Cities Group
핵심서비스성과	core service performance
행동강령	Code of Conduct
행정관/치안판사	magistrate
행정관/치안판사 직위	magistracy
행정, 기술 및 사무보조 직위	administrative, technical and clerical (ATC)
행정적 분권	administrative decentralisation/delegation
향상방향	direction of travel
향상역량	ability to improve
헌장주의	Charterism
헤리겔드세	Heregeld tax
헨리8세 조항	Henry Ⅷ Clause
현대화 의제	modernisation agenda
현대화 정책협의문서	modernisation consultation papers
협동조합주의형 국면	Corporatism/corporatist phase
협력관(회계감사위원회)	relationship manager
협약 및 계약	compacts and contracts
협의형 국면	Consultative phase
혼성구조	hybrid structure
혼성의원 비례대표제도(부가선출제도)	Mixed Member Proportional systems (MMP)
홍보용(웹사이트)	promotional
확장목표(지방공공서비스협약)	stretch targets/marks
환경 · 교통 · 지역부	Department for Environment, Transport and the Regions(DETR)
환경보건	environmental health
환경 · 식량 · 농촌부	Department for Environment, Food and Rural Affairs(DEFRA)

황화제도	yellow peril system
횃불지방의회	beacon councils
횃불학교	beacon schools
회계감사위원회	Audit Commission
회계검사 및 감사 서한	Audit and Inspection Letter
회계보고서	statement of account
회계보고서 개요	summary statement of account
회람	circular
회의수당	Meeting Allowance
회전식 과세명부	rolling register
회전식 선거인명부	rolling electral register
후견인위원회	Board of Guardians
후원자	advocates
훈련·기업위원회	Training and Enterprise Councils (TECs)
휘틀리위원회	Wheatley Commission
흑인 및 소수인종	black and minority ethnic(BME)

[기 타]

1/3 교체 선거	by thirds election
1차적 입법	primary legislation
1차진료기관연합	Primary Care Trust
2차적 입법	secondary legislation
3개년 지출계획	three-year spending plans
85년 연금원칙	85-year pension rule

색 인

[ㅇ]

[ㅈ]

[ㅎ]

역자 약력

일반직 고위공무원으로서 행정안전부 정부대전청사관리소장으로 재직하고 있다.

제26회 행정고시를 통해 공직에 입문했으며 경남도청을 거쳐 내무부 및 행정자치부에서 방재, 공기업, 행정구역, 여론 및 행정 계장과 행정관리담당관, 자치운영과장, 자치제도과장, 자치행정과장을 역임한 후 주영한국대사관에서 행정안전관 겸 한국지방자치단체국제화재단 런던주재관으로 근무하였다.

성균관대학교 행정학과와 미국 Syracuse 대학교의 Maxwell School을 졸업했으며(MPA, 지방재정 전공) 현재 성균관대학교 국정관리대학원에서 박사과정을 이수중이다.

저술로서는 미국 Washington, DC 소재의 세계지방정부관리자협회(ICMA) 및 메릴랜드주 연수 결과보고서인 *미국 메릴랜드 주의 지역정부*(2000. 10)와 미국의 지방정부 및 정부간 관계를 소개한 *미국의 지방정부*(지방행정지 연재, 2003. 2-5), 그리고 역자가 주영대사관에서 주재국 기관들과 직접 교신했던 사례를 정리해서 간행한 *영문 이메일·편지 예문집*(지방국제화재단, 2008. 4)이 있다.

영국의 지방정부

2008년 12월 20일 초판인쇄
2008년 12월 30일 초판발행

共著者 David Wilson & Chris Game
譯　者 임 채 호
發行人 安 鍾 萬
發行處 (株) 博 英 社
서울特別市 鍾路區 平洞 13-31番地
電話 (733) 6771 FAX (736) 4818
登錄 1959. 3. 11. 제300-1959-1호(倫)

www.pakyoungsa.co.kr e-mail: pys@pakyoungsa.co.kr
破本은 바꿔 드립니다. 本書의 無斷複製行爲를 禁합니다.

定 價 45,000원　　ISBN 978-89-7189-874-1